国家物流与供应链系列报告

中国物流与供应链信息化优秀案例集

（2021）

主　编　崔忠付

副主编　晏庆华　韩东亚

中国财富出版社有限公司

图书在版编目（CIP）数据

中国物流与供应链信息化优秀案例集．2021／崔忠付主编．—北京：中国财富出版社有限公司，2021.4

（国家物流与供应链系列报告）

ISBN 978－7－5047－7420－0

Ⅰ.①中…　Ⅱ.①崔…　Ⅲ.①物流—信息化—案例—汇编—中国—2021 ②供应链管理—信息化—案例—汇编—中国—2021　Ⅳ.①F259.22－39

中国版本图书馆 CIP 数据核字（2021）第 070313 号

策划编辑	赵雅馨	**责任编辑**	白　昕　王新月	**版权编辑**	李　洋
责任印制	梁　凡　郭紫楠	**责任校对**	杨小静	**责任发行**	敬　东

出版发行	中国财富出版社有限公司		
社　　址	北京市丰台区南四环西路 188 号 5 区 20 楼	**邮政编码**	100070
电　　话	010－52227588 转 2098（发行部）		010－52227588 转 321（总编室）
	010－52227566（24 小时读者服务）		010－52227588 转 305（质检部）
网　　址	http：//www. cfpress. com. cn	**排　　版**	宝蕾元
经　　销	新华书店	**印　　刷**	北京九州迅驰传媒文化有限公司
书　　号	ISBN 978－7－5047－7420－0/F・3292		
开　　本	787mm×1092mm　1/16	**版　　次**	2022 年 5 月第 1 版
印　　张	28.25	**印　　次**	2022 年 5 月第 1 次印刷
字　　数	687 千字	**定　　价**	260.00 元

前　言

2020年7月21日，习近平总书记在企业家座谈会上强调要充分发挥国内超大规模市场优势，逐步形成以国内大循环为主体、国内国际双循环相互促进的新发展格局，提升产业链、供应链现代化水平。在此背景下，《中国物流与供应链信息化优秀案例集（2021）》正式和大家见面了。这是中国物流与采购联合会连续第十三年开展优秀案例征集工作，记录我国物流与供应链信息化发展进程。

十三年来，我国物流与供应链走过了单据电子化、业务数据化、装备智能化、交易平台化、物流供应链化的发展历程。《工业和信息化部关于推动5G加快发展的通知》《交通运输部关于推动交通运输领域新型基础设施建设的指导意见》等文件相继出台，明确了我国物流行业的发展以创新驱动、技术引领的新格局。对此，本案例集特别新增了物流大数据、区块链技术创新应用案例（4篇）与数字化仓储和智慧城配应用案例（6篇）两个类别，分享5G、大数据、区块链等新技术在物流与供应链场景的落地应用，助力行业高质量发展。

2020年9月，八部门联合印发《中国人民银行 工业和信息化部 司法部 商务部 国资委 市场监管总局 银保监会 外汇局关于规范发展供应链金融 支持供应链产业链稳定循环和优化升级的意见》，稳步推动供应链金融规范、发展和创新。在此背景下，本案例集增加了供应链金融创新应用案例（8篇），以此探讨物流企业特别是物流平台企业在供应链金融领域做出的尝试。

2020年是网络货运新政实施元年，截至目前，全国已有700余家企业取得了网络货运经营资质。网络货运是物流行业数字化转型升级的新业态，是交易类物流平台运营的主要模式，已逐渐从成长期步入成熟期。本案例集收录了12篇网络货运平台应用案例，分享网络货运平台在各细分领域独特的经营模式及核心竞争力，以及由运输服务延伸保险、金融、车后市场的发展路径，同时为正在观望、期待转型的企业提供参考。

除此之外，本案例集还收录了物流企业信息化应用案例17篇、制造及商贸型企业供应链创新应用案例8篇、物流服务平台应用案例10篇、大宗商品流通平台应用案例3篇、智能物流技术与装备创新应用案例9篇。这些案例分别从物流与供应链企业内部信息化系统建设、社会化物流平台服务、大宗商品流通及智能技术在物流行业的应用等方面入手，分享企业发展经验，总结行业发展规律。

“十四五”规划中明确指出，提升产业链供应链现代化水平、加快数字化发展、提高经济质量效益和核心竞争力是未来我国现代产业体系发展的主要目标。未来，中国物流与采购联合会在案例的征集、组织、分类、选材方面也将紧跟行业发展趋势，积极探索供应链、新技术、新装备在物流与供应链领域的应用场景，引领行业高质量发展。

中国物流与采购联合会十三年来一直坚持通过案例征集和出版的方式为企业搭建交流平台，总结物流与供应链信息化发展规律，引导企业思考。多年来，这项工作不仅成为我们探索行业信息化发展的有效手段，也为企业提供创新思辨的重要参考。希望伴随新一册案例集的出版，能继续为企业在信息化探索中提供帮助，为行业的创新发展提供借鉴，同时也向整理编辑本案例集的工作人员表示感谢。

中国物流与采购联合会副会长兼秘书长

2021 年 4 月

目 录

物流企业信息化应用案例

制造及商贸型企业供应链创新应用案例

大宗商品流通平台应用案例

网络货运平台应用案例

物流服务平台应用案例

物流大数据、区块链技术创新应用案例

供应链金融创新应用案例

数字化仓储和智慧城配应用案例

智能物流技术与装备创新应用案例

物流企业信息化应用案例

中国移动通信集团安徽有限公司、中国移动通信集团终端有限公司：基于端到端的“物流大脑”供应链运营体系的建设及应用

一、企业介绍

（一）企业简况

中国移动通信集团安徽有限公司（以下简称“安徽移动”）隶属于中国移动通信集团有限公司，是中国移动有限公司在安徽设立的全资子公司，公司1999年9月8日挂牌成立。下辖16个市分公司、64个县（市）分公司及1个全资子公司，拥有员工16000余人。

中国移动通信集团终端有限公司（以下简称“中国移动”）成立于2011年10月，是中国移动通信集团公司第一批成立的专业化子公司，致力于为客户提供高性价比的中国移动自有品牌、联合品牌终端产品及配件。中国移动通信集团公司作为全球网络规模最大、客户数量最多、市场价值领先的电信运营企业，资产规模近1.7万亿元，在2019年7月《财富》发布的世界500强排行榜中列56位，2020年4月，入选国务院国资委“科改示范企业”名单，连续15年在国资委的考核中获A级。

中国移动注册资本62亿元，总部设在北京，在全国31个省（自治区、直辖市）设有分公司，业务覆盖研发、测试、分销、零售及售后服务等终端产业链各环节，渠道覆盖全国31个省（自治区、直辖市）的中国移动自有营业厅、大型连锁卖场、手机专卖店、网上商城，是国内销售规模较大的终端代理商。

（二）业务模式

本项目通过全面实行标准化，基于供应链“需、采、供、用、存、退、废”7个环节、24个指标、“7色预警”，构建供应链“晴雨表”体系，绘制各环节健康图谱，监控、共享、分析运营数据，实现全周期精益化管控；贯通内部、外部流程，推行三级联动、三级预警、三级稽核机制，实现端到端协同；应用大数据模型及算法，开展需求画像及健康度分析，实现数智化赋能，驱动运营；结合5G、物联网等技术实现一物一ID、物资全生命周期的“四可”管控；构建“供应链大脑”，将自动预测、自动预警、智能调拨、路径智能规划等与供应链融合，推进物资供应模式向智慧供应链交付运营模式转变。基于“数智化”全生命周期物资管理体系如图1所示。

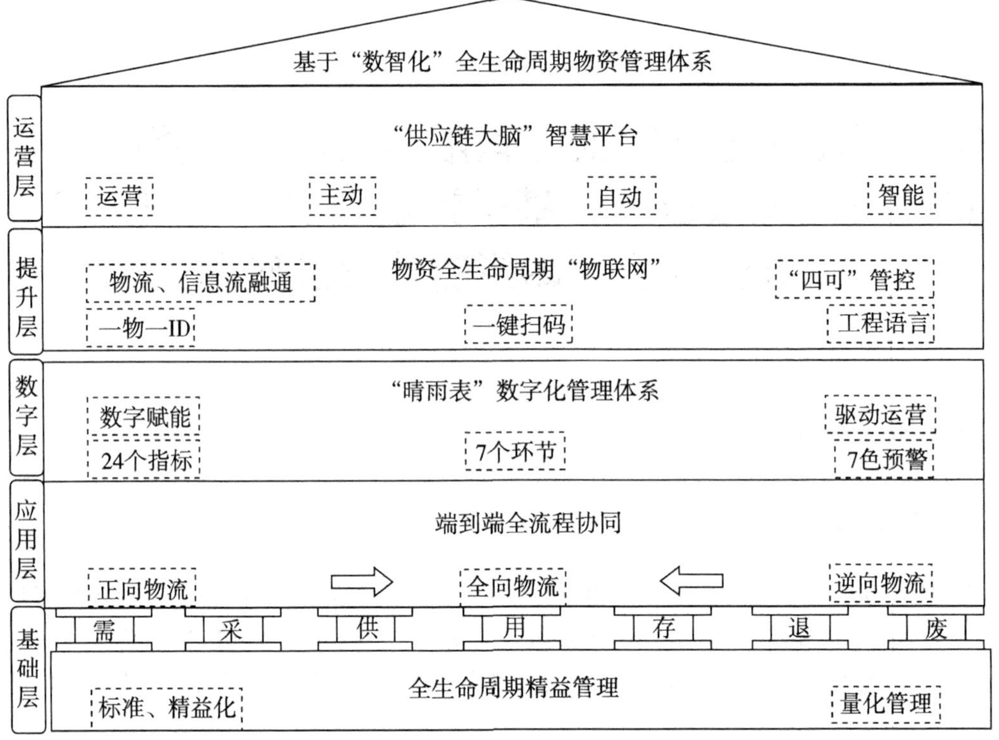

图1　基于“数智化”全生命周期物资管理体系

二、项目背景

中国移动若要深化供应链发展战略，持续发挥降本增效作用，要积极推动供应链结构变革和生态系统重构，保证良好的产品和服务质量。供应链要助力公司创新转型升级，支撑好公司“四轮”市场的全向发力，助力公司在各种变化中寻求广阔的蓝海。

为适应公司的发展战略，现有的物资供应体系需要有较大的提升，在一些环节存在短板，亟待解决以便提高供应效能，促进公司形成敏捷、高效、智慧的供应链管理体系。

三、项目实施

（一）主要困难

1. 供应链环节分割，缺乏系统协同效应

“需、采、供、用、存、退、废”各环节相互独立，需求变化通知不及时，供应需求不匹配，库存与实际需求脱节，造成“高库存”与仓库缺货交替出现。

2. 操作环节独立，信息系统支撑能力薄弱

各操作环节孤立，系统未实现贯通，缺乏全流程管控，不能实现预警，需求预测模型与历史采购数据未建立联系，供应链信息可视化程度不足，影响系统大数据分析。

3. 数字化起步低，运营问题传导低效

供应链上很多环节仍然通过线下手段进行管理，存在问题传导不畅、传导效率较低

的问题。同时缺乏数字化分析手段，无法系统性诊断和解决问题。

4. 智慧化手段有限，缺少运营中枢

各操作环节以人工管理为主，在配送路线规划、物流费用结算、补货、需求测算、出入库等方面，缺少智慧化手段自主运作，进而管理效率低下，无法达到预定目标。

5. 管控不严密，存在管理风险

针对供应商、承运商的管控和协调存在盲区、物资运转不畅问题，部分环节甚至存在体外循环，有资产损失风险。

（二）解决方案

1. 推进精益化管理，构建物资全生命周期管理模式

以降本增效为主线，将供应链流程按照“需、采、供、用、存、退、废”7个环节进行分解，并针对各环节进行深入挖掘和剖析，以量化管理方法论为指导，采取分级分类的思路，发挥每个环节物资管控的最佳潜能，实现科学、精准、均衡、精益管控，提高物资使用效能和管理效能。

（1）需：源头抓起，防控滞库。

①需求标准化。

通过优化需求管理办法，建立需求分层分级决策审批制度和流程并全面推进需求标准化，建立标准化产品库，实现需求、采购采用统一语言，为实现自动化、智能化奠定基础。

通过联合计划、建设、设计单位，针对集采产品，协同开展集采产品标准化工作，严格按照四个标准步骤进行产品模型标准化，并通过产品库系统固化，减少配置的自有裁量权，杜绝超配、高配，降低需求确认环节风险。由此，提高了采购效率，降低了管理和维护成本（见图2）。

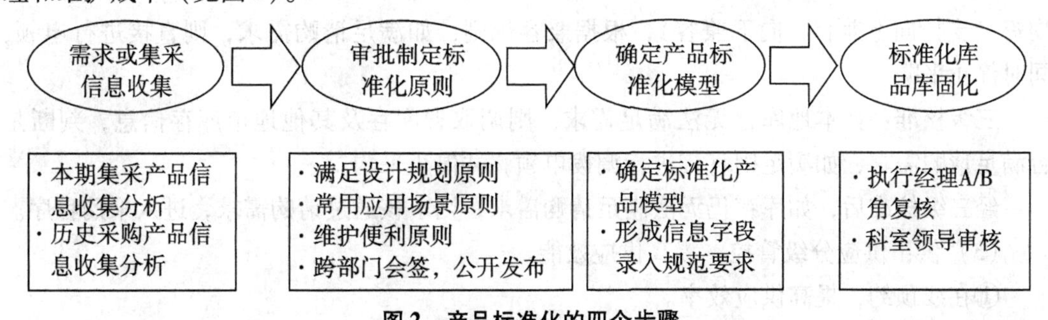

图2 产品标准化的四个步骤

②建立需求管控机制，限制超额请购。

需求的管控因产品、业务、单位、场景、项目等不同，存在较大的波动。针对产品化物资需求（非投资项目），根据物资领用消耗数据以及业务波动系数，生成各类物资的单月需求模型，并借助系统进行固化。在需求部门提出采购申请时，关联相应产品的需求模型，保证单次申请不超过3个月的模型规模，防控后期产生滞库；针对投资项目物资需求，在需求单位提交请购时，系统提取项目设计批复清单物资规模，通过关联项目编号、物料编码，管控项目物资申请量。

③建立需求肖像，预警责任人及部门。

为管控产品使用部门合理提交请购需求，约束请购人不断提高需求准确度，绘制月度物资使用分析和项目物资使用过程特征的需求肖像，借此掌握物资使用流转速度和物资整体使用过程的特征。通过定期绘制需求肖像，根据肖像指标进行预警并告知需求部门及责任人，督促需求单位精确测算、合理请购，提升物资需求管理能力。通过定期计算肖像特征将可比较类指标进行排序，建立预警机制，便于采购物流部门主动介入，重点管理有问题的指标。

（2）采：对标库存，精准均衡采购。

①推广钉子法，实现采购精益化。

立足集采执行请购、采购等各环节的关键风险节点，借助信息化的手段，实施“钉钉子”管理方式。通过不同环节布置“钉子”，杜绝超标采购、未授权采购、超份额采购、自由裁量采购，并将防控措施进行系统固化，实现采购管控精益化。

②建立标准化通用产品库，统筹物资供应和库存管控模式。

推动物资使用标准化，扩大通用物资产品库范围。依托通用物资产品库建立物资分类供应保障模式，包括战略物资产品化采购及 RDC（配送中心）供应模式、重点物资分公司项目化及省公司产品化供应模式和一般物资采用分公司项目化供应模式。

全省物资供应由省公司集采执行经理和库存运营分析经理按照统一份额分配原则调度全省物资，实现专业化的全省物资统筹调拨，打破项目、区域和投资主体间的壁垒，实现供应、库存和真实需求的高效管理。

③建立围绕库存的三级核准制度，实现采购精准同步。

一级核准：由需求单位通过采购系统提出请购需求，采购系统调取本地库存信息，判断库存是否满足请购需求，如满足则需求单位直接进行申领，停止采购。

二级核准：如本地库存没有某种型号的请购物资，则调取库存中适应的“兼容模型”物资（支持向上兼容、向下兼容），根据兼容规则，如满足请购需求，则直接进行申领，同时停止采购。

三级核准：如本地库存无法满足需求，则调取省库存及其他地市库存信息，判断是否满足请购需求，如满足则直接进行调拨申领，并停止采购。

经三级核准后，如库存仍无法满足请购需求，则审核通过请购需求，进入采购程序。

（3）供：供应分级管控，提高供应效能。

①在线预约，提高供应效率。

为保证物资供应和仓储现场高效协同，用户通过线上预约，实现物资供应的全程跟踪。在采购订单下达后，由供应商安排生产，满足发货条件后，通过 App 向仓库管理员发起到货预约。预约审批通过后，供应商需按计划完成供货。然后，仓库管理员系统分析供应商供货质量、供货周期、及时率等，并对供应商进行考核评估。

②供应商肖像，提高质控水平。

通过优化采购及供应商管理策略，推动供应商管控由“控”向“防”转变；形成质量信息跟踪及共享机制，实现全网过程质量管理联动；联合打造防控双管齐下的产品全生命周期质量体系，构建企业质量管控首要防线。

通过量化供应商肖像指标，对基本经营情况、质量体系建设情况、环保处理能力、生产能力等方面进行评估，针对物资品类进行供应商评级，协助供应商提升自身的质量品控水平。

（4）用：领退双管，推行“小批量，多频次”。

①建立领用模型，推行按需领用。

库存物资品类繁多，业务需求场景不一，在物资使用环节缺乏防控过量申领有效手段。因此可以通过数据分析，建立各类物资的领用模型：根据正态分布，确定最佳领用频次（m 次/月）和最佳单次领用规模（n 件/次），创建领用频次和领用规模的象限图，以（m，n）为交叉点，大于 n 且小于 m 为较佳区间，小于 n 且大于 m 则为较差区间，其他为中等区间。然后将各单位的领用模型进行分布展示，对于较差区间进行预警通报。

对于产品化的通用物资申领，推荐采用小批次、多频次的方式，单次申领不得超过 $3n$ 件，如业务需要超量申领，则要求请购人明确超额申领原因，并提请单位领导审批，以此约束请购人科学申领，防控滞库。

②严管退库，明确管理责任。

通过建立“谁退库，谁负责”管理模式，要求物资在退库时由使用人负责退库物资的管控。通过 LIS（物流信息系统）申领物资时，系统自动提取申领人、单位、项目、产品等信息，并和申领的物资进行关联后存档。此后，每隔 3 个月进行预警通报，直至物资消化完毕。

③按进度领用，建立暂存点管控机制。

加强物资末梢管控，建立装维点管理系统，进行物资的使用情况及库存情况统计。以单向工程为颗粒度，严控工程实施进度，保证暂存点、装维点的按需领用、按进度领用。由市公司采购单位定期对暂存点进行盘点，将盘点数据反馈市公司工程部门，市公司工程部门根据工程实施情况核查盘点数据，并将异常数据反馈县区装维点，由其反馈分析报告。市公司工程部门最终核定每月工程进度及物资使用核查报告，并通过考核和通报方式，督促提高物资科学、高效使用。

（5）存：殊途同归，加速消“存”。

①以“存”定“设”，优先消“存”。

实现 LIS 数据和 PMS（工程管理系统）数据互通，常态化呈现物资流转信息与工程项目管理信息关联关系。

在完成立项批复阶段，LIS 向 PMS 推送当前库存信息，同步向设计单位推送当前可用库存信息。设计单位通过 PMS 在线制作项目设计清单，每类物料均实时对比库存，如库存物料型号满足需求，则锁定库存物资后纳入项目设计清单；如库存中无直接满足的物料型号，则选择库存兼容物料型号并纳入项目设计清单。

②协同终端公司创建 VOI 模式，实现“零库存”。

安徽移动联合终端公司创新开展了基于产品化采购物资的 VOI（Vendor Owned Inventory，供应商拥有的库存）管理模式的探索和实践，通过“零库存”的方式提前锁定市场战略物资，快速响应市场发展需求，推进降本增效工作。

安徽移动根据业务需求提前给供应商下发 VOI 备货单，给供应商预留充足的生产周期，并提前锁定供应商产能。供应商按期到货后暂存省库，并由供应商缴纳一定的仓储租赁和管理费用（物资的所有权归供应商）。安徽移动根据分公司业务发展，在有实际物资调拨需求时下发正式采购订单，实现物权转移，然后物资进行入库和出库操作。

（6）退：基于四步法，构建“FARM”逆向物流体系。

长期积累的大量闲置物资，散落在各专业部门或暂存点，造成资源浪费。现融合供应链新理念、融智大数据等，通过“FARM”（Find，Authenticate，Reuse，Manage）四步法，以云盘点为输入端，以大数据分析、智能共享为运营中心，以利旧报废处置为输出端，构建闭环的逆向物流管控体系，实现可持续的开源节流，进一步推动物资效能和管理效能提升。

（7）废：分类分级，提高物资报废处置效率。

针对废旧物资，基于物资属性分为工程余料、网络拆旧、综合办公、业务用品四类物资，按照价值确定回收方式，按技术专业性特点确定鉴定方式，按物资类型确定再利用方式，按处置的规模及复杂度确定报废方式，形成灵活的分类分级的处置机制，提高逆向物资处置效率。

2. 实施端到端协同，打破物资全生命周期管理“壁垒”

以“控增量、清存量”为抓手，在实现精益化管控基础上，以库存为主线进行贯通，通过打通内部、外部流程壁垒，发挥端到端的协同和规模效应，实现降本增效。通过实施库存与需求、设计、订单联动，建立长效物资管控机制；开展在库物资分级预警，落实“谁请购谁负责”；推广电子签章，探索无纸化协同；制定标准化流程，贯通供应链管理两级架构，整合供应链运营要素，促进内部横纵向条线整合，打造全周期供应链协同体系。

3. 打造数字化基础，实现物资全生命周期系统贯通

推动数字世界与物理世界的融合，依托各系统的物资流转数据，经过沉淀后基于安徽移动大数据中心架构，打造面向用户需求的数字供应链体系。围绕“需、采、供、用、存、退、废”，以管控为导向构建物流运营“晴雨表”，形成 7 个环节、24 个指标、7 色预警体系，将需求、项目数据、请购数据、设计数据、使用数据、出入库数据、报废数据、利旧数据进行贯通，以数字化监控供应运营全过程，推动建立物资按需请购、合理领用、高效共享、科学利旧的供应链数据全景视图，提升数据共享、监控预警、统计分析能力及运营能力，以数据化驱动管理及运营。

4. 推行“物码共生”，建立物资全生命周期“物联网”

基于 5G、云计算等技术，构建物码共生系统，通过“一物一 ID”“工程预约”等实现工程物资的全程管控，提高工程物资精细化管理程度，进而降本增效；建立从“回收—维修—再利用—离网”的物流通道，将信息流和物流融通管控，实现物资全生命周期的可视、可溯源管理。

5. 聚焦“数智化”赋能，实现物资全生命周期“智慧运营”

建立“供应链大脑”，利用全流程贯通建立的大数据库，以协同“需、采、供、用、存、退、废”的关键运行任务为主线，将供应链分为不同的数据模块，以分级管理对接智能判断，以量化管理对接智能决策，将各环节的输入数据进行过滤，由“供应链大脑”

根据不同业务模型进行中台管控，并利用判断算法模型进行智能决策，利用任务模型开展智能操作，如智能预测、订单自动补货、智能调拨、线路自动规划、自动结算等，并通过智能预警及可视化功能，推动人工智能与供应链的不断深入融合，实现供应链全周期的智能交付。

四、项目效益分析与评估

自开展基于大数据和人工智能的数智化全周期管理体系研究及应用以来，中国移动协助安徽移动通过重构组织架构、建立制度、优化流程、建设信息化平台、引入大数据分析和人工智能等新技术，实现了全流程的高效协同，推广数字化、量化管理，积极践行物流运营智慧化管理，提高了物资效能及管理效能。

（1）推进“物码”跟踪体系，实现终端全向闭环管控。利用物联网和5G技术，通过全生命周期管理体系，实现终端精细管理，及时避免39万台终端“跑、冒、滴、漏”，成功追讨丢失终端3.5万台，节约金额6440万元。

通过“FARM”四步法以及物资调度系统，累计回收逆向物资总价值2.6亿元，其中工程余料和网络拆旧物资价值9883万元，市场类智能网关、机顶盒、光猫价值8629万元，综合类办公设备和固定资产价值7515万元；共计盘活利旧逆向物资价值9400万元，处置报废物资价值6086万元。

（2）全流程贯通，落实供应链精益管控。通过打破管理局限，建立基于库存的管控模式，深入剖析供应链各环节，实现物资精益化管控，盘活利旧库存物资价值4100万元，将全省平均月库存由2018年的2.5亿元降低至1.7亿元，整体降幅为32%；物资年周转率由12次提升至18次，整体增幅为50%；长期滞库物资由450万元降低至150万元，整体降幅为66%，物资使用效能显著提升。

（3）数字化赋能，驱动交付运营。建立全周期数字化物资管控体系，实现可视化、多视角的运营数据分析和预警，提升物资管控水平，将需求准确率由88%提升至95%；领用及时率由91%提升至99%；项目偏离度由12%降低至1%；项目退库率由23%降低至5%，各单位数字化能效显著提升。

（4）建立了供应链大脑运营平台，以供应链全程贯通和数字化为基础，建立供应链大数据分析模型，通过多维度数据分析深入挖掘供应链运营规律，借助大数据、人工智能和物联网等技术，提升统计分析、数据共享、监控预警和智慧运营能力，实现从供应保障向价值运营转变。中国移动协助安徽移动建成了供应链集中预警中心平台，建立涵盖考核指标、项目进度、订单跟踪、合同期限、产品质量、呆滞库存等多维度、多层级的预警中心，实现灵活、可定制预警。并对供应链各环节进行数据建模，以积累的供应链大数据作为输入变量，依托人工智能，建立智慧供应链运营平台，发挥“决策者的参谋部、管理层的作战室、执行层的冲锋枪”作用，提高供应链整体运营效率和抗风险能力。

（5）打造了标准化和自动化运营流程。以结构化引领标准化，以数字化推动结构化，以自动化牵引数字化，推动供应链数字化转型，实现运营流程自动化。通过自动共享，价值2200万元的物资高效再利用；通过运输线路自动分配将配送效率提升30%，配送费用节约120万元。

五、项目推广意义

（一）项目创新

1. 构建“晴雨表”数字化管理体系

通过重点指标依托物资流转数据，监控物资供应整体过程，创新构建物流运营“晴雨表”数字化管理体系。将物资流转的7个环节转换为24个数字化指标，使各环节运转情况数字化、显性化，形成全周期的7色预警健康度管控，绘制工程项目物资、产品化物资和部门物资等多维度画像，建立供应链全景视图，提升数据共享、监控预警、提升运营能力，实现以数据化驱动管理及运营。

2. 建立端到端全流程协同

以内协同促运营，以外协同提效率，实施库存与需求、设计、订单三联动；开展在库物资分级预警，落实物资管理责任；推广电子签章，探索无纸化协同；制定标准化流程与制度，整合供应链运营要素，打造跨线条供应链协同体系。

3. 建立全生命周期管理体系

打造首个“全向物流”管理体系，以降本增效为主线，融合供应链新理念、融智大数据等，让“正向物流”和“逆向物流”交汇。基于云盘点、物资共享、自动调度、分级报废，实现物资全生命周期流转，推动可持续迭代“开源节流”，进一步推动物资效能和管理效能提升。

4. 创新物联网管理模式

创建“一物一ID”物联网示范项目，实现信息流和实物流融通管控。基于5G、云计算等技术，构建物码共生系统，通过“一物一ID”“统一语言”等实现工程物资的全程管控，提高工程物资精细化管理程度，降本增效，实现物资全生命周期的可管、可视、可控、可溯源管理。

5. 构建“供应链大脑”智慧平台

推动人工智能与供应链的不断深入融合，基于已建立的需求模型及大数据模型，以分级管理对接智能判断，以量化管理对接智能决策，由供应链大脑根据不同业务模型进行中台管控，并利用判断算法模型进行智能决策，利用任务模型开展智能操作，实现供应链全周期的智能交付。

（二）推广意义

安徽移动基于“数智化”的全生命周期物资管理体系，已经被中国移动在全国范围内进行推广，多个成果被评为集团供应链最佳实践案例。

安徽移动作为帮扶输出单位，就物资长效管管控、数字化管控、物联网技术等方面和兄弟省公司进行深入的交流和互助，并在2019年荣获全国打榜赛优秀奖。

本成果投入使用以来，安徽移动在物资利用、流程管理、规范制度、部门协同、工作效率、信息化管控等方面取得了显著成果。

（三）社会效益

管理效益：通过集中采购规模下单提高采购合单率，付款和审批效率提升54%，人员节省56.25%（集采执行人员由16人降为7人），结合供应链全程可视化、自动化，预计节省人力费用189万元/年。

协同效应：通过引入预测网络，需求预测准确度提升约20%。

供应效能：供货时间由原先的20天缩短至10.4天，供应效率提升48%，验货合格率由94.6%提升至99.6%。

信息化方面：贯通ERP、EAS、PMS等系统11个，打通系统接口114个，实现了系统间信息自动交互、验证。

物资精益化管理：家庭终端全生命周期管理，通过系统回收终端74万台，成功移交翻新终端29万台，通过实时监控、自动稽核成功追回终端3.5万台，避免直接经济损失320万元。每年节约金额3220万元。

库内低库存高周转：2018年在整体采购需求量增加50%基础上，全省库存总量较2017年年底的2.5亿元降至1.74亿元，物资年周转率由12次提升至18次，长期滞库物资由450万元降低至150万元，物资使用效能显著提升。

六、项目下一步工作计划

（1）开展物资全生命周期管理，实现通信物资可查、可管、可控、可视的“四可”管理。统筹考虑物资的规划、设计、采购、物流、建设、运行、维护、技改、报废的全过程，在满足安全、效能的前提下追求物资全生命周期成本最优，运用现代物流技术、区块链原理及大数据平台分析等手段，实现系统化的科学管理方法。

（2）开展物资TCO延伸关联，通过跟踪和分析产品在设计、采购、工程、维护等环节成本，建立科学的TCO成本模型和全生命周期标准化管理流程，助力公司供应链运营成本最低、价值最大。

圆通全球集运有限公司：全球集运“智慧园区系统”建设

一、企业简况

（一）建设企业基本情况

圆通全球集运有限公司（以下简称“全球集运”）是上海圆通蛟龙投资集团的全资子公司，于2017年2月在中国浙江省义乌市创立，注册资本5000万元，并于2018年5月成立杭州研发中心。全球集运自成立伊始，即开始从事物流信息服务平台研发与运营工作，其自主研发的“全球集运平台”，是物流信息互通共享技术及应用国家工程实验室的业务示范平台，可提供整个供应链长链的基础服务。

为帮助圆通速递有限公司提升自营物流转运中心的信息化水平，全球集运现研发“智慧园区系统”，结合第三方硬件系统，帮助圆通速递自营转运中心实现降本增效。

（二）应用企业基本情况

圆通速递有限公司（以下简称“圆通速递”）创立于2000年5月28日，目前已发展成为一家集快递物流、科技、航空、金融、商贸等于一体的综合物流服务运营商和供应链集成商。截至2020年6月30日，圆通速递在全国范围拥有自营枢纽转运中心73个，自营城配中心5个，全网干线运输车辆超过5000辆，其中自有干线运输车辆2002辆。

圆通速递拥有的73个自营枢纽转运中心长期存在管理人员信息收集不全的问题，没有足够的信息数据支撑就无法形成更加优化的配给方案和决策，导致整个中心场地车辆秩序不可控、货物吞吐量减少以及调度人员工作效率下降，直接影响进出港快件的处理时效。

基于此，全球集运和圆通速递达成了“智慧园区系统”建设的合作，通过全球集运的信息系统研发能力，帮助圆通速递转运中心完成信息化建设改造。

二、行业内存在的问题

据全球集运对物流行业的调研，包括转运中心等在内的全国多种形式的物流园区信息化程度普遍不高，由此带来管理模式落后、园区内运营效率较低、经营成本较高的问题。以物流转运中心为例，从业务流程及经营模式来看，当前影响园区内运营效率和经营成本的原因主要有以下几个。

（一）车辆管理难度大

（1）传统物流转运中心的车辆进出园区主要由人工识别车型，无法清晰记录进出车辆的详细信息，且通行效率受到制约，这在车流高峰期尤为明显。

（2）车辆入场后没有自动、标准的机制，运输和仓储缺少有效联动，主要通路资源紧张，同时场内大量车位、月台等资源利用率低、监管困难，影响园区内运营效率。

（3）由于车流量大，车流高峰期车辆调度困难，同时进出园区车辆主要由人工管理，处理违规、拥堵的速度较慢，缺少证据留存，且缺少相关制度。

（4）园区不同出入口需要配备多名管理人员，成本高昂，效率低下。

（二）月台管理人工化、效率低

月台是货物进出仓库的必经之地，月台管理水平直接影响仓库运作效率和整个供应链的运转。

对仓库来说，如果没有准确的到货或提货预报，仓库管理人员无法掌控车辆入场时间和该时段月台使用情况，容易造成月台忙闲不均，影响作业效率，使资源无法充分利用。

对司机来说，如果无法事先知道月台作业的情况，车辆到达仓库后，有时需要长时间排队等待，浪费司机的有效工作时间。这时，很容易造成库区道路拥堵、场面混乱，甚至会引发冲突。

仓库管理人员与司机采用电话、邮件等传统方式沟通，效率低且不规范，也缺乏有效的信息联动和交互，影响沟通效率。

（三）缺乏统一的监控预警系统

传统的物流园区一般都会安装摄像头，但摄像头的利用率较低，监控设备一般仅作为安防需求，只用于场地内异常问题回溯。监控后台人工盯屏，效率较低且无法准确、实时发现问题，出现异常无法及时介入处理；同时由于场地内设备型号复杂、数量多，设备接入的成本较高。

此外，在监控管理上也存在一定的问题，如视频监控夜间值守成本高、管理难度大，视频集中化管理成本高等。

（四）人工调度问题多、效率低

在智慧园区改造之前，需要中心调度人员进行人工管理调度，调度成效全凭经验。由于信息分散，调度人员无法及时获取场内信息，容易造成调度工作延迟、现场秩序混乱。

三、如何落实信息化建设

（一）系统实施难点

在圆通速递转运中心信息化改造试点中，我们发现，受限于原有的场地设备（如鼓风机等）布置，智能化硬件设备无法找到最合适的安装位置，由此影响智能设备的实际应用效果（如识别准确率等）。此外，设备安装后也容易被碰撞，增加了设备的人工维护成本。

同时，由于转运中心长期以来对车辆和人员采用人工化管理为主，数据采集和录入以人工操作为主，因此历史采集的数据规范性不够，智能设备对历史数据的识别采集导入较难。

（二）系统实施方案

为落实推进圆通速递转运中心信息化进程，解决园区存在的出入管理人工化操作、月台运营效率低、智能监控缺失以及人工调度管理等问题，全球集运研发了一套完整的可视化、智能化的监管系统（即“智慧园区系统”，也叫“智慧物流管理平台”），以软件和硬件结合的方式，对场内和场外车辆、月台、司机、货物实行全方位监控与管理。智慧园区系统由全球集运提供软件系统，采购市面上有竞争力的第三方硬件服务商设备产品，通过抽取硬件设备的有效数据并融合平台研发的软件系统，以便更好服务智慧园区建设。智慧物流管理平台架构如图 1 所示。

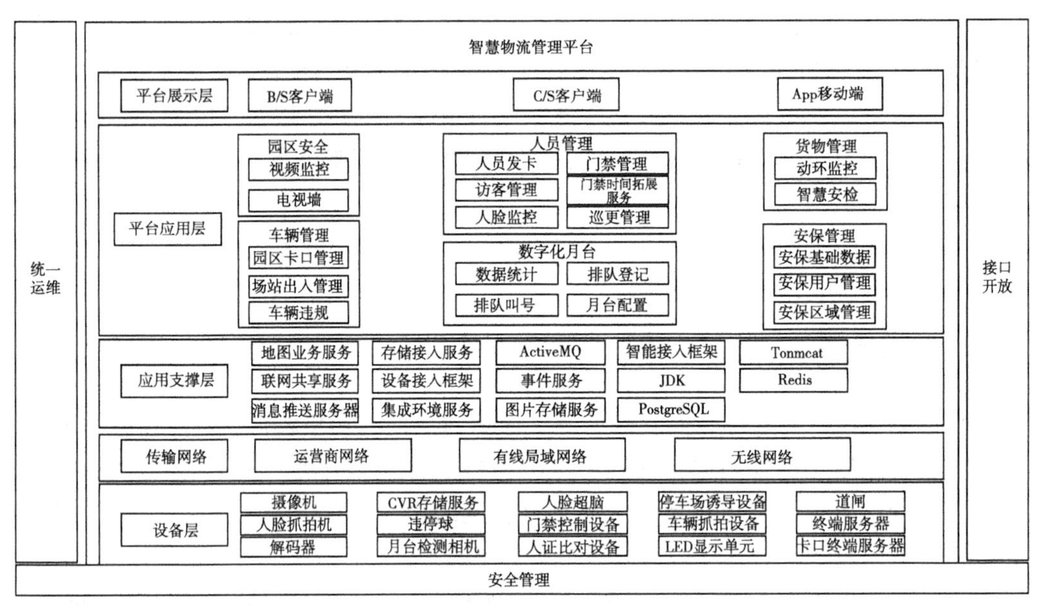

图 1　智慧物流管理平台架构

智慧物流管理平台主要由平台展示层、平台应用层、应用支撑层、传输网络以及设备层组成，整体采用前后分离的模式，客户端与服务端分离，保证了平台系统服务的稳定性。客户端包含了系统控制中心、用户 Web 端与 App 移动端。

其中，全球集运提供软件系统研发，由第三方硬件服务商提供硬件设备支撑，通过软件和硬件结合的方式，将硬件层数据接入存储模块，数据通过分析输出指令，高效完成调度等工作，保证了平台服务的时效性。

智慧园区系统由车辆管理、月台管理、调度管理、硬件系统四个模块组成，以下为系统实施方案。

1. 车辆管理

在物流旺季，各地分拨中心外围的 A/B 线车辆数量庞大，车辆在进入中心场地时秩序混乱，导致转运中心场地内车辆数量过度饱和，而场外车辆又无法进入转运中心。

平台制定智能移动设备、电子围栏、智能道闸结合的方案，设置合理的车辆到发车机制，将触发围栏的已到车辆进行分类和排序，让不同类型的车辆可以快速、有序地进入中心场地内的指定月台。通过智能道闸对中心场地内的车辆总数进行计数，保证不会出现场内车辆数量过度饱和的状况，保证中转场地内部道路的畅通。同时，系统根据采集到的车辆数据，对场地内车辆情况进行统计管理。

从系统功能来看，车辆管理由排队叫号、智能 ETC、车辆引导几大功能组成。

（1）排队叫号。

进港或出港车辆按照运单完结时间顺序，在触发电子围栏后，在中心场地外围进入运盟系统虚拟队列，并确定中心场地的装货或卸货月台。同时，通过 App 告知司机排队车辆数和预计等待时长，司机根据指示到指定位置等待进场。

排队叫号系统以车型、线路类型、月台类型等要素为约束条件，以月台利用率最大、车辆排队等候时间减少为目标，为车辆分配月台并通知司机。此系统集成了多种技术方式，实现了对司机的及时通知，调度人员也可通过后台查看所有排队车辆、干预车辆入场顺序。将任意车辆置该条队列的顶端，被置顶车辆在场地关联位置有空时，拥有此队列的优先入场权限。

（2）智能 ETC。

园区出入口安装智能 ETC，是用于识别出园或入园车辆信息，然后将车辆出园或入园信息发送给云端数据库，以便系统及时更新场地内车辆数量。

①信息获取：智能 ETC 自动获取车牌、车辆品牌、车型等信息，根据排队序号、月台状态等进行导引。

②快速放行：智能 ETC 根据识别的车辆信息判断该车辆是否应叫号入场，然后做出快速放行或劝返等操作。

智能 ETC 改变了原有的人工登记车辆信息的操作模式，当前试点中心的车辆出入识别准确率达到 99%，平均车辆入园或出园时间缩短近 50%。此外，通过智能 ETC 对车辆数据进行采集，管理人员可以根据获取到的数据进行园区车辆管理优化，同时可依托数据辅助园区开展配套业务。

（3）车辆引导。

园区内安装了标准 LED 屏，显示车辆排队情况或停靠月台位置，月台处也安装了小型 LED 屏，显示月台号、车牌号等信息，引导车辆正确靠台。

司机也可以通过 App 查看车辆排队情况、指定月台等信息，有助于司机正确停靠月台，减少无效挪车时间。

2. 月台管理

为解决园区存在的月台闲置时间过长、货物堆积过多、车辆完成装卸车后未及时驶离等影响月台运营效率的问题，现研发了月台管理模块，通过月台管理、月台配置、月台看板三大功能实现月台的智能化管理。

（1）月台管理。

月台管理的主要功能为月台作业监控，车辆排队有序停靠月台，通过在月台安装智能摄像机并采用智能算法，可以准确识别车牌并上传至调度管理模块，实现月台占用情况可视化。

通过智能摄像机进行装卸作业监控，可及时发现暴力分拣行为等，提高事中警示、事后追溯的精益化管理水平。

用红、绿、灰三种颜色标记不同状态下的月台，调度人员可快速查看月台状态并分析异常，然后进行干预。

调度人员点击月台地图上车位标志或右侧列表信息，可查看该月台详情，包括月台状态、等待车辆、司机等详细信息，并可做标记处理和调度车辆。

（2）月台配置。

通过月台配置功能，可实现对月台报警开关的实时设置。

月台配置后台可设置报警开关配置和装车卸车配置，当开启报警功能后，该月台出现异常情况时系统会报警提示；当关闭报警功能后，该月台不再提示异常状况，系统地图上可见该月台报警开关的状态。

（3）月台看板。

智能ETC、监控系统采集到的所有数据，均由系统集成进行分析，并通过月台看板展示。

目前月台看板展示所有和场地关联的干线车辆数据，包含场内车辆总数、即将到达车辆、车辆作业数据、场内异常总数等，均实现实时更新。

3. 调度管理

调度管理主要包括排队规则设置、车辆调度、车辆引导、出园授权等业务场景。调度管理主要以进出园处监控、月台监控作为数据来源进行调度判断，通过引导车辆靠台、发出异常处理指令等完成调度工作。中心场地内的车辆停靠、装卸货作业、车辆的有序离园最终通过调度系统实现。

车辆进入中心场地时，智能摄像机自动识别和采集车辆信息，调度系统实时更新场地内车辆数量数据，然后调度人员根据规则设置发出调度指令，引导车辆靠台作业和处理场地内异常情况，实现了对司机和月台作业的远程调度。

有了调度系统，可以让有经验的人员留在总控室，调剂线下的管理人员处理问题，解决此前管理人员信息收集不全、思考片面的问题。

4. 硬件系统

通过应用第三方硬件设备，实现中心场地的智能化管理。主要硬件设备为智能摄像机、智能道闸以及数据大屏。其中，智能摄像机起到非常重要的作用，在植入物流云远程智能算法后，增加了数据分析和自我学习的功能，配合智慧园区系统可以辅助中心场地调度人员对整个中心场地完成实时线上监控、管理，保障中心场地的有序运行。

（1）智能摄像机。

园区内应用智能摄像系统在园区出入口、月台等多个点位安装智能摄像机，车辆进入园区、停靠月台到开始装卸作业以及驶离园区整个过程全程监控。

此外，与传统摄像机不同的是，智能摄像机将静态感知和动态判断相结合，对车辆信息、月台状态、作业信息等进行智能分析，给以具体的操作指引。

静态感知：智能摄像机对入场车辆、月台状态进行监控，并将结果上传系统，实现调度系统和App的实时联动，调度人员进行线上调度，司机根据线上提醒完成线下操作。

动态判断：智能摄像机通过识别并判断月台是否空闲、装车或卸车作业是否正常进行、月台货物堆放是否已饱和等，并将数据上传系统，辅助调度人员实时线上监控、管理。

有了智能摄像系统，原本需要现场巡检的工作可由智能摄像机完成实时识别，并第一时间推送后台，调度人员可迅速进行处理，变成了实时智能管理模式。

（2）智能道闸。

通过在中心场地出入口及消防通道布置升降道闸，并通过道闸系统内的摄像机监控识别车辆牌照，判定车辆入场资质，对出入车辆进行计数并将车辆信息与月台信息进行关联。

（3）数据大屏。

中心调度室的数据大屏实时展示场地内车辆情况和作业情况，出入口显示屏实时展示进出场地的车辆情况；户外月台显示屏实时展示作业中和排队中的车辆号码等信息。

四、信息化对企业的影响

（一）信息化对企业业务流程的改造

智慧园区系统在圆通速递部分转运中心试点应用后，优化了转运中心原有的车辆停靠作业流程，对企业的降本增效有明显的作用。

在智慧园区系统实施之前，车辆的入园、信息采集、调度引导、信息录入等工作主要由人工完成，缺少数据支撑，这就造成了园区内运营效率低且不稳定、突发情况无法及时处理等问题。智慧园区系统实施前后的业务流程对比如表1所示。

表1　智慧园区系统实施前后的业务流程对比

业务流程	实施前	实施后	流程优化
排队等待	车辆到达园区入口，排队等待入园	车辆触发电子围栏进入排队序列，司机根据排队序列及预估等待时长有序入园	减少车辆无效等待时间
进入园区	在门卫了解车辆详情并进行登记后，车辆入园	智能ETC自动采集车辆信息后快速放行车辆入园	减少车辆通过道闸的时间，有效采集信息
车辆引导	调度人员现场跑动了解月台情况并引导车辆靠台	系统自动采集数据，实时获取月台情况，并通过App告知司机	调度人员根据系统精准数据判断调度并引导车辆靠台，提高车辆靠台的精准性
停靠车位	根据人工调度引导车辆靠台，不能精准识别车牌号信息	App精准通知司机关联月台，车辆根据引导进入指定月台，智能摄像机识别车牌是否正确	车辆精准有序靠台，避免车辆停靠错误的月台等
装货或卸货	车辆进行装货或卸货，其间可能出现暴力装卸等异常情况	车辆装卸货全程由智能摄像机监控，对于暴力装卸等系统将发出警报并实时记录；装货或卸货完成度超过阈值范围时，系统安排下一辆车准备靠台	装卸货监管规范化，提高月台运营效率

续　表

业务流程	实施前	实施后	流程优化
车辆驶离	车辆完成装货或卸货作业后驶离月台，可能出现未及时驶离的情况	车辆完成装货或卸货后超过正常阈值时间未驶离月台，系统发出警报提醒	减少月台闲置时间，有序引导车辆驶离
离开园区	车辆完成园区内的所有作业后离开园区，可能出现未及时驶离的情况	车辆完成园区内的所有作业，在超过正常阈值时间后未驶离园区，系统发出警报提醒	提高园区内车辆运营效率，减少园区拥堵等情况的出现

通过对智慧园区系统实施前后进行对比分析，我们可以发现对物流转运中心的信息化改造，虽然工作流程没有发生本质改变，但部分环节中可以通过系统进行信息传递，提高了时效和沟通效率，大幅度缩短了业务流程时间，节约了人员支出成本。数据显示，当前试点中心的车辆出入识别准确率达到99%，平均车辆进出园时间缩短近50%，直接提高了中心场地的运营效率。

（二）信息化实施对提高企业竞争力的作用

信息化建设在现代物流企业竞争力提升中具有重要的价值，它对物流企业竞争力的影响表现在物流企业生产管理的各个方面。转运作为物流的重要环节，转运中心的信息化建设需要通过提升物流作业能力、物流控制能力、物流管理能力，达到企业降本增效的作用，从而提高企业的竞争力。

1. 信息化提升转运中心的物流作业能力

信息化建设下，具有了车辆在途预约排队、智能道闸快速放行以及数据采集、月台的智能化管理等系统功能，大大提升了转运中心运营效率，也降低了企业的人力成本。

2. 信息化提升转运中心的物流控制能力

这体现在智慧园区系统对于物流作业流程具有实时监督、快速调动的能力。从通过智能道闸开始，车辆的所有数据信息和动态信息均被自动采集，并上传系统，系统进行数据分析并对异常情况及时发出警报，调度人员根据警报及时作出处理。对比信息化建设前，信息化建设后极大地提升了调度人员对物流的控制能力。

3. 信息化提升转运中心的物流管理能力和决策能力

这体现在企业制定物流系统的准则，以及对业务规划作出正确决策的能力。转运中心的信息化建设为物流作业和服务制定了一套系统准则，如车辆入园的排队预约规则、车辆装卸作业开始和完成的正常阈值时间设置、月台货物堆积正常阈值范围设置等，实现了业务操作的规范化和标准化。

通过系统采集数据，对数据进行分析，可以帮助企业找出问题、改善管理方式、优化业务流程，实现转运中心的科学管理。系统通过长期的数据沉淀，可以进行大数据分析，了解市场行情及变化趋势，了解用户行为，为企业决策提供支持。

五、信息化实施过程中的主要体会、经验教训以及推广意义

全球集运为圆通速递转运中心信息化改造研发的智慧园区系统，在充分考虑转运中心现状以及业务需求的前提下，为更好地实际应用，根据实际业务需求不断完善和优化系统功能，制定了长期的系统建设规划。

(一) 信息化实施过程中的主要体会及经验教训

在当前的系统建设及实施过程中，全球集运积累了一定的经验，具体如下。

1. 进行详细全面的需求调研是系统建设实施的基础

转运中心的信息化建设涉及企业内多个部门，因此在产品规划前应充分调研各方需求，保证产品的初期框架完整和业务逻辑通顺，以便后续能更好地实现系统推广应用。

2. 选择合适的第三方硬件服务商

转运中心信息化建设除软件系统外，硬件设备也发挥了重要的作用，尤其是智能摄像机、智能道闸等设备。因此，在选择第三方硬件服务商时，需根据自身的软件系统设计，结合实际业务场景，充分考虑硬件与软件结合，以实现数据的有效传输互通。同时，部署硬件设备前应该做好风险评估，避免验收时出现无法使用导致返工的情况。

3. 系统设计的可扩展性

物流行业是与时俱进的行业，转运中心的信息化系统设计必须具备可扩展性，系统不仅要满足当前的需求，也要考虑未来新业务的扩展需求，避免重复地投资建设。

(二) 推广意义

根据《第五次全国物流园区（基地）调查报告（2018）》，全国共有物流园区 1638 家，年复合增长率超过 10%，但从物流园区信息化程度来看，大部分的中小物流园区相对落后。数据显示，物流园区信息系统投资占园区总投资的比重平均只有 8.2%；其中 51% 的物流园区信息系统投资占园区总投资的 5% 以下。

对于智慧物流园区而言，信息平台建设尤其关键，要充分理解“把信息平台打造成物流企业园区的核心竞争力”的发展理念，即信息化不仅仅是目的和手段，还是物流企业未来发展的核心竞争力，要通过信息平台的建设引导物流园区发展、创新物流产业发展模式。

六、本系统下一步改进方案、设想以及对物流信息化的建议

(一) 本系统下一步改进方案、设想

全球集运为圆通速递转运中心研发的智慧园区系统建设是长期的、不断完善功能的。当前已完成上线的系统功能有外场车辆管理模块、数据看板模块等，后续将不断研发更多的系统功能以更好地优化业务流程，更好地帮助物流园区降本增效。

在系统开发层面，后期开发过程中将继续完善车辆排队叫号功能，新增中心场地报表、权限配置、用户后台数据自主配置等功能。

在硬件安装层面，下一步将完成所有圆通转运中心内的ETC风险评估和部署等。

（二）对物流信息化的建议

自2015年7月国务院发布《国务院关于积极推进“互联网+”行动的指导意见》提出了“互联网+”高效物流等11项重点行动以来，信息化、自动化、智能化成为物流的发展趋势。物流行业的信息化相对起步晚、发展慢，推进物流企业的信息化建设需要企业自身建立信息化发展意识，同时加大在信息化建设中的资金、人才等投入。具体来说，主要有以下几个方面。

1. 物流企业从上而下建立信息化认知

物流信息化建设是一项系统工程，涉及面广，不仅要投入大量人力和物力，还涉及企业的组织机构、管理体制、工作方法等一系列重大问题。从某种意义上讲，物流信息化建设就是对企业的人、财、物等资源以及产、供、销环节在信息处理、工作方式、管理机制等方面进行一次大的创新和变革。

物流企业是劳动密集型企业，除管理层外更多的是一线人员，而该部分人员受限于教育水平等因素，对信息化的认知相对较低，但物流企业的信息化建设最终必将在各业务操作环节中落地。因此做好物流信息化，企业应从上而下建立信息化认知。而企业管理人员、信息部门负责人等必将面临诸多的压力和挑战，需充分坚定企业的信息化建设理念，不断提高员工的信息化认知和员工的素质。

2. 开发企业物流的信息资源

物流企业信息化建设离不开实际业务数据的支撑，信息资源的建设、积累和更新是一个长期复杂的渐进过程，只有在科学管理的基础上，才能获得准确、合理和充足的数据。因此，企业信息资源的开发务必建立在物流信息的标准化和规范化基础之上，切实落实信息的标准化采集。同时，将采集到的数据通过信息化的方式进行处理，并建立数据库，大大提高企业物流决策过程的效率，改进企业数据分析的质量和增强灵活性，改善服务质量，增强企业物流决策的可靠性。

3. 物流企业信息化建设需重视行业的互通共享

物流行业是一个集仓储、运输等于一体的行业，物流企业的信息化建设不能单独进行，企业除了要做好自身业务处理过程信息化，开发企业各部门信息共享的系统外，还要实现与业务伙伴或与客户之间的信息交互。

中铁快运股份有限公司：六安钢铁一站式全程供应链管理服务项目

一、项目介绍

1. 企业简介

中铁快运股份有限公司（China Railway Express Co.，Ltd. 以下简称“中铁快运”）是中国国家铁路集团有限公司直属控股企业，中国 AAAAA 级现代物流企业，中国交通运输协会快运分会、中国医药商业协会社会医药物流分会会长单位，中国铁路高铁快运、行包快运及国际快运业务的统一对外经营主体，全国铁路货运接取送达业务的主要力量。中铁快运坚持平台化发展思路，开展高铁快运、铁路行包快运、铁路班列快运、铁路国际快运和铁路普通货运等业务，竭诚为客户提供优质高效的现代物流服务。

2. 项目客户简介

六安钢铁控股集团有限公司（以下简称“钢厂”）位于安徽省六安市霍邱经济开发区。钢厂所在地区铁矿资源丰富，居全国第五位、华东第一位，钢厂自有储量3亿多吨的铁矿资源。钢厂紧邻阜六铁路，交通便利，距淮南、淮北、阜阳煤矿五十余公里，燃辅料资源丰富。钢厂所属的皖西北革命老区，是安徽省政府引进的重点扶贫项目，腹临中原地区，属于经济快速发展区域，产品市场前景广阔。

钢厂设计钢铁年产量300万吨，其中棒材180万吨、线材120万吨。建成后可形成年工业产值近400亿元，同时拉动相关产业经济增长近1200亿元，提供直接就业岗位约1.5万个。

截至2019年6月，钢厂一期到位投资达103亿元，二期建设于2019年11月底完成。

3. 项目概况

中铁快运上海分公司为钢厂提供全程供应链管理服务，这是首次以4PL（第四方物流）模式对铁路物流资源、物流设施和物流技术进行运用、整合和管理，提供了新的业务管理和操作模式。

该模式使钢厂的大宗物料运输得到保障，物流成本和管理费用得到有效降低，可将更多精力集中于核心业务发展。同时中铁快运作为供应链有效管理人，协调各相关单位，跟踪班列信息、加工钢铁及记录各环节作业，实施平台化运作及管理，建立铁路保障供应服务体系，使运输服务方案不断持续优化，铁路资源得到最大化利用。

中铁快运上海分公司在供应链管理中发挥的作用如下。

（1）平台作用。

打造了供应链管理平台，为生产方、代理商、物流商、铁路单位等九家企业搭建了沟通的平台。

（2）网络作用。

构建了经营网络，多点协同作业。

（3）信息作用。

驻路局联络组发挥信息沟通的作用，确保信息沟通及时准确，快速处理和化解项目运行中遇到的各类问题。

（4）调度作用。

发挥铁路计划调度功能，围绕钢厂的运输需求，及时优化和调整服务方案。

（5）融合作用。

兼顾各方利益，打造利益命运共同体，实现多方参与、和谐共赢的良好局面。

4. 物流规划

按照物流规划设计，钢厂通过铁路、管道或管状带式输送机等方式运输的生产物料和产品达到80%，因此应特别注重铁路运输，加快铁海联运主干线的大通道衔接，加快实施公转铁。钢厂在建设初期就已将铁路专用线建设提上议事日程。

5. 物流需求

（1）进口矿石铁路运输。钢厂所需原料为矿粉、矿石等，其中进口矿石从连云港上岸，通过铁路运输至吴集站。

（2）其他辅料大宗运输。包括煤炭、石子、石灰石等。

（3）未来成品外运。即将钢厂生产的面包铁、线材、棒材、薄板等销往外省市。

（4）钢厂至吴集站的铁路专用线建设。

二、突出问题及解决方案

1. 方案设计难点

（1）吴集站卸车：吴集站只有3个股道，并非每一个都可接卸集装箱，效率不高。

（2）运输组织难度大：陇海线东段线路忙，涉及多个货运中心、车务段、作业车站、编组站，在装车、运输、卸车等环节作业难度大。

（3）管理难度大：多地操作，涉及20多家单位，需构建多层级和常态化的协调和沟通机制。

（4）环保压力大：运输过程中涉及扬尘、抛撒等问题，污染环境。

2. 解决方案

（1）建立集成综合服务管理体系，包括方案设计、信息监控、调度、审查评价、结算等多项协同服务。

（2）协调铁路资源保障，跟进做好35吨敞顶箱调配工作，协调集装箱维修更换、平板车车底使用与更换，做好信息跟踪。

（3）纳入路局重点监控项目，路局联络组每日汇报发送量、卸车量以及运营中存在问题等。

（4）建立多层级沟通会商机制。

领导层由中铁快运上海分公司总经理对接各相关单位主要领导。

操作层由项目组对接路局、车站、港口、集装箱公司、货代公司、船公司，以及钢厂内部部门等。

（5）运输组织持续优化策略组合。

（6）专业团队服务（集成服务，整体联动）。

中铁快运上海分公司充当钢厂的物流部门，提供专业的铁路运输管理服务和管家式包干服务。项目管理组织架构如图 1 所示。

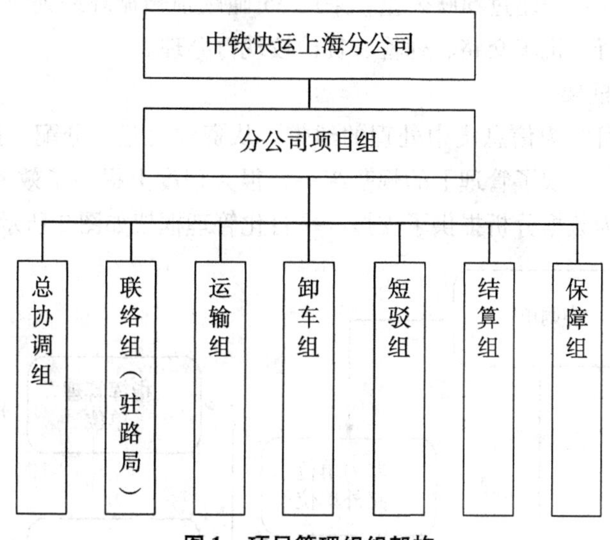

图 1　项目管理组织架构

项目组工作分工如下。

总协调组：负责项目日常运维管理，监督和控制资金风险，与客户和相关单位沟通协调；定期总结项目运作情况，确保完成预定计划目标。

联络组（驻路局）：循环班列信息跟踪、统计、传递等工作，监控各运输环节，并进行异常信息反馈、处理结果反馈等。

运输组：协调铁路行车及运输组织、调度、装卸、异常情况处理等。

卸车组：协调吴集站的车辆到达、货物交付、配送、卸车费结算等。

短驳组：协调重箱短驳、回箱送站、短驳质量及时效监控、空箱加固、空箱铁路装车等。

结算组：负责对账、制单、结算、收款等具体工作。

保障组：协助完成项目后勤保障，统计、分析客户档案等工作。

三、供应链管理

中铁快运上海分公司负责铁路运输各关键环节的保障工作，重点包括以下几方面。

（1）跟进做好 35 吨敞顶箱调配工作，协调集装箱维修更换、平板车车底使用与更换，做好信息跟踪。

（2）做好运输计划，发运受理、港口装车、货源预警，装箱全程盯控。

（3）全程运输信息监控，在途问题应急处理。

（4）协调行车和车站，做好到站卸车工作，短驳车辆与铁路运输对接，快速班列周转和放行。

（5）协调其他单位，做好班列运行保障工作。

四、平台化管理

1. 循环班列

本项目铁路运输里程超过500公里，采用35吨敞顶箱循环班列方式直通运输。循环班列由调度选线开行，机车交路、列检、货检按现行办理。

2. 平台化管理框架

以中铁快运项目组为信息集中处理的纽带，从资源总量、分配、扩充等方面整合信息，做出合理安排，实现了管理上的规范统一，很大程度上提高了效率、降低了失误率。数据的联通与整合为数据分析提供了支撑。平台化管理框架如图2所示。

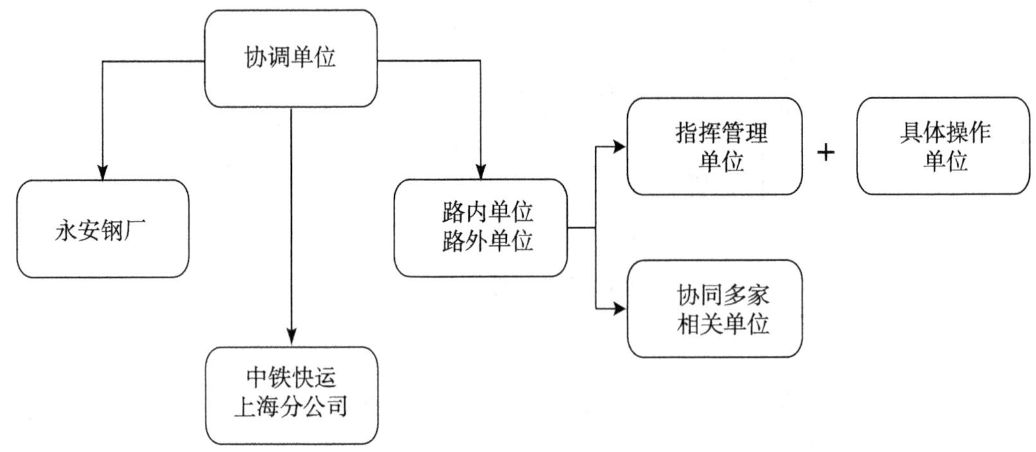

图2　平台化管理框架

3. 关键信息流程（见图3～图8）

发送
港口货源
通报库存货量
装车准备
发车信息采集表
需求点
计划
提报
运输计划
日运输计划申请
日计划（补清）
确认装车计划
确认计划
确认车辆
发运准备
发运信息核对、录入
车体号
集装箱号
收发单位
发排安排
港口内短驳货位
确认清库
备货
组织装运
上线
验车
验箱
装货
平整
过磅
发车确认
集结编组
装车预报
运费结算
预付款
货票
日结账
结算
开票

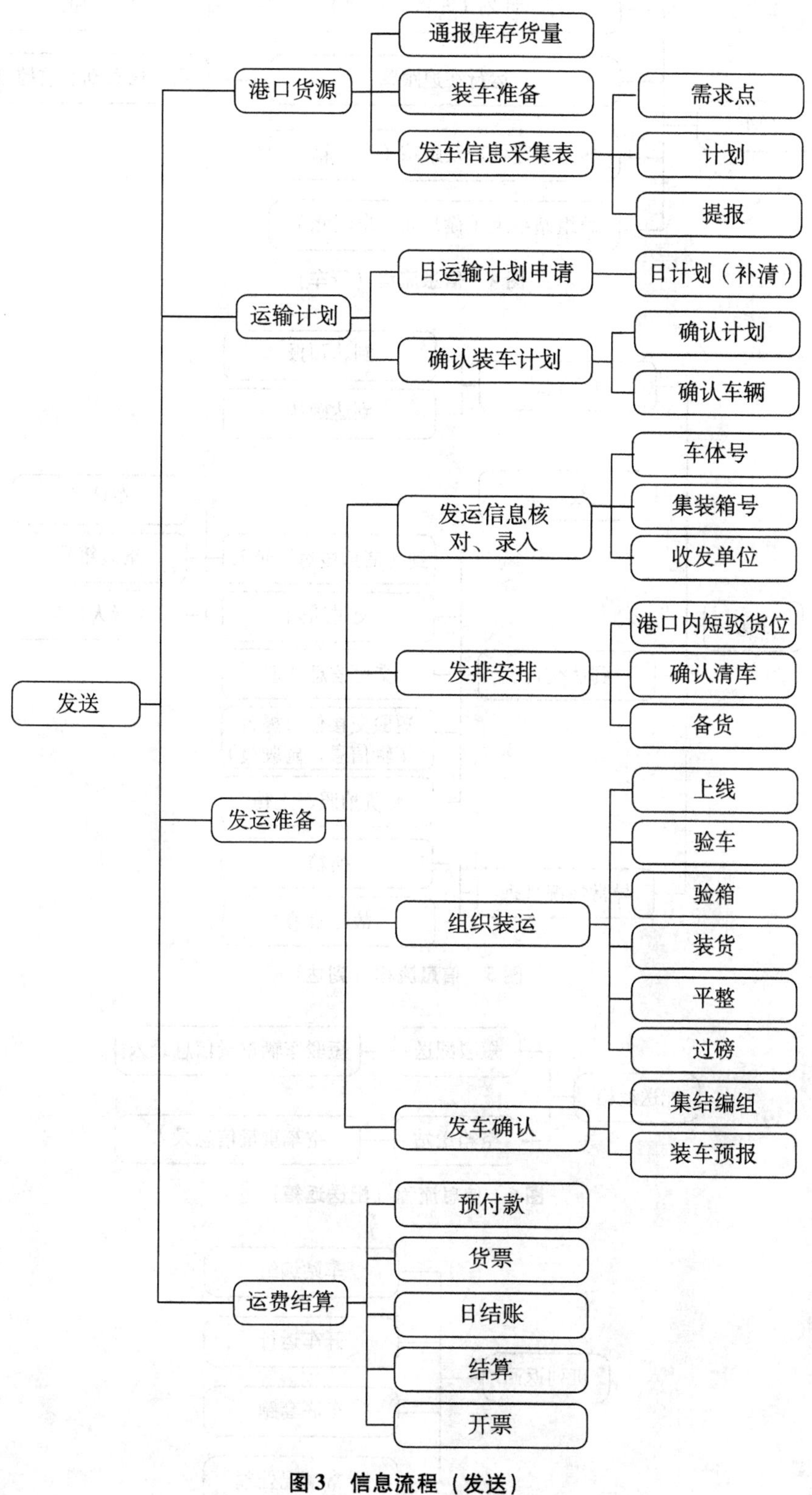

图3 信息流程（发送）

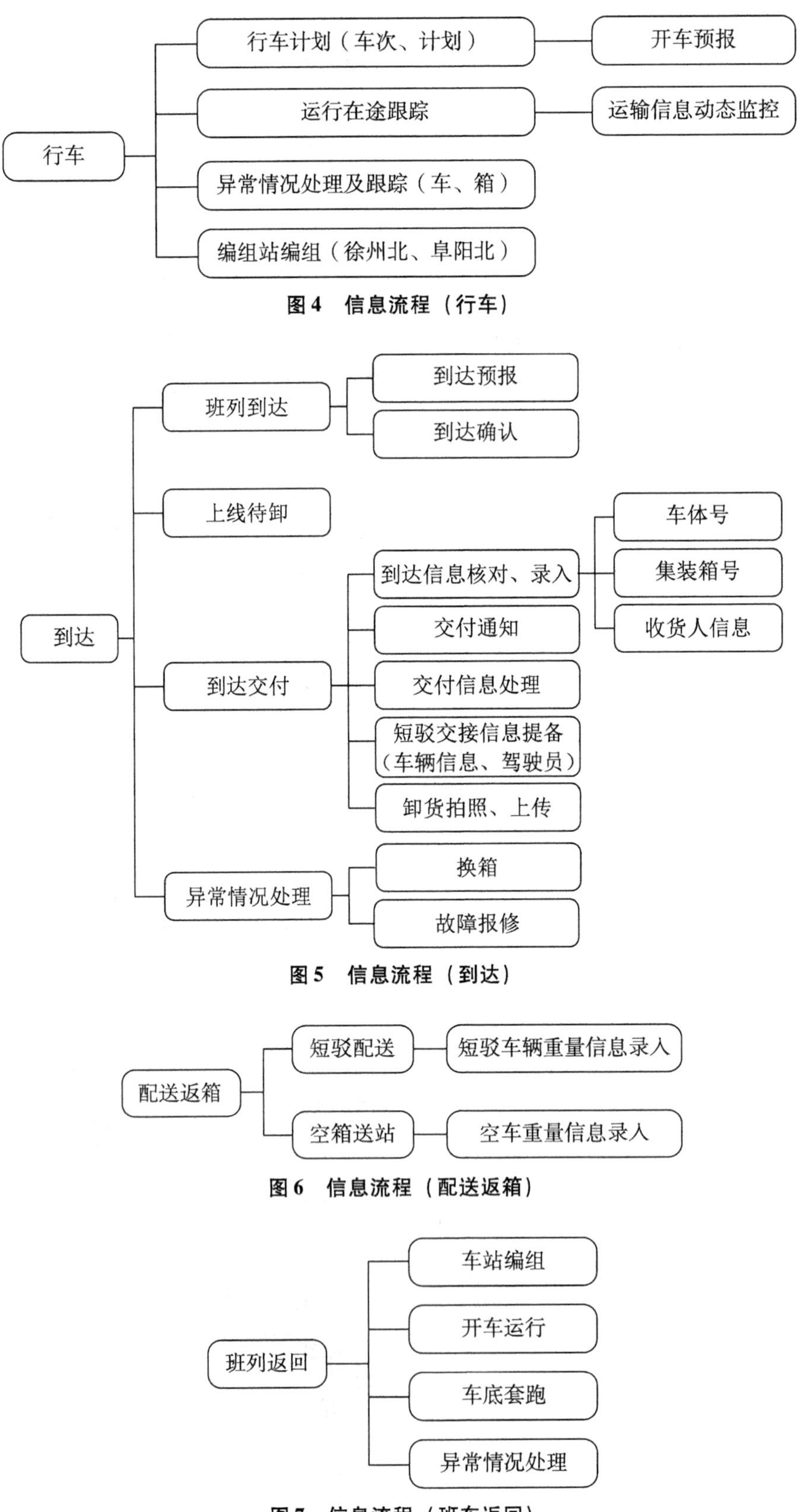

图4　信息流程（行车）

图5　信息流程（到达）

图6　信息流程（配送返箱）

图7　信息流程（班车返回）

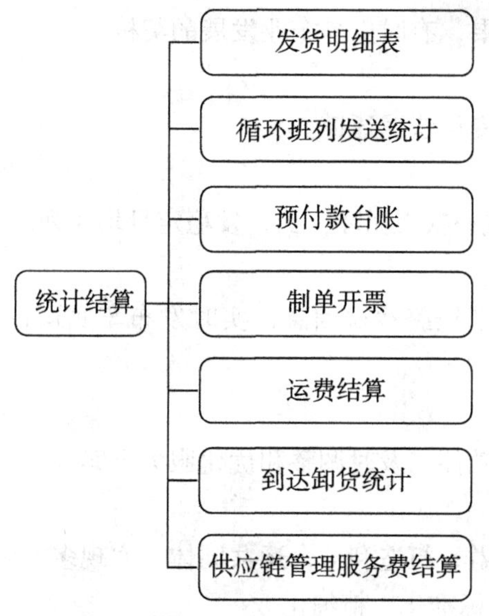

图 8　信息流程（统计结算）

五、平台化主要效益分析与评估

1. 经济效益

（1）物流直接成本下降。平台化之后运价下降 26%，铁路运输以运代仓，可节约大量采购周转资金，同时解决了船期不可控的问题。通过一站式服务组织协同各单位，全程信息盯控运输、调节库存。

（2）物流管理人员减少。钢厂只需负责采购矿石，大大减少现场操作人员，中铁快运负责对接船公司和货代公司，成为钢厂的物流部。

（3）降低基建投资，加速资金流转。钢厂不用新建或扩建堆场及料库，减少了库存，还可均衡保证物料供应。

（4）零损耗。敞顶箱封闭性好，运输全程无损耗。

2. 社会效益

绿色环保的运输方式提升了钢厂企业形象。

六、“六钢模式”经验

中铁快运作为较早走向市场的优质铁路品牌企业，拥有高效执行力的项目团队，通过提供定制化综合物流解决方案，抓住吴集站卸车和班列运输关键点，打造了中铁特色的综合服务体系，规避了运营风险，提升了运输服务质量，增强了铁路运输市场竞争力，成为路企合作的服务模板，得到各级主要领导和客户的首肯和赞扬。

1. 运输组织高效

快装、快运、快卸、快返。实现大宗货物当日达，对装卸、短驳、运转取送等关键环节用时严格把控。

2. 处置问题快

确保问题当日处理，及时反馈跟进。市场机遇转瞬即逝，抓住机会、迅速采取行动对于一个企业来说极为重要，有时更是企业发展的契机。

3. 绿色通道

钢厂在多个环节开设专用快速通道。

4. 均衡运输组织

班列最快 36 小时完成一次大循环，到、发稳定日均 4 列。

5. 每日盯控环节信息

每日收集、加工各环节铁路运输信息，实时发布车底运行状态信息，异常情况盯紧并跟进处理。

6. 计划调度

发挥铁路计划与调度功能，及时调整和优化服务方案。

7. 融合多赢

最大限度兼顾各方利益，打造利益命运共同体，实现多方参与、和谐多赢。

8. 铁路运输规范化、标准化、精细化

七、改进方案及设想

建立以全程货物、车辆、物流节点及单证等动态跟踪为重点的运营服务可视化管理平台，要形成统一的标准和规范，实现单证电子化，这也是实现“一单到底”的基础。在优化现有制度流程的同时细化功能设计，满足全程物流环节运作管控和过程经营管控需要，逐步实现向经营客户和经营物流运作资源转变，为进一步发展多式联运业务提供技术支撑。

漯河双汇物流投资有限公司：双汇物流智能调度系统

一、企业简介

漯河双汇物流投资有限公司（以下简称“双汇物流”）是香港万通物流旗下的控股子公司，成立于2003年，是国内大型专业化公路冷藏物流公司，国家AAAA级物流企业。目前，双汇物流在全国已经建立了19家省级物流公司、5个办事处，形成了集冷藏公路货物运输、仓储、区域配送、汽车销售、汽车修理、信息化服务等为一体的综合物流服务平台。双汇物流拥有冷库冷容20多万吨，常温库、配送库占地18万平方米，铁路专用线4条，自有车辆1000余台，整合社会车辆20000余台，日运能15000吨，年发运量突破500万吨。

二、建设背景

科技发展孕育发展新动能，新一轮产业革命、技术革命深入推进，成为行业发展的强大引擎。物联网、云计算、大数据、人工智能、区块链等一些重大技术与产业深度融合，创造行业新业态，“互联网+”物流新模式不断创新。推动传统物流企业拥抱互联网，全面实现数字化、智能化改造，加入智慧物流生态体系的建设，形成“数字驱动、协同共享”的产业新生态是物流行业面临的新机遇。

目前，就国内物流业的发展来说，信息化、智能化、平台化趋势越来越明显，物流公司普遍存在以下问题。

（1）订单小、配送点多，人工排布线路不能精确计算配送成本，降本增效的效果不明显。

（2）订单信息和车辆资源信息不能完全共享，运输环节没有做到配载联运最优化，造成首点装载率高、途中装载率低。

（3）运输途中有限行、限载、限高、限速、限时的路段，客户库房也有限制。人工调度靠经验、司机反馈信息排布线路，对调度的业务技能、业务水平、调度经验依赖性强。

（4）由于人工调度涉及的数据碎片化、分散化，无法进行精准汇总、分析、优化，对存在的问题不能快速有效解决。

三、建设内容

双汇物流建设智能物流调度信息化系统，通过双汇物流ERP、车货匹配平台进行订单导入、订单整合，结合百度货运地图，通过算法得到需求车辆和配送线路，并将配送线路信息传输到车货匹配平台，实现在线竞价找车、在线派车、在线导航，提升订单组合的科学性，有效降低公司运营成本，提高物流服务水平。

（一）订单流程

订单流程见图1。

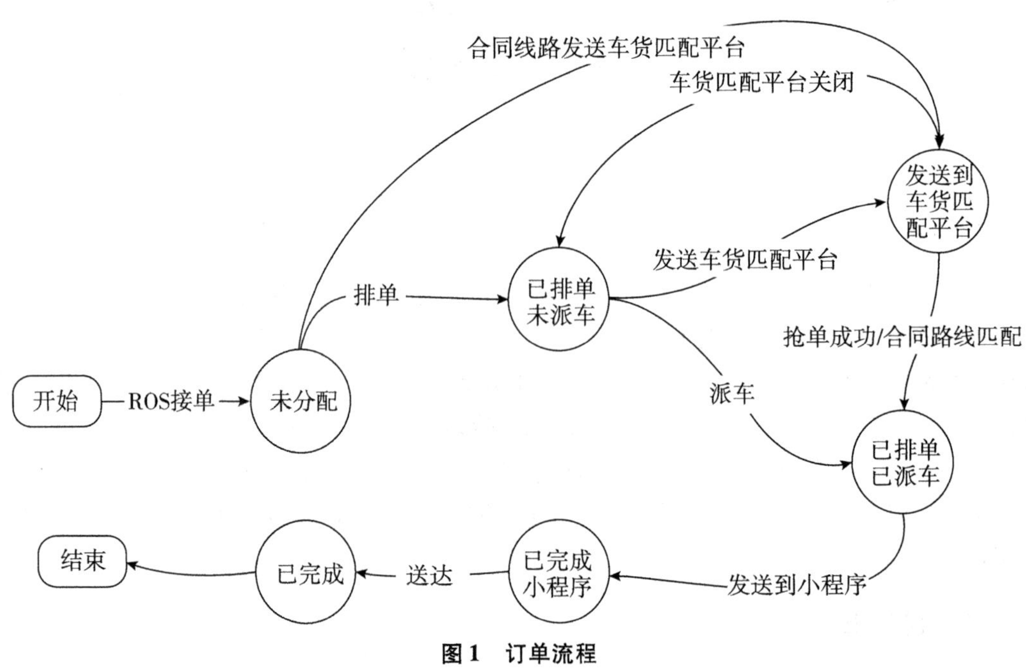

图1　订单流程

（二）功能介绍

1. 地图限制条件

引入货车地图后可以设置限重、限速、限号、限高、限宽、隧道、涵洞等条件限制，自动匹配线路、车型。

2. 公共限制条件

设定车辆类别、装载吨位、产品的体积、合同承运商的运输线路等限制条件。

3. 个性化限制条件

设定客户库房可进最大车型、客户收卸货时间要求、客户收卸货等待时长要求、客户对产品温度要求、客户对车辆偏好、客户对司机偏好等个性化限制条件。

4. 订单组合

系统根据订单信息、限制条件、业务类型、客户对时间是否有严格要求等，自动进行订单组合，分别计算出装载率最高、空驶率最低、配载和联运最优的排单结果。

5. 线路排布

将选中的订单集合按照设定的调度规则约束条件，按照合同订单优先匹配合同运力、非合同订单优先匹配自有运力的逻辑选出线路与车型组合。

6. 线路调整

系统线路排布完毕后，若有特殊情况（如紧急订单、临时变更线路、订单追加减等），则人工设定条件系统重新排布线路，或通过手工调整订单。系统记录调整前后的内容，用于比对、学习、优化算法。

7. 任务指派

系统根据线路排布结果和限定条件判定线路类型。属于合同线路的，系统直接指派给合同承运商，由合同承运商在系统中进行派车。合同运输线路指派完毕后，系统根据货物、车辆类型、车辆通行证、城市限行等条件，优先匹配自有车辆，调度人员按匹配结果进行派车。合同车辆、自有车辆分配完毕后，剩余线路由系统发布到车货匹配平台，通过竞价、抢单等多种模式寻找车辆，由接单人在系统中派车。

8. 重新排线

在系统组合生成匹配方案后，如有订单仍未匹配车辆或线路，则进行人工干预，通过系统二次排线、派车。

9. 自动学习

系统根据历史数据，发现人为调整和实际行驶的规律性特征，自动学习优化调度功能、形成策略，并在下次调度、导航时按学习结果进行智能调度、导航。

（三）实施中的主要困难及解决措施

双汇物流在实施项目时，主要存在以下困难。

（1）使用者对系统的理解不够深入，产生抵触心理。

（2）实施计划安排不当。

（3）实施方和应用方的沟通不顺畅。

如果对实施中的风险认识不足或规避不力，可能会造成负面效应，如应用效果不理想或影响了正常业务等，而选择具备专业、丰富实施经验的软件商可以避免企业损失。双汇物流实施智能物流调度信息化系统时，充分进行考察，最终和百度公司进行合作，从项目实施小组的组建到实施计划的编排和执行，制订了一套实用的规范流程。在项目实施过程中，加强项目管理、控制项目进度、确保整个实施过程都按照预计的时间表进行。

任何项目都存在风险，这是客观存在的现实。而风险管理机制是降低和化解风险的有效手段。这要做到定期评估，根据项目的实施进度做实际分析，通过分析发现潜在的问题，及时提出修改建议，指导项目小组采取相应的措施加以改进。应监督内容工作质量、审核项目实施计划、跟踪实施进展、总结阶段性成果等，力求把项目风险降到最低。

在项目开始时及进行中、结束后，项目组成员对项目分阶段进行全面考评，包括范围划定、投入时间、人员、资金的合理性、成效等，做到任务分解适中，便于考核，充分考虑各种潜在因素的影响。在执行过程中，强调项目按进度执行的重要性，适当留有余地，有效控制项目进度的风险。

四、效益分析与评估

（一）经济和管理效益

双汇物流通过实施智能物流调度信息化系统，调度人员整体操作效率提升 30% 以上，综合节约运输成本超过5%。除此之外，通过打通车辆违章数据智能化分析的结果与智能物流调度信息化系统，实现了在计划层面对路线选择的主动干预，不仅有效规避了事故与违章的高发路段，更实现了对司机行车安全的人文关怀。

（二）业务流程改造与创新模式的影响

在实施智能物流调度信息化系统之前，双汇物流进行订单组合、寻找车辆均是人工操作，无法精确计算配送成本，不能科学选择自有车或外部车承运，无法实现利益最大化。通过智能物流调度信息化系统的实施，改人工调度为系统智慧调度，有效地提高了订单组合的科学性，实现公司效益的最大化。

五、信息化实施过程中的主要经验

经过双汇物流与百度公司双方成员的共同努力，项目实施进展顺利，在项目的建设推广过程中有以下几点体会与经验教训。

（1）由于系统涉及公司的多个部门、多级使用人员，各方需求不尽相同，且平台的建设还需要顺应企业转型升级等诸多要求。所以，在系统设计时，要以前瞻性、先进性作为系统的建设指导。

（2）密切结合实际，满足各方诉求，多多听取一线人员的意见。

（3）在系统实施过程中，有效的沟通非常重要。由于用户分布在全国各地，为了实现有效的沟通，实施小组按照用户所在地建立了多个微信群，通过微信、视频会议解决多个地点实施的服务问题。

一个系统的建立并不是简单的软件开发过程，是包括从前期的需求收集、分析到可行性论证，到真正的项目研发、测试、上线及最后的效果验证等。而且，系统完成建立并不是结束，而是新的开始，需要不停地变化和扩展来适应不断的业务发展和变化，是一个不断进步的过程。

六、下一步的改进方案、设想

信息化系统建设是需要不断完善升级的，需要根据公司发展、业务变化不断提升系统功能，下一步双汇物流将进行以下改进。

（1）建立从订单组合到订单执行的供应链预警系统，进行物流运输全程可视化信息建设，使客户、承运商实时监控订单状态，有异常情况及时预警。

（2）建立标准的信息化中控平台，使物流信息化系统从碎片化向整体化整合。

创新永远在路上，未来双汇物流的目标：建成从订单下达到订单自动组合、派车，再到车货自动匹配，最后实现订单自动接收、运费线上支付的全流程自动化系统；通过信息化对接兼容，提高车辆利用率，减少车辆等货时长，降低资源浪费，朝着社会化公共物流信息平台体系建设的目标迈进。

浙江绿色慧联有限公司：绿色慧联一站式赋能物流解决方案

物流连接着生产与消费，是国民经济发展重要的纽带。伴随互联网经济、电商行业的兴起，消费升级带来的市场红利彻底激活了物流行业潜力，庞大的物流需求迫切驱动传统物流产业转型升级，伴随着AI、大数据、无人驾驶、5G、车联网等先进技术的应用，更多新需求、新技术、新模式涌现，传统物流开始向智慧物流进行转型升级。

智慧物流不是单一行业产物，它整合商流、资金流、信息流、物流，同时应用互联网、大数据等技术，涉及行业之广、技术含量之高，需要参与其中的每一个节点都要基于自身产业进行不断创新。

浙江绿色慧联有限公司正是抓住产业变革机遇，从车辆电动化和管理信息化入手，通过灵活的运营模式，帮助更多物流企业提高运营效率，为智慧物流信息化建设贡献一份力量。

一、浙江绿色慧联有限公司介绍

浙江绿色慧联有限公司（以下简称“绿色慧联”）定位绿色运力和智慧车联网平台提供商，依托吉利及传化生态体系，以专属定制车为核心，为客户提供车辆租售、充电运维、智慧车联网等车辆全生命周期管理服务，致力于打造绿色运力共享平台，建立绿色联盟，为推动绿色物流和智慧物流发展而努力。

绿色慧联通过与知名整车企业合作运营，从源头把控车辆质量、价格、售后等方面，将专属定制物流车作为业务模式核心。绿色慧联现有的物流车涵盖多种车型，很好地满足了城配不同场景对续航里程等方面的要求。

绿色慧联通过车辆租售业务为客户提供定制化供应链解决方案。目前已为中国烟草、中国邮政、京东、顺丰、菜鸟等知名客户提供专业服务，助力物流企业提升运营能力，助推配送电动化、智能化。除此之外，还为客户提供包括车辆租售、运维服务、保险采购等综合服务。

二、绿色慧联业务规划及运营模式

绿色慧联积极打造“五个一”工程，实现五大平台互联互通，完成运营平台全链路闭环。

打造一张全国化的运营网络，依托吉利商用车六大制造基地及传化公路港城市物流中心“三纵四横”交通大通道体系，绿色慧联已实现全国化网络布局，运营车辆超过5000台。

建立一套标准化的运营体系，绿色慧联2018年10月发布了新能源物流车运营行业首套运营SOP（标准操作程序），建立了完善的车辆全生命周期运营管理体系，指导公司运营及业务开展。

提供一套“建租售”三位一体的充电解决方案，实现车桩一体、随车布桩，兼备交流慢充、直流快充的一站式解决方案。

打造一项“13431”运维服务标准，为客户售后用车提供坚实保障，为客户提供运维综合解决方案，一路护航，全程无忧。

打造一个HIC慧联智控智慧车联网平台（以下简称“慧联智控平台”），实现了运营平台、车企平台、充电平台、支付平台、物流平台的互联互通，实现了车辆资产实时、在线的安全管理，结合平台远程控车功能实现应收账款的风控管理。

慧联智控平台，对内实现档案管理、出入库管理、车辆监控、车辆运维、二手车处理，实现车辆全流程监控和全生命周期管理，业务全流程线上化操作；对外为用户打造专属运营服务平台，输出标准化SaaS服务，实现智慧用车、智能找桩、便捷充电等增值服务。

慧联智控平台结构为业务层、数据层、协议层、接入层，对外业务层由Web端、慧联智控App、车小慧App、小程序实现，用户通过慧联智控App即可实现线上租车、就近找桩充电和维修车辆，提高车辆的利用率。与企业客户密切相关的充电账户安全管控，也可通过慧联智控平台全面实现，最终实现物流企业降本增效。

绿色慧联租售业务实现全流程线上化，通过慧联智控App，从线索管理开始，到客户管理、合同管理、车辆划拨、交车审批、保险管理、出库管理、车辆交付、续租收车、入库管理、结算都实现了线上化。在合同签订方面，采用线上电子合同功能，租车合同开启免审批机制，采用电子签约。在财务上，慧联智控为客户和业务人员提供便捷的收款渠道，极大地降低了租金代付率。客户既可以主动通过慧联智控App进行账单支付，也可以在收到车小慧App发送的账单后完成缴费。通过应用这两个App，保障了收款灵活性及最低代付率。

信息化是未来汽车运营企业的生存基础，绿色慧联通过构筑智慧车联网平台，沉淀人、车、货、桩和支付大数据，并对数据进行深度挖掘、分析和应用。现在已经完成运营管理系统搭建，后期将发力智控终端硬件研发，最终开发并应用无人驾驶物流车。

三、信息化赋能解决案例

（一）中国烟草“绿色引擎”改造案例

新能源物流车是近年来城配物流市场杀出的一匹黑马。中国烟草作为国家级重点企业，一直秉承绿色发展理念，积极开展卷烟配送领域新能源物流车试点工作，这是烟草行业践行“责任烟草”的具体举措，也是烟草物流降本增效的重要手段。

绿色慧联通过对中国烟草配送模式及配送场景分析，为中国烟草量身定制整套新能源物流车运营方案，获得了中国烟草的肯定。

1. 痛点分析——责任、成本、路权驱动中国烟草配送车辆新能源化

近几年，各地环保问题日益突出。随着物流配送行业快速发展，货车保有量不断增

加，传统燃油货车尾气排放是城市空气污染的重要来源之一。

为有效改善城市环境，各地逐步制定相关限行政策，一时间，燃油货车进城困难成为企业急需解决的难题。虽然路权收紧关闭了燃油货车进城通道，但是新能源物流车享受不限行的特殊政策优待，随着新能源物流车规模化发展，电池技术及充电桩等配套设施的完善，绿色配送逐渐被众多企业所接受。

中国烟草选用新能源物流车，可以有效减少环境污染，符合国家政策。同时，各地不断出台路权限行政策，烟草配送面临着道路限行的尴尬，新能源物流车享有的路权可以提高配送效率。

2. 解决方案——多方举措助力中国烟草配送新能源化

（1）车辆。

绿色慧联现有车型丰富，涵盖多品牌多种车型，均可供客户选择，很好地满足了企业不同场景下的要求。通过与知名整车企业合作运营，绿色慧联将专属定制物流车作为业务模式核心，并不断致力实现物流车反向定制的目标。为使车辆产品充分匹配客户工作场景，绿色慧联与整车厂联合制定解决方案，针对客户需求整改车辆，定制化满足其日常配送使用。

通过绿色慧联定制江淮 I3 车辆后，中国烟草城网送货能力大幅度提升，以往燃油面包车装载量仅为 5000 条/车，采用新能源车后装载量可提升至 6000 条/车，减少了车辆往返次数，节约了送货成本。

（2）充电。

绿色慧联提供多种充电解决方案，随车配备充电设备，利用卸货时间对车辆进行充电；自建快充充电站，根据使用新能源车辆数量和充电桩功率进行匹配建桩，实现快速充电，保障烟草配送；联合专业充电运营公司在指定地点共同建站，收取充电服务费；通过慧联智充手机 App 充电平台，接入社会共享充电站，客户可利用 App 查询充电桩位置及使用状态，方便驾驶员临时补电，保障烟草配送。通过以上措施，综合营运成本可以降低 35% 左右，有效节省了企业的运营费用。

（3）服务。

绿色慧联为交付车辆提供办理上牌、保险、维护保养、年审年检等配套服务。专业运维人员提供维修服务，联合优质保险公司，建立车辆保险理赔绿色通道，保障一般车损事故快速处理，并根据维修时长及客户实际用车需要调度替换车辆。绿色慧联对所有车辆定期进行车辆保养，定期组织多种形式的驾驶员安全培训活动，多方面保障车辆使用安全。

（4）平台。

绿色慧联拥有先进的远程监控平台，供中国烟草实时监控车辆动态信息。平台可以实时定位车辆位置、监控车辆运行轨迹、监控车辆充电状态，确保车辆正常运行。同时，运维人员亦能从后台监控车辆故障，当故障发生后，根据故障等级决定处置方案，并安排后台服务和现场救援。

（二）搭建跨越速运“充电平台”案例

在综合考量补贴政策、各地路权政策、企业发展等因素后，跨越速运近几年在全国范围内使用新能源物流车，而且规划占比大幅度提升。作为较早尝试绿色物流的企业，跨越速运在感受着诸如“不限行、不限号”的畅爽之余，也遇到了新事物发展当下的短板。

1. 解决痛点——提升新能源物流车使用效率

要提升新能源物流车使用效率，充电是永远绕不过的话题。国内充电场站建设速度明显滞后于企业投放车辆的速度。为了保证时效，跨越速运的物流车一般都处于运动状态，这使它很难在一个固定地点补充电量，而及时“找桩”也就成了新能源物流车司机的困扰。

2. 绿色智慧——新能源智慧物流解决方案

绿色慧联的“慧联智控平台”，实现了4个车企平台、3个充电平台、1个物流平台、1个支付平台的全面互联互通，建立了“新能源汽车充电服务平台”“新能源汽车安全监控平台”“新能源汽车运营管理系统”“城市绿色运力公共平台”四大子平台。在全面了解当前新能源物流车的痛点之后，结合跨越速运在绿色物流中的问题，绿色慧联结合自身技术优势，给出“一揽子”解决方案。

根据技术方案，绿色慧联提供扫码充电、账单查询、车辆状态、电费结算、账户管理等功能，跨越速运根据接口协议在自有 App 中进行视觉展示、车辆信息录入、车辆状态、费用详情、充电模块等功能开发。

经过不懈的努力，跨越速运 App 已实现迭代升级，正式与星星、万马、特来电等企业数据对接，共计可获得1万个充电站和10万个充电桩的在线数据信息，并可实现智能充电就近匹配。此外，司机还可以查看充电桩营业时间、计费价格、充电电压和功率等详细情况，大大缩短了寻找充电桩时间，提升车辆运营效率10%以上。

对企业来说，便捷性是一方面，安全性是另一个不能忽视的方面。绿色慧联为跨越速运开设专属账户，使其可以充电费用一键结算。当产生充电费时，司机只需扫码支付，费用会自动在总账户中进行扣除，省去司机垫付和报销的烦琐环节。最为重要的是，后台可以随时查看车辆充电时间、费用明细等信息，便于其费用分摊与管控。

为进一步确保充电账户费用安全，绿色慧联还将车载硬件与系统实行对接，对车辆上报的电量、位置和电桩上报的信息进行匹配，当超出设定参数时系统会启动预警，跨越速运管理人员则会在后台对司机充电行为进行监控，校验司机是否为其他车辆进行充电，使账户资金专款专用。

此次绿色慧联与跨越速运的示范性合作，不仅实现了新能源技术成果的转化与应用，对于探索智慧物流解决方案也提供了有益借鉴和正面示范，将会在很大程度上推动新能源物流行业的发展。未来，绿色慧联将以平台互通为基础，借助大数据、车联网等科技手段，整合相关资源，加速完善新能源产业链，共建新能源产业生态圈。

四、绿色慧联“慧联智控平台”发展设想

随着业务发展，绿色慧联将赋能更多的行业运营商，为用户打造专属运营服务平台，实现智能找桩、便捷充电等增值服务，提供标准化 SaaS 服务，为行业企业提供全流程、标准化的车辆运营软件服务。

能源革命、产业变革和技术进步三重叠加，货物出行模式正在发生根本性变化，随着AI、大数据、无人驾驶、车联网的应用，物流将呈现工具化、标准化、社会化、专业化分工。绿色慧联将依托吉利商用车集团汽车制造和传化智联物流运营的强大体系，致力于物流工具创新、物流模式创新，构建百万级绿色运力池，成为领先的绿色运力共享平台。

武汉中铁伊通物流有限公司：服务生产型企业，物流信息系统的个性化应用

一、企业简况

武汉中铁伊通物流有限公司（以下简称“中铁伊通”）成立于2004年，是中国铁路物资集团有限公司（以下简称“中国铁物”）的物流板块与日本伊藤忠商事株式会社旗下的企业共同出资组建的专业第三方物流企业。中铁伊通业务范围涵盖普通货运，货物专用运输（集装箱），大型货物道路运输，水路运输，国际货代、仓储、装卸、加工、包装、配送及相关信息处理和有关咨询业务，无船承运业务；业务板块包括钢铁物流、汽车零部件物流、进出口物流、铁路工程物流、化工物流、快速消费品物流。中铁伊通充分发挥竞争优势，紧紧依托铁路背景深耕特色物流领域，在精品钢材物流、汽车零部件物流、快速消费品物流、铁路综合物流、保税/进出口物流、化工物流、耐用消费品物流、港口水运物流八个细分市场，形成了差异化竞争优势。

二、物流信息系统项目主要实施背景

（1）现代化的物流信息系统是物流企业提升服务质量和服务水平、提高运营效率的重要手段。

互联网技术的发展给传统物流领域的运营商业模式带来了巨大的变化。随着大数据、云计算、物联网的发展，高精准的物流服务成为可能；对线上线下资源的整合，以及线下增值服务的不断升级等需要物流信息系统的支撑。

（2）生产型企业客户对个性化物流服务的要求不断提升。

随着相关技术的发展进步，物流服务的信息化水平受到客户日益重视。中铁伊通的核心客户对用信息技术辅助物流运作管理，提升物流服务的精细化、专业化管理水平，提出了明确的要求。

（3）物流信息化水平的提升是公司持续发展的必然要求。

随着中铁伊通业务的蓬勃发展、业务模块的不断拓展和客户构成更加多元化，如何在激烈的市场竞争中，更好地为客户提供个性化的物流解决方案，并不断提升定制化物流服务能力是公司面临的全新挑战与机遇。如今信息化技术在物流产业链中已成为不可缺少的重要生产力与生产工具，根据中铁伊通“十四五”发展战略规划，物流信息化水平将成为公司新的核心竞争力之一，在为客户创造更高价值的同时，助力公司持续发展迈上新台阶。

三、要解决的问题

随着中铁伊通业务不断向前发展，业务运作与管理过程中出现的一些问题亟须通过建立物流信息系统改善解决，主要包括以下几点。

（1）业务订单没有统一录入和管理的信息系统，不论是仓储业务、仓配一体业务以及委托运输业务全凭业务人员进行人工管理，订单未实现信息化、集中化管理，订单追溯、查询能力较差。

（2）仓储流程与管理方面存在问题：数据不同步，无法及时反馈数据；仓储作业无管控，入库作业依靠人工点货，管理难度大、出错率高；出入库环节缺少监督，不便于订单需求的调整及纠错；仓库库存管理不支持混堆模式，无法精确管理到具体的库位；仓储作业统计分析能力差，不能及时准确提供仓储经营所需的数据。

（3）运输业务存在问题：现场人员不能通过移动终端实现快速的装车记录；车辆及驾驶员档案信息未能有效在系统中进行管理和验证，无法进行信息共享，未形成中铁伊通运力资源池；车辆配送状态无法实时掌握。

（4）物流业务结算存在问题：业务涉及的行业比较广泛，结算的维度差异化较大，结算靠人工进行统计，工作量大而且容易出错。

四、物流信息系统实施进程

1. 项目目标

基于中铁伊通现有的仓储和运输业务，实现内部业务流程集约化、精细化管理；引入移动端业务操作平台，实现作业过程全数字化的高效、精准控制。对外支持大客户订单导入系统和系统对接功能；支持运踪查询功能；能够与上级公司财务系统、编码系统进行系统集成；订单信息能与外部客户的ERP、物流平台系统集成。

2. 项目蓝图及功能

（1）物流信息系统项目总体蓝图如图1所示。

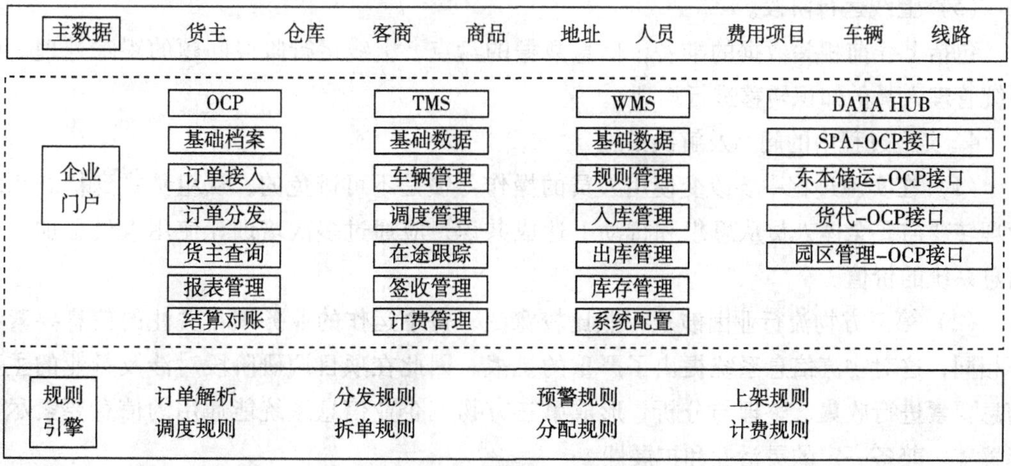

主数据　货主　仓库　客商　商品　地址　人员　费用项目　车辆　线路

企业门户	OCP	TMS	WMS	DATA HUB
	基础档案	基础数据	基础数据	SPA-OCP接口
	订单接入	车辆管理	规则管理	东本储运-OCP接口
	订单分发	调度管理	入库管理	货代-OCP接口
	货主查询	在途跟踪	出库管理	园区管理-OCP接口
	报表管理	签收管理	库存管理	
	结算对账	计费管理	系统配置	

规则引擎　订单解析　分发规则　预警规则　上架规则　调度规则　拆单规则　分配规则　计费规则

图1　物流信息系统项目总体蓝图

（2）物流信息系统项目系统功能图如图 2 所示。

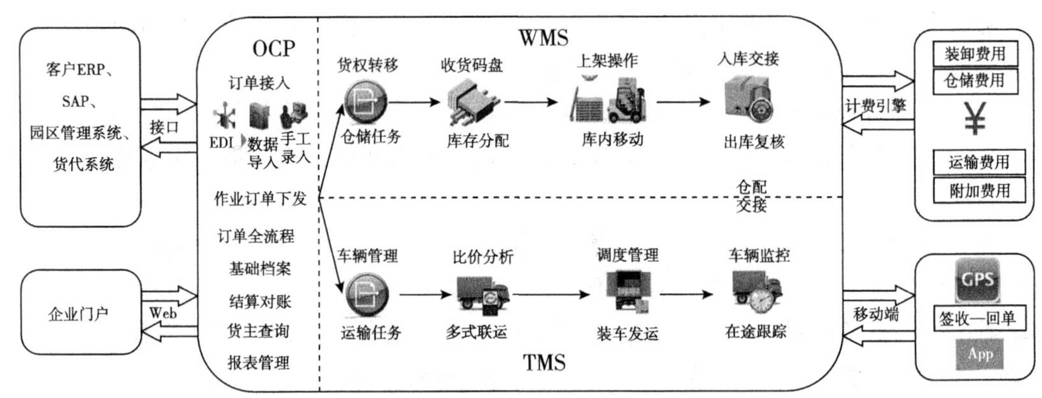

图 2　物流信息系统项目系统功能图

3. 项目实施

物流信息系统项目实施分为五个阶段进行，具体如下。

（1）需求调研阶段。

项目组进行实地调研，收集业务运作数据、作业单证及报表，并编撰业务需求分析报告与接口方案。

（2）方案设计阶段。

包括项目业务蓝图的方案确认，开发需求设计文档制订，系统配置与客制化开发需求设计文档制订。

（3）系统配置阶段。

包括系统客制化开发与测试，系统接口配置开发与测试，环境搭建。

（4）测试培训阶段。

包含系统 UAT、单元测试以及模拟测试，对系统操作用户进行培训以及考核。

（5）上线运行阶段。

包括上线前相关数据的准备，信息数据的盘点，上线运行阶段问题的跟踪处理，对系统管理人员的知识转移进行培训。

4. 实施过程中的问题及解决措施

（1）在实施过程中要改变使用人员的操作习惯是不可避免的，从粗犷式到精细化的管理转变需要全体人员从思想和行动上达成共识，应通过多次培训让使用人员更加了解信息系统的价值。

（2）第三方物流行业因涉及行业比较宽泛，每个运作的业务项目关注的信息要素都不相同，这对物流信息系统提出了严重的挑战。因此在项目调研阶段对涉及行业的主要信息要素进行收集、整理与分析，形成第三方物流企业信息系统能通用的信息要素尽可能覆盖，兼备一定的灵活性和扩展性。

（3）物流信息系统的单证模板较难统一。针对此问题，在前期调研阶段收集了各业务部门的单证模板，进行多次交流确认，最终形成中铁伊通的单证模板。

5. 项目提升点

（1）针对仓库规划不科学，库位管理不规范，SKU 数量庞大，库内操作频繁时常引发混乱的优化。

统一产品标签、货位标签、入库单、拣货单、出库单、出门证样式及条码格式。

借助 WMS、条码等信息化手段实现仓储的全生命周期管控，取代纸质单据线下流转的工作模式，实现线上流程化操作，确保实物流与信息流的统一。

全面规划仓库收货暂存区、正常存储区、不良品库位，对仓库、区域、货架、货位进行标记和标识。

批次管理更精细化，按照型号、状态、客户批次、生产日期、入库日期形成厂内批次。

（2）针对车辆配送管理粗犷，缺乏合理调度和路线规划，运输成本计费模糊，准确性和时效性落后的优化。

对司机及车主基础档案信息进行维护和管理，还有各种车辆相关基础数据。

通过手机 App 进行产品条码的快速读取和现场装车环境的拍照上传，通过手机 App 及车辆预装的 GPS 对车辆运输位置及轨迹实行监控。

（3）针对系统与货主之间没有实现系统集成和数据共享，通过人工传递单据效率低、出错率高，数据留存困难的优化。

建立统一的内部 OCP 协同平台和外部订单对接平台，高可配性可以满足货主绝大多数的接口需求。

五、效益分析及评估

（1）规范了业务操作流程。运用物流信息系统对各业务操作流程进行规范化操作。

（2）规范了业务管理流程。根据中铁伊通实际情况整理出了关键节点各功能模块的审核管理流程。

（3）从订单管理、运输管理以及仓储管理等方面大大地避免了操作失误。

（4）各岗位人员工作的协同水平显著提高，作业人员的作业效率有明显提升。

（5）提高了物流企业人员利用信息化技术解决经营与管理问题的水平。

六、物流信息系统实施的经验与推广意义

1. 体会与经验教训

（1）项目实施前需要全体成员从思想与行动上达成共识，为后续的信息系统实施工作打下良好的基础。

（2）调研阶段需要对企业现有的业务、管理流程与操作流程进行深入了解。

（3）加强系统架构设计能力。随着数据越来越多、交互越来越密集、变化越来越频繁，对系统的性能、敏捷响应、稳定性提出了更高要求。

2. 推广意义

（1）满足包含公铁、海铁等多式联运业务的信息化应用，支持多种较复杂的联运场景的应用。

（2）物流信息系统实现了业务管理流程以及操作流程的标准化。

（3）物流信息系统解决了整个物流作业过程的标准化、精益化以及可视化问题。

（4）支持现场业务操作人员使用手持移动终端进行扫码、打印、发货等操作。

（5）所涉及的货品全部实现了条码化管理，极大提高了扫码作业效率。

（6）能够定制开发并解析客户货品条码，为现场手持移动终端扫码提供技术支持。

（7）物流信息系统对内实现了与上级公司 SAP 以及自有的子系统主要信息数据的接口对接工作，对外与重点客户信息系统进行了系统接口对接。

七、设想及建议

（1）加强物流信息系统运行规范化，对系统业务数据录入的准确性、规范性与及时性要严格进行管理。

（2）重视并落实系统数据质量管理，优质的数据资源可以为企业提供重要的决策依据，进而真正发挥数据的价值。

（3）对现有物流信息系统进一步深化应用，结合新的业务管理需求进一步拓展系统功能，对功能模块管理颗粒度向更加精细化进行优化。

（4）加强与核心客户系统之间的集成工作，使上下游信息交互更加便捷，消除信息孤岛，逐步建立物流生态。

（5）作为第三方物流企业应积极探索大宗生产资料物流平台建设。响应国家“互联网 +”行动计划，基于公司业务转型，积极探索物流业务新业态、新模式。

（6）建设数据化标准仓平台。利用数字化技术改造传统仓库，提升仓库安全自动化水平，实现仓储物资在线监控。

（7）积极探索机器人代替人工作业。增强传感技术提升物流服务系统的自适应能力，逐步用智能化设备技术替代人工作业，最终实现“无人化”的目标。

芜湖达成储运有限公司：CHAINSTO_ISP 数据服务平台项目

一、达成物流企业介绍

芜湖达成储运有限公司（以下简称“达成物流”）成立于2004年12月，是香港世界华商会和温芜诚信投资公司共同成立的一家专业供应链与物流服务企业，总部位于安徽省芜湖市，自成立以来一直立足于华东区域，为区域内制造企业提供仓运配一体化物流集成解决方案（包括仓储、配送、运输、物流信息化、包装规划与管理等）及现代物流一体化运营服务。通过10多年的发展和沉淀，达成物流在供应链与物流服务领域中积累了丰富的经验，打造了一支专业化的技术团队和管理团队。

达成物流以“忠诚、完美、创新、共赢”为宗旨，为客户提供精益物流服务，获得了客户和社会的信任。达成物流自成立以来，一直被评为“守合同重信用单位”，在2015年成为安徽省物流协会副会长单位，2016年被安徽省物流协会授予“安徽省互联网+物流优秀企业”“安徽省物流行业优秀供应链服务商”称号，2017年被评为安徽省著名商标，2018年获得了“中国制造业优秀供应链解决方案奖”，以及安徽省高新技术企业的称号。近三年公司取得了1项发明专利的授权、18项软件著作权，企业研发实力较强。

达成物流一直为制造企业提供仓、运、配一体化精益物流服务，积累了大量的客户服务与运营管理经验，目前服务客户累计265家，服务40余家知名外资企业，如霍尼韦尔、大陆电子、舍弗勒、博世、盖茨集团等，在此基础上，达成物流已经从为客户提供仓、运、配一体化精益物流服务的传统第三方物流企业，转型为能够给客户提供完整的供应链规划、实施、运营服务和相应的信息化系统的现代物流企业。

达成物流凭借自身的运营管理与技术经验，通过与清华大学、浙江大学、浙江财经大学开展“产学研”合作项目，在业务模式和技术上不断创新，建设了能够将制造企业与零部件供应商的仓储、运输、配送、包装、加工等物流业务一体化协同管理的物流信息化服务平台。

二、项目实施背景介绍

随着市场竞争的加剧以及企业经营的成本压力，越来越多的企业开始采用VMI（供应商管理库存）优化内部流程、改善库存结构、降低企业经营成本，同时引入专业化的第三方物流企业对仓库进行管理。尤其针对生产规模比较大的制造企业，通常供货模式会采用JIT（准时制）生产方式，其特点为小批量（几小时或一天的需求量）、多频次（一天两到三次），且为了保持连续生产，一般不允许发生缺货，即服务水平要求达到

99%。这类制造企业通常有几十家甚至上百家的供应商为其供应零部件或原材料。如果每个供应商都要在制造商的附近建立仓库显然不经济，因此，通过设立 VMI 仓库建立缓冲库存，可以有效解决制造企业的供货需求。

VMI 模式，是在距离制造工厂 5 公里范围内建立 VMI 仓库，制造工厂及其供应商在一个共同的协议下由供应商管理库存，并不断改善 VMI 仓库的库存情况和优化库存结构，使库存管理得到持续改进，达到双方成本最低。通过专业化仓库管理系统，实施库存零部件精准化管理以及客户报表策略，实现制造工厂与供应商库存信息共享，保障生产、供应间的高效联动。

目前国内的第三方物流企业在实施 VMI 模式时，通常以电子表格的形式或通过客户系统更新数据，这种方式在数据传输时存在时效与时间维度的差异，不能实时反映库存变化。客户依据此种方式获取的数据组织内部系统进行库存管理，使得双方的系统存在数据差异，同时还存在人工浪费。因此，随着信息技术的不断发展，VMI 仓库与客户系统之间实时交互库存变化数据，可以让双方调整内部策略，建立科学的库存策略、发货策略，这也是众多制造企业客户选择使用 VMI 仓库的原因。

三、CHAINSTO_ISP 项目说明

CHAINSTO_ISP（ChainSTO Interface Service Platform）是达成物流的供应链管理服务平台的一个重要功能模块，主要解决了 VMI 模式下各方对 VMI 仓库的库存、库存变化数据实时、准确交互问题，为 VMI 仓库增加了一项新的信息化增值服务，同时为制造企业客户制订科学的库存策略、补货策略提供了数据基础。

CHAINSTO_ISP 以 VMI 模式的主要业务为基础，充分了解每个传输数据背后的业务行为。可以判断传输的数据是否符合质量要求。其不单纯从技术角度解决问题，达成物流在充分了解业务的基础上规划出七大类引发库存变动的 VMI 业务场景，通过 CHAINSTO_ISP 可以实现以下 VMI 业务场景的数据交互。

（1）预期到货通知信息接收接口。

（2）VMI 仓库确认收货信息回传接口。

（3）VMI 仓库发货至客户信息回传接口。

（4）VMI 仓库库存转移信息回传接口。

（5）客户退货至 VMI 仓库信息回传接口。

（6）VMI 仓库退货至工厂信息回传接口。

（7）实时库存接口。

CHAINSTO_ISP 创新性地建设了 VMI 仓库中不同类型物料在 WMS 中的精细化管理，如生产件、试装件、CKD（全散件包装）等，并实现这些类型的物料库存变动及库存结余数据的实时传递，通过创新设计了库存数据追踪模块，搭载了信息自动传递及双向提醒的功能，简化了信息传递渠道，提高了信息传递的准确性、及时性。

CHAINSTO_ISP 主要通过向各方共享实时数据，实现了物流过程的可视化、数据化以及信息协同，成为制造企业与供应商之间信息快速传递的桥梁，实现了 VMI 仓库库存策略、补货策略的最佳配置。

四、CHAINSTO_ISP 的数据交互范围（见图 1）

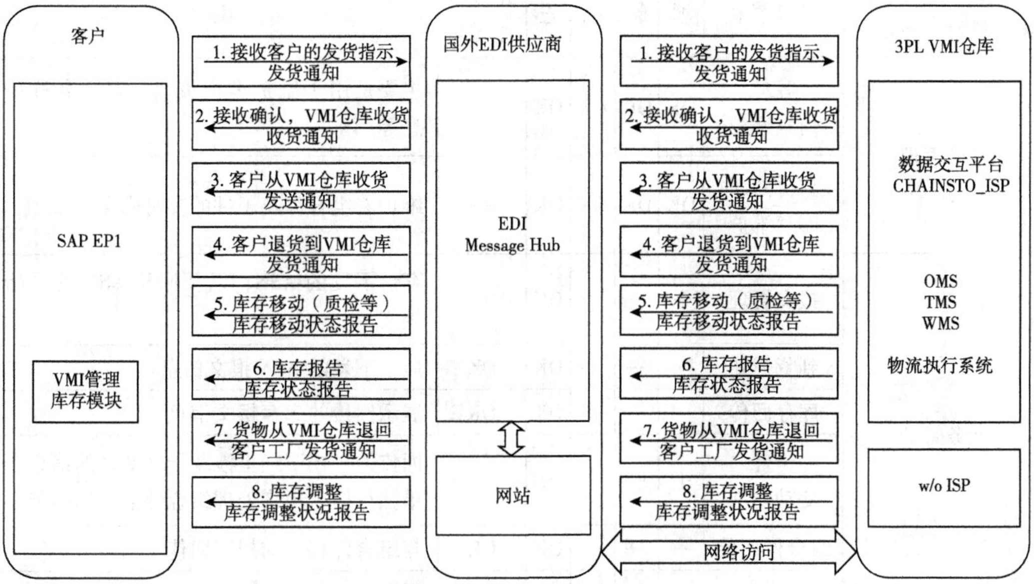

图 1　CHAINSTO_ISP 的数据交互范围

VMI 仓库与客户系统因客户要求增加了 EDI Message Hub，任何业务数据的交互都必须发送到 EDI Message Hub 进行转换，再分发给数据服务平台或客户系统进行相应的数据处理。

五、CHAINSTO_ISP 的主要功能（见表 1）

表 1　CHAINSTO_ISP 的主要功能

主要功能 系统模块	二级菜单	增	删	改	查	异常邮件通知	说明
系统管理	用户管理	OK	OK	OK	OK	—	分组权限管理，权限控制管理级别精确至按钮级别
	角色管理	OK	OK	OK	OK	—	
基础管理	零件类型的维护	OK	OK	OK	OK	—	主要用于零件类型中英文转换使用，下发回传 ASN 报文时匹配使用
	BOM 关系维护	OK	OK	OK	OK	—	主要处理组合件子件的对应关系及比例关系
	机构地址维护	OK	OK	OK	OK	—	回传报文时，根据批次信息中的销售组织代码，匹配公司信息及地址信息
	包装代码维护	OK	OK	OK	OK	—	主要用来维护物料与包装对应关系
	物料信息维护	OK	OK	OK	OK	—	维护零件编码、零件类型、销售组织代码、客户编码等信息，通过零件编码和零件类型找到对应的销售组织代码

续 表

系统模块＼主要功能	二级菜单	增	删	改	查	异常邮件通知	说明
基础管理	客户信息维护	OK	OK	OK	OK	—	主要是用于维护客户编码、客户名称信息等
	组合件实时库存维护	OK	OK	OK	OK	—	维护着组合件及子件的实时库存
业务管理	报文管理	—	—	—	OK	—	存储下发的 ASN，以及回传 ASN 的原始报文
	到货通知	—	—	—	OK	OK	展示下发的 ASN 报文信息
	库存回传	—	—	—	OK	OK	展示回传的库存报文信息
	子件变动明细	—	—	—	OK	—	回传的订单明细里涉及子件变动的信息会单独存储，用来处理组合件信息的回传
	组合件回传	—	—	—	OK	OK	与组合件相关的报文回传
	接口日志	—	—	—	OK	—	用来记录接口日志回传状态，便于报错定位
异常管理	ASN异常记录	OK	OK	OK	OK	OK	主要用来处理紧急订单，如货到而 ASN 未到的订单
	ASN出库信息	—	—	—	OK	OK	从缓存库位出库到正常库位历史记录
	邮件记录	—	—	—	OK	—	RO 关联 ASN 且 ASN 已入系统，邮件通知客户进行收货；定时推送报表给客户，推送信息相关记录

六、项目指标达成情况

1. 技术指标

（1）VMI 仓库库存变化实现实时传递。

（2）VMI 仓库补货计划准确率提升至 95%。

（3）客户系统账务处理及时率提升至 98%。

（4）客户系统账务处理准确率为 100%。

（5）库存周转率提升 30%。

2. 经济指标

（1）库存持有成本下降 30%。

（2）VMI 仓库节约报表处理与订单处理人员成本节约 10 万元/年。

（3）VMI 仓库数据交互开发成本节约 30% 以上。

3. 应用推广情况

（1）完成 CHAINSTO_ISP 与奇瑞汽车动力总成工厂 LES 系统的数据交互，项目覆盖

JIT 供货模式的零部件供应商 187 家。

（2）完成 CHAINSTO_ISP 与世界 500 强汽车零部件制造企业舍弗勒的 VMI 库存变化数据交互。

（3）预计 2021 年年底可完成 265 家与企业合作客户的 CHAINSTO_ISP 数据交互项目实施工作。

七、项目发现、发明及创新点

1. 管理技术创新

（1）CHAINSTO_ISP 的上线主要解决了客户对 VMI 仓库中库存数据、库存变化数据的可视化需求，数据在 VMI 仓库信息系统与客户管理系统之间传递具有实时性，可帮助客户制订科学的发运计划，为实现最优的 VMI 库存控制和运输策略奠定了良好的数据基础。

（2）制定了一套与跨国合资制造企业实施数据交换项目的管理标准。

（3）实现 SAP、Supply On、Seeburger、OMS、TMS、WMS、CHAINSTO_ISP 七大系统开发团队之间的有效协同，了解每个传输数据背后的业务行为，实现 VMI 仓库与客户系统之间数据传输及时性、稳定性、有效性。

（4）客户适时掌握 VMI 仓库库存变化信息，在 JIT 供货模式下可以将发货数据与 VMI 库存数据联动，找到最佳的库存控制策略及发货策略，进而促进工厂内部科学排产，保障供应的及时性。

（5）CHAINSTO_ISP 实时传输库存变化数据，减少人员介入，提高库存变化数据传输时效和传输质量，节约了大量的人力作业与各方的沟通成本。

（6）在 VMI 仓库管理的业务模型中增加了库存类型的管理维度，如将生产用件、试制用件、售后备件、出口用件等划分为不同的物料类型存储在 WMS 中，使得库存管理更加明确化，同时为客户提供了不同维度的库存查询功能，提高了库存查询效率与数据可得性。

（7）开发并应用了订单异常管理模块，对 ASN 订单异常数据进行记录、统计分析并定期反馈给指定管理人员，提升了客户内部对订单异常问题的跟踪与处理效率，逐步降低在 VMI 仓库发生的订单异常次数。

2. 信息技术创新

（1）跨国合资企业在对外组织数据接口开发时，通常要求使用基于 AS2 协议的通信工具，本次项目创新使用了自建的 AS2 通信工具与 CHAINSTO_ISP 有效结合，实现了对 AS2 协议报文的快速、正确解析处理。

（2）自主开发了 CHAINSTO_ISP，结合 VMI 仓库的业务场景完成 ASN 订单接收、出库、退货、盘点、翻修、调拨等仓库业务类型的库存变化数据实时传输，设置了异常订单预警与分析模块，支持客户在平台上按照流程处理订单，提高了订单处理效率。

（3）CHAINSTO_ISP 支持线上报表，除了实时向客户传输库存变化数据外，同时涵盖了自定义业务报表支持模块，可定时向指定人员发送符合要求的业务报表。

CHAINSTO_ISP 实现了客户与 VMI 仓库的高效协同，实现了客户系统库存数据变化的实时联动，为客户自动生成 VMI 仓库的库存补货计划与发货计划提供了有效的数据支持，能够帮助客户实现最优的 VMI 库存控制和运输策略。

八、项目对行业的贡献

CHAINSTO_ISP 的服务对象主要为仓储服务企业及其客户，主要帮助 VMI 仓库与其客户建立一个实时、有效、正确、标准化的库存变化数据的传输通道。随着市场竞争环境的不断加剧，新的商业模式和技术趋势不断驱动，越来越多的企业开始推动实施 VMI 库存管理方式，对 VMI 仓库服务商的信息化能力、数据服务能力的要求也越来越高。通过 CHAINSTO_ISP 能够让双方实时共享、掌握 VMI 仓库的库存与库存变化数据，建立库存联动策略，促进双方寻找最佳的库存策略与库存控制水平。

CHAINSTO_ISP 作为达成物流的供应链管理服务平台的一个重要功能模块，能够帮助企业之间建立起高效的信息协同体系、实现业务的深度融合、及时传递相关信息、提高沟通效率、降低系统操作成本，未来可在制造链主企业之间的各个协作单位推广与实施，从数据实时、准确交互的层面帮助客户持续改善与优化。

中国移动通信集团云南有限公司、中国移动通信集团终端有限公司：信息化管理——中国移动供应链管理“云协作”体系

网络信息技术的快速发展，推动着各行各业信息化变革向广度化、深度化、融合化发展。新冠肺炎疫情的出现，使得各领域信息化创新显得更加迫切。为顺应时代潮流和现实需要，中国移动通信集团云南有限公司（以下简称“云南移动”）基于互联网、物联网、大数据、云计算、人工智能等技术，在供应链管理领域进行了探索和创新，构建了以“云抽检”“云盘点”“云看板”“云约谈”为主体解决方案的供应链管理“云协作”体系，并在实践中取得了成效。本案例主要围绕“云协作”体系介绍云南移动的供应链管理信息化创新。

一、行业发展背景

（一）顺应数字经济发展大潮

随着网络信息技术的飞速发展，人类社会正逐渐由工业经济时代迈入以移动互联网、物联网、大数据、云计算、人工智能、区块链等新型数字技术的突破融合发展为重要特征的数字经济时代。2020 年 12 月，《关于加快构建全国一体化大数据中心协同创新体系的指导意见》出台，指出应打造数字供应链，支撑行业数字化转型和新业态新模式培育。

（二）公司内部发展管理需要

中国移动通信集团的战略规划明确积极推动公司运作模式互联网化，打造高效低成本、廉洁健康的供应链体系。对物流管理提出“五化”要求，其中一项就是强调信息化，支撑物流全过程可见、可管、可控。云南移动深入贯彻落实“创世界一流‘力量大厦’”总体部署，突出抓好“三融三力”全面落地，全面推动稳中求进和转型升级“双跨越”，加速信息化建设，争做“网络强省”和“数字云南”的中流砥柱。

在这样的趋势背景下，云南移动在供应链管理方面进行了探索和创新，构建了供应链管理“云协作”体系。

二、构建供应链管理“云协作”体系

在当前内外部环境下，结合自身实际管理需要，云南移动在产品质量管理、物资财产安全管理、州市仓储精细化管理、供应商风险管理四个方面进行了信息化创新，目前形成了以“云抽检”“云盘点”“云看板”“云约谈”为主体解决方案的供应链管理“云

协作”体系。

（一）“云抽检”——产品质量管理信息化方案

1. 方案要解决的问题

集团采购共享中心的质量提升专项行动对各省公司产品质量管理能力提出了要求，各省公司需尽快建立全流程可查可控、透明可追溯的产品质量管理体系。高质量的网络建设需要高质量产品供应保证。云南移动的质量检测包括到货检测（各仓库依据检测规范自检）、RDC（区域分发中心）仓库送检、委托分公司送检、省内飞行检测等方式。当前产品质量检测在抽样、配送及检测环节缺少有效监控机制，且飞行检测的成本较高，影响质量管理水平提升。具体来说存在如下问题。

（1）抽检过程难把控，送检样品一致性难证明。

抽检过程中，只能通过抽查判断送检样品包装是否符合标准，样品的随机性很大。而且抽检各环节操作不可视，送检样品的在途状态掌握度低，存在中途开箱、替换等风险。

委托分公司送检时，由于存在时间差，无法掌握实时库存信息，抽检前后的账实一致性难判断。

（2）现场抽检、飞行检测成本高，检测频率有限。

为此，抽检需要解决全流程可追溯、可视化等问题。“云抽检”就是针对这些问题提出的质量管理信息化方案。

2. “云抽检”方案

（1）方案介绍。

基于互联网，在关键环节应用智能设备、监控平台等信息技术手段，针对质量检测形成“盘抽送检”一体化云抽检解决方案，框架内容如图1所示。

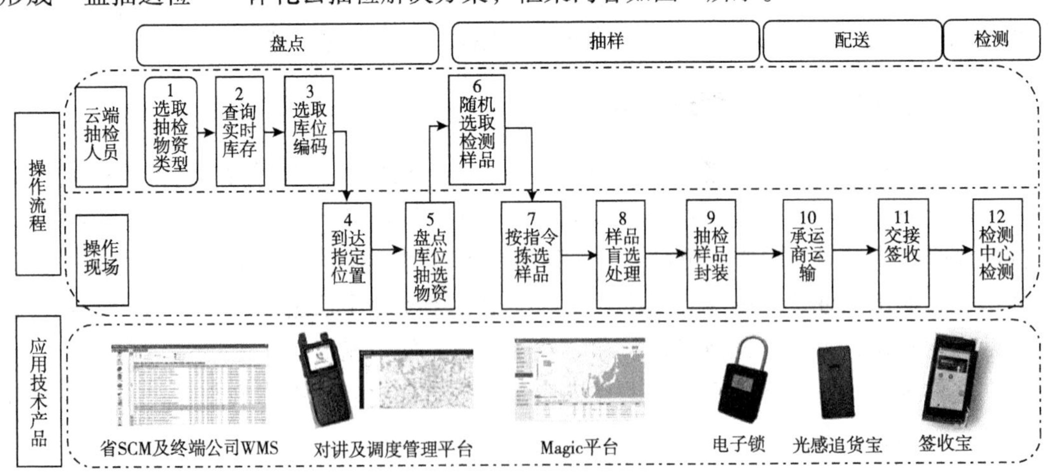

图1　框架内容

方案说明如下。

①盘点和抽样环节，利用多种智能设备，实现远程实时可视、可交互，全方位可监控。

②抽样前对送检样品进行现场盘点，结合 SCM、WMS 等管理系统，保证抽检前后账实一致。抽样环节要遵守“两个随机”以保证合规性：随机抽选物资储存仓位，随机抽选仓位内检测样本。

③运输过程使用光感追货宝、电子锁、签收宝等智能硬件及软件产品，结合 Magic 平台实现运输全程可追踪、透明化、智能化。

（2）方案推进情况。

通过“云抽检”，实现抽送过程可追溯、抽检样品高安全等级防护，进一步提升质量管理水平。整个方案推进分为以下四个步骤。

①“云抽检”方案设计及前期准备。梳理物资抽检流程及管控难点，设计“盘抽送检”一体化云抽检解决方案，完成智能硬件设备寻源、功能设计及平台接入。

②全流程沙盘预演。在中国移动指导、终端公司全程配合下，以 RDC 仓库进行试点，现场进行盘点、抽样、配送等物流环节。

③生产场景流程穿越。根据中国移动提出的优化建议，引入终端公司自有智能化设备，使用“盘抽送检”一体化云抽检解决方案，对锂电池进行抽检及流程模拟。

④完善“云抽检”方案。针对不同应用场景，制订针对性方案，扩展抽检物资类型。

（二）“云盘点”——物资财产安全管理信息化方案

1. 方案要解决的问题

库存是物资供需决策的重要依据，也是公司的重要财产。仓库盘点是保障库存准确、安全的重要手段，是仓库管理的重要工作之一。目前，云南移动所辖仓库包括各州市分公司管理仓库和 RDC 仓库，数量近 20 个，存在如下问题。

（1）分公司管理水平参差不齐。

分公司根据云南移动制定的仓储管理标准进行管理，理解存在差异导致执行效果不佳。

分公司现场管理情况难核实，违规成本低。

（2）分公司或施工单位监管范围受限。

物料在领至分公司或施工单位后，过程监督方式较为单一、低效，有一定的遗失隐患，存在较大的资产管理风险。

（3）云南移动现场检查覆盖程度有限。

虽然可以通过现场检查的模式对分公司执行情况进行跟进，但是由于人员有限、不能实时监督等问题，分公司现场管理情况无法实时掌握。

（4）人工和时间成本较高。

仓储现场管理的模式需要优化，手段需要更新，需满足统一化、标准化、高频率、低耗时、可交互、可追溯的要求。“云盘点”就是针对仓储物资财产安全管理提出的信息化解决方案。

2.“云盘点”方案

（1）方案内容。

基于云端服务，结合终端远程智能交互设备和 5G 互联网信息技术，实现远程与仓库现场的实施交互。利用实时视讯设备和对讲、现场监控设备，智能手机等，实现远程可视、数据实时监控、多方交互的云端盘点。

（2）方案实施。

监管端与现场端利用实时视讯设备，通过云平台进行协同，远程实时交互。监管端通过云平台下达盘点指令；现场端依据要求进行盘点，通过实时视讯设备，仓库库存管理系统可实时更新数据，然后通过云平台同步至监管端。

（3）方案特点。

通过云平台，可远程、实时对实物及账务进行核对；多视角参与，确保盘点真实性；云端存储数据，可事后追溯。

（4）方案推进情况。

在试点仓库进行全流程实验后，形成了一套较为完整可行的实施方案（4M1E 实施），目前已在多个地市仓库推广应用。

（三）“云看板”——州市仓储精细化管理信息化方案

1. 要解决的问题

云南移动所辖州市仓库众多，接口界面繁复，传统的一对一沟通不仅人工和时间成本高，而且缺乏多方交互监督，效率低下。“云看板”可对各州市仓储供应情况、关键考核指标、重要事项进行统一化、平台化、透明化、精细化管理。

2. “云看板”方案内容

（1）查询各州市仓储关键指标执行情况，及时掌握进度，计划早安排。

（2）处置进度按月推送，推进工作有的放矢。

（3）滞库排行随时查，需求部门方便沟通。

（4）通知定向发送，兼顾信息安全。

为提升效率，云南移动采购部会通过“云看板”发布通知，并且设置账号权限，只允许指定人员查看，保障信息安全。

（四）“云约谈”——供应商风险管理信息化方案

1. 方案要解决的问题

由于多种因素影响，人员交互困难，易造成供应商供货问题处理不及时，又会对后续物资供应造成影响，存在物资供给保障风险。目前供应商物资供应存在以下三个主要问题：报价不平衡、质量差、不供货。处理这些问题，除需要优化价格模型、明确技术标准外，还需对供应过程进行管控、违约行为进行处理。

供应商约谈是及时处理的重要途径，为提升供应商对违约行为的重视程度，需要与公司负责人沟通，而时间与经济成本成为制约频繁面对面沟通的因素。

2. “云约谈”方案内容

为进一步加强对供应商的管理，规范供应商行为，云南移动建立并完善供应商管理机制，同时为响应国家疫情防控号召，实现与供应商“零接触”。采用“云约谈”模式，可对供应商供货过程进行监管、监控，及时干预并处理。

（1）梳理“云约谈”违约场景。

六大违约场景：不允许下单、不确认订单、到货违约行为未及时认定、到货不及时、质量检测不合格、物流运输故障。

（2）编制云南移动供应商“云约谈”实施细则，明确接口、形式、时间、流程与规则。

（3）通过多方视讯会议，做到无纸化办公，及时沟通并处理违约行为。

三、构建供应链管理“云协作”体系的成效分析与评估

（一）成果

1. 高质量发展供应链

根据中国移动绘制世界一流的供应链画像要求，“云协作”的应用落实了供应链管理的前后延伸、全流程贯通、全流程在线、高效交付、数智化赋能的要求，在提升基础管理的同时，提升了安全及可靠性，发挥了供应链整合作用，打造出高效、低成本的物资保障体系。

2. 强落地、重执行、优管控

“云协作”有效落实公司要求，即有制度必执行、有执行必监管，协助供应链管理更加网格化、精细化，整个体系更加完善。

3. 有效提升管理效率及范围

“云协作”可将盘点和约谈频率由 1 次/周提升至 5 次/天，具体可根据实际情况进行安排，可将原本 1 ~2 次/年的现场检查提升至 24 次/年。

“云协作”扩大应用范围及场景，提升供应链管理多元性。

4. 提升物资管理安全性及可追溯性

“云抽检”提升了物资管理的安全性，解决了抽检样本的一致性与完整性问题。

“云协作”系列全程云端存档，后续发生争议时可对过程进行追溯。

（二）经济和社会效益

1. 经济效益

“云协作”体系实现降本增效。经济效益如图 2 所示。

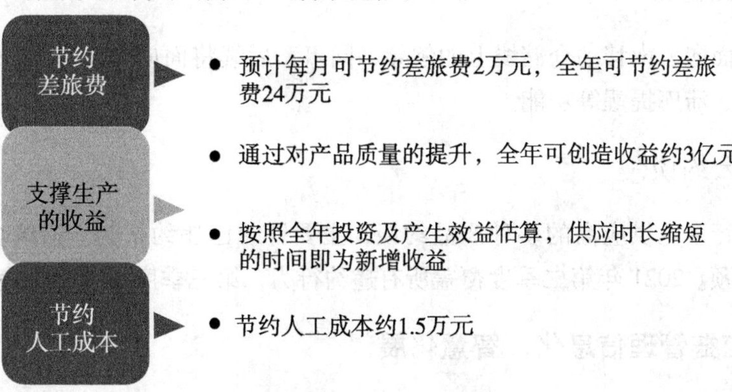

图 2　经济效益

2. 社会效益

供应链管理“云协作”体系，是供应链管理信息化的有效探索和创新，可助力供应链完善升级，促进相关利益群实现共赢。社会效益如图 3 所示。

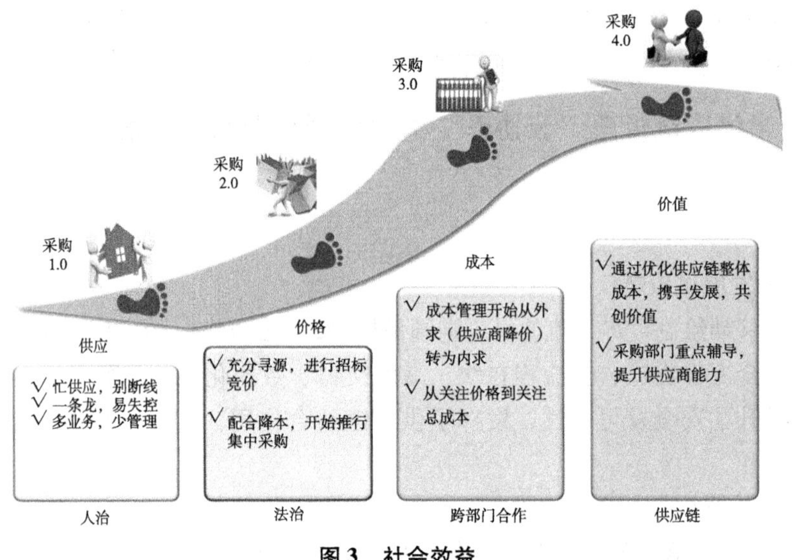

图 3　社会效益

四、供应链管理“云协作”体系推广应用

（一）“云抽检”

“云抽检”由云南移动首次提出，随后在中国移动的指导下已多次进行沙盘演练，安徽、四川、湖南等分公司已组织人员前来学习，随后进行全国推广。

（二）“云盘点”

为加强云南省全省仓储物流线条的基础管理，计划在各地市分公司进行推广，对账实一致性等维度进行提升。

（三）“云看板”

当前主要面向云南移动仓储线上的领导、同事，后续将面向需求单位及第三方仓库，增加到货推送、滞库提醒等功能。

（四）“云约谈”

目前已进行多轮供应商的多种产品约谈，主要针对已违约行为。后续会对即将违约的行为进行干预。2021 年第二季度覆盖所有违约行为，第三季度覆盖即将违约行为。

五、供应链管理信息化、智慧化展望

5G 技术的快速普及，给世界带来更新的云端平台，给供应链管理带来更多可能。在管理模式上，云南移动将继续推进现有供应链管理“云协作”体系的广化、深化应用，并将探索更多业务搬上云端的可能性；另外，将会深度结合物联网、大数据、云计算、区块链、人工智能、无人驾驶等技术、智能设备，探索建设智慧中台、智慧物流、智慧仓储等全链智慧化的供应链体系。

广汽丰通物流有限公司：统一仓储管理平台及智能立体库项目

一、应用企业简介

广汽丰通物流有限公司（以下简称“广汽丰通”）创建于2006年，注册资金780万美元，员工400余人，年营业额超5亿元，主要业务为汽车物流领域的生产、采购、售后、多式联运、仓储管理业务，主要客户有广汽丰田、广丰发动机、一汽丰田等国内一线汽车企业。广汽丰通以广州为主要业务管理中心，分别在上海、天津、成都、长沙等8个城市设立物流中心，运营网络遍布全国。广汽丰通以客户为中心，为客户赋能，协助客户专注于核心业务，提升竞争力。广汽丰通通过ISO 9001认证，获得了广东省诚信示范企业的称号，连续多年获得多项荣誉。

作为广汽丰通的主要客户，广汽丰田预计生产量将大幅度增长，且准备推进生产零部件近地化项目。在充分评估仓库扩容方案后，计划导入自动立体库项目，同时打造仓储业务统一管理平台，在提高仓库容积率的同时降低人工成本、提高业务效率，推动广汽丰通向先进的智能化示范型企业迈进。

二、信息化要解决的突出问题

经过分析，广汽丰通当前仓储作业存在以下问题。

（1）当前仓储作业主要依赖人工作业，仓库信息化程度较低，人工成本较高。

（2）空间利用率低，仓储净空高度往往得不到利用，造成空间资源的闲置浪费。

（3）当前仓库为传统的平面仓库，是“人工—叉车—货架”作业模式，与自动化立体仓库中的“计算机—堆垛机—货架”的作业模式相比工作效率低且失误多。

三、信息化进程

为解决上述问题，广汽丰通建立了以WMS（仓库管理系统）为指令端、智能立体库系统为执行端的一体化仓储作业平台，主要建设内容如下。

（1）建设以WMS为平台的仓储管理体系，智能立体库系统与WMS进行对接，WMS进行下达作业指示，智能立体库系统执行，实现业务联动，提高作业效率。此后将近地化业务纳入WMS仓储管理范围内，打造统一的仓储管理平台。

（2）开启智能立体库建设，实现部品上架、下架、分拣运输作业的自动化，减少对应的作业人员及叉车数量，提高作业效率，降低人工成本，提高公司的信息化建设水平，增强公司的竞争力。

在项目推进过程中，主要存在需要人工处理异常、部品分拣运输过程中，AGV 运输效率不能满足公司作业效率要求的问题，详情如下。

（1）由人工入库、扫描出库、分拣作业切换到立体库自动进行上架、下架、订单分拣作业过程中，前期的部分数据异常未能及时处理导致整个系统出现错误。因此只能用手工暂时替代立体库系统进行备货分拣。

（2）AGV 对应的分拣运输机制不完善，导致分拣效率低。

四、信息化主要效益分析与评估

经过评估，项目能有效提高公司作业效率、质量，减少设备、人工投入，有效提升公司竞争力，详情如下。

1. 信息化实施前后的效益指标对比（见表 1）

表 1　信息化实施前后的效益指标对比

项目	面积	作业人员	作业能力	利润
改善前	3815 平方米	27 名	11 托/时	161329 元/月
改善后	2000 平方米	15 名	160 托/时	219915 元/月
改善情况	下降 48%	下降 44%	提升 1355%	提升 36%

2. 信息化实施对企业业务流程改造与创新模式的影响（见表 2）

表 2　信息化实施对企业业务流程改造与创新模式的影响

<table>
<tr><th>序号</th><th>项目</th><th>内容</th><th>改善前</th><th>改善后</th><th>目标</th></tr>
<tr><td>1</td><td rowspan="2">品质</td><td>系统</td><td>各业务单独核算，人工记录业务数据，耗费工时，且无法保证数据准确性</td><td>导入 WMS，实现立体库和平面仓库统一管理，最终实现与公司运输信息化系统和供应商系统的对接</td><td>实现全部业务系统化管理</td></tr>
<tr><td>2</td><td>流程</td><td>所有流程均为人工操作，效率低下，作业品质无法保证</td><td>关键流程智能化</td><td>流程智能化、系统化</td></tr>
<tr><td>3</td><td rowspan="2">管理体系</td><td>客户满意度</td><td>客户满意度不高</td><td>能为客户提供更好的服务，减轻其本身管理负担，从而提高客户满意度</td><td>提高用户满意度</td></tr>
<tr><td>4</td><td>市场竞争力</td><td>沿用旧的管理模式，人工成本居高不下，无法满足客户成本递减的要求，市场竞争力低</td><td>较大提升公司在物流行业的竞争力，助力企业以更低成本提供更高质量的服务</td><td>提升市场竞争力</td></tr>
<tr><td>5</td><td>管理体系</td><td>员工提升</td><td>员工提升素质的意愿较低</td><td>刺激员工学习智能化、系统化知识，提高业务素养</td><td>提升员工素养</td></tr>
<tr><td>6</td><td colspan="2">安全</td><td>人工重复性作业，存在安全风险，安全管理耗费大量精力</td><td>智能化机器把人从重复性的工作中解放出来，安全隐患大大降低</td><td>降低安全隐患</td></tr>
</table>

3. 信息化实施对提高企业竞争力的作用

（1）提高作业效率及空间利用率，有效控制作业品质，降低作业成本，从而提升市场竞争力。

（2）通过引进先进技术，提升公司品牌形象，适应新的业务需求，有利于新的业务获取。

（3）提升公司的管理效果，将作业从线下搬到线上，实现可视化、可量化，有效进行作业管理及流程优化，提升作业效率及品质。

五、项目推广意义

项目投入使用后，项目成员进行了总结，结论如下。

立体库系统投入运营后，货物存放在等待区和立体库货架上，如果出现意外，处理起来成本较高。而立体库系统的数据是联动的，一个数据出现问题可能会导致其他数据的错乱。所以在做系统规划时，应充分考虑单一数据错误对其他业务数据的影响。在设计阶段要规划防干扰，出现异常问题时应该立即解决而非延迟处理。

六、项目改进及展望

在项目完成后，广汽丰通将持续关注项目运行情况，并且对项目未来的改进方向进行讨论，在现有仓储稳定运行一段时间后，可以考虑进行更大规模覆盖。可以进一步和客户系统进行数据打通，实现从客户订单到立体库自动执行，消除中间的信息传递步骤。

陕西省煤炭运销（集团）有限责任公司：以数字化转型绘制运销发展新蓝图

一、单位简介

陕西省煤炭运销（集团）有限责任公司（以下简称“陕煤运销集团”）是陕西煤业化工集团有限责任公司（以下简称“陕煤集团”）的全资子公司，主要负责陕煤集团煤炭及相关产品的专业化销售和大物流体系建设，履行陕煤集团市场营销部职能。陕煤运销集团目前下属7个专业化销售公司、12个控股公司、6个参股公司、8个代管公司，有4个驻外办事处、员工1000余人。2020年自产煤销量1.94亿吨，物流收入211亿元。

陕煤运销集团成立于1998年8月，按照陕西省政府授权，组织实施全省煤炭企业运销一体化的联合销售，履行煤炭计划管理等“六统一”职能，负责煤炭经营企业资格管理，是全国第一家省级煤炭联合销售企业；2004年2月划归新组建成立的陕西煤业集团，继续履行原有职能；2006年6月成为陕西煤业集团二次重组后的陕煤集团的市场营销部和专业化销售公司，不再履行政府职能。

陕煤运销集团始终以科学发展观为统领，坚持“服务社会、成就客户、造福员工、推动发展”的企业使命和“崇实尚新、共赢致远”的价值观，不断做实做优煤炭专业化销售。按照“主导省内、扩大华中、巩固华东、布局华北、开发西南”的大市场布局战略，不断深化与电力、冶金、化工、建材、铁路等行业企业的战略合作，与六大发电集团和全国15个省市的180余家大型企业建立了中长期战略合作。同时，全力构建煤炭供应链管理新模式，深入推进煤炭网上交易和大物流体系建设，实现了规模效益复合增长，为保证陕西省内煤炭供应和促进区域经济社会发展做出了积极贡献。

二、转型案例

（一）陕煤运销集团信息化现状及存在问题

1. 陕煤运销集团信息化现状

陕煤运销集团目前共有三个公用信息化系统：煤炭信息管理系统、OA系统、财务NC系统。陕煤运销集团通过煤炭信息管理系统，实现了全集团煤炭专业化销售的“六统一”，但该系统只是提高了某几项业务的工作效率，不能实现内外信息资源的有效开发和共享利用。

截至目前，陕煤运销集团已实现全员在线办公，OA系统提高了公司信息交流的效率和共享程度，但仅仅局限于无纸化办公，而对于一些复杂的业务流程，如对煤炭销售过程的控制则无能为力。

财务 NC 系统目前能透视下属各单位的财务状况和经营成果，使公司内部在财务管控上高度协同、信息畅通，但财务 NC 系统对公司业务的指导意义不大，目前财务数据与业务系统不能实时同步，资金预警功能未能实现。

综上所述，从平台建设、数据管理、统计分析和平台硬件 4 个维度进行分析，陕煤运销集团目前信息化现状如下所示。

（1）平台建设维度。陕煤运销集团下属榆林销售公司、韩城分公司等都有各自的信息化系统，业务系统众多，数据资产分散，系统集成和资源共享水平低，各类资源无法有效整合，各单位存在“信息孤岛”现象。

（2）数据管理维度。陕煤运销集团数据加工与流转过程中还存在相当多的手工环节，导致数据的时效性和真实性无法保证。同时未规范业务术语、建立统一的编码规则，各类数据的格式和标准不统一，数据价值不高。

（3）统计分析维度。主要以纸质文件、电子表格等形式进行信息的存储、统计分析，信息的准确性与及时性较难满足精细化管理要求。数据基础差，无法实现数据挖掘、价格曲线、客户需求、市场预测等高级统计分析功能。

（4）平台硬件维度。陕煤运销集团信息化硬件配置落后，未按照云计算模式和集群部署的架构设计。

2. 陕煤运销集团信息化建设中存在的问题

通过调研总结，陕煤运销集团信息化方面的问题主要有以下五点。

（1）大数据分析能力不足。目前公司产销存日报或月报、公路和铁路装车信息等汇总统计与行业销售数据的“活化”利用、大数据挖掘的程度还不够，现行模式无法实现数据归集分析，难以实现各岗位、全局性数据的精准化、智能化分析，对公司市场策略调整、科学布局的智慧分析决策支持能力不足。

（2）系统互联有待加强。目前公司大量的业务数据都依赖于高强度、机械化人工输入，未能实现提高人机工效、解放一线员工生产力的目标。

（3）移动办公能力不强。销售队伍需要定期开展大量的市场走访、调研等工作，因此业务人员需要摆脱时间和空间的限制，随时随地处理工作，对陕煤运销集团的移动平台提出了考验。

（4）数据资产利用率低。业务数据统计主要以电子表格等形式存储，同时结算相关凭证多以纸质文档保存。公司目前业务操作管理不强，业务部门、分公司和办事处自裁权较大，陕煤运销集团要构建“智慧运销”“阳光运销”体系，提高风险防控能力，就必须强化数据录入“痕迹管理”，确保所有数据来源准确可靠，确保“谁经办谁负责”。

（5）结算周期长，占用客户资金量大。陕煤运销集团推行“先款后货”政策，改善货款结算生态，但目前无论是公路用户还是铁路用户，大部分是交易完成后一个月内进行结算，导致客户资金占用量大、预付货款成本压力大，同时结算时资金使用成本或票据贴现息与交易时有所不同，影响计算总费用，影响结算业务的进行。

（二）创新突破：构建智慧运销管理平台

1. 建设思路

立足陕煤运销集团主体业务，以信息化和工业化深度融合为指引，依托云计算、物联网、大数据、移动互联网等数字技术，按照“基于大运销、连通大数据、服务大市场”的基本思路，着力构建煤炭运销大数据平台，盘活沉淀数据资源，提高云端智能化服务水平，实现“流程规范化、运营精细化、管理标准化、决策科学化”，加快陕煤工业品销售数据资源整合和开放共享，提升销售精准服务能力和效率，推动三大变革，服务陕煤运销集团高质量发展。

2. 解决方案

（1）基于大运销推动实现陕煤运销集团业务领域信息化。立足陕煤运销集团智慧运销管理平台，建立系统逻辑架构，在做好煤炭专业化销售业务线上化的基础上，为后期经营公司、物流基地等发展预留接口，为后期运销扩容采购及销售其他工业品，预留足够的信息系统拓展空间。

（2）连通大数据围绕销售渠道连接公司内外数据库。前期，以煤炭营销业务的线上闭环流程为核心，采集交易中心竞拍数据、煤炭质检数据、财务 NC 系统数据等，实现核心业务系统与关联信息系统的数据融通和信息共享，初步构建与全国煤炭市场数据同步的信息分析库，制订服务公司区域营销策略。中期，围绕煤炭销售线，连通陕煤外部煤炭数据库，积极与 BSPI（环渤海动力煤价格指数）、CCI（港口动力煤价格指数）、CECI（电煤价格指数）、陕煤价格指数等价格指数中心连通，与中煤煤炭资源网等连通全国市场数据，与太原煤炭交易中心、秦皇岛煤炭交易中心、内蒙古煤炭交易中心等各地交易中心连通区域市场数据，与郑州期货交易所和大连期货交易所等连通，推动数据互联互通，提高数据省份、区域、行业等的多维度分析能力，为区域销售策略以及销售计划安排等提供决策依据和建议。后期，根据公司工业品销售扩能，与相应行业数据互联，推动营销效能提升。

（3）服务大市场以数据资源服务“中部看陕煤”的市场布局战略，全方位收集和沉淀煤炭行业各个维度的业务数据，形成陕煤运销集团强大的“数据池”。在此基础上，通过 ETL（数据抽取）技术和 BI（商业智能）技术，建设多场景、多图表、多数据、多曲线、多维度的决策分析平台，构建决策分析体系，助力公司诊断业务动态、洞察客户需求、预测存在风险、提升全面管控能力。

（三）“智慧运销”管理平台实施效果

陕煤运销集团自 2019 年启动“智慧运销”管理平台建设以来，经过可研与建设方案制定、标准化、需求调研、开发建设、试点运行等环节，围绕铁路、公路、港口三大业务主线，实现了业务全程在线流转、智慧决策平台、多系统互联、一键结算、实时预警、智能报表等主体功能，“智慧运销”管理平台示意见图 1。

（1）实现销售数据的采集、处理和统计实时化。利用智能报表工具，加大数据分析报表功能开发力度，采用钻取、切片、旋转等技术，在数据仓库快速精准地进行各级用

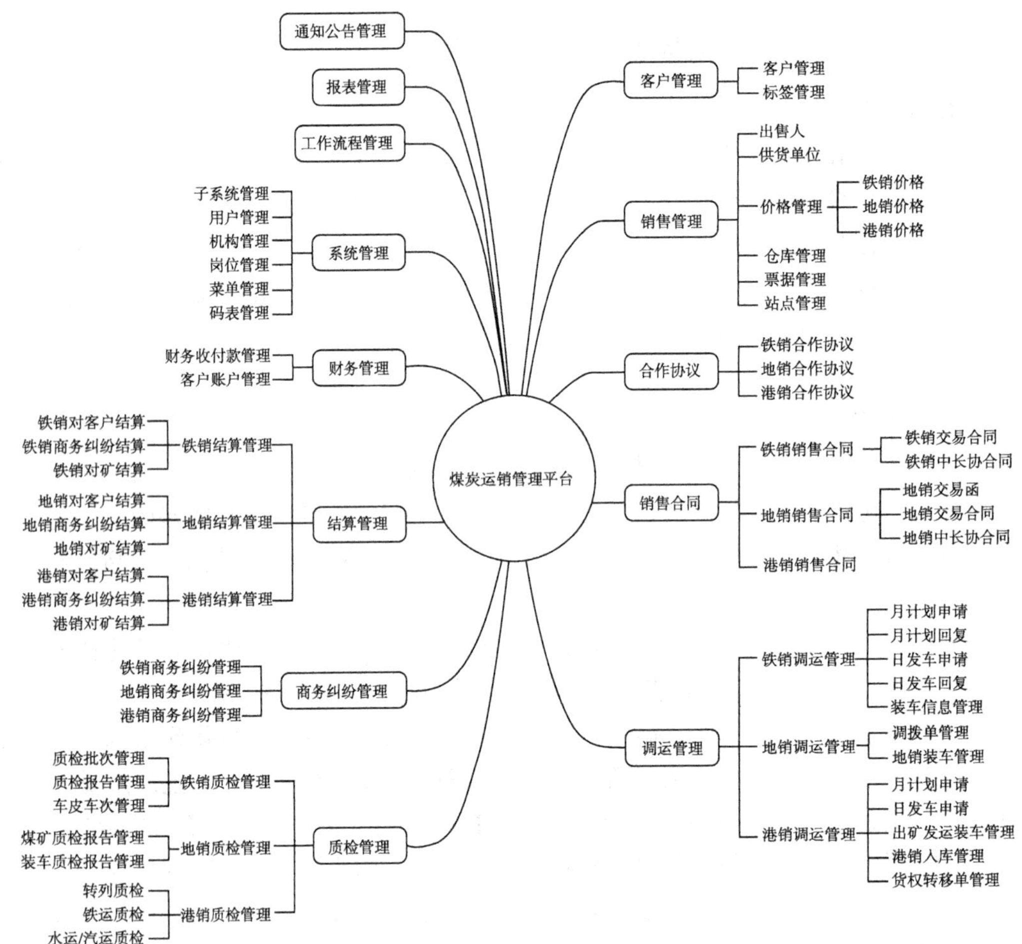

图1 “智慧运销”管理平台示意

户数据产出。各业务岗位根据自身需求，自动关联并生成所需的产销存、长协合同兑现率、煤炭铁运量、煤炭价格等各类报表，服务公司所有业务岗位的报表需求。

（2）实现各类合同及业务流转的签字、签章电子化。采用电子签章和电子签名技术，实现所属各单位合同签订和审批流程的电子化、在线化，加快业务流转、减轻工作烦琐程度、提升整体营销效能。

（3）实现销售分析决策的智慧化。运用 BI 技术，通过数据交换平台，可建立公司价格走势、重点客户兑现完成率、产销存实时及累计数量和质量走势、区域市场分布等可视化的图表分析平台，整合现有的销售数据，运用先进的数据治理体系，可有效挖掘公司沉淀数据的附加价值，实现运销内部销售数据智能分析、智慧决策，并借助多种手段，按照陕煤运销集团、销售公司、办事处 3 个维度和产、销、存、调运、资金、行为分析 6 大专题，为公司市场策略调整、科学布局提供依据，大幅度提升数据分析决策的广度和深度。

（4）实现多个关键业务平台的互联化。基于数据融合交换平台，率先与各单位业务工作密切，且工作量较大的西煤交易网（地销成交函）、财务 NC 系统（资金管理）、华夏力鸿质检系统、张家峁矿铁地销及红柳林矿地销装车系统实现互联互通，实时准确获取数据，减轻一线员工工作量，推动业务工作便捷化和数据获取高效化。

（5）实时预警，降低运行风险。通过智慧运销资金预警，形成良好的货款管理机制，款项未清不能进行部分业务，有效确保了资金收缴及时到位。设置异常事件提醒，便于公司领导实时掌握影响销售决策的特殊事件，让公司决策始终与业务运行“同频共振”。同时库存、价格、货款等异常指标，系统自动推送给相关领导，提升应急响应速度。

（6）实现业务在线流转，全程操作留痕。“智慧运销”管理平台实现了陕煤运销集团的7个专业化销售公司、4个驻外办事处和4个业务部门所有销售业务的“一网通”，覆盖三大销售业务以及所有业务环节，实现线下业务在线办理，强化业务催办力度，加快业务在线流转。同时，每一项数量、质量、结算等数据处理全程操作留痕，确保痕迹“零缺失”。

（7）实现一键结算。按照三大业务，将价格、优惠政策、国铁货物运费、专用线费等信息前置，在结算环节系统自动汇总显示结算明细，业务人员无须手工计算，只需核实修改相关信息，便可实现一键结算。

（8）实现精准画像，全员互比提效。“智慧运销”管理平台根据业务人员操作时长、登录次数、待办、催办等数据，为业务人员进行画像，激励员工上进，并积极为公司各级领导使用和发现人才，提供第一手的数据佐证。

（9）实现移动实时办公的高效化。鉴于运销业务工作开展的特点，“智慧运销”管理平台已实现手机App的业务查阅和审批办理，如月计划、合同的审批等，同时预先内置客户地理位置信息，借助GIS地图可实现对客户拜访等，移动业务办公高效性、友好性、便捷性不断完善，服务公司销售实时在线要求。

（10）避免重复建设，实现运销业务“百花齐放”。“智慧运销”管理平台采用的是微服务架构，微服务核心是根据业务将单机应用拆分为一个个服务，每一个服务都提供特定的功能，同时微服务架构便于后期平台的扩展，可以快速应对业务需求的变化。在数字化创新过程中，各机关部门、专业化销售公司可以主动探索个性化应用开发，带头创新研发如客户分级管理、人力资源管理、财务报销管理、经营管理等应用程序，实现数字运销业务的“百花齐放”，打造勇于、乐于、善于数字化转型的“万众创新”格局。

贵州东部陆港运营有限责任公司：多式联运项目创新发展

一、公司简介

贵州东部陆港项目于2016年12月13日经大龙经济开发区管委会、成都铁路局和湛江港集团签署《贵州东部无水港建设运营战略合作框架协议》后，积极筹备项目建设，采取业务先行的模式，开发拓展周边业务，同步联合当地物流企业（贵州黔东煤交中心运输有限公司），利用其已有业务与大龙开发区开展资本合作。2017年3月首批南非集装箱海铁联运直达大龙经济开发区，实现海铁联运的突破。2017年5月27日，大龙经济开发区以贵州大龙汇源开发投资有限公司为主体，与湛江港国际集装箱码头有限公司、贵州黔东煤交中心运输有限公司在大龙经济开发区合资注册成立贵州东部陆港运营有限责任公司（以下简称“东部陆港”）。

东部陆港位于铜仁市大龙经济开发区大龙镇龙凤大道南侧、大龙火车货运站西北侧，规划总占地面积17.5万平方米、总投资3.7亿元。主要包含大龙站13线作业区（集装箱）和银湖线作业区（散货）两条铁路专用线作业区和海关监管区、综合办公区等功能板块，全部建成投入运营后，设计运行能力可达300万吨/年。东部陆港自运营以来，累计完成业务总量234.19万吨（含3.6万TEU集装箱），营业总收入超过3亿元。

二、主要做法

根据服务对象的需求以及互联网业务模式移植与创新，多式联运平台业务主要有以下8个功能。

1. 货物承运

货物运输全过程的动态实时追踪，可以完成运力资源优化配置，向托运人提供货物运输、货物装卸、数据信息查询等基础物流服务。

2. 供应链增值

基于不同行业供应链特征，为上下游企业提供流程设计、运行策略、信息交互共享、市场决策、软硬件集成等一体化服务。

3. 物流金融

为多式联运平台运营所聚集的各类用户群体提供借贷、保险、投资等金融服务。

4. 数据分析

基于物流大数据资源，为各级政府管理部门、工商企业、物流企业、咨询机构、科研院所、社会公众提供专业的物流地理、货流时空分布等基础数据分析业务。

5. 大数据展示

多式联运平台实现了铁路业务数据展示、公路业务数据展示、港口水运业务展示、全程联运数据展示、企业或政府信息动态展示等主要展示功能。

6. 物流节点智能化运营

根据不同运输方式的多级物流节点功能设定，形成由分布式应用系统、定制化数据终端和标准服务框架构成的模块化、可定制物流节点智能化体系，实现多式联运平台的物流网络构建、节点信息平台建设、货运业务终端办理、货源扩展、运输企业加盟、信息查询、市场宣传等功能。

7. 公益咨询业务

基于大数据为政府与行业协会管理提供物流规划、经济运行分析等公益服务。

8. 跨界运营

围绕多式联运主营业务，可进一步向运输工具与装备、信息技术软硬件、贸易与期货等领域拓展。

三、借鉴意义

1. 提升客户服务能力

多式联运平台提供铁水、水水、公铁、公水等一站式“门到门”在线全程订单委托和全程动态跟踪，可为货主和货代企业降低运输流转成本、提高通行效率，为物流服务企业增强揽货能力和客户黏性。

2. 提升信息交互能力

多式联运平台提供多种系统的统一信息交互服务，可规避因多系统交叉对接导致的人力、时间等运营成本浪费和系统稳定性风险问题，规避因数据标准不统一导致的数据查询和交换效率低、出错率高的问题。

3. 提升业务协同能力

多式联运平台对载具信息、箱管信息、单证信息、结算信息、货物信息等物流信息贯通整合，可支撑各物流单位提前安排运力、进行作业协同和优化、实现“一单制”和统一结算，提升行业整体作业运行效率。

4. 客户运输成本降低

多式联运平台结合当地资源，整合大批优质承运人及全国各合作厂家货源，建立海铁多式联运网络体系，实现物流运输费用的降低，可为各厂家节约物流运输成本。

5. 提高大龙经济开发区物流运输效率

依托移动互联网等技术搭建多式联运平台，通过管理和组织模式的创新，整合和科学调度车辆、货场、厂家货源等物流资源，能够有效提升大龙经济开发区物流运输集疏运效率，促进物流行业降本增效，并解决政府降低物流成本和促进物流行业转型升级的方案性问题。

6. 增加大龙经济开发区物流行业产值

搭建多式联运平台后，东部陆港通过移动互联网、大数据等技术实现区域市场的协同规范、数据统计、资源共享等，为大龙经济开发区增加物流行业产值提供有力的保障。

7. 提升增值服务能力

多式联运平台除对现有的代理服务、码头作业服务、运输服务、仓储服务、口岸服务等传统线下服务提供信息化支撑外，还可通过互联网方式整合第三方通关服务、保险服务、融资服务、物流后市场服务等增值服务，提供供应链综合服务支撑、扩宽利润来源。

8. 带来用户基础和市场占有率

东部陆港按照“总体规划、项目推进、滚动发展”的办法，做大做强东部陆港经济，拓展合作领域和空间，建立现代综合交通运输体系，建设区域物流中心，打造贵州对外开放“桥头堡”，构建具有竞争优势的对外开放体系。公司成立不到三年，在区域交通运输体系中的影响力不足，对外开放体系打造进展更是缓慢。因此，运用移动互联网开展多式联运平台项目不仅能体现公司公共平台的优势，而且能做大产值和利税，实现区域的影响力和市场占有率的提升。通过探索并打造物流公共平台，随着平台的完善和人才的聚集，多式联运平台形成一定规模后，可迅速占领市场大宗货物、物资的运输物流发包市场，抢占市场先机。

四、面临问题及措施建议

1. 面临问题及风险

多式联运平台的风险主要来自项目自身的特点。

一是系统平台产品不可见。开发的进展以及平台的质量是否符合要求难以度量，从而使平台的管理难以把握。

二是系统平台的生产过程不存在绝对正确的过程形式。可以肯定的是，不同的系统平台开发项目应当采用有针对性的系统平台开发过程，而真正适合的系统开发过程在系统平台完成才能明了。因此项目开发之初只能根据项目的特点和开发经验进行选择，并在开发过程中不断调整。

系统平台项目往往是一次成型的，以往的经验可以被借鉴的地方不是很多。回避和控制平台管理风险的唯一办法就是设立监督制度，重大决定要有用户参与。

2. 维护阶段的风险

系统平台维护包含两个主要的维护阶段，一个阶段是平台搭建到试运行阶段的维护，这个阶段主要目的是发现在测试环境中不能或未发现的问题；另一个阶段是当平台不再能适应用户业务需求或是用户的运行环境（包括硬件平台、软件环境等）时进行的平台维护，具体包括平台的版本升级或平台移植等。

从系统工程的角度看，系统维护费用占总费用的55% ~70%，系统越大、费用越高。对系统可维护性的轻视会造成大型软件系统的最大风险。在平台漫长的运营期内，业务规则会不断发展，科学地解决此问题是不断对系统平台进行版本升级，在确保可维护性的前提下逐步扩展系统。

在系统平台运营期间，主要的风险源自技术支持体系的无效运转。科学的方法是有一支客户支持队伍不断收集运行中发现的问题，系统平台在解决后将方法传授给使用者。

3. 财务风险

本项目前期一至两年是推广阶段，用于积累用户、培养用户习惯和市场磨合。因此，前期市场培育和推广需要大量资金，由于本项目财务利润率不高，存在现金流平衡上的风险。

五、风险应对策略

（1）大力开拓市场。

根据项目的核心定位，加强宣传，树立区域创新物流和降低物流成本的多方共赢形象，让客户和供应商认可本项目。

（2）储备高素质人才。

多式联运平台运营意义重大，必须确保团队结构质量。在这个新兴的行业，有很多新的、具有挑战性的工作，比如谈判与合作、技术支持、业务宣传、营销策划等一系列的工作，均需要不少高素质的管理人员、技术人员和营销人员作为支撑。

（3）加强项目运营管理能力。

针对技术风险长期储备技术人才，系统平台要选择与优秀的设计团队合作，时常保持更新，关注网络测试和系统安全和稳定。准备必要的备用方案，制订人员分工计划，确保各项工作有序进行；制订员工服务考核体系等，确保服务好每位顾客。

（4）关注现金流的平衡。

考虑到项目成本、收入与预期值可能存在重大变动，需要对财务现金流有准确安全的筹划，对可能出现现金流紧缺的情况，应做好预先准备。

广州广日物流有限公司：智慧物流平台

一、应用企业简况

广州广日物流有限公司（以下简称“广日物流”）为广州广日股份有限公司下属国有控股的中外合资企业，前身是成立于1998年的广州电梯集团运输有限公司，公司注册资本1256.7874万美元，2019年总资产规模达7.9亿元。2003年6月，广日物流由单一的流通运输企业转型为综合型的现代物流企业，经过多年的发展，已成为一家拥有约1500名员工的全国AAAA级综合物流企业，是国内重型机械装备供应链物流提供商的引领者。

广日物流以广州大石、石楼基地为总部，打造了广州、上海、天津和成都四大物流基地，同时，在北京、天津、沈阳、南京、合肥、郑州、西安、济南、重庆、武汉、新疆等全国中心城市设立服务网点，为客户提供网络化和本地化相结合的专业物流服务。公司广州总部占地总面积11.5万平方米，所管理的物流基地面积接近30万平方米，自有车辆超过70辆，可控车辆达800辆，年货运量超过200万吨。广日物流专注于仓储、运输、配送、包装、流通加工、商贸物流、物流解决方案设计、供应链优化和信息咨询等核心业务，致力于为装备制造企业提供物流规划、资源整合、方案设计、业务流程重组、供应链优化及物流信息化等一体化物流方案和物流服务。

二、项目背景

广日物流基于以下原因进行智慧物流平台的打造。

（1）现有系统不能满足业务形态。多年来，对于仓储、运输业务的支持，信息化停留在“记录式”模式，信息化建设未考虑公司未来发展需要，当承接更多的仓储、运输业务时，如何让系统快速响应业务需要、满足业务形态，并且较好地在系统当中运作起来，是广日物流多年来一直想解决的问题。

（2）未建立仓储和运输“生态圈”。仓储和运输业务之间信息协作和互通较少，对供应商、承运商和广日物流车辆信息化支持和管理也较少，导致相互间协作效率较低、成本较高，对于仓储、运输作业人员的工作量考核和承运商的KPI考核主要是手工统计，仓储和运输的应收费用和应付费用是通过手工统计、系统导入后计算得到。

（3）数据资料的准确性与及时性。人工作业在很大程度上难以保证数据资料的准确性，这些数据资料内容繁多复杂，一般占到个人工作量的70%。在人工作业过程中容易出现很多错误，而智慧化办公可以解决这一问题。

（4）已有服务系统的类型不合适。市场上已有的软件与实际需求有一定的差别。在选型的问题上，由于缺乏事前的考察和必要的调研，很容易盲目选择与实际需求不相符的系统。

（5）现有系统存在问题，现有软件的模块功能可用性不足。有些模块的功能并没能完全展现，一般只能达到预期的50%，这造成了软件冗余、资源浪费。有些模块的功能在前后关联中没有相互配套，衔接性较差，造成数据丢失。

三、项目推进方式

在项目推进过程中，广日物流主要使用以下方式进行推进。

（1）合理安排资金。在硬件设备投入上，基于互联网的信息平台系统，可以有效降低服务器端庞大的硬件成本及与其相关的维护升级费用，更大限度地降低初期硬件的一次性投入。

（2）在选择系统时要坚定立场，不盲目跟风。广日物流对项目有理性的认识和分析，各部门负责人成立协调小组，秉着“只选对的，不选贵的”的原则，选择适合企业的系统。在IT技术和人才储备不足的情况下，选择安装、操作简单的系统至关重要。

（3）规范项目管理。首先，要制定详细、系统、务实和动态的规划，并不断适应环境的变化；其次，组建项目小组、建立项目管理规范，对项目经理充分授权；最后，项目实施的重要事宜须得到及时决策，各部门必须全程主动参与，提高实施的成功率。

（4）培养专业的人员。除了对内部专业人员不断进行专业技能的培训，对人员招聘要求也显著提高。入职后采取前人带后人、基层轮岗的制度使信息化人员更深入了解各需求，提高调研的准确度以及实施的便利度，培育出一支符合企业信息化服务的专业队伍。

（5）保证录入数据的正确性与及时性。为了保证系统实施的质量，很关键的一点就是严格保证录入数据的准确性、真实性与及时性。此外，要做好校对工作，确保数据的正确性。

（6）购买源代码，个性化改动使系统与企业的管理习惯、业务特点结合起来。购买软件前要做好充分调研与其他准备工作，尽量缩短软件的调试周期，当发现软件的缺陷时及时改正。

四、项目主要效益分析与评估

1. 项目实施后获得的效益

（1）项目以云概念作为建设基础，融合电梯物流特色，实现产品可复制，可面向市场提供SaaS服务，是真正意义上面向市场的云平台。

（2）管理更加优化。更好地打通仓储、运输业务的协作，提高仓储、运输业务作业效率，实现对供应商和承运商卸货、装货车辆的预约管理，对供应商、承运商和广日物流车辆的排队叫号管理，对仓储作业人员的量化考核，对运输承运商KPI考核，对仓储和运输的应收费用和应付费用的自动生成。

（3）2020年，智慧物流平台主要服务市场化仓储、运输业务项目，合计管理新增的2～4家运输业务客户，年运输交易额达500万元；服务成品电梯仓储、运输业务，提高作业效率，节约成本约200万元。

到2022年平台稳定发展后，通过该平台预计可为广日物流带来约1000万元产值，平台也将成为华南区域具有竞争力的集仓储、运输、配送、信息服务等多功能于一体的综合性服务平台。

2. 项目对企业的影响

项目对企业的影响主要有以下几方面。

（1）实现各节点异常状态分析，实现相关费用自动化。

（2）实现供应商、客户及企业员工操作环节有据可查，提升响应速度和效率。

（3）采用现场手持终端及PC端相结合，可实时互通数据。

（4）匹配各类报表并统计财务相关数据，为企业主营业务结算打下可靠基础，为决策者提供可靠依据。

3. 项目对提高企业竞争力的作用

项目对广日物流的企业竞争力有以下提升。

（1）通过平台系统打通整条物流链，实现物流状态可视化及全程可追溯，多方协同降低仓储、运输风险，提升仓储、运输响应速度，提升作业效率及准确性，清晰支付结算流程，减少物流成本浪费。

（2）作业现场实行无纸化作业，多方协同作业，从而大大提高了工作效率、减少了管理成本、提升了公司服务水平。

（3）广日物流的业务范围从传统的电梯物流行业扩展至其他行业。

五、主要经验与教训

（1）由于智慧物流平台涉及范围广、时间长，所以在管理工作中，对范围和进度的管理最为重要。因此，在项目规划阶段邀请了业务部门的技术骨干，以专题会的形式对项目范围进行了深入探讨并达成共识。广日物流成立专门的需求收集小组深入驻点收集需求，调研结束后再次举行专题会对需求进行确认，并且预留5%左右的项目缓冲应对各类变更。

（2）在控制范围过程中，编制初步需求文件，结合已有的系统与业务部门达成一致，并组织关键岗位人员召开引导式研讨会对系统进行分析，最终确定了项目范围说明书。接着广日物流创建WBS（工作分解结构），将项目可交付成果自上而下分解，将WBS及词典与已确定的项目范围说明书一起形成了该项目的范围基准。

范围基准确立后，广日物流开始进行详细的进度规划。将WBS分解为更为详细的活动，依据各活动的依赖关系确定逻辑顺序，并对各活动所需的人、财、物进行估算，经批准后形成正式的进度基准。

（3）为了顺利完成范围确认，项目组与业务部门一直保持良好的沟通，并且安排开发人员到一线指导，以得到实时反馈，如发现与用户要求不一致的地方及时修正；主动安排系统演示，加深使用人员对系统的了解；定期召开项目状态审查会，找出偏差并进行分析。通过以上控制及各方的努力，该项目顺利进行并实现了系统初衷。

（4）项目的成功离不开严格执行范围和进度管理，但也存在一些不足。技术方面由于实时数据量过大和硬件设备存在不足，导致查询状态页面响应缓慢或数据上传不成功，因此要优化数据上传引擎和算法，避免在业务繁忙时进行基础数据的更新。项目有时会风险识别不全，遇到长假会导致一线手持终端采购延后，增加项目的时间成本。

六、本系统下一步的改进方案

智慧物流平台将实现物流数字化的转型，结合行业领先的管理和实践经验，在顶层打造智能物流指挥中心，为可视化管理及决策提供依据；在业务执行层，建设具有广日物流标准的成品电梯运输管理系统及仓储管理系统，实现了对成品电梯业务统一作业标准；在底层，一方面打造了物联网管理平台，连接以物（如车和电梯等）为载体的数据，另一方面打通工厂与客户之间数据双向接口，打通以业务（如销售订单、运输单等）为载体的数据，并通过大数据平台进行存储和加工，为成品电梯物流的业务分析、业务管控以及经营企划打下夯实的数据基础，也为行业提供了一个具有创新意义以及参考价值的数字化项目案例样本。

中国物流亳州有限公司：SO56 系统的成品酒运输应用

一、企业简介

中国物流亳州有限公司成立于 2015 年 4 月，为中央企业中国诚通集团成员单位中国物流股份有限公司控股企业。公司不仅是古井集团成品酒全国干线运输服务商，同时也是古井集团战略 5.0 物流板块核心企业。公司建有皖北地区最大的综合性物流园区——中国物流亳州综合物流园，是国家级中药材物流基地试点，荣获“安徽省示范物流园”称号，获评“安徽省服务业集聚区（现代物流）”，通过“AAA 级物流企业”“AA 级信用企业”评定。近几年来，公司致力于物流供应链问题解决、物流信息大数据及综合性物流服务于一体的建设，打造更规范、更专业的物流信息平台。

二、SO56 系统主要解决成品酒运输的突出问题

随着信息技术的快速发展，计算机技术广泛应用到物流运输过程中。因为成品酒运输大多为传统运输模式，在信息化方面比较落后，所以在面临改变现有运作模式、提高物流水平和管理水平、向更高层次成品酒运输服务发展的挑战时，成品酒运输行业迫切需要优化信息化管理，而应用成品酒相关物流平台系统成为一条必由之路。

成品酒传统运输模式问题错综复杂，如综合运输成本较高、信息化程度低、信息沟通不顺畅，导致流程管控困难、管理成本高、沟通效率低、货值高等。只有充分利用信息技术，让信息流主导物品流，通过信息化来实现物流的准确配置，才能让物品流动的经济性最佳。因此，面临上述诸多问题，成品酒运输行业急需进行信息化提升，SO56 系统也就应运而生。

SO56 系统是中国物流股份有限公司为满足现代物流仓、干、配一体化业务而打造的服务于第三方物流企业的现代物流信息管理系统。它主要包括客户管理、订单管理、仓储管理、运输管理、车辆管理、财务结算、数据分析等模块，各个模块既可以关联使用，也可以单独服务于特定用户，实现各账户多层级关联，即各账户之间可实现多对多且层级持续叠加的逻辑关系。在成品酒运输主要是应用 SO56 系统的干线运输模块。

SO56 系统通过标准化数据接口与酒企客户生产系统对接，实现数据实时交互，有效减少中间沟通成本，降低出错率，提升工作时效，SO56 系统逻辑图如图 1 所示。

SO56 系统应用在成品酒运输中，首先解决的就是订单信息交互问题。在传统运输模式中，先是客户致电告知运输需求，然后通知承运企业前来领取客户纸质订单，承运企业领取订单后，根据订单信息前往仓库查询货物实际库存，综合情况安排车辆装货，此

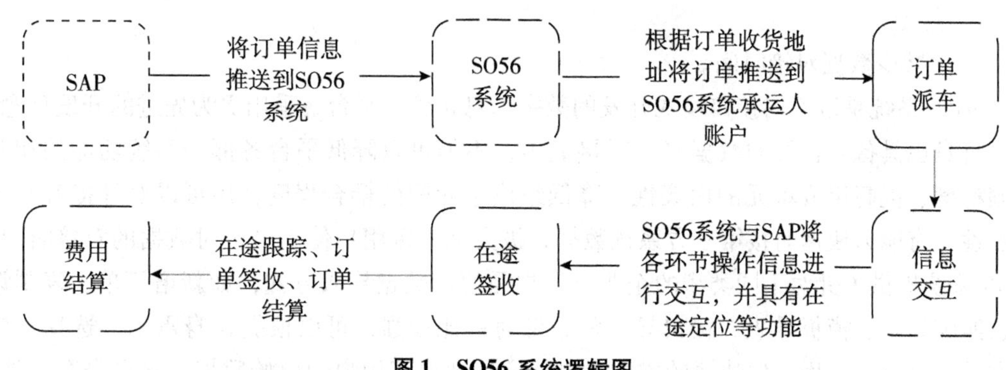

图1 SO56 系统逻辑图

流程需要大量人力进行订单信息沟通，耗费时间过多。而自 SO56 系统上线后，可以根据系统制定的规则，将订单信息直接推送至承运人账户，承运人收到信息后可直接安排车辆，司机通过手机接收订单信息后即可前往服务厅领取单据装货。

在承运人完成派车时，SO56 系统将车辆及司机信息推送至客户系统；而在司机装货完成出库后，客户仓库出库信息又会再次同步推送至 SO56 系统，由此数据可实现实时交互。无论是客户系统使用者，还是 SO56 系统使用者，都可以登录系统后轻松查询订单当前运输状态，第一时间知晓订单最新动态。

传统的运输模式无法有效跟踪车辆在途情况，不仅耗费大量时间和精力，而且难以传达准确的车辆在途信息。SO56 系统则可有效解决这一问题，通过 GPS 终端、北斗货运平台、手机终端等对在途车辆进行实时定位监控，车辆轨迹可随时查询，用户可以实时掌握在途车辆动态，及时发现异常情况。

SO56 系统的上线，改变原有纸质单据的录入模式，系统生成的所有纸质单据，在交接过程中均能通过扫描二维码进行识别，可实现多单短时间内迅速交接。二维码的应用，在结算环节中优势凸显。原有的结算模式是承运人需要将某一时间区间内的每一个运输单据汇总，登记成表后报送至结算中心，结算中心人员将所有承运人提交的单据逐一核对、统计汇总，在与上游客户完成对账后，才能进行费用结算。但是在启用 SO56 系统后，承运人使用手机逐一扫描实际完成单据的二维码，便可生成单号的汇总表格并发送至结算中心，结算中心人员将单号导入 SO56 系统，自动完成对账，极大提升结算时效及准确率，方便了承运人。

SO56 系统可对系统内数据进行综合分析，通过智慧云平台，以图标方式展现，为客户提供更加全面细致的大数据分析服务，使客户对自己整体业务分布、需求等有更直接、客观、全面的了解，为客户市场战略布局提供强有力的数据支撑。

三、信息化成果分析

企业的生产效率主要取决于物流效率，而物流管理成为制约企业整体经济效益的重要因素。所以物流管理信息化有利于改善物流运输方式，提高工作效率，提高劳动生产率，加速货物周转，节约各类资源，极大降低成本支出，推动社会生产发展。SO56 系统在成品酒运输中的应用，主要实现运输效率提升，各环节成本支出降低。

1. 优点

（1）减少数据对接时间。

SO56 系统是以面向接口模式开发的数字信息化管理平台，采用更为先进的开发理念，同时自身也具备着良好的数据接口对接能力，不但可以降低平台各部分系统功能的相互依赖程度、提高组成单元的内聚性、降低组成单元间的耦合程度，还可以对外提升平台扩展性，有能力快速对接第三方系统数据，极大地缩短用户使用平台时数据的对接时间。SO56 系统提供了针对不同类型的企业或用户需要的数据导入方式，如新增订单、复制订单、匹配导入、模板导入、接口导入等，针对性比较强，可以根据自身需求，选择对应的方式进行对接，用方便快捷的方式尽可能完善地保存用户的原始数据。除自身数据外，来自合作伙伴的各类 API 数据，也会经过慎重筛选，接口的质量和稳定性较好。

（2）提升调度效率，降低调度人员工作压力。

SO56 系统为满足各种企业调度服务场景，提供了多种调度方式，包括指定车辆派单、线路派单、区域派单、地图派单等，并通过使用大数据分析技术、机器学习技术、模型预测技术、数据结果可视化呈现技术，以及 SO56 开发团队自主开发的调度核心算法，对传统依赖人力、经验、时间的订单排线调度工作进行优化改进。SO56 系统能自动匹配、自动派单、自动生成分拣单、自动生成派车单，让操作人员仅需执行简单的操作步骤，便可完成调度派单工作，大大缩短调度派单耗费的时间。

（3）数据全向透明，降低沟通成本。

在 SO56 系统工作业务流程中，从订单导入到完成用户评价的整个过程，都会完整记录动向，在平台中可全方位监控每一笔订单，数据全程可视化，业务各环节操作可追溯。业务数据由平台根据业务场景自动触发推送信息，使发货人、承运人、配送员、收货人可随时了解业务订单的最新状态和配送进度。

（4）提升区域行业信息化水平。

SO56 系统的投入，带领着下游承运企业逐步完成信息化工作。随着 SO56 系统的逐步拓展应用，在满足成品酒运输需求的同时，承运企业也将自身其他业务逐步上线到 SO56 系统中，能有效地带动区域内众多小型物流企业实现信息化，提高区域行业信息化水平。

（5）收益数据对比。

每 100 单交接用时如图 2 所示，单笔订单沟通时效如图 3 所示。

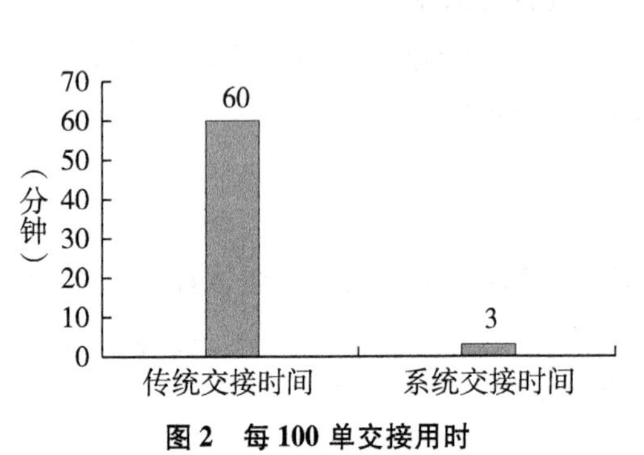

图 2　每 100 单交接用时

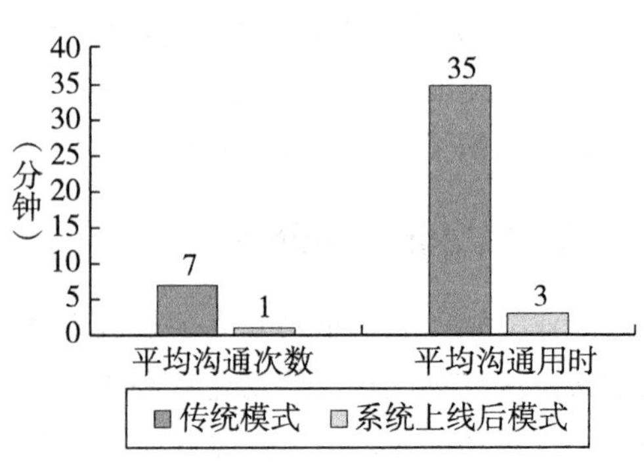

图 3　单笔订单沟通时效

2. 信息化进程中遇到的困难

SO56 系统在成品酒运输的应用中遇到不少问题与挑战。

（1）成品酒运输旺季订单数据交互量大，系统操作频繁。

春节前夕是成品酒发运的高峰期，系统每日可收到数千笔订单，每笔订单至少需要完成 10 次数据交互，且系统同时在线人数较多，高峰期每日需完成成品酒发运 40 万件，通过系统安排车辆两百多辆，这些给 SO56 系统带来极大的挑战。

所以，通过优化 SO56 系统数据处理流程、提升系统承载能力，则可以快速处理订单，及时完成数据交互及操作，保障成品酒运输高效有序进行。

（2）运力调度困难。

由于旺季订单数量剧增，临时调用车辆会导致企业运营成本增高。SO56 系统建立了运力池，将合作过的承运商和车辆存档，除固定服务的车辆，在高峰期调度人员可以从运力池中调度合作过的车辆，以此弥补运力的不足，这不仅降低调度人员的工作量，同时也降低企业运营成本。

（3）业务操作不标准。

成品酒的传统运输模式信息化水平较低，下游承运人员大多不会使用计算机设备，现转为信息化操作，使得原承运人员在短时间内难以适应。SO56 系统的实施顾问和系统开发人员进行驻点开发，提供操作手册、操作视频，规范操作流程，培养项目实施人才，并对承运人员进行操作培训。由于 SO56 系统操作便捷，极易上手，所以承运人员可以迅速掌握操作规程，而这些都能有效改善操作流程不标准的问题。

3. 信息化实施总结

开展实施本项目，有效解决了成品酒运输时面对的数据量大、交接流程多、沟通成本高、时效低等问题，以及在旺季运输需求量大时对车辆管理困难、重复工作多、调度人员工作压力大、结算烦琐容易出错等问题。

通过 SO56 系统的应用，完成与客户系统数据间的对接、订单各环节中数据的实时交互；节省各流程交接及沟通时间，大大提高工作效率；车辆轨迹定位功能使得各方订单关注者实时掌握货物动态，及时发现异常状况；运力池的应用，可以让调度人员轻松应对订单量暴增；面对客户、调度人员、收货人，配送运输过程透明，提高用户满意度，减少投诉量；实时生成对账单，方便与上下游企业的结算。

4. 改进方案与展望

尽管 SO56 系统在成品酒运输上已展现出明显优势，但成品酒运输因酒企客户的业务模式不同，导致运输方面存在部分流程差异，所以在今后的成品酒运输运用中，需考虑各酒企的业务模式共性与差异，充分结合成品酒运输的特点，打造一个全方位、适用于各类成品酒运输的信息系统。

上海中谷物流股份有限公司：中谷 EB 电商平台

上海中谷物流股份有限公司（以下简称“中谷物流”）以客户需求为核心，以集装箱为核心载体，以服务实体经济为宗旨，整合水路、公路、铁路运输资源协同运作，依托现代化物流信息平台，致力于为客户提供定制化、高性价比的“门到门”全程集装箱综合物流运输解决方案。

截至 2020 年 12 月 31 日，根据国际权威研究机构 Alphaliner（法国海运咨询机构）报告，中谷物流综合运力在全球排名第 13 位，国内排名第二位。中谷物流运营集装箱船舶 115 艘，拥有及可调运力达到 270 万载重吨、标准化集装箱 38 万 TEU，已形成以全国 25 个沿海主要港口、超过 50 个内河主要港口为物流节点，以沿海、长江、珠江航线共同构成的“一纵两横”航线结构为骨架，以 206 个地方办事处连接公路、铁路场站的水水联运、公水联运、海铁联运班列线路为脉络的多层次、全方位协同的综合物流网络，覆盖全国除三亚港外“一带一路”重点布局的港口，通达全国沿海及各江河流域的主要水系。

中谷物流从事的集装箱海运行业是传统行业，主要面向企业用户，是典型的 B2B 营销模式，以电话、邮件和走访沟通等传统营销方式为主。但随着计算机信息网络特别是移动互联网的日益普及，以淘宝、天猫、京东为代表的网络电商平台和以携程、飞猪为代表的旅行服务平台等迅猛发展，不断催生行业变革。在前期客户调研沟通中，客户希望能在线上公开、标准化选择集装箱物流产品，去中间化、透明化，在此大背景下，中谷物流着手研发上线中谷 EB 电商平台，旨在打造以集装箱物流产品展示、交易、结算为基础的集物流、贸易、金融、数据和支付为一体的数字化、移动化、立体化大平台。

一、项目可行性分析

1. 物流产业迅猛发展，逐步走向信息化的建设趋势

我国物流产业自发展以来，共经历了四个阶段，分别是起步、积累、集中和联盟阶段。集装箱海运虽是传统物流行业，但在整个社会物流业发展的推动下，信息化建设也在快速推进中。行业链条中的铁路、港口、船东、拖车公司均在变革，以港口为代表的第三代、第四代智慧港口建设，实现了单证无纸化、信息平台化，船舶、拖车、货物在港口节点的流程冗长、单证繁杂、信息拥堵的问题已经逐步得到解决，行业迫切需要建立连接产业上下游各参与主体的物流信息平台。

2. 物流信息化服务需求驱动信息化平台创新发展

随着计算机技术、网络技术和远程通信技术的迅速发展，传统的商务活动更加数字化、电子化和网络化。信息技术的逐步成熟加快了互联网大数据建设和包括集装箱大宗物流在内的物流产业融合步伐，物流产业开始更多注重将信息技术运用在服务流程中，

建设物流信息平台成为物流领域新的发展趋势。

信息是物流的核心，建设物流信息平台可以做到对资源的整合，各系统将数据汇集并对数据进行深度分析、处理和存储，然后按照各个子系统的实际需求处理数据并传输至接收方，这样的流程不但可以减少物流活动中的时间成本，还可以优化物流闲置资源的利用率，带动了企业的经济发展，产生了良好的社会效益。尽管属于服务业范畴的物流产业信息化平台服务比重相对较小，但是依托于中国近年来物流行业的迅速发展背景，目前我国物流信息管理需求旺盛。除此之外，全球经济一体化的背景下，国际资本和跨国企业不断和我国本土经济进行融合，这也促进了我国的物流产业建设更加规范化和国际化，为物流信息管理的简约化和规模化打下了良好的基础。

3. 物流行业政策利好，多方扶持促进发展

近年来，物流行业的发展已经上升到国家战略，国家陆续出台物流产业规划和政策，从各个方面推动物流产业发展。在物流信息化方面，国家出台了包括《物联网“十二五”发展规划》《物流业发展中长期规划（2014—2020 年）》《工业和信息化部关于推进物流信息化工作的指导意见》等一系列政策，将物流信息化建设作为行业转型升级的重点，鼓励物流企业加快推进信息化建设。

4. 传统业务模式与信息化创新模式存在差异

我国目前的物流信息化发展仍然以满足底层的基础信息化为主，主要是因为我国中小物流企业占比较大。但是，已经有越来越多的物流企业从降低成本、提升竞争力的角度出发，用信息化技术优化业务流程与管理流程。在信息化平台方面，发展最迅速也最成熟的当属快递物流，顺丰及“四通一达”均有强大的信息化平台支持，而近两年，像阿里、京东等电商平台也介入快递物流行业，可以说，现有的快递物流的信息化平台已能满足市场日新月异的需求。

反观集装箱海运行业，信息化建设没有与其快速发展的市场规模相匹配。无论是基础承运人、集装箱班轮公司、港口企业还是中小货运代理物流企业，目前信息化进程都停留在满足自身业务和管理流程优化上。各行业主体都迫切需求有相对完整和超出预期的信息化平台引领集装箱多式联运发展，各参与主体中，铁路、港口、班轮公司均在不懈努力。

作为国内集装箱物流的龙头企业，中谷物流极有必要建设满足行业及客户需求的集装箱物流多式联运信息交易与管理平台。行业各方已经有基础的信息化建设和行业发展变革需求，为中谷物流搭建平台奠定了基础。集装箱班轮公司搭建信息化平台有如下优势。

第一，拥有核心的利于多式联运发展的集装箱资源，可以满足水水、公水、海铁联运等多种运输需求。

第二，拥有丰富的航线网络。集装箱班轮公司通过遍布全国的密集航线，设置构建了丰富的多式联运网络。

第三，拥有其他运输方式和平台无法比拟的成本优势。在公路、铁路、水路运输方式中，水路运输运量优势最大，成本优势最为明显。

第四，可以提供“门到门”全程综合物流运输，有利于搭建线上线下物流运输体系。

传统大宗货物散货运输方式只能分段为“门到港”“港到港”“港到门”，不利于形成“门到门”的线上信息化交易平台。

中谷 EB 电商平台搭建后的优势包括以下几项。

第一，打通数据链条，将割裂的业务数据整合形成全程可视化运输通路。

第二，打通贸易壁垒，以集装箱作为交易单元，去中间化、透明化，降低贸易门槛。

第三，提升物流效率，打通信息壁垒和贸易壁垒后，在提升信息效率基础上，大幅提升大宗物流透明度和运行效率。

第四，以集装箱海运产品线上交易平台为基础，可构建运贸一体的以集装箱为载体的大宗货物交易平台，包括粮食、煤炭、焦炭、矿砂、钢材等。

5. 市场需求和平台定位

通过对产业链条主体现有信息系统的分析，可以看出以集装箱为载体的集装箱班轮公司建立的信息化平台更符合市场需求。

港口的信息系统是目前集装箱海运行业中功能强大的一种，其涵盖了港口的综合计划、舱单处理、卸船计划、堆场管理、计费、装箱管理、拆箱管理、提箱计划等码头作业所需功能。但是港口的信息系统，仅能满足港口的码头作业所需，对于行业内其他企业的物流管理需求没有帮助。

目前大型货代公司也有自主搭建或选择第三方物流管理系统，这些系统也包含了物流管理的功能，甚至有的已经开发了供应链管理、电子商务、集团大数据等功能。货代公司现有的系统也基本满足了为物流客户提供服务过程中的销售管理、仓储管理、市场管理、箱务管理和财务管理等需求。但这些系统仅限于企业内部使用，未能接通市场其他主体的系统接口，无法对市场数据进行全面分析，因此货代公司亟须一个开放的信息化平台。

通过对比，市场未能形成统一的满足多方位需求、具备大数据分析功能的集装箱陆运管理平台。中谷 EB 电商平台在满足市场痛点需求的基础上搭建服务平台功能，力图从客户的需求角度出发，促进市场创新发展。

6. 目标客户和服务模式

中谷 EB 电商平台旨在利用其已有的业务基础和市场影响力，接通港口码头等专业化平台，面向货代公司、物流客户、堆场等其他众多市场主体开放，汇集货物流、信息流和资金流，搭建一个综合的信息化平台。中谷物流的业务目前已经覆盖集装箱海运全产业链，其线上交易平台使用对象包括以下几类。

（1）港口公司。目前中谷物流与 70 多个港口有业务合作，名列上海港、厦门港、青岛港、日照港、太仓港、天津港 6 个重要港口以及长江沿岸 15 个港口内贸集装箱吞吐量第一，未来中谷 EB 电商平台与港口已有信息化平台将实现 EDI（电子数据交换）对接。

（2）拖车公司。中谷物流整合了 26000 多辆集装箱卡车，与 1300 多家拖车公司有业务往来，集装箱海运产品线上交易平台的子平台陆运管理平台将为其提供车辆管理、货物装卸、门店配送、车货匹配和业务结算服务。

（3）各港口内/外堆场。与中谷物流有业务往来的堆场公司有近 200 家，所有重、空集装箱的装卸、转运、保管、交接均要在堆场完成。中谷 EB 电商平台与堆场数据共享后，能提高进出场效率并保证准确性，能直观获取堆场当前的集装箱堆存和分布情况，从而满足各种提箱要求；能提高场内箱作业效率，减少翻倒，从而降低集装箱运营成本。

（4）货代公司。与中谷物流有经常性业务往来的货代公司遍布全国，中谷 EB 电商平台及各子平台将对货代公司开放使用。

（5）企业客户。中谷物流现有企业客户数千家，物流成本管理已经是其核心需求，中谷 EB 电商平台及其子平台可为其提供整体的物流成本管理、物流监控和供应链管理服务，甚至提供财务、人力资源等企业管理服务。

二、项目实施过程

1. 项目建设内容与方案

中谷 EB 电商平台是基于其已使用十多年的运营管理系统（包括业务管理系统、财务管理系统、陆运管理系统等），并结合实践中不断增加的功能需求和碰到的各类问题，进行更新和重新开发的平台。中谷物流旨在建设一个以内部运营管理系统为支撑，前、中、后台相互匹配和依托，线上线下联合实施，解决客户“门到门”综合物流方案的信息化平台。

2. 建设目标

中谷 EB 电商平台是为了满足客户在线选择中谷物流的集装箱海运产品，主要功能模块包括航线产品展示、运输路径推荐、产品运价管理、在线订舱与订单管理、在线结算、自助放箱、货运跟踪等。移动端的主要功能覆盖 PC 端所有功能，包括在线下单、订单处理、在线对账、在线支付、货物跟踪及其他服务。远期在物流产品线上交易基础上叠加贸易、金融和支付属性，可将中谷 EB 电商平台扩展为融合贸易交易、物流交付、金融支撑的综合物贸平台。

3. 建设内容

（1）根据订舱客户自身需求，实现查询船期、获取报价、订舱下单的一站式服务。

（2）实现订舱客户在线支付，在线结算，在线对账。

（3）实现订舱客户在线授权换单车队。

（4）实现订舱客户在线自主放货。

（5）实现订舱客户在线申请发票。

（6）与网上订舱的跟踪服务直接关联，实时同步订单货物的运输状态。

4. 项目开发实施进程

（1）中谷 EB 电商平台开发实施各阶段如下。

2019 年 8 月至 12 月为系统开发，2020 年 1 月至 3 月为系统测试，2020 年 4 月至 6 月为系统试运行，2020 年 7 月正式上线运营。

（2）平台建设实施中遇到的主要困难、问题与解决措施。

①客户使用习惯不同。集装箱海运行业客户习惯于线下沟通，确定价格后再线上订舱，电商系统上线后，客户仍然沿用原有习惯线下议价，拒绝使用电商平台。因此通过发放优惠券、积分等手段让客户得到实惠，把客户吸引到电商平台。

②航班船期的展示。原来船期不稳定、不明确，因此开发了船舶生产调度系统，锁定未来一个月的船期，并通过加强营运管理保证航班准时。

③货物跟踪不易。由于国内集装箱海运行业业务变化快，驳船和陆路运输由委托驳船公司、集卡车队负责，容易造成运输动态采集不及时、不准确，影响客户跟踪集装箱的运输状态。解决办法就是推进与港口和堆场的 EDI 对接，提高 EDI 数据传输频率，开发中谷微拖小程序并鼓励拖车司机使用，及时采集陆路运输动态。

（3）平台建设设施的组织与推进过程。

中谷 EB 电商平台由总部高层集中统一领导，总部运营团队、片区运营团队和平台开发团队分工合作。产品设计由总部运营团队与开发团队负责，产品开发采用敏捷开发，快速迭代，先行试点，逐步展开。运营由总部运营团队和片区运营团队负责，首先确定目标客户，制定运营指标，引导老客户使用电商平台，广泛宣传吸引新客户注册使用。

中谷 EB 电商平台建成后，应逐步优化，片区运营团队反馈客户使用感受，总部运营团队评估，开发团队优化系统功能。

三、项目实施主要效益分析与评估

1. 信息化主要效益分析与评估、分析

（1）人均处理订单量。

利用信息化升级订舱渠道，统一订舱模板，客户自助填写接舱信息，同时提供航线选择、自动报价等功能，极大提升接舱效率。2017—2020 年项目成果如表 1 所示。

表 1　　2017—2020 年项目成果

时间	操作人数（人）	接舱箱量（人・天）
2017 年	307	23
2018 年	364	23
2019 年	438	24
2020 年	421	31

（2）提升服务效率。

升级电商平台功能，系统判断放箱条件，实现 24 小时货主自助放箱；优化开票功能梳理流程，实现客户一键开票，提升客户满意度。自助放箱节约操作时间汇总如表 2 所示。

表 2　　自助放箱节约操作时间汇总

时间	节约时间（天）
2020 – 07	1
2020 – 08	13
2020 – 09	47
2020 – 10	50
2020 – 11	62
2020 – 12	58
2021 – 01	51
2021 – 02	34
2021 – 03	63

2. 信息化实施对企业业务流程改造与创新模式的影响

中谷 EB 电商平台与业务流程融合贯通，在流程模式上有以下三点创新。

（1）利用高德地图的精确经纬度数据，叠加 AI 算法和航运物流垂直场景，真实还原货物在途状态，积累大量样本数据，从而开发出针对不同内陆点的最优港口智能匹配方案和标准运费定价器等智能产品模块。

（2）集装箱海运报关、保险以及海运、公路、铁路之间的转运等成本高达运输总费用的 1/5。纸质文件滞后，货物只能搁置在港口，不能进入下一个运输环节。

对于传统的集装箱货物运输流程，订舱人不仅需要和船公司交接，还要和车队对接。而车队需要完成和船公司、码头和收货人的交接。收货人则需要完成和订舱人、车队的对接。这些过程十分烦琐，容易导致业务的推迟。而中谷 EB 电商平台则轻松地解决了这个问题。对于订舱人不仅可以完成出口换单，还可以完成诸如返场申请、套箱申请及换箱申请等一系列操作。同时，订舱人也可以对车队进行长期授权。对于长期授权后的车队，若要进行委托承运，订舱人不需要通过进出口授权，只要将运单号告知车队，车队就可以进行办单。而车队在授权后可以通过在线换单直接承运，大大地减少传统业务模式下产生的沟通成本和业务的不确定性。

（3）在未来，集装箱海运企业有意利用低成本的分销技术替代传统货代渠道。传统的集装箱海运企业缺乏对终端市场的控制。随着互联网技术的进步，原来由人工操作和解决的环节可以使用信息化技术替代，许多公司有意通过低成本的互联网技术夺回渠道权。

中谷 EB 电商平台的建立是全新营销体系的尝试，通过互联网技术改变传统客户的订舱操作习惯，去除中间环节，降低分销成本。

3. 信息化实施对提高企业竞争力的作用

通过信息化改进方案，将集装箱海运作业中多维、分散、复杂数据和衔接碎片数据进行高效整合，消除数据孤岛，构建企业数据湖，满足数据一体化、层次化、实时化、可视化要求。一方面通过数据驱动各类资源要素进行优化和创新，提高利用率，实现资源一体化管理；另一方面通过对各维度数据的深度挖掘分析，针对船、箱、货进行分析，形成透视成本结构、智能预测预警、客情监控、精准营销、业务运作管理等能力，助力企业快速高效地将数据资产转变为商业价值。针对产业上下游企业和同行业企业进行细化需求调研，增强当前系统的适应性，封装行业产品，由点及面，在全国范围推广，打造行业标杆，提升企业竞争力，推进行业共同进步。

四、项目总结

中谷 EB 电商平台建成运行近一年，达到了初步效果。在项目实施过程中，也总结出一些经验。

1. 集装箱信息互通互联遇到节点问题

中谷 EB 电商平台对以集装箱箱号为主要标记的信息流互通有较高要求，实现了系统内部的信息畅通交换，但在与各大港口和驳船公司信息交互中遇到瓶颈，主要表现在信息交换不及时、不准确，导致客户不能实时了解集装箱当前状态，影响货物跟踪系统的使用效率和客户服务体验。

目前正在与各大港口、驳船公司、拖车公司和客户之间构建信息交换 EDI 平台，尝试打通“门到门”数据交换的拥堵节点。

2. 在线支付功能问题

中谷 EB 电商平台设置了在线支付功能，但受制于企业用户对发票的要求，大部分企业用户无法使用线上支付工具，只能使用网上银行或者线下支付方式完成订单支付。平台需在便捷支付功能开发和引导上进行产品创新，未来物流电子发票普及后可方便客户在线支付和开具发票。

3. 数据解析能力需提升

随着交易数量的不断增大，中谷 EB 电商平台沉淀了大量历史数据，需提升平台对数据的分析输出能力、智能计算和预测能力，对客户、航线、品类进行精准分析，提供定制化服务，对运输需求、运输路径、产品定价等进行精准预测，并根据产品提供情况智能定价。

4. 交易辅助功能

经过一年试运行，中谷 EB 电商平台在线交易集装箱海运产品品类超过 3000 种，叠加金融属性，为大宗贸易产品提供供应链金融服务，建立大宗货物交易平台的规划需尽快落地，真正将集装箱海运交易平台的潜在价值发挥出来，将标准集装箱打造成大宗商品基本交易单元，成为客户的不二选择。

5. 公共性推广力度不够

当前，中谷 EB 电商平台的公共性、开放性还不够，亟须扩充升级，成为公共平台。可增加集装箱“门到门”产品的选择，增加除中谷物流集装箱班轮产品之外其他同行物流产品，增加公路运输、铁路运输、非集装箱物流产品的选择，增加仓储配送产品的选择等。

五、集装箱物流产品线上交易平台后续的改进方案与设想

1. 改进方案

中谷 EB 电商平台下一步的改进方案包括完善移动电商系统开发，将电商 App、微信小程序以及微信公众号等多个应用系统提供给不同的客户群体。强化客户自助服务，订舱、配船、放箱、提箱、对账、核销等操作交由客户处理，减少后台干预，提升客户体验。根据市场、订舱、运力等影响运价的因素，建立运价计算模型，减少人工对运价的干预，提升价格的精准度。打通电商系统与其他子系统的联系，电商系统与其他子系统及时互动，消除信息孤岛。提供运输消息订阅功能，向客户精准推送货物运输消息。

2. 物流信息化的设想

物流信息化是全行业的共同课题，实现物流上下游环节的信息共享，应从行业层面打通数据壁垒、消除信息孤岛，实现信息流的畅通、透明；建立可以落地的行业标准，减少重复开发、重复建设，提高物流信息化建设的质量和效率。

广西五运科技有限公司：中小型第三方物流企业运营管理平台

一、应用企业简况

JF 速运是一家主打桂林同城物流，集快递、快运、零担运输、整车运输、仓配等业务于一体的第三方物流民营企业。该企业积极探寻物流业与制造业、服务业融合发展的模式，采用“中心直营 + 网点加盟”的扁平化管理模式，致力于为客户提供一站式供应链服务。

二、运营过程中的问题

该企业拥有多种物流渠道资源，涵盖了国内外快递和快运、零担运输、整车运输等，伴随着行业的高速成长，JF 速运在日常运营过程中逐步显现以下两大问题。

1. 现金流存在压力

行业内的价格战，导致客户的话语权强势；先货后款的结算模式，让物流公司承担着巨大的现金流压力。

2. 缺少渠道和客户管理工具

缺少统一的数字化管理工具，部分渠道采用自己的信息化管理系统，信息传递仍依靠社交软件，效率较低。

三、信息化推进过程

为了更好地管理渠道资源、与大客户对接、缓解现金流压力，JF 速运在了解广西五运科技有限公司相关产品后，决定委托广西五运科技有限公司为其研发物流信息化平台，用以统一管理渠道、订单、账单、客户。

JF 速运梳理了运营中的难点，结合广西五运科技有限公司的建议，决定研发企业端系统、网点端系统、快递员 App 软件，以满足 JF 速运的发展需求。

网点端系统，主要用于进行第三方物流网点的物流管理，提高网点的物流信息化水平和物流管理水平，通过平台整合更多不同渠道的物流资源。

企业端系统，一个集下单、跟单、对账、物流管理、数据分析、系统对接、线上投保等多种功能为一体的系统，主要用于企业内部物流管理，系统功能齐全，操作简单，能够有效为企业降本增效，提高企业的物流信息化和物流管理水平。

快递员 App 软件，主要用于快递员日常收派管理、订单管理、出入库管理、接单管理等，旨在提高快递员日常操作效率，增加快递员网络订单来源和收入。

系统的研发、测试及初期使用中，经常会遇到各种困难，秉着迎难而上的精神，广西五运科技有限公司攻克各种问题，最终系统顺利上线。

四、信息化主要效益分析与评估

（1）信息化实施前后的效益对比分析。

信息化实施前，网点需要花费很大的精力区分各渠道订单、回复客户的查件信息，造成效率低下、异常件较多。信息化实施后，客户自行下单、自行查询、自行对账，网点大部分精力都可以放在如何提高服务质量上，吸引更多客户，创造更多收益。

2020 年 11 月至 2021 年 3 月信息化实施前后效益对比分析见表 1。

表 1　效益对比分析

	大客户数量（家）	平均每月订单数量（票）	平均每月异常件占比（%）
实施前	2	610	5
实施后	12	4992	1

（2）信息化实施对企业业务流程改造与创新模式的影响。

物流信息化平台的使用，为 JF 速运管理好已有的渠道、客户，助力开拓新渠道、新客户。信息化实施前，网点仍然采用传统的物流管理手段，缺乏信息化物流管理工具，缺少各类物流资源的整合渠道，使得发展停滞不前。信息化实施后，网点可将自有物流渠道维护至系统，也可通过系统向管理平台申请其他物流渠道，满足网点多元化物流服务的发展需求。网点可通过系统对客户开放多种渠道，通过对客户绑定报价方案实现一对一报价。一个客户可以绑定多个品牌报价方案，客户下单时可对多个品牌进行比价，提高客户满意度。订单管理、账单管理可方便网点实时查看本站点所有订单以及收入支出明细账，便于网点进行运营及财务管理。客户预充值功能，可以缓解网点的现金流压力。当客户不便下单或者散客寄件时，网点操作员可通过系统代客下单或者进行订单补录，避免漏单。数据分析功能，将网点的物流信息进行数据可视化，帮助网点实时了解运营数据及客户发货数据，及时调整运营策略和客户物流解决方案。

（3）信息化实施对提高企业竞争力的作用。

信息化的实施，提高了网点的物流信息化水平和物流管理水平，通过平台整合不同渠道的物流资源，帮助网点打造多元化、一体化的物流服务，增强网点的议价能力，增加网点客户的黏性，提高客户满意度。

五、信息化实施过程中的体会

信息化建设有利于增强企业的核心竞争力，加快业务流程重组，组织结构优化，有效降低成本，扩大企业竞争范围，从而提高企业经济效益，促进企业竞争，加速企业发展。

六、本系统下一步的改进方案与设想

物流信息化平台下一步将开放 API 接口对接，可与企业 API 系统、电商系统、保险系统等进行对接，实现系统间的互联互通，为企业提供更多的增值服务。后期物流信息化平台将增加数据分析功能，将企业的发货信息进行数据可视化，也可根据企业的需求提供更进一步的数据分析和应用服务，帮助企业实时了解公司内部物流数据，制订完善的物流解决方案。

四川物通科技有限公司：物通大宗物资数字化仓配管理系统

一、企业简况

（一）开发企业简介

四川物通科技有限公司（以下简称“物通科技”）是商务部、国家标准化管理委员会认定的全国商贸物流标准化专项行动重点推进企业，是成都市城市共同配送首批试点企业（现代物流技术应用），中国物流与采购联合会中国物流信息化十佳服务商，全国仓储设备技术应用优秀推进企业，全国高新技术企业。

物通科技自2011年成立以来，一直关注信息化市场需求，在物流信息化建设与白酒生产自动化控制领域拥有丰富的项目落地实施经验，为政府、企业提供全面的系统集成服务。

物通科技以服务社会、技术创新为己任，在各级政府相关职能部门指导下，与企业、行业协会、高校深度合作，深入开展信息化、自动化、供应链体系等方面的建设和物联网技术的应用，从而开发构建了数字化仓储物流管理、白酒生产自动化控制技术和供应链体系建设三大应用系列，现已在生产企业、物流企业、城市管理等领域广泛应用并取得了良好的社会效益和经济效益。

（二）应用企业简介

中铁物资成都物流有限公司，隶属于中国铁路物资成都有限公司，于20世纪90年代进入物流行业，至今已形成集钢材仓储、装卸、加工、配送、贸易、供应链金融于一体的完整的物流产业链。作为国资委管辖的中央企业，公司注册资本4.2亿元，拥有青白江和创业路两个物流基地。

青白江物流基地占地面积329亩，有室内库房18个，库房面积4.5万平方米，堆场面积9万平方米，拥有青白江散货物流园区内唯一的两条铁路专用线，总长1.8公里，有大型装卸设备24台，设计钢材年吞吐量600万吨，是一个大型、高效、智能化的钢材集散物流基地。

创业路物流基地占地面积89亩，有室内库房13个，库房面积1.8万平方米，堆场3.8万平方米，铁路专用线3条，总长1.03公里，有大型装卸设备10台，年装卸能力100万吨，是一个集生活物资、大宗原料集散的综合物流基地。

中铁物资成都物流有限公司遵循“商贸物流一体化”的战略发展思路，依托中国铁路物资成都有限公司的资金与商贸渠道和两个物流基地的仓储服务能力以及覆盖西南地区的配送服务网络，打通资金、资源、物流通道，开展钢材集成化综合服务，提供丰富的物资供应和客户需求解决方案，让客户享受从钢厂到终端的供应链全流程服务。

二、大宗物资物流园区发展现状以及存在的问题

（一）园区整体发展水平不均衡

中国大宗物资物流园区发展水平参差不齐，许多园区发展滞后，软硬件基础设施建设不能满足日益增长的物流业务需求；园区信息化建设发展不均衡，大多数仅应用一些基础、简单的管理系统（如财务管理、进销存、考勤等系统），各类设备工具仅能实现装卸、计重、数据显示等基本功能，无法实现数据的采集与传输，作业环节的流转和数据统计极其依赖人工，仓库仍然依靠纸质单据管理，有些甚至仅通过电话、微信等方式实现园区的组织经营，未能实现仓储物流的过程控制与数据共享。

（二）园区智能化水平较低

近些年，部分大宗物资物流园区的信息化水平有了明显提升，特别是少数大型综合物流园区建设理念先进，物流信息化和基础设施同步建设，既有室内仓储、保税库、期货交割库等现代仓储设施，又有现代化的 PDA（手持终端）、无人天车、机器人等智能设备。但园区的智能化仍处于起步阶段，有较大提升空间。大数据分析、智能决策支撑等软件系统缺失；园区内不同模块及不同园区之间信息互联互通性较差，信息孤岛仍然存在，难以形成完整、高效的信息供应链，制约了园区的发展。

（三）下游衔接效率不足

缺乏多式联运对接能力，发达国家的物流园区基本布局在水路、铁路、公路的交会之地，一般具备 2 种及以上的运输方式，运输条件非常优越，中国的多式联运发展比较滞后，具有多式联运功能的园区比例很小。

（四）盈利模式较单一

目前，多数大宗物资物流园区仍以仓储、运输、商铺租赁作为主营业务，其达到园区总收入的 90%。这些园区在贸易、物流金融、“互联网 +”等业务上仍处于摸索阶段，尚未形成持续稳定的盈利模式。因此，园区的同质化竞争比较激烈，利润率较低。

三、解决方案的主要内容

针对建设单位需求与行业痛点定制开发“物通大宗物资数字化仓配管理系统”，通过二维码、图像识别、RFID（射频识别）等技术实现自动信息采集，以动态储位分配和智能调度决策模型与算法为核心，实现了大宗物资仓配管理全流程数字化、作业全过程控制智能化。

（一）系统技术架构

系统采用SOA（面向服务）架构，SOA架构是一种应用架构策略，它着眼于业务应用，并将它们划分为单独的业务功能和流程。SOA架构使用户可以构建、部署和整合这些服务，且无须依赖应用程序及其运行的计算平台，从而提高业务流程的灵活性。这种灵活性可加快系统建设速度，降低总拥有成本，及时对信息进行访问。

系统部署方面，提供数据库服务器实现双机热备，确保数据安全和稳定运行，应用服务器承载软件运行、Web服务器提供对外访问、通信服务器提供对移动终端的访问，存储设备确保系统数据的可靠性。系统通过防火墙对外提供服务，通信链路包括Internet、Intranet（内网）、NB-IoT（窄带物联网）和移动网络。系统部署架构如图1所示。

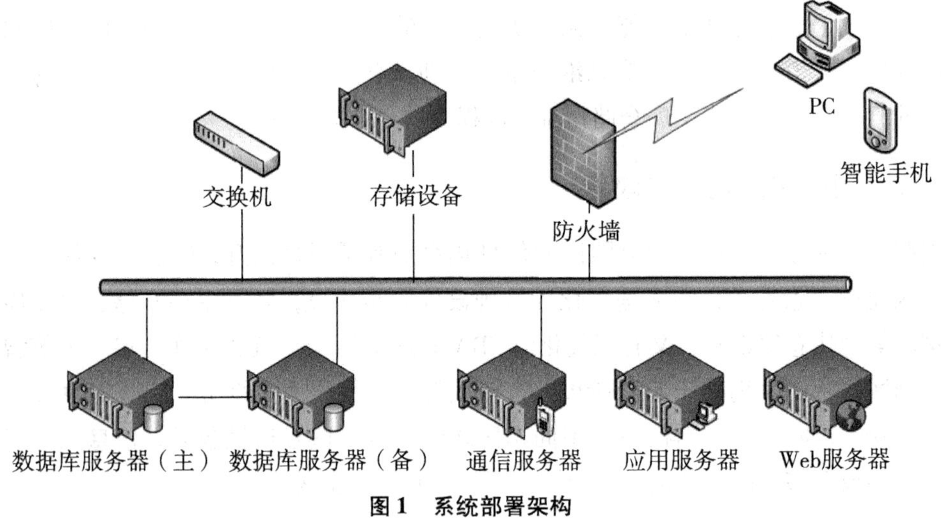

图1　系统部署架构

（二）系统功能架构与实现

系统由标准化规范体系、自动化采集设备、信息化数据库、数据分析与智能调度分配决策模块组成，系统架构包括标准化管理层、自动化信息采集层、信息化管理和智能化作业层，实现了数据流与实物流对应。

标准化规范体系参考国家、行业、企业的信息化、数字化标准，包括储位编码标准、货位编码标准、人/物/结构编码标准，实现对储位、货物、人员、设备及软硬件接口的标准化管理；自动化采集则依托门禁、叉车等固定位置或移动传感器技术、二维码或RFID技术、视频监控技术和电子磅秤技术等，实现储位与货物对应、货物监控与实重核算等基础信息采集；结合软件接口等实现电子仓单、货物跟踪、仓单质押等信息管理，实现业务流程全过程管理；依托大量数据的采集和科学的信息管理流程，用大数据分析和智能决策技术实现货物储位分配和出入库调度的智能化协同；配套的系统预警和安全技术则保证了系统长期可靠运行。

四、产品落地实施难点和解决

在园区建设过程中，建设单位对系统数字化、智能化提出了较高的要求，提出在生产调度、储位分配方面实现智能化，运输配送环节要能够实现货物的在途监控跟踪。针对建设单位的需求，研发团队结合自身的技术优势和多年来的行业经验积累，针对性地开发设计出智能化调度系统、储位智能分配技术和货物在途跟踪方法。

（一）仓库出入库作业智能调度方法与技术

利用物联网通信技术和自动化技术，内置基于多种场景运作的优化算法，实现了出入库作业的智能化调度；将库位网格单元化，货物编码到最小单位，使库位与货物透明化；门禁子系统提供供应商和承运商的卸货、提货信息，系统自动记录预约车辆出入库信息，通过内置算法对人员、设备等作业资源预先安排，提前规划起吊点、取货点，实现了库区流量的协调控制，提高了作业效率。

此外，中铁物资成都物流有限公司可通过设置货位参数、排队参数、作业点参数、设备参数、作业人员参数、货位堆码规则等信息定制多样化的调度规则，确定包括人力资源配置、取货作业点、作业顺序、装配运载等的优化方案。方案中的装卸取货信息与起吊点对应，起吊点的确定考虑排队权重和货位权重，结合出入库流程优化算法，实现了车辆装运作业调度的智能化。

（二）储位智能分配方法与技术

现代仓储系统中货物储位分配是库容利用效率的关键环节。研发团队合理利用物联网技术和动态规划方法，实现了货物储位动态优化分配，构建了以动态聚类算法为核心的货物储位智能分配模型和方法。运用物联网技术与国家铁路货运系统对接，与各个社会公路运输系统交互，实时获取铁路或公路运输出入库信息，动态追踪下一时间窗在途货物与出库需求，结合在库货物堆码对仓库货位实现了动态智能分配。

（三）终端配送与在途跟踪

仓配系统中将 GPS、RFID、移动网络、NB - IoT 技术进行了有效集成和应用，通过 GIS 实现了车辆实时跟踪，结合手持终端、移动便捷打印、移动支付、信息推送服务、配载分析、电子签名等技术，满足终端配送企业对配送路径规划、实时配送进度追踪及提醒、货物电子交接、自动收费等业务需求。

五、效益分析与评估

（一）应用效果

具体来看，通过应用物通大宗物资数字化仓配管理系统，对比系统改造和技术应用前的情况，中铁物资成都物流有限公司在服务提升、成本降低方面效果显著。

应用系统后，园区吞吐量增长率超过 25%，仓库容积利用率提高 15%，现场总体作业效率提升35%，园区交通阻塞率显著下降，车辆配送效率提高20%以上，终端客户平均等候时间减少2小时以上，准时送达率提高35%以上，收发差错率由0.1%下降到0.01%。

与上游生产企业、下游商贸企业完成系统信息交互以后，整个作业信息交互时间由原来纸质单据传递模式下的30分钟以上缩减到5秒以内，极大地提升园区整体运行效率。

（二）经济效益

物通大宗物资数字化仓配管理系统的应用，从多个维度实现企业降本增效。

（1）园区吞吐量增加，效率和客户满意度提高都将给企业带来持续稳定的营收增长。

（2）除效率和服务提升、成本降低，系统还支持车辆监管、供应链金融、原材料代加工等增值服务，将成为企业新的业务增长点。

（3）通过系统对货物的准确记录、调配和跟踪，能够做到先进先出、自动盘点、精确控制，避免货物堆积受损，也能减少人为错误以及货物破损或丢失造成的损失。

（4）无纸化办公的实现，将为企业节约可观的办公耗材成本。

（三）社会效益

1. 促进职工收入增长，助力国内大循环

政府提出加快构建以国内大循环为主体、国内国际双循环相互促进的新发展格局，而中低收入阶层是内循环的主力军，企业经济效益提高带来企业职工收入的增加，将促进个人消费能力，从而为激发国内大循环夯实基础。

2. 前沿技术应用，推动行业转型升级

项目团队充分利用物联网和自动化技术，结合先进的数学算法，实现作业智能化调度与储位智能分配，将系统提升到了一个新的高度，这对于推进大宗物资物流行业的发展具有重要意义。

3. 推行标准化，打通上下游产业链

系统建设的过程中，为了使供应链相关节点之间实现无缝连接，硬件系统与通信协议的标准化是物通科技坚持遵守的准则。标准化的推行，从系统运行层面将园区与上游生产企业、下游商贸企业整合连接，实现信息的有效互通。

（四）竞争力提升

随着新冠肺炎疫情防控进入后疫情时代，2021年我国宏观经济和物流仓储运行逐步恢复常态，物流需求保持回升态势，市场活力进一步增强，业务收入增长加快，整体来看国内物流仓配行业总体稳中向好。在这样的背景下，大宗物资仓配行业将会迎来新的发展机遇，淘汰落后设备与技术已成必然趋势，以智能化、数字化为代表的仓配系统将会带动企业业务的提升，助力企业在激烈的市场竞争中占据优势。

六、总结与推广

随着人力成本的不断上升、客户需求的不断提高，传统的管理模式已无法适应现代大宗物资仓配行业的发展需求。在仓配系统方面，简单的管理系统将逐步被数字化、智能化系统替代；在内部管理方面，与上下游企业的数据互通和流程重塑将成为主流。伴随技术门槛和技术成本的降低，人工智能、物联网等技术的应用将会快速普及，推动大宗物资仓配行业的产业升级。

物通大宗物资数字化仓配管理系统实现了大宗物资仓配活动的全流程信息化，生产、组织、管理的数字化，作业过程控制的智能化，系统的实施对于改变大宗物资仓配领域管理落后现状，推动仓库的数字化、标准化建设，助力产业转型升级，提升产业的整体效益有着重要意义。

七、改进与建议

在大宗物资物流园区经营方面，目前，园区主营业务收入仍以仓储、运输、商铺租赁为主，增值服务还处于起步和摸索阶段，尚未形成持续稳定的盈利模式。园区在开展增值服务、避免同质化竞争方面仍需下苦功。对于大宗物资的典型代表，中高端钢材加工需求潜力大，但深加工增值服务发展不足，业内应加强对钢材深加工技术成果的开发及应用，加快推进制定相应的加工规范和标准。

在技术应用方面，系统实施过程中区块链技术的应用还不够充分，虽然物通大宗物资数字化仓配管理系统中开发了基于合作与信任机制的多场景业务模块，提高了数据传输的安全性，实现了数据实时校对核准和业务可追溯，但在链上链下数据协同方面仍有很大的发展空间。

厦门荆艺软件有限公司：联信诚贸易管理系统

一、应用企业简况

厦门联信诚有限公司（以下简称“联信诚”）是联发集团有限公司全资子公司，成立于1998年。公司具备所经营产品的专业知识和丰富的国际及国内的贸易经验，为客户提供优质产品及专业服务。2001年联信诚投资成立了厦门联仪通有限公司，使公司的经营范围扩展到医疗器械领域，经过近20年的发展，公司的经营范围及规模不断扩大，经营的仪器和设备运用于科研、教学、生产制造、质量控制、医疗卫生等领域；经营的产品包括仪器设备、化工原料、建筑石材、矿产资源、有色金属等。

二、企业通过信息化技术要解决的突出问题

在厦门荆艺软件有限公司（以下简称“荆艺软件”）实施联信诚信息化项目过程中，根据联信诚的业务板块多样化、业务服务要求精细化、业务数据传递复杂化、业务控制准确化等要求，由荆艺软件提出建设意见，并通过研发贸易供应链管理系统，结合联信诚现行业务板块，分别定制具有各板块可独立互联、同时业务板块间的数据可互相传递影响的信息架构，为联信诚实施信息化过程起到关键作用。

联信诚的贸易信息化整合分为三个层次。

第一个层次是企业内部信息资源的整合，提高贸易运作的自动化程度和贸易决策的水平，企业通过内部信息整合，实现业务的优化管理和业务财务一体化管理。

第二个层次是将信息化系统拓展到供应链上下游，为上下游厂商、客户、供应商开发信息化跟踪查询、信息反馈的贸易管理模块。

第三个层次是伴随贸易产业，面向供应链管理的系统快速发展，通过整合并分析资源市场与信息助推物流信息化平台。

根据联信诚贸易信息化建设的需求，结合荆艺软件在贸易供应链信息系统的成功实施经验，确立联信诚信息化项目的定位如下。

（1）建立集成的企业信息化平台。在现有的国际经济体制下，企业的客户对象种类繁多，业务合作伙伴也会涉及各环节，因此其信息化建设绝不能孤立存在于企业中。联信诚的信息系统建设应立足于供应链的思维，贯彻以客户为中心、以市场为主导的企业理念，通过技术信息平台整合行业资源，深入开发各种相关的信息资源，并在相关领域做到信息资源共享。

（2）以客户为中心建设信息系统。在进行信息化的全过程中，应注意人在整个信息系统中的作用和态度。货主、客户对贸易的及时性要求越来越高，特别是随着作为客户

的企业大力引入信息技术，建立信息系统，要求合作伙伴的信息技术水平也要不断提高，与不断进步的客户同步成长。

（3）信息化与物流再造结合。贸易的信息化是一个流程再造的过程，贸易的成功必然伴随着业务和管理流程的再造，不能局限在纯技术范围。要解决产业的整个系统优化、流程改造、经营管理理念等问题，信息系统需要进行集成。

联信诚在此次信息化技术升级前虽然也有使用管理软件，但是存在以下几个问题。

（1）管理软件多样，无关联性。

（2）管理软件老旧，很多功能存在问题，导致用户无法使用，形同虚设。

（3）管理流程不统一，未能线上实现，漏洞很多。

（4）数据量累积较大，数据管理引擎老旧，数据处理速度缓慢。

（5）数据关联性差，重复数据多，数据有效性很差。

三、信息化进程

荆艺软件在立项之初，就多次组织相关人员到联信诚实地调研并展开讨论，沟通协调人员安排、项目进度计划等，项目启动后，项目组成员进驻联信诚，现场调研、现场开发，保证第一时间了解需求、处理需求。

信息化实施是一项系统工程，随着项目的逐步展开，客户的需求越来越细、数据关联性又持续加强，客户化改造的影响范围常常会扩大，进行客户化改造的工程量不断增加。

四、信息化主要效益分析与评估

在宏观方面，联信诚信息化建设项目成功上线，通过联信诚贸易管理系统能够从项目立项开始进行全流程的业务数据控制管理、业务运作监控管理、业务结果分析改进，通过管理过程中数据传递、业务控制、财务分析，达到业务流、财务流、信息流等多层面互动，为联信诚形成满足现代物流所需要具备的信息管理能力提供了全面支持。

信息管理能力的提升促使业务能力的提升，帮助联信诚在整体企业核心竞争力方面提升了一个层次，为联信诚逐步在贸易供应链一体化过程中体现出具有现代贸易企业特性的贸易管理能力奠定了基础，同时为联信诚先进的贸易管理理念与管理能力、先进的供应链管理基础等提供核心支持。

在微观方面，联信诚贸易管理系统的上线很好地消除了以往公司内部贸易管理混乱、管理节点繁杂、贸易控制薄弱、资金浪费等问题，以统一的供应链管理思路，满足业务板块庞大、客户管理统一、管理方式优化、审批环节缩减、管理费用节省等一系列需求，为联信诚满足构建整体贸易、财务一体化信息平台的要求作出贡献。信息平台管理优化企业业务流程后，为联信诚市场竞争模式、运营模式改变提供了基础。

五、信息化实施过程中的主要体会

经过双方成员的共同努力，项目实施进展顺利，于 2020 年 7 月 1 日宣布正式上线，联信诚贸易管理系统可提供贸易管理、发票管理、资金管理、清报关管理、信用证管理、融资管理等几大核心解决方案。

为保证系统成功上线，双方领导高度重视，各部门员工积极配合系统的培训、测试、反馈等工作，荆艺软件相关技术支持工作准备充分，及时解决现场问题。

系统的上线，标志着荆艺软件与联信诚的合作迈出了成功的第一步，对联信诚的决策和管理水平、业务发展具有重大意义。

六、本系统下一步的改进方案与设想

提供更全面的信息化建设服务，为上下游客户提供增值服务，达到与联信诚进行多方互动、信息共享等。

未来将建设移动端操作平台，可以随时随地查询、反馈合同信息。

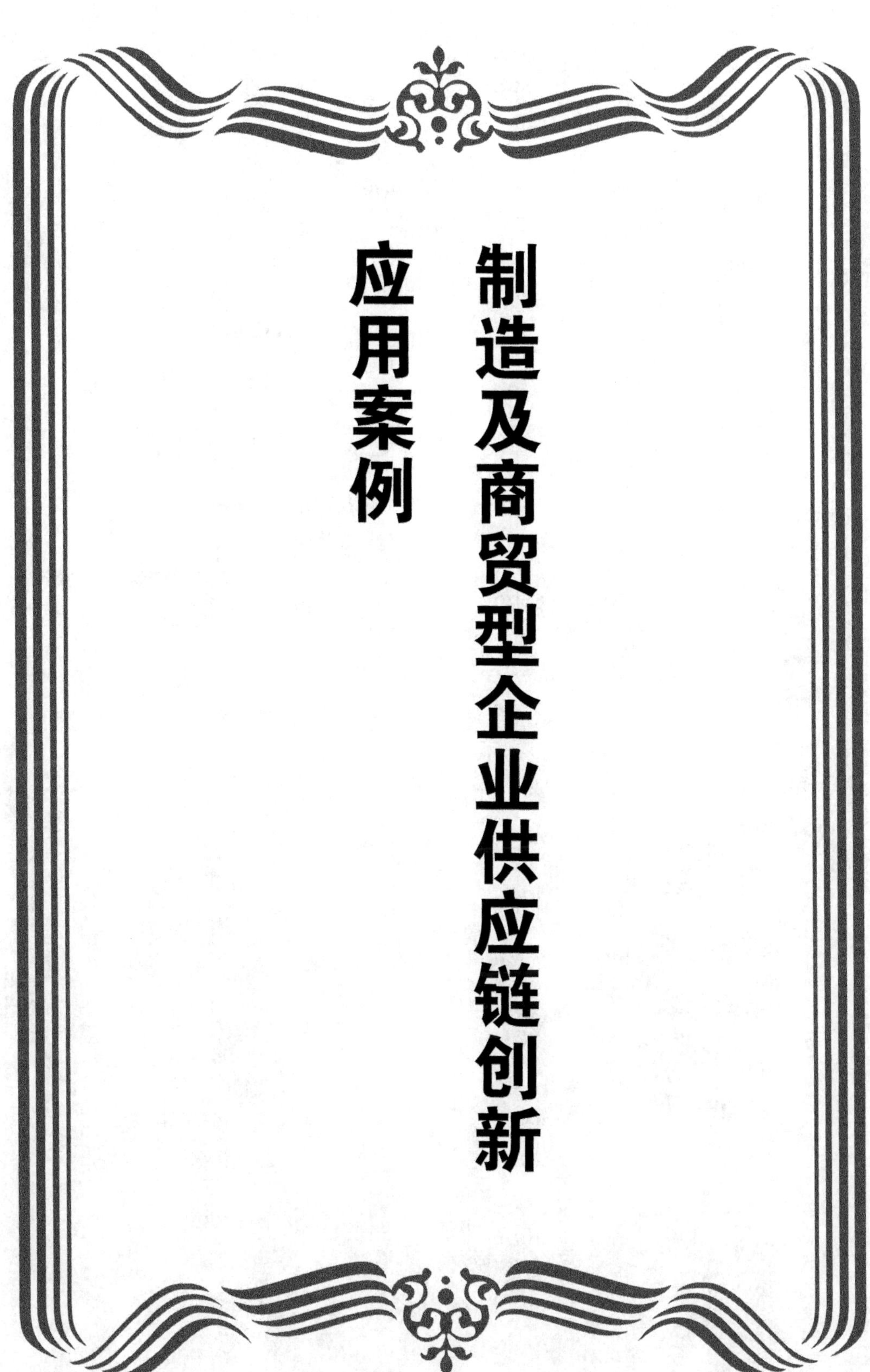

制造及商贸型企业供应链创新应用案例

中国移动通信集团广东有限公司：电商化平台在通信企业闲置资产盘活利旧中的应用

一、企业概况

中国移动作为国内通信三大运营商之一，成立于2000年4月20日，注册资本3000亿元，资产规模超过1.8万亿元，基站总数近400万个，是全球网络规模最大、用户数量最多、盈利能力和品牌价值领先、市值排名前列的通信运营企业。中国移动在2020年世界500强企业的排名为第65位，位列全球电信业第三；连续十年入选道琼斯可持续发展系列指数。在近20年的发展中，中国移动作为我国通信产业链的龙头企业，助力我国信息通信产业实现了“1G空白、2G跟随、3G突破、4G并跑、5G引领”的跨越式发展。

中国移动通信集团广东有限公司（简称“广东移动”）于1998年1月正式注册成立，是中国移动（香港）有限公司在广东设立的全资子公司，是我国通信行业中规模最大的省级公司，下设21个地级市分公司，同时辖管中国移动五个大区库中的华南大区库。广东移动自成立以来长期关注自身物流管理水平的提升，深入探索和实践物流作为“第三利润源泉”理论，目前广东移动已成为中国移动内部供应链管理水平较高的子公司之一，多次荣获中国移动集团供应链规划一等奖及“供应链管理标杆”称号，还被中国物流与采购联合会评为中国供应链管理最佳创新企业、中国物流信息化杰出应用企业等称号。

二、案例介绍

（一）项目建设背景

我国闲置资产体量巨大，中共十八大和十九大相继提出要推进绿色、循环、低碳发展。企业库存闲置资产作为一种放错位置的资源，重新规划后势必会在企业建设中创造出新的利润增长点，推动建设资源节约型社会。“十四五”规划中明确提出要坚持经济性和安全性相结合，补齐短板、锻造长板，以深化供给侧结构性改革，分行业做好战略设计和精准施策，形成具有更强创新力、更高附加值、更安全可靠的产业链、供应链。

中国移动也高度重视供应链绿色发展，明确表示2021年要加快大数据、人工智能、互联网等先进科学技术与企业生产高度融合，持续强化闲置资产管控，坚持“管变量、压存量、控增量”原则，标本兼治，推动建设现代化、数字化、智慧化供应链，全面提升供应链管理效率，释放供应链管理价值。为支撑公司转型需要，加速融合当前供应链新技术、新理念，广东移动积极开展省内物流信息化管理工作，借鉴电商化运营模式，构建电商化平台，促进通信企业闲置资产盘活利旧。

运营商物流管理有别于其他行业，通信运营商工程项目建设过程中具有物资种类多、物资属性多、项目建设周期长等特点，这些特点也导致以库存为核心的物流管理工作成为运营管理问题的爆发区和重灾区，目前运营商闲置资产管理主要存在的问题有：①项目间调拨流程复杂，无法实现跨省或跨地市大范围共享；②规划、采购、物流、建设、维护、财务等各环节之间信息不对称、业务不协调，造成库存物资闲置在库；③重视业务前端实物请购需求，却忽略了已有库存的信息化运营，缺少闲置库存的信息共享机制，不能做到完全的“以存定购”模式。

为盘活闲置资产，最大限度发挥闲置资产利用价值，广东移动创新业务模式，突破物流部门只接收已报废的待处理资产的管理局限，将各类闲置资产视为重要资源进行挖掘，构建资产超市信息共享业务平台，实现闲置资产跨组织、跨地市顺畅流转。经统计，2020 年广东移动盘活 3.5 万件闲置资产，总价值超过 1 亿元。

（二）主要做法

广东移动基于实际问题，深入分析业务模式，对标并借鉴先进互联网公司管理经验，创新业务模式，构建全省资产超市信息共享业务平台，打破原有模式下的闲置资产盘活区域障碍、管理障碍和技术障碍，实现全省闲置资产的共享盘活。资产超市信息共享业务平台以省公司和市公司相关部门闲置资产为盘活对象，其盘活流程为：待盘活资产在进入平台之前首先要判断是否满足盘活要求，闲置资产满足相关要求才可以进入平台，此时可被相关需求部门进行领用盘活；当闲置资产被领用后，进入申领与调拨流程；当闲置资产在平台达到一定时间规定后仍未被盘活，则进入闲置资产报废流程。

闲置资产利旧业务创新模式如图 1 所示，全流程六个步骤如下。

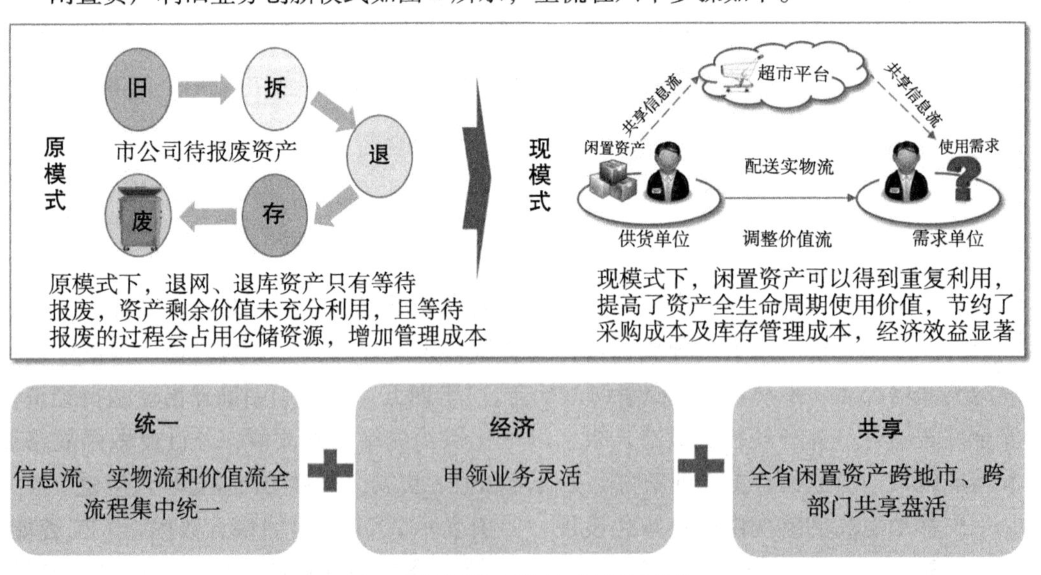

图 1　闲置资产利旧业务创新模式

1. 实物准入

针对公司计划退库或已退库资产，符合下述两类情况的即可进入资产超市信息共享业务平台进行共享。第一类是针对仓库新增退库资产，经相关技术部门鉴定性能、质量良好，且资产所属部门无利旧计划的，经相关部门统一确认后，可按相关业务流程直接进入资产超市信息共享业务平台共享；如资产所属部门有利旧计划，则须由资产所属部门制订不超过90天的资产利旧计划；如经鉴定无法利旧等待报废的，由资产所属部门完成必要的资产报废流程后才能退库。第二类是针对仓库存量退库资产，如尚未完成技术鉴定的，由相关技术部门15个工作日内完成技术鉴定。如已完成鉴定，质量完好并有利旧计划（不超过90天）的，则LIS（物流信息系统）每月将根据利旧计划到期情况自动生成到期资产处理工单，或由资产超市管理员人工创建共享准入工单，经物流、维护、规划及财务等专业部门统一确认，相关领导审批后可将相关利旧计划到期资产放在平台共享；如属经鉴定明确无法利旧的，由资产所属部门尽快发起资产报废流程。闲置资产进入平台流程见图2。

图2　闲置资产进入平台流程

2. 申领调拨

平台中的资产供全省查询、共享和利用，有需求的人员通过资产超市信息共享业务平台进行资产查询、发起资产申请，提交申请单后，相关资产将自动锁定以避免重复申请，并发出短信和邮件告知资产归属部门资产管理员，避免将该资产进行其他操作。如申请流程审批通过，则相关资产出库并从平台下架；如审批未通过，则相关资产的锁定释放，继续在平台共享。广东移动将资产超市运营嵌入日常采购流程，所有采购申请均需经过资产超市查询环节，确保优先使用闲置资产。闲置资产申领流程见图3。

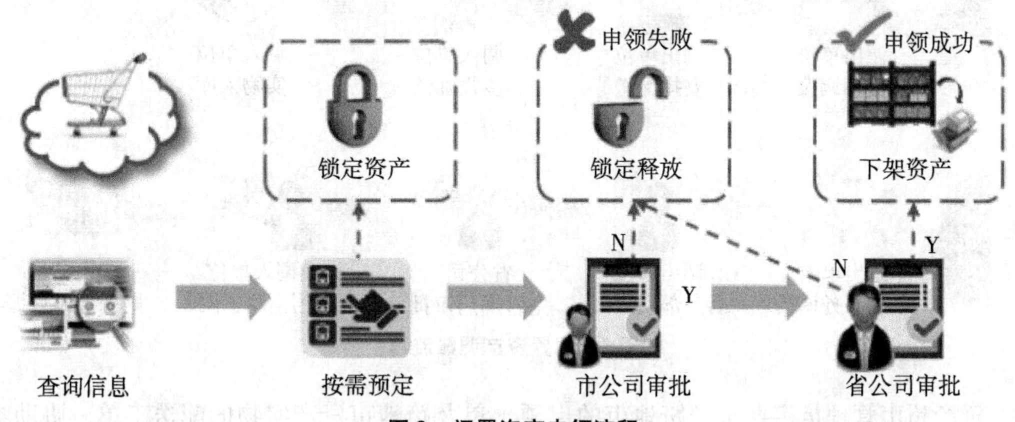

图3　闲置资产申领流程

3. 调配配送

在完成跨组织的闲置资产申领审批流程后，涉及调入单位与调出单位之间的资产跨市配送，相关物流配送方案由调出单位制订并承担相关运输费用。资产超市业务调拨配送流程见图 4。

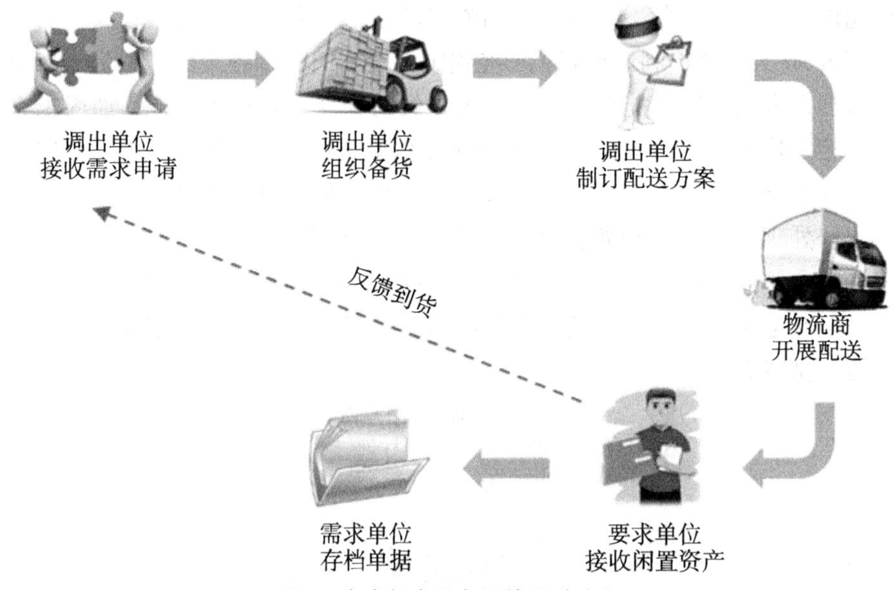

图 4　资产超市业务调拨配送流程

4. 资产转移

针对跨地市申领资产超市的业务，当申领流程经由省公司业务主管部门完成审批后，该批物资即已归属申领单位，调出单位不得以任何理由留用，若在配送过程中发现闲置资产存在质量问题，无法进行实物交接时，调出单位应暂停配送工作；若验收时发现闲置资产存在隐性质量问题，无法正常使用时，双方需核查技术质量报告书，由调入单位出具质量问题证明资料并报送调出单位后，调出单位配合完成资产的回拨工作。闲置资产调账流程见图 5。

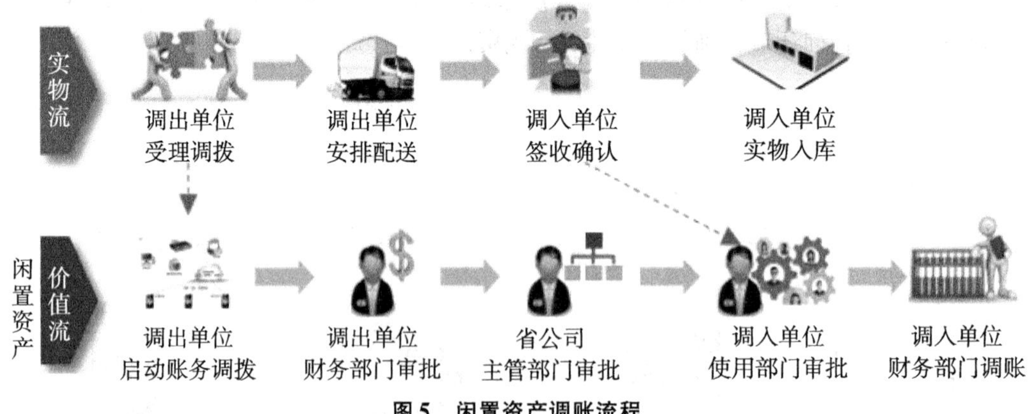

图 5　闲置资产调账流程

资产超市管理员定期整理跨地市的申领工单及跨地市资产实物的配送工单，协助本单位的资产管理员完成资产管理系统的相关流程，对实物交接、配送单据以及 LIS 相关流程进行确认、签收及归档。

5. 资产报废

闲置资产在全省资产超市信息共享业务平台共享满一年后，将会触发资产报废工作，主要分为两类情况。第一类是对于资产到达使用有效期、在资产超市共享期间出现质量问题、技术淘汰等需报废的，由各资产使用单位自行申请下架，并按相关管理办法开展资产报废鉴定及审批手续。第二类是资产未满足第一项条件时，资产进入资产超市信息共享业务平台连续库龄超过365天后，由LIS自动生成资产下架提示工单，由物流部门通知资产责任部门资产下架信息，并由资产责任部门发起该类资产的报废流程。

6. 报废处置

已完成报废流程的资产后继处置工作，由相应省公司或市公司物流部门组织公开拍卖处置。其中，报废铅酸蓄电池处置涉及环保规定，由省公司统一组织拍卖，涉及跨省的由省公司统一组织办理相关手续，运输由市公司负责；办公用品和车辆的处置由行政部门负责；办公礼品的处置由办公室负责。省公司首先请评估公司对待拍卖资产价值进行评估，再由拍卖公司负责对评估后的资产按照必要程序进行公开线上拍卖。对于主要类型资产，省公司统一规定了参与拍卖的竞拍方资质要求，并下发市公司督促执行。

（三）主要创新点

1. 创新资产供应链闭环管理流程

通过对闲置资产盘活利旧课题研究，构建了闲置资产闭环管理流程体系，打通资产从闲置到再利用的流程，推动闲置资产在内部供应链和内部产业链里的循环，最大限度提高了闲置资产的利用率。

2. 创新闲置资产盘活利旧运营模式

广东移动通过构建资产超市信息共享业务平台，以互联网电商化思维突破闲置资产盘活中的管理、技术和区域阻碍，构建了面向闲置资产从准入到盘活，再到报废的全流程运营管理体系，实现全省闲置资产跨地市、跨部门共享盘活，打破了原有模式下闲置资产只有等待报废、资产剩余价值未充分利用的窘境。

3. 创新闲置资产盘活利旧管理技术

广东移动通过构建资产超市信息共享业务平台，嵌入大数据技术，充分发挥广东移动海量数据资源优势，实现对闲置资产信息的自动监测、自动分析和自动预警，有效提高了日常运营管理效率和决策准确率，加强精细化管理。另外，借助信息系统信息推动、自动提醒功能，可以提高问题解决的及时性。

4. 创新报废资产末端价值化处置方式

从资产价值最大化角度出发，创新应用电子拍卖方式处置报废资产，避免国有资产流失。一方面，省公司或市公司引入评估公司、拍卖公司，实现“评拍分离”，使最终拍卖价格最大限度贴近其真实价格，保证报废资产价值不受损；另一方面，通过组织线上拍卖会，提高了拍卖效率，更符合当前疫情防控常态化工作要求。

三、案例价值

1. 充分挖掘闲置资产利用价值

通过资产超市信息共享业务平台，实现全省闲置资产跨地市、跨部门、跨项目共享，优化库存结构、提速物资周转，全流程协同盘活资源，充分挖掘闲置资产利用价值，助力企业降本增效。

2. 提升供应链一体化运营能力

将闲置资产盘活嵌入采购管理流程，所有采购申请均需经过资产超市查询环节，确保优先使用闲置资产，一方面加速了闲置资产盘活，另一方面实现资产在供应链内部的动态循环，从根本上减少闲置资产的产生，有效提升供应链整体运营管理水平。

3. 为类似企业闲置资产利旧提供借鉴

企业内部闲置资产无法得到有效利用而造成资源浪费或是资产流失，也会增加企业的管理成本。广东移动构建的闲置资产超市运营模式恰好可以解决上述问题。本案例可以为类似企业提供经验，实现企业内部闲置资产利用的平台化、信息化、高效化以及制度化。

国网上海市电力公司：供应链控制塔创新实践——上海电力智慧运营中心建设

一、企业简况

国网上海市电力公司（以下简称“上海电力”）是从事上海电力输、配、售的特大型企业，统一调度上海电网，供电营业区覆盖整个上海行政区域，供电人口 2415.15 万人，供电服务用户数达到 942.72 万户。公司连续 18 年获得亚洲质量创新奖，是全国公用事业领域中首家获全球卓越绩效奖的企业。

电力企业业务核心主要是输、配电网建设和运营，电能交易和营销等，其供应链管理业务主要是物资管理，主要管理电力输送网络的建设、维护、应急抢修所需要的各项物资。电力企业供应链复杂难控，这是源于电力产品的自身特点，一是无法储存，电力生产、输送、消费瞬间完成；二是无形性，在生产和运输过程中电力必然出现损耗。

二、主要解决的问题

电力行业物资采购种类繁多、供应链高度复杂，不少电力企业面临无法实时了解物资采购情况、缺少对供应链的高级分析、异常问题发生时缺乏标准化处理策略和统一协调中心等问题，限制了供应链管理效率的提升。

近年来，随着大数据、物联网、人工智能等为代表的新技术的蓬勃发展，电力企业已进入由业务驱动向数据驱动转变的时代，新技术、新思维、新方法将引领业务运作模式、管理方法、决策思路的变革。这在客观上需要企业供应链管理能够顺应时代发展趋势，因此运用新技术驱动电力企业供应链管理向卓越、智慧模式转变。

此外，受新技术驱动与能源互联网业态、电力市场改革等行业变革影响，电力企业供应链面临的机遇和挑战日趋增加，客户个性化需求多变且难以预测、供应链整体协同复杂、信息传递时效性受阻等问题日益凸显，亟须数字化转型升级以满足新时代背景下智能、互联、快速等智慧运营新要求。

通过打造现代供应链智慧运营中心，电力企业可以汇聚内外部业务数据和物联数据，实现供应链全局实时监控、资源智能调配和风险自动感知。发挥指挥大脑作用，推动供应链运营优化和流程创新，引入大数据、人工智能等新技术，以更低的成本、更快的速度和更好的服务水平实现业务目标，助力公司提质增效。

三、信息化实施做法

在信息化进程中，电力企业面临数据采集难等痛点以及多项挑战。一是感知连接能力不足，目前供应链信息系统获取内外部业务数据困难，数据的互联互通、集成共享能力不足。二是监控预警、快速响应能力不足，目前监控未覆盖供应链全链条，无法实现全程实时可视、主动预警，异常事件响应速度慢。三是高级分析能力不足，目前统计分析以业务报表和基础统计为主，缺乏高级分析的工具和应用，无法洞察业务运作背后的隐藏规律。四是智能化工具应用不足，人工确定分标分包授标、库存物资补货等过于依赖人员经验，工作质量稳定性无法保障。

在智慧供应链系统建设、推进过程中，主要按照控制塔的原理和体系的四个主要核心功能层（数据汇集层、实时可见层、智能分析层、策略执行层）自下而上地进行模型搭建和延展落地。

在数据汇集层，本项目通过打通物资专业内部、公司内部相关专业以及供应链上下游伙伴的信息采集传输通道，实现了供需全流程的全量数据感知；在实时可见层，通过节点视图工具和多位报表工具实现了全链可视化展示，并通过监控机制和预警机制的设置实现点、线、面全维度监控，解决目前供应链全流程人为控制、干预处理的管理模式，从而提高问题响应速度以及及时处置风险的能力；在智能分析层，要求利用大数据多维分析、机器学习技术等新技术，对供应链的数据及信息进行进一步挖掘分析，并预测未来事件发生概率，通过应用人工智能算法，实现计算机辅助管理决策；在策略执行层，依靠供应链控制塔实现异常业务处理，通过构建一套完整的异常业务跟踪处理闭环机制，提升物资调配中心对预警的协同处理能力，形成异常任务管理、任务分发、任务跟踪、任务关闭的全过程线上管控。

四、主要效益分析与评估

（一）信息化实施前后的效益对比分析

在启动现代智慧供应链体系建设工作后，上海电力供应链智慧运营中心已进入实体化运营阶段，并取得了以下成果。

（1）完成了供应链智慧运营中心技术架构创新和新技术应用。利用先进的技术架构，大幅度提升了分析系统数据存储、计算处理的能力，计算效率和存储能力大幅提升。通过高级分析工具实现数据深度挖掘、智能预测，数据从每日更新变为实时可视。

（2）实现了国网系统内供应链智慧运营中心建设和运营。通过供应链数字化基础建设，及时掌握工程建设、运维抢修等环节物资供应情况，全流程数字化覆盖率超过 90%，移动终端在线率为 100%。通过制订供应链业务规则策略，形成数据智能采集、业务自动分流、策略智能选择、流程自动处理的智慧运营模式，降低业务风险。对内对接公司发展、建设、运检等专业部门，对外协同电工装备制造企业及公共征信体系，接入外部互联网平台 12 个，接收数据超过 300 万条，打造供应链生态系统，促进能源行业产业升级。

（二）信息化实施带来的变化与影响

智慧供应链系统以数据为主要生产要素构建供应链智慧运营中心，并充分发挥运营中心监控预警、统计分析、业务预测、策略优化、指标管控与业务指令六大职能作用，实现供应链数字化运营。监控预警对业务操作、运营规范实时监测，识别供应链异常状态及风险问题；统计分析从供应链端到端环节挖掘数据，掌握运营规律和问题所在；业务预测基于业务环节上下游联动与数据协同开展科学预测，为业务及管理决策提供支撑；策略优化通过策略优化模型实现策略库调优，为业务执行提供科学指导；指标管控从管理效能、关键事件、物力资源等方面实时监控关键指标变化和偏离情况，精准掌握供应链运营状态；业务指令通过在预设策略组合中智能选取最优策略，推动监测问题闭环管理。

（三）信息化实施对提高企业竞争力的作用

上海电力的供应链转型起步比较早、进程比较快，在数据积累的基础上产生了大量数据驱动的产品，得到了公司领导的高度关注。经过十余年的迭代，智慧供应链逐渐体现出了巨大的价值，包括高效支持电网建设、支撑电网高质运行、优化营商环境、推动公司业务创新和管理升级转型、提升经营绩效和发展质量，对公司其他专业部门的数字化转型起到了引领作用。同时，发挥公司能源互联网行业的引领作用，带动供应链上下游及相关合作伙伴，形成生态圈合力。

五、做法经验与总结

首先，数字化转型不是某个部门的任务，整个公司要下一盘棋，既要有牵头部门引领数字化转型工作，还要有专业部门根据整个公司的布局开展专业工作，形成合力。

其次，掌握技术。上海电力数字化转型中是业务部门起主导作用，提出业务需求，再由技术部门来把关。技术部门不会过多干预业务部门需求，但要对整个架构负责。有时业务部门提出需求，但是技术部门不能完全满足，就需要与互联网部门进行充分探讨，进行技术攻关和研发。

再次，人才培养。在吸纳信息建设专业人才的同时，业务部门也要了解新技术。通过项目建设过程培养内部顾问，把队伍建设与数字化转型结合起来。这些人员在项目建设如分析调研、实施、后续平台应用过程中得到了锻炼，最终能够实现技术和业务的融合贯通。

最后，也是最重要的，把握数据质量。数据的质量直接影响数据化的驱动能力。当前来说，上海电力的数据质量还在不断优化的过程中。数据不准确，就不能真正发挥效用。

六、信息化实施建议及改进展望

（一）方案改进与创新

1. 优化人机交互、人机对话

在 2020 年 RPA（机器人过程自动化）试点平台尝试基础上，实现运营中心异常处理全节点 RPA 处理，针对某些节点异常原因，引入人工智能算法进行原因判断、生成策略，最终解决方案为采用 RPA 和 AI（人工智能）或者 chatbot（人机对话），提升人机交互的自动化及智能化。

2. 拓展数字孪生技术应用

继续开展数字孪生技术的应用拓展，全面融入泛在物联发展模式下的新业态创新发展，实现对业务创新成果的精准衡量与平台价值的全景刻画，助力公司在思维方式、驱动要素、经营机制和价值实现方式的迭代升级。重点结合目前运营中心的各类指令，推进数字孪生的业务运营场景建设，实现供应链全过程实时可视、实时优化、动态调整。最终以数据服务的形式，将数字孪生的结果发布到供应链的各执行环节中，优化供应链整体运营水平和服务能力。

3. 开展流程挖掘试点应用

一是研究基于供应链业务的流程，挖掘平台技术，引进流程挖掘工具，研究流程挖掘方法，制定流程挖掘评价标准；二是选择典型业务场景，验证流程挖掘技术的可行性、流程挖掘的价值点及总结实施方法论，论证流程挖掘模型的应用推广可行性及方法论，对比不同业务部门的流程差异，分析原因并给出建议方向。

（二）关于物流信息化的建议

1. 健全完善各级政府推动物流管理信息化的政策体系

政策体系是推动物流信息化的重要基础。物流信息化作为现代物流发展的基础性工程，离不开政府监管体制机制和政策法规的支持。因此要强化政府引导，坚持战略规划导向，把物流信息化作为现代物流产业发展的重要环节纳入物流业整体发展战略，完善相关规划，大力推动物流信息化。

2. 大力推动物流信息资源共建、共用、共享

信息资源的共建、共用、共享是实现物流行业信息化的基本前提。要推动物流企业内部互联互通，就要充分利用物联网、云计算、大数据等技术，大力推进企业信息化建设，实现物资采购、仓储配送、质量管控和运营管理系统的全面互联互通，全力打造数字化管理，不断提升企业管理效率和管理水平。要推动供应链相关企业和服务商的互联互通，就要通过数据共享、整体联动，实现产业供应链的信息化，共同迈向产品价值链高端。

3. 加快构建完善的物流信息管理标准体系

物流信息管理标准体系既是提升物流企业管理信息化、科学化、现代化水平的重要基础，也是提高企业管理效率、降低物流成本的重要举措。大力推进国家物流信息标准化体系建设，完善物流领域的信息化相关技术标准和管理标准，为物流企业推进信息化建设指明方向。在此基础上，逐步统一物料编码、文件格式和数据接口等，消除物流企业之间、用户之间的沟通障碍，实现物流企业信息资源的整合与共享，把供应链上各个企业、各个环节联结成一个整体。

4. 大力推动物流信息新技术新成果推广应用

加快物流信息化建设，大力推广新技术、新设备、新方法和新手段，引入电子数据交换、全球定位系统、货物自动识别系统等先进技术，推动物流配送向网络化、信息化、自动化方向发展，实现交通运输、订货包装、保管查询、订单接收全过程一体化、透明化，满足客户多样化、个性化需求，不断提高服务质量。

鲁班（北京）电子商务科技有限公司：中铁智链协同中心——基于数据湖的智慧供应链协同中心

一、应用企业简况

鲁班（北京）电子商务科技有限公司（以下简称“鲁班”）成立于2013年5月，是中国中铁三级公司、中铁物贸集团的全资子公司、国家级高新技术企业、中关村高新技术企业、北京市企业技术中心，全面负责中国中铁集中采购电子商务平台的研发、建设和运营。经过多年的发展，鲁班团队逐步壮大，公司现有11个职能部门，在北京、成都、济南设有三个研发中心。目前被中铁物贸集团定位为核心企业，承担供应链数字化转型具体实施落地等具体工作，承担中铁物贸集团乃至中国中铁供应链数字化、电子化采购相关的信息系统及科研项目攻关工作，是国内建筑行业较早成立的电子商务企业之一。

自2014年1月鲁班平台正式上线运营以来，立足服务中国中铁施工主业，以“为中国中铁全球产业链谋支撑、为中铁物贸高质量发展谋赋能、为建筑行业供应链创新谋驱动、为央企数字化采购平台谋引领”为初心和使命，积极推进集中采购管理体系信息化、数字化转型升级，目前已实现采购方式全包括、采购范围全覆盖、采购流程全网络，实现了提高采购效率、提升采购层次、控制采购成本的集采目标。

鲁班采用自主研发为主、合作开发为辅的模式，聚焦数字供应链建设，先后建设了集采管控、电子交易、智慧物流、金融服务、数据服务五大核心系统及数十项子系统。鲁班平台在建筑行业具有较强的影响力，是央企范围内开展采购电子商务创新的典范。

鲁班秉承“链接协同，共享共赢”的核心价值理念，按照“一体化、数字化、智能化、国际化、云应用化”的总体思路，融合互联网、大数据、区块链、人工智能、5G等新技术，逐步优化完善集采管控、数字交易系统、智慧供应链、供应链金融服务、数据服务核心系统，逐步建设基于中国中铁物贸业务、集中采购、成本管理的数字供应链产品生态圈，逐步培育线上线下深度融合、数据互联互通的服务生态圈，积极探索数字产业化的新业态、新模式，打造建筑业电商领军企业，引领建筑业数字化转型，面向建筑行业提供服务。

二、问题分析

截至2018年，发达国家建筑企业信息化比重为整个行业的1%，而我国建筑企业的信息化比重仅为行业的0.08%，规模不到世界先进水平的1/10；较金融、电信、制造等行业，国内建筑行业信息化水平总体偏低，仍处于发展初期。

在建筑行业已有的信息系统中，未能有效整合供应链的基础能力，各专业系统相对独立，各核心应用系统上下游未完全打通，业务串联性不强，系统之间独立存在，数据共享性不足，存在相同数据在不同系统重复录入的现象，增加了业务人员的工作量，降低了数据的实时性和准确性，无法更好管控供应链全流程数据，也无法更好地引领和优化供应链业务。

在建筑材料采购领域，采购方面，采购企业普遍重视招标、谈判、询比价、合同等传统商务运作模式，对基于供应链上下游的全流程协同方面关注度不够，对市场分析、过程控制等管控工作重视度不足，从而无法形成有效的协同数据积累，进而无法实现有效的监督制衡和风险防控。供应商方面，大部分的采购企业都已经积累了一定的战略合作供应商资源，但由于整体采购过程数据没有形成有效的协同监控，从而让企业对供应商的供货水平是否能够满足企业运行的各项指标要求，是否存在线下灰色交易等问题产生疑问，尤其是钢材、水泥等大宗物资，由于给供应商的批次要货指令大多是线下提交，且物资需求变更也时有发生，这样便会导致物资供应情况、质量情况等无法及时跟踪监控，不能很好地识别和预防风险，给施工带来一定的隐患。

对于中小建筑企业，由于其采购规模不足，且没有有效的数据积累沉淀，在采购价格、采购质量等方面缺少优势，而建筑业产值利润率本就低下，采购成本又居高不下，对此类企业而言是雪上加霜。竞争力不强，从一定程度上阻碍了建筑业的蓬勃发展，不利于建筑行业供应链生态的建设。

三、实施过程

为满足中国中铁各项目部、中铁物贸各分子公司、外部供应商、外部建筑企业、外部承运商等各方的供应链协同需求，鲁班坚持数据驱动、开放合作的原则，在鲁班平台及各上下游企业现有业务及技术应用基础上，基于微服务、云原生架构设计理念和数据湖技术进行整合集成，设计并建设了具有中国中铁特色的智慧供应链协同中心（简称“智链协同中心”），为各企业间的业务流转提供支撑，打通供应链上下游，连接供应链相关各方，构建以中国中铁为核心的智慧供应链网络，构建同网、同价、同质的建筑行业供应链生态，实现供应链各环节数据实时共享，保障整个供应链中的计划、生产、物流、签收、开票、结算等各个环节数据全程可视、可追溯，降低物流风险，确保物资供应快速敏捷，为企业降本增效，保障整个供应链安全，进而促进中国中铁数字化、网络化、智能化发展，进一步实现以中国中铁为核心的供应链上下游业务协同的统筹推进，保障企业自身和上下游企业安全稳定的发展，实现合作共赢。

智链协同中心连接供需双方，以数据和流程驱动业务流转，合作伙伴之间共享数据，互惠互利，协作共赢，促进供应链生态健康发展；实现计划、寻源、订单、物流、结算、决策和传播过程全部线上处理，全面连接，实时共享，全程可视。智链协同中心的特点见图1。

智链协同中心包括计划、供应、结算三大环节，智能连接项目部、采购商、供应商、物流商，涵盖了需求预测、需求确认、需求提报、采购寻源、生产排程、采销协同、采销结算全流程。智链协同产品业务架构见图2。

智链协同中心的参与者包括项目物资管理用户、鲁班运营管理用户、各方业务系统、

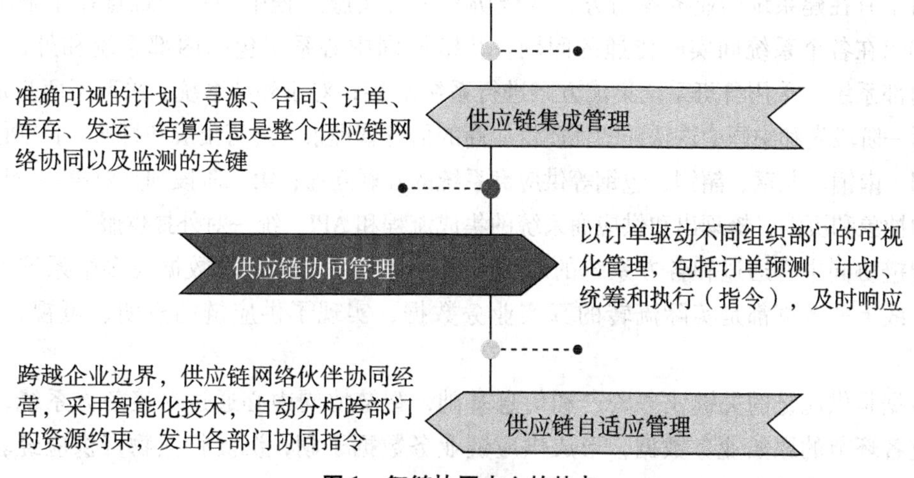

图 1　智链协同中心的特点

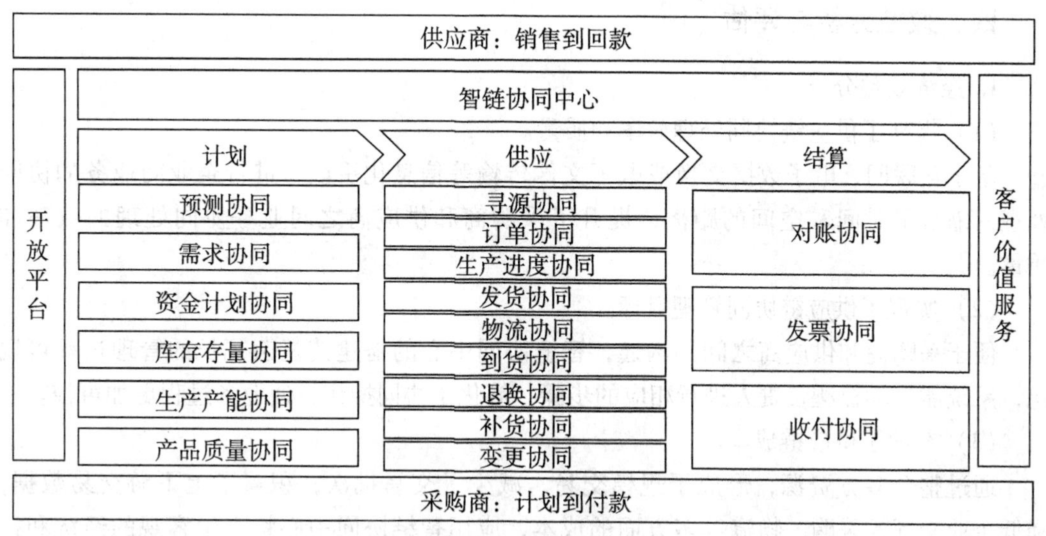

图 2　智链协同产品业务架构

无自建系统的外部供应商、无自建系统的外部客户、无自建系统的外部物流商，各方通过系统集成、指令驱动、数据共享方式跨越企业边界，供应链网络伙伴协同经营，实现供应链数据实时共享，无缝集成，提升业务流转效率。

智链协同中心自动识别业务参与方，智能连接各方系统，项目部在项目物资管理系统中提报批次要货计划，集中采购商（本项目中为中铁物贸）在协同中心根据采购策略对要货计划进行自动或手动统筹，并实时流转至相应的供应商信息系统。供应商在其信息系统中对该要货信息进行确认，并自动将确认结果反馈至协同系统，之后供应商根据自身库存情况，在其信息系统中安排生产或直接发货，对应的生产数据、发货数据、物流数据、质量数据自动流转至协同系统和下游的需求提报系统。当货物送至项目部后，项目部进行签收，签收数据自动回传协同系统并自动转至供应商系统。供应商的销售发票数据也会实时上传协同系统，然后自动触发采购商的发票校验功能，后续的资金支付指令也可协同执行。

对于有在建系统的业务参与方，智链协同中心实施过程中的一个难点在于解决业务指令如何在各个系统间实时传递的问题。智链协同中心系统包括内部系统和外部系统，对于内部系统，采用鲁班系统集成方案进行系统对接；对于外部系统，采取了两步走的策略，第一阶段先和中国中铁认证的优质供应商的信息管理系统进行集成和打通，目前已实现和攀钢、南钢、龙钢、韶钢、包钢等供应商系统的互联互通；第二阶段则是对第一阶段集成经验的抽象和沉淀，梳理出和供应商系统的集成流程和 API，统一对外提供服务。

智链协同中心通过和各方系统的对接，从一定程度上避免了数据在多个系统的重复录入；线上的数据都是实际流转的真实业务数据，实现了供应链的透明、可视、可控、可追溯。

数据是供应链的关键业务资产和信息基础，智链协同中心通过对接各方系统，汇聚供应链各环节的原始业务数据，形成供应链业务数据子湖，沉淀行业物资供应经验，进而为行业数字化转型提供支撑。

四、效益分析与评估

1. 经济效益分析

（1）提高了供应链协同处理效率和质量。

基于互联网、电子数据交换或电子文件传输等信息化手段，进行企业间业务的协同处理，缩短了时间和空间的距离，提升了采购商和供应商之间业务协同处理的效率和质量。

（2）实现了供应链协同管理目标。

便于采购商和供应商之间的沟通，智链协同中心的搭建使复杂冗长的管理过程可视化，系统能自动提醒负责人进行相应的步骤，简化了协同操作，使业务过程更加可控。

（3）节约了供应链成本。

通过整合多方资源，形成了规模交易，减少了交易批次，积累了上下游交易数据，降低企业交互、采购、物流等多方面的成本，应用智链协同中心将产生客观的经济和社会效益，实现降本增效。

2. 社会效益分析

（1）规范协同管理保证工程建设质量。

打造公开、公平、公正的供应链上下游协同环境。将以要货计划为核心的供应链协同活动各个环节置于公开透明的环境，接受各方监督，使整个过程更加规范，杜绝暗箱操作，保证工程建设进度和质量。

（2）有效提升企业形象和社会影响力。

通过整个系统的建设，一是可以提供对外的服务和宣传窗口，吸引更多优质供应商的加入；二是可以提供供应链协同业务处理的线上化渠道，让工作更加高效；三是可以帮助中国中铁树立良好的企业形象，同时凭借中国中铁在行业内的影响力和美誉度，提升社会影响力。

（3）带动供应链上下游降本增效。

通过整个系统的建设，可以有效提升供应链上下游的信息透明度，帮助上下游企业降低提前量，带动整个供应链上下游的成本降低；还可以促进供应商在价格、质量及服务等方面的提升，进一步优化供应链的成本与效率。

（4）促进产业创新模式发展。

协同服务模式由卖方对买方单向提供服务，转变为双向服务模式，同时带来了新业态、新模式。规模效应和央企品牌都是企业的无形资产，通过建设整个系统，可以最大化发挥这些无形资产的作用。为供应商提供改善供应链信息流、资金流和物流效率的增值服务，开拓新业务领域，增加新的市场机遇。

五、经验总结

1. 智链协同中心系统建设经验

智链协同中心系统建设过程中，以梳理已有业务过程为基础，充分剖析了流程中的行业痛点和供应链各环节业务用户痛点，在此基础上，结合信息化手段，以提高建筑行业供应链协同管理水平为核心，以提高协同效率、降低协同成本、增强采购商和供应商协同能力为目标，以上下游流程打通、数据集中共享为手段，进行整体的系统分析设计及落地，最终实现以要货计划为核心，辐射采购、收货、发货、结算等各业务主线的协同共享平台。

2. 系统集成经验

智链协同中心在进行系统集成时，先通过分析业务流程和数据流向，识别出需要集成的业务环节、数据报文和扩展机制，然后在集成过程中，逐步迭代完善，最终抽象形成对外的统一开放平台。

3. 供应链协同经验

供应链协同本质上是连接和共享，业务流程让不同企业、不同部门的不同人员协同工作，互联网技术使不同的信息系统实现交互，通过系统间服务调用，发送业务指令，实现业务协同和数据共享。

六、远期规划

1. 智链协同中心规划

2020 年 7 月 3 日，住房和城乡建设部等 13 个部门联合印发了《住房和城乡建设部等部门关于推动智能建造与建筑工业化协同发展的指导意见》，明确提出了推动智能建造与建筑工业化协同发展的指导思想、基本原则、发展目标、重点任务和保障措施。2020 年 8 月 21 日，国务院国资委办公厅印发了《关于加快推进国有企业数字化转型工作的通知》，就推动国有企业数字化转型做出全面部署。

鲁班作为数字化供应链基础设施平台的建设者和维护者，将持续健康地做大做强鲁班平台，并在此基础上，进一步完善数字化转型协同创新平台——智链协同中心。智链协同中心的特色有以下几个。

集成区块链技术，实现供应链协同业务上链，通过智能合约驱动业务自动协同、业务存证、业务验真、质量追溯，为供应链金融平台提供可信数据源。

进一步深挖供应链业务数据子湖，完善和优化业务模型，包括自动统筹模型、需求预测模型、智能推荐、语音识别、智能输入、图像识别等，进一步支撑供应链业务智能，进而促进建筑行业供应链数字化、网络化、智能化发展，不断提升供应链竞争力。

集成 RPA 技术，促使各环节应用业务机器人，解放人力，实现全天候不间断作业，降低人工成本，增加作业时长，提升供应链效率。

建筑行业信息化水平相对其他行业总体偏低，这是机遇也是挑战，智链协同中心将继续以用户为中心，解用户之所忧，提升用户体验，使用户可以更加专注供应链优化和供应链生态建设，进而为中国中铁乃至整个建筑行业供应链赋能。

2. 供应链信息化建议

数字技术不断创新，供应链也随之发生了巨大变革，企业经营环境更加复杂多变，企业之间协同发展的必要性和重要性日益凸显。供应链协同要以客户为中心，通过供应链生态中的各企业、各部门优势互补和协同合作，最大限度创造客户价值。

构建供应链协同网络需要建立企业高度信任的合作关系，从而进一步运用数字化、网络化、智能化技术，实现供应链数据安全共享、供应链系统无缝集成。在供应链协同网络建设过程中，根据企业的规模不同，可选择不同的信息化方式。

对于超大型企业，可考虑将自己定位为核心企业，通过自建供应链平台，集成、整合供应链生态，健康优化发展，成为行业标杆。

对于大中企业，可考虑定制供应链平台，并和供应链公有云平台、其他自建平台或定制平台集成互联。

对于中小企业，可考虑使用专业供应链公有云平台或行业供应链公有云平台，站在巨人肩膀上前行，进一步优化供应链，沉淀积累并丰富行业经验。

供应链管理包括采购及供应管理、生产运营管理和物流管理，物流连接采购或供应、生产和终端用户，在很大程度上仍然是供应链的瓶颈，因此也是供应链优化的重点之一。

东风日产乘用车公司、广州宝钢南方贸易有限公司：整车厂钢材卷材视觉识别无人化验收技术研究

一、应用企业简况

2020年，基于视觉识别技术的无人化钢卷自动验收技术在东风日产乘用车公司整车生产及物流领域开始探索与应用。东风日产乘用车公司（以下简称“东风日产”）2003年6月16日成立，位于广州市花都区，是东风汽车有限公司的乘用车事业部。东风汽车有限公司是东风汽车公司与日产汽车公司各持50%的股份合资成立的大型汽车合资制造企业，东风日产乘用车公司是东风汽车有限公司旗下最为重要的事业板块，主要从事NISSAN品牌研发、采购、制造、销售、服务业务，高端品牌英菲尼迪和自主品牌启辰车型的研发、采购、制造领域相关业务，同时布局发动机生产、进口车事业、汽车金融等多个领域。生产制造的车型包括NISSAN品牌的轩逸、奇骏、逍客、蓝鸟、楼兰、劲客、骐达等，启辰品牌的D60、T50、T60、T70等，英菲尼迪QX70、QX50、Q50L等多款车型。

东风日产随着销售规模的不断扩张，在生产物流领域也快速发展，快速形成了布局全国的多地工厂多车型混线生产能力。东风日产在全国目前已形成广州、襄阳、郑州、大连、常州“纵横南北”的战略布局，整车年生产能力将超过170万辆，同时武汉的全新生产基地也在建设中。东风日产的钢材采购是以集中采购模式进行，虽然东风日产拥有多个生产基地，但是钢材由位于广州花都的总部进行集中采购管理。为实现钢材货物订单、物流全供应链流程的统一管理和集中指令发布，东风日产多年前已建成并使用统一的原材料物流管理平台，实现订单、钢材生产、物流、仓储、加工、配送全流程供应链系统化管理。近年来，随着信息技术进步和智能化发展，对于钢材自动化信息采集也提出越来越高的要求。

二、项目背景

1. 基于深度学习的OCR技术发展迅速

光学字符识别（Optical Character Recognition，OCR）是指电子设备（如扫描仪或数码相机）检查纸上打印的字符，通过检测暗、亮的模式确定其形状，然后用字符识别方法将形状翻译成计算机文字的技术。如何除错或利用辅助信息提高识别正确率，是OCR技术最重要的课题，智能字符识别（Intelligent Character Recognition，ICR）也因此而产生。

目前，OCR技术已在金融、保险、医疗、交通、教育等诸多行业有了深入成熟的应

用。未来随着传统行业的数字化转型，OCR 技术应用范围和场景将进一步扩展，市场规模将进一步增大。有权威机构预测，2025 年全球 OCR 市场规模将达到 133.81 亿美元。

早期受限于技术发展水平，OCR 厂商通常从特定应用切入，如车牌识别系统等，形成了一系列专用设备。近年来，越来越多的终端设备及应用均嵌入了 OCR 技术，并逐渐形成了从基础设施、基础能力到终端应用的完整产业链，也衍生出了卡证、票据等一系列细分 OCR 能力，通过组合的方式服务于各个行业。

在具体的落地应用层面，目前卡证识别、票据识别等标准场景的文字识别已经相对成熟，手写文字识别在教育、物流等行业的应用也在不断扩大。复杂动态场景下的 OCR 技术和应用成为近两年的热门研究方向，如在无人驾驶、机器人等场景利用 OCR 对视场中出现的文字进行识别等。

这些年深度学习的出现，让 OCR 技术焕发第二春。现在 OCR 技术基本采用卷积神经网络，文字识别率很高，人们也不再需要花大量时间去设计字符特征了。

2. 云端 AI 发展与视觉智能技术

云计算是对基于网络的、可配置的共享资源池能够随需访问的一种模式。这些可配置的共享资源池包括网络、服务器、存储、应用和服务，并且这些共享资源池以最小化模块管理，通过与服务提供商的交互可以快速地完成信息的提供和释放。现如今，云计算被视为计算机网络领域的一次革命，因为它的出现，社会的工作方式和商业模式也在发生巨大改变。

2009 年 1 月，阿里软件在江苏南京建立首个“电子商务云计算中心”。随着阿里云的不断发展，阿里软件推出了阿里云视觉智能开放平台（Vision Intelligent Application Programming Interface Platform，简称“视觉智能平台”），是基于阿里巴巴视觉智能技术实践经验，面向视觉智能技术企业和开发商（含开发者），为其提供高易用、普惠的视觉 API 服务，帮助企业快速形成视觉智能技术应用能力的综合性视觉 AI 能力平台。

视觉智能平台将接入使用视觉 AI 的门槛和成本降到最低，以整个阿里云最强的运维能力和技术为用户提供最高的价值。未来，视觉智能平台将集合更多视觉领域的 AI 能力，拓展更多成熟的使用场景，在图像识别、人脸识别、文字识别等视觉智能领域发挥作用。

阿里云视觉计算服务（Visual Compute Service，VCS）是一款弹性的视觉智能计算服务，提供视觉数据接入、AI 算法训练、计算资源调度的能力，通过 API 支撑开发业务应用，同时帮助开发者提升视觉 AI 创新效率，专注核心业务创新。

VCS 支持视频采集、存储、分析全过程，向企业、开发商和个人提供数据服务；同时支持视觉数据接入、视觉 AI 算法训练、计算资源调度，为算法开发者提供训练服务。

VCS 包括如下模块。

①数据源管理：支持将保存在 OSS（对象存储服务）中的图片和视频作为计算数据源，支持 ONVIF（开放式网络视频接口论坛）、RTSP（实时流传输协议）等协议的视频码流接入管理。

②存储引擎：支持存储原始码流数据和分析后的非结构化数据，并提供点播服务。

③计算引擎：支持算子管理、智能多级调度、智能流控，确保海量码流能够及时得到处理，计算因子也处于最优工作状态，保障全链路秒级响应。

④数据总线：负责结构化的特征向量和特征值的存储融合多维度关联，支持以图搜图、特征检索、AI 学习等大数据服务。

⑤质量监测：支持全链路质量监测，包括基础设施检测和算法质量测评。

⑥算法训练：支持训练定制化算法模型，并部署使用。

⑦控制台：以 GUI（图形用户界面）方式提供数据源管理、计算任务管控、运维管理、日志审计等功能。

3. 自动化识别技术在主机厂物流领域的需求与探索

传统的物流管理采用手工方式，效率低下、人为因素影响大、准确率不高，容易出现伪造数据、人力资源浪费、管理维护成本高等问题，很难保证收货、验收及发货的正确性，从而产生库存，延迟交货，进一步增加成本，以致客户流失。而且手工方式不能为管理者提供实时、快速、准确的仓库作业和库存信息，无法实施及时、准确、科学的决策。

2018 年，RFID 技术在东风日产整车生产及物流领域开始探索与应用，极大地提升了整车生产物流跟踪的效率与准确性，提升了在库盘点的操作效率。紧接着，RFID 技术在零部件、原材料物流领域以及售后备件物流领域的应用也在逐步研讨与探索。通过自动化系统的引入，物流领域可以实现无人化配送，提高了物流自动化水平，增强了零部件的质量控制及可追溯性，节省了物流人员的成本，取得了很好的经济效益。

在新冠肺炎疫情的影响下，越来越多的企业坚定了实现数字化转型的信念和步伐，而物流领域的自动化设备引入与数据的共享传递也将越来越得到重视。

三、解决方案

在仓库装卸区或车道安装高清工业相机，车牌识别成功后，自动拍摄车上运输的钢卷的侧面照片，同时提取出钢卷侧面照片里的标签图像，通过 OCR 技术识别出标签的内容，可以实现原材料自动验收功能，具有更低的开发成本和使用边际成本，极大地提升车间的作业效率。

1. 技术路线分析

随着智能制造和自动化新技术的不断探索，在原材料物流领域，早在 2015 年，东风日产就曾在花都工厂采用携带 RFID 芯片的钢卷原材料进行供货与验收。RFID 技术和 OCR 技术对比见图 1。

图 1　RFID 技术和 OCR 技术对比

RFID 技术的缺陷如下。

①标签容易损坏。普通的 RFID 标签在货物吊装作业过程中，容易损坏或掉落，因此长途多转运环节的复杂物流情况难以适用。

②费用成本高。RFID 标签相对普通纸质标签成本较高。运输钢材时，容易产生信号干扰，为增强抗干扰性，RFID 标签制作成本进一步提高，再加上 RFID 发射器、读取机、编码器等硬件设备，成本较高。

③信息安全性低。RFID 标签一旦接近读写器就会无条件自动发出信息，无法确认该 RFID 读写器是否合法。一般 RFID 标签在物流环节中易损坏，难以在长途多转运环节中连续使用，因此需要在近地化区域二次张贴，容易出现张贴错误及信息泄露。

④易受环境影响。当应用场景中存在金属、液体等物质时，会对 RFID 的信号产生一定的影响，对于钢材等金属制品而言，影响尤为强烈。

OCR 技术的优势如下。

①应用 OCR 技术，能够自动识别车辆上的货物标签信息，杜绝传统手工抄码出现的漏抄、错抄等现象。基于深度学习算法的机器视觉，对目标货物标签的识别率可达 98%。随着仓储场景的深度应用，识别率可继续提升。基于货物模型的 OCR 技术，可以将未能读取的标签模型提示报错，增强纠错能力。

②应用 OCR 技术，能对货物进行快速且准确的出入库管理，降低人工操作的出错率，极大地提高劳动生产率，降低劳动强度。

③OCR 技术的应用主要投入的是软件算法和基础类硬件，对于货物本身携带的标签就可以识别，并且可以针对不同厂家的标签样式建模识别，随着货物数量的增大和时间的延续，运营及管理成本快速降低。

2. OCR 技术架构

在仓库装卸区或车道安装高清工业相机，由于送货原材料的车辆长度在 9.6 ~ 13.5m，静态拍摄难以完整拍摄所有货物画面，因此需要拍摄货物经过的动态视频。

数据处理流程见图 2。

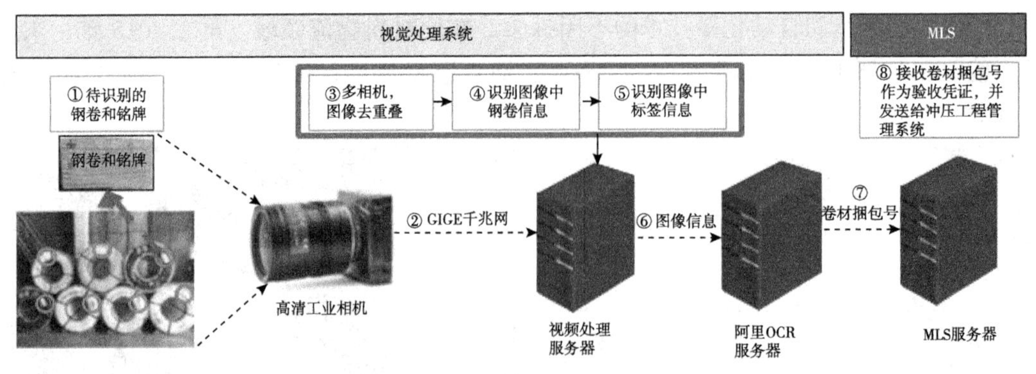

图 2　数据处理流程

3. 硬件及服务器

①高清工业相机。

由于 OCR 技术对于货物及标签的视频清晰度有很高的要求，因此需要定制版的高清工业相机，并且在通道左右两侧各安装 3 个，保证拍摄的完整性。

②数据传输方式。

目前，高清工业相机与服务器接口传输方式有 GIGE 千兆网、USB2.0、USB3.0、Camera Link，IEEE1394A、1394B。高清工业相机采集视频时想要保证相机的传输帧率，要用大吞吐量的接口，考虑现场安装环境、距离，采用 GIGE 千兆网作为传输接口最合适。

③服务器部署方案见图 3。

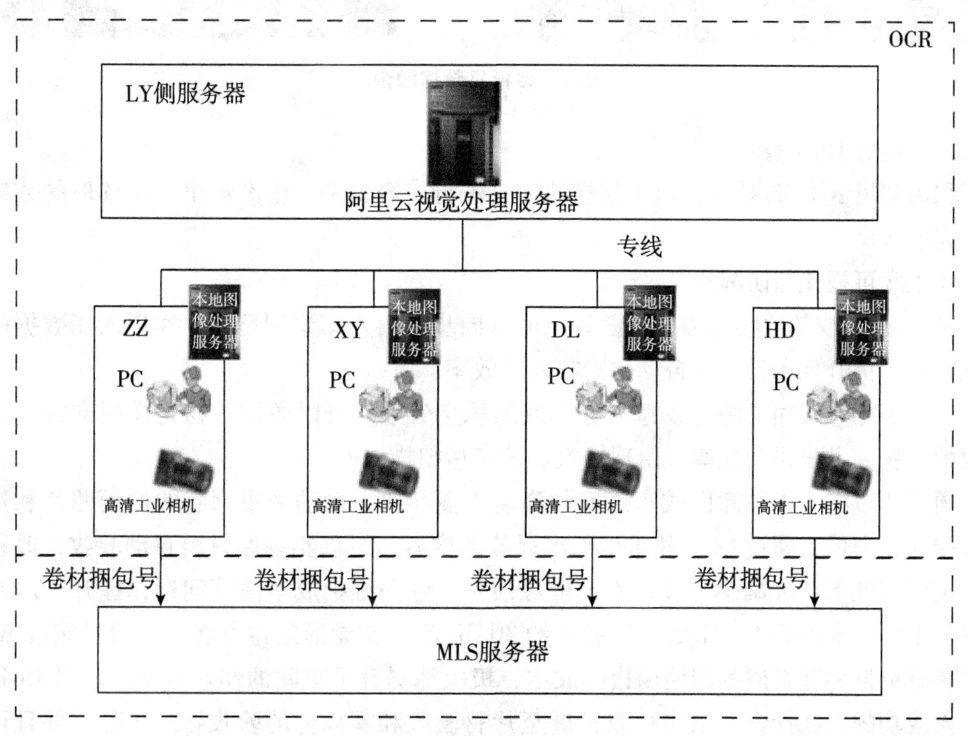

图 3　服务器部署方案

考虑到视频的数据量很大，因此在各地工厂车间部署本地图像处理服务器，对视频进行预处理，先行完成数据的融合，存储静态图像。后续将静态图像由各地工厂专线网络发送至阿里云视觉处理服务器，完成深度的 OCR 识别，保证在云计算技术应用最大化、节约开发成本的同时，保障识别的速度与效率。

4. 关键技术介绍

①多相机数据融合。

基于改进 SURF 算法的图像数据融合，支持非一致性图像和小重叠区域的高效数据融合。多相机数据融合，可以明显降低硬件部署成本，同等像素精度下，部署成本可以降低 50% 以上（见图 4）。

②模型识别与标签扣取。

基于深度学习的算法对目标物体建模，可以快速准确提取标签图像信息。针对图像中目标物体的运动矢量建模，能够准确判断和跟踪目标物体的运动方向。

图4　多相机数据融合

③阿里云 OCR 技术。

利用阿里云 OCR 技术，对于建模的标签进行内容识别，精准输出需要读取的数据字段，完成入库。

④入库可视化与防漏机制。

利用 PDA 或其他移动端显示设备，可以同步输出入库识别情况，实现入库数据的可视化管理，提升现场管理及自动化验收入库效率。

对于因标签破损、脏污或遗失等导致的识别失败，可以通过货物建模精准找出识别失败的货物并发出错漏提醒，由现场人员核实后扫描入库。

项目通过在仓库装卸区或车道安装高清工业相机，自动采集钢卷的侧面照片和钢厂铭牌的标签图像，通过 OCR 技术识别出标签的内容，可以实现原材料自动验收，改善之前手工效率低下、准确率不高、人力资源浪费、管理维护成本高等问题，提升工厂作业效率和工厂在库准确率，节省人工成本约 30 万/年。在无形效益方面，本项目相较 RFID 技术具有更低的开发成本和使用边际成本，极大地提升了车间的作业效率。这是 OCR 技术一次成功的实践探索，未来可以扩展至片材验收和零部件的验收管理工作，并且可以基于此进行钢材无人化仓库研究。

项目目前已在东风日产花都二工厂实施，在项目各单位配合下，得到较好的实施与应用推广。后续将根据各工厂情况，逐步推广至各地工厂用于卷材自动验收并研讨片材自动验收方案，实现金属原材料的自动验收操作。

四、项目总结

在仓库装卸区或车道安装高清工业相机，结合 OCR 技术，实现对于整车厂钢材卷材的自动化验收，用深度学习的 OCR 技术进行应用验证。充分利用云计算提供的技术解决方案及计算能力，降低开发成本，实现项目目标。

五、项目创新点与未来扩展

此项目实现原材料自动验收，可以识别不同类型货物出厂原厂标签，不需二次张贴标签，并且实现收货情况可视化，提升作业效率，增加放错校验环节。利用视觉智能平台，实现对于 AI 技术的资源利用，降低 OCR 技术的开发成本。OCR 技术成功应用于物流领域，是一种低于 RFID 边际成本的自动识别新尝试，为后续零部件物流及生产制造领域进一步探索打下基础。

在未来扩展方面，通过对 OCR 技术的探索与尝试，为后续 OCR 技术在汽车行业和钢材物流行业应用提供了新的解决思路和技术案例，并且技术方案有很强的拓展性。

在汽车行业内，OCR 技术成功应用于钢材卷材验收，为后续整车厂零部件物流、生产制造领域的货物自动识别提供新的思路，可以结合自动叉车等无人化设备，对货物的数量、状态、位置等信息进行精准识别和自动化控制，提升自动化率和作业效率，为智能供应链打下坚实的基础。

在钢材物流行业内，结合 OCR 技术，实现钢卷库位的自动识别、分配、吊装、记录，实现钢卷快速盘点、立体钢卷仓库可视化，打造单人控制、监控多个仓库的自动化无人仓库。

未来可以实现钢卷物流货损缺陷的识别，从而自动识别货损情况，实现物流品质监控数字化。

深圳市怡亚通供应链股份有限公司：基于“供应链 + 科技”的供应链服务数字化管理变革解决方案

一、企业简况

（一）企业简介

深圳市怡亚通供应链股份有限公司（以下简称“怡亚通”）成立于1997年，是世界500强企业深圳市投资控股有限公司旗下企业，中国首家上市供应链企业（股票代码002183），在职员工逾万人，2019年业务量近1000亿元，连续多年入围中国企业联合会“中国企业500强”榜单。

怡亚通致力于推动供应链服务创新发展，成为产业供需之间交易的桥梁，迄今服务网络已覆盖320多个国内城市及新加坡、美国等海外地区，服务范围涵盖快消品、家电、通信、信息技术、医疗、终端零售等。怡亚通构建品牌商扁平化渠道，服务宝洁、联合利华、GE、飞利浦等多家知名企业，覆盖200多万家终端门店，创新的“平台 + 营销合伙人”模式打破传统模式局限，推动品牌销量快速增长。

（二）管理模式

怡亚通铸造了“海纳百川，厚德载物；与时俱进，求真务实；智慧创新，创造需求；服务至上，坚强斗志”的核心价值观及管理方针，明确了管理重点，在企业发展中不断持续创新，成为企业基业长青、永葆强大和繁荣的基础。在管理过程中，总部负责战略方向的把握，为直面市场的分（子）公司或合资公司提供战略方向和资源支持；分（子）公司或合资公司采用强化核心班子建设原则，定位战略执行、管理应用创新、支持服务等，各模块充分共享、协同作战，以供应链平台、互联网、增值服务结合的模式推进，将怡亚通供应链商业宏图向万亿级进军。

（三）营销模式

怡亚通以“三合行动”为指导方针，加强与合资公司的项目整合、文化融合和业务联合，创新营销发展模式。从战略规划、战略管理、战略执行三个维度与合伙人公司建立“营销合伙人、精细化运营、品牌营销解决方案”进攻型铁三角组织，与总部“精细化运营中心、品牌发展中心、转型创新中心”战略铁三角进行高效协同，实现品牌和终端的双转变。通过实施“平台 + 营销合伙人”“平台 + 品牌运营合伙人”运营方案，全面调动有营销覆盖能力的外部行业企业使其成为营销合伙人，实现渠道破局；帮助品牌能够直接掌控终端，并在终端升级营销策略，实现营销破局。

二、数字化转型的背景

（一）数字化变革日益成为市场经济转型升级的必然选择

在贸易全球化及高度分工合作的商业环境下，需求的快速变化与不确定性对企业的预测与响应能力以及对成本和风险的控制能力，提出了许多新的挑战。企业的发展需要更智能、敏捷、高效的供应链支持，企业内、企业与企业间、企业与用户间形成一种互联互通、线上线下融合、资源与要素协同的全新发展范式。不同企业间的供应计划可以按照总计划进行适当调节，工作流变得更为合理，成为实现数字经济发展的有效平台。

（二）数字化成为推动供应链上下游相互融合的主要力量

随着大数据、物联网、云计算、区块链等技术的发展，供应链的信息流将会出现爆炸性的增长，并成为供应链发展的核心驱动因素和核心竞争力之一。供应链开始向动态、互联、实时共享的形态转变，有效将供应链上的制造商、供应商、运输商、批发商、零售商等参与者进行系统集成，供应链各相关企业间的沟通更为密切，供应链数字化连接各企业，实现产业间战略层面协同，形成跨产业、跨地区系统融合的关键路径。

（三）数字化转型是怡亚通践行新时期战略目标的客观需求

怡亚通创新发展过程是中国供应链行业发展历程的缩影，经过不断与时俱进，落实由单一的广度供应链平台向广度综合平台、380 新流通平台、生态供应链多种模式协同发展，由以 IT 计算机配件直采向集快消品、IT、通信、医疗、工业原材料、家电、安防、贵金属等行业的供应链综合服务发展，由供应链服务参与企业向主导引领企业发展，一步一个脚印地迈向世界级供应链服务企业行列。一路走来，怡亚通经历了从传统商贸企业到现代供应链企业的华丽转身，深刻认识到数字化背景下的供应链对打破传统链路模式、重构供应链服务新秩序的积极意义。

三、面临问题与解决方案

（一）构建平面组织，重塑新时期组织管理体系

企业管理层级与企业规模、管控模式和行业特点密切相关，怡亚通作为提供采购、生产、分销、物流、销售的全环节供应链综合服务商，较多的层级使企业出现管控难度大、服务响应反馈时间长等问题，特别是与企业数字化转型战略布局的总体目标相违背。怡亚通自 2018 年起便开展了一系列组织变革与创新，以产业价值链和用户价值创造为中心，以组织文化自我生存平衡调整的纽带，进一步理顺纵向专业体系治理和横向协同高效机制，从传统垂直型金字塔组织向扁平化平面组织转变。

为不断完善经营管理机制，更好发挥各组织模块及单位的能动性，实现企业数字化

管理，怡亚通对各单位、部门职责进行了梳理，在经管中心下设战略管理、经营管理、变革管理三大职能模块，以战略管理实现公司战略目标组织发展规划编制、中长期战略发展路径规划和多维度战略过程督导、结果反馈；以经营管理实现新服务模式背景下，经营指标的设立、分解、下达，跟踪各项经营指标，及时呈现怡亚通及各平台经营结果，为未来经营改善提供参考依据；以变革管理推动企业全面数字化转型，助力创新业务落地，组织建立创新团队，协调创新资源，根据公司战略发展变化推动其他变革项目。

同时，设立数字化转型委员会，以董事长为委员会主任，COO 为执行主任，以副董事长、集团副总裁为副主任，从广度综合、380 新流通、经管中心、IT、数字化运营、财务、法务、内控、人事、总裁办等部门抽调骨干人员，全面推进集团产业供应链服务模式数字化转型，构建数字化驱动的企业文化、业务形态、运营体系，搭建更加高效、扁平、益于落实企业数字化发展的组织构架。

（二）构建数字化管理体系，实现供应链高效敏捷协同运行

为顺应信息化发展大趋势，能够及时调取信息，便捷业务操作，各部门围绕自身业务发展特点及关注重点建设了独立的信息系统，并在建设初期取得了良好的实施效果。但随着发展，企业规模不断壮大，怡亚通供应链服务内容逐渐丰富，各系统之间存在信息孤岛的问题日益显现，每次调取综合业务运行数据均需要多个部门花费 2 ~ 3 天配合提取并整理，使企业疲于应对。将业务、管理、运营工作流聚焦于 1 个功能端口，实现内外部信息系统动态、智能、可视、可预测、可持续发展的数据协同的柔性供应链和智慧供应链体系，支持多行业、多品类、多种供应链业务模式扩张，成为新时期怡亚通数字化变革的主要诉求。

怡亚通以“供应链 + 科技”开启供应链数字化转型之路，明确前台主战、中台主攻、后台主撑的顶层架构，使业务执行、服务与支持、管理与控制三大模块各司其职而又有机协同，不断实现供应链全流程数字化和全场景智能化。

1. 前台以业务为导向，以客户为中心

怡亚通结合区域主导产业，分析不同行业的发展特性，结合当前社会的行为习惯，围绕自身服务业态和所处行业，开发供应链 App、整购网、药购网、家电客、小怡家等一套移动端数字化工具，将原本独立的多个单应用的系统变为高度集成的统一展示系统，有效连接供应商、生产商、经销商、品牌商、政府机构等多方参与者，共享客户数据、运营数据、产品数据、服务数据等，共同推动经营、管理、服务模式的数字化变革，衔接贯通从产业链源头生产端到消费终端的全流程产业链。

2. 中台面向交易，突出共享、联动、弹性

怡亚通引入 SAP、阿里、企业微信、汉得等行业顶尖系统，结合大数据、云计算、区块链、物联网等新一代信息技术，搭建基于企业核心价值链流程的 SAP 业财一体化平台。基于现有的供应链运营信息系统，将数字化转型技术与实施能力产品化，对企业业务运营能力与业务系统能力进行评估，明确核心运营能力和企业系统功能覆盖范围，将怡亚通面向生产制造型供应链与流通消费型供应链的传统意义上的单纯业务系统打造为业务财务融合的系统，将信息化管理从存货管理延伸到采购环节、生产环节、销售环节，建

立横向协同化、纵向专业化、分类分级操作的模式，为前台提供订单管理、品牌营销、商品交易等的资源支持，实现上游品牌、下游终端、合伙人彼此互联互通，共享数据。

3. 后台面向管理，重管控、合规

依托于后端供应链云对前台、中台的支持，建立了全面的企业数据总线，通过对进销存管理、访问量、停留时间、转化率、销售额等进行大数据行为分析，满足企业业务决策需要，提高管理透明度及业绩分析能力，平衡业务发展与风险控制之间的关系，将传统的单一化企业发展目标分散决策变为以供应链为主体的整体效益协调决策，完成从单体公司到集团管控的升级。

（三）积蓄力量，扎实做好数字供应链创新人才体系建设工作

怡亚通在推进企业数字化转型的过程中，逐步意识到数据的价值在于其背后的规律和特点，可以支持决策者判断企业未来的发展方向。企业数字化转型不仅在业务层面，更是渗透到组织及人才培养等方方面面，做到人才培养与业务战略同频共振，才能实现企业内部数据与外部数据以及实时数据的有机结合，因此要提升数据分析能力，从中提炼出商业价值。

针对供应链业务中服务模式多、货物品种多、参与方多、操作复杂的特点，怡亚通对供应链领域数字应用进行各种形式的职业培训，将人才培养当作一项系统性工程，培养出一批具有数据化思维的供应链管理专业人才，有效提升怡亚通对于供应链领域数据的识别、挖掘、诊断、分析、预测、决策与应用等能力。

（1）针对关键岗位员工量身定制一套结合供应链业务、操作流程、信息化系统、硬件设备、数据标准等专业知识，且具备可操作性的数据应用培训计划。

（2）以数字化转型系列公开课、“怡亚通数智化532”课堂等形式，不定期通过企业数字化平台向全体员工推送培训课程，提升全体员工对供应链数字化转型方面的认识。

（3）由人力中心不定期组织内部职业能力测试，对所有相关人员进行供应链数字化业务的职业能力考核，要求了解当前大数据、区块链、5G、人工智能等新技术基本知识以及供应链服务行业的发展痛点与前景等，熟悉各项操作规范。

（四）健全供应链管理规章制度，奠定企业数字管理发展基础

规章制度是现代企业建立管理系统的基本框架，作为供应链服务企业，怡亚通将管理制度体系作为公司正常运行的规范和员工行为准绳。怡亚通对规章制度管理实行统一制度、分级制度、归口管理、分工负责的体制，以公司发展战略为导向，统筹规划，突出重点，持续改进，构建体系完备、科学规范、运行有效的规章制度体系。

怡亚通将规范化、制度化、流程化、信息化作为实现战略规划和经营目标的主要手段，为提升企业数字化管理进程，先后发布《关于成立集团数字化转型委员会的通知》《关于成立集团数智化决策委员会、数智化产品中心、大数据中心的通知》《关于启动532数智化变革项目的通知》等文件，并制定有关制度，管理方式逐步由“粗放式”向“精细化”转变，涉及怡亚通组织结构中的各个部门，涵盖IT、财务、风控等百余项内容。

四、效益分析及评估

（一）紧抓供应链创新发展机遇，提升企业经济效益

怡亚通融合了产品供应链和服务供应链，通过数字化转型产生更强大的发展效能，以数字化平台连接供应商、品牌商、生产商、分销商、物流服务商、金融机构等，实现从原材料采购、生产制造到物流运输、终端销售的全供应链流程数字化管理。利用信息化系统连接核心企业及其上下游企业，升级供应链协同体系，最终降低制造企业总体供应链管理成本，提高资产回报率。同时，随着怡亚通供应链数字化服务向终端消费市场服务延伸，可获得精确的市场需求反馈，并引导消费市场对产品和服务萌生新的需求，构成额外消费，产生新的效益增长点。

（二）搭建全链条智慧信息管理系统，助力各项业务精准对接

怡亚通通过实施数字化转型，打造科技赋能的服务平台，实现多系统、多企业、多环节间的数据协同、资源协同、商务协同、人才协同、财务协同及业务协同。在面向生产环节的服务中，怡亚通将供应商数据库与平台系统数据对接，制造企业可以通过平台数据库对所有采购订单、物料配备情况进行实时监测。在面向产品的分销服务中，品牌制造商可以实时了解产品分销流向及销售情况。构建数据协同的柔性供应链和智慧供应链体系可以降低生产成本，提高生产效率。在物流服务方面，推广智能化物流装备和仓储设施，从而提升物流环节的计划、调度、运作能力。怡亚通不仅将供应链上下游企业的采购、生产、分销、营销等环节信息进行综合管理，使生产、流通和消费实现无缝衔接，而且为多方互相协作和规范市场化运作提供了有力支持，帮助企业不断提高业务分析决策和智能执行能力，带动产业智能化整体发展，逐步形成现代供应链发展新生态。

（三）实现供应链数字要素网格化重构，提升企业市场价值

怡亚通将传统的端到端、线性化供应链视图逐步转化为动态网格的供应链视图。在动态网格中，供应链上游企业对于终端消费者的感知更为敏感、反应速度更快，供应链节点之间的关系也成为一个个数字要素。怡亚通数字化转型将重构动态网格内呈现的市场机会、伙伴选择、优势资源集成、业务流程重组以及敏捷性等要素，协助供应链完成短期局部的关键改善到长期全局的动态变革，实现系统功能、业务、客户全覆盖和内外网业务的全流程贯通和高效协同，与上下游客户共同创造更大的市场价值，提升企业核心竞争力。

五、推广意义

通过数字化供应链的构建，让企业具备掌控供应链整体战略层面的能力。横向转换供应资源，集成外部相关企业的资源，形成优势共享、互补互惠的战略联盟，以实现提高服务质量的同时降低成本、快速响应顾客需求的同时给予顾客更多选择的目的。纵向深度融合供应链，可以让企业实现产品全生命周期的数字化集成，将设计、采购、生产、

物流、分销、营销等环节整合，简化从订单到产品的输出流程，个性化定制服务产品，实现资源利用率最大化。同时，可以对采购信息、成本节约情况进行智能数据分析，让企业的决策更加便捷。企业内部各个部门也能够实时共享相关数据，准确识别制约企业发展的瓶颈，瞄准问题精确整改。数字化手段能够实现供应链上的所有企业同时改造，并为各企业提供适合自身发展的决策信息，从战略层面重塑产业链、供应链、价值链，实现资源的有效配置，提高整个供应链的市场价值。

六、未来规划

怡亚通致力于打造三位一体、跨界融合的供应链共享经济平台，多年来，实施了多个技术创新度高、市场前景广阔、经济效益突出的业务及管理数字化、智能化项目，将公司主营业务不断发展壮大。未来，怡亚通将企业数智化转型作为工作重点，加强数智化平台建设的推进，依托引入的SAP、阿里、汉得等作为数字化战略合作伙伴，建设数字化平台的“智慧大脑”，把自主研发的供应链数字化解决方案推向市场，实现产业上下游互联互通，促进数字技术与产业场景深度融合，优化数据、资源、市场等全要素的配置，赋能企业、产业升级。

湖北迈睿达供应链股份有限公司：SaaS、RaaS 模式在汽车制造供应链管理中的应用案例

一、企业介绍

湖北迈睿达供应链股份有限公司（以下简称“迈睿达”）是一家轻资产运营的创新供应链管理企业，公司基于自主开发的“迈睿达智慧供应链管理系统”主要为汽车制造行业的相关企业提供供应链方案的定制化设计、供应链管理软件的定制化开发，实现物流、信息流、资金流、价值流、业务流五流合一，并采用智能设备提供物流操作完整项目实施方案，是一家现代供应链管理服务企业。

迈睿达成立于 2012 年 9 月，2016 年 12 月新三板挂牌，2017 年完成首次融资，2018 年进入新三板创新层，2019 年摘牌准备转板，2020 年完成 B 轮融资。迈睿达共有员工 260 多人，公司营业收入达到 2 亿元，国内分支机构众多，海外已在菲律宾成立子公司，在多个地区有稳定合作服务机构，逐步形成了汽车和通信板块在国内和海外布局，数字化和智能化相结合的成长型发展格局。

二、项目背景

汽车零部件物流的零部件供应商数量多、产品种类多、运输线路和库存管理复杂、对流程监控能力和应急处理能力要求较高。汽车是连续性的精益生产，对零部件供应的准确性、及时性要求非常高。保证汽车生产所需零部件按时按量到达指定工位是一项十分复杂的系统工程，同时需要实现准时制生产和“零库存”，需要企业运用信息技术来优化方案，实现敏捷化、可视化和自动化生产。

智能制造作为新的产业趋势，受到各个国家的重视，发达国家纷纷推出刺激政策，我国也推出《中国制造 2025》以提高制造业地位。智慧供应链作为制造企业的数字基础，覆盖了物料从供应商到制造工厂仓库、生产车间、成品交付以及售后管理等环节。供应链的信息化不仅是智慧工厂数据的基础，也为智能设备传递信息构建了平台。

三、项目创新点

迈睿达将 SaaS（软件即服务）、RaaS（机器人即服务）的模式应用于汽车制造供应链管理的实际工作中。

公司一直致力于供应链软件工具的开发，针对汽车制造供应链特点，开发了 MRT－OMS、MRT－TMS、MRT－WMS 以及数十个供应链管理分系统、子系统模块，并将各软件信息系统形成公司的服务产品。迈睿达 SaaS 模式如图 1 所示。

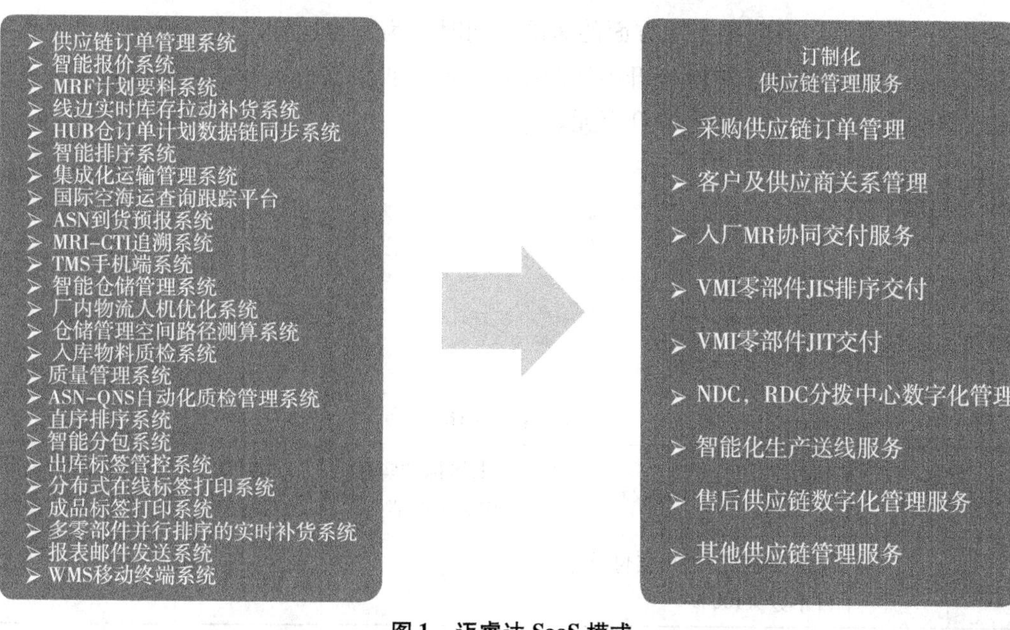

图 1　迈睿达 SaaS 模式

迈睿达的供应链管理软件工具不直接对外销售，而是与供应链管理服务打包提供给客户，这种 SaaS 模式不仅减少了客户的硬件成本（如服务器构建、计算机升级、系统维护等），也大大节省了项目启动的时间，迈睿达的系统置于公司服务器上，只需为客户开通权限即可。如吉利领克工厂原计划项目准备时间为三个月，迈睿达项目人员只用了一个月就完成了系统布置、系统对接等工作，为吉利领克工厂的大批量生产节省了大量的时间。

迈睿达也自主研发物流机器人，公司的第一款智能牵引机器人“睿行者 01”拥有最大 4 吨的牵引力，能够牵引多个通过挂钩连接的拖车。利用激光 SLAM（即时定位与地图构建）多线雷达和 3D 地图技术，与视觉导航技术相结合，达成跨场景、跨工况的灵活运用。通过扫描分析行驶前方的环境，完成自主避障和等待，实现与工作人员之间安全可靠的协同，让机器人与员工共同在产线物流中完成任务，为工厂柔性化生产助力。睿行者 01 的成功上线标志着迈睿达自主研发的迈睿达智慧供应链管理系统已经成熟，与智慧物流设备的系统对接包括数据采集、订单收发、物料分配等环节，为承接智能制造企业的供应链管理服务打下了良好的基础。

另外公司自主开发的超小型 AMR（自主移动机器人）“睿行者 02”即将上线，睿行者 02 利用激光雷达传感器，开发定位算法搭建整个系统，定位精度达到 ±10mm，适用 1000mm 的窄通道投料，实现自主导航、自主避障，导航准确性达到 99%，避障率达到 100%。

迈睿达基于迈睿达智慧供应链管理系统打造集成主流厂商的智能物流设备平台，自主研发的设备调度系统在收到操作任务后统筹协调设备平台上的 AMR、AGV、无人叉车等相关智能设备。

迈睿达采用 RaaS 的模式，将智能设备与供应链管理服务共同提供给客户，不仅减少了客户在智能仓储方案设计、设备选型、系统搭建等各方面的时间和成本，也大大降低了客户在资产投入、运营维护等方面的风险，同时也为迈睿达推广智能设备平台提供了巨大的市场基础。迈睿达2019年开始智能设备平台的研发，2021年第一季度智能设备或设备服务相关的项目金额接近3000万元。

四、效益分析

（一）效益指标对比

效益指标对比见表1。

表1　　效益指标对比

量化指标名称	指标解释及计算公式	上年年末指标的实际值（2019年度值）	2020年目标值	统计时目标实际平均值
交付及时率	及时交付订单数/交付总订单数×100%	99%	99.5%	99.6%
交付货损率	交付货物损坏箱数/交付货物总箱数×100%	0.01%	0.006%	0.005%
出库拉动任务及时完成率	出库拉动任务及时完成数/出库拉动任务完成总数×100%	98%	98.1%	98.2%
盘点准确率	盘点库位货物准确数/盘点库位货物总数×100%	99.9%	99.9%	99.92%
物流车辆实时定位率	物流车辆实时定位车次/物流车辆总车次×100%	90%	95%	95.2%
质量事故发生率	质量事故次数/交付总订单数×100%	0.1%	0.07%	0.06%
交付准确率	交付货物准确订单数/交付总订单数×100%	99.5%	99.6%	99.7%

（二）对企业业务流程改造的影响

（1）订单、交付计划制订与查询流程。客服人员接到客户订单信息后，可实现随时随地进行订单的录入和交付计划的规划，确保订单和交付计划的及时录入和传递，保障时效性。

（2）承运供应商提货单信息获取与核对流程。简化提货单信息获取方式，承运供应商及时上传提货单及提货位置、时间信息，且提货单直接上传公司业务订单系统，客服人员直接通过系统查询提货单并进行订单信息核对，提高了信息获取的时效性和准确性。

（3）在途信息采集与获取流程。简化了承运供应商车辆在途信息的获取方式，客服人员通过系统可实时获取车辆在途位置、时间及规划线路，掌握运输执行过程状况，提高了在途信息获取的时效性、准确性和精细化管控水平。

（4）到货验收单信息获取流程。简化客服人员到货验收单信息获取方式，直接通过订单业务系统进行查询，不需要和承运供应商进行沟通和确认，提高了信息获取的时效性。

（5）承运对账流程。简化验收单获取及对账表的完成步骤，客服人员定期通过系统实时获取验收单并制作对账表，以便和承运供应商进行对账，提高了对账实施的效率和准确性。

（三）对提高企业竞争力的作用

创新模式升级梳理了公司的业务流程，整合了公司各项资源，提高了内部的运营效率，提升服务效率和质量，加强了成本管控，提升市场份额，促进业务快速提升，提升了公司的竞争力，也获得了整车厂客户的认可。

SaaS 模式的应用，不仅推动了供应链管理的透明化、数字化，为客户精益生产提供了数字基础，也为智能设备提供了数据交互的平台，同时也为公司软件系统的快速推广提供了巨大的商机。

RaaS 模式的应用，不仅为客户节约了时间和成本，降低了客户在专业问题上的风险，同时也为迈睿达自主研发的设备快速投入应用提供了广阔的空间，为公司的供应链管理服务降低了成本。

五、未来展望

供应链管理行业是国家新兴行业。随着工业 4.0 的到来，人工智能和大数据的发展，需求预测算法、库存调度和补货算法、高级排产、计划和调度优化、物流网络优化等领域都是人工智能和大数据的天然结合领域。SaaS 模式和 RaaS 模式进入快速发展时期，国内外有越来越多的成功案例。软件融入服务、机器人融入服务的模式将打破和超越传统的软件、机器人销售模式，汽车制造供应链管理必将迎来快速发展时期。

启润医疗科技（厦门）有限公司：国贸医疗数字供应链平台

一、公司简介

启润医疗科技（厦门）有限公司（以下简称“启润医疗”）成立于2011年，是厦门国贸集团股份有限公司旗下公司，主营业务包括医疗器械产品贸易、进出口业务、耗材物流平台、医疗投资等，系飞利浦影像产品的福建省、山东省总代理，系湖南圣湘IVD产品的福建省总代理，系西门子、比利时爱克发的重要进口服务商。依托医改政策，启润医疗进一步发展了医疗产业的上下游产融结合、医疗机构并购、耗材配送供应链、第三方医学检验、健康医疗大数据运营等业务，与众多国内外知名医疗品牌保持良好的合作关系，致力于成为健康医疗产业的综合服务供应商。

二、案例背景

（一）背景介绍

2017年10月，国务院办公厅印发了《国务院办公厅关于积极推进供应链创新与应用的指导意见》（国办发〔2017〕84号）。根据此文件的要求，2018年4月，商务部等8部门印发了《商务部等8部门关于开展供应链创新与应用试点的通知》（商建函〔2018〕142号），试点包括城市试点和企业试点。通过试点，在若干关系国计民生、消费升级和战略新兴的重点产业，推动形成创新引领、协同发展、产融结合、供需匹配、优质高效、绿色低碳、全球布局的产业供应链体系，促进发展实体经济，助力供给侧结构性改革，筑牢现代化经济体系的坚实基础。

厦门国贸集团股份有限公司作为供应链创新与应用的试点企业，积极响应国家政策，以启润医疗作为供应链重点创新方向。新冠肺炎疫情对全球各地区供应链产生巨大的冲击，甚至导致断链。在此背景下，保障医院的供应链稳定是对抗新冠肺炎疫情的重要因素。启润医疗作为医院端的供应链服务商，从医疗器械、仪器设备、设备配件、检测试剂等几个方向展开业务。为保证全面推进复工复产，及时响应医院需求，启润医疗就当下业务开展国贸医疗数字供应链平台建设的创新与应用。

（二）业务需求

针对当前启润医疗的业务特征，国贸医疗数字供应链管理平台从信息流、商流、实物流、资金流四个维度提升开展研究建设。

1. 信息流需求

启润医疗数字供应链业务主要在耗材配送板块开展，该板块内部信息系统庞大，信息交互复杂，流程开放程度低，普通的系统无法对“短、平、快”的业务及时作出反应。

根据国家药品监督管理局对医院操作信息系统的安全操作规范，医院无法直接通过系统对接生成订单，而医院系统内的品名与市场品名有部分差异，极易造成订单出错。浪费人力、物力的同时，无法提升效率，也加大了医院供应链的不稳定性。因此，上游票据与下游医院端想要票据规范统一、货票同行，需要国贸医疗数字供应链平台进行信息校对。

上游供应端信息的间接传递（医院端—国贸医疗—上游供应端），导致了信息延迟，交付周期变长，降低了供应链整体的协同水平。此外，供应方面无法确定长期的库存数量，也存在着短期内断供的风险。

2. 商流需求

由于启润医疗目前所经营的主要业务，都是基于短链条、高效率的业务类型，需要采用高度灵活、高度协同的供应链管理方式。启润医疗通过供应商优化管理，降低供应端风险，建立良好的供应合作关系。另外，为医院提供便利的采订工具，实现商流上下游协同。

3. 实物流需求

由于医疗相关产品的特殊性，保障产品质量安全就是保障人民的生命安全。尤其是新冠肺炎疫情暴发，有关试剂耗材的订单增长。试剂耗材的配送需要严格监管。因此国贸医疗数字供应链平台应监管相关产品的生产日期、生产批次、有效日期、失效日期、储存条件等信息，对上下游的交付时间进行严格监控，以保证产品质量安全。

4. 资金流需求

受到新冠肺炎疫情影响，相关医疗产品价格波动大，启润医疗应及时响应市场价格变动、设计便捷高效的定价管理流程。此外，根据供应商和医院端的合作往来，合理设定账期，保障供应先行。

三、解决方案

启润医疗结合集团医疗业务需求，搭建了国贸医疗数字供应链平台。

（一）平台架构

国贸医疗数字供应链平台主要由三部分组成：医疗供应链业务管理系统（核心）、医疗仓储管理系统、医疗 B2B 商城，覆盖大部分的需求场景。

其中，医疗供应链业务管理系统解决了信息交互协同、业务流程配置、供应链关系管理、供应商管理优化、票据规范管理、定价管理、签收管理等问题。

医疗仓储管理系统将解决启润医疗仓储进出仓流程行为规范、库区库位分类管理问题。

医疗 B2B 商城将解决医疗订单及供应链上下游协同问题。

该系统平台底层技术架构具有较强的扩展性和集成性，可支撑启润医疗业务的快速发展。国贸医疗数字供应链平台架构见图 1。

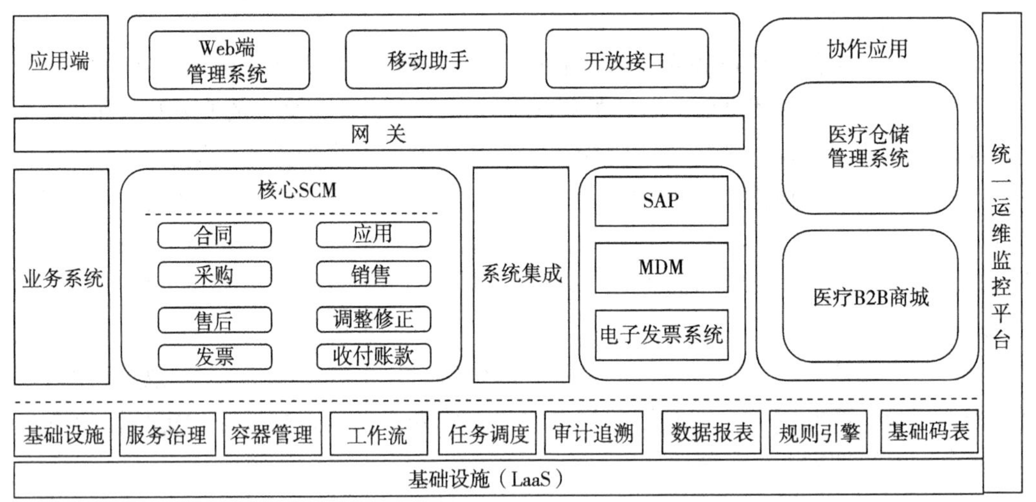

图1 国贸医疗数字供应链平台架构

（二）核心价值

国贸医疗数字供应链平台的核心价值主要有以下三方面。

货源可溯：平台的供应链关系、证照审查等系统功能可对供应商、代理商、生产厂家的授权链条进行管理，保证每个货物可溯源。

高效协同：针对医疗耗材直运业务模式，优化系统操作流程，大大提高了该业务模式的系统操作效率。同时与SAP、MDM、金税等系统实现对接，达到信息同步、货票同行、高效协同的效果。

风险可控：针对货款逾期、供应商质资证照、库存库龄等问题，通过数据报表分析和数据预警，实现风险控制。同时，平台与SAP进行了交互，可将相关凭证上传至SAP，保证数据的实时、准确、透明，上级部门可对业务进行有效监管。

（三）平台特性

国贸医疗数字供应链平台主要有以下五方面的特性。

一是数据看板预警。首页看板会自动汇总各监控指标数据并直观呈现，帮助用户摆脱传统的人工核对方式，可以精准、快速定位及处理风险，提高响应的实时性。

二是供应链溯源。保证每个商品的货源可溯，把控医疗耗材流通安全性。

三是医疗资质证件管理。证件线上集中管理，助力资质识别，用户可以便捷地查看当前及历史的所有证件，告别传统线下证件维护烦琐、易丢失的烦恼。

四是具有报表中心。平台提供了多维度的报表查询，助力对业务的处理、分析及决策。

五是用工作流驱动业务协同。可以提高效率，规范管理，降低风险。

（四）设计路线

在建设和开发国贸医疗数字供应链平台时，整个项目基于spring boot web starter构建，持久层基于spring boot data jpa构建（jpa实现选择hibernate，物理层面目前使用MySQL）， mvc 层基于 springMVC 构建，安全框架使用 spring security。模块间设计和开发遵循低耦合、高内聚设计原则，保证系统的可扩展性和可维护性。部署方式灵活，支持 jar 直接部署运行，也支持导报成 war 后放入 tomcat 容器中运行。后台管理页面基于 qiankun 微服务框架开发，便于之后系统的统一集成和管理。

（五）创新点

从业务、流程和技术三个层面出发考虑，致力于打造逻辑性强、操作简单、快速上手的系统，给用户带来更好的产品体验。

在软件设计上，采用领域模型作为贯穿软件生命周期的通用设计表达语言，遵循面向对象的设计方法，遵守“高内聚、低耦合”的设计原则。

通过 PC 端与移动 H5 的协同运作构建物流仓储管理服务平台，将烦琐的服务流程智能化，通过 restful 微服务架构，将无缝对接上下游数据，有效协调物流仓储作业各环节，使得运输管理更加有效率、有效益。

移动端采用 uni - App 框架开发，稍做适配后可以打包成 H5、App、各种主流小程序，解放生产力，降低开发及维护成本，为后期的发展奠定基础。

四、项目进展

目前，国贸医疗数字供应链平台已完成医疗供应链业务管理系统的上线运行，核心系统在应用端分为 PC 端（医疗供应链业务管理）与移动端（配送签收管理）。

系统将实际供应链业务运营中产生的数据进行分析建模，并以报表形式显示在预警监控数据看板上，为业务和管理提供经营决策支持。

移动审批和配送签收功能集成在“i 国贸”App 中，通过单点登录的方式，方便操作者进行移动审批和货物配送签收，以及完成提货单、出运单、发票回执等凭证上传，从而达到供应链高效协同，以及医疗耗材配送“最后一公里”的闭环管理。

五、应用效果

通过应用国贸医疗数字供应链平台，可以实现以下几点提升。

一是供需匹配，医疗商城打通医院端与供应端，启润医疗可以更好地发挥集采优势。

二是效率提升，解决系统间的信息交互、快速反应。

三是医疗产品安全，实现采—供—入—出—配—签全流程信息监管。

四是提升客户服务，通过医疗商城提高服务质量，接收客户反馈并及时优化。

五是供应端优化协同，与优质高效的供应商建立战略合作，协同发展。

六、发展规划

国贸医疗数字供应链平台迈出了第一步，实现了医疗供应链业务管理系统上线运行。后续，启润医疗将配合业务部门完成 WMS 和医疗 B2B 商城系统建设。启润医疗将不断研究前沿供应链技术，通过技术创新不断地与供应链业务发展和应用场景相结合，持续推进供应链创新与应用，助力“十四五”发展规划和新的战略目标达成。

福建冻品在线网络科技有限公司：冷链食材产业互联网创新解决方案

一、企业简况

福建冻品在线网络科技有限公司（以下简称“冻品在线”）成立于2015年8月，致力于打造全球领先的生鲜冷链食材供应链平台。冻品在线通过建立扁平化、数字化的互联网分销体系，以及布局“最后一公里”冷链物流基础设施，把全球优质的生鲜冷链食材快速分销到餐饮终端和新零售终端，为行业降本增效，保障社会食品安全。目前业务覆盖全国近20个城市，其中自营城市12个，2019年自营开票收入10余亿元。冻品在线在源头连接了全球近千个优质厂家，为下游近三十五万家各类餐厅、机关单位食堂、中央厨房、社区便利店等终端供应七千余种安全食材。

经过五年发展，冻品在线已获五轮融资，目前已成为全国生鲜冷链食材供应链第一平台，入选了全国供应链创新与应用试点企业，并连续多年获评全国B2B供应链百强企业。

二、企业运营中存在的问题

冻品是个万亿元级的市场，包括猪、牛、羊、鸡、鸭、水产等标准化农产品品类。传统冻品行业流通方式存在很多弊端，如渠道层级多，流通效率低；产销不匹配，产能浪费多。冷链物流配送也存在“小、散、乱”的问题，并缺少针对冷链设施设备建设、温度控制和操作规范等方面的统一标准，运输设备能耗高，非法改装冷藏车辆情况较多，装卸环节自动化水平低。冻品具备标准化、易集采、低损耗、高保期、高货值等特征，是农产品中较为适合产业互联网B2B数字化改造的领域之一。

冻品在线率先在冷链食材行业发起“互联网＋”的探索之路，通过在直营城市B2B中不断沉淀和优化，找到了非常适合冻品产业互联网发展的道路，搭建了一个产业B2B交易平台、SaaS服务、供应链金融、大数据服务结合的综合性互联网平台。

三、解决方法

冻品在线在成立之初就组建了一支成熟的供应链管理和技术团队，成立独立的供应链事业部、营销事业部与研发事业部，分别负责全球集采、地推营销以及技术开发。团队成员专业互补，具有良好的专业素质和丰富的采购、销售与技术研发行业经验。冻品在线团队的主要做法如下。

（1）建立覆盖全球的集采网络，打造可视化、数字化的行情监测系统。

传统冻品行业流通方式存在很多弊端，渠道层级多，流通效率低；产销不匹配，产能浪费多；物流断层多，食品安全保障低。而冻品行业国内市场容量超过万亿元，随着物联网与冷链技术的发展，冷冻食材具备的标准化、易集采、低损耗、高保期、高货值等特征，使得冻品成为农产品中较为适合 B2B 改造的领域之一。通过建立覆盖全球的集采网络，可更大维度匹配产销信息，既能全面溯源，又能发挥规模优势。

（2）加大科技研发投入，构建 B2B 三大开放体系（订单系统、物流系统、推广系统），组成全链路的生鲜冷链食材分销网络。

①冻品在线 App 为自营城市采购下单平台，重点服务一、二线城市的几十万家中小企业端餐饮客户。

②冻品掌柜 App 提供食材全行业 SaaS 系统服务，促进行业数字化转型。

③禾苗优品作为客户端子品牌，线上线下相结合为万千社区供应家庭半成品方便食材。

（3）建立“最后一公里”冷链物流基础设施。

冻品在线旗下易鲜冷链，是消费升级和食品安全最重要的基础设施。目前在冷链运输环节中，还存在运输设备能耗高、非法改装冷藏车辆、装卸环节自动化水平低、断链等诸多问题。易鲜冷链整合优质的冷库资源、统一城市配送车辆，以标准化的操作模式进行仓储运营和物流运输管理，网络信息化技术经营体系，配置 WMS、TMS 等专业仓储、配送系统，可满足多模式运营，搭建专业的仓储管理体系和运输管理系统，全程操作可视化，全天监管车辆在途配送任务执行状态。目前易鲜冷链已成长为独立的第三方冷链物流平台，不单为冻品在线服务，也为永辉、蒙牛、圣农食品等大型企业提供第三方冷链仓储与物流服务。

（4）重视大数据运用场景，沉淀行业消费大数据，并通过大数据提升供应链平台的效率和水平。

①基于大数据的菜谱研发、食材挑选，通过反向定制供应链，促进中餐标准化、品牌化。冻品在线通过产业互联网缩短了交易层次，实现了消费数据信息共享，并通过食材研究院，真正做到供给侧结构性改革，使得制造端可以以销定产，降低了生产成本与损耗，实现业务餐饮终端降本增效。

②通过用户画像和产品标签的精准匹配，提升产品匹配效率和精准营销。

③实现实时供应链交易数据可视化，交易行情数字化。

（5）探索行业供应链金融解决方案，提供增值服务。

初步建立了基于上下游场景数据分析、风险评估的供应链金融服务体系，结合银行资源提供融资融智服务，提升上下游交易活跃度。

（6）时刻以食品安全保障作为企业发展红线。

冻品在线始终重视发展中的食品安全与社会效益，坚持源头直供，设置独立的品控部门，严格管理各类货物的检验检疫证件，做到全程可追溯，并由中国人民保险承担全程食品安全责任险。受新冠肺炎疫情影响，公司积极再部署，做到冷链商品来源放心，国产商品以内循环为主；入库放心，海关前置检验；储存放心，对员工和货物定期核酸检测；溯源放心，平台数据透明。

四、信息化主要效益分析与评估

自加入供应链创新与运用试点企业以来，在各级政府出台的相关政策引导下，冻品在线销售规模和内部管理效率不断提升，除 2020 年受到新冠肺炎疫情影响业绩略有下滑外，2017—2020 年客户体量以及交易笔数逐年翻倍，预计 2021 年销售额将达到 15 亿元，净利润 2000 万元，不断夯实行业龙头地位。冻品在线有以下几项亮点。

（1）精减了传统冷冻行业的渠道层级，提高了行业流通效率。从厂家直接到达终端，餐饮终端采购节省了成本，解决了传统批发市场存在多层次、价格高的问题。

（2）全程冷链、统仓统配，提高了冷冻行业的运营效率与食品安全。冻品在线帮助厂家设置区域周转仓，节约厂家人力物力，帮助厂家将服务仓储前置到市场一线，提升市场响应速度；通过统一仓储管理和配送管理，避免各厂家重复建设造成资源浪费。

（3）数据驱动，差异化定制，解决了产品匹配度差、产销不对等的痛点。产能和产品不匹配导致产能过剩、终端损耗大。冻品在线根据大数据反馈调整产品，如近期热销市场的黄焖鸡米饭渠道，冻品在线根据市场需求定制黄焖鸡块产品，省去终端餐饮用户采购鸡腿肉自行切块的问题，促进中餐标准化，节约大量成本。

（4）开放性平台，赋能经销商，帮助产业链传统经销商互联网数字化升级，提升行业整体运营效率。

五、总结

2020 年以来政府各部门出台多份文件为企业发展助力，其中多次提及供应链数字化发展和平台服务，重点提及加强建设产业供应链对接平台、产融对接平台服务。国家发展改革委、中央网信办联合印发《关于推进“上云用数赋智”行动 培育新经济发展实施方案》，更是指出要大力打造数据供应链，引导平台企业、行业龙头企业整合开放资源，支持具有产业链带动能力的核心企业搭建网络化协同平台。由此可见，更加规范化、透明化的供应链平台替代原来粗放的线下批发市场是大势所趋。

本项目的推广意义如下。

（1）促进中餐标准化、品牌化。冻品在线通过产业互联网精简了交易层次，实现了消费数据信息共享，并通过食材研究院真正做到供给侧结构性改革，使得制造端可以以销定产，降低了生产成本与损耗，同时助力业务餐饮终端降本增效。

（2）通过对用户画像和产品标签精准匹配，提升产品匹配效率和精准营销。

（3）实现实时供应链交易数据可视化，交易行情数字化。

六、展望

2021 年，冻品在线将努力争取成为全国供应链创新与应用示范企业。在保障民生的同时，积极适应疫情防控常态化带来的行业变局，抓住数字化转型机会，进一步通过供应链创新和大数据技术发挥平台优势，做大做强企业。

大宗商品流通平台应用案例

深圳市敏思达信息技术有限公司：线上线下融合构建行之有效的大宗商品 B2B 供应链平台

一、应用企业简况

寰宇优厂（FACTORYHOOD）是中欧化工产业链上的新生力量。自 2019 年成立以来，寰宇优厂致力探索基于互联网平台的国际化工贸易模式，逐步打通交易—结算—物流—数据服务。寰宇优厂中欧化工跨境产业互联网平台充分发挥“一带一路”跨洲际铁路物流体系所带来的颠覆性服务优势，聚焦中欧两地的成熟化工品市场，为中国和欧洲化工企业提供安全高效的线上国际贸易渠道、专业快捷的线下跨境物流服务，从线上和线下两个维度帮助中欧两地的化工企业在国际竞争中成长、壮大。

寰宇优厂中欧化工跨境产业互联网平台坚持线上免费便捷贸易平台、线下专业高效化工物流为核心的闭环商业模式，以中欧两地资深化工和物流专业人士打造起来的专业精干管理团队为核心，依托高速中欧铁路大陆桥为主要物流运输体系，深度整合中欧两端的一流化工品物流服务资源，充分发挥铁路运输高效、精准、安全的特点，以创新的全球化、扁平化 JIT 供应网络理念颠覆传统的区域型、垂直化化工产业供应链运作方式，催化和释放中欧化工市场的巨大贸易潜力，破局中欧化工产业互补性强但贸易交流弱的困境。

二、FACTORYHOOD 的跨洲际化工产业生态系统

FACTORYHOOD 从事的是中欧 B2B 跨境贸易，传统的业务模式存在的主要问题包括业务环节中人工操作部分太多，导致差错率高、成本高；人为因素多，无法提供统一的服务给客户；业务模式单一，无品类运营，无法引导消费；采购议价能力差，导致利润率低；支付手段落后，交易风险高，用户体验差；业务量扩大后，资金面临风险；其他平台介入则业务将会受到巨大影响等。现在买家和卖家通过 FACTORYHOOD 的平台进行交易，然后由 FACTORYHOOD 团队根据订单提供收货、干线运输、配送、支付等供应链服务。

寰宇优厂中欧化工跨境产业互联网平台致力于实现中欧两地化工品供应体系的精准对接，倡导并着力推动中欧化工品市场的互联互通，建设中欧两地深度融合、共赢共生的跨洲际化工产业生态系统。

深圳市敏思达信息技术有限公司（以下简称“敏思达”）为寰宇优厂定制开发供应链平台，实现整体信息化建设，平台规划架构分为四层：框架层、组件层、应用层和解决方案层。框架层定义基础的规范和模型；组件层提供了丰富的可复用的组件及开发组件所需要的通用接口和公共服务；应用层整合各种组件服务，以满足应用的需求；解决方案层则是根据具体的业务和客户，通过业务咨询的方式，利用平台应用组件快速定制一

套系统，以满足客户需求。

框架层：包括业务组件框架、分布式服务框架。业务组件框架将系统中相关的功能单元划分为一个个业务组件，定义业务组件与系统交互的规范，提供业务组件所需的接口及服务。分布式服务框架为系统中的业务组件提供分布模型，使系统具有灵活的部署能力。

组件层：提供各种应用系统通用的系统组件，以及特殊业务领域可复用的业务组件，提供业务组件开发所需的通用功能接口和公共服务。

应用层：包含一系列应用组件及相关领域的业务组件。应用组件可以针对具体行业业务，也可以针对具体通用系统。应用组件必须依赖于组件层的服务支持。

解决方案层：针对不同业务领域进行具体的业务分析，根据平台提供的应用组件进行合理剪裁和装配，根据具体的情况进行客户化定制改造。

解决方案架构见图 1。

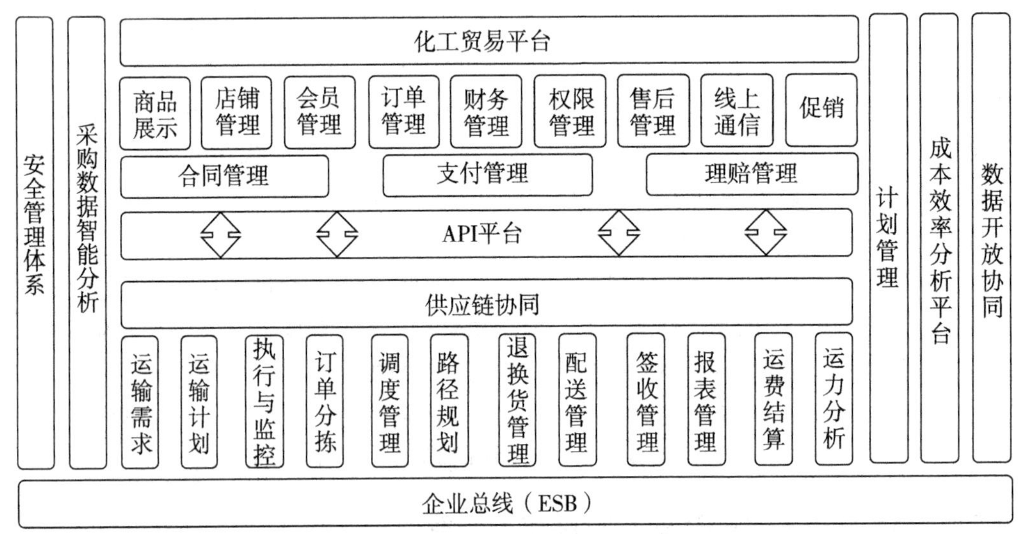

图 1　解决方案架构

FACTORYHOOD 的系统规划满足未来多年发展的应用需要，系统一共分为七个层面。

（1）渠道层。提供各种接入服务，包括用户端的接入（如浏览器、App、H5 页面、电商接口等）、后台客户端的接入（包括网页、移动管理客户端）及数据接入等，所有接入都通过渠道层完成。前期规划时考虑单独系统各自建设，在系统成熟度到达一定程度后，则可以考虑抽象、封装，提供统一的渠道接入服务，便于将来更好地扩展。

（2）客户层。对于渠道层接入的客户请求，提供客户的基本资料、服务诉求及历史服务记录等信息，即从客户接入开始就能识别出客户身份，并提供与之对应的服务。

（3）产品及服务层。这是整个系统应用规划的核心。业务系统需要改造时，可以根据业务应用粒度进行服务封装，提供复用能力，如用户账户、支付、账单等都可以独立封装成服务。这样的好处是随着服务封装的粒度越来越细，在进行一些新产品开发时，则可以通过复用封装的账户、支付、账单等服务，配置相应业务流程来快速实现产品支持系统的交付和上线，这在先进互联网企业中较为常见。

（4）结算层。企业核心系统之一，包括了结算系统和总账系统。结算系统要涵盖多个平台的往来账务结算、分润，需要有大量数据快速处理的能力及结算准确性保障。

（5）分析层。在系统运行一定时间后，通过数据库抽取出系统核心数据，搭建数据分析平台，可以实现业务数据分析，通过数据来驱动业务，改变目前基于经验判断的模式。

（6）公共平台层。这层提供系统基础服务能力，如全公司的组织架构、人员管理、权限、安全管理、报文管理等，将来也要实现服务化封装，尽量提供更多的复用可能性。

（7）数据总线层。作为一个互联网企业，整体系统的耦合性降低、独立性提高等方面都要基于良好的企业数据总线，特别是分布式服务总线能够实现服务提供和调用分离，具有去中心、灰度发布、局部下线等功能。

现有的系统具有以下功能。

供应商系统：店铺管理、发布产品、交易管理、消息管理、评价管理、财务管理、询价管理、采购需求管理、投标信息管理、服务管理。

承运商系统：运力管理、操作管理、对账管理、物流跟踪、订单管理。

买家系统：入驻认证、契约锁认证、采购管理、合同管理、收藏管理、评价管理、消息管理、预存款管理。

平台管理：供应商管理、合同管理、产品管理、网站管理、承运商管理、报价管理、统计分析、财务管理。

三、发展与创新

FACTORYHOOD 业务已经线下运营了多年，并且积累了一定的客户群体，但是由于一直受制于买卖双方平台无法进行对接、IT 体系存在制约因素，无法满足业务发展及变革的需要。基于以上的主要问题，敏思达组织专业的顾问团队对业务、需求及系统进行梳理，并基于顾问团队多年对业务及技术的理解，提出一套切实可行的 IT 整体战略实施规划及落地方案，以满足未来十年内寰宇优厂发展的需求。

数智化思维在颠覆传统商业模式的同时，也带给我们很多思考。数智化的使命是更好地服务和满足客户越发个性化的需求，企业要在新时代下服务好客户就需要充分利用新技术，以更开放的方式拥抱客户，以更创新的方式激发客户，以更个性化的方式服务客户，这样企业才能摆脱激进的盲从，回归以客户为主导的本质，破解新变革难题的关键。

但前期需求调研时，不同业务对平台提出了独立且迥异的需求，敏思达前期为独特的业务需求构建了定制化的最佳解决方案，然而忽略了标准化以及对现有业务运营的升级。为满足不同的（有时是相互冲突的）业务需求搭建的功能相互重合的系统，短时间内满足了一些部门的需求，但没能在整体上推进企业业务的发展。经过协商后，敏思达重新进行项目战略梳理。

1. 数字化跨洲际贸易平台破局企业商业孤岛困境

敏思达和寰宇优厂一起站在行业、产业的视角去思考，不再用简单的模型考虑寰宇优厂业务运营。打好平台与生态的基础，让行业的核心参与方共建共赢、一起推动行业的发展。进行项目组织架构的升级，将组织架构扁平化，所有部门围绕核心的业务场景，真正放权给直接接触客户的业务层，外围的公共职能层和资源层、决策层支持业务层工作的开展。即围绕客户的需求，也围绕公司的战略共同发展，对组织进行解构重组，避免发生资源的争夺和碰撞，支撑业务方案的实施，在组织架构升级、运作模式升级的基础上，落实平台供应链的建设。敏思达和寰宇优厂在行业和产业的角度思考未来需要和方向，将供应链上下游多个环节整合，形成行业共享中心让成员共享发展。然后在平台供应链基础上进一步打破企业边界、行业边界、区域边界、技术边界，打造产业生态的底层土壤。形成了统一的标准，覆盖更多的业务场景，以产业互联网的形式组织生态成员，引领整个生态智慧化发展并成为产业孵化平台。

通过平台整合形成跨洲际供应网络体系，消除企业信息孤岛、信用孤岛、物流孤岛、资源孤岛、数据孤岛、风险管理孤岛，建立标准业务流程，让每个参与方都能通过系统发声。业务流程主要包括以下环节。

①下单（参与方：买家）。

②电子合同审核（参与方：买家、卖家、FACTORYHOOD 平台）。

③支付（参与方：买方）。

④支付确认（参与方：FACTORYHOOD 欧洲当地物流公司）。

⑤卖家发货（参与方：卖家）。

⑥仓库收货（参与方：FACTORYHOOD 中国当地物流公司—仓储部门）。

⑦装柜拼柜（参与方：FACTORYHOOD 中国当地物流公司—仓储部门）。

⑧发货（参与方：FACTORYHOOD 中国当地物流公司—物流部门）。

⑨配送（参与方：FACTORYHOOD 欧洲当地物流公司）。

⑩收货确认（参与方：买家）。

⑪收款确认（参与方：FACTORYHOOD 欧洲当地物流公司）。

依托产业线上交易平台建立的互联互通、融合发展的关系，将各自为营的格局转为“既竞争又合作，既独立生存又开放包融”的良性生态格局，有效构建并升级了化工产业链生态圈，搭建了开放、共享的产业线上服务平台，实现了交易、结算、仓储、物流、金融等配套服务，应用程度高，客户黏性强。

2. 有针对性的风险管控策略指导项目的实施落地

敏思达结合多年供应链管理经验、先进的信息化项目实施风险管理措施，为其大宗化工 B2B 供应链平台制定了有针对性的风险管控策略。一是业务评估依据 FACTORYHOOD 交易业务人员多年积累的化工供应链管理从业经验，从实体操作的角度出发对整个业务链条进行营利性评估，有效降低业务的风险。二是规则设计针对化工产品本身的产品特性及中欧化工市场的行业特征，结合化工供应链业务链条上的风险点制定相应规则，保持整个链条的畅通。三是物流管理作为化工供应链业务的实际操作环节，化工产品的物流管理是整个供应链的重中之重。物流作业管理都需要进行把握，从物流的角度降低项目的风险。

始终坚持用线上平台、结算中心、现代物流促进化工产品流通的运作模式，围绕企业购销需求，搭建四流合一的线上贸易平台，同时通过积极建设中欧铁路物流配送体系信息化，实现了电子商务和现代物流的有效融合。

四、信息化主要效益分析与评估

（1）信息化实施前后的效益指标对比、分析。

基于更多有利于中欧贸易发展的优势条件，在信息化平台的帮助下，前三年贸易平台上中欧化学品贸易总额将快速增长，然后在第四年至第十年保持每年20% ~30%的速度强劲增长。

保守估计，在起步阶段，前三年会占据欧盟和中国化学产品总销售额的较大比重，这其中包括从现有的海上化工贸易争夺来的贸易量和新增的中小生产商的贸易量，预计寰宇优厂的平台贸易额在2021年达到几十亿欧元。

在目前的战略规划中，寰宇优厂在平台投用的第二年起，线下物流和服务的合作伙伴就可以率先实现盈利，这样的线上线下差异化战略将使寰宇优厂的商业模式更具可持续性，并保留足够的竞争氛围，确保线下服务品质和商业竞争力。

（2）信息化实施对企业业务流程改造与创新模式的影响。

在标准化、贸易、结算、物流管理、大数据五大基础上，形成智慧产业互联网，以智能产业互联网支持化工供应链的发展，实现服务智能化、管理智能化。

贸易平台能够支持目前的业务模式，客户能够进行下单、支付、收货、售后操作，后台能够进行推荐商品、审核、订单管理、系统配置、管理等操作。贸易平台让更多环节流程化和自动化，尽量把大部分工作由系统进行完成或者辅助完成，减少人工操作环节和降低运营成本。

未来FACTORYHOOD会对接国内多个物流企业，通过API无缝对接，实现自动下单、自动结算、自动回转物流状态信息等，自动输出KPI报表减少了人工管理成本。

转运集货仓根据平台订单数据提前预估业务量，做好准备工作，为收货业务以及装柜拼柜型业务等提供支持，提升仓库的运作效率。

平台根据订仓记录和班列车次，生成末端的配送计划，并提前下发至末端物流公司，以便进行配送安排，提高准时率。

业务运营需要大量的数据分析，有了一定业务数据积累以后，需要建设大数据分析系统来提供数据分析的能力和服务。

（3）信息化实施对提高企业竞争力的作用。

平台实现了全业务的线上化管控，用资源整合、时空错配和大数据分析，解决信息不对称、购销需求不对称、交易信用不对称、货与款不对称等问题，实现线上平台、系统监控、供应链物流、业务闭环动态管理，真正做到更快、更优地响应客户需求。系统平台支持目前的业务模式及应用需求；支持多国家、多实体，便于将来扩充业务范围至其他国家；支持灵活配置，实现快速支持业务变化；实现统一平台线上管理，提升质量和效率。

五、线上线下融合构建了行之有效的供应链服务平台

传统的供应链运作强调的是以物质产品为基础的运营过程，信息化服务是伴随着生产制造、产品采购分销产生的，而如今随着经营环境和客户需求的改变，经营的关注点已逐渐从以物质产品为主导的供应链转向了以信息化服务为主导的供应链，并且服务供应链的内涵和

范围不断拓展，使得如今以服务为主导的经营开始向生态化、动态性系统转化。

寰宇优厂通过线上线下融合构建了行之有效的供应链服务平台，这种融合表现为两点。一是线下活动线上融合。对于大多数产业企业来说，线下都有既定的供应链体系和相应的作业活动，诸如制造、加工、包装、销售、物流以及其他相应的服务性活动，这些活动共同构成供应链运营的环节和要素，而这些活动的实施也往往涉及不同的地域、合作者、交易状况、物流形态、环境，因此，所有与线下活动相应的信息能够及时、有效地在线上得到反映，是业务开展的基础，关键在于不同来源的信息能够进行分享和整合。如果所有这些信息不能够在成员之间进行分享，就会产生信息不对称，容易使某些供应链参与者产生机会主义，存在道德风险，危害产业链的发展。除了信息分享之外，信息的整合也是供应链线上管理活动的关键要素。二是线上交易线下融通。对于从事线上交易的企业而言，线上发生的任何交易行为、结算行为、支付行为等都需要线下的管理活动支撑。这种线下的行为包括企业内部的流程管理和企业之间的流程管理。以上两类线上和线下的融合，为供应链一体化管理提供了基础。线下活动线上融合为寰宇优厂提供了整合的信息，在组织产业供应链运营的过程中，更能够及时、准确地了解供应链运营中参与企业的业务状态，更好地把握静态和动态信息。线上交易线下融通为供应链提供了系统化的业务流程和架构，任何的交易行为如果没有清晰的业务流程和架构，其交易的真实性或者质量就会受到质疑，其财务活动的风险就会上升，而有了线下良好的业务服务流程和架构，任何线上交易及财务管理都会得到保障。

六、改进方案以及对物流信息化的建议

在目前交易模式、物流服务运营优化基础上，FACTORYHOOD 交易仍基于行业痛点、用户客观需求，不断进行化工电商产品的研发与迭代，形成更多的产品品类，进而满足用户的需求，并将其根植于 FACTORYHOOD 创造的共享经济生态圈的环境中，实现共建分享，最终通过持续优化带来规模增长，形成规模增长与成本下降的效应，促进交易、物流、财务管理三大成本持续下降。后续敏思达会根据 FACTORYHOOD 业务管理需要进行持续创新升级，逐步建立体系健全、功能完善的 B2B 跨境电商平台，还会与第三方平台对接，如中国银行、EAGT、海关等，进行新的服务尝试。

要改变传统化工企业分销端供应链现状，需要丰富的渠道管理经验和良好的运营能力，需要供应链网络和相应的信息管理系统，优化供应链的交易、信息交互和资金流动问题。其中最大的问题是信息交互的问题，信息不对称衍生了库存问题、效率问题、销售问题、资金占压问题。而大部分的中小企业都有多套系统，但是系统之间的数据不互通。传统企业的系统建设思路是预先确定流程场景、先规划再设计系统，而现实中，环境和流程不断变化，系统更新迭代很难跟上，弹性不足。

敏思达是一个在供应链管理的专业领域中不断追求卓越的企业。在过去一直专注于为客户量身定制供应链管理平台。凭借其扎实的供应链管理理论基础与行业内的经验积累，再加上跨界互联网的思维，敏思达能为客户提供一站式采购或集成供应平台、技术研发平台、仓储物流服务平台、信息管理服务平台、供应链金融服务平台及供应链咨询等服务。

郑州郑大信息技术有限公司：郑大信息打造专业化的大宗商品流通服务平台

一、企业简况

郑州郑大信息技术有限公司（以下简称“郑大信息”）是国内专业的产业链数字化解决方案提供商，大宗商品电子商务、现代物流、供应链金融应用解决方案提供商，平台运营咨询服务商。

郑大信息在电子交易、仓储管理、物流配送、金融服务、智慧园区建设等方面积累了丰富的经验。郑大信息秉承“技术为根、服务为本、客户至上”的企业理念，坚持专业、专注、诚信、创新、共赢的发展思路，专注于大宗商品流通领域，通过设计、整合、优化、创新，研制开发了大宗商品交易平台、网络货运平台、金融服务平台、智慧园区等一系列拥有自主知识产权的软件产品，在供应链金融和现代物流的创新中，为客户提供一站式应用解决方案，承担过多项省级、国家级科技项目研发工作，获得过多项国家级、省部级科技成果鉴定，拥有170多项独立知识产权，赢得了众多客户的信赖。

二、大宗商品流通服务平台

郑大信息开发提供的大宗商品流通服务平台，利用AI、区块链、云计算、大数据等核心技术，助力传统大宗商品流通数字化、平台化、智能化、国际化转型，发挥平台优势服务实体经济，以现代供应链技术帮助产业链上下游企业实现降本增效、节约成本。

郑大信息的大宗商品流通服务平台（见图1），由大宗商品交易平台、智能仓储平台、网络货运平台、供应链金融平台组成。

1. 大宗商品交易平台

郑大信息开发的大宗商品交易平台是以整合上下游资源为核心，为供需双方提供交易结算、融资、质量检验、信息咨询等服务，支持年度交易、季度交易、月度交易、即期交易，支持双边协商（长协、自主协商）、双边挂牌交易、竞价交易、招标交易、集采交易、代采交易等多种模式，这些模式及策略可以灵活选择，为商品供应链上下游企业搭建了产销渠道，减少商品流通环节、降低流通成本，满足市场参与者的多种交易需求，形成电子交易与金融服务、仓储监控、物流配送相结合的现货交易服务平台，真正具备了为客户提供一站式服务的能力，能够促进现货市场的现货商品流通、繁荣市场经济、合理配置资源、衔接产需、调剂供求。平台不仅解决贸易本身的资金问题，同时提供供应链上的物流、监管、保险服务，实现供应链生态圈服务。

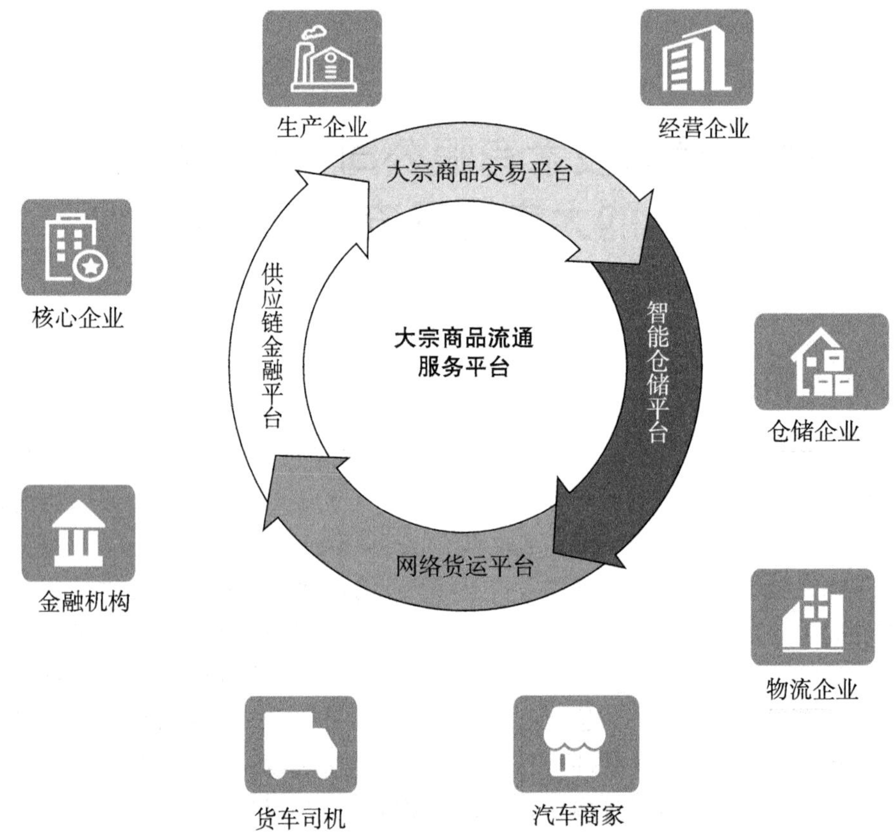

图1　郑大信息的大宗商品流通服务平台

2. 智能仓储平台

郑大信息智能仓储平台主要满足大宗商品流通服务平台对分布式仓储、仓单真实性、仓单融资、仓单风险管控、交易系统紧密结合等需求，是智能化、综合性的仓储管理平台。

智能仓储平台包含出入库管控、在库监控、仓储费管理、在库管理等。

（1）出入库管控。

郑大信息的大宗商品出入库管控可实现预约进场、预约入库、预约提货办理，物流发货进场区前设置电子围栏区域，通过即时通信和消息推送引导车辆有序排队；平台根据库存需求和排队车辆及时调整叫号算法，安排车辆进场；车辆抓拍系统自动抓拍车牌，识别进场单，自动抬杆进场；车辆进出场通过无人值守称重系统实现自动化计量货物重量。

（2）在库监控。

智能仓储平台的在库监控通过 3D 建模技术，实现可视化的立体监控，综合视频监控、仓储货物监控、烟雾监控、温湿度监控、门禁、周界等，可实时监控仓库视频、自动化调控库房温湿度环境，可实现货物移动报警、非法入侵报警，以便仓库管理人员统一决策和现场指挥调度。

（3）仓储费管理。

平台可对在库货物设置仓储费，实现货物出库自动计算并收缴仓储费，具备按储存日期、按占用面积等多种仓储管理计费模式。

（4）在库管理。

郑大信息智能仓储平台使用 RFID、GPS、传感器、条码等技术对仓储进行智能化、标准化和数字化管理，加强仓库管理人员对仓库内存放的货位管控。平台可根据仓库信息和货物存放信息自动生成货位图，管理人员可以快速制订货物堆存计划、查找货物位置、了解库场使用情况以及对货物调拨处理。在仓储环节充分利用区块链技术，既可以增加整个环节的透明性，又能保障货物在安全和受信任的环境下的保管和运输。

3. 网络货运平台

郑大信息的网络货运平台服务于钢铁、铁矿石、煤炭、化工、农产品等大宗商品流通，借助公司的专业化优势和平台优势，实现大宗商品交易转物流、仓储转物流的一站式服务，有效缩短大宗商品的流通环节、节省运输时间、提高运输效率。

郑大信息的网络货运平台功能如下。

（1）货物运输。

货物运输包括自行发布货源、委托运输两种方式。其中自行发布货源是指平台货主可发布货物名称、重量、运输线路、运输时间等货源信息，委托平台、承运商或实际承运人进行货物运输；委托运输是指大宗商品上游企业、贸易商、经销商可在交易系统上销售商品，并委托平台运输，平台整合配置运输资源，委托承运商、实际承运人参与道路货物运输。

货物运输允许自主报价发货、询价方式发货以及平台智能报价发货。自主报价发货是由货主定价发货并公开货源信息，由实际承运人抢单；询价方式发货是由货主发布货源信息后，由平台、承运商参与报价，货主依据报价、接单数、信用等情况选择合作对象承运；平台智能报价发货是由平台在大数据的赋能下，建立干线合理运价机制，规范调控手段，服务大宗商品运输。

（2）物流调度。

郑大信息的网络货运平台提供可视化的物流调度方式，以图形化的直观模式展示货源信息、货运计划执行情况，借助 GPS 和北斗卫星导航系统获取就近车源位置、空闲车辆情况，为管理人员、承运商调度派车提供精准的数据支撑。

（3）车辆监控。

郑大信息的网络货运平台为管理人员提供车辆在运途中实时监控，并通过可视化的方式统一展示，实现运输过程中的货物安全监控和车辆安全监控。货物安全监控有车辆偏离预警、车辆异常停靠预警、车辆超时预警，结合车辆轨迹回放可有效解决货物运输过程中换货等问题；车辆安全监控包括车辆证照超期预警、车辆超速预警、疲劳驾驶预警、车辆超高超限预警等，保障车辆运输过程的合法合规运行。

（4）货车商城。

货车商城包含金融保险、救援、维修保养、租赁以及配件等各种服务，实现商家入驻、商铺管理、商品管理、服务管理，满足平台物流公司、司机和汽车商家的保险、加油加气、车辆维修、车辆保养、车辆零部件销售等需求。

（5）多式联运。

大宗商品物流通常具有多式联运特性，大批量、长距离运输需要依赖水路运输、铁路运输，并通过公路运输完成“最后一公里”的配送。货主在平台发布货运计划，平台提供一整套的包含公铁联运、公水联运、公铁水联运等的完整运输方案，利用信息化数据资源整合，为货主提供物流节点实时联动、全程跟踪，真正实现一单到底的门到门服务，实现真正的降本增效。

4. 供应链金融平台

供应链金融就是利用供应链上企业之间的债权、物权进行融资，以供应链上的核心企业为依托，以真实贸易为前提，通过应收账款质押、货权质押等方式，对供应链上下游企业提供综合性金融产品和服务。郑大信息的供应链金融平台通过风险控制变量，帮助企业盘活流动资金，实现供应链良性循环。

郑大信息的供应链金融平台可融合交易平台、仓储平台、货运平台，通过良好的资源整合能力和风控技术手段，围绕产业链将信息流、业务流、资金流、票据流、物流完全匹配，服务大宗商品贸易、仓储、物流行业的中小企业客户，为实体经济转型增效提供基础保障。

郑大信息的供应链金融平台融资模式包含以下几项。

（1）合同融资。

合同融资指借款人（即买方）在平台采购成交后，用电子交易合同向银行申请贷款购买，银行委托平台将借款人购进的电子仓单质押给银行，买方融资的资金不允许出金，只能用来办理交割，同时冻结交割的货物。待货权变更后，再办理货物质押手续，质押给银行。

（2）订单融资。

买方直接向核心企业订货，自有资金不足时向银行融资。银行融资 70% 的资金，连同买方自有的 30% 资金一起支付给核心企业，核心企业安排生产并发货到指定的仓库。买方赎货时，买方归还银行一部分（或全部）资金，银行发送放货指令到核心企业，核心企业根据发货指令，安排客户提取一部分（或全部）货物。

（3）仓单质押。

仓单质押是指货主以其自身所有的、尚未卖出的存放于指定仓库的电子仓单，通过平台将电子仓单质押给合作银行，获得借贷资金。押品可以销售，但不能作为他用，销售所得资金首先归还银行融资资金及利息。

（4）物流融资。

物流行业账期是普遍存在的，平台作为轻资产运营方同样面临资金的问题。平台管理者可将已产生的有效的运费向金融机构申请保理融资，由金融机构有偿提前发放货款给上游厂家、贸易商等。当债务人到期还清货款后，该笔货款优先偿还融资金额。

三、信息化实施过程中的经验体会

郑大信息坚持以电子商务、现代物流、供应链金融打造大宗商品流通服务平台，在大宗商品交易领域、数字化智能仓储领域、网络货运领域以及供应链金融领域的守正创新，加速了大宗商品流通发展的步伐。通过平台信息化建设，发挥平台服务实体经济功能，帮助企业实现传统大宗商品流通数字化、电子化转变，帮助产业链上下游企业增强抵御风险能力、打通商品流通环节、加强科学管理创新，实现企业降本增效，节约成本。

北京思诺博信息技术有限公司：采购全过程结构化实现与应用

采购是一项跨越部门多、流程长、涉及文档多而繁杂、承载较多法律法规的工作。如何将采购做到规范化、标准化，是本案例重要阐述的内容。本案例通过全采购过程的业务分析、数据分析，结合结构化数据的建立和应用，全面论述了采购结构化的实现过程；结合实践应用，有效证实了采购结构化对于采购管理和采购效率提升的重要价值和意义。

一、采购结构化背景

在电信运营商业务发展及市场竞争中，物资采购对整个业务发展、企业运营效率和成本控制有重要的影响。电信运营商的采购环节往往会涉及很多品类，专业跨度大，每种品类采购方式差异大，所以通常采购工作会面临诸多问题。

（1）采购需求准备工作效率低，内容准确性差。

（2）采购方案编制过程沟通时间长，采购需求分析汇总耗时多。

（3）采购方案不规范导致采购方案审批过程中反复修改，延长采购周期。

（4）采购文件编制内容多、繁杂，易出现错漏问题，影响采购准确性，甚至导致采购过程反复。

（5）供应商应答文件制作规范性差，评标时人工分拣比对效率低、易出错，影响专家评审效率。

（6）采购评审环节难以把控，难以执行有效的监督。

实现采购流程的结构化、标准化是提升采购质量和采购效率的关键。通过采购过程环节的协同创新，提高采购质量和采购效率，才能使企业规避风险、实现降本增效。

二、采购结构化原理

结构化的基本思想是把一个复杂问题的解决过程按照一定的规律进行阶段性划分，然后遵循特定顺序，分阶段进行逐层分解，使每个阶段需要解决的问题都被控制在当前阶段人员可以理解和处理的范围之内，让采购各环节能够形成明晰的联系和层析结构，在各环节遵照相关的标准和规定进行规范的操作。简单来说，就是将采购工作阶段明晰化，尽量避免重复作业，对每个环节的工作进行结构化输入和阶段内容输出，最终形成规范化、标准化的采购工作。

通过对现有采购工作的分析，将流程中对应重要环节的文档进行结构化、标准化；结合采购项目的共性，整理出相应的模板在系统中进行固化，实现重要采购资料标准化、采购质量提升、采购效率提高的目的，从而助力企业降本增效。

采购结构化分阶段逐层实现原理如图 1 所示。

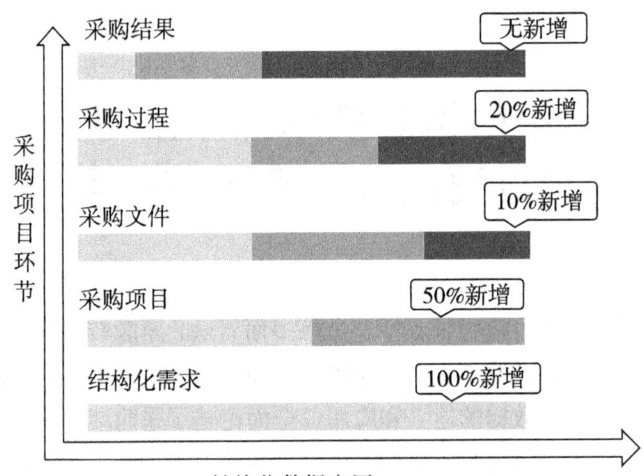

图 1　采购结构化分阶段逐层实现原理

三、采购结构化实现

整个采购过程包含采购需求、采购方案、采购文件、投标文件、评审过程、采购结果六个部分，其中采购需求、采购方案是采购文件的基础，对采购文件的质量有很大的影响，采购文件质量将影响采购评审和采购结果，所以采购文件的标准化、结构化是整个采购工作的重点。

在采购结构化过程中，通过对采购文件结构、阶段、模块划分可以将采购文件各个模块内容划分定位到具体工作中的每个角色，将每个角色工作主要内容固化到系统中，形成结构化数据，通过数据固化、继承、引用和补充，最终以“拼图”的方式形成完整的结构化采购文件。

（一）需求结构化

采购需求的明晰化是指导采购方案的重要内容，需求清楚明了可以减少采购方案编制的时间，同时也可提升采购方案的质量。

需求部门在发起项目采购要求时需要考虑项目立项情况、预计采购金额、采购内容等，将需求部门需要考虑和解决的问题进行梳理并在系统中结构化，需求部门根据项目要求进行数据填充，可以防止需求遗漏导致的反复沟通。需求内容随着需求部门的决策，最终形成需求的结构化信息。

需求结构化要素如图 2 所示。

（二）方案结构化

采购方案的质量将直接影响采购文件的编制，同时也影响采购方案的决策效率。需求部门完成需求内容的填写和确认后，采购项目信息将流转到采购员处，采购员进一步分析和确认，并补充采购需要关键要素，结合采购模板形成规范的采购方案内容。此时

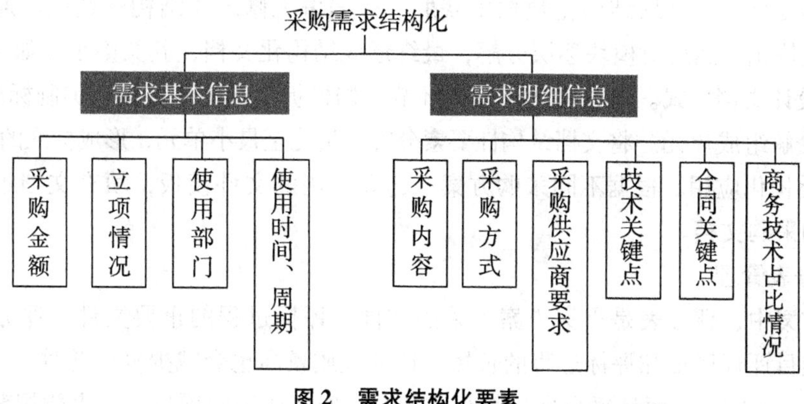

图 2　需求结构化要素

采购方案数据主要由继承需求信息、补充信息两部分组成。通过结构化方案的应用可使采购方案标准化，采购方案数据与采购需求数据保持一致性。采购方案结构化要素如图 3 所示。

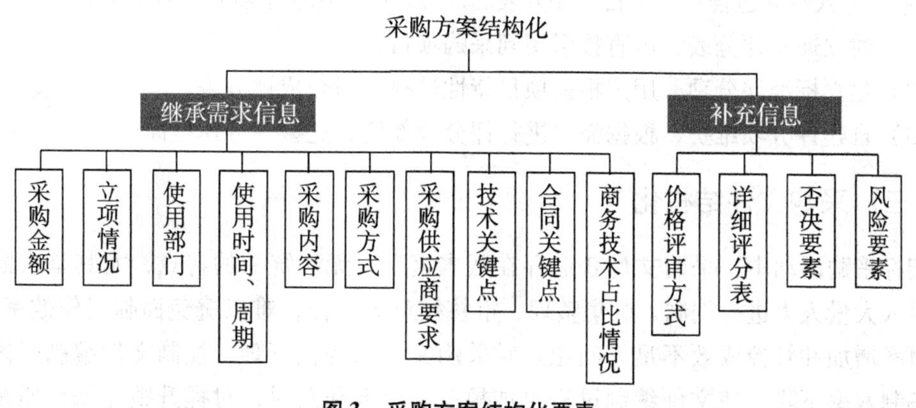

图 3　采购方案结构化要素

1. 采购文档模板管理

采购过程中对重要环节进行结构化数据输出时，不同的采购方式、品类、阶段需要输出不同的文档，采购方案节点输出采购方案文档，采购方案审批结束需要输出采购文档，采购过程需要输出评标过程文档，评标结束需要输出采购结果文档。为使各环节操作规范化、输出结果标准化，需要建立一套完整的采购模板管理体系，各采购项目按需获取使用。

采购模板的管理是系统支撑的难点，采购方案模板会随着采购管理要求的变化而变化，所以系统除需要实现采购模板的版本管理外，还需要支持采购模板及时更新并应用到新的采购项目中。目前可采用模板库管理的方法，将不同采购方式的采购方案模板进行版本化管理，模板中的内容分为可编辑（非结构化）和不可编辑（结构化）内容，对于模板中非结构化内容采购员根据实际情况进行修改；对于结构化内容在形成的采购方案中不能修改，确保结构化数据的准确性及采购方案文档的规范性，可防止需求、采购前后数据不一致导致的采购偏差。

采购文档结构化管理的思路是根据采购项目类型和采购方式将通用文字固化到模板

中，随项目变化的信息从结构化数据中获取，根据情况修改非结构化数据。通过将文档结构要素模块化，然后对模块逐层分解，最终形成结构化文档，其关键步骤如下。

（1）设计文档格式。通过固化采购各环节文档模板的结构性要素，编制标准模板。

（2）分解组成单元。将文档结构性要素分解、量化至最小单元，形成标准的应用模块。

（3）结构化应用。根据不同采购方案，选取适用的文件模板，填充文档组成单元后形成标准的采购文档。

2. 评分表管理

采购方案中，评分表是贯穿方案、采购文件、评标过程的重要文件，评分表的质量往往决定项目评标质量和评标过程的长短，评分表质量高也会减少复评耗时。

采购项目类别多，而且每个项目都存在特性，如何让采购项目评分表能规范化、标准化，是采购结构化需要解决的重要问题。通过对诸多项目评分内容的归集整理，综合出每个项目评分项的相同点，将相同点固化，差异点组合化，最终形成结构化的评分项和评分模板库。制作评分表时，可以根据项目需要在评分模板库中选择需要的评分项进行组合，通过“搭积木”方式建立适合自己项目的评分表。评分表结构化应用步骤分解如下。

（1）建立通用评分表，可直接引用到采购项目。

（2）建立标准评分项，用户根据项目特性选择，组合成评分表。

（3）自建评分项维护，根据需要进行评分项新增，完善评分模板库。

（三）采购文件结构化

招标采购活动中，采购文件普遍存在版本繁杂、无法统一的特点，尤其是采购文件需要投入大量人力进行编制、收集整理、审核校对等工作，难以避免面临工作效率下降、出错概率增加和管控成效不足等问题。对采购文件结构化管理，控制文件编制时因差异造成编制效率下降，使文件编制过程更加规范、标准和及时，对提升整体采购质量和采购效率具有实践意义。

标准采购文件范本包括招标公告（投标邀请书）、应答人须知、评审办法、合同条款及格式、采购清单、技术规范书、投标文件格式等内容。为提升采购文件编制效率，使文件编制过程规范、标准和及时，确保整体采购质量和效率，应固化采购文件格式，限制采购文件编制人员对已预先固化的内容随意进行变更或修改，使用中对不能修改的内容直接引用，减少因编制人员习惯问题导致的文件内容差异，从而快速完成采购文件编制。

采购文件编制过程中，将采购文件内容分为固化、继承、编辑三类内容，固化内容为模板中固定不能编辑的内容，继承内容来源采购方案的结构化数据，编辑内容为采购文件制作时需求补充的内容。最后根据采购文件模板生成规范化的采购文件。

采购文件模板可根据采购产品类别、采购方式维护不同的采购模板。采购文件的编制须依据项目类型和采购方式，结合具体采购需求选取采购文件模板。

（四）投标文件结构化

投标文件结构化有利于评标过程效率提升，有利于投标人获取到更公平的参评机会。投标人按照投标文件模板提供应答需要的文件内容，可快速完成应答文件制作，同时可防止投标要素错放、漏放。投标文件编辑完成后，通过离线投标制作工具导出标准投标文件，生成的结构化投标文件可用于投标活动。

通过投标文件的下载和编辑工具，对投标人需填写的内容进行固化，并对内容进行结构化存储，以便在评标过程中可直接抓取相应的数据进行对比。

（五）评审流程结构化

评标过程中对评标流程进行固化，即从评审规则设置、评审先后顺序、评审结果输出进行全流程固化。评审内容从采购方案、采购文件和供应商的投标文件数据中获取。在初步评审或详细评审流程中，因对投标文件进行了结构化处理，可定向获取投标人编写的每个目录下的内容，评审专家只需要按照评审流程查看相应内容，完成评审打分即可。系统自动记录每个评审专家的评审结果，并根据规则计算出每个投标人的得分结果，生成结构化的评审结果数据，并按照评审结果模板生成对应的评审结果文档。

（六）采购结果结构化

评标结束后，采购过程数据将直接继承到采购结果中，系统通过抓取需要的内容，按照结果确认模板生成对应的结果文档；采购人员只需要对结果内容进行核对，补充缺少的内容即可提交结果确认审批。采购结果确认主要是对采购方案、采购过程结构化数据的继承应用，保持整个采购项目重要数据的一致性和完整性。

四、采购结构化的应用和价值

（一）采购结构化有利于企业降本增效

采购结构化后繁杂的数据工作交由系统完成，采购各环节人员可减少很多重复工作，对企业而言可将有限的人力资源投入到更高产出的工作中，为企业创造更高的价值。主要体现在以下几点。

（1）采购文档编制效率提升。采购结构化数据的复用性，可有效提升需求、采购方案、采购文件等制作效率。

（2）采购文档编制质量提升。采购过程中对结构化数据的引用，可有效防止需求、采购过程中因人工干预导致的数据偏差，对采购过程和采购结果产生影响。

（3）评审过程效率提升。结构化评审后，系统对评审点进行对标，减少评审过程耗时。

（4）缩短采购周期。从需求到方案编制、采购方案审批、采购文件编制，通过数据引用和继承方式，可防止漏点、错点问题，减少沟通、审批的反复；评标环节采用结构化数据比对，评标周期缩短，评标质量提升，可有效减少评标过程中的争议。

（二）有助于无经验人员快速完成采购方案编制

采购方案、采购文件的编制是一项专业工作，在没有一定业务基础积累的情况下很难完成。建立采购结构化系统后，采购项目数据通过一定时间积累，形成相似采购项目、相同采购方式的数据累积并进行业务分析，在后期开展相似项目采购时，需求、采购人员可通过历史项目数据引用方式，快速生成结构化需求、采购方案。对于工作经验不足的人员，通过参考历史采购数据也能快速完成需求和采购方案的制作。

（三）有助于采购数据分析和溯源

采购结构化贯穿整个项目，有效保证需求、过程、结果全过程数据的可追溯性。

未建立结构化系统时，对于项目信息核查、归类、提取、分析无法从系统角度获取客观数据，只能依靠采购经办人员的汇报、总结，其结果往往不具备客观性。建立结构化系统后，对于采购项目的重要数据可直接从系统中抽取进行总结、归纳、分析和应用，为采购管理的决策提供客观数据依据。

（四）进一步促进采购规范化管理和风险防控

通过建立采购结构化，对采购关键数据通过系统存储、传递和实时查询的方式，可有效防止采购项目在不同阶段因各种原因导致的采购内容变化，防止采购风险。

采购项目结构化数据可客观呈现采购过程中存在的问题点，可对问题点制订针对性的解决措施。采购结构化对于采购风险防控有如下重要意义。

（1）提升采购过程的执行度，将采购过程中重要的关注点结构化到系统中，有助于实现在采购实施过程中的重点关注。

（2）保证采购过程中相关人员有充分的协调性，防止出现偏差、工作重复、内容冲突。

（3）保证采购过程和采购结果的一贯性，避免过程环节带来的风险。

（4）可以将良好实践进行归档和分享，有助于实施良好的治理和管理控制。

（5）有助于相关标准和法律法规保持一致，可以快速抓取结构化数据进行合规检查和分析。

（五）使智能化评标成为可能

通过采购结构化数据的积累，系统通过“自我学习”的方式对相似项目、评审办法进行分析对比，当出现类似项目和评审方法后，系统可进行自我判断评分，采购人员只需要设定合理的得分范围，系统获取到结构化投标信息，即可迅速给出当前供应商的客观评分结果，输出相应的评审结果文件。

通过大量采购数据累积、分析、学习和纠错后，智能化评标将替代人工评标。智能化评标不仅有效提升评标效率，也可降低采购成本。

网络货运平台应用案例

中储南京智慧物流科技有限公司：中储智运平台

一、应用企业简况

中储南京智慧物流科技有限公司（以下简称“中储智运”）是一家隶属于国务院国资委中国诚通控股集团有限公司旗下中储发展股份有限公司控股的智慧物流科技公司。公司是一家提供数字物流基础设施及服务、数字物流解决方案的科技企业，通过物流运力交易共享平台帮助物流需求方、供给方及其他企业进行物流运力自由交易，并通过网络货运平台对物流进行高效运作和管理，实现了商流和物流的有机统一。在此基础上，利用区块链技术，构建聚合供应链上下游企业物流、商品交易、支付结算、融资等各类数据元的第三方数字化供应链公共平台。

同时，公司还为大型客户提供软件、硬件、算法、区块链多种技术集成的数字化物流解决方案，从物流方案设计、部署到实施，全方位提升客户的物流管理能力及物流信息化水平，为客户创造价值。

公司围绕物流运力交易共享平台与网络货运平台两个核心平台开展关联性生态多元化建设，构建由物流及供应链、物流金融、物流新消费、物流大数据四大业务板块组成的“数字物流、供应链生态圈”。

中储智运目前已持有121项知识产权，包括20项自主发明专利和101项软件著作权。自成立以来，公司获得了科技进步奖一等奖、科技发明奖一等奖、中国流通领域协同创新奖等。公司还被国家发展改革委、工业和信息化部、中央网信办评为“共享经济典型平台”，入选交通运输部第三批多式联运示范工程，是交通运输部全国首批无车承运人试点企业、全国供应链创新与应用试点企业、江苏省发展改革委认定的“江苏省互联网平台经济百千万重点企业”、江苏省智慧物流降本增效综合改革试点企业、江苏省重点物流企业、江苏省商贸物流第一批示范企业、江苏省民生保供重点企业。

二、平台运营模式

中储智运的两个核心平台集电子商务交易系统、OA 系统、BI 系统、云计算等于一身，拥有包括前台首页、安卓版 App、iOS 版 App、微信服务号、后台管理操作系统、物流大数据分析及预测系统等多个产品。

平台通过实名认证（证照、资格、人脸识别等）、过程控制（可视化在途跟踪、节点控制、智运罗盘等）、保证金、运输保险等多项机制确保每笔业务的真实性与安全性，同时所有业务通过平台进行竞价交易和结算，实现信息流、业务流、票据流、资金流和轨迹流的统一运作与管理。

货主将货源及运输要求、议价模式（抢单价格、投标议价模式）在平台上发布，平台通过智能配对推送适配车辆，车货双方竞价成交后，生成平台与货主、平台与承运人的两份电子合同，收取双方保证金，保证交易的真实性和成功率。平台通过自身研发的智运罗盘、智运千里眼系统对发货及装货、在途、卸货及收货进行全程可视化跟踪、控制，确保并承担运输过程的责任、货物安全、服务、费用结算、开票业务，形成闭环。

同时，基于平台拥有的大量会员增值服务需求，中储智运精准研发物流金融产品，目前已完成货车融资租赁、场景化物流保险、运费贷、司机贷、车金融、智运一卡通等一系列的业务开发，部分产品已上线。中储智运还将开展网上商城业务，为会员提供与物流相关的各类产品。

平台议价交易模式如图 1 所示。平台业务模式如图 2 所示。

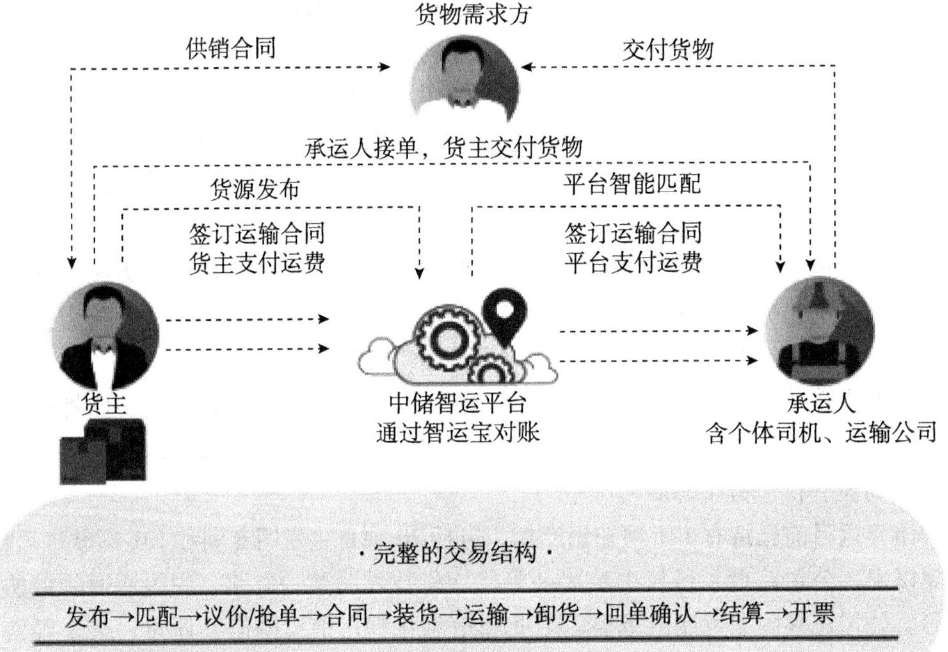

图 1　平台议价交易模式

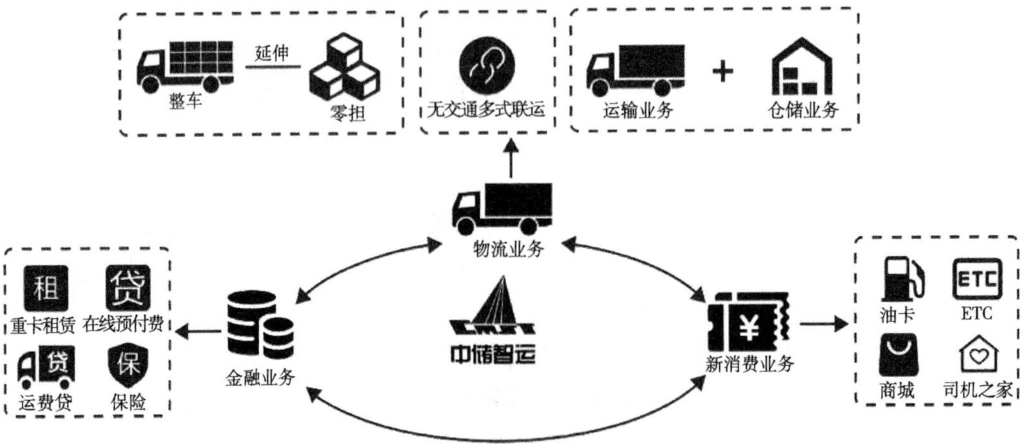

图 2　平台业务模式

三、平台特色功能

（一）实现管理流程及运输过程的全程可视化

平台通过自主研发的智运罗盘、智运千里眼系统对发货及装货、在途、卸货及收货进行全程可视化跟踪、控制，平台确保并承担运输过程的责任与货物安全。

智运罗盘将平台运输业务分为八个关键节点，不同的颜色反映了各个节点的不同状态，蓝色表示已完成，橙色表示进行中，灰色表示尚未进行。各关键节点还包括若干子节点，运营人员可通过关键节点的状态判断业务发生的所在环节，并针对各环节所需要的内容提供服务，便于平台不同业务人员的工作交接，确保客户服务水平的一致。另外，智运罗盘还可查看信息推送、语音服务记录、智能配对结果和异常备注等重要信息。

（二）提供物流大数据的智慧分析、预测与决策

公司独立开发的支撑平台业务的智慧物流大数据系统——智运棱镜系统，可以对货主、承运方、线路、库存积累与产生的会员数据、线路情况、业务数据等进行分析与预测，提供迅速精准的战略物流决策，在实时监控平台业务及运力情况的同时，分析热门线路的运力需求，提前做好运力储备。今后平台将取代实体配送站的功能，减少司机在配送站的时间与成本支出，减少社会资源的浪费与消耗。同时，该板块作为运力实时动态监测窗口，中储智运可据此定期发布行业物流指数，实时反映物流业运行水平，一旦发生紧急突发情况，还可配合国家相关部门与机构启动应急物流，第一时间调拨车辆，搭建中国物流运输生命线。

（三）后台综合运营管理系统功能强大

平台后台的综合运营管理系统功能集 TMS（运输管理系统）、FMS（财务管理系统）、OA（综合办公系统）、CRM（客户关系管理系统）、BI（数据统计分析）及报表可视化等于一身，并充分考虑业务人员使用体验，使得业务人员能轻松地管理平台业务。

四、平台自身优势

（一）背景优势

中储智运拥有各项资源共享优势，具备资源整合的能力，将成为共享经济发展的一股重要力量；同时，央企的品牌优势具备一定的公信力，长期以来中储智运高度的社会责任感深受社会认可，已具备相当的凝聚力，对于助推产业转型升级、提升资源共享率、降低社会成本有着不可估量的作用。

（二）技术优势

中储智运平台均为自有技术团队研发，拥有完备的产品体系，包括面向用户端的 App、PC 产品、后端管理的产品等。相较部分企业仅拥有前台 App 而言，中储智运后端

系统非常强大，是一个集信息处理、管理、交易、结算于一身的综合管理系统。

（三）品牌优势

中储智运发展至今，已在业内确立无车承运人行业领头羊地位。中储智运在2017年交通运输部无车承运人试点工作中表现突出。2017年年底，“无车承运人业态发展研究论坛”的成功举办，更是极大提升了中储智运品牌知名度及影响力。

（四）客户资源优势

中储智运在物流网络及客户资源上具备先天优势，依托上级公司覆盖全国的物流网络及客户资源发展业务，节约了大量的资金及人力成本。

（五）模式优势

中储智运自成立以来一直坚持交易平台模式，发展至今已在行业确立标杆地位。其他企业考虑由信息平台向交易平台转换，充分说明中储智运发展交易平台模式的方向是正确的，具备前瞻性。

中储智运需巩固自身交易平台模式的先发优势，通过开展供应链业务、客户平台互联互通等，加强与客户间的黏性，持续对模式进行升级，确保模式领先性。

五、主要经营业绩

中储智运平台于2015年4月上线运营，2015年下半年正式运营，同年交易总额2000万元；2016年平台快速发展，交易总额达21.01亿元，实现100倍以上的增长；2017年，平台单月交易额突破8亿元，运输收入突破66亿元，累计完成货物运输超过1亿吨，运输里程超过9亿公里，累计纳税超过6亿元；2018年，平台年运输收入达114亿元，单月运输收入突破11亿元，全年运输244万余单货物，累计纳税12.4亿元。2019年1月，平台单月运输收入突破12.4亿元。2020年平台运输收入达228亿元。

当前，平台已整合近百万名专业司机运力、1.5万余家运输企业，为2万余家货主会员提供服务。平台业务覆盖31个省份，辐射全国328个城市，涵盖运输线路近8000条，平均不到8秒成功完成一单交易，平均为货主降低成本10%，司机找货时间减少28%。

六、中储智运平台产生的效益

（一）经济效益

中储智运平台利用创新模式，创造了巨大的经济效益。2015年，平台尚处于试运营阶段，纳税总额为27.59万元。2016年平台业务进入爆发式增长阶段，物流业务收入达到20.98亿元，纳税总额高达1.35亿元，2017年平台全年物流运输收入已突破65亿元，全年纳税总额达到6.65亿元。2018年平台业务收入达到114亿元，纳税总额突破12.65亿元。2019年，公司物流收入规模突破170亿元，业务板块已覆盖网络货运、多式联运、物流生态增值各类服务，全年纳税总额15.8亿元。2020年平台全年物流运输收入已达228亿元。

（二）社会效益

1. 绿色物流促进节能减排

在业务开展中，中储智运大力鼓励和倡导平台司机使用绿色化交通工具，打造绿色物流体系，积极助推打赢蓝天保卫战。截至目前，中储智运平台已经整合 LNG、CNG 车辆超过 27 万辆。同时，中储智运平台已经与全国 639 座加气站达成合作，加气网络覆盖全国。据统计，中储智运平台的天然气汽车已累计行驶 13.8 亿公里，共减少了 39.6 万吨二氧化碳的排放。此外，在大力推进绿色交通工具使用的同时，中储智运平台的智能匹配技术也为绿色物流的发展提供了技术支撑和保障。中储智运基于平台海量交易数据研发的智能匹配算法，可以动态地对货源和车源进行精准匹配，使返程车辆与回程货源高效匹配，减少司机空驶等待时间，提升了能源的使用效率，减少了货车的尾气排放，形成了一种绿色可持续的物流循环经济。

2. 物流互联网促进劳动就业

公司成立至今，人员规模已突破 1500 人，对地方就业有极大带动作用，将为我国培养和输出大量的智慧物流、供应链人才，将间接带动上万名司机就业。

3. 关爱卡车司机，承担社会责任

中储智运充分发挥央企责任，关爱卡车司机，利用自身网络优势，在全国范围建设司机之家，为司机提供找货、休息、交流的场所，改善司机的工作休息环境，提升司机的获得感和幸福感。

4. 为国家提供应急物流保障

中储智运作为央企互联网科技公司的代表企业，考虑到应急物流系统对国家应急物流保障体系的重大作用与积极意义，成立不久后即开始进行应急物流系统的规划与设计，耗时三年打造了中储智援应急物流系统，希望通过互联网模式为国家应急物流保障体系提供一种新的创新解决思路。该系统依托中储智运平台超过 170 万辆的全国优质货车运力资源，可以实现应急物流需求的快速响应与安全服务。

中储智援应急物流系统在 2020 年年初抗击新冠肺炎疫情中发挥了重要作用。疫情初始，中储智运第一时间启动中储智援应急物流系统，在全国范围内开通向湖北地区运输救援物资绿色通道。中储智运利用中储智援应急物流系统迅速调集供应链各方加入战“疫”体系，时刻关注平台湖北区域运单的最新数据动态，通过大数据系统精准统计出符合运力需求的车源信息，确保应急物资运送及时。除了应急支援湖北区域抗疫物资运输外，在重点企业复工生产以及农业春耕过程中，该系统也在最大范围内确保平台货主的物资运输需求得到及时保障，保证生产物资运输供应畅通，为企业复工提供援助。

七、企业发展战略

（一）构建数字化第三方供应链公共服务平台

中储智运作为商务部供应链创新与应用试点企业，依托软系统工程理论思想，在物流运力交易共享平台、网络货运平台双核心平台基础上，以智能托盘业务为切入点，组建研发团队打造聚合供应链上下游企业物流、商品交易、支付结算、企业融资等各类数据元的数字化第三方供应链公共服务平台，通过真实、可追溯的物流信息，全面掌握供应链全程的货权转移真实状态。利用区块链技术，打造整合供应链上下游企业、政务平台、金融机构的中储智运联盟链，解决供应链交易支付、货物交割、融资、风控以及结算中的数据确权、数据信用和数据隐私问题，为生态协同方提供及时可信的数字供应链信用凭证，高效整合各类资源和要素，推动中国供应链组织方式和商业模式的数字化变革与升级。

（二）构建数字化多式联运基础设施

中储智运作为交通运输部公布的第一批多式联运示范工程项目的联合单位，依照国务院办公厅发布的《推进运输结构调整三年行动计划（2018—2020年）》，充分利用中储智运平台的资源聚集优势，以平台的智能配对和调度系统为技术基础，开展多式联运业务。通过打造中储智运数字化多式联运基础设施平台，整合货主与承运方，包括铁路专用线、船运公司、个体船东、物流基地、港口、堆场仓库等相关资源，并逐步实现多式联运上下游企业间的互联互通与资源共享，打造标准化多式联运产品，为行业企业提供一站式的多式联运物流解决方案，从而降低多式联运的交易成本，提高多式联运的组织效率。

（三）升级应急物流系统支撑国家应对重大公共事件

中储智运在现有应急物流系统基础上进行升级，结合中储智运的实体仓储网络，可为国家提供智运、智仓结合的一体化应急物流服务。未来，中储智运加强与政府应急保障部等相关部门的联系，与政府应急保障相关系统实现互联互通，当突发事件发生后，政府可第一时间将应急物流需求通知平台，即可开展应急物流的统一调拨、统一配送。

（四）推动网络货运行业信用体系建设

通过建立会员信用评价系统，打造物流信用风控体系，中储智运平台利用网络货运平台物流大数据，结合政府、金融第三方公共系统数据，对会员进行信用打分及评级，建设适应网络货运平台新业态的网络货运征信体系，为物流业经济发展提供保障基础，提升物流业社会信用状况。

（五）构建反映社会物流运行水平的价格指数、健康指数

通过搭建大宗物资整车运输价格指数，实现运输价格的精细化监控，为政府、物流行业参与者提供多维度的、符合价格规律的价格波动数据，防止出现物流行业的价格欺诈行为；通过搭建物流行业的整车运输健康指数，降低物流成本、提高运行效率，为资源合理化配置提供参考，以促进物流业的健康、可持续发展。

西安货达网络科技有限公司：货大大物流管理云平台

一、应用企业简况

西安货达网络科技有限公司（以下简称“货达网络”）成立于2015年2月，是国内领先的大宗商品供应链系统服务商、陕西省唯一获得主流风投基金注资的大宗商品“互联网+”物流企业、交通运输部公布的首批无车承运人试点企业、国家AAAA级物流企业、2018中国物流信息化十佳服务商、陕西物流与采购联合会副会长单位、中国物流与采购联合会信息平台分会副会长单位。

货达网络长期专注于创新发展大宗商品供应链物流新模式，以交界区域内煤炭物流作为切入点，通过互联网、物联网、大数据、云计算等新技术，研发了具有自主知识产权的智能硬件及软件系统，为行业内货主企业、运输公司及个体司机、厂矿、煤化工企业、铁路集运站、电厂、物流园区等供应链各主体提供产运销全流程一体化服务解决方案，实现其内部管理单元的连通与外部商业主体之间的协同，实现生产、发运、结算、支付、监管等全业务平台化智能管控，提升全链条信息化、组织化、数字化水平，实现各供应链节点不同端数据、信息与各集团企业用户实时共享，降低运输成本，提高运输效率。

二、企业通过信息化技术解决的问题

（一）平台研发目标

货大大物流管理云平台对接金融、保险、油品、ETC相关系统，致力于打造一个从调车到采销、从运营到财务管理等环节的标准化“闭环管理”模式，实现信息发布、线上交易、全程监控、金融支付、查询统计和数据调取功能，使用电子票据来代替传统的纸质票据，形成信息化、智能化、无人化的新型货运管理系统平台。

1. 系统管理端（PC版）

通过后台数据库及操作系统，汇集价格管理、运单管理、信息审核、操作日志管理、货源管理、司机管理、货主管理、商户管理、支付管理等功能，加入人工智能技术，进行大数据汇总分析，实现供应链系统管理智能化、透明化、安全化、定点化的管理目标。平台闭环运营模式见图1，网络货运涉及功能见图2。

2. 货主端（App/PC版）

汇集发货管理、运单管理、支付结算等核心功能，满足货主一站式调集车辆、运输管控以及支付结算、开具税票的需求。货主可通过平台进行货品的全程跟踪，实时掌握

图 1　平台闭环运营模式

图 2　网络货运涉及功能

运输线路及进度，可第一时间知晓违规操作。通过大数据分析，构建司机信用评价体系，货主根据评价等级选择司机进行货品运输，从而做到风险的把控。

3. 司机端（App）

汇集货源查询、预订货源、上传证件等核心功能。通过大宗商品供应链系统管理端功能，整合零散的物流资源，自动进行区域匹配，实现物流效益最大化。司机可根据所处位置选择临近货源，减少等待时间、降低空载率。最终达到降低物流成本、优化竞争市场的目的。

（二）平台的技术关键及解决的问题

1. 系统架构

（1）货源管理、车货匹配等通过平台大数据云计算对基础信息进行整合、分析，建立运输管理机制，从而达到供应链上游信息管控。

（2）超速报警、偏移报警、停车超时报警等是在途监管环节的安全质量保障，当存在以上违规操作时，系统可以自动识别风险因素并提醒承运方、收货方，从而减少货物在路途运输中的安全隐患。

(3) 统计指标、运营效率、成本分析、增长测试等是运营的重要支持，多维度为统计分析提供参考数据、为管理者提供决策支撑。

2. 建立定制化数据库及客户端

物流全闭环涉及互通方很多，如发货方、承运方、司机、验收方、货主等。不同的角色对系统有不一样的需求，货大大物流管理云平台打破传统杂糅、单线运行模式，秉承定制化服务理念，依托大数据及人工智能技术，采用三层级交互设计，根据预先设定好的各角色关键要求与功能，系统智能下发权限，将数据库进行分流，导入不同模块。系统中的业务流程可按照不同用户角色进行智能切换。

货大大物流管理云平台从货主端物流管理系统、司机端运输管理系统、公铁联运管理系统三个维度，进行设计搭建和理念融合，实现从传统物流到驾驭信息化的云物流转变。

3. 自主研发定位设备

商品运输途中如何做到实时有效监管一直是物流行业的痛点，货品安全无法保障、运输时效差、运输数据无法实时共享、欠缺移动办公等问题一直未能解决。货大大物流管理云平台结合自主研发的智运锁、智运手持机、智运盒、智运天线、防拆盒等防拆报警车辆定位设备，实时掌握货品运输动态。

报警车辆定位设备可每 50 秒传送一次车辆信息，如车速、行驶线路、车辆停运时长等，系统接到数据会智能判定是否违规，如有违规则发送车辆异常预警，进行轨迹存储。

4. 搭建基于华为云鲲鹏架构的云平台

平台基于华为云鲲鹏 IaaS 应用，整体采用分布式数据库架构，整个 SaaS 云平台采用先进的互联网云架构。管理端系统和货主端系统采用 SaaS 多角色互联网技术，旨在为企业提供更高效的内部管理与更智慧的供应链服务。

系统采用分布式云数据库，支持先进的存储管理、数据在线自动备份，确保数据永久存储。系统经过功能测试、性能测试、逻辑测试和压力测试等多种测试手段，确保其可以正常使用。

系统采用独立的业务数据接口技术来支撑各个不同业务之间的数据交互。支持跨平台、跨设备之间的数据交互访问，可以延伸很多的业务层级，满足企业生产需求。

5. 安全的数据体系

系统采用 DDoS 高防 IP、Web 应用防火墙、云防火墙等确保网络安全性，采用数据库升级和加密服务技术确保数据的安全，避免各种恶意攻击和入侵盗取数据等情况。

三、信息化进程

对于物流管理平台来说，有无承运能力、能否开展交易才是该模式落地的关键，考验着企业行业背景和综合实力。物流与供应链项目这一创新模式为传统公路物流运输带来智能化、高效率的发展，解决传统物流行业“小、散、乱、差”局面，使货主有车可选、司机有货可运，解决长久存在的行业痛点，具有广阔的应用价值和市场价值。

随着“互联网 +”的模式创新，物流与供应链项目的出现促进了车辆与货源高效率的运行，并且大幅度降低返程车辆找货的时间成本和各种其他支出，解决了传统公路货运物流的掣肘局面，为中国公路运输呈现“智慧大脑”，打造智慧物流新生态供应链。

针对上述情况，西安货达打造货大大物流管理云平台，通过物流与供应链信息化项目建设，提高大宗商品运销环节的效率，提升物流的集约化程度。

依靠大规模的云计算处理能力、标准的作业流程、灵活的业务覆盖、精确的环节控制、智能的决策支持及深入的信息共享满足物流行业的各环节所需要的信息化要求。此外，为了满足系统功能可持续完整的诉求，增加用户使用覆盖面，助力物流与供应链的发展且为后续系统功能扩充，该项目预留多维度接口，帮助更多企业解决运营问题。

四、信息化主要效益分析与评估

（一）信息化实施前后的效益指标对比分析

1. 项目运营成效

货大大物流管理云平台致力于成为互联网基础设施的建设者以及大宗商品数字供应链的推动者，助力中国大宗商品供应链的智慧转型升级。自成立以来，大宗商品供应链系统运营模式得到了煤炭电商平台、大型厂矿企业、大型煤炭贸易商的广泛关注，与榆林煤炭交易市场、陕西煤炭交易中心、易煤网先后达成了战略合作，并将业务拓展到了内蒙古、山东、山西等地，与山东煤炭交易中心、淄博鲁中煤炭交易中心建立了合作关系。在不断优化既有物流业务及平台模式的同时，持续推进线上、线下货源运力组织整合，扩大公司运营发展规模，在提升社会物流运输组织效率、降低运输成本、整合周边市场零散运力、增加区域财政税收等方面取得了可喜的成绩。

（1）吸纳社会运力，整合零散资源。

货达网络拥有丰富的货源，通过货大大物流管理云平台实现了运力、货源的有效聚集。

（2）提升运输效率，降低运输成本。

通过开展无车承运业务，货车的载重行驶里程得到极大增加，同时，进一步加快了货物运输周转速度。

（3）规范纳税行为，增加财政收入。

在为地方政府财税正常缴纳、保障物流税收收入不外流等方面取得了显著成果。

2. 项目管理成效

（1）提升企业工作效率。

电子化的提货单、计量单减少了大量人工填写工作，使整个车辆入出厂装货过程的时间明显缩短，提升设备利用率且不容易造成人工误差。

按照日平均运货车辆 100 台、每个司机上下车包括递送提货单以及打印磅单 3 分钟计算，每日合计 300 分钟。通过系统自动化设计后，车辆将实现自动化、电子化提货，司机无须上下车递送货单以及打印磅单，预计 30 秒完成识别工作，每日合计时间 50 分钟，较系统实施前节约了 250 分钟，提高了工作效率，从而提高了经济效益。

（2）降低劳动强度。

通过自动化识别核验、采集、控制设备，运货车辆有序进行日常工作，减少人为参与，工作人员只需要进行日常的巡检工作，从而降低了工作人员的劳动强度，避免了由于人为参与所造成的经济损失，实现车辆、客户、收货方的完美协作，降低管理风险，提高管理质量，提高客户满意度。

（3）减少人为参与，实现数据采集不落地。

目前大宗商品销售所有环节人为操作较多，导致众多弊端的发生；系统平台以及厂区自动化建立以后，由智能化的信息化软件系统代替原来需要大量人工干预的环节，实现车辆自动识别进出厂、过磅、装车等，并将相关数据直接传输至平台，规范了工作流程，杜绝了由于人为参与所导致的诸多弊端，既节约了人工成本又提高了整个流程的运行效率、降低了出现误差的概率。

（4）减少企业管理成本。

采用信息化的手段存储和流转业务数据，减少大量的纸质单据，既提高了工作效率、减少人为造成的误差，又可以利用数据进行统计分析，为销售和生产计划决策提供依据，同时节约资源，降低企业成本。

（5）增加企业经济效益。

以柴家沟煤矿为例，系统实施后每年能够为柴家沟煤矿节约近 146 万元。

3. 项目经济效益

（1）收入预算。

本项目主要收入来源是收取供需合作的信息服务费用和后期增值费用。运营期各年收入预算如表 1 所示。

表 1　　运营期各年收入预算

时间	第 1 年	第 2 年	第 3 年	第 4 年	第 5 年
承运车次（万次）	400	500	600	750	998
承运吨位（万吨）	14000	17500	21000	26250	34913
承运收入（万元）	800000	1000000	1200000	1500000	2000000

（2）利润预算。

利润预算涉及税收以及财务费用问题，该项目税收分为增值税和所得税。项目年利润预算如表 2 所示。

表 2　　项目年利润预算　　（单位：万元）

序号	项目	第 1 年	第 2 年	第 3 年	第 4 年	第 5 年
1	营业收入	1500	1700	2000	2300	2500
2	主营业务成本	750	850	1000	1150	1250
3	增值税及附加税费	525	595	700	805	875
4	主营业务利润	697. 5	790. 5	930	1069. 5	1162. 5
5	营业成本	600	680	800	920	1000
6	营业利润	97. 5	110. 5	130	149. 5	162. 5
7	所得税	14. 625	16. 575	19. 5	22. 425	24. 375
8	净利润	82. 875	93. 925	110. 5	127. 075	138. 125

4. 项目社会成效

大宗商品供应链系统项目集物流协同、供需对接、能效管理、供应链、信息集成于一体，通过物流企业经营网络化智能管理，调整调配社会物流资源，搭建起业务及管理信息的共享、互动平台，以消除信息不对称所带来的运营效率低下、管理质量不高的难题，增强核心竞争力，为实现可持续长远发展打下坚实基础，为高效、快捷、及时决策提供有力的支持，为构建创新型物流企业做出贡献。该项目的建设符合国家信息化发展政策和陕西物流大数据发展主流，在全省物流行业具有推广、示范和带动效应。

从量化的企业经济效益和社会效益来看，项目正式运营后可为当地经济发展起到较大的推动作用，很大程度上解决了大宗商品运输税收流向异地的问题。同时可解决 10 万名司机找货源的问题，带动大宗商品运输等相关产业链 50000 名以上人员就业。

（二）信息化实施对企业业务流程改造与创新模式的影响

1. 吸纳社会运力，整合零散资源

货大大物流管理云平台的应用实现了运力、货源的有效聚集。同时，单车装卸等待时间从原来的平均 2 ~ 3 天缩短至现在的 8 ~ 12 小时，减少了物流运输过程中仓储费用及其他人员开销、车辆油耗费用，同时降低了车辆空驶率，最大化推进物流业降本增效。

2. 规范纳税行为，增加财政收入

在为地方政府财税正常缴纳、保障物流税收收入不外流等方面所做的努力，取得了显著成果。

五、信息化实施过程中的主要体会

（一）信息化实施过程中的经验与教训

首先，企业在实现物流管理信息化的过程中，由于对所需财力、人才的认识不足或者企业经营环境的变化，不能保证对信息化工作的投入，物流管理信息化的工作往往半途而废或草草收兵。

其次，在实现物流管理信息化的初期，信息化实施过程中所触及的各个环节需要不断完善重建，此过程会对技术研发人员的专业水准有一定的要求。

最后，计算机技术的飞速发展，往往会导致前期开发的系统所使用的平台和后期开发的系统所使用的平台不一致。如何使开发成功的部分物流管理信息系统和不同平台的新物流管理信息系统集成，是企业在发展、扩大物流管理信息化范围过程中存在的一个问题。

（二）信息化推广意义

近年来，移动互联网、大数据技术与货运物流行业深度融合，货运市场涌现出了新的经营模式。大宗商品供应链物流云平台能有效规范市场主体经营行为，推动大宗商品供应链行业转型升级，推动其朝着“智能化、服务化、协同化”方向发展。

该平台网络化智能管理项目的建设，符合国家信息化发展政策和陕西物流大数据发展主流，在全省物流行业具有推广、示范和带动效应。

六、本系统下一步的改进方案与设想

1. 当前及今后一段时期货大大物流管理云平台建设需求情况

物流特别是大宗物流已经成为我国经济发展的主要部分，煤炭、矿石、钢铁、粮食、矿建材料等已成为消耗我国物流运力的主力，我国物流的发展现状呈现物流总量大、整体技术与管理水平不高、物流企业的功能单一、运输方式多样化和信息化程度不足、专业人才缺乏的特点。

货达网络着眼打造一个开放、透明、高效的物流信息平台，通过车辆的快速调集来提高供应链效率、提升集约化，从而降低物流贸易的成本。

2. 货大大物流管理云平台市场前景分析

货大大物流管理云平台在运营模式、系统功能优化升级方面具有成熟可行的操作经验，通过自主研发的供应链平台，可智能连接企业集团以及下属各个煤矿、化工厂、物流园区、铁路站台等业务主体，以及司机、信息部、物流公司等多角色群体，解决区域内社会物流全程多方协同对接的工作难题，使物流运输低成本、高效率。

另外，逐级整合运输全程上下游运力、货主、资源、运单等所有结构化和非结构化数据池，实现在“互联网 +”物流运输趋势下业务线上线下的统一。

山东云顺科技有限公司：云顺通——中国网络货运场景物流领导品牌

一、企业简介

山东云顺科技有限公司（以下简称“云顺科技”）是由青岛海尔日日顺物流与山东齐鲁云商共同倾力打造的以城乡配送、大件和大宗资源为主的线上物流交易中心及网络货运平台。公司坚持以客户需要为导向，通过提供运力服务、货源支持、供应链金融、网络货运、车后生态等一站式物流解决方案及车后管家增值服务，为企业和用户赋能，助力行业降本增效。云顺科技基于数字科技为驱动的平台经济发展新模式，致力成为中国专业的网络货运平台服务商。

云顺科技借助海尔集团日日顺供应链生态遍布全国的城乡物流网络体系和创新模式，能够有效解决传统物流行业“小、散、乱、差”的局面，使货主有车可选、司机有货可运。目前，日日顺场景物流已经建立起辐射全国的分布式三级云仓网络，拥有136个智慧物流仓和6000多家服务网点，为全国2915个区县的用户提供全品类、全渠道、全流程、一体化物流服务解决方案。

同时，借助山东能源旗下齐鲁云商的资源与经验优势，云顺科技利用互联网与物联网技术，结合智能配送、运输管理与跟踪定位等先进技术，打通货物运输各节点，实现高效匹配车货信息、缩短简化交易链条、延伸增值服务，切实为城乡配送和大宗物流行业降本增效。截至2021年3月，云顺科技服务网络货运企业及各行业超过30000家。

当前，国内网络货运行业信息化进程发展时间短，实施过程中存在很多共性困难。虽然对网络货运行业进行了一系列的研究和推进，并进行了大量卓有成效的实践，但是相较于欧、美、日等物流业发达地区和国家，我国网络货运行业的发展仍然处于初级阶段。

1. 管理制度不能适应发展需要，亟待健全完善

市场准入、法律责任、监督检查等管理制度不健全，大部分网络货运企业未进入试点范围，存在监管盲区；增值税抵扣项的认定、抵扣标准的确定及操作细则等有待细化落实。

2. 行业数据共享体系尚未建立，行业标准缺乏

目前行业尚未形成协会或类似组织构建通用数据的共享体系，如车辆定位数据、货主车主诚信数据等，既增加了车辆和货物的管理难度，也不利于网络货运企业规避业务风险。

3. 行业企业规模仍然偏小，影响力不足

根据交通运输部统计，第一阶段试点期间，试点企业共整合了30万辆零散的社会运力，仅占市场运力的1.5%左右，尚不能体现互联网带来的规模效应。

4. 智能化程度低，平台缺乏核心技术内涵

90%以上的网络货运平台并未开展或实现基于车货供需匹配、多点装卸货路径优化模型的智能运营体系，平台功能相对单薄，仅能实现简单的列表展示，对于提升车货匹配效率和运输效率的价值十分有限。

5. 风险管控、信用体系和服务质量体系等配套运营支撑体系尚不成熟

与货运代理人相比，网络货运人具有承运人和委托人双重身份，需要与车货双方分别订立合同，并承担供需匹配、交易、结算等核心市场功能，以及必要的货物组织和金融服务等其他增值服务功能。目前行业和企业发展的现状与市场的要求相差甚远，绝大部分企业只能勉强承担中介作用，对于货物和交易的安全保障、后续的服务以及信用评价体系的构建等环节均未实现全面覆盖。

6. 商业模式不健全，尚未实现大规模盈利

目前已有个别平台实现多轮融资，并尝试向客户提供 ETC、油卡、车辆维修、车辆采购等增值服务以期构建多元化的盈利能力，但大部分网络货运企业仍处于投入阶段，尚未实现大规模的稳定盈利。

云顺科技在网络货运试点的初期，也曾面临上述困难和痛点。但云顺科技始终紧盯平台发展目标——“专注于货运场景物流，为货主和司机提供个性化的一站式物流解决方案及车后管家增值服务”，紧跟国家政策导向，抓住物流行业转型升级的历史机遇，结合企业自身在货物和车辆资源端的优势，积极借助互联网构建基于数据的网络货运平台，实现降本增效，带动区域和行业的转型升级。

云顺科技“破局”之路在于专注货运场景物流，为货主和司机提供个性化的一站式物流解决方案及车后管家增值服务。

云顺通网络货运平台如图 1 所示。

图 1　云顺通网络货运平台

二、云顺通产品特色

1. 平台架构

云顺科技依托海尔日日顺物流多年行业技术经验及健全体系，实现 OMS、WMS、TMS 企业内外部互通互联，系统配置健全且稳定。同时采用 DDD（领域驱动设计）、SOA（面向服务架构）、DI/AOP（依赖注入/面向切面编程）、模块化开发、异步编程、分布式数据存储缓存架构、应用服务器集群伸缩设计（HTTP 重定向负载均衡、负载均衡算法）、信息加密技术及密钥安全管理、电子商务风险控制等技术，实现平台高并发、高性能、大流量、高可用、安全可扩展。

云顺通具有 30 多个开发接口，支持多种支付平台对接，全方位对接相关领域及行业产品，帮助企业开拓新的利益点。

2. 多级运营

云顺科技率先支持集团化管理，满足企业分（子）公司及各地代理整体管控需要。

实现数据隔离，单独开展业务。接口可按分支结构单独配置，保证跨省业务正常开展。

3. 在线合规支付

最大限度降低运营成本；针对物流行业特点量身定制收付款系统，满足了物流企业的个性化需求；提供账户体系，收付款系统统一管理资金，企业收支一目了然；账务实时清分，提供货款智能代收付，按需结算至客户。

4. 开具发票

可以适配多种开票场景，满足用户实际需求。支持货主向可开具发票的运输企业申请开票、货主向平台申请代开发票，开票与支付并行，相互不受约束且相互作为参考。

5. 业务场景全覆盖

新建货源四种模式（外包平台运输、承运企业竞价、指派承运商、直发司机），承运订单两种模式（司机抢单、指派司机），交叉组合后多达 12 种业务流转线路。流程单据、认证字段可配，满足不同的管理需求。

三、服务能力

公司以山东为核心，不断扩大战略布局，业务范围辐射全国 30 多个省区市，覆盖了煤炭、钢铁、铁矿石、烟草、家电、建材等行业，云顺通可调配的车辆达 15 万辆，具有较强的服务能力。

四、平台运作模式

货主和司机通过扫码下载相应版本的云顺通 App，注册过程简单快捷，可免费进行车货匹配，支持运费在线结算。

五、车后生态构建

云顺科技提供集保险、油品、金融、ETC 等于一体的一站式车后管家增值服务，提高平台对在途货物和司机的服务能力，为货主和司机赋能。

1. 保险

云顺科技与行业优秀企业达成战略合作，提供保前风险评测、保中实时预警监控、保后线上专属理赔服务，险种品类齐全，全方位多层次保障在途货运人、车、货的安全。

（1）产品优：性价比高、保额足、保费低、保障范围广。

（2）出单快：在线投保，一键出单。

（3）保障全：可选择次单或年单；物责险、意外险、货主责任险等全方位保障。

2. 油品

云顺科技与同行业优秀企业展开战略合作，合力打造电子油卡产品，提供优质服务。

（1）范围广：全国 12000 多家加油加气站，覆盖城市 400 多个。

（2）品类全：支持油、电、气全品类服务。

（3）支付快：一键加油，简单方便。

（4）优惠多：享受优惠折扣。

3. 金融

与行业优秀企业合作，为货主和司机提供运费垫付服务，解决货主企业金融痛点难题。

（1）额度高：上游确权，根据发货体量进行高额授信。

（2）利息低：提供最优方案，降低发货成本。

（3）到账快：签约后打款，及时到账。

4. ETC

云顺科技与行业优秀企业合作，为平台用户提供 ETC 服务，审核快、操作便捷，用户可在云顺通 App 一键申请。

（1）快捷：快速缴费，通行快，避免拥堵和等待，节省时间。

（2）优惠：安装 ETC，通行费享受不少于 5% 的优惠折扣。

（3）灵活：支持日结、周结、月结，账期可选，缓解资金周转压力。

六、云顺通解决方案应用案例

1. 本地物流企业合作案例：青岛菲尔斯特物流有限公司

（1）客户简介。

青岛菲尔斯特物流有限公司成立于 2010 年，总部位于青岛保税港区纽约路，经过几年的发展，现已成为集国际货代、报关报检、分拨物流、仓储服务及贸易代理为一体的综合性物流企业。

（2）客户需求。

车辆管理可视化：通过网络货运平台实现直管到车、实现车辆实时定位和在途跟踪、SDK 两端打卡，优化出入库管理。

降低成本：期望实现票据业务合规运营，提高作业效率，降低企业成本。

资源共享：希望车辆资质合规化，风险可控，资源信息公开透明。

（3）云顺通产品解决方案。

云顺科技以云顺通为基础通过提供一体化解决方案（见图 2），打造菲尔斯特橡胶轮胎物流供应链智能物流货运平台样板工程，实现菲尔斯特 TMS 和云顺系统对接，满足直管到车的需求，搭建完善的橡胶轮胎物流生态体系，拓展三流合一综合解决方案，增加车后服务生态链（如油卡、ETC、保险等），为橡胶轮胎供应链上下游企业赋能。

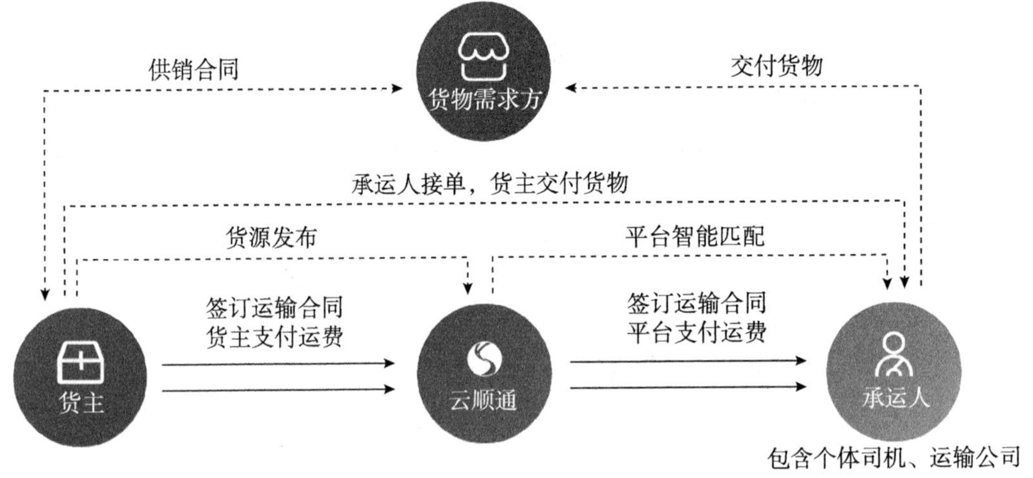

图 2　一体化解决方案

（4）云顺通产品价值效益。

协助客户打造了车队管理、订单管理、信息管理一站式在线信息管理系统，实现在途货物实时定位，达到了降本增效 10% 以上的目的。

2. 全国中小型物流典型案例：天津晟鸿物流有限公司

（1）客户简介。

天津晟鸿物流有限公司成立于 2018 年，主营港口装卸搬运及仓储等短途运输，解决企业“最后一公里”的货物运输问题。

（2）客户需求与痛点。

客户的业务模式决定了要在短时间、短距离内往返运输，导致车辆管理混乱。此外，还有每日运单量多、统计工作量大等痛点，需实现对各车辆直接掌控、统一管理，运费结算更快捷便利。

（3）云顺通产品解决方案。

云顺科技根据客户的痛点与需求，为客户定制了短途运输解决方案（见图 3），实现对在途车辆跟踪管理，通过运输轨迹、运单实时统计运费，减少司机与客户 90% 的操作量，成功解决客户难题。

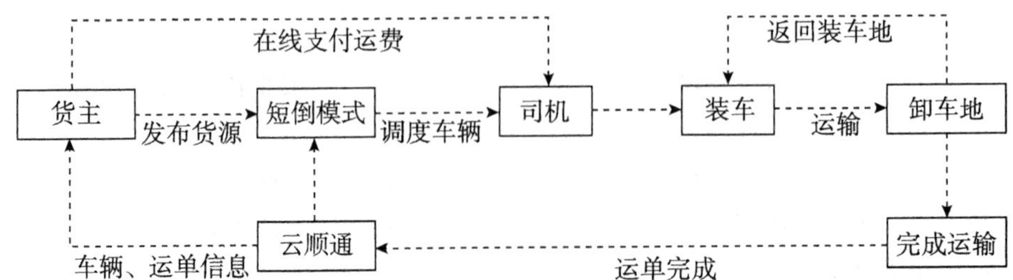

图 3　短途运输解决方案

（4）云顺通产品价值效益。

针对短时间内单车运输量大、车辆多、往返频率高的特点，为客户打造短途运输解决方案，实现车辆统一管理、运单批量结算，业务流程更规范、经营更合规，大大提高了运作效率，降低了运行成本，解决了物流公司的痛点，具有行业实用性。

3. 货主企业典型案例：河南能源

（1）客户简介。

河南能源是经河南省委、省政府批准，于2013年9月12日由原河南煤化集团、义煤集团两家大型省管煤炭企业战略重组成立的一家国有特大型能源化工集团。2019年，河南能源位居世界500强企业第484位、中国500强企业第119位。

（2）客户需求与痛点。

河南能源希望拥有一套基于企业发展现状，可以解决运力、支付等问题，并随时掌控托运货物位置、实施可视化监管的网络货运平台。能够以现汇模式为基础、多种支付方式相结合，能够调度运力资源进行货物运输，实现在途运输轨迹可视化跟踪、运单结算批量管理。

（3）云顺通产品解决方案。

针对货主企业的个性化需求，云顺科技为其量身打造了多类型支付模式解决方案（见图4）。通过平台资源与大数据，调度匹配最优的运力资源，对在途车辆进行实时监控，实现运输流程全过程可视化跟踪，提高公司物流运输效率及准确性，确保业务整体合规性。平台从支付、运力、合规等多维度为货主企业提供一站式、个性化的服务与支持，为货主企业业务的开展保驾护航。

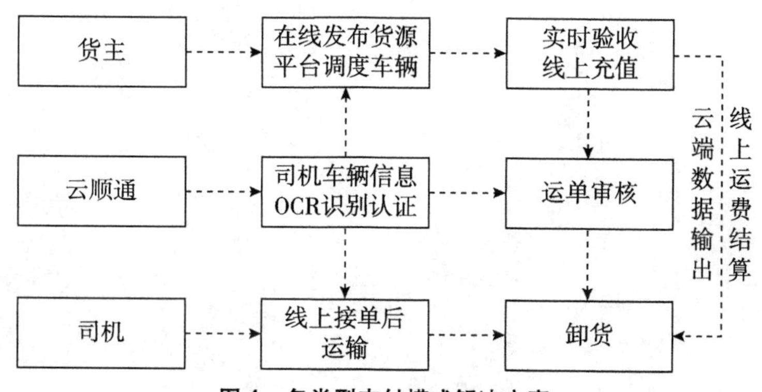

图4　多类型支付模式解决方案

（4）云顺通产品价值效益。

根据客户个性化需求打造定制解决方案，全面满足客户需求，解决客户痛点，在确保业务流程整体合规前提下，提高货主企业运转效率，降低物流成本。

以上仅列举部分代表性案例，除专注于解决客户场景化网络货运具体需求业务对接合作之外，云顺在信息化实施过程中，始终坚持“符合企业的实际运营要求，真正解决用户具体痛点，为用户带来降本提效可见价值”的核心价值观。通过实际大量用户合作，实际案例和多场景摸索、论证、复盘，听取用户真实意见，满足用户多元化需求，打造网络货运平台完整闭合链。

云顺科技认为，真正的网络货运平台，首先要简单易用，满足多层次司机、货主学习零成本诉求，做到“会用微信，就会用云顺通”。与此同时，产品始终保持更新迭代，全面适配多用户、多品类、多渠道业务场景，才能领先同行，做成具有强大调运能力的合规网络货运平台。

如今，在物联网时代，合作共赢、资源共享已然是大势所趋，网络货运使货运与互联网深度融合，也将成为未来物流市场的主体模式。云顺科技接下来将继续放大优势，优化物流市场格局，推动道路货运行业转型升级，引导货运行业向集约化、规模化、智能化方向发展，营造健康有序的网络货运生态环境，构建物流、大数据、互联网相融合的城乡配送与大宗物流产业新生态。

百世优货科技（天津）有限公司：网络货运信息异常 AI 识别与智能化反馈系统

百世优货科技（天津）有限公司（以下简称“百世优货”）是百世集团旗下专注整车物流的网络货运平台，基于移动互联网、云计算、大数据、人工智能等先进技术，专注于线上整车物流集约化、数字化、智能化，为货主企业物流运输提质增效，为承运人提供便捷无忧的运输条件。

作为全国首批 4A 级网络货运平台企业，百世优货自 2016 年正式成立以来，秉承“让智能驱动物流”的初心，以科技和物流的双重基因，持续加大人才和技术的投入，在智能化运营上谋变创新，努力打造更智能、更高效的数字化运营体系。截至 2020 年年底，百世优货 App 上注册司机超过 32 万名。

随着 2020 年首批网络货运平台的推出，公路运输方面对于物流行业集约化、合规化、标准化、信息化的发展需求更为迫切。网络货运依托自身优势，在实现线上线下资源整合、降本增效功能的同时，对货运信息的异常监测与控制提出了更高的要求。为更好提升网络货运经营水平，实现网络货运的降本增效，百世优货通过技术手段进行赋能，自主研发网络货运信息异常 AI 识别与智能化反馈系统，提升运营合规化和智能化水平。

一、项目背景

1. 网络货运平台需承担承运人责任与风险

现代物流体系的建立健全，离不开互联网与物流的深度融合。这种通过移动互联网、大数据、云计算等先进技术发展的新智慧物流形式，在整合配置运输资源的过程中，需承担承运人的责任与风险，能对运输全过程进行监控，并及时识别出潜在风险。

2. 网络货运经营者需确保信息接入正常

根据网络货运要求，网络货运经营者应对单据接入异常、车辆资质异常、驾驶员资质异常、车辆入网异常、运单异常、运输轨迹异常等进行监测，确保单据接入正常。

3. 数据量庞大，人工不能满足降本增效要求

尽管受到新冠肺炎疫情的影响，2021 年开局以来，全国货运量的增长趋势仍逐步向好，百世优货业务量也持续增长。

百世优货拥有 27 个分公司，运输网络覆盖全国，运作项目数量较多，异常信息自然也较多。单条数据人工校验项目较多、异常识别耗时久、出错率高、效率较低，加上识别过程缺乏弹性，不能满足实时监控和预警要求。尤其是业务波动量较大时段，异常识别规则及阈值控制靠人工把关，直观监控能力有限，不能实时预警并动态介入，用户体验不佳。

二、项目解决方案及功能阐述

1. 问题发现更及时，异常可视化

现在，百世优货已经通过大数据、互联网、人工智能等技术，搭建了基于场景的风控矩阵，涵盖风控规则、参数与措施等，实现主营业务的各网络货运信息异常 AI 识别与智能化反馈。项目将运单风控分散到各业务环节，全程实时检查网络货运信息合规情况，问题早发现、早反馈、早处理，推动风控自动化、实时化、异常可视化。

2. 信息化手段配置规则，项目异常直观监控

在网络货运信息异常的 AI 识别方面，以项目维度和阈值维度配置风控规则的适用范围，设置个性化和共性化的识别路径，实现项目异常直观监控，提升网络货运信息异常识别的准确度与效率。同时系统搭建平台化的风控体制，将运单审核工作转化为风险管控与异常处理，并不断迭代和深化。

3. 搭建异步反馈机制，提高异常处理闭环效率

在网络货运信息异常的智能化反馈方面，每个节点都会触发平台规则校验，并及时反馈校验结果到货主。基于异常提示，货主可以进行调单或申诉，调单后会再次触发自动校验，仅将申诉类异常转到人工处理，可由人工消除异常。此机制可以减少信息流通环节，货主能及时获知运单异常情况，快速完成调单与申诉，提升用户体验，增强平台可预期性。

三、主要效益分析与评估

1. 效益指标翻倍，提质增效效果明显

项目实施之前，单条数据异常识别耗时约 3 分钟，手动异常识别方式效率低下，审单速度较慢，影响支付时效。AI 技术的加入让异常识别迅速完成，辅以人工干预与监控，减少人力投入，解放跟单压力，提高审核支付时效。

2. AI 技术赋能，精确度更高，预警及时

人工进行网络货运信息审核，不可避免地会遇到漏审、错审等问题。通过 AI 技术赋能，识别与反馈更加标准化，准确度更高。单据信息、车辆资质、驾驶员资质、资金安全等审核环节全流程校验采用 AI 前置化校验方式，货主提前感知运单信息异常，提升客户体验，大大弥补了人工监控异常数据的缺陷。

3. 完善风控体系，提升合规性能力

企业发展的过程伴随着风险与不确定因素，建立健全的异常监控和风险管理体系才能长足有效地发展。网络货运中合规是基础，百世优货网络货运信息异常 AI 识别与智能反馈系统实现了业务流程的自动化、智能化异常监控与反馈，这不仅保障了业务真实、数据真实、信息真实，也保障了托运方和实际承运人利益。

四、后续推进计划

线上整车物流集约化、数字化、智能化是百世优货持续努力发展的方向。未来，百世优货将持续以大数据、云计算等互联网技术为支撑，提升合规化、智能化运营水平。

在网络货运信息的数据统计与分析功能上，将大数据分析模型引入更多环节，加强规范性分析、合规性监控、潜在风险预测等能力，为后续研究用户画像、标签体系、大数据建模夯实基础。

曹妃甸港物联科技有限公司：港车厂协同网络货运平台

一、应用企业简况

1. 公司概况

曹妃甸港物联科技有限公司成立于 2018 年 3 月，是曹妃甸港集团为拓展港口功能、延伸产业链条、提升服务能力、加快港口转型升级而精心打造的科技型物流企业，公司采用国有控股的混合所有制模式，引进在港航、物流、金融以及互联网平台建设和运营方面经验丰富的团队，以“共享、链接、协同、开放”的理念，采用互联网、港口、供应链相结合的模式，利用移动互联网、云计算、大数据、物联网等先进技术和理念，将互联网产业与传统港口物流业进行有效渗透与融合，建设曹妃甸港大数据网络货运平台，致力于搭建港口和工厂之间信息互联互通的桥梁，为客户提供集港口服务、汽运、铁运、海运于一体的全程物流与供应链整体解决方案，使物流运输业务全程透明化、规范化、标准化，形成“线上资源合理配置、线下物流高效运行”的新业态和新模式，在货源获取、运力共享、运输组织、在途监控、对账结算、税务管理等方面全方位、多角度提高物流服务的交易效率、运营效率、资金效率，为物流与供应链上的各个角色赋能，打造“阳光物流、一站式服务”，从而提升客户服务质量，推动物流产业降本增效。

2. 经营业绩

公司成立以来实现了快速发展，2019 年实现销售收入 54085.13 万元，总资产达到 5321.44 万元。2020 年实现销售收入 96211.27 万元，总资产达到 7377.57 万元。

二、应用项目解决的问题

目前港口物流行业存在以下问题。

1. 货主找车成本高、效率低下

目前，对于没有自有运力的货主主要通过两种途径解决用车需求，一是通过社会上的运输公司、货运代理等运输中介寻找车辆；二是成立物流部，由专人联系物流公司或是去配货站寻找车辆。这两种方式的车辆价格普遍较高。另外，由于货主的用车需求和大宗散货价格存在随机性，当货主在紧急情况下（如急需装船）需要用车时，往往要支付更高的成本。

2. 承运人找货成本高、效率低下

由于公路运输市场和港口集疏港运输市场呈现“车多货少”的情况，承运人特别是个体司机利润薄。个体司机目前主要通过实体配货站或信息部找货，个体司机在配货站或信息部内的配货等待时间是 1 ~3 天，其间开销由承运司机支付。这一方面增加了个体司机的额外支出，造成了机会成本的浪费，另一方面前往配货站或信息部还造成司机迂回运输，在一定程度上影响了集疏港效率和交通顺畅通行。

3. 发票市场不规范

目前，中国公路货运业务量中 80% 的业务是由个体司机承担的，而个体司机大多数无法提供增值税专用发票。多数第三方物流企业在这种情况下，往往向个体司机收取过路费、过桥费、油票等用于抵扣，使得我国公路运输市场的发票体系不规范。

4. 管理及技术手段落后

大量货物及运力资源等信息依然依靠传统的手工录入方式，错误率高，且无法及时传递、制约了运输效率和货物的及时交付；各企业及个体司机分散经营，规模小、技术落后，物流运输规模达不到经济性。

5. 信息未能实现互联互通

运力资源信息、车辆调度信息、车辆在途信息等数据信息在货主与承运人之间未能实现有效交换，信息资源难以共享，大量数据不能实现充分挖掘与有效利用，难以为货主及承运人提供预测类、分析类的创造性物流服务。

三、应用项目信息化推进

1. 主要困难和问题

（1）我国港口集疏运系统发展现状。

①港口基础设施体系逐步完善，国有港口企业是我国港口行业的发展主体。

目前，我国已经形成了布局合理、层次分明、功能齐全、河海兼顾、优势互补、配套设施完善、现代化程度较高的港口体系。港口向着大型化、深水化、专业化发展。在环渤海地区、长江三角洲、东南沿海地区、珠江三角洲和西南沿海地区形成了规模庞大且相对集中的五大沿海港口群，以煤炭、矿石、油品、集装箱、粮食等货物运输和客运为重点，构架了水路客货运输系统。我国沿海主要港口软硬件设施已经达到了世界一流水平，港口装卸技术和服务效率处于世界前列。此外，我国内河主要港口面貌有了重大改观，长江水系、珠江水系、京杭运河和淮河水系、黑龙江和松辽水系形成沿江（河）港口带。在长江、西江干线和长江三角洲、珠江三角洲水网地区建成了一批集装箱、大宗散货和汽车滚装等专业化泊位，内河港口机械化和专业化水平显著提高。目前，全国港口拥有生产用码头泊位 31259 个，其中，沿海港口生产用码头泊位 5899 个；内河港口生产用码头泊位 25360 个。全国港口拥有万吨级及以上泊位 2221 个，其中，沿海港口万吨级及以上泊位 1807 个；内河港口万吨级及以上泊位 414 个。全国万吨级及以上泊位中有专业化泊位 1173 个、通用散货泊位 473 个、通用件杂货泊位 371 个。

自港口体制改革之后，沿海港口资源整合加快，市场集中度有所提高。根据调研数据显示，国有港口企业的货物吞吐量占所在地港口货物吞吐量的平均比重为 70%。煤炭、矿石、油品、集装箱四大货种吞吐量占各港口企业总吞吐量的平均比重约为 70%，说明四大货种仍然是我国港口企业经营的主要货种。相比之下，长江港口市场集中度偏低，市场竞争激烈。据统计，长江沿线获得码头经营许可的企业有 2700 多家，其中吞吐量超过 500 万吨的仅有 70 多家，小、散、弱是长江港口重要特征，低价竞争现象尤为突出。

②港口集疏运网络体系建设不断推进。

近年来，国家有关交通主管部门加快推进港口集疏运网络体系发展，陆续印发《推进物流大通道建设行动计划（2016—2020 年）》《“十三五”港口集疏运系统建设方案》《交通运输部关于推进供给侧结构性改革 促进物流业“降本增效”的若干意见》《关于贯彻落实“一带一路”倡议加快推进国际道路运输便利化的意见》等文件，推动建设约 150 个公共服务属性突出、辐射范围广、带动力强的货运枢纽（物流园区），主要港口疏港公路和铁路集装箱中心站基本建成。6 条集装箱铁水联运示范通道建设不断深入，约 200 个甩挂运输试点项目成效显著，首批 16 个多式联运示范工程建设全面启动。集装箱铁水联运量从 2010 年的 141 万 TEU 增长到 2015 年的 236.6 万 TEU，年均增长 10% 以上。中欧班列呈现出快速增长势头，截至 2016 年年底，已累计开行 2964 列，运行线路达 39 条。2016 年，铁路集装箱、商品汽车、散货快运量比上年分别增长 40%、53% 和 25%。

③港口企业积极开展内陆无水港建设，港口与内陆腹地之间的联系更加密切。

随着我国沿海产业逐步向中部、西部转移，内陆地区的内外贸货物通过港口运输的数量也渐渐增多，促使沿海港口纷纷在货源集中的内陆地区建立无水港。由于内陆无水港引进了货代、船代、物流公司等相关企业和海关、国检等口岸单位，内陆地区的货主不用到沿海港口办理货物进出口审批手续，在无水港内就能享受“属地申报，口岸验放”，完成订舱、报关、报检等手续。这不仅有利于沿海港口加强与内陆地区的联系，扩大了港口腹地范围，而且为中部、西部地区的客户提供了便利，降低了运输成本，这也促使港口与口岸单位提供服务的地点越来越接近外贸进出口货物的内陆目的地与发送地。据统计，目前我国共有 118 个内陆无水港，分为 3 类：国际陆港、内陆无水港和物流园区（物流中心）。目前，大连港围绕东北地区，已有沈阳、长春、穆棱等无水港；天津港围绕华北和西北地区已有呼和浩特、银川、包头、太原、西安、张家口、德州、石家庄等无水港；青岛港围绕郑州及陇海沿线建立东营、乌鲁木齐等无水港；连云港港围绕阿拉山口构建起银川、宿迁、霍尔果斯等无水港；宁波港在华东地区构建起萧山、绍兴、义乌、金华、上饶、鹰潭等无水港；深圳港在华南和西南地区构建起昆明、长沙等无水港。

（2）我国港口集疏运系统存在的问题。

①港口集疏运体系结构不平衡，铁路运输、水路运输比例偏低。

从结构来看，在港口企业货物和集装箱吞吐量中，水水中转和公水中转量占比较大、铁水中转量占比较小。根据有关统计，全国港口集装箱集疏运量中，公路运输约占 85%，水路运输约占 14%，铁路运输约占 1%。

②港口多式联运发展相对滞后。

与发达国家相比，我国多式联运发展尚处于初级阶段，目前我国多式联运量仅占全社会货运量的 2.9%，而美国为 10% 左右；货物转运所耗费的成本约占全程物流成本的 30%，这无疑降低了运输组织效率，增加了企业经营成本。多式联运发展滞后，已成为港口集疏运体系建设的短板。

以港口集装箱铁水联运为例，各条示范线路集装箱铁水联运业务量增长情况差异较大。从量的情况来看，一些港口出现波动、下滑。从占比情况来看，铁水联运集装箱量占港口集装箱吞吐量总量的比重仍太低，而发达国家这一比重在 10% ~20%，我国铁路运输的综合优势没有得到发挥。

③港口集疏运基础设施投融资机制不明确，港口企业承担资金压力较大。

以连云港港为例，连云港港口控股集团有限公司是连云港市政府明确的港口投资、建设和运营的主体，承担港口配套的公路、铁路等集疏运体系建设。目前，连云港港区南疏港、东疏港、北疏港3条疏港道路除省级建设补贴外，均由连云港港口控股集团有限公司出资。连云港港区专用铁路均由连云港港口控股集团有限公司出资建设，暂无政府政策性资金支持。由于港口专用铁路存在投资大、回报低、公共性强等特点，例如，连云港港徐圩、赣榆等港区以及港口物流园区的专用铁路距离国铁接轨站在15公里以上，总投资均在15亿元左右，给港口企业带来了巨大的资金压力。进港铁路是港口集疏运系统建设的重点，如何完成铁路进港区是当前亟待解决的问题。

（3）曹妃甸港集疏港物流体系。

曹妃甸港是未来国家“北煤南运”战略的枢纽大港，我国北方地区重要的进口铁矿石集散中心和石化产业基地，同时是促进广大腹地及钢铁、装备、电力等临港产业开发建设，实现区域经济快速发展的重要依托，在我国的整个产业布局中占有十分重要的地位。

目前，曹妃甸港的集疏运系统条件比较落后，港口集疏运还没有形成铁路、公路和水路运输的协调体系格局，仍然以公路集疏运为主。相关数据显示，曹妃甸港疏港类货物集疏运方式中，公路运输占95%左右，铁路运输仅占5%左右，由此数据可以看出，现阶段曹妃甸港集疏运体系发展失衡、各种集疏运方式发展不协调。针对这些问题，合理规划、建设港口集疏运网络势在必行，但是建设集疏运网络涉及规划、资金和各方协调等多方面问题，建设周期长、见效慢，不能及时缓解面临的运输问题。在集疏运系统的各子系统中，公路运输系统无疑发挥了巨大的作用，公路运输的工作效率直接影响了整个港口集疏运系统的效率，因此，港口生产系统与公路运输系统的有机结合不仅对改善现阶段港口存在的多种问题起到积极的作用，也为之后曹妃甸港集疏运网络建设打下良好的基础。

港区目前在对外集疏运通道方面存在着诸多问题，严重制约曹妃甸工业区及相关产业未来发展，而要建设现代化的港口和临港工业区，必须要有完善的集疏运系统。

综上所述，曹妃甸港口物流调度优化问题是以网络货运平台连接港口系统和客户运输服务，协调调度公路货运车辆，实现卸货下船和集货上船作业效率最高的目标。

2. 解决措施和创新示范内容

（1）项目建设主要内容。

港车厂协同网络货运平台项目拟租赁办公场地750平方米，其中，技术研发中心500平方米，运行调度指挥中心250平方米。购置笔记本电脑、电脑服务器、车载智能采集设备等硬件设备2099台（套），自主研发智能港口集疏运调度系统、运输管理系统等软件系统5套。依托大数据处理和智能物联等技术，租用阿里云服务器，采用地理位置信息服务、LBS服务和AI服务，建设港车厂协同网络货运平台。整合港口资源，优化集疏港业务，将人、车、货、场、码头、内陆港等要素进行有效衔接和协同，以“无车承运人”的身份为客户提供集港口服务、汽运、铁运、海运为一体的供应链整体解决方案。项目建成后，可整合上游货主企业200家，服务车辆能力达到50万辆，整合社会零散车辆8万多辆，预计可完成年运费交易12亿元，实现年均毛利润1455万元。

（2）服务方案及创新示范内容。

本项目的创新示范内容如下。

①基于港口集疏运的网络货运平台持续升级改善。

本项目建设的网络货运平台立足于曹妃甸港，以网络货运模式，通过信息共享和供应链协作，实现货主、平台、运输公司、司机无缝互联，发货、中转、调度、在途、签收、结算等全过程的物流协作互通。有效整合上下游资源，帮助上下游企业实现高效率的物流协同，提升平台参与方的信息化和物流标准化程度，解决物流行业管理效率低、信息不对称、物流服务标准缺失、综合成本高的问题。项目应用后可减少物流中间环节，大幅降低集疏港物流成本，提高港口集疏运效率和服务质量，吸引更多的货主和运输车辆加入项目平台，并以示范模式快速扩大其在港口货运市场的辐射范围。

②基于港口物流的车联网大数据分析平台。

本项目依托网络货运平台的海量数据沉淀，通过互联网、云计算等信息化方式联合相关产业专家、学者对其数据进行专业化挖掘和分析，并与传统金融服务相结合，创新性地开展相关资金融通的工作。可以对上游货主单位进行运费融资，对下游运力提供者提供资金借贷等服务产品。

③基于移动通信的车联网技术与智能车载设备的投放。

本项目联合4G、5G车载设备制造厂商，研发移动通信支持的驾驶员、运输货物安全辅助报警系统，服务于公路运输实际承运人及公路运输服务委托人，实现全程可视化跟踪、驾驶员安全行驶提示及货物安全主动预警。

④车港协同的港口预约车辆管理系统。

本项目利用车联网平台上的货源、车辆等数据可以为港口下一步的升级建设提供港外的数据支撑，将平台的货主、车队、车辆信息与港口系统的数据进行互通，码头可以获得货主的货物、货类信息以及车队的派车信息，融合网络货运平台中的进港计划，通过车联网位置技术为码头提供车辆入场前预判的数据支撑。

⑤工厂物流管理电子商务平台。

本项目建设的物流管理平台打通了车联网大数据平台和网络货运平台，是企业物流管理的重要组成部分，用于企业物流信息发布、承运计划管理、车辆管理、运输信息查询。物流管理平台将企业的物流管理工作前置，及时通知客商物流计划，将到货、提货信息提前采集，供应商和客户通过网络传递信息，无须通过电话多次确认。企业通过前置的物流信息及时掌握物料动向，及时调整物料储备，减少采购资金的占用。物流信息实时公开，客商可以及时查询车辆运输情况，进行运费结算核销，方便实用。系统运用SaaS技术搭建平台，可以通过网页、App进行登录访问，方便供应商、客户、承运商随时访问和工作。

四、信息化主要效益分析与评估

1. 经济效益分析

本平台将成为曹妃甸港智慧港口体系的重要组成部分，对于曹妃甸港业务办理的便捷性提升以及贸易大港建设将有重要意义。本平台的成功建设与运营将为项目单位带来显著的直接经济效益，并且将为项目单位与全港、全区带来较大的间接经济效益。平台的不断优化升级以及适用范围的拓展将成为曹妃甸港对外宣传、服务的一张名片，提升曹妃甸港在全国港口竞争中的综合实力。

在直接经济效益层面，平台 2019 年完成主营业务收入 54085 万元，整合平台会员 5 万余名，曹妃甸港集输港吞吐量完成 1000 余万吨，已逐步打通工厂与港口的通道。

在间接经济效益层面，该平台的优化升级成功完成后，更多大量传统的业务将由线下办理转移到线上远程办理，预期将为项目单位节省人力资源费用、差旅费、车辆维护费等，同时为平台的服务对象，如工厂、货源代理、政府工作人员等节约相应费用。平台引入大数据、云计算、人工智能等前沿技术能够科学合理地对业务数据进行分析，进而指导业务的整体优化提升，如时间表优化、智能车货匹配等，解决资源浪费、车货方沟通不畅等原线下业务不可避免的问题，创造更多经济价值。业务的线上化转移还将减少现场工作时长、降低意外事故风险，有助于减少安全生产预算等。

2. 社会效益分析

在宏观层面，本项目的建设与应用，有利于曹妃甸和唐山市主动应对经济全球化挑战、把握发展主动权、提高港口竞争力。以本项目为切入点，积极响应“一带一路”倡议及京津冀协同发展和交通强国等战略，推动港口经济增长方式由粗放型向集约型转变。

同时，平台通过一年多的发展已经成为曹妃甸和唐山市全面推进高质量发展、加快智慧港口资源整合与互联互通的重要举措，通过网络货运智慧化、信息化转型，促进车货数据与商流、物流、信息流、资金流等关键要素的强融合，以智慧化手段驱动构建健康有序的商业环境，形成港口经济发展的新动力。

本项目也是曹妃甸落实国家智慧港口政策、引领港口网络货运建设的先进示范。本项目以及后续智慧港口概念项目将成为市级“智慧城市”建设与区级“云上曹妃甸”部署在曹妃甸港的具体化落实，通过借鉴先进的智慧港口物流信息化建设经验，引领港航行业与上下游企业携手共建新型智慧港口服务体系。

在微观层面，通过本项目产品研发和产业化推广应用，代表行业水平并具有自主知识产权、市场竞争力较强的软件产品和服务已经形成，未来将会部署在整个西北的内陆港口，实现西北战略中至唐山港口的货物数据化管理，为供应链各环节用户提供一站式、一体化的智慧港口网络货运服务平台，提升货—车—港物流业务协同性。

创新大宗散货数字货代以及车源建设等衍生业务应用模式，将传统的线下操作转移到线上实现，利用先进的信息化技术，实现信息互联互通与资源利用率最大化。通过可靠、准确、及时的信息服务，为监管部门提供可追溯、可监测、可预警的高协同监管手段，提升监管部门的治理能力。

此外，物流单据电子化推行后，形成的电子运单可大幅减少企业纸质票据的填制、打印和传递，减少纸张浪费和人工成本，推进业务办理无纸化，助力绿色港口的建设和发展，以 IT 带动港口企业经营管理水平不断提升，带来显著经济效益。

五、信息化过程的收获

港车厂协同网络货运平台项目在信息化推进的过程中，完全以项目管理的方式进行运行。本项目的筹资、建设等工作由曹妃甸港物联科技有限公司项目法人负责承担。项目建设期间，公司抽调了内部技术人员、财务人员等组建成项目办公室，组织项目设备采购、软件研发、系统调试等工作。项目办公室从建设进度、质量、资金等方面对项目进行了目标管理，确保全部工作按时保质完成。

1. 项目建设领导小组

项目建设领导小组全面负责项目建设的领导、规划、组织和协调工作，其主要职责包括确定建设目标，审查项目建设方案；审查和批准建设任务；协调与各有关部门的关系；项目实施中的协调、监督和检查。

2. 项目管理机构

为了有效控制工程项目实施过程中的一系列活动，项目建设领导小组下设项目管理小组。项目管理小组运用科学的项目管理方法，确保整个项目按步骤、有计划、高效率、高质量进行。

项目管理小组下设项目实施小组和验收小组，其职能如下。

（1）项目实施小组。

项目实施小组全面负责项目的实施工作，其中包括财务管理和项目管理。

财务管理：负责编制预算、决算，制定财务管理办法等其他与资金管理相关的工作。

项目管理：负责项目进度计划管理和质量管理，确保项目的质量和进度。

（2）验收小组。

验收小组主要职责是保证项目质量、降低风险。验收小组的工作内容包括制定项目验收办法、编制项目验收计划、确定系统验收范围、组织相关专家验收系统、编写项目验收报告等和项目验收相关的工作，对各个项目最终成果或者阶段性成果进行必要的评审和检测。

通过项目管理的形式保证了该项目的如期进行，为网络货运平台的后续开发和升级提供了有益经验。后续的模块开发都将以项目管理的形式进行推广。

六、本系统的下一步改进方案及物流信息化建议

1. 下一步改进方案

（1）接入更多智能物联网设备。

2021 年第二季度，开始启动对百度鹰眼、高度猎鹰两款智能车载设备和接口的调研，同时咨询其他厂商类似产品服务。利用百度鹰眼和高德猎鹰服务功能，以实现利用智能互联网设备获取车辆轨迹服务。

利用在车辆上加装设备以及移动端 SDK 和后端 API 供开发者接入，实现集成智能设备。可以满足追踪车辆等定位，分析车辆行驶过程、司机驾驶习惯等，利用其提供的丰富接口和云端服务，应用于车队管理、车主管理等平台相关服务。

（2）ETC 高速通行费接入。

2021 年第一季度，财务人员规划好平台 ETC 票据获取后的账务处理方式，平台系统与 ETC 发票服务商的系统对接，实现 ETC 通行发票的线上获取及 ETC 成本记录功能。

（3）App 上线。

上线司机运输管理 App。司机端首先采用适应安卓手机的 App 上线应用市场，实现

省平台位置 SDK 的集成，其 App 的上线实现司机整体操作体验的提升。

（4）服务商系统上线。

加油、加气等服务商利用港付宝模式，实现与平台运输业务的对接。

（5）港付宝升级。

实现港付宝代收人卡绑定功能，司机可以绑定非本人卡的代收运费功能，进而实现平台中信银行银联通道付款，关闭建设银行银联通道。

（6）电子合同。

平台改造后，利用电子签章技术实现与货主线上签订合同。同时，实现财务要求，以合同内容为平台结算依据。

2. 物流信息化建议

“互联网＋”是现在经济发展的大趋势，可以借助“互联网＋”实现物流信息化建设的大发展和大繁荣。纵观近几年整个物流行业的发展，很多细分领域的物流行业巨头崛起和腾飞，也有很多传统物流企业没落。这些事例说明物流业只有不停进取，才能获得新的发展，信息化才是未来发展的方向。

内蒙古多蒙德科技有限公司：多蒙达网络货运平台

一、应用企业简况

内蒙古多蒙德科技有限公司（以下简称“多蒙德科技”）成立于2016年，隶属多蒙德实业集团，是一家整合了互联网、物流、区块链金融、车后市场、大数据应用等多种新业态经济的平台型企业，拥有雄厚的技术研发及市场拓展能力；2018年取得内蒙古及陕西无车承运人资质牌照；2019年通过信息系统安全三级保护认证；目前公司已获得各项知识产权共计24项；2019年、2020年连续两年在内蒙古监测平台综合能力排名第一；2020年荣获中国物流技术装备“金智奖”及物流行业“十佳服务平台企业”。目前多蒙达网络货运平台在线活跃用户5万多人，月运输量100多万吨，业务干线1000余条，服务企业300多家，业务覆盖内蒙古、陕西、山西、河北、山东、天津、新疆、宁夏、江苏等地区。

以“十四五”规划及新基建政策为引导，多蒙德科技致力发展国内领先的全供应链大数据平台，打造以大宗商品供应链为核心的信息化应用平台，为上下游用户打造便捷、高效、定制化的互联网解决方案。

二、管理运营模式

多蒙达网络货运平台依托自主研发的24项软件著作权及专利搭建而成，产品环境为linux和JDK，数据库使用Mysql，项目框架使用SpringBoot，定时调度框架为Quartz。产品第三方技术包含阿里云均衡负载、阿里云数据库、腾讯云图片存储、极光消息推送、阿里云OCR识别、阿里云文字识别、法大大合同接口、漫道短信、宝付支付。

平台通过实名认证、在途监控、节点控制、运输保险等多项机制确保每一笔业务真实安全且透明，同时所有业务都通过平台实时线上交易及结算，实现信息流、业务流、票据流、资金流的统一运作和管理。

货主在平台发布货源、运输要求、议价模式等相关信息，平台通过智能匹配将相关信息上传司机App并推送适配车辆。司机接单后，平台由第三方系统自动生成电子货运合同，自此交易建立成功。运输过程中平台将对发货、装货、在途、卸货及收货进行全程可视化追踪及控制，平台确保运输过程中货物情况、货物安全，提供结算及开票等服务，形成货运服务闭环。

三、物流行业问题

随着社会生产力的快速进步，传统物流运输业存在以下痼疾，使得行业已不能跟上时代发展的脚步。

1. 车货匹配效率低

传统物流运输因车货信息不透明、供需信息不对称、传统物流企业运力池有限等原因，导致车货匹配效率低、车辆空载率高、企业物流成本高，造成社会资源浪费，市场无法实现集约化、规模化发展。

2. 物流管理不智能

目前企业物流管理信息化、数字化程度低，人工难以统筹安排，造成开票、收付款、称重、车辆人员管理等数据信息无法实时共享与传递，运输过程灰色低效、管理流程不透明、违规操作多，无法实现物流高效透明化的管理。

3. 行业监管风险高

传统物流行业中，实际承运人规模小、承受力有限、法律法规意识淡薄、自律性差，造成政府监管难度大。行业内超载、虚假开票、违规驾驶等乱象频频发生，严重阻碍行业健康有序发展。

4. 金融体系不完善

由于传统运输多采用线下交易，企业与企业、企业与实际承运人之间的交易和资金流水的证据难以取得固化，金融机构很难为企业和运输个体建立有效的信用体系和风控管理，导致金融机构对企业和个体司机融资服务无法实现。

5. 车后服务水平低

物流市场的车后服务散乱无序，其中购车、保险、ETC、油气、保养、应急救援等服务缺乏整合，缺乏对司机的人性化、个性化、体系化服务，没有完整清晰的生态经济圈。

四、平台介绍

多蒙德科技自主研发的多蒙达网络货运平台运行安全稳定、功能完善，具备信息发布、线上交易、全程监控、金融支付、咨询投诉、在线评价、订单统计、数据调取 8 项服务功能模块，各项功能均符合《网络平台道路货物运输经营服务指南》的要求。

多蒙达网络货运平台基于互联网技术的运营模式以及大数据、卫星定位、人工智能等技术的综合应用，能够合理调配运输路线和货物，实现分散运输资源的集约整合、精准配置，提供车辆实时定位、车辆状况查看服务，有效协同物流上下游，提高物流数据传输速度和信息沟通效率，从而保障物流服务的高效率运行，减少重复劳动和成本浪费。平台功能模块如图 1 所示。

同时，基于用户需求的考虑，多蒙德科技精准研发物流金融相关产品，目前已完成买车卖车、运费贷、司机贷、ETC、加油产品、合伙人招募、垫资服务等一系列业务开发，部分产品已上线。

多蒙达网络货运平台由后台管理端、货主 PC 端、司机 App、货主 App、司机小程序、货主小程序、商户小程序 7 部分组成，以大数据物流为核心，提供集物流、贸易、金融于一体的产业数据中心支持，具备相应的数据交互及处理能力，对实际承运人的车辆运营情况进行全程透明化安全监管，为货主和实际承运人提供信息及管理服务，对交易、运输、结算等各环节进行全程动态管理，强化运输过程的安全监管，提高企业运作效率及服务质量。

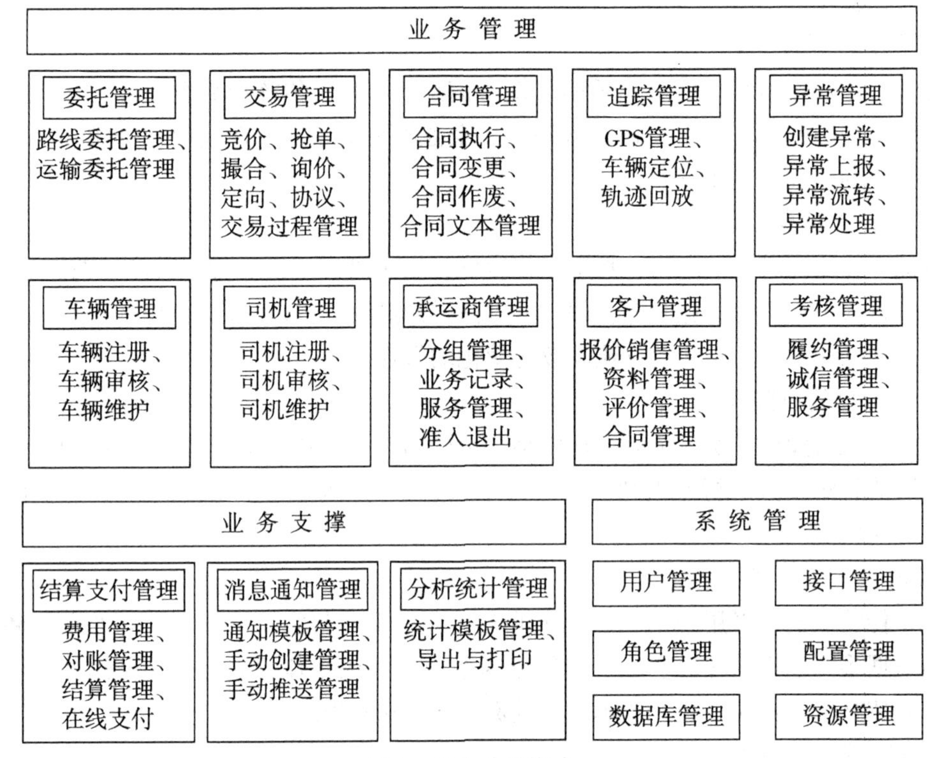

图1　平台功能模块

1. 后台管理端

主要功能有司机及车辆信息审核、货源信息维护、运单信息查看、车辆轨迹跟踪、结算单审核及支付、运输合同签署查看、ETC 发票开具、台账管理、货源运单信息上传省监测平台。

2. 货主 PC 端

主要功能有客户信息管理、物流货源发布、物流运单管理、查看在途运单分布、车辆实时定位查询、结算单审核结算、申请开具发票、台账检索查看、大数据统计、充值管理。

3. 司机 App

主要功能有注册、实名认证、绑定车辆信息、货源信息查看、抢单、上传装卸货磅单、运费提现、加油等。

4. 货主 App

主要功能有注册货主账户、发布货源、上传装卸货磅单、查看运输中车辆位置、修改货源运价、签署改价协议、审核结算运单等。

5. 司机小程序

司机小程序与司机 App 具有相同的功能，但更方便快捷，无须切换软件，微信搜索即可直接打开。

6. 货主小程序

货主小程序与货主 App 具有相同的功能，但更方便快捷，无须切换软件，微信搜索即可直接打开。

7. 商户小程序

这是多蒙德科技针对加油站推出的业务管理软件，包括收银、交易实时通知、对账、财务核算等功能，旨在改善加油站业务系统流程、降低人员成本、提高加油站工作效率、助力加油站实现业务线上升级。

五、平台特色功能

（一）用户信息审查管理

平台根据不同用户身份搭建不同的信息审查管理系统，货主用户信息审查内容包括单位名称及法人代表名称、统一社会信用代码、联系人、联系方式、通信地址等基本信息，以及留存的营业执照扫描件等。

司机用户信息审查内容包括姓名、道路运输经营许可证、身份证号、联系方式、道路运输从业资格证号、机动车驾驶证号、车辆牌照号、车辆道路运输证号等信息。

车辆信息审查内容包括驾驶员姓名、联系方式、道路运输从业资格证号、机动车驾驶证号、车辆牌照号、车辆道路运输证号、车辆行驶证档案编号、车辆总质量、核定载质量、外廓尺寸等信息。

（二）电子合同管理

平台有较完善的运输合同管理功能，对每一单物流服务均按照《中华人民共和国合同法》的要求，与优质的第三方服务商对接，分别与托运人和实际承运人签订运输合同。实现业务相关合同全部线上化签署、实时上传、储存备查。

（三）订单全程监控

多蒙达网络货运平台与“中交兴路”平台对接，同时通过 App 定位对运输地点、北斗装置轨迹、状态进行动态监控，对装货、卸货、结算等进行有效管控和对物流信息全流程跟踪、记录、存储、分析；系统记录了含有时间和地理位置信息的实时行驶轨迹数据，可实时调取实际承运人信息、车辆运输轨迹。

（四）安全金融支付

平台通过与宝付支付、网商银行业务对接，具备在线实时支付功能，通过 PC 端或 App 操作，可直接将运费支付给司机，资金流水数据清楚明晰，具备核销对账、交易明细查询、资金流水单打印等功能。

（五）投诉处理及客服咨询

平台具备咨询、举报投诉等功能。App 端设有客服电话，用户可提出问题和建议并推送客服人员，同时以短信形式发送给客服经理等管理人员。客服人员第一时间受理并联系相关业务人员处理问题，待问题处理后及时回访用户。

六、平台优势

（一）企业降本增效

多蒙达网络货运平台通过互联网技术，整合海量社会运力及众多的物流信息，在推动行业合法合规的同时可以有效提高整体货运平台管理的运营效率，消除空载、低载等现象，同步实现货运管理的降本增效。

（二）专业团队技术支持

平台、系统及各类产品均由专业技术团队研发，拥有完整的服务流程及产品体系，PC 端、App、管理端以及微信小程序等多个产品可以实现数据同步。

（三）多元化创新服务产品

充分发挥互联网大数据及平台海量数据汇集优势，多蒙达网络货运平台为货主企业提供定制化、个性化服务，为货主企业提供运价参考、专属货源，并根据货主企业不同需求定制不同系统管理模块，为每位货主提供多元化服务。

七、主要效益分析与评估

1. 经济效益

（1）平台效益。

项目实施完成后实现平台推广应用，多蒙德科技内蒙古区域公司在项目执行期内吸纳司机用户 52000 人，货主用户 200 余家，货运车辆 50000 辆，实现营业收入 11.4 亿元，平台完成纳税 8400 余万元。

（2）货主企业效益。

①府谷县×××镁业有限责任公司。

该企业白云石原正常发货成本为 35 元/吨，每车运价 1190 元，年发货量为 15790 车，年运费达 1879.01 万元。企业通过信息部找车，不提供货物保险，无法开具增值税专用发票，还存在车辆到厂不及时等情况，运输成本高、效率低。

现企业通过平台发货成本为 31 元/吨，每车运价 1054 元，年运费 1664.27 万元，直接节省运费 214.74 万元，且这笔费用包含货物保险费、运输业增值税专用发票（按 9% 税率），降低物流成本 11.5% 左右。

②察右前旗×××合金有限责任公司。

该企业锰矿原正常发货成本为 81 元/吨，年发货量为 18.35 万吨，年运费达 1486.35 万元，由传统运输公司承运，由于传统运输公司自身原因，导致无法为企业提供增值税专用发票。此外，该企业还存在找车难、无法实现自动化订单分发、人工处理业务量大等问题。

现企业通过平台发货成本约为 76 元/吨，年运费达 1394.6 万元，节省运费 91.75 万元，且费用已包含货物保险费、运输业增值税专用发票（按 9% 税率），降低物流成本 6.2% 左右。

2. 社会效益

作为一项革命性技术，网络货运的发展与应用对经济社会发展变革的影响日益深入。2019 年开始，供应链领域的各个企业，都在逐步进行数字化转型和升级。

网络货运平台的快速发展也促进了物联网等技术的广泛应用，平台承载着大量货主、托运人及有车承运人，成为上下游资源的整合者，提高了社会物流资源的匹配和利用效率，减少了社会资源的浪费，同时保障了运输质量。依托移动互联网等技术，通过管理及组织模式的创新，有效提升了运输组织效率，优化了物流市场格局，推动了物流行业的成功转型。

网络货运平台对规范运输行业标准及规避传统运输行业弊端有着积极促进作用，为企业降本增效的同时从根本上提升了司机的工作效率及生活水平，给司机提供货源支持。

透明的一站式管理对企业、司机及物流行业都起着良性竞争的影响。而网络货运平台依托互联网汇聚大量物流信息，通过大数据和云计算进行资源的精准配置、科学组织及合理调度，优化市场发展的格局，充分发挥平台企业规模经济的效益，带动行业向集约化发展。

八、项目过程中经验与体会

随着国家对于物流行业的不断鼓励支持，“互联网 +”物流的新模式不断被开发，从无车承运人到网络货运，凭借科技和大数据的支持，促进智慧物流进入高速发展的阶段，网络货运发展也逐渐地成熟起来，这为物流公司智慧化发展提供了很好的契机。

网络货运平台强大的资源整合能力，打破了物流运输市场信息闭塞的问题，降低了物流行业的人工成本，利用互联网技术很好地协调物流货运各个环节的发展，为全国范围内的货运行业提供完整、快捷、方便、可靠、先进的货运服务。网络货运的不断升级发展，带动了物流行业的飞速转变。

网络货运发展目前经历了大致三个阶段，从 2014 年车货匹配平台开始兴起，到 2016 年无车承运人试点，再到 2020 年正式更名为网络货运。这一次次的变革，也是在新机遇下的新挑战与创新，网络货运为货主、第三方物流公司提供更多的、响应更快的运力池，降低了运力采购成本，并且解决了税务合规的风险。此外还帮助传统物流企业优化内部组织架构，建立起更加高效的组织结构，提升物流运输效率和管理效率。

九、平台下一步改进及设想

随着经济全球化、信息化进程的加快，传统的运输模式存在诸多问题。网络货运时代来临，给传统杂、散、乱的货运行业带来一定的冲击和改变，尤其是新冠肺炎疫情之下，从传统货运向智慧物流转型迫在眉睫，网络货运的发展势在必行。

多蒙德科技将以整合全国物流园区为基础，打通线上线下车后市场，进行区块链建设；建立大数据信用体系，为司机货主建立信贷、白条等金融服务，后期还将推广 5G 无人驾驶技术以及农畜产品原产地溯源等技术，为平台经济生态圈提供更丰富的资源。根据“十四五”规划及国家倡导，大力发展智慧矿山、智慧物流、智慧园区等板块，增加平台相应附加价值。

江西约货科技有限公司：网络货运平台数字化构建

一、企业简介

江西约货科技有限公司（以下简称“约货”）成立于2019年8月5日，坐落于江西省会南昌，是一家依托互联网技术，以大数据为核心，实现“互联网+”物流新兴业态的创新型数字平台公司。

约货以诚信、效率、赋能、成就为核心价值观，不断优化创新平台技术、模式和服务，促进平台科技化、物流智慧化和服务数字化。并将传统物流运输与互联网深入融合，整合社会运力资源，依托“互联网+大数据+AI”技术，致力于打造一个“高智慧化、高数字化、高效率化”的物流服务平台，彻底颠覆传统物流行业的运作模式，为生产企业、商贸企业、物流企业及第三方物流企业提供一站式智能物流综合服务。

约货成立时间较短，通过不断加大资金投入和人才引进，现已成长为大中型平台企业，拥有多部门协同合作、资深技术人才、成熟的自主研发团队，打造约货手机App及PC端双端口对接，24小时后台维护，定期优化升级，带来多渠道、高品质的平台服务。同时约货已打通银企互联，取得信息安全三级等保资质，全方位保障客户的信息安全、资金安全。

约货软件已开发货主版、司机版，包含iOS和安卓端共4个App，以及公司运营后台、企业货主后台，服务于货主和司机。当货主需要运货时，只需要在App发布货源，司机就会自主进行接单运输，最大化提升车货匹配的效率。平台严格按照国家相关规定，把握整个运单的用户信息、运输合同、车辆轨迹、资金流向等每一个环节的真实性、准确性，确保合法合规开具9%税率的运输发票，大大减少企业的税务压力和税务风险。截至目前已解决1600多个企业发货难、获取运输发票难的问题，已为1.5万名司机高效快速匹配货物，减少空车运输，提高收入。

平台对托运人、承运人双方信息严格审核认证，对入驻企业和个人的整体素质进行审核和安全性把控。平台通过信息化技术手段，利用定位系统，对货物运输信息进行实时采集、全程监管，实现物流业务的在线数字化。国家监管部门通过与交通、税务部门进行数据对接，跨部门建立信息共享机制，实现协同监管。

约货已取得江西省首批网络货运平台经营许可证、江西省税务局颁发的首批网络货运税务第三方代征试点企业牌照、信息系统安全等级保护三级备案证明、增值电信业务经营许可证等企业资质。

二、行业发展背景

据统计，中国物流行业费用总计13.5万亿元，占全国GDP总值的14%，其中公路运输行业市场份额近6万亿元。有物流需求的企业（如制造业）的物流支出费用占企业支出总费用的20%～40%，运输成本巨大。而中国目前有3000万名左右的货运司机，其中有90%为个体司机，意味着有2700万名左右的司机无法给物流公司或货主（企业）开具发票。

目前物流市场的主力军是物流公司，由于养车消耗大、风险大、人工成本压力大，导致很多公司都只拥有少量车辆，这部分自有车辆并不能满足该物流公司的货运需求，因此物流公司选择个体司机运货，而目前税务局对物流公司只能“以车控票”，这种情况就导致了物流公司也无法为全部客户提供发票。随着“营改增”工作推进，货主（企业）对于运输进项票据的需求越来越大，物流公司却无法全部解决，导致货主（企业）通过其他途径解决问题，如发票冲抵等，造成整个链条上税务问题混乱，大量税收流失。

国家在2016年开展了无车承运人试点，还发布了一系列政策支持网络货运的发展，从过路费、油费可做进项抵扣，到小规模纳税人可以四地开票，最后到互联网平台去当地税务局代开税率为3%的劳务发票。无车承运人试点状况非常好，因此《网络平台道路货物运输经营管理暂行办法》于2019年9月印发，并于2020年1月1日正式施行，这也被称为物流互联网的新纪元。

这样的市场痛点及国家政策的大力支持催生了约货，传统物流所面临的问题，能够通过网络货运平台得到有效解决，未来3～5年网络货运平台大规模高质量发展是大势所趋、民心所向。

三、网络货运企业的发展痛点

《网络平台道路货物运输经营管理暂行办法》实施一年多，尽管全国各省区市都已开放网络货运申报，据预计申报的企业超过800家，而真正投入实际运营的并不多。涉及的税务、政策、运营等仍然还在探索阶段，现在网络货运平台虽有标准，但尚需完善，在实际操作中缺乏具体运行办法，更易受多方因素制约而出现偏差。

总体来说，网络货运推行相比无车承运人试点，在技术应用、风控要求、监管力度、政策支持上还需有更大的突破，规范化和标准化整合的过程必是网络货运破局关键。

1. 平台技术实力

申请网络货运运营牌照与搭建平台密不可分，除了三级等保、软件等相关材料的递交外，在平台搭建中既要满足运单内所有数据及内容的呈现，也要有交通、税务、公安的数据监控连接端口。这在系统开发、技术储备、资料整理等方面就有一定要求，对于最为重要的系统平台开发，仍有部分平台企业存在技术实力不强、人才储备不足，购买现成系统平台获取牌照，导致后续平台功能不完善、操作存在问题、运单存在风险，不能满足用户使用和国家监管要求，造成行业良莠不齐。

2. 平台运营及税收政策

由于网络货运新兴行业的产生，极易引起跟风的情况，本身目标不明确或是没有深入考虑的从业者，获取牌照后往往无法实施具体运营行为，且经济能力、承担风险力都不足。

在平付诸台上线运营中，存在信息交换、需求匹配、数字化交易、资金收付、货物交收等多个环节，对确定国家税制要素存在困难，造成征税对象界定复杂、纳税主体认定难度大、纳税地确定不直观、数据信息获取难等问题。目前国家对平台经济的行业规则、准入条件等监管措施要求尚不清晰明确，不仅为税收监管带来了巨大的冲击，也给网络货运平台企业具体执行应对方式带来不确定性。

3. 数据安全把控

通过网络货运平台整合海量司机与货主信息建立资源池，在带来便捷的物流服务的同时，数据信息安全、交易资金安全、运单事故责任划分等能否得到有效保障，是平台企业对外把控的关键要素。

同时，因网络货运有政策福利，也会让人钻空子，如一些网络货运企业在部分省区市大量采用了“打白条”的方式来做账，获得了当地政府的增值税返还，使其实际税负低于行业平均水平，年开票金额轻松突破百亿元。这种行为破坏了增值税抵扣链条的完整性，易引发偷漏税风险。更有甚者投机取巧、数据造假，整个行业发展前景存在潜在危机，也将成为税务机关稽查关注的重点。

四、网络货运平台运营举措

约货网络货运平台虽因政策孕育而生，以《网络平台道路货物运输经营管理暂行办法》作为平台的运营指导方向，但实际操作细节并无模板参考，只能在实践中摸索创新优化，凭借自主开发的平台技术，贴合市场需求不断提升，从而实现数字化匹配与业务模式融合。

1. 技术团队自建平台

（1）技术保证。

①数据容灾。

首先，数据库通过数据备份和日志备份的方式保证数据完整可靠，能够根据备份策略将数据库恢复至任意时刻，提高数据可回溯性。

其次，采用多可用区机制，将用户的数据分散存放在多个可用区，当某个可用区不可用时，仍然能够保障数据的正常使用。

②自动识别轨迹起讫点。

从车辆的历史轨迹中，识别出车辆最可能的起讫点，降低司机在装卸货地忘记操作App而产生的风险运单。

③车辆轨迹自动风控算法。

在里程和时间关系不确定的情况下，根据每一次上传的原始报点数据所包含的时间、位置、速度、方向等信息，优先过滤轨迹中的异常漂移点，并将车辆的实际轨迹与规划轨迹进行计算，用其结果与标准参数相比对，得出风险系数。

④车辆轨迹多源数据融合。

在车辆轨迹查验中，将司机App轨迹、中交兴路轨迹和GPS轨迹融合，真实地反映实时路线，根据对应的结果确定是否存在信息误报的情况，及时处理网络货运中不合规的问题。

⑤服务治理。

为了提高用户、车辆、运单、轨迹、评价、资金等方面的服务能力，系统采用了微服务的治理方案，实时监控各个服务器上每个服务的状态，出现异常时可发出报警通知。

⑥DDoS 高防。

DDoS 高防支持防护全类型 DDoS 攻击，通过 AI 防护引擎对攻击行为进行精准识别和自动加载防护规则，保证网络的稳定性。DDoS 高防通过安全报表，实时监控风险和防护情况，通过全流量代理的方式实现大流量攻击防护和精细化 Web 应用层资源耗尽型攻击防护。

(2) 系统维护。

开发面向不同客户群体的应用软件，分前端、后端、产品、开发、测试多部门对实时数据分析、突发情况响应、操作解决机制等情况定向关注，灵活处理客户使用中各环节出现的问题。

除此之外，约货自身搭建的运营后台，将智能系统与人工机制相结合，对货主司机在平台上提交的证件，由工单系统进行派单，人工审核阶段采用 OCR 技术，多维度把控客户资料的完整性、真实性。完成的运单由风控系统自动进行安全/风险判定处理，后台还对权限及运单阶段模式进行层级性管理，保证系统使用中用户体验的质量和效率。

2. 平台功能不断优化

(1) 多功能多渠道平台服务。

针对平台客户服务群体，围绕运单业务，约货已上线“约货司机端”App、“约货货主端”App、“约货货主”PC 端、“约货合伙人”小程序，多客户端的使用形成了货主、车队长和司机多方共赢的局面。平台提供的物流信息是整个供应链协调、管理货物运输过程所产生的信息流，可以保证货物运输高效率完成，促进社会运力有效整合和良性发展。

有效地对车源、货源进行重组，充分利用运输工具的定额能力，减少空载率，缩短空载时间，提高实载率，降低物流企业的销售成本，提高企业自身的效率和管理水平。主要的业务功能有货源管理、运单管理、签署合同、GPS 定位、自动风控系统、发票管理、保险管理等，其功能特性介绍如下。

①行驶轨迹查询功能。

根据司机在手机上进行装卸货的确认，系统对车辆的行驶情况进行定位，并与中交兴路合作，在道路运输监察平台上，对每一个订单的运行轨迹进行抓取和采集，多方式获取运输轨迹，实现轨迹流查询。

②运费安全保障。

约货已打通银企互联，华夏银行为平台设立了专门的监管账户，完成所有资金监管及公对私转账，实现资金流及每笔运费的安全保障。

③数据监测与同步。

全线数字化电子合同，货主与司机、货主与平台、司机与平台，不同模式下生成的合同都即时上传。约货的所有数据信息均可连接税务局、交通运输局数据端口纳入监测，避免重复开票及虚假开票。

(2) 贴合需求定期优化。

后台系统会将每日游客资料进行梳理，由客服进行联系，对客户进行答疑指导。定期会询问客户的使用体验，约货坚持线上线下市场、用户调研，整合用户意见与建议，提交产业研发团队，定期对平台系统功能升级优化，以提供更好的服务平台，提高企业竞争力。

3. 运单风控，轨迹比对

约货自建的自动化风控系统，从两类风险点入手。一类是按网络货运政策监管要求相关风险点，包括单据接入异常、车辆资质异常、驾驶员资质异常、车辆入网异常、运单重复出现、运输轨迹异常、运单与资金流水单匹配异常等；另一类是税务主管部门监管要求提出的风险点，包括接单异常、装卸货地异常、车速异常、运单价格异常。

约货的平台风控体系采取拦截与风险判定双引擎作业，包括拦截引擎在生成运单时会根据风险点自动进行拦截；风险判定引擎在事中事后根据设置的风险点进行运单风险评估。各引擎内置不同纬度的风控组件，轨迹风控组件专门校验轨迹的相关风险点，价格风控组件则主要处理价格是否合理。

4. 公司营运效果分析

（1）提升效能，优化道路运输。

据调查，全国目前有约 3000 万名货运司机，货车司机传统的线下接货周期为 1～3 天，通过网络货运平台，能够缩短为 3～6 小时，大大缩短了司机等待时间，通过互联网技术优化物流行业各个流程，减少司机空车运输，提高司机接单精准度，同时让货主运费降低 8%～10%。帮助物流行业提升整体效能，实现对传统物流的转型升级，优化城市道路运输，提升城市管理的智能化水平。

（2）技术成果反馈。

约货网络货运平台系统属于江西约货科技有限公司自主研发并拥有自主知识产权的开发项目。其中有 8 项软件开发取得了国家版权局认定的软件著作权：约货基础组件微服务系统 V1.0.0、约货合伙小程序平台 V1.0.0、约货司机 App 软件 V1.0、约货货主 App 软件 V1.0、约货电子合同签署云平台约货司机 V1.0.0、约货货主运单管理系统 V1.0.0、约货支付网关云平台 V1.0、约货运维管理平台 V1.0.0。

约货自建的风控体系自上线以来已过滤运单超过 10 万单，拦截风险单占比 30%，将平台数十亿元的运单进行有效风控，在降低平台运单风险的同时，也有效节省了人工运单审核成本，增加了平台企业效益。

（3）项目效益及预估。

2020 年 5 月平台正式上线投入运营以来，截至目前，平台注册货主数量已突破 2000 家，司机注册数量突破 15000 名，平台整合运量 370 万吨，服务超过 1600 家企业。

运费的降低、运输进项发票的补足，能为企业提升 15%～20% 的效益，为服务企业全年节省近 16 亿元。同时，企业与平台的合作，能清晰呈现企业运力全方位数据，便于统计管理，优化人力及运营成本，并完善企业票务需求，有效衔接上下游客户，极大提高了企业竞争力。

截至 2020 年 12 月 31 日，约货网络货运平台月交易额突破 1 亿元用了不到 6 个月的时间，每月以 200% 的增长量递增。以市场体量及现阶段增长速度计算，预计平台运行一年内交易额将达到 50 亿元，三年平台交易额将突破 300 亿元，为当地政府创造税收 25 亿元左右。

五、体会与经验

1. 适应环境，迎合市场需求，匹配优质服务

网络货运平台在满足交通运输部提出的关于网络运输平台的八大要求下，还需通过自身条件满足国家开票的“五流合一”要求，深入了解市场需求，既能解决货主、司机、行业的问题，还可以协助税务机关监管运输票据。

在约货的成长发展中，政策方向虽已指明，但落实到实际操作时，和不少平台一样面临。初期缺乏资源，客户流失；操作页面不够智能化，加大人工营运成本；客户需求无法有效解决等多方问题。应及时进行战略调整，通过调研及客户需求反馈，寻求问题的优化解决方案。最终实现车货匹配模式、大客户模式、平台直联模式等多模式场景下的优质服务，智能匹配客户群体。

2. 合法合规，坚守底线

随着网络货运行业的逐渐成长、《网络平台道路货物运输经营管理暂行办法》的深入执行，网络货运行业各企业应深知国家的监管将日益严格，这表明了国家对网络货运行业的高度重视，也进一步说明了网络货运监管的核心依然是真实与合规。因此，数据真实、信息真实、安全保障等，都是企业平台应予以关注的重点方向。

约货作为网络货运平台道路货物运输企业代开增值税专用发票的试点企业，每一张发票都严格按照国家要求，集合同流、资金流、货物流、票据流、轨迹流于一体，坚决抵制运单造假，回归真实货运，解决企业进项不足的问题，整合货运市场违规税务乱象，打造绿色物流环境。

3. 网络货运平台发展意义

社会发展造就网络化时代，政府、市场再到物流企业共同催化物流转型、行业演变，造就网络货运。企业应利用互联网技术，整合全国范围内的车源和货源，打破原有限制。让司机轻松赚钱，让货主快速发货，致力于助力物流企业降本增效，解决物流行业个体司机无法开具发票的痛点，推动传统物流升级转型，迈向智慧、高效领域。

助力国家解决物流行业小、乱、差的局面，通过平台端口对接，梳理整个行业税务混乱问题，助力税收监察，减少国家税收的流失。依靠“互联网 +”技术，为物流行业提供全方位、立体化的赋能。

六、发展规划

1. 多领域，助力降本增效

网络货运平台降本增效的服务使命，不仅适用于道路运输，也适用于水路运输。针对水路运输市场的痛点，约货已在打造船运平台系统，对接无船承运平台，为相关企业解决船东无法开票的进项问题。

2. 全覆盖，加强业务拓展

优化代理商机制，沉淀货主、司机群体，在加盟区域进行用户开发拓展，完成生态圈的通道建设，力争一年内招募1800位区域合作商。

3. 集约化，整合市场资源

完善业务体系，持续优化平台系统，加强业务模式建设，有效促进中小货主企业、货运企业和个体业户资源的集约整合，优化市场发展格局，引导道路货运物流市场结构从分散走向集中。

4. 打造约货之家，提供金融服务

根据整个司机后市场打造约货之家，从司机出发，以 C2F 模式整合货车后市场供应厂商，打通零部件厂商的通道，按需配货，降低厂商库存压力，同时提供约货平台司机最优惠的后市场服务。

针对货主端提供金融服务，打通供应链金融，通过平台真实数据，提供保险、购车贷、约货钱包等业务功能，提升整体服务水平，实现发展规划，塑造行业标杆。

宁夏梦驼铃科技有限责任公司：梦驼铃物流产业平台应用案例

一、应用企业简况

宁夏梦驼铃科技有限责任公司（以下简称“梦驼铃”）成立于2017年，公司位于宁夏银川市经济开发区，旗下宁夏九鼎物流科技有限责任公司于2018年8月申请成为国家首批无车承运人试点企业，并于2020年10月被认定为全国AAAA级物流企业。公司主营计算机领域内技术开发、技术推广、技术转让、技术咨询、技术服务、计算机网络数据处理、道路货物运输、仓储、货运代理、企业管理咨询等业务。梦驼铃物流产业平台是运用互联网大数据、AI算法物联网技术，整合物流全场景，为货主、车队客户提供精细化深度服务的一站式生态物流综合服务平台，以信息化、数字化、智能化手段赋能传统物流由线下走向线上，形成以互联网大数据及供应链数字化服务为主的智慧物流全场景服务平台。

二、梦驼铃物流产业平台简介

梦驼铃物流产业平台以物流为抓手，深耕西北物流产业，旨在打造西北互联网物流共赢生态圈，搭建了56大侠（货主平台）、G7卡车宝贝（司机平台）、驼大师（数据中台）三大核心平台，形成了线上协同大数据科技平台，线下服务货主、司机协作团队的特色优势，致力于打造大宗物流运输解决方案、大宗物流供应链数字化整体解决方案、商用车供应链以及车后一体化服务平台、工业品一站式服务平台、数字化供应链金融平台，赋能并打造区域物流与供应链共生新生态，专注于物流全产业链深度服务，结合当地产业结构构建智慧物流产业集聚区，帮助客户建立快速、高效、协同的智慧供应链，实现降本增效，助力区域经济转型及工业企业数字化转型。

梦驼铃旗下的货主平台、司机平台、数据中台依托西北公路干线物流大数据库，运用大数据核心算法及精准定位追踪系统，及时获取物流全流程最新动态、优化物流运作水平、降低货主物流成本，形成半径500公里范围内极具竞争优势的高效、绿色、健康的物流体系。

梦驼铃物流产业平台组织架构如图1所示。

（一）56大侠

56大侠是以宁夏为中心、半径500公里的综合物流信息圈搭建的一家综合物流解决方案的平台。通过公路运输、铁路运输、货主信息化、运力外包服务、咨询服务、供应链金融服务等综合环节，运用大数据核心算法及精准定位追踪系统，赋能物流行业的流程优化、物流追踪、征信和金融等应用场景，为货主提供一整套物流解决方案，使整个物流环节全部可视。

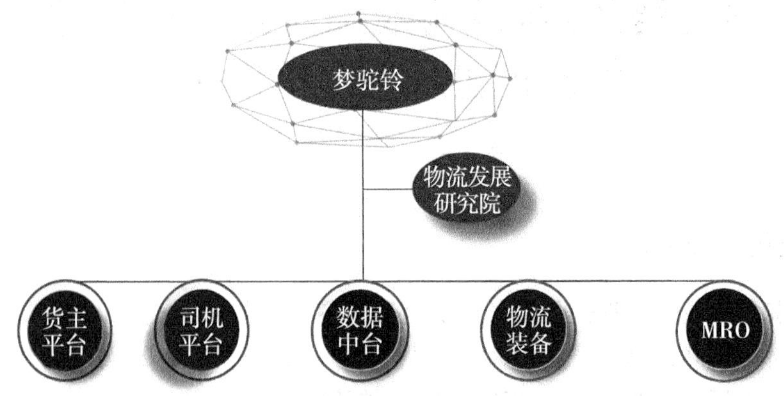

图1　梦驼铃物流产业平台组织架构

（二）G7 卡车宝贝

G7 卡车宝贝专注于为司机生活和个人金融领域提供帮助，解决运输环节的成本问题。通过引进整车、金融、保险及维修保养等业务，深度开发油气站合作，依托自有品牌电子商城“卡车宝贝”、线下实体店“司机之家”实现车后市场生态链的高效整合，联合多家汽车、润滑油、轮胎等厂商，为司机提供住宿、餐饮、金融、保险、维修保养等运输途中的综合服务，让司机在运输沿线也可以得到家一般的归属感。

（三）驼大师

驼大师将信息技术研发成果与大宗物流场景相结合，自主研发了网络货运平台、农副产品冷链平台、多式联运平台等信息化平台，用以连接货主、承运商、司机、车辆、商家及金融机构，为客户提供业务咨询、IT 战略部署、流程规划到产品实施、技术支持、售后运维等一站式全过程智能化服务，帮助客户建立快速、高效、协同的智慧供应链体系，为企业创造新的价值。

（四）物流发展研究院

梦驼铃物流发展研究院是由国内 50 多位行业知名专家及多所高等院校组成的，是“政府—企业—院校—行业”协同创新发展模式的物流产业研究机构，以国家对现代物流产业的发展战略为指引，围绕互联网、物流、产业平台、集聚区，为地方政府及实体经济提供现代物流、供应链管理、园区规划设计、供应链金融、物流人才培训及产业资源整合等一体化的专业服务。物流发展研究院以物流科技数字化及供应链管理服务创新为宗旨，打造物流产业路由器，结合产业需求，探索创新发展模式，为客户提供物流科技数字化服务及供应链管理服务全流程解决方案，帮助企业实现降本增效。

三、信息化实施中遇到的主要困难与解决措施

长期以来，传统的物流运营模式受数据管控难、货物监控难、运力储备少、账务处理慢、运费价格乱等一系列问题的制约，梦驼铃物流产业平台运用物联网大数据技术为传统物流进行数字化赋能，通过大数据核心算法及精准定位追踪系统，赋能物流行业流程优化、信息监控、货物追踪、征信和金融等营运场景，为货主提供物流全过程解决方案，使整个物流环节全程可视。

平台积极与国内知名物联网科技企业北京汇通天下物联科技有限公司（G7）联合成立宁夏卡车服务科技有限责任公司，通过综合发展，平台旗下 G7 卡车宝贝已成为宁夏营业额最大的电商平台，累计为司机增加收入 2900 多万元。2020 年 12 月，司机平台全面开拓车后市场服务，荣获“卡车后市场服务之星”称号，联合建立维保、轮胎、润滑油销售等服务网点，规划仓储配送体系 50000 平方米，为广大卡车司机提供价格优惠的加油加气、车辆维修、车辆配件、停车安保、餐饮住宿、洗衣等综合服务，增强了广大司机的幸福感和获得感。平台将集中采购的利润及促销费用全部让利给司机，累计让利超亿元，帮助广大司机降低 10% 的养车成本，累计帮助广大司机节约成本约 2900 万元。梦驼铃物流产业平台货主端与司机端协同服务结构如图 2 所示。

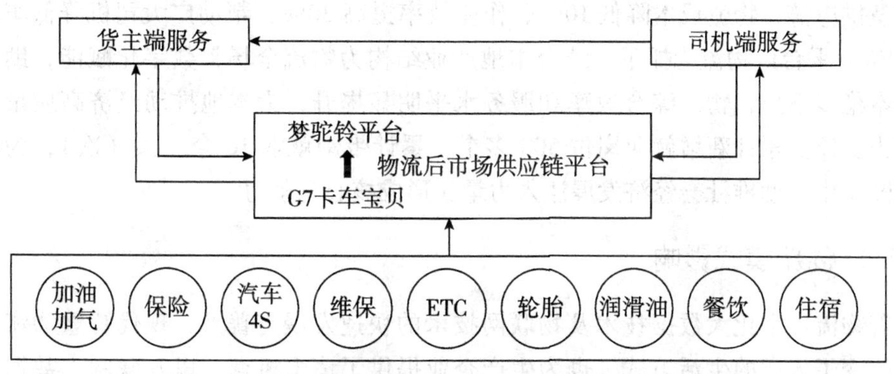

图 2　梦驼铃物流产业平台货主端与司机端协同服务结构

截至 2020 年 12 月 31 日，货主平台累计实现主营业务收入 30 多亿元，较 2019 年主营业务收入增长 10 亿元，累计服务货主 600 余家，运输线路 1600 余条，运输货物 7800 万吨以上。截至 2020 年 12 月 31 日，司机平台累计实现主营业务收入 7. 48 亿元。

四、打造物流产业核心技术优势

梦驼铃物流发展研究院研发团队具备丰富的物流解决方案策划经验，有较强的创新能力，平台研发投入超过千万元。自主研发的货主平台、司机平台、数据中台应用各类发明专利 30 多项、软件著作权 30 多项、开发软件 20 多个。帮助客户建立快速、高效的智慧供应链，物流成本降低 10%，作业效率提高 30%。通过旗下网络货运平台、司机帮、货主帮、车后平台等核心技术平台，对物流全流程业务进行数字化赋能，提高运输效率，降低物流成本；提高货物保障，降低运输风险；提高数据价值，降低运力流失；提高业务能力，降低人工成本，实现高效运作与管理，保证货物安全及高水准的服务品质。构

建物流与供应链、物流金融、物流新消费、物流大数据四大业务板块，打造“数字物流与供应链生态圈”。

五、平台信息化效益评估

（一）效益指标

当前，梦驼铃产业集聚区有与货主、司机深度服务相关的商家超百家，主要分布在宁夏、内蒙古、陕西、成都、河北、江苏、山东等地区，涉及煤炭、钢铁、焦化、化工等大宗原辅料及货物运输企业。

1. 经济效益指标

截至2019年12月底，平台运输总量超过7856万吨，总交易额41.41亿元，平台车辆注册量26.66万辆，运单数210.12万单。

2. 社会效益指标

公司在裂变式发展的过程中，对地区社会经济发展和社会公益事业也作出巨大贡献。截至目前，平台累计缴税1.397亿元，集聚区已引进物流相关知名品牌企业20余家，入仓货物金额超过1000万元，预计2021年营业额超过3亿元。平台帮助客户建立快速、高效的智慧供应链，物流成本降低10%，作业效率提高30%，帮助广大司机降低车辆运营成本20%，平台以物流为抓手，结合本地产业结构为物流全场景数字化赋能，助力社会物流成本稳步下降，物流综合效率和服务水平明显提升，为本地推动经济高质量发展提供了有力支撑。累计新增就业岗位500多个，累计带动就业10余万人（次），为稳定就业、保障民生、助推社会经济发展注入力量，形成核心竞争力。

（二）创新模式影响

随着物流数字化大数据技术及物联网技术的快速发展与普及，现代智慧物流技术的发展既改变了人们的生活方式，也为生产企业提供了诸多机遇。以互联网大数据为主的智慧物流全场景服务平台，助推第二产业实现转型升级，而以供应链为主的智慧物流平台，是连通各产业链的重要关节与渠道，企业要不断优化和创新生产物流管理，实现供应链全流程的高效管控，不断优化物流运作效率，以适应现代物流发展的需要。平台通过移动端和企业物流管理系统相关联，进行厂外任务分配、车辆运输监控、货物监控以及运费结算等物流全流程高效管理，形成各生产链条的相互协同，将商流、物流、数据流、资金流、票据流等全部线上化闭环管理，极大提高运作效率，帮助企业实现数据化、信息化、智能化、电子化客户管理，帮助企业降本增效。

六、本系统下一步发展设想

未来五年，平台在践行国家双循环战略中，要做贯彻落实“十四五”发展规划的尖兵，以物流为抓手、结合产业结构、创新发展产业互联网，通过参与中国—东盟物流行业合作等方式，探索外循环物流服务新机遇，为助力宁夏发展九大产业创造性地发挥更大作用。梦驼铃产业集聚区产业生态链深度服务架构如图3所示。

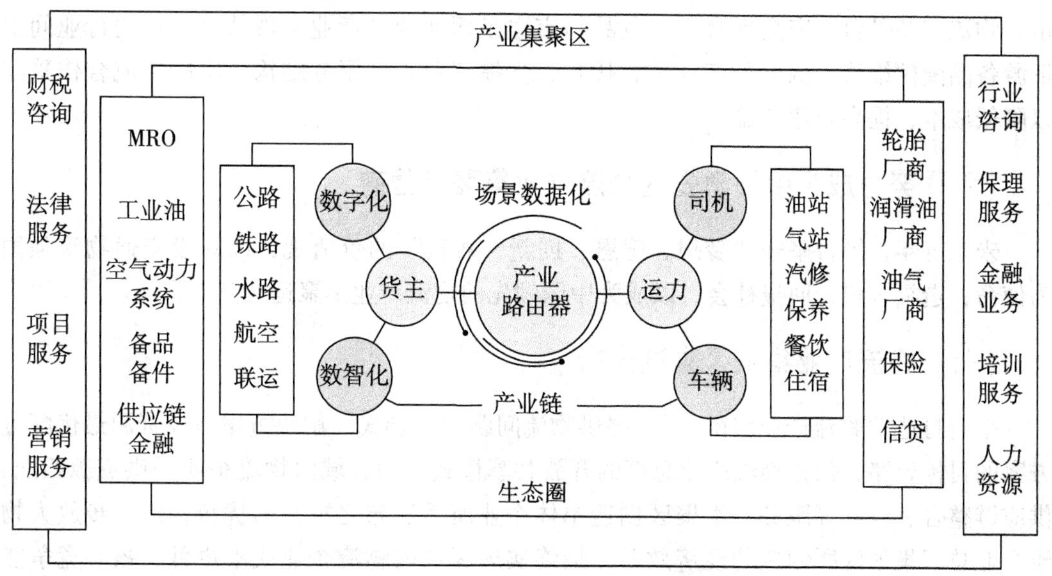

图3 梦驼铃产业集聚区产业生态链深度服务架构

(一) 经济效益再上台阶

未来五年，平台以银川为中心，深度服务方圆500公里的货主和司机，构建多式联运格局，形成物流全产业链绝对优势。平台货物运输量将力争突破8亿吨，实现营业收入500亿元，创造税收突破10亿元。

(二) 让司机生活更美好

未来五年，平台将吸引200万名司机加盟，运输线路超过24万条，全国布局司机之家超百家，带动就业20万人以上，降低车辆运营成本20%。

(三) 打造10个百亿级集聚区

未来五年，平台将坚持以服务为根本，升级物流发展研究院“政府—企业—院校—行业”协同创新发展模式，联合数据中台复制10家以上合资公司，在西北省会城市和重点工业城市打造10个百亿级集聚区。

(四) 完善工业品超市

未来五年，平台将充分挖掘数据价值，以数字经济为导向，激发产业链价值创造功能，打造数字经济新业态。建立工业品超市（MRO），按照“互为市场、互为客户、互通数据”联盟式发展思路，引进世界500强品牌，与国内外知名品牌供应商、专业电商平台深度合作、强强联合，建设工业品在线超市，按照标准化要求，对工业品进行统一采购、展示、交易、物流配送及售后服务，实现商品垂直化供应。

(五) 梦驼铃2.0升级深度服务

未来五年，梦驼铃2.0升级深度服务，解决客户一站式采购中的痛点，增加工业品超市、物流装备平台、安全平台。工业品超市立足西北地区产业发展特性，打通行业间上下游备品配件维修、保养的产业链，优化、支撑产业基础服务结构，协同集成合作采购以降低成本、提高企业效益。

（六）努力成为中国领先的物流产业集聚运营商

未来五年，平台坚守“梦想、感恩、创新、共赢”的价值观，以建设交通物流强国为使命，造福客户、回报社会，以成为中国领先的物流产业集聚运营商而奋斗。

（七）物流产业集聚区先试先行

平台打造“物流产业路由器”，提供物流问题“一键式”解决方案以及资源最优配置方案的目标思路，依托物流产业总部的开放共享模式，为区域内物流企业提供资源匹配、供应链整合、咨询等服务。集聚区创造单体企业所无法与之抗衡的优势，进一步放大物流产业总部集聚区所创造的经济效益，最终实现区域内物流企业成本更低、核心竞争能力更突出、整体物流服务的功能性和专业性更强。以集聚性服务物流产业带动税收，进而推动区域产业结构的升级，助力制造业进行数字化转型，帮助企业降本增效，更好地带动经济的发展。

山西惠捷供应链科技有限公司：惠捷智运网络货运平台

一、应用企业介绍

山西惠捷供应链科技有限公司（以下简称“山西惠捷科技”）成立于2019年，前身是中阳县安顺达物流有限公司。安顺达物流有限公司成立于2016年，经过两年的快速发展，2018年营业额达26392.36万元，运输量200多万吨，业务覆盖山西、陕西、内蒙古、河北、河南等地。随着互联网的发展，企业决定升级转型，成立山西惠捷供应链科技有限公司，公司目前已研发完成了大宗电商交易的B2B交易平台、惠捷智运网络货运平台（B2C）、供应链金融管理平台。山西惠捷科技运用互联网、物联网、云计算、人工智能等新兴技术手段，以大数据运营作为支撑，建立金融风控体系，真正实现产业重构，形成共创发展的互联网产业生态圈，形成资金交易闭环，确立有效的产业规划和信用积累。

二、项目介绍

惠捷智运网络货运平台是由山西惠捷供应链科技有限公司自主研制的网络货运平台，是一家从贸易源头到运输和金融结算为流程的产业互联网平台。惠捷智运网络货运平台是经交通运输部、工商局批准成立的网络货运平台，目前平台已注册司机5万名，2020年累计运输费用交易额5亿元，目前该平台在持续完善和迭代中，能够实现订单跟踪、全程监控。第三方结算平台可以实现运费的高效结算。企业管理模式：采用扁平化的管理模式，以市场部、物流部为业务拓展部门，以财务部、运营部、研发部、行政部为后勤支撑部门，构建以业务为导向、以服务为宗旨的“互联网＋”大宗物流的管理模式。目前山西惠捷科技采用的是以大宗的贸易为依托，开展基于订单、运输、金融的全流程营销模式，采用线上多级联动的营销模式，能够在提高效率的同时降低公司的运营成本。

三、平台介绍

1. 惠捷智运网络货运平台功能架构（见图1）

惠捷智运网络货运平台是一个基于C/S架构的移动互联网平台，是一个产业互联网平台，聚合了多个第三方平台服务的综合性平台，能够在手机端和微信小程序端使用，产品功能架构是集合了精细化运营、模块化、插件化的架构方式来实现的。惠捷智运网络货运平台结合当前行业的痛点，遵照交通运输部和国家税务总局的要求，开发的互联网物流平台，完成了整个平台所需要全部线上服务的功能。

（1）智能运力调度功能能够让货主在平台快速找到车辆，满足自己的运输业务，提高了运输效率。

（2）平台通过借助互联网技术实现物流操作线上化，能够实现快速装车、磅单回传、在线签收，让司机能够远程完成接单和运输任务，大大提高了整个运输的交易效率，降低了企业的人员运营成本。

（3）通过平台能够快速给司机结算运费，缩短整个运费结算的流程，符合税收监管要求。货物在途监控，能够看到货物的运输情况，实现全程监控。

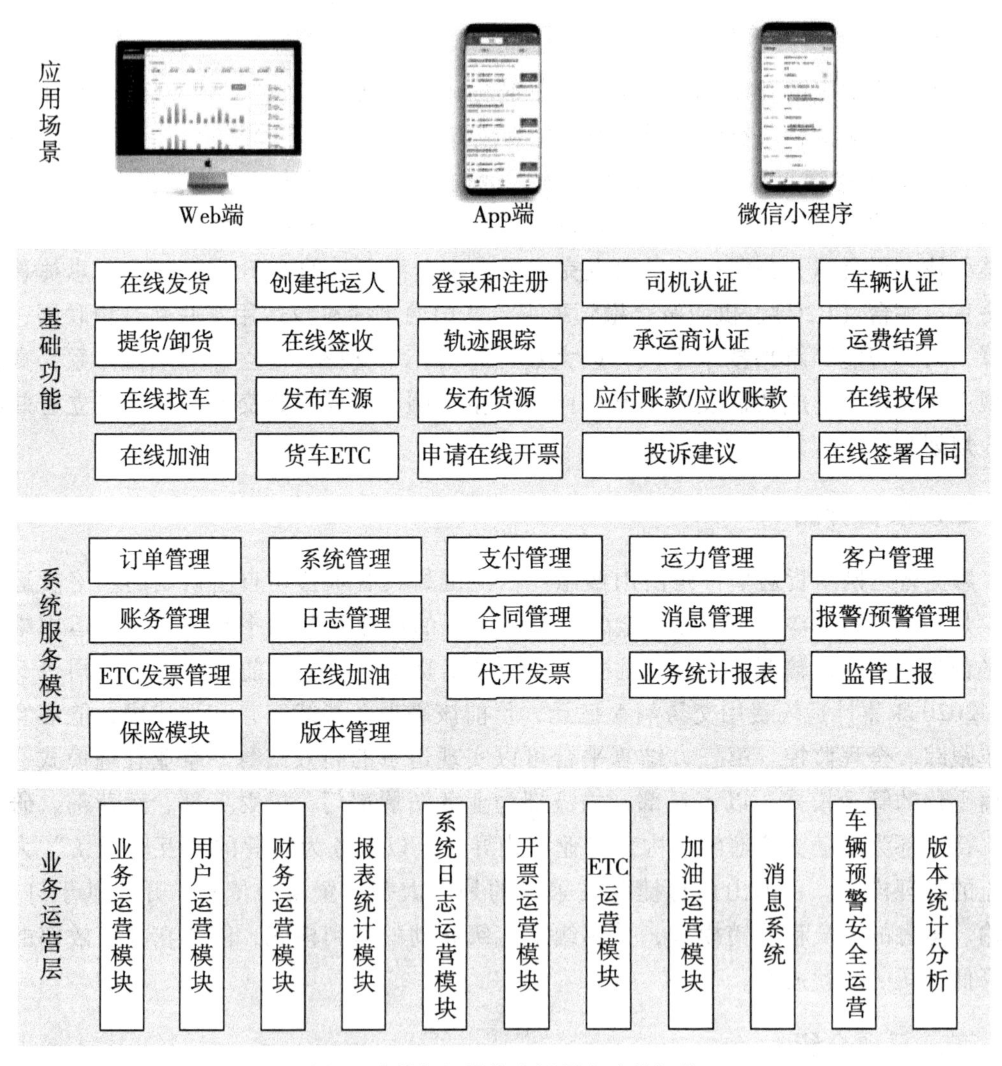

图1　惠捷智运网络货运平台功能架构

2. 惠捷智运网络货运平台交易流程

惠捷智运网络货运平台交易流程如图2所示，从业务委托到送达结算的全流程，采用线上接单、线下运输的方式，借助互联网提交业务运行凭据，为货主提供了在途监控，保证了货物的安全和效率。

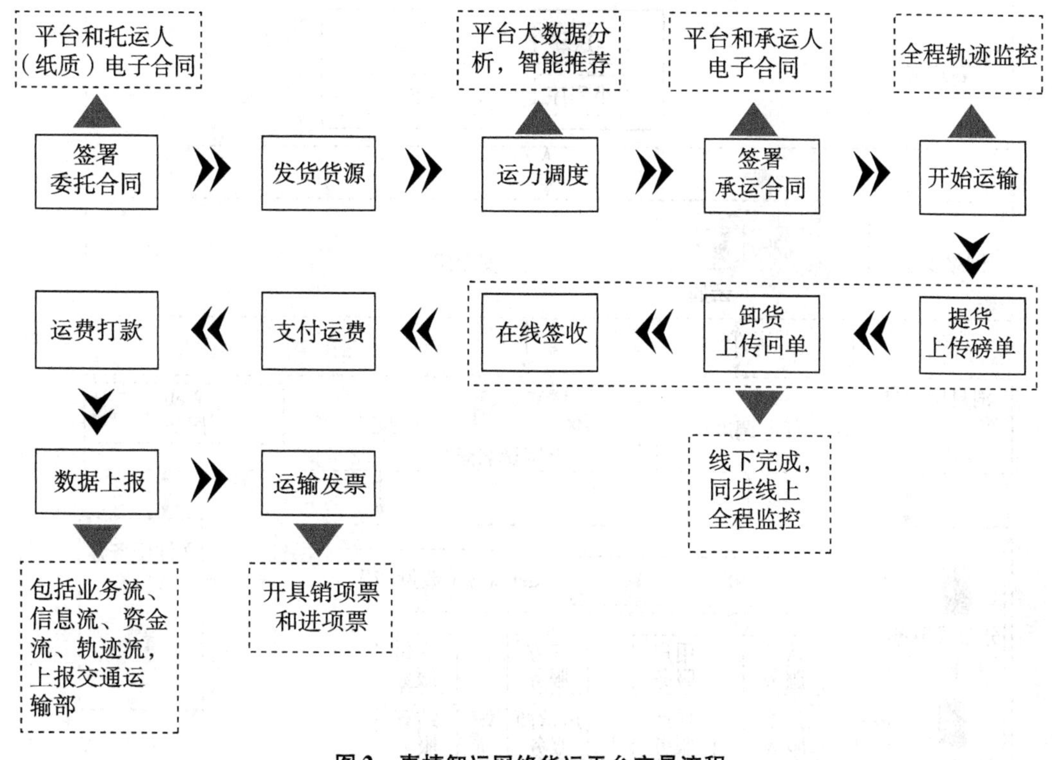

图 2　惠捷智运网络货运平台交易流程

3. 技术介绍

（1）该系统具有先进的技术架构及支撑大量用户访问的设计，包括大并发下的缓存技术、页面异步数据交换等互联网技术。

（2）系统采用了阿里云服务器，并使用了云盾、安全组等措施，具有非常高的安全性。

（3）系统采用微服务架构，从网关到底层服务都注册到了注册发现中心，一旦某个节点发生故障，注册发现中心会剔除该节点并由其他节点继续对业务提供服务，故障的持续时间可以忽略不计。

（4）系统的中间件（包括 MySql 数据库、Redis 缓存、RabbitMQ 消息中间件）均采用集群或双机的模式，一旦单节点出现故障，其他的节点仍可继续保证服务的支撑。

（5）采用了分布式调度平台（XXL – JOB）管理需要执行的定时任务，进行了任务—业务解耦，由 XXL – JOB 管理任务的执行情况及执行频率，不必对业务代码进行修改，直接跳转 XXL – JOB 上任务的配置并重新启动该任务即可。

（6）微服务采用 Jenkins 和 Shell 脚本的自动化部署模式，Jenkins 依据 git 配置去 gitlab 拉取代码，然后进行构建 jar 包，然后传输到 Jenkins 中配置的应用服务器对应的路径下，按照设定好的 JVM 参数启动该项目，实现了部署与研发的拆分，运维/测试/开发均可以对项目进行项目构建。

技术架构如图 3 所示。自动化部署示意如图 4 所示。

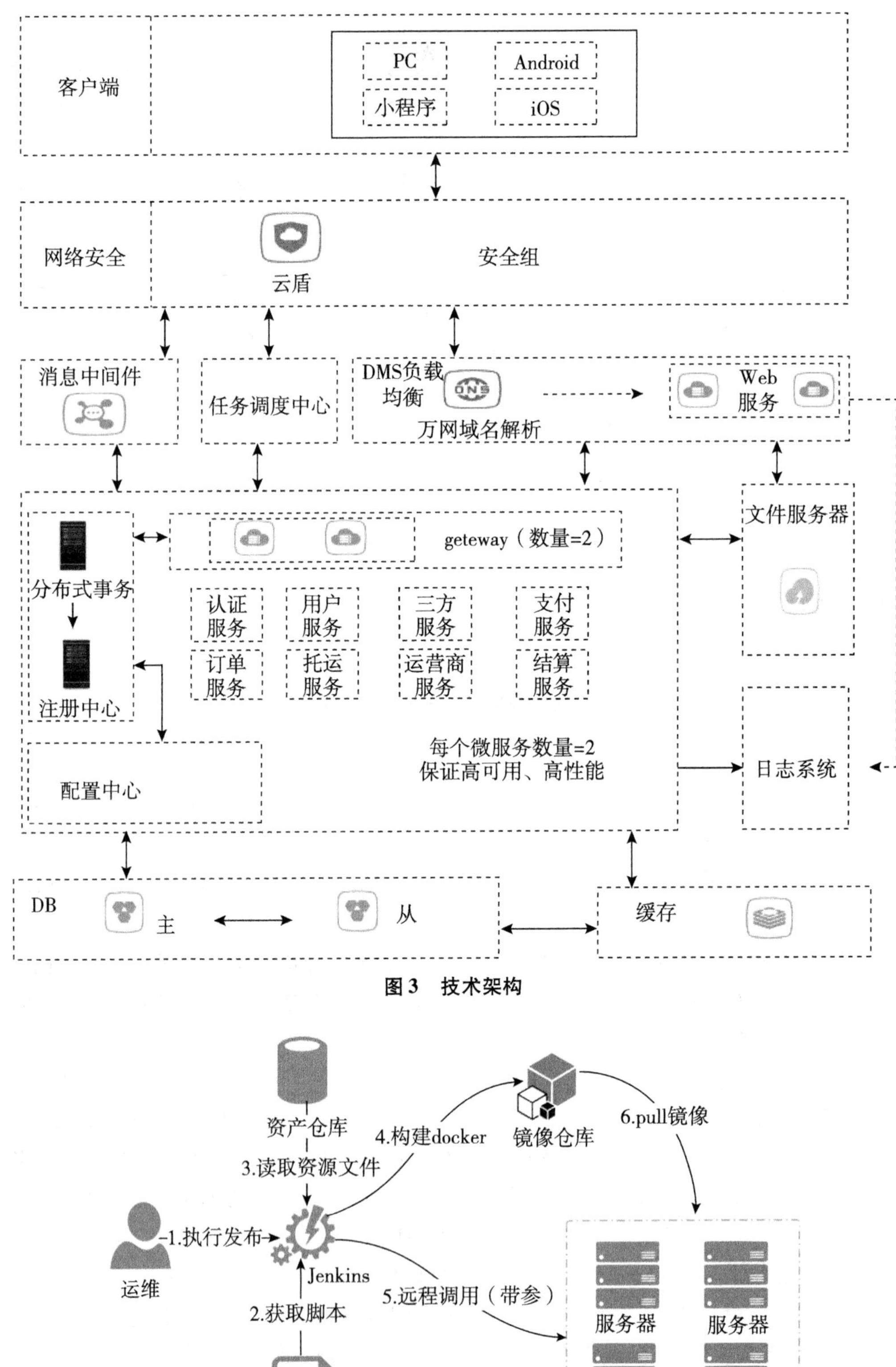

图3　技术架构

图4　自动化部署示意

四、平台中遇到的难题

1. 货主对平台操作抵触

由于平台是互联网平台，将传统的业务搬到线上来实现，需要进行培训和学习后才能逐渐开展业务。这对于企业用户来说决策流程长，员工综合能力相对低，导致在信息化的实施中存在业务操作错误、效率低下的情况。针对这种情况，公司开展了线上视频培训和线下实地指导的方式，同时尽量简化操作流程，方便业务的快速开展。

2. 运力不活跃，匹配成功率低

由于平台的司机活跃度相对比较低，在做智能运力调度的时候存在数据维度不足的情况，无法达到完全的运力智能化调度，后面公司结合业务运行规律，整合线上配车和线下配车两种模式，借助信息站的资源，将运力数据线上化，通过大数据整合，将司机车辆信息进行深度分析，在结合订单和运行轨迹上的统计分析后，在运力匹配上得到了很大提升，目前平台已经借助线上的数字化运营和线下站点的资源调度整合完美解决运力调度的问题。

3. 运费线下结算效率低

自平台上线运营以来，有些司机对平台不信任，希望通过线下结算。由于线下运费结算周期长，并且对平台而言，没有结算存证资金流出现无法追溯的问题，于是平台与第三方支付平台网商银行对接，网商银行能够很好地解决运费结算的问题，运费可以是车队长收，也可以是司机本人收，通过线上签收结算之后可以直接结算到收款人指定的银行卡上。

五、平台价值和成果

1. 降低公司运营成本

公司运营人员由以前的30人变成现在的10人，人力成本得到了降低。为企业节约人力成本，降低公司运营成本。

2. 税收筹划，降低税负

针对网络货运，有些地方出台了针对网络货运的招商政策，通过政策扶持，可以为企业降低税赋成本，惠捷智运网络货运平台上线以来，通过政策扶持已经为企业节省了400万元的运行支出。

3. 提高业务运行效率

自平台上线以来，业务效率得到很大提升，结算周期大幅缩短，提高了业务效率。订单量同比增长130%。

4. 构建数字化资产

目前平台累计注册司机7万名、车辆8万辆，完成订单128542单、交易金额6.52亿元，构建物流数字化平台。

六、平台未来发展规划

1. 构建数字化大宗物流运输服务平台

平台规划为“互联网+”物流的产业互联网平台，针对大宗商品运输提供专业的解决方案和服务，结合大数据、人工智能、物联网整合数字资产实现全流程高效管理和运行，为煤炭、水泥、混凝土、钢材提供从运输议价到形成运输服务的功能。平台目前已经构建了公铁海多式联运的解决方案，能够实现远程货物的高效运输，目前已经在运营，可实现自动化的运输服务。

2. 打通大宗贸易、运输、金融结算产业链服务平台

目前平台在开发大宗电商平台，未来会将电商订单、网络货运、供应链金融整合到一起来实现大宗商品的整个交易流程的处理，打通平台间的信息壁垒，构建模块化服务，以数据为依托，构建基于业务和算法的风控模型，开展运费预付和订单的授权服务，让整个业务能够高速运转。

江苏蓝宝星球科技有限公司：口岸集装箱车辆进场预约和短驳运输系统

一、项目承担单位的基本情况

1. 企业简况

江苏蓝宝星球科技有限公司（以下简称“蓝宝星球”）是江苏省连云港市国资委下属的连云港港口集团有限公司专门为物流板块打造的多式联运货运电商平台全资子公司，成立于2019年8月，注册资本4560万元，是江苏自贸区（连云港片区）首家入驻企业。公司依托连云港港口业务，以互联网平台为载体，打造港口发展新业态，成为基于数据挖掘技术的全程物流服务商。总体目标是通过对进出港货物、车辆（汽车/火车）和船舶进行业务分析和数据挖掘，应用人工智能等技术，为客户提供综合物流成本、物流时间、货物安全等的多种物流路径，提供门到门“一揽子”解决方案。即由蓝宝星球网络货运平台牵头，网上签订全程物流合同，船公司、船货代理公司、运输企业、港口、理货、报关行等各合作伙伴分段完成自身的业务，最终协作完成全程物流服务，把各物流参与方由信息技术凝结成一个有机整体，从而最终形成运输降本、港口增效、平台创收、客户得利的多方共赢局面。

2. 企业管理模式的特点

（1）统一思想，明确目标，将公司打造成为基于数据挖掘技术的全程物流服务商。

（2）人本管理模式，将企业发展与职工个人成长有机结合，树立正确用人导向，激发员工的主动性、创造性。在日常工作明确职责的同时，激发职工全面发展能力，鼓励职工独当一面。

（3）紧抓自由贸易区建设的有利契机，在薪酬体系建设、发挥职工才智方面进行探索创新。

（4）运用系统对物流信息进行统筹管理，从而使物流效率加快、成本降低。物流信息化系统的发展，使得供应链各环节作业更规范、服务更完善、功能更多样化。

3. 企业营销模式的特点

目前蓝宝星球的口岸集装箱车辆进场预约和短驳运输系统平台服务的主要对象是港口物流链上下游的货代、码头、物流运输企业、口岸监管单位等，提供基于港口的集装箱公路货运服务，在港口行业和本地区同类业务中，规模居于前列。

近期市场发展的总体思路为“规范、规模、品牌、共赢”，立足港口，服务港口，加快构建平台能力体系，积极推动本口岸业务，努力开辟其他区域市场。

首先，加快构建平台能力体系。按照国家、省级网络货运监管平台的要求，完善和落实蓝宝星球平台的功能设计建设。依托蓝宝星球平台成熟的车货交易体系，立足港口，设计开发有港口特色的集装箱短倒和进场预约功能，为港口网络货运平台的长远发展打下基础。结合海运伙伴开展的长途全程门到门业务，打造蓝宝星球全程物流网络货运服务能力。

其次，积极推动本口岸业务，努力开辟其他区域市场。深入本地集装箱市场，从港口集装箱物流仓储各参与方的实际诉求入手，解决车、箱双重匹配的问题，本着提升连云港口岸集装箱物流综合服务能力、降本增效的初心，有效规范和融合了车货资源，为下一步增值服务的推广打下良好基础。以立足港口、服务港口、走出港口、服务行业为己任，积极探索与外部伙伴的货运业务合作以及平台能力输出合作。

二、项目信息化业务流程

1. 项目内容

将短倒业务与进场预约业务进行统筹，由蓝宝星球进行车辆任务的指派，建立进港车辆与任务的对应关系，提升港口对进港车辆的管控力度；同时将车辆提送箱单证电子化，取消纸面单证，减少单证交接环节，提升运输的效率。主要功能模块包括短倒需求发布、车辆任务调度、短倒计划编排、进场预约、账单结算等。

2. 系统流程（见图1）

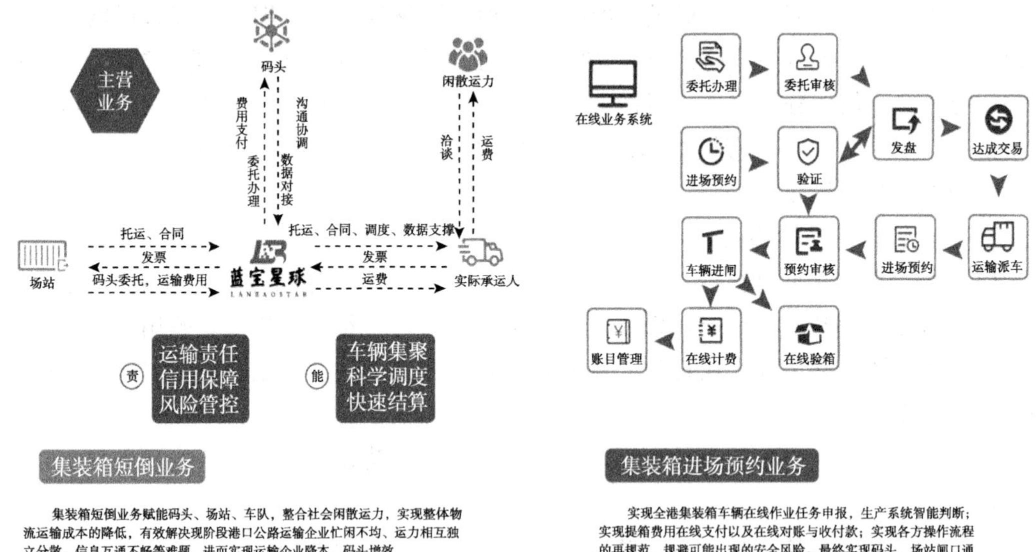

图1　系统流程

三、项目效益

1. 项目设计的预期效益

对码头而言，通过对短倒业务的统筹，将分散的短倒作业进行归拢，根据场地依次开展作业，加上对零散任务的机动匹配，在提升码头生产作业的计划性的同时，减少生产机械的大范围移动频率，降低码头现场作业成本。码头的商务、财务部门无须与多家场站进行账目核对及催收款的操作，只需与蓝宝星球对接，通过将部分业务线上化、自动化，节约了人力与时间成本；通过将进出闸纸面单证电子化、残损记录线上化，简化车辆进出闸手续，提升闸口通过效率。码头可在一定时间内承担更多的装卸船任务，为提高集装箱运输效率奠定基础。

对场站端而言，通过与码头生产计划的衔接，通过将短倒运力进行整合调度，提升了短倒业务的效率，满足场站端各个时段的运力需求，避免了作业波峰时期运力不足的情况。蓝宝星球为场站提供运费及码头委托费用的账期，缓解场站的资金压力，提升现金流；车队可在更短的时间内收到运费，并且通过其他的途径提升短倒业务的利润率；通过建立短倒业务信用体系，打造短倒核心运力，提升短倒运输企业的积极性，为场站及码头提供更优质的服务。

对运输企业端而言，通过将短倒业务进行统筹，运输企业只需对接蓝宝星球，并且通过提升结算的频率与时间间隔，减少车队人力成本的投入与资金垫付的金额，减轻运营的压力。通过将短倒业务进行统筹，衔接码头生产计划，提升短倒作业的效率，增加单车单日作业趟数，提升单车利润率。通过将车辆提送箱单证电子化，取消纸面单证，减少单证交接环节；通过将指令电子化、简易化，结合 App 语音播报，缩短调度员与驾驶员之间的沟通时间，提升运输的效率。通过为车辆提供后市场协议价格，降低车队运营成本，进一步提升利润率。

2. 短倒运力整合的实际效益

通过短驳运输系统的上线，港口短倒的作业效率大幅提升。截至 2020 年年底，蓝宝星球累计调度车辆 500 余台，占口岸集卡数量 17%，比 2019 年增长 66.7%。其中 73 台为核心合作车辆（运力占比 15.4%，运量占比 67.2%），94 台为协议合作车辆（运力占比 18.8%，运量占比 25.4%），剩余为临时调配的闲散运力（运力占比 65.8%，运量占比 7.4%）。

3. 进场预约系统的实际效益

平台上线运行不足半年，相关码头及场站共计在线预约进场车次突破 40 万次，驾驶员在线缴纳提送箱费用近 600 万元，蓝宝星球已为 70 余家代理及个人开具发票上百张。经过进场预约系统的实施，三家闸口的通过效率明显提升，驾驶员无须领取、整理纸质发票，与货代凭借电子账单进行结算，闸口工作人员、驾驶员以及货代的工作强度显著下降。根据测算，闸口通过效率提升 76%，两家码头人力投入减少 43%。

四、企业竞争力影响

1. 增值服务

信息化的核心在于充分挖掘企业内外部的隐性信息，在共享平台上充分发挥企业资源整合的能力，加速信息的流通，以便更快更及时地响应市场，提升企业竞争力。

平台和增值服务是相辅相成的关系。一方面，增值服务的优惠点能继续扩大平台的影响力，延伸平台的服务范围；另一方面，平台的发展又反向促进了增值服务的优惠力度，因为用户越多，平台话语权就越重，能争取到更多的优惠点，这些增值服务是吸引货主和车主网上交易的最大亮点。首先是提供信用支付，蓝宝星球希望通过支付数据沉淀体现信用。其次是保险业务，包括集中统一购买车险、对生成的每笔交易提供定制的运输货物险等，为车主获取更多的保险优惠，同时货物险又是平台交易的保障，可以增加信用点。

2. 社会效益

口岸集装箱车辆进场预约和短驳运输系统能够积极推进港口转型升级，提升港口物流服务水平，其核心功能是将码头生产由碎片化整合，提升码头装卸箱效率，降低成本；整合从业车辆，打造核心运力，发挥规模效应，提升效率，降低成本。最终，通过降低短倒业务的综合成本来降低港口物流的综合成本，提升港口竞争力，促进港口上量。通过该平台可实现更便捷、信息源更公开的车货匹配，物流流程更加高效；可通过评分机制、外部信用引入、支付手段保障、在线合同统一，建立能得到充足信用保障的机制；可实现信息资源的统一管理、整合，为多个单位进行流程监管、数据分析、决策支持提供保障。

五、项目推广意义

连云港作为新亚欧大陆桥东方“桥头堡”，是江苏沿海开发、长三角一体化、国家东中西区域合作示范区、创新型城市四大国家战略聚焦的城市，也是国家“一带一路”倡议的支点城市。习近平曾带领中国代表团访问哈萨克斯坦，提出共同建设“丝绸之路”经济带的战略构想，在中哈两国元首的共同见证下，连云港与哈萨克斯坦共同签署了共建过境货物运输通道及货物中转分拨基地的合作协议，提出将连云港打造为哈萨克斯坦的战略出海口，凸显了连云港在建设“丝绸之路”经济带中的独特作用。信息平台建设是现代港口物流发展的必然要求。多年来，连云港市公路交通网络在港口集疏运体系中发挥着巨大作用，为港口发展提供了有力保障。但是，受新冠肺炎疫情影响，全球经济复苏缓慢，国内经济下行压力加大，市场需求不足，港际间的竞争日趋激烈，连云港市港口吞吐量和集装箱运输增长乏力，使本已运力过剩的集装箱运输市场竞争越来越无序。同时，由于连云港市集装箱运输企业集约化程度不高，货运双方资源缺乏有效的调度和整合，货运信息不畅，空箱运输量太大，造成资源的极大浪费和环境的严重污染。对此，推动口岸集装箱车辆进场预约和短驳运输系统的建设，求得运力与运量之间最佳配置，是规范集装箱运输市场竞争秩序、更好地服务货主与运力两个市场主体的重要举措。

六、下步计划

1. 集装箱短倒运输业务

“十四五”期间，蓝宝星球将进一步赋能码头、场站、车队，整合社会闲散运力、提升车辆运输效率，实现整体物流运输成本的降低，有效解决现阶段港口公路运输企业忙闲不均、运力相互独立分散、信息互通不畅等难题，进而实现码头降本增效、蓝宝创收创效的良好发展局面。2021 年将启动东鸿、外仓、郁州以及第二期场站的合作，初始具备全联动条件。完成运力整合工作，正式开展智能调度。启动三方生产及计划联动机制，并研发支撑系统，将其常态化、自动化。

2. 进场预约项目

“十四五”期间，蓝宝星球将充分运用信息化手段，实现全港集装箱车辆在线作业任务申报，生产系统智能判断任务自动放行；实现提箱费用在线缴纳与支付，以及在线对账与收付款；实现各方操作流程的再规范，规避可能出现的安全风险，最终实现码头、场站闸口通过效率以及生产安全性的有效提升。2021 年箱厂、力达、中哈实施工作将收尾，东泰码头、东鸿、外仓以及第二期合作场站的系统实施上线，完成电子专票功能建设，在线提供电子发票，提升票据流转效率。优化货权管理板块，取消递交纸质单据，进一步降低集装箱进出口业务各环节的运营成本。

湖南天骄物流信息科技有限公司：网络货运管理系统平台

一、企业基本简况

1. 企业概况

湖南天骄物流信息科技有限公司（以下简称“天骄科技”）于2007年5月成立，注册资本2000万元，是一家横跨电子商务和现代物流两个领域、专注于物流行业公共信息服务系统建设及互联网增值业务开发的高科技企业。公司经营范围包括第二类增值电信业务中呼叫中心服务和信息服务业务、软件开发、信息技术咨询服务、科技信息咨询服务、数据处理和存储服务、信息系统集成服务、信息电子技术服务、数子内容服务、普通货物运输、道路货物运输代理、交通运输咨询服务、物流代理服务。

天骄科技自成立以来，一直致力于建设高效、实用、专业的信息化公共服务平台。用信息化推动物流产业资源整合与优化，从而为全社会提供最优质的物流、信息、产品、技术等服务。天骄科技已成为全省物流信息服务平台的龙头企业，在电子商务领域中占有一席之地。

2. 企业目前拥有的主要产品

通过公司研发团队的共同努力和刻苦攻关，公司研发的天骄快车、牛运网物流信息平台（代理商版）、牛运网物流信息平台（司机版）、物流信息联盟综合平台（手机版）、通贝支付平台、牛运交易保障平台、无车承运金融系统、无车承运油票系统、无车承运大数据公共服务平台、物流查询系统、诚信担保系统等主要产品，市场占有率达到95%，为物流数字化和信息高效共享作出重要贡献。天骄快车是覆盖区域较广、提供跨省服务的全国性的物流公共信息平台。该平台每天物流信息流量超过200万条，相关产品获得软件著作权30项。

3. 企业荣誉

天骄科技经过几年的实践与成长，取得了显著的经济效益和社会效益，也获得了政府和行业的高度认可。天骄科技是高新技术企业，科技创新小巨人企业，2019年度湖南省“电商百强”企业，湖南省移动互联网重点企业，湖南省电子商务示范企业，中国十佳成长型物流与供应链平台，重点物流企业定点调查单位，诚信公约联盟联合惩戒单位，工业和信息化部认定的国家工业和信息化部运行形势指数企业；先后获得中国物流与采购联合会科技进步奖二等奖、电子商务先进企业、2020年湖南省互联网企业50强等荣誉称号。2020年获评4A级网络货运管理系统平台企业，并被评为2020年度优秀网络货运管理系统平台企业。

天骄科技秉承“同享共赢、高效创新”的企业精神，深入研究行业发展趋势，深度理解行业发展需求，运用物联网、云计算等先进技术，打造全新的物流公共信息服务体系，为中国物流产业的迅猛发展提供巨大的推力，为全社会提供最低成本、最高品质的物流服务。

4. 企业管理模式

天骄科技采取现代化的企业管理模式，以制度化管理为基础，通过搭建系统的管理架构，导入企业文化管理、业务流程管理、目标管理、成果管理、现代人力资源管理、客户关系管理、风险控制管理、市场预决策管理等模块，构建企业科学的、现代的、可执行的经营管理体系架构，促使企业内部形成自动扩张与成长机制。

5. 营销模式

（1）以国家开展无车承运人试点为契机，依托平台开展物流货运承运业务。

（2）平台运营按照“谁受益、谁付费”的原则，出台使用平台的相关服务费用标准，按照市场化运作，实现平台的良性发展。

（3）通过注册会员形式集聚用户资源，为用户提供多种信息服务，形成资源洼地。

（4）开展第三方增值业务服务。通过提供金融、保险、油卡等深度服务物流全产业链条，提升平台核心竞争力。

（5）建立利益共享的“合伙人”运营模式。平台建立一套科学的利益分享机制，每个人都是平台的合伙人，他们既是资源的贡献者，又是利益的分享者。

（6）组建专业联盟。通过“建联盟、进联盟”形成统一的组织、统一的品牌、统一的保障。

（7）打造物流助手专业管理团队。物流助手是这一新商业模式推广的中坚力量，也是该模式的一大创新。

（8）天骄科技采取了“诚信担保”的方式。一方在遭受经济损失时，先由平台提前进行赔付，然后通过诚信担保系统向造成损失的一方进行索赔，扣除预先缴纳的担保金，从而使平台健康、安全发展。

二、网络货运管理系统平台解决的问题

1. 促进交通运输转型升级的需要

通过管理和组织模式的创新，集约整合和科学调度车辆、站场、货源等零散物流资源，能够有效提升运输组织效率，优化物流市场格局，规范市场主体经营行为，推动货运物流行业转型升级，促进物流业降本增效。

2. 推动用户信用体系建设的需要

平台利用技术手段加强对违法违规行为的监测、识别和防范，主动与执法部门建立联防联控机制；加强运输生产安全、服务质量、诚信考核、事故赔付能力等方面的管理；利用物流信息平台和大数据技术整合相关信用信息，建立基于消费者交易评价和社会公众综合评价的市场化用户信用信息采集、共享与使用机制，向社会提供平台“人、车、户”等基本信息的查询服务，引导货运市场的规范发展。

3. 创新道路货运运营管理模式的需要

平台通过业务相关操作规范，科学设计业务流程，形成物流资源组织调度、运输监管、单证交接等环节的规范化管理。充分利用平台的物流货运大数据，在信息资源的互联互通、服务规范、作业流程等方面，加强与铁路、港口、民航等企业的业务衔接，开展公铁、公水和陆空联运，通过甩挂运输、共同配送等先进运输组织方式提升运输组织效率。

4. 推动国家“营改增”税制改革的需要

《财政部 国家税务总局关于全面推开营业税改征增值税试点的通知》明确规定无车承运业务按照交通运输服务缴纳增值税。但道路运输行业中的个体运输户由于经营资质条件的限制，只能开具普通发票或无法开具发票，从而造成税源流失。平台通过合伙人的模式将个体运输户纳入平台业务体系，由平台主体企业代开增值税专用发票，有效解决个体运输户申请代开增值税专用发票问题，实现税收代开代征，统一征管，从而增加国家税收。

5. 规范道路货运行为的需要

项目从保障安全、维护权益、提高服务角度出发，对网络货运经营者有关承运车辆及驾驶员资质审核，货物装载及运输过程管控，信息记录保存及运单数据传输，税收缴纳，网络和信息安全，货车司机及货主权益保护、投诉举报，服务质量及评价管理等进行了系统规定，合理界定了平台责任，规范平台经营行为。充分利用信息化手段加强网络货运经营的运行监测和监管，建立交通运输、税务部门信息共享机制，营造公平公正的市场环境。

6. 帮助小微经营者转型升级的需要

从事道路货运物流服务的多为小微经营者，完成了全国道路货运 85% 以上的物流周转服务。但是，随着移动互联的普及，商业创新越来越快，以传统运营模式为主的小微经营者越来越难以适应，其经营举步维艰，收益每况愈下；“谋出路、求生存”的诉求日趋强烈。

7. 物流信息大数据挖掘与应用的需要

过去数十年行业内基本不重视道路货运物流数据的价值，不管是每一个包裹、还是每一辆卡车，每一个时间段的动态信息都会与成本、时效、KPI 数据相关。这些动态数据背后蕴藏着商品的流通动态，通过动态可以实现海量的数据分析。这些数据不仅能用于物流运营管理，而且会对消费者需求进行分析。未来将会是大数据驱动物流，信息逐步代替库存，数据创造价值。

三、网络货运管理系统平台推进思路

1. 精准市场定位，扎实的根基基础

细分市场明确，主要针对道路货运零担和整车市场中的物流企业、信息部、货运司机等，对其进行资源的整合以及大数据经济价值的挖掘；公司在湖南物流市场精耕细作，为中小微物流企业解决实际问题，在行业内树立了良好的口碑，并积累了深厚的平台业务资源，不仅在湖南具有垄断地位，在全国市场也极具口碑，这为推广全国网络货运信息平台打下了良好基础。

2. 基于绝佳地利基础，制订“一横一竖”的推广发展战略

目前，天骄科技在湖南物流货运市场占据绝对领导地位。由于湖南地理位置特殊，公司制订了“一横（湖南、江西、福建、贵州、云南）一竖（湖南、湖北、河南、山西、内蒙古）”的成果推广发展战略规划。

3. 以“无车承运人”试点为契机，推进物流降本增效

以国家“无车承运人”试点为契机，按照试点相关政策，遵循相关法律法规，按照企业主导、政府支持、市场运作的模式，建设一个覆盖全国的无车承运人物流信息大数据共享平台，实现货运全过程交易监控；形成支付保障、车辆事故理赔及时、线上线下联动、信息共享、大数据挖掘、政府税收实时监管等透明的、公平的、合规合法的新秩序，彻底改变行业小、散、弱、乱等现状。

4. 全方位、多层面的实施推广

充分发挥产品的品牌效应，通过网络、平面广告、移动广告等多种形式，有目的性地在各物流园区、批发市场等货物集散地宣传与推广。

四、网络货运管理系统实施中的难点与解决措施

目前，互联网上涌现了一大批的物流信息平台，但这些物流信息平台发展水平良莠不齐。用互联网的思维进行市场占领需要大量的资金，而效益是在集聚了一定的量集之后才能凸显平台的经济价值。虽然目前天骄科技研发的信息平台在省内具有绝对的优势，但依然面临着市场竞争压力。

（1）针对性进行营销。

该平台主要是针对物流行业，在营销过程中对物流行业的主体进行了甄别。平台主要把托运人、物流公司、运输车辆、司机、第三方服务机构等汇集，实现物流信息互联互通、资源共享、相互协作、公平竞争。平台采用最先进的“网点”“线路”设计理念，大大提高了用户获取信息的效率。

（2）利益共享的合伙人机制。

在无车承运平台运行体系中，每个人都是平台的合伙人，他们既是资源的贡献者，又是利益的分享者。平台建立了一套科学的利益共享机制，每年会预留营业收入的15%作为分享基金，只要有为平台做贡献，就会有相应利益分配，甚至终身受益。

（3）提供第三方增值服务。

项目依托庞大的道路货运市场，通过资源整合与业务归集，为其提供信息匹配、交易支付、运费结算、物流金融、保险、油品、ETC 等一系列增值服务。

（4）严格的平台会员准入。

项目通过严格的准入筛选标准、健全诚信考核档案、实施全过程风险管理、完善保险赔付机制等手段，逐步建立起涵盖全链条、各环节及各要素的管理体系，不仅有效规范了广大中小货运企业的运营行为，同时也提升了无车承运企业自身的服务品质。

（5）先行赔付的保障运营机制。

平台采取了“诚信担保”的交易模式。一方在遭受经济损失时，先由平台提前进行

赔付，然后再通过诚信担保系统向造成损失的一方进行索赔，扣除预先缴纳的担保金，从而使平台健康、安全地发展。

五、网络货运管理系统平台推广的意义

1. 对自身平台的意义

网络货运并不强调平台自己预设的业务模式，强调的是客户自选的业务模式。信息部进入组织后，它的业务、运力以及业务模式都带入组织。这种模式下，平台巧妙解决了其他模式下地推成本高、管理难、市场不确定、客户抵触大、盈利困难、风险高的难题。

2. 对联盟成员的意义

联盟内业务共享，联盟外吸引更多业务对接，业务成倍增长；具有统一品牌、统一标准，大力提升服务车和货的核心竞争力；联盟内不竞争，最大化避免了同行撬货和同质化恶性竞争；优质资源强强联手，增加了每个联盟成员的竞争力和信誉度；联盟成员互相学习，取长补短，更专业、更轻松；联盟壮大后，将成为国内运力最强的无车承运集团，联盟成员都是集团股东、合伙人。

3. 对货源方的意义

减少调车的麻烦，腾出更多精力服务自己的主业；创造更大的利润空间；更广泛高效地选择优质专线调车资源，方便获悉各个流向专业、准确的运价行情，降低人力资源成本和管理费用。

4. 对司机的意义

提供更稳定可靠的货源，提高优先权和确定性，减少因虚假信息导致的经济损失，避免了司机间恶性低价竞争，提升收益，降低成本。

六、网络货运管理系统平台产生的经济价值

目前，货运及相关市场规模庞大，公司通过平台实现上下游资源的整合与对接，形成无车承运生意链，降低物流成本，提高物流运行效率，及时调配物流运力资源，全面掌握物流运价波动行情。平台通过线上物流信息共享、匹配，线下物流交易撮合、管控，实现上游托运企业与下游承运人的互联互通，数据共享，交易互动。平台将涉及税票开具、保险、油卡、ETC、维修保养、支付等众多纵深层次业务，取得的经济价值将是巨大的。

七、网络货运管理系统平台下一步改进方向

平台自身容量要进行升级。平台采取的是 App 或 PC 端访问的形式。随着项目产品的推广，客户的需求会发生变化，用户量会逐渐增大，因此，为满足客户的需求和高通量访问，平台要扩展增加服务模块，具有较大的并发量，后续要做好服务器的更新和维护，保证客户最快获取所需要的信息。

网络货运管理系统平台的核心是把线下交易移到线上，在一个公平的、透明的环境里进行交易，因此平台交易要有保障。

平台要涉及纵深业务领域。通过平台集聚效应和资源洼地效应，进入物流金融、保险、消费、卡车后服务等领域，拓宽平台盈利点，形成一个闭环的生态产业链。

天骄科技对产业转型实施引导，转型过程中推广平台，最终，公司将回到专业的物流全行业、全链条公共服务平台领域。

八、平台下一步推广设想

1. 加强平台集群化支撑

一方面，单一的平台业务将面临巨大的生存压力。目前，网络货运管理系统平台只能解决货运过程及其监管问题，对于企业的进一步需求还无法满足，因此需要衍生出供应链金融平台、企业公共服务平台等。另一方面，网络货运管理系统平台为了更好地发展，也需要将现有的部分业务进行剥离，从而形成新的支撑平台，如网络货运业务支付过程的低成本需求，会衍生出支付平台，而网络货运管理系统平台对权限的管理颗粒度越来越细、越来越多的场景需要进行权限控制，也将导致权限管理相关功能的逐步剥离，从而形成独立的权限管理平台。

2. 增加业务纵深支撑

网络货运管理系统平台的业务范围目前只包括整车货运业务，还应继续纵深发展，扩展成零担货运业务，零担货运管控难度更大，这将是网络货运管理系统平台面临的一大挑战。另外，网络货运步骤多、分支多、参与角色多，这对用户体验的改善提出了挑战，如何让用户操作流程简化、体验更好，是网络货运管理系统平台必须解决的一大问题。

3. 完善风控体系

网络货运管理系统平台在结束业务模式探索后，必须进一步完善业务风控体系，通过建立基于数据的风控模型来进一步保障平台业务。

4. 完善集成、测试、部署、发布自动化

网络货运管理系统平台目前实现了集成、部署、发布过程的自动化，在平台发展的初级阶段，自动化部署体系尚且够用，但是随着业务量不断增加，系统发布部署的频率不断提高，建立集成、测试、部署、发布等环节全自动化的过程势在必行，因此，微服务容器化、容器编排等技术是网络平台技术发展的重要方向。

5. 挖掘行业大数据解决方案

网络货运管理系统平台数据积累有限，加快行业平台、公司合作势在必行，通过行业大数据解决方案，整合货运行业相关数据，进一步处理、挖掘数据，建立数据源于行业、又服务于行业的良性循环，为行业发展、政府监管提供进一步支持。

西安货当当科技有限公司：货当当网络货运服务平台，用科技赋能传统货运

一、企业简介

西安货当当科技有限公司（以下简称“西安货当当”）成立于2020年1月7日，是基于区块链实现专注煤炭行业生态链的科创型服务企业，业务涉及网络货运、车队管理、财税服务、煤管数据上链、开票服务等领域。

西安货当当通过科学的管理手段和现代化运营体系，依托榆林、神木周边的矿场资源富集区的政策、交通等综合区位优势，以为合伙人客户解决内部管理单元的连通与外部商业主体之间的协同为己任，以实现运销全程中合同签订、发运计划、车辆定位、单据统计、结算支付等环节贯通为目的，积极进行物流生态布局，满足生产企业运输管控和运营管理的全方位需求，致力于为合伙人客户提供一站式物流管理解决方案。

西安货当当自成立至今不断创新进取，在业务增长迅速的同时，凭借着自身优秀的产品和良好的专业技术团队，始终如一地为客户提供好的产品和技术支持。

二、网络货运服务平台建设情况

目前，西安货当当已经自主研发了货当当货主操作软件、货当当运营操作平台（运营PC）、货当当发票服务平台、货当当物流管理平台（货主PC）和货主二维码生成软件等项目，已在公安部门进行了信息安全系统等级保护备案，并拥有科技部科技查新报告、国家增值电信业务经营许可证（ICP）、增值电信EDI在线数据处理与交易处理许可证，同时均已申请国家相关著作权限。

通过一段时间的积累，西安货当当网络货运服务平台的服务能力已经完善，已经具备成为一站式网络货运服务平台的能力。

三、城市互联生态赋能

合伙人用户就像撒落在大地上的珍珠，西安货当当提供服务，帮助合伙人用户实现无车承运的互联共享。

在传统线下货运物流的服务模式中，货主有发货需求时，首先需要找到线下的车队长（也称合伙人客户、运输公司）来提交装卸货的基本信息情况；其次由线下车队长负责手动记录入运单信息，找到并登记相对应的车辆，安排完成货物的装卸货及运输过程；最后在运输完成后，由企业货主再联系可以开具发票的公司开具运输发票，这样才能完成整趟货运物流服务。这三个环节往往不能按照预期发展，整体过程中客户体验差、配

对效率低、运输环节封闭、结算环节不透明、开票环节不顺利成为企业货主、车队长及司机的痛点。

如今西安货当当独立研发的网络货运服务平台已经实现的城市互联功能如下。

（1）可以通过司机车辆的实名注册实现司机和车辆的信息数据共享，为合伙人用户提供更多选择，这意味着合伙人用户加入平台即拥有高度覆盖能力，可以随时依据运输路线实现运力资源分配调度。

（2）企业货主资质征信数据透明公开，让社会司机通过平台消化运力时更安心。

（3）运输过程全程监控，车辆轨迹实时互联，大大降低了供应链中货物车辆的监控难度，也为相关利益者大大规避了风险。

（4）货当当网络货运服务平台为每位合伙人用户独立配备运营专员，从巡防到实地培训，从运输规划、资质设计到后续平台操作指导，进行全面辅导，手把手扶持合伙人用户成长。

四、低成本的税务方案

西安货当当除了提供网络货运服务平台，还为合伙人用户提供了整套合规、低成本的税务解决方案，以及创新的实时税收返还金融服务。有别于传统的“卖票服务”企业，货当当网络货运服务平台已经推广了5年，政策红利已经到了末期，经历洗牌后政策监管也趋于严格，合伙人用户将面临成本和合规两大难题。

西安货当当一直密切关注相关财税政策，专门聘请网络货运领域财税专家、注册会计师、管理会计师和财税律师组成专业财税团队，负责和各地政府开展深度合作，共建“数字货运产业园”，配合专业开发团队共同打造专业化财务系统，与业务系统对接，在为合伙人用户提供运输管控的同时，还提供运输相关的各项财务指标，帮助合伙人用户实现赋税控制，提供票据管理、成本控制、资金控制等多种便利方案。

五、智慧互联共享未来

西安货当当定位于“网络货运的服务者”，如果网络运输服务是一个大舞台、合伙人用户是主角，那么西安货当当就是幕后的服务者！

西安货当当针对困扰合伙人用户许久的成本和合规两大难题，以企业平台的身份提供多种适合的方案。除此之外，西安货当当还致力于以信息技术促进物流产业变革，通过信息技术、运营服务和税务规划，为行业提供全方位、立体化的赋能。

物流服务平台应用案例

中国移动通信集团河北有限公司：通过搭建物流一体化管理平台实现资源、信息、数据整合

一、企业简况

中国移动通信集团河北有限公司（以下简称“河北移动”）于1999年8月16日正式挂牌成立，2000年10月在香港和纽约同时上市，成为由中国移动通信集团公司控股的中国移动有限公司的全资子公司之一。公司注册资本43亿元，资产总额超过400亿元。公司现有员工超过2万人。

公司主要经营移动电话通信（包括话音、数据、多媒体等）、固定电话通信（包括语音、数据等）、数据通信业务、网元出租、呼叫中心、视讯、虚拟专网、IP电话及互联网接入服务等业务，另外还具备基于所有电信业务的施工资质和施工能力。

河北移动的物流主要是满足用于通信工程、网络维护、市场营销物资的仓储、运输需求，所以，对于河北移动来说，物流产生于物资需求，结束于物资使用。

二、案例背景

（一）外部环境

1.“提速降费”持续推进

从宽带/流量资费全面下调，到流量不清零/无限流量套餐、取消手机国内长途和漫游费，再到取消流量漫游费、移动网络流量资费年内至少降低30%，不到四年时间，移动用户资费下降83.5%，人均年省160多元（数据来源于互联网），在为大众网民以及社会产业释放大量红利的同时，也为通信行业的发展带来新的变革，在利润急剧下降的形势下，如何在培育新兴业务、寻找新利润源的同时，降低运营成本、提升管理效率，也成为行业的热议话题和通信企业未来的发展重点。

2. 竞争趋同，利润压力增加

通信用户日益趋于饱和，三家运营商对4G和5G用户的争夺愈加激烈。全国漫游费取消、无限流量套餐、提速降费、携号转网等政策的推出，基站交由铁塔公司统一运营，广电网络成为第四家运营商，技术更迭快，5G建设成本高，等等。这些均导致竞争趋同，企业竞争力减弱，利润空间减少。

3. 高质量发展成为主线

2019年《政府工作报告》中再次强调，坚持稳中求进工作总基调，坚持新发展理念，坚持推动高质量发展，坚持以供给侧结构性改革为主线。面对正在发生复杂、深刻结构

性变化的发展环境，提高效率、避免浪费的高质量发展，成为通信运营商发展的主线。

4. 供应链领域正在变革

国家积极推进供应链创新与应用试点工作，形成创新引领、协同发展、产融结合、供需匹配、优质高效、绿色低碳、全球布局等产业供应链，培育百强领先企业。中美经贸磋商一波三折，全球供应链面临解体与重构。深化改革开放、加强自主创新是发展的根本之道。供应链由“传统采购”向“价值服务”变革转型。

（二）内部环境

1. 公司“降本增效”运营发展

一方面，时代不断发展，先进理念不断更新，河北移动作为传统通信企业，应顺应时代发展，利用大数据、云计算等先进技术，不断提升自己的运作能力和管理水平，以提升自己的核心竞争力。另一方面，作为通信行业的代表性企业，河北移动在竞争日趋激烈的形势下，利润空间逐渐减少，降本增效实现高质量发展成为必然趋势。

2. 供应链能力重塑提升

物联网、大数据、人工智能、区块链等先进技术不断成熟，对供应链的可视、动态、协同、智慧、可预测、可持续等多方面提出了更多挑战，供应链复杂性、成本与效率的平衡、商务协同、客户满意度提升需解决，端到端的价值链需建立，供应链模型已由原来的单链式向网状模式发展转变，供应链管理由传统的静态线性业务流向用户需求驱动的动态网络转化，以价值为导向，供应链能力需重塑提升。

3. 物流管理模式转型升级

河北移动物流的运营内容以仓储和运输为主，管理手段较传统，全省物流资源需进一步整合。河北移动应运用科学的方法和管理手段将河北省物流管理模式进行转型升级，以达到在提高物流运作效率的同时，实现资源整合，从而降低物流成本，并通过物流运营条线的优化，带动其他相关条线的优化，最终提升整个公司的运作效率。

三、案例解决方案要点概述

河北移动作为通信行业中的一员，面对新形势，必须迎接挑战、创造机遇。在增加营业收入的同时，也应以大数据分析为基础、以信息共享为手段，发挥集中效应、降低运营成本、提升内部运营效率，最终实现支撑能力和盈利能力的双提升。

（一）以大数据分析实现全省仓储资源整合

以2011—2016年河北省的12个地市（区）的经济发展情况、物流行业的发展情况、物资库存、物流集中度以及各地市库房间的物理距离等多维度数据为基础，构建优化指标体系，以聚类分析为分析方法，构建全省仓储布局优化模型，确定全省仓储的层次划分；以万有引力公式构建各物流节点间的经济吸引力测算模型，以确定不同层次物流节点间联系的紧密程度，从而确定出区域性物流中心及其重点辐射的其他物流中心。

将相关数据带入模型进行测算，测算结果显示，可将石家庄、保定、唐山设置为一级物流中心，除负责本地市物流外，还需辐射其他经济联系比较紧密的地市，衡水、邢台、邯郸等其他八个地市可以作为二级物流中心。物流中心层次划分如表 1 所示。

表 1　物流中心层次划分

一级物流中心	石家庄			保定			唐山	
二级物流中心	衡水	邢台	邯郸	张家口	沧州	廊坊	承德	秦皇岛

1. 精简优化全省仓储布局

2017 年，河北移动全省仓储网络的布局模式为“3 个 RDC 库 + 11 个省库 + 11 个市库”，2018 年，基于大数据分析结果，对全省仓储布局进行了优化，在原有仓储布局模式上进行精简，建立“3 个 RDC 库 + 8 个地市库”的布局模式，即将石家庄、保定、唐山作为一级物流中心（RDC 库），其他八个地市作为二级物流中心（地市库），并将一级物流中心作为区域性物流中心，重点发挥其区域辐射作用，辐射本地市和关联性强的地市，从而逐渐缩减和弱化二级物流中心的功能，全省仓储资源得到全新整合，物流资源价值逐渐放大。

（1）RDC 库：仓储 + 集货 + 配送。

仓储物资特点：储存大区库通用型物资；储存通用性较强、地市需求计划性相对较强的物资。

（2）地市库：中转。

仓储物资特点：主要用于临时存放本地市内使用的物资，以及到现场使用，存放周期较短的物资。

演进趋势：随着向终极模式的不断演进，分屯库会逐步弱化和取消，但是承德和张家口两个山区的分屯库则需保留，以确保需求的及时满足。

石家庄 RDC 库辐射区：衡水、邢台、邯郸。

保定 RDC 库辐射区：张家口、沧州、廊坊。

唐山 RDC 库辐射区：承德、秦皇岛。

2. 构建配套运输体系

依托于全省仓储布局优化后的方案，以充分发挥 RDC 库的区域辐射功能为主要目的，重点提升配送的灵活性，按区域划分配送范围，作为一级物流中心的 RDC 库重点负责其辐射范围内物流中心的配送服务。

（二）打造专业管理平台，实现信息集中管控

河北移动基于数据分析和管理流程搭建全省可用的物流专业管理平台，使各方信息得到整合。

1. 不同主体、全流程信息整合，信息互通，准时响应

根据信息来源的不同，物流需整合集中的信息主体可分为内、外两种，即供应商、代维单位、施工单位、营销单位四个外部信息主体和需求部门、采购部门、物流部门和使用部门四个内部信息主体（需求部门也可能是使用部门）。集中管控的不同主体如图 1 所示。

物流作为一个贯穿始终的主线，涉及需求征集、下单采购、实物到货、验收入库、库存监控、实物出库、现场使用 7 个主要环节，河北移动基于数据分析和管理流程搭建全省可用

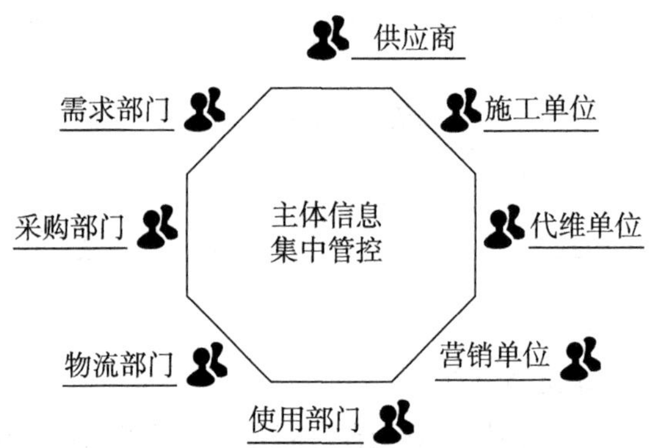

图 1　集中管控的不同主体

的物流管理平台。①各主体、各环节信息高度一致；②物资全生命周期在线监控；③仓储资源随时查看；④运输状态实时监控；⑤分析表自动生成。各方信息得到整合，在管理流程标准化、信息化的同时，增强数据整合、数据分析能力，使整个物流运营工作更加井然有序，使物资在可控的范围内有节奏流动。物流管理平台管理界面如图 2 所示。

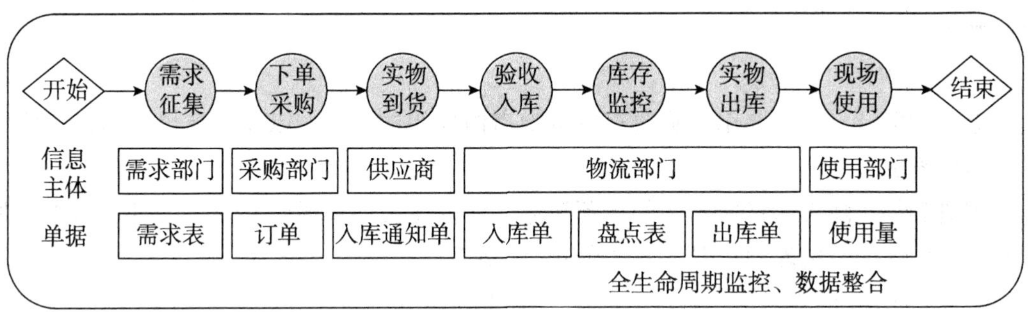

图 2　物流管理平台管理界面

2. 需求、订单集中管控，提升需求响应

由专人负责定期向不同需求部门以“主动 + 被动”相结合的方式征集需求，将需求根据物资类型进行整合、分析，结合现有库存（含在途）的情况，以“以存供需”为原则，优先使用现有库存，以保障在及时满足需求的前提下，盘活库存，提升仓储利用率。需求与订单集中管控如图 3 所示。

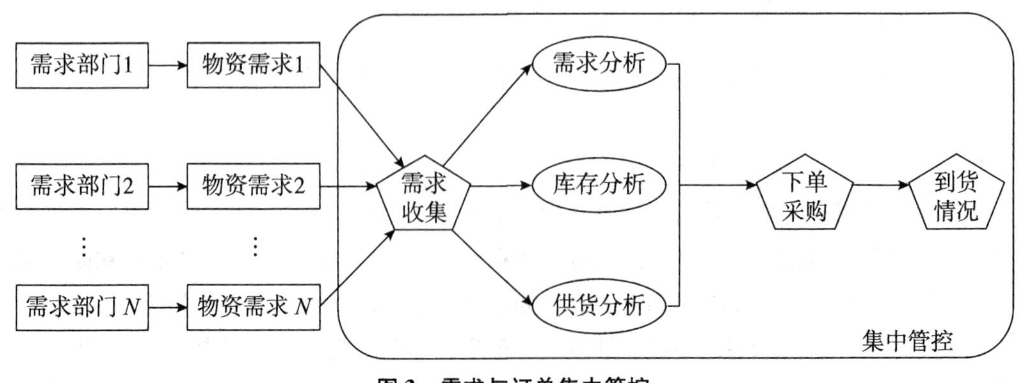

图 3　需求与订单集中管控

3. 物资集中储存、配送，全程可视

在产品化物资到货后实行集中储存，并根据使用需求情况集中配送，最大限度提升需求响应速度，在及时满足需求的同时，避免资源浪费，实现物流资源价值最大化。产品化集中管控流程如图4所示。

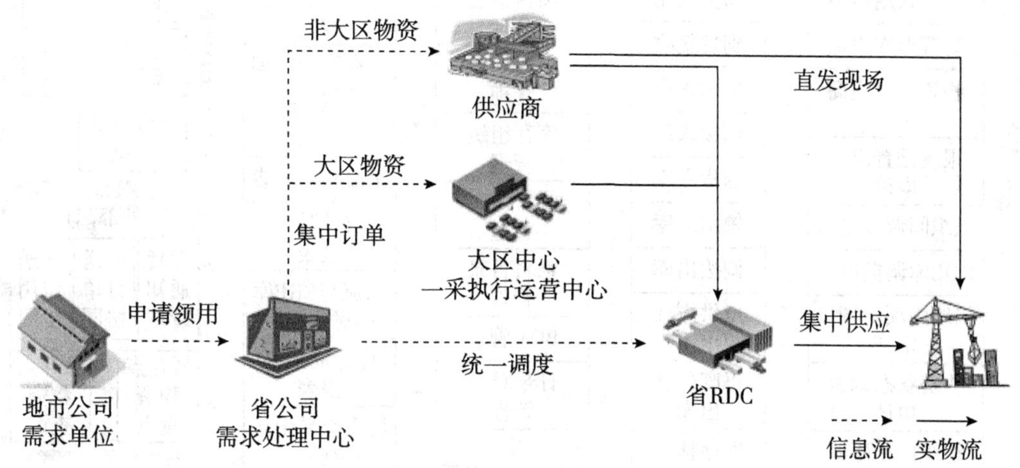

图4 产品化集中管控流程

4. 定制化管理模块，提升服务感知

河北移动通过统一物流平台，建立基础数据管理、需求管理、系统管理、仓库管理、配送管理、报表统计等功能模块，做到了对物料编码的全流程贯通，共享物资库存信息，盘活了库存呆滞物资，固化标准支撑流程，建立账实相符保障体系，使物流管理更加规范和高效。

（1）库存物资共享：库内物资信息全省实时可视，全省的100多个部门（单位）均可发起物资使用申请，经物流负责人审批后，方可发起物资领用出库流程。

（2）账实相符保障体系：打通与采购平台、ERP平台等其他管理系统间的系统数据接口，在物资采购、入库、调拨、出库等环节上各系统间自动调整，为各系统间的数据一致提供了保障。

（3）仓储物流体系标准化：基于河北移动现有采购系统，接入统一物流平台，构建采购、仓储、配送为一体的供应链平台，实现需求管理标准化、仓储管理标准化、配送管理标准化、废旧物资管理标准化、库存管理标准化。

（4）需求管理升级：建立物资与需求计划、需求计划与订单执行、订单执行与库存之间的联系，实时将需求计划、采购订单与库存情况进行比对。

（5）迈向移动化：新增手机App接入方式，便于用户通过移动端接入系统，提高使用效率。手机App管理功能包括但不限于仓储管理、配送管理、使用管理。

统一物流平台管理模块如图5所示。

（三）完善IT支撑体系

河北移动为做好全省物流支撑，提升运营效率，以科学、全面并与实际操作相贴合

图5　统一物流平台管理模块

的整体原则，建立健全全省物流保障体系。

管理层面：成立物流小组，专职负责河北全省物流运营工作，根据业务内容划分不同的岗位，并为每个RDC库设置专职的沟通协调人员。

流程层面：将流程标准化和可视化，共建立操作流程30个，使物流运作有据可依。

制度层面：根据物流运营和管理特点，制定专门的管理制度，内容涵盖仓储物流作业、产品化管理、仓库现场、第三方物流等诸多方面，以保障全省物流运作。

IT支撑层面：各专业平台间建立数据联系，实现大量专业信息的整合和维度的统一，也为全省物流运作做好了技术保障支撑。各环节IT支撑总览如图6所示。

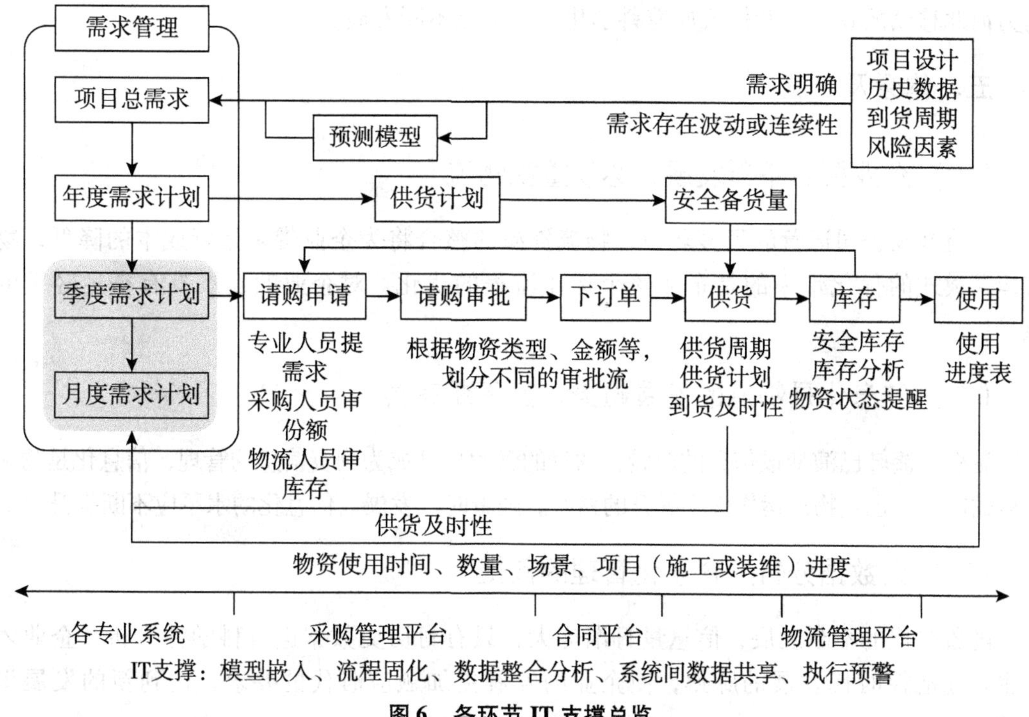

图 6　各环节 IT 支撑总览

四、应用效果

（一）实现了仓储资源和信息的整合

河北移动通过搭建专业管理平台，将原来分散管理的物理仓库，实现了线上统一管控，进行全省集中规划，将外部的供应商、仓储商、运输商和内部的需求人员、管理人员、审批人员等多种角色以及订单、供货、入库、库存、出库、退库、报废等各环节信息进行了整合。

（二）产品分层分级，流程标准化，提升支撑效率

根据各类物资的需求特征、价值等因素，对产品进行分层分级管控，对通用性强的物资集中管控，并通过信息平台将所有物流管理流程进行标准化，避免了重复性操作，节省人力成本，提升管控效率，满足物资需求的及时性，最大限度提升“客户”感知，助力河北移动全省业务发展。

（三）仓储成本降低，为公司带来间接利润

仓储布局实现优化，全省物资实现共享，2017 年至今，全省仓储面积下降约 40%，每年仓储成本下降约 2200 万元，为公司发展带来了间接利润。

（四）其他

大数据、信息化平台的引入，为今后进一步完善物流运营模式打下了良好的基础，

助力河北移动的物流运营模式向着科学化、信息化不断发展。

五、体会及经验

（一）企业要想不断发展，必须重视物流

物流涉及公司运营的很多环节，物流资源的整合将为企业带来运营成本的降低，物流运营模式的优化带来的是企业整个运作流程的优化，对企业的发展具有举足轻重的意义。

（二）信息化是物流的发展趋势，且不断完善

物资的流转已演变成信息的流转，物资的管理也已成为物资信息的管理，信息化是物流发展的趋势，也是物流运作效率提升的核心。随着时代发展，信息化的水平应不断提升。

（三）大数据分析是科学化管理的前提

随着时代的不断发展，信息量日渐庞大，只有对历史数据进行科学性分析，企业才能更好地把控时代发展的脉搏，使企业的发展更加顺应时代的要求，达到新的发展里程碑。

（四）只有不断改变，接受新事物、新思想，才能不断提升核心竞争力

管理理念、科学方法不断发展，只有不断接受新事物、新思想，才能根据时代发展方向，不断提升企业的核心竞争力。

（五）外部发展和内部优化同等重要

对于通信行业来说，毋庸置疑，开发新业务、发展市场是头等重要的，但是不能只将发展精力放在利润增长上，内部运营应不断优化，才能保障核心竞争力不被动摇。

六、下一步改进计划

（一）继续引进大数据分析模型

将大数据分析模型引入更多环节，加强数据分析，促进物流管理的科学化。

（二）基于 TCO 等先进管理理念，持续优化现有流程

基于精益物流管理理念，进一步梳理和细化现有管理流程，基于 TCO 管理理念，降低物资管理总成本，持续发挥“第三利润源泉”的作用。

（三）打造全流程可视，信息化水平迈入新阶段

整合现有管理信息系统，向前端需求、后端使用延伸，打造端到端全程可视、可管、可控的集中管控体系。

中远海运物流有限公司：扬子江化工园区数字化管理服务平台

一、应用企业简况

本项目的实施单位是中远海运物流有限公司。中远海运物流有限公司（简称“中远海运物流”）隶属于中国远洋海运集团有限公司，由中国远洋物流有限公司、中海集团物流有限公司、中海船务代理有限公司和中国外轮理货总公司重组整合而成，于2016年12月21日正式挂牌运营。

中远海运物流是以航运物流为核心的国际化综合性物流企业，可为海内外客户提供现代化、专业化的全程物流与供应链解决方案。在行业内具有良好的口碑和服务能力，是政府、港口、铁路、空港以及大型跨国企业的重要合作伙伴。

中远海运物流在中国境内30个省、市、自治区及海外17个国家和地区设立了分支机构，在全球范围内拥有600多个销售和服务网点，形成了遍及中国、辐射全球的服务网络系统。

成立以来，中远海运物流连续多年荣获中国物流业“金飞马”奖、全国先进物流企业等行业荣誉和奖项。

二、项目实施背景

江苏扬子江国际化学工业园（以下简称“扬子江化工园区”）于2001年5月经江苏省人民政府批准设立，是以精细化工为主要特色的化工园，是长江流域配套功能最优越的化工园。扬子江化工园区是江苏省危险化学品生产、储存、使用企业的主要集中地，是省10个重点化工集中区之一，也是江苏省安全生产管理的重中之重。《省政府关于深入推进全省化工行业转型发展的实施意见》（苏政发〔2016〕128号）中明确要求，省内所有化工园区在2020年年底必须完成封闭管理。

园区内重大危险源数量多、分布广，进出园区的危化品运输车辆数量和种类多，存在固定和移动危险源相互影响的风险，整体安全生产压力较大。为了实现对封闭式化工园区内人员及车辆的集中管控，实现风险实时监测及预警，需要利用信息化管理手段，建设园区封闭化管理平台，实行分类、分级的封闭化管理，进一步提升园区安全管控能力，降低系统安全风险，增强安全应急保障能力。

（一）制定信息化标准

实现封闭园区服务事项流程标准化、办事指南标准化、工作细则标准化、考核评估指标标准化、企业信息标准化、人员信息标准化、车辆信息标准化等，让企业和群众享受规范、透明、高效的服务。

（二）打造规范化园区

实现对封闭园区不同管理对象（企业、人员、车辆等）、不同生产区域的规范化管理，对进出园区的不同管理对象，根据其各自特点及可能危及园区安全的影响程度，采用不同的管理手段进行分类控制；对园区的不同生产区域，根据其各自安全风险以及建设进度，采取不同的管理手段进行分级管理，确保园区规范化运行。

（三）实施精准化管理

实时掌握封闭园区内的人员数、车辆数及危化品运输车辆的状态，了解园内主要路段的车流量情况、移动危险源事故情况。精准化监测入园的移动危险源（人、车等）的总量、位置，确保安全通行。

（四）建设平台化园区

封闭园区平台由卡口管理平台、运营管理平台、业务调度平台、园区智慧化管理平台、道路管控平台、应急一体化平台、物联监测平台、园区数据中心等组成，工作人员只需要访问园区综合门户便可以操作授权的系统，打造线上线下融合、多级联动的服务平台体系，着力破解“信息孤岛”。

三、项目实施过程和应用效果

（一）项目总体架构建设

本次项目的总体框架如图 1 所示。

基础设施层：搭建基础支撑设施，包括软件运行基础环境及中心机房建设、专有设备基础环境建设。

软件运行基础环境及中心机房建设主要包含主机设备、网络设备、安全设备、存储设备等。

专有设备基础环境建设主要包括园区内的监控设备、环境检测设备、电子围栏、通行证、智能工卡、GPS 设备、LED 大屏等。

数据资源层：以封闭园区系统数据为基础，对接其他系统数据资源，建设自有的数据中心，厘清各种业务系统的业务数据应用和共享情况，规划数据需求，对数据管理、数据存储、数据分析、数据挖掘功能进行分析和设计，为各部门、社会公众提供全面优质的数据服务；针对总体需求，利用先进的数据中心云构架对现有分散的数据中心进行升级，并纳入新增的云设备的数据中心体系中，构筑“云计算、云存储、云安全、云终端”一体化，具有弹性、高效、稳定、绿色特质的数据中心。

应用支撑层：搭建用于技术支撑的应用支撑组件平台，包括单点登录、权限管理、应用集成、硬件接口整合、工作流引擎、电子表单、消息服务等中间支撑系统。

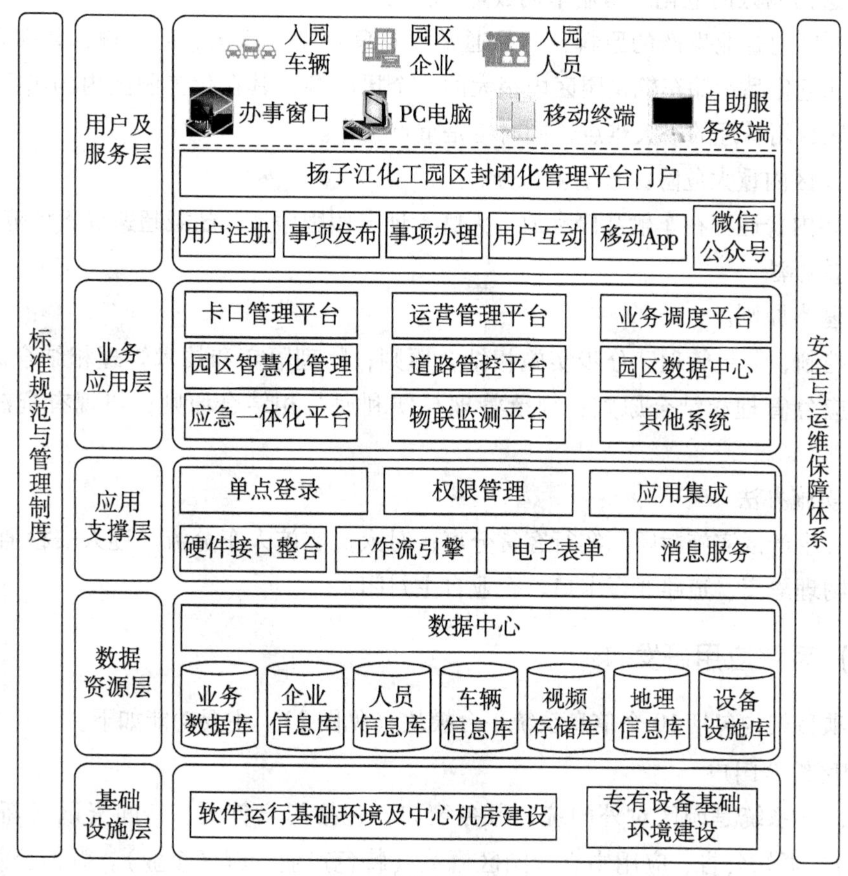

图1　项目的总体框架

业务应用层：包括卡口管理平台、运营管理平台、业务调度平台、园区智慧化管理、道路管控平台、园区数据中心、应急一体化平台、物联监测平台、其他系统。

用户及服务层：系统主要面向入园车辆、园区企业、入园人员，构建服务平台，能够汇集面向对象的众多服务，为服务对象提供全方位、多渠道、无缝化的服务体验，以信息化的手段促进园区安全高效的管理。

安全与运维保障体系：覆盖基础设施层、数据资源层、应用支撑层、业务应用层、用户及服务层五个层次，实现对业务、系统、数据、资源的统一管控。

标准规范与管理制度：由工作制度、技术标准、数据标准、业务规范等组成，贯穿于整个平台的规划建设和运维管理的全过程，同时需遵循国家相关标准规范。

（二）遇到的问题和解决方法

1. 遇到的问题

（1）园区整体区域不相连。

化工园区通常占地面积较大。为了方便企业货物的运输，化工园区内往往交通便利，有交通主干道甚至是省道、国道穿园而过。车流量大、外来车辆多，给园区的封闭管理造成很大困难。

（2）进出园区的危化品运输车辆数量和种类多。

化工园区内企业生产的原料、产品通常涉及危化品，危化品的运输、装卸入库不可避免，因此危化品运输车辆是园区内很大的一个风险源，其在化工园区内的出入、停靠、装卸是园区封闭管理的一大难点，同时也是重点工作。

（3）园区内重大危险源数量多、分布广。

（4）园内普遍存在车辆乱停乱放、无牌无证、假牌假证、超载超速等不规范现象。

2. 解决办法

（1）基本原则。

分类控制、分级管理、分步实施相结合原则；物理隔离和技术管理相结合原则；日常管理与应急管理相结合原则；规范管理与便利通行相结合原则；与现有资源相结合原则。

（2）实施办法

对核心生产区实施封闭，实行客货分离；对人员实施人车分流、逐人安检通行制度；实施边界物理隔离、道路通行卡口、企业自主封闭。

（三）系统应用研发

整个项目架构包括10个信息系统平台模块（见图2）。主要功能如下。

1. 园区综合门户

综合门户系统是园区对外的统一服务窗口，包括门户首页、新闻资讯（新闻动态、区外新闻）、通知公告、应用中心、园区概览（特色产业、园区企业）。微信公众号为满足移动业务办理的需求，可以实现业务预约、移动调度、快速反应、智能引导等功能，在复制PC系统核心功能的同时，利用移动的优势，发挥移动特色。

2. 卡口管理平台

针对所有入园的人员，提供多种验放模式，包括身份证、市民卡、员工卡、临时卡、线下登记等模式。同时，针对早晚高峰期人员入园的问题，通过智能人像识别技术，可无感知快速验放入园。

3. 业务调度平台

通过建立企业车位基础库，管控入园危化品车辆数、规范车辆装卸流程，智能引导车辆入园装卸。建立业务系统协同管理机制，通过多平台协同管理，管控装卸全过程；复用已有资源、减少企业重复申报；提升管理手段、实现车辆监管无死角；优化调度流程、提升园区调度效率。

4. 道路管控平台

建立园区的综合执法平台，实现分级分类管理。重点管控入园访客等临时人员，对超时滞留的违章行为，通知提醒、违章警告；针对普通客车，进行违章警告、记录违章频次；针对货车、工程车，进行重点管控，包括车辆信息（类型、空重）、违章信息（违停区域、历史违章）、严重等级。建立电子执法基础库，实现在线电子执法、处罚规则、动态处罚，通过与业务调度平台、卡口管理平台等联动管理，形成全过程监管。

平台	模块			
园区综合门户	·综合门户系统 ·信息发布系统	·安全教育系统 ·业务受理系统	·微信公众号	
卡口管理平台	·智能卡口管理 ·卡口人车验放	·人车在线备案 ·卡口人车核验	·车牌识别系统 ·人脸识别系统	
业务调度平台	·车辆自动引导 ·业务调度可视化	·停车场调度管理 ·调度分析管理	·厂区调度管理	
道路管控平台	·园区道路监控 ·人车违章管理	·违章智能预警 ·电子围栏配置	·园区黑名单管理 ·道路数据分析	
物联监测平台	·危险源监测预警 ·环境监测预警	·可燃有毒气体监测 ·监测预警处理	·监测设备监控	
运营管理平台	·园区运营管理 ·园区安全巡查	·基础备案管理 ·园区移动App	·诚信管理系统	
应急一体化平台	·应急值守管理 ·应急基础库	·应急辅助决策 ·应急响应与指挥	·应急模拟演练	
园区智慧化管理	·数据智能分析	·决策辅助支撑	·业务数据整合	·大屏综合展示
原有系统改造	·重大危险源子系统 ·安全环保监管信息系统	·教育培训考核系统 ·重大危险源动态监管系统	·隐患排查与执法系统 ·安全生产应急管理系统	
园区数据中心	·权限管理系统	·数据中心系统	·多媒体融合通信系统	·安全与备份系统

图2　信息系统平台模块

5. 应急一体化平台

（1）应急值守管理：主要包括应急值守接处警，应急事件预判分析，应急预案，应急排班、交接班。

（2）应急辅助决策：主要包括现场数据动态调配、后果模拟、定量风险分析、应急辅助决策支持。

（3）应急基础库：主要包括应急救援方案、应急救援物资库、应急救援专家库等。

（4）应急响应与指挥：主要包括应急响应、应急资源调取、应急指令下发、应急指挥调度。

（5）应急模拟演练：主要包括三维场景线上演练、多机构协同、场景可选、演练预案动态编辑、电子沙盘、触屏操作。

6. 运营管理平台

实现园区基础信息的维护、设备设施运维、园区各类信息发布与通知、园区的基础备案管理、日常执法检查业务辅助、企业基础信息的收集、业务数据收集与统计、投诉举报受理、园区安全教育培训、园区安全巡检、园区问题上报处理、园区报警处理、园区诚信管理（违章处理）。

园区移动 App 可实时查看车位图，实时查看每个车位上停放的车辆详情；可对车位上车辆信息进行修改；可实时查看出入口进出车辆信息；可对停车场内故障信息进行上报维修。

（四）现场应用效果

扬子江化工园区封闭管理指挥调度中心通过业务闭环管理、监测预警一套标准和体系，将监管信息、单证信息、物流信息和监测信息等通过技术手段汇集成完整的数据流程并形成一张图，实时反映化工园区的安全运行状态。

综合相关部门的监管信息以及园区企业的生产作业信息和运输企业的物流信息，为政府多部门联合监管提供支撑环境。实现跨部门的信息共享与协同监管，形成安全生产监管合力。

依托信息化手段对进出园区的人员、车辆、货物等监管要素进行管控，实时掌握园内人数、车数及危化品运输车辆的实时状态以及园内主要路段的车流量情况、移动危险源事故情况等安全监管要素。

园区内危化品物流主要以道路运输为主，流量大、密度高。通过车载卫星定位装置、园区物联网感知设备的应用，进出园区的所有车辆实行“一卡管理”模式。本地化车辆办理长期通行卡，外地车辆提前备案获得临时通行卡。

管理者可通过一卡通获得动态数据及历史数据，有助于全面管理，大大降低危化品道路运输事故的发生风险。

对园区内重大危险源、气象、管廊等事故风险因素进行主动式感知。对可能存在的安全风险进行预警和防控，提高园区监管工作的效率，实现应急救援调度效能的最大化。

提升应急救援快速处理能力。事故发生后第一时间，系统启动应急预案模板，自动生成应急处理方案，并自动报送相关责任单位。同时，高效精确地提供货物数量、周围人员和环境等数据。

增强日常应急演练管理手段。组织区内跨部门、跨企业的综合演练，通过平台系统 + 移动端 + 线下演练等多种方式结合，提升应急演练效果。

建立物联网采集和数据交换中心。通过物联网技术实时采集化工园区企业、人员、车辆、物资、管廊、储罐等信息数据，建立与各行政管理单位的数据交换机制。

构建大数据分析模型和展示中心。利用大数据挖掘、分析、脱敏、重构等技术手段，形成专业的数据分析模型。将监管信息、单证信息、物流信息和监测信息等汇集成完整的数据流程，实时反映化工园区的安全运行状态。

四、主要效益分析

（一）建立首个国内危化品停车场建设标准

由中远海运物流和张家港保税区联合建设的张家港市危化品道路运输综合服务中心

（以下简称“服务中心”），是国内第一个符合国家行业标准的危化品停车场。服务中心建设之初，危化品停车场尚无国家级标准可用。在中国安全生产科学研究院、中国石油和化学工业联合会等的专业指导下，中远海运物流参与制定了相关行业标准、国家标准，并于2020年7月颁布执行，填补了国内危化品停车场建设标准的空白，并在服务中心成功落地，为全国的复制推广奠定了基础。

（二）应用信息技术，打造专业门槛

园区通过物联网设备、AI深度分析、系统集成，最大限度提升对园区内所有人、车、物的来源、定位、轨迹、状态全过程的监管能力，以及出入园区的预约、调度、引导、作业、离场、结算全流程效率。

（三）项目实践，培养专业人才

通过项目实践，提升了传统业务运营人员的操作能力；提升了IT、数字化运维、项目管理人员场景应用能力；提升了新服务功能专项人员技术专业能力。

（四）模式创新，筑牢共赢基石

项目解决了园区危化品停车场建设及管控痛点、解决了园区封闭化管理安全管控载体难点、满足了园区公共配套服务功能建设需求，抢占了核心资源（仓储、堆场等）。通过布局服务网络（资源规模扩张）、优化业务模式（地区特点形成）、提升创效能力（高价值服务收益），实现平台“做大”的目标。

满足园区封闭化管理的信息化建设需求，抢占数据入口（公司内部+园区企业+政府监管）；解决园区多部门信息集中共享管控难点，建立排他壁垒（服务黏性大、替代风险小）；提升园区物流运营效率及改善营商环境能力，提升专业能力（安全管控、园区调度、应急救援）；搭建园区智慧化和数字化转型基础平台，实现化工平台“做强”的目标。

解决高标准物流基础设施规划建设难点，满足生产制造企业非核心业务外包需求，解决企业全过程物流与供应链效率优化难点，满足企业数字化转型对外平台数据共享需要，实现化工平台“做优”的目标。

（五）构筑化工园区安全环保堡垒

服务中心结合园区实际共制定48套应急预案，做到全面应急、数字模拟，在隐患或事故发生第一时间，自动启动应急处理方案，帮助园区实现“隔离外部风险、掌握安全信息、掌控移动风险、快速应急处置”的目标。例如，一旦发生火警，停车场配置的6台远程控制的消防炮将及时启动并进行全方位扫描，在60秒的时间内判定着火点，同时发出信号，启动水泵，打开电磁阀、消防报警器等系统配套设施。

（六）树立国内智慧化工园区标杆

服务中心凭借中远海运物流的数字化安全管理方案，打破系统壁垒，深度聚焦化工

园区的安全管控、绿色环保、应急响应和运营效能，打造线上线下融合、多级联动的园区安全生态环境，实现事前预防、事件处理、事后评验的全程管控。

智能化监控设备对全场范围内的车辆、人员进行安全管控，对不安全行为及时辨识并结合广播系统进行管控；远程自动化龙门吊可以全程自主操作吊运，极大地减少了因人员操作失误而导致的起重事故。每一个功能区都在“智能＋”的赋能下，发挥着最大作用。

（七）创立政企合作典范，奠定市场先发优势

本项目为国内化工园区封闭化管理建立了样板，更创立了政府与企业的交互赋能和融合发展的政企合作典范，服务中心项目投产运营以来，已经成为中国化工物流业的标杆性项目、张家港化工物流园的品牌性项目、中远海运物流的代表性项目、中远海运化工的核心竞争力和金字招牌。

（八）创造良好的营商环境，获得更大资源和政策支持

张家港市的良好营商环境、优质企业生态、客户资源，尤其是“长三角一体化、沪苏同城化”，将为中远海运物流的发展提供更多的资源和政策支持，创造更大的发展空间。“十四五”期间，中远海运物流将立足新发展阶段、贯彻新发展理念、构建新发展格局，与张家港保税区管委会开展更大范围、更广领域、更深层次合作，积极为“沪苏同城化”添砖加瓦，共同谱写合作共赢的新篇章。

五、项目实施体验

（一）化工园区“封闭化管理”是行业发展大势

1. 化工企业“退城入园”已成趋势

化工园区将作为未来化工企业主要经营载体，化工园区将禁止区外新建化工企业并逐步推压减控存量。鼓励具备条件的化工园区建设仓储物流中心，提升园区公共配套服务能力，项目建设用地日益稀缺。

2. 化工园区“封闭化管理”已成要求

国家层面要求化工园区按照“分类控制、分级管理、分步实施”逐步推进封闭化管理。重点地区省市已明确封闭化管理具体时间节点规划。

3. 化工园区“建设危化品专用停车场”已成刚需

封闭园区必须实施危化品运输车辆进出监控，严格管控车辆运输安全风险。要求设立专用停车场解决安全管控问题。

4. 化工园区“建设智慧化信息共享平台”已成方向

化工园区推进监管数据和信息平台归集共享，实现对危化品各环节进行全过程信息化管理和监控。国家鼓励化工园区加速推进工业互联网、电子商务和智慧物流建设，实现对化学工业全链条的智慧化管理。

（二）紧紧围绕“两个导向、三个聚焦”主题

“两个导向、三个聚焦”是指以做强、做优、做大化工平台为目标导向；以解决制约工作高效推进瓶颈问题为导向；聚焦以资源建设为突破的金港项目研讨商业模型；聚焦以产品推广复制为目标回答去哪里、做什么、如何做的实施路径；聚焦以优化资源配置探讨团队、授权、流程和机制调整。所有的功能区都按照高目标、高起点、高标准、高质量、高效率的理念打造，将安全、环保打造成为项目的核心优势。

六、下一步计划及设想

本项目先发优势和差异化竞争优势，可转化为中远海运物流化工平台发展优势，所以中远海运物流结合“十四五”战略规划期内资源获取及规模扩大的战略规划目标，紧抓行业发展趋势，以“产品化”思维，在国家级重点化工园区进行快速复制，并在复制过程中通过产品不断升级迭代，实现“标准领先、技术引领、人才培育、产品升级、模式优化、效益明显”目标，推动化工平台高质量发展。

（一）重点聚焦，推动项目复制工作

1. 聚焦国家级化工园区和七大石化产业园区

将园区政府作为重要客户和合作伙伴，通过产品输出协助政府实现园区“隔离外部风险、掌握安全信息、掌控移动风险、快速应急处置”的安全管控目标。

2. 聚焦园区政府建设公共物流基础设施的需求

在化工园区统一规划基础上，以危化品储运综合物流中心为载体，建设包含危化品运输车辆停车场等的综合物流服务基础设施，为园区内化工集群提供危化品公共物流配套基础设施服务。

3. 聚焦智慧化工园区安全管控需求

建设化工园区安全监管智能信息平台，推进监管数据归集共享，综合利用大数据、云计算、人工智能等高新技术，对危化品运输各环节进行全过程智能化、数字化监控和管理。

4. 聚焦项目“五高”标准建设

中远海运物流以高标准的建设规范、领先的智能化技术应用和良好的服务质量，在细分市场上占有绝对先发优势，顺势打造细分行业“龙头”品牌企业。

（二）多种落地模式，加快重点项目落地

与园区政府合资，投资建设面向园区的综合物流公共服务平台；与区域公司协同（合作/合资），发挥化工专业技术+地区公司地缘优势，实现集约协同运营；与战略客户、业内企业合作（合资），实现优势互补发展。

（三）推动赋能转型工作，夯实产品复制基础

平台亟须加速推进数字、组织、协同赋能转型工作，夯实产品复制基础，确保产品

落地质量，提升核心竞争能力。

1. 数字赋能

建设意义：应对产品复制过程中市场同质性模式竞争风险，解决化工平台转型过程中数字化能力弱的瓶颈问题。

理念转变：切换数字化思维，从建应用到搭平台、从建系统到联生态。

2. 组织赋能

建设意义：应对产品复制过程中内部效能性损耗竞争风险，解决化工平台转型过程中专业化能力弱的瓶颈问题。

理念转变：改变大而全思维，以集约化、专业化、平台化重塑术业专攻型组织架构。

3. 协同赋能

建设意义：应对产品复制过程中单体资源性局限竞争风险，解决化工平台转型过程中业务结构模式单一的瓶颈问题。

理念转变：摒弃自留地思维，用“内循环”和“外循环”双模式，高效发挥中远海运系统资源优势。

上海文景信息科技有限公司：智运网——多式联运供应链创新服务平台

一、单位简介

本项目平台由上海文景信息科技有限公司（以下简称“文景公司”）主导研发，由上海永宣信息科技有限公司（以下简称“永宣公司”）运营管理。文景公司与永宣公司在数字物流、国际数据流通等行业领域资源互补，有着良好的合作基础，具备深度合作的天然纽带，因此合作建设智运网——多式联运供应链创新服务平台。

文景公司成立于2012年，专注于数字物流领域信息化建设，为各类港口、场站、国家物流枢纽提供一站式解决方案。公司坚持走自主创新之路，全部产品均为自主研发，主要包括多式联运、智慧港口、智慧陆港、智能供应链、数字物流等软件产品系列，并通过了ISO 9001、ISO 27001、CMMI3级等质量认证。作为国内首批提供多式联运解决方案的IT服务商，文景软件产品和解决方案在全国多个省区市的数百家物流企业得到成功运用，并与国家铁路集团、中国交通通信信息中心、华为、中国移动、中远海运、腾讯云、阿里云、百度云等知名企业，以及中国科学院、上海交通大学、上海大学、上海海事大学等高校和科研院所建立起长期战略合作，先后承担了上海市信息化发展专项、上海市科技创新行动计划等多项重点科研项目，荣获上海市科技进步奖、上海软件核心竞争力企业、上海软件高成长百家企业等多项荣誉称号。

永宣公司是专业从事多式联运物流、数据增值服务以及供应链金融服务的全方位信息科技公司。公司拥有一批在国内大型物流与供应链企业有多年从业经验的行业顾问，均具备多年智慧物流平台运营经验。公司以技术、市场、管理、品牌、人文为有机整体，是一家遵循科学发展观的高科技创新型企业。公司与中国远洋、中铁国际多式联运、温州港、青岛港、天津港、西安国际陆港、金华—义乌国际陆港等众多国内外知名企业在多式联运物流、多式联运数据、SaaS云平台等方面开展全方位合作，并与平安银行、民生银行、兴业银行、华瑞银行、京东金融、苏宁金融等金融机构达成战略合作，共建“互联网+”新业态供应链金融服务生态圈。

二、项目背景及意义

《交通运输部等十八个部门关于进一步鼓励开展多式联运工作的通知》的发布，标志着多式联运上升为国家战略，一系列纲领性文件中均凸显了多式联运的国家战略意义与重要性，同时也成为我国推进物流业降本增效的重要举措。

多式联运作为一种集高效、安全、经济、环保等众多优势于一身的综合性运输方式，能够通过不同运输方式的优势互补来减少货物中转环节、缩短运输时间、降低运输成本。近年来我国港口、铁路货运总量不断攀升，多式联运市场不断向好。作为我国推进物流业降本增效和供给侧结构性改革的“重头戏”，多式联运业务需求强劲，进入历史最好发展时期。

然而，目前我国多式联运市场体系尚未健全，各种运输方式间以及城市交通间已建成初步联运模式，但衔接水平和衔接效率仍然不高，铁路、公路、海运衔接复杂，导致通道资源集约利用效率不高。大部分物流企业规模小、运输组织化程度不高，货物跟踪难、服务链条长、服务标准不统一，导致总体服务能力不强。

在信息互联互通方面，全程数据跟踪服务缺失：由于数据存储于不同系统和单位，数据链被隔离，数据标准不统一，难以整合共享；或者数据涉及主体多，数据类型多、数据源头多，数据复杂；再加上数据不对称、开放程度低，管理部门数据获取难，数据时效性、准确性低。

信息科技领域对供应链金融的影响逐渐加深，从而推动了供应链金融的信息化、数字化、智能化变革。随着多式联运供应链上的各类企业对供应链金融需求不断加大，供应链金融的实际应用也开始捉襟见肘：目前企业大都是以银行或托盘贸易等传统方式进行融资，融资成本高、审批流程长、放款周期长；尤其是对于中小物流企业来说，面对银行严格的风控管理体系，它们规模小、业务杂，传统渠道较难获得信贷支持，资金垫付压力大。

永宣公司作为业内领先的多式联运供应链综合服务供应商，需要打造一个集多式联运供应链上下游核心业务（物流服务、数据服务、云应用服务、供应链金融服务等）于一体的信息化平台，吸引更多资源在平台上进行集聚与共享，在业务规模不断扩大的同时，逐步提升品牌影响力，争做行业标杆。

智运网——多式联运供应链创新服务平台正是在这样的背景下孕育而生。通过打通港口、铁路、公路、口岸等多式联运业务场景及数据，为用户提供一站式多式联运解决方案、智慧物流全景数据服务、SaaS 云应用与供应链金融等综合性服务。平台通过多式联运一单制服务实现多种运输方式物流资源的整合，构建全程智慧供应链信息服务生态圈，并利用平台大量真实的交易数据，为中小物流企业提供更多融资渠道，助力传统物流服务向数字物流和供应链综合服务的转型升级。

三、项目创新示范内容

（一）服务模式创新

1. 传统模式

传统的多式联运业务由于涉及海运、铁路、公路等多种运输方式，整条供应链上参与的市场主体很多，运单标准不统一，一般按照运输方式或路程分段开具。其中，海洋国际贸易有成熟的法律、金融体系和标准化流程规则支撑，国际海运提单在法律上具有物权凭证的效用，而国际铁路运输贸易规则尚不成熟。

在国际海铁联运业务开展过程中，不同国家的班列途经及到达国家适用不同联运运单，中途需换单，使得跨境和跨运输方式的衔接效率较低。同时，按照国际惯例，铁路等陆路运输单证不能作为物权凭证，银行普遍不接受以铁路运单等陆路运输单证作为凭证开立无保证金的信用证，因此贸易企业与物流企业很难通过单证获得结算、融资等供应链金融服务。

2. 创新模式

智运网——多式联运供应链创新服务平台采用多式联运一单制模式，构建起适合国际多式联运方式的多式联运单证规则体系，解决了多式联运单证标准化与统一化的核心问题。

本项目基于文景公司多年来在多式联运领域的信息化实践经验，以铁路运单、水运提单、公路托单为核心，设计国内国际通用的一体化多式联运提单，明确其适用范围、签发公司、交付条件、多式联运经营人与实际承运人权责划分等要素，约定多式联运提单具有承运货物收据凭证、运输合同证明凭证、提货凭证等功能；货运单据电子化推行后，运单货票两单合一，形成电子运单，真正实现一站托运、一份单证、一次打印、一次申报、一次通关、一次结算。

本项目平台通过智能化算法，综合考虑运输方式、运输线路、运输周期、运输费用等要素，形成多样化、成熟化的多式联运解决方案（产品）。用户通过门户网站查询符合自身需求的多式联运产品，填写相关信息后一键在线下单，系统将会自动生成多式联运委托单（订单）与标准化的多式联运提单，无须登录多个网站，通过订单号或提单号即可查询海运、铁路、公路等多式联运物流全程运踪情况，实时掌握货物的运输动态。

此外，本项目平台采用多式联运一单制模式后，多式联运提单能够作为物权凭证，为中小型企业后续进行供应链金融服务提供强大保障。

综上所述，本项目平台实现了多式联运供应链的物流服务全流程线上操作，通过线路查询、线上下单、线上跟踪、统一结算、供应链金融服务等功能，为用户打造“一站服务、一单到底”的智能综合服务体验。

（二）技术集成创新

1. 基于大数据的平台架构（见图 1）

本项目平台拥有强大的大数据平台作为数据处理、集成与服务支撑，能够实现多维度精细化的统计分析、秒级数据处理速度以及实时采集建模，并支持私有化部署。通过预处理、存储管理、大数据分析挖掘、大数据安全和大数据可视化等技术手段，实现了多式联运业务中各环节参与单位间的作业动态数据共享和业务高效协同，构建起一个跨系统、多元异构、实时联动的大数据服务平台。

2. 基于区块链的多式联运智能单证

本项目平台应用区块链技术建立起一整套分布式多式联运智能单证数据交换、共享和业务协同模型、技术体系和解决方案，通过无缝对接多式联运业务链上各核心企业和监管机构的管理系统，通过源头数据上链的方式来保证数据的真实性，以区块链内在的技术属性保证数据可追溯性和安全性，能够有效解决“可信问题”（可信数据、可信监管）和“信息孤岛”等传统多式联运物流业务中技术难以突破的瓶颈。

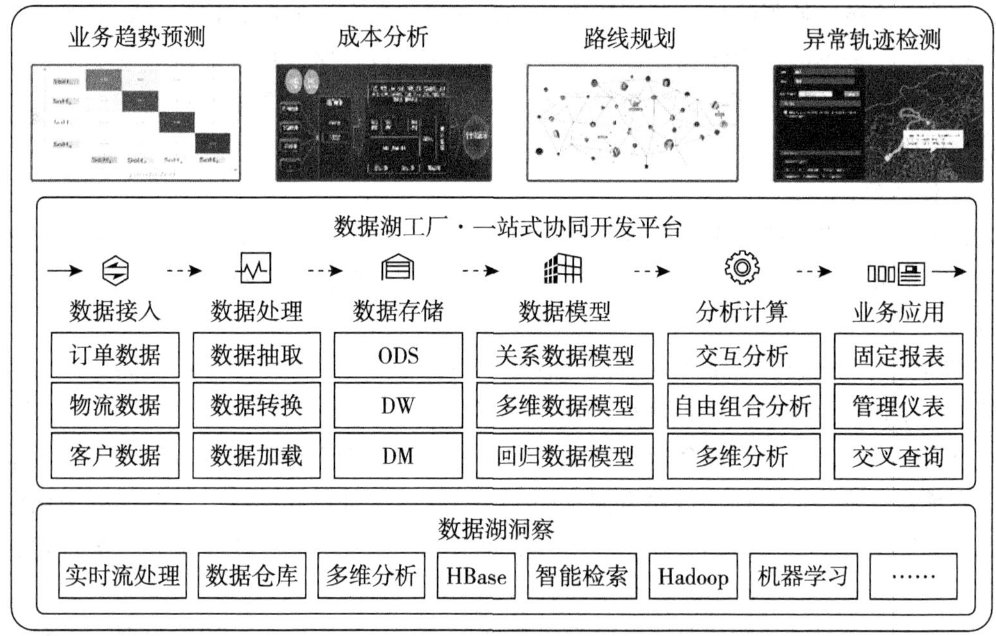

图1　基于大数据的平台架构

利用区块链去中心化共享机制，平台采用 P2P 分布式记账模式，每个节点都具有高度自治的特征，节点之间彼此可以自由连接，避免单一、集中式服务器所带来的风险。同时在整个数据传输环节中采用非对称加密技术，即数据提供者采用公钥加密、数据使用者采用私钥签名，来防止第三方获取交易内容，降低数据泄露风险。当双方合作协定谈成后，智能单证就可以及时转移、立即签发，而不再需要经过国际快递送达。

3. SaaS 云应用使能平台

本项目平台可为用户提供多样化的云化软件。这些云化软件采用了带有企业信息化基础管理的 SaaS 开发平台框架，基于流行的轻量级框架 Spring 上构建，以支持车队、仓储、报关、货代等业务管理。通过智运网平台提供的统一登录服务，无须安装软件即可使用，并能与平台其他服务（如全程物流跟踪等）进行对接，内置工作流系统，并可进行可视化操作，帮助用户清晰地、直观地查看任务执行状态，实时了解工作任务的办理情况。平台通过系统访问控制、系统安全设置、系统资源管理等管理手段，确保系统稳定安全运行。

4. 基于微服务的 EDI/API 数据交换中心（见图 2）

本项目平台构建基于微服务的 EDI/API 数据交换中心，能够支持 MySQL、Oracle、SQLServer 等主流数据的交换，针对不同软件系统之间对接过程中带来的多样性、易变性、开发效率等问题，提供多协议、多种编排形式、轻量级、高性能的运行环境。通过标准化的 EDI/API 数据接口，能够与国家交通运输部、国家铁路集团、国家物流信息平台、国家电子口岸，以及各大港口、铁路、公路和金融机构等类型系统的全面对接，形成多式联运全程物流跟踪数据库，实现多式联运平台内部之间以及与外部单位系统之间的无缝衔接与互联互通，为订单全程跟踪打下基础。

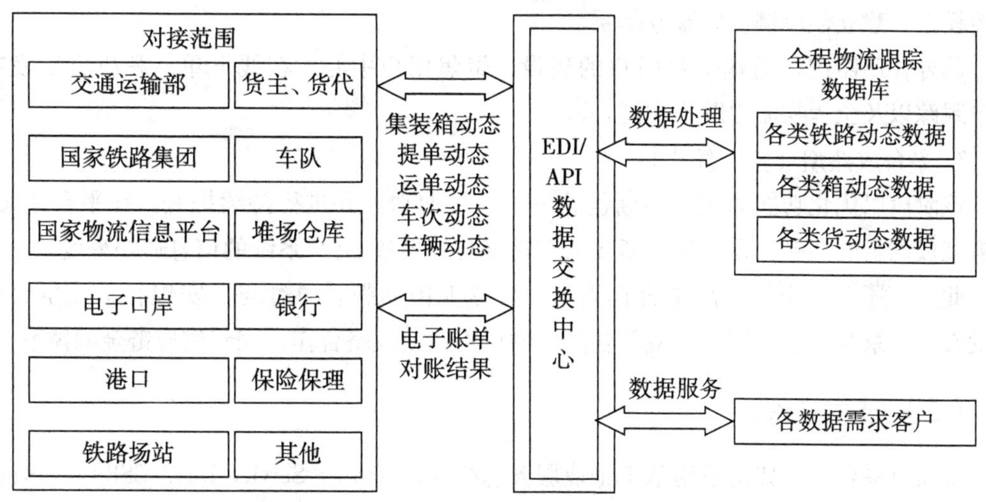

图 2　基于微服务的 EDI/API 数据交换中心

（三）应用创新

经济全球化、网络化与数字化背景下的供应链金融是一种独特的商业融资模式，也是一种全新的产业组织模式。供应链金融行业的不断发展，是通过产业数据的底层渗透来促进供应链上企业资金流与“产—供—销”链条的稳固和流转顺畅，降低整个供应链运作成本。

依托本项目平台积累的大量真实的物流数据，通过大数据分析技术，构建风险管控体系，整合商业银行、保险、信托等金融机构资源，支持舱单质押、贸易融资、应收账款融资、运费融资、租赁融资等创新服务，为物流企业提供线上的供应链金融解决方案，提高企业资金周转率、降低资金成本。

四、项目建设与实施

（一）建设阶段

本项目平台建设期主要集中在 2019 年，包括平台搭建期、平台完善期、平台成熟期三个阶段。

1. 平台搭建期（基础建立）

该阶段以打基础为主，来实现平台基础数据互通与运作的目标。该阶段需要完成项目前期准备、蓝图设计以及详细设计工作。在顶层设计完成后，开始搭建后台管理平台框架，构建基础数据服务体系，接入国家物流平台以及铁路、公路、水运等相关核心系统，实现业务基础数据的互联互通。

2. 平台完善期（全面建设）

该阶段以强业务为主，实现物流业务的绝大部分功能集成，形成高效业务协同体系。一方面需要完善后台功能建设，构建解决方案、委托单、业务操作、费用结算与全程物流跟踪等模块，实现多式联运供应链各节点互通与运作；另一方面需要搭建供应链金融风控模型，建立供应链金融服务体系。

此外，还需进行前端平台门户的建设，聚焦用户中心、在线下单、解决方案发布、订单跟踪以及全程物流跟踪等功能。

3. 平台成熟期（推广优化）

该阶段以优化功能为主，不断优化一期、二期功能并进行持续提升。在平台建设方面需完成剩余的功能建设，并不断接入和完善与外界各平台/系统的信息通畅程度。

此外，还需逐步打开战略合作渠道，建立业内品牌。通过与平安银行、民生银行、浦发银行、京东金融、苏宁金融等各类金融机构达成战略合作，完善供应链金融体系。

（二）技术框架

本项目平台总体架构采用基于企业服务总线（Enterprise Service Bus，ESB）技术的面向服务架构（Service－Oriented Architecture，SOA），在编程语言方面使用 NET 开发模式。

面向服务架构 SOA 是以服务为导向的应用架构体系，是目前最具领先地位的架构体系，其实质是通过业务服务的概念来提供 IT 的各项基本应用功能，让这些服务可以自由排列组合、融会贯通，以便能随时弹性配合新的需求而调整。在 SOA 架构下，应用系统的接口被发布成服务，以服务的方式部署在系统数据与功能整合平台上。SOA 的核心是把业务流程功能模块构件化，其对外提供标准的服务，其优点包括可复用性、技术无关性、快速响应能力、“随需应变”能力。

平台技术架构如图 3 所示。

本项目平台采用 B/S 模式，界面友好、美观。整个平台采用 MVC 框架，前端 UI 采用 easyUI 框架，交互采用 HTTP 协议。设计思路如下。

1. 采用分层、组件化的设计理念进行架构设计

整体架构提供清晰的职责划分，不同的职责由不同的服务或组件实现；整体架构支持水平和垂直扩展，从而满足将来业务需求增长需要。

2. 采用 XML 和 JSON 来封装请求和响应数据

XML 已经是业界的使用标准，JDK 也提供了解析方法，利用 XML 丰富的表达格式，前端的 Rich Client 平台与后端业务处理模块间可以传送各种复杂的数据格式。JSON 是一种轻量级的数据交换格式，易于人阅读和编写，同时也易于机器解析和生成。

3. 数据传输采用压缩机制

压缩技术：ZIP 压缩。客户端可以根据不同数据大小情况来控制与服务端的数据传输过程是否采用数据压缩机制，大量数据查询可以采用分页功能显示数据。

（三）核心功能

本项目平台由门户端与后台管理端两部分组成，门户端核心功能主要包括多式联运、物流工具、供应链金融、数据服务、新闻资讯、物流管家、用户中心等；后台管理端核心功能主要包括解决方案管理、基础资料管理、客户关系管理、委托单管理、业务操作管理、费用结算管理、全程跟踪管理、供应链金融管理等。

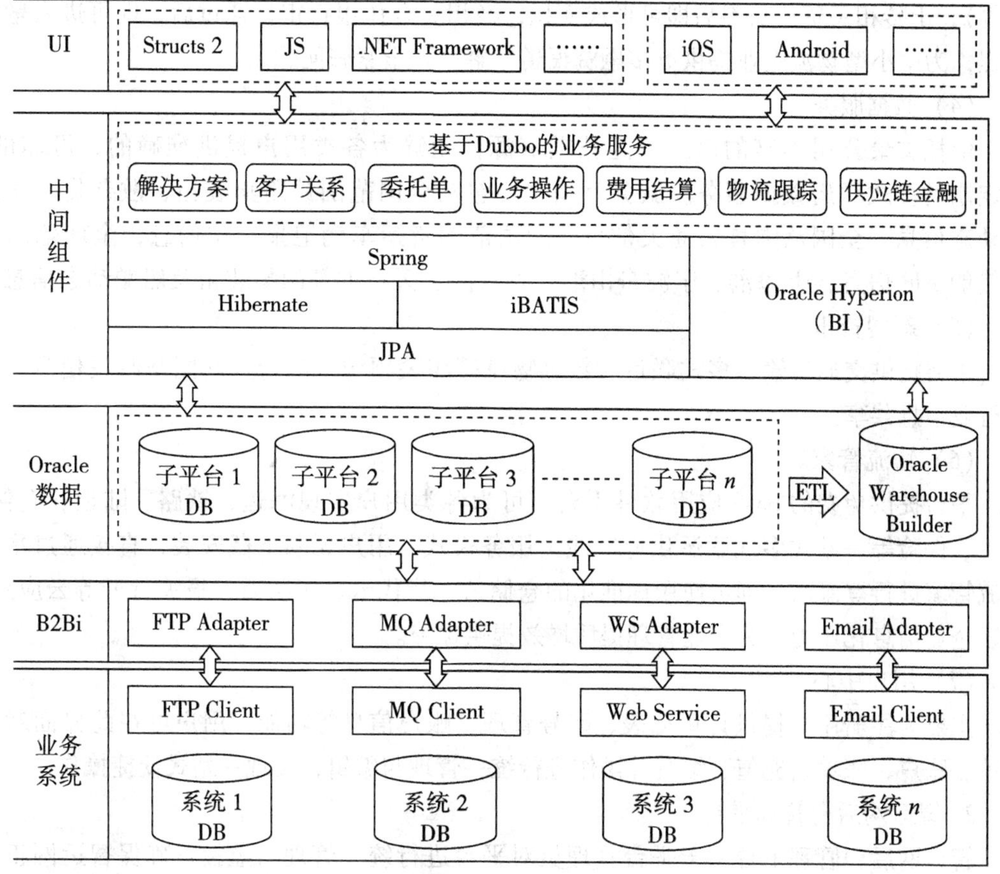

图3　平台技术架构

1. 智运网门户平台

智运网门户是对外全方位展示多式联运智慧供应链创新服务的公开渠道。门户端能够为用户提供一站式多式联运物流公共信息服务、数据增值服务与供应链金融服务等。用户可以在线下单、在线订舱，实时掌握订单动态，对整个物流进行全程跟踪，构筑操作便捷、安全可靠、服务多样的客户服务体系，全面提升客户服务能力。

(1) 多式联运。

通过整合大量的多式联运运输资源，形成多样化的多式联运运输解决方案，用户可通过在线下单选择适合自己的联运线路与联运方案，填写货物运输的基本信息后，平台将自动进行费用计算并形成标准化的委托单（订单）及多式联运提单，用户可在用户中心对订单进行统一查询与跟踪。

(2) 物流工具。

主要功能包括铁路追踪、车辆定位、船舶定位、国联运单、报关单识别、订单追踪、联运跟踪等功能。输入订单号或提单号，即可对订单执行状态进行查询，并能对货物在海运、铁路、公路等不同运输情景下进行全程物流可视化跟踪。

(3) 供应链金融。

为各类企业，尤其是中小型物流企业提供多样化的供应链金融产品，点击产品详情能够看到该金融产品的具体信息（如融资标的物要求、还款方式、融资金额、融资年利率等），上传相关资质材料后即可形成委托，经相关合作银行审核通过后，即可进入融资流程，为中小型物流企业提供更多融资渠道，解决资金紧张问题。

（4）数据服务。

依托文景公司丰富的多式联运数据资源，能够为各类用户提供准确的、可靠的、可定制的多式联运数据服务。服务范围主要包括全国范围铁路集装箱、散杂货、车皮等动态信息，全国范围货物通关信息，全国范围货运车辆卫星定位信息，全球范围货运船舶 AIS 信息，上海港、宁波舟山港、青岛港、天津港等的集装箱及船舶动态信息。

（5）新闻资讯。

主要提供交通运输、多式联运、数字物流等相关领域内的行业新闻与政策信息，加深行业信息共享。

（6）物流管家。

平台提供免费的 SaaS 应用软件平台，可为各类用户实现海运、铁路、陆运、仓储、报关、保险等一站式多式联运供应链线上服务模式。用户无须下载安装，直接通过平台物流管家进行登录后，即可使用标准化的仓储云、货代云、车队云、报关行云等云应用，减轻企业信息化压力，为企业管理提质增效提供保障。

（7）用户中心。

主要为注册用户提供订单列表、账号管理、账户信息等功能，用户可在此界面对委托单、账户、账单、充值、结费等操作进行统一管理与编辑，实现一站式便捷操作。

2. 智运网后台管理平台

智运网后台管理平台用于平台管理员对平台进行统一管理与监控，确保智运网正常运行，其核心功能主要包括解决方案管理、基础资料管理、客户关系管理、委托单管理、业务操作管理、费用结算管理、全程跟踪管理、供应链金融管理等。

（1）解决方案管理。

整合从地方到全国的大量线路资源，确保优势运输方式、优质服务资源的获取与整合，一站获取门到门的联运物流解决方案，以满足企业不同种类的运输和多式联运要求。解决方案由操作人员进行维护配置，管理人员再对解决方案进行审核后，方案会自动发布到门户网站供企业进行查看和选择。

（2）基础资料管理。

构建多式联运场站基础业务数据管理系统，包括国家地区资料、集装箱资料、港口资料、船舶资料、铁路资料、车队资料、场站资料、仓储资料、堆场资料、费用资料、客户资料等。

（3）客户关系管理。

主要为平台管理员提供用户在线注册后的信息管理功能，平台管理员能够在线审核、在线查询用户信息，并建立相应的企业信息档案，实现对企业类型、企业注册地、企业信用等信息的综合管理。

（4）委托单管理。

通过智运网门户平台注册认证后，企业或用户登录平台可实现在线下单，下单通过平台审核后，对订单进行统一处理，形成多式联运物流订单中心。后端管理平台通过委托单管理功能模块来了解所有用户的订单受理与执行情况，可对企业的订单情况进行分类、汇总，根据订单情况建立订单池，方便对订单进行统一管理，提升平台的运营和作业效率。

（5）业务操作管理。

主要包括订舱管理、拖车管理、仓储管理及报关管理等子功能。订舱管理功能全面支持海运订舱、铁路订舱以及多式联运订舱；拖车管理功能可针对托单、派单、调度、监控等功能进行统一管理；仓储管理功能涵盖拆装箱、出入库等核心仓储管理操作；报关管理功能可以对货物口岸报关进行统一操作。

（6）费用结算管理。

实现多式联运费用结算的透明化、可视化管理，包括标准费用管理与企业费用管理。对联运作业的费目费率进行登记后，根据费目信息与协议信息生成账单，根据运输服务结果进行费用结算，最后对账单情况进行管理。平台提供应收应付费用管理，主要包括总金额、结算方式、供应商及账单等明细信息。

（7）全程跟踪管理。

整合海运、铁运、公路、口岸等动态数据，融入物流承运商各作业单位的操作信息，可提供覆盖从下单、运输到收货结费的全过程信息化管理手段，实现物流运输过程准确化、透明化、可追溯化，进一步提升物流作业效率与质量。主要功能包括物流全程跟踪、公路跟踪、水路跟踪、铁路跟踪等。

（8）供应链金融管理。

平台供应链金融管理功能主要起到业务审批、客户预授信和贷后风险监控等作用，主要是通过风险控制模型对供应链金融服务需求进行专业化审批。另外，针对供应链金融服务涉及的存货、应收账款、预付款、保证金、费用等均提供专业化管理与风险监控功能。

（四）项目难点及解决方案

在探讨多式联运一单制模式的应用方案过程中，单证的标准化问题给本项目提出了重大考验。按照国际惯例，铁路运单不能作为物权凭证，如果没有创新，那么多式联运所涉及的“海铁联运”“公铁联运”等业务模式中的单证将依旧保持分段开具的模式，无法从根本上解决单证的统一化问题。如后续还需考虑供应链金融服务，则铁路运输段的物权凭证（质押），银行将视为无效，不利于企业进行融资。

为此，本项目针对铁路运输以及国际铁路单证进行了深入、全面调研，在经过多次讨论后，对提单样式进行了数十次调整，制定出能够涵盖铁路、航运、公路等多种运输方式的多式联运标准化提单样式，充分涵盖了多式联运物流运输的各个环节，实现了“门到门”运输的“一单到底”，也为后续企业开展供应链金融服务提供了保障。

此外，由于本项目平台需要对接大量的外部系统，各单位平台间的数据标准与格式都不尽相同，这为平台数据共享带来了难题。项目组经充分研讨后，采用标准化的 API 数据接口，兼容各类主流数据格式，全面对接国家物流平台、国家铁路集团、各大港口、口岸等多式联运核心数据，确保多式联运物流在运输过程中能够实现全程动态跟踪。

五、项目效果

（一）多式联运“一单到底”

通过本项目平台的建设，探索多式联运一单制应用新模式，形成统一、标准的多式联运提单，解决铁路运单无法作为物权凭证的问题。同时，电子运单只需一次申报、一次打印、一次结算，大幅减少了企业纸质票据的自行填制、打印和传递成本，提升了业务操作效率，为实现绿色物流的可持续发展添砖加瓦。

（二）全程可视化跟踪

通过本项目平台的建设，利用区块链、大数据、云计算等先进信息技术，构建集操作、管理、决策于一体的多式联运创新服务平台，将多式联运业务进行无缝衔接，实时获取班列信息、车辆位置、通关信息，对接各操作单位，确保物流承运商运输过程全程监控，完成物流信息的大融合，实现物流全程可视化跟踪，达到“能知、能看、能预测”的效果。

（三）供应链金融服务创新

本项目通过供应链金融服务的创新应用探索，使金融机构可以免去审查融资企业的财务信息，转为对该企业在多式联运物流产业链上的实际交易情况进行综合评价，针对单笔或者多笔交易提供融资服务。该服务模式可以促进物流数据与商流、物流、信息流、资金流等关键要素的强融合，为企业拓宽融资渠道、提高授信使用率和资金周转率提供支撑。

（四）应用案例

1. 多式联运物流服务用户：货代

此处仅以森霆货代为例。多式联运是国家这几年重点推荐的运输模式，但是目前市面上大部分网站所提供的服务都比较片面，要么方案可选择性较少，要么无法实现全程动态跟踪。通过智运网，以上问题都得到了良好解决。该平台有着大量的解决方案可供选择，只要输入出发地和目的地，就能智能排序出不同的多式联运方案，运输线路、时间和价格都清晰可见，公司可以根据实际情况进行选择和比价。下完单后，通过订单跟踪就能很方便地查询到货物在港口、铁路或者公路运输段的状态，操作起来十分方便。

通过一段时间的使用，公司已经顺利完成了多笔多式联运订单，同时跟原来运输费用相比，性价比较高，客户满意度也提升了不少。

2. 数据增值服务用户：港口

此处仅以宁波舟山港为例。近年来，宁波舟山港形成了 17 条海铁联运班列及多条成组线路的海铁联运线网，但随着海铁联运业务的不断开展，货物联运动态的跟踪成了最大难题，尤其是铁路运输动态由国家铁路集团统管，导致了这部分运输阶段的集装箱动态无法及时获取。

在与多家信息服务商洽谈后，公司选择与智运网达成合作。它能提供的数据增值服务是目前市面上唯一见到的能够全面涵盖铁路、公路、口岸以及港口等领域的服务，例如国家铁路集团的集装箱动态信息与班列信息（最需要的）、中国电子口岸的口岸通关信息等，通过标准化的 API 数据接口，能够与公司的管控平台进行方便对接，所有动态数据都能实时、准确地进行传输，解决了联运数据跟踪难的问题。

3. 供应链金融服务用户：货主

此处仅以上海云莹为例。受到新冠肺炎疫情影响，全球供应链受到严重打击，货款回得慢，公司的资金链也频频面临紧张的情况。银行贷款的要求高、流程长，在一定程度上阻碍了公司业务的进一步发展。

上海云莹一直是智运网平台的用户，通过“智运网”平台完成过好几笔国际联运订单。通过智运网平台的供应链金融服务，公司选中了“物流 e 贷”这个产品。提交相关材料后，银行迅速受理了申请，凭借在智运网平台上真实的交易记录，很快就获得了数十万元的贷款，操作简单、流程便捷，更重要的是解决了公司的燃眉之急。

六、项目优化及推广

（一）下一步优化方向

根据多式联运物流业务开展情况，不断完善智运网多式联运一单制应用场景，开发更多物流承运商资源，拓展更多多式联运线路，丰富多式联运解决方案产品。通过平台功能与操作流程的持续优化，提升平台操作的便捷性。在供应链金融方面，随着平台交易数据的日积月累，逐步改进风险评估模型，并加强与更多金融机构的合作互通，探索更多供应链金融创新服务模式，为中小型物流企业的发展保驾护航。

（二）项目未来推广方向

本项目平台成功上线后，先以长三角、京津冀、珠三角等地区为试点进行布局与推广，平台用户聚焦于港口、货主/货代与物流运输企业。未来平台推广计划将不断向内陆延伸，依托近年来中欧班列良好的发展势头，探索更多沿海港口与中欧班列等跨境班列运输相关的多式联运解决方案，为更多用户提供多样化的多式联运物流创新服务，赋能多式联运数字物流创新发展。

中国电信股份有限公司广东分公司、中捷通信有限公司：基于“一点接入，全链掌控”物资运营平台建设方案

一、企业简况

中国电信股份有限公司广东分公司（以下简称“中国电信广东分公司”）是中国电信最大的省级分公司，截至目前拥有员工4.5万余人。作为广东省信息化建设的主力军，近年来，先后被评为中国农村信息化杰出贡献单位、广东省通信业发展突出贡献单位、广东省最佳诚信企业、改革开放三十年广东标杆企业等荣誉称号，被授予广州亚运会和亚残运会“杰出贡献奖”，全国模范劳动关系和谐企业，“全国五一劳动奖状”。

中捷通信有限公司（以下简称“中捷公司”）是中国通信服务股份公司（中国电信集团公司控股）的供应链服务专业公司，公司承接了广东省电信器材公司的优质资产和优良业务，是立足于信息通信业、面向现代大工业的综合供应链服务企业。中捷公司一直深耕于信息通信行业，为信息通信行业提供优质高效的供应链服务，将先进的“全链路供应链服务”理念和行业客户需求有效结合，对供应链物资进行了“全生命周期管理”的供应链服务，包括采购服务、产品分销、进出口服务、国际国内物流服务和技术支持等供应链综合服务内容，经过多年的服务沉淀，其专业的供应链运营管理能力，包括运作流程、管控能力、数据积累等，已能充分满足信息通信行业的供应链服务需求。

中国电信广东分公司与中捷公司2009年达成战略合作，由中捷公司全面承接其供应链服务管理工作，服务对象覆盖广东电信省本部、各地市分公司、直属中心等分支机构、专业公司；服务内容涵盖需求物资的综合信息处理、信息化建设、正向物流、逆向物流、仓储管理服务、交付验收管理、现场驻点服务等的供应链全流程服务。双方合作历经十余年的摸索与提升，中国电信广东分公司供应链服务项目的运作模式已趋于成熟，智慧供应链建设也初见成效并在持续推进。

二、实施背景

（一）背景分析

中共十八大以来，习近平总书记站在中华民族伟大复兴战略全局和世界百年未有之大变局的高度，围绕网络强国建设发表一系列重要论述，特别在《习近平关于网络强国论述摘编》中提出了一系列新思想、新观点、新论断，深刻回答了事关网信事业发展的一系列重大理论和实践问题。习近平总书记强调，网信事业应该在践行新发展理念上先行一步，围绕

建设现代化经济体系、实现高质量发展，加快信息化发展，实现整体带动和提升。

中国电信广东分公司作为网络建设的排头兵，积极响应国家和电信集团网络强国建设的号召。面对当前5G技术广泛运用，电信行业所需物资的供应链服务管理体系越来越复杂，对时间响应、管理精细化提出更高要求的局面，中国电信广东分公司与战略合作伙伴中捷公司抓住中国物流信息化高质量发展的大趋势，以用户需求为导向，加大系统技术投入，推出适应行业发展需求、高效的广东省物资运营平台，通过大数据技术的支撑，借以信息化手段，强化数据综合处理、分析能力，促进供应链体系进一步集约化、高效能运作，实现智慧采购、智慧物流、智慧运营，助力通信行业高速发展，同时能够使双方在未来通信市场发展中继续处于领先地位。

（二）问题分析

中国电信广东分公司物资管理经过多年发展，已积累了一定的信息化基础，目前广东电信供应链管理主要有5个系统，包括中国电信集中MSS、广东电信ISCM和中捷公司开发的3个物流服务系统。现有系统虽然能满足基本的生产运营，但随着业务的发展，目前的系统群难以适应未来的发展与管理要求，亟须一个延展性好、稳定性强的物资运营平台。为此，中国电信广东分公司与中捷公司共同联手，对已有的系统进行总结，发现了以下问题。

（1）缺乏整体规划：现有的多个系统建设时是立足于各自业务，从不同的应用场景进行规划，缺乏对物资运营管理的整体规划。

（2）多点系统操作：各系统独立性强，各系统间信息形成孤岛，数据不同步，用户在业务操作时需要在各个系统间切换，进行多点操作，操作烦琐。

（3）数据分散存储：物资数据没有完全存储于电信自有系统数据库，且数据存储分散在各个子系统，无法对数据进行深入挖掘，对于数据的价值利用不足。

（4）仓位体系不一：目前没有统一的仓位体系，不同的系统实行不同仓位体系，各系统库存物资统计维度不同。

（5）缺乏统一物资视图：目前全省物资没有统一编码体系，仍有部分物资没有进行编码，无法对“全品类”物资流转的全过程进行监控，缺乏统一的物资视图。

为了解决上述问题，中国电信广东分公司与中捷公司合作协同构建链接前、后、上、下全方位的物资运营平台，对接供应商、客户和内外部多个系统，通过实施物资运营管理标准和服务标准，实现全省物资的统一运营管理。平台建设蓝图如图1所示。

三、实施步骤及内容

2020年7月至8月，中国电信广东分公司与中捷公司联手开展深度需求调研，对业务主流程、系统主流程、核心业务等场景进行了梳理，深入全面了解广东电信采购业务执行情况及系统使用情况，输出了业务主流程、平台整体方案、平台技术方案、平台功能清单以及平台系统原型等一系列调研材料。中捷公司加大了信息化投入力度，通过手持终端，应用条码、电子标签、GPS/GIS等技术绑定物资储位信息，实现储位、物资条码化管理，为后期建设统一的物资运营平台打下数据基础。最后，从各个业务系统抽取数据，清洗并汇聚到物资运营平台，实现多系统数据集成，为实施大数据技术，借助分析与预测功

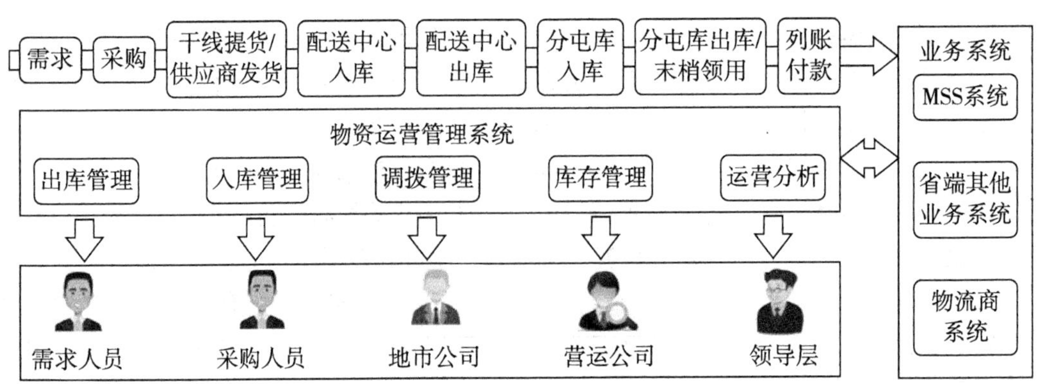

图1　平台建设蓝图

能为业务决策提供有效支撑。

物资运营平台的搭建将分为两期：一期主要搭建平台框架、全省统一仓位体系，实现订单统一归集管理和全省物资信息标准化，目前已成功验收；二期开发正处于开发实施阶段，计划搭建物资统一视图和物资运营引擎，实现全流程节点可视化管控，并融合移动端、PC 端、大屏端功能，可满足不同业务部门对运营平台的应用需求，实现有效管理、高效协作。物资运营平台核心功能如图 2 所示。

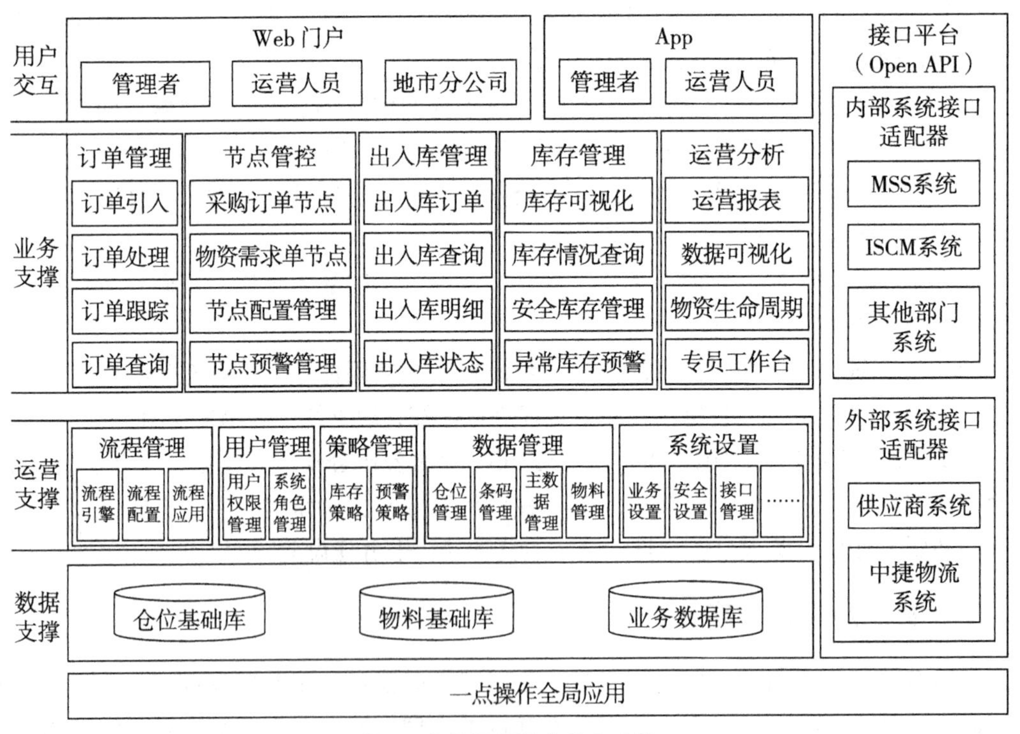

图2　物资运营平台核心功能

（一）搭建平台框架，实现订单统一归集管理

鉴于目前存在线上订单、线下订单等多种订单形式，物资运营平台将对订单进行统一归集管理，将中捷物流系统中的入库、出库、库存管理、物流运输调用物资数进行对

接，实现订单的统一归集、统一调用，形成订单处理闭环。物资运营平台订单归集管理模式如图3所示。

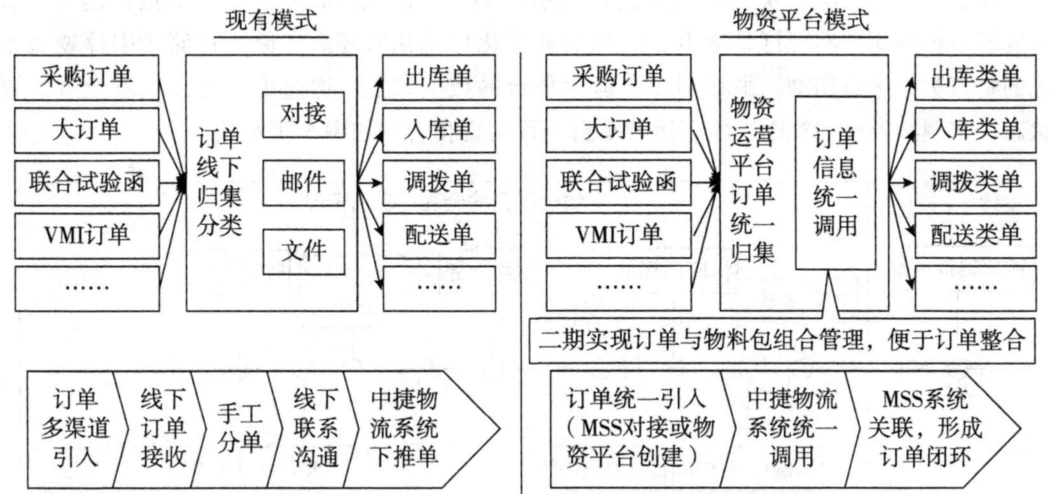

图3 物资运营平台订单归集管理模式

（二）搭建全省统一仓位体系，实现物资信息标准化

在保证正常生产平稳和安全的前提下，沿用中捷公司现有仓位体系，搭建全省统一的仓位体系。通过条码化，统一各系统之间的仓位体系，统一各系统中的库存物资统计维度，并将物资编码的统一管理从“主要物资”扩展至“全品类物资”，达到全物资信息的标准化管理。

中捷公司在搭建全省统一仓位、编码体系过程中，加大了信息化设备的投入，应用手持终端设备绑定物资储位、编码信息。条码管理采用“四号定位”法，即编号格式是仓库编号—排号—列号—层号，均使用阿拉伯数字表示，将储位编码转成条码，使用手持终端进行物资出入库操作，为每件物资赋予唯一的条码信息，并直接将信息反馈、更新至物流系统。同时，仓管员也可通过手持终端及时取得系统分配的收发货等各类作业任务。仓管员在各类作业中，通过手持终端扫描托盘、储位等容器或货物上的条码，即可获取该编码对应的物资信息，提高了作业的准确性和及时性。仓库储位条码和物资条码如图4所示。

图4 仓库储位条码和物资条码

（三）搭建物资统一视图，实现全流程节点可视化管控

物资运营平台将串联 MSS 与中捷物流系统的各个流程，联通全流程节点，建立全省物资统一数据库，实现订单全生命周期的透明化可视化管控。将原本存储于中捷物流系统的物资数据进行切割，平移到物资运营平台的数据库上，通过平台可以查看全省物资状态，实现物资统一视图。物资运营平台全程可视化管理如图 5 所示。

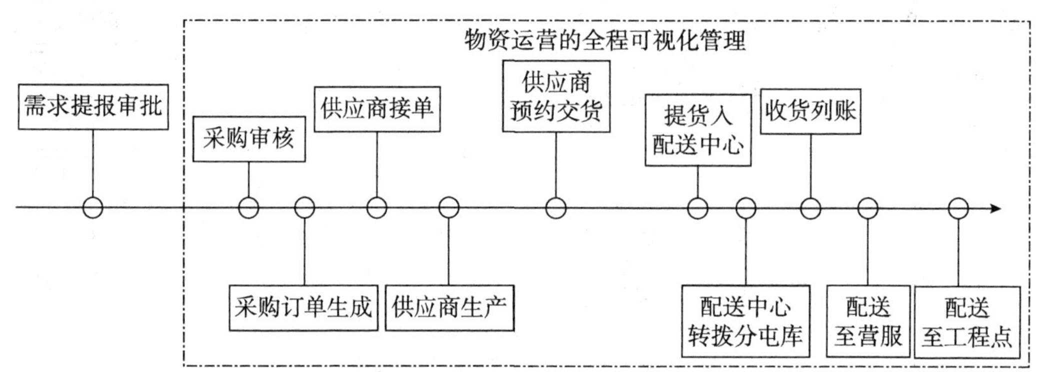

图 5　物资运营平台全程可视化管理

物资运营平台的跟踪管理模块（包括不同节点上）可提供自定义的跟踪管理模型，为不同项目及业务提供不同等级的跟踪管理强度；并设定各环节的 OTD 时效要求，对超时环节发起处理提醒。物资运营平台自定义跟踪管理如图 6 所示。

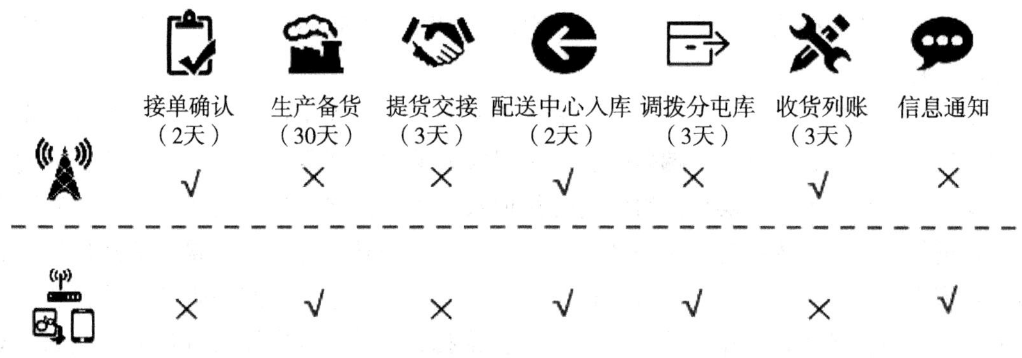

图 6　物资运营平台自定义跟踪管理

（四）搭建物资运营引擎，实现需求与供应联动

搭建平台的物资运营引擎，首先会通过 Open API 的方式，在初期实现中捷物流系统的进、销、存数据调用对接，保证全省物资的正常业务运作，后续再持续完善平台的能力输出，最终实现与集团 MSS 系统和其他系统的对接。

在平台能力基础上，各环节部门及人员能够实时了解或查看真实的库存数据、库存结构、历史数据，以便进行下单、领用、备货、发货、清库等一系列业务操作。同时，物资运营平台可提供库存多维度查询分析，为业务操作及库存管理提供依据，实现需求匹配联动。此外，该平台还可实现物资需求数据智能分析，分析各需求部门对供应商、

物资种类、物资型号等需求偏好，与供应及备货情况进行匹配，关联安全库存预警，提高需求满足率（见图7）。

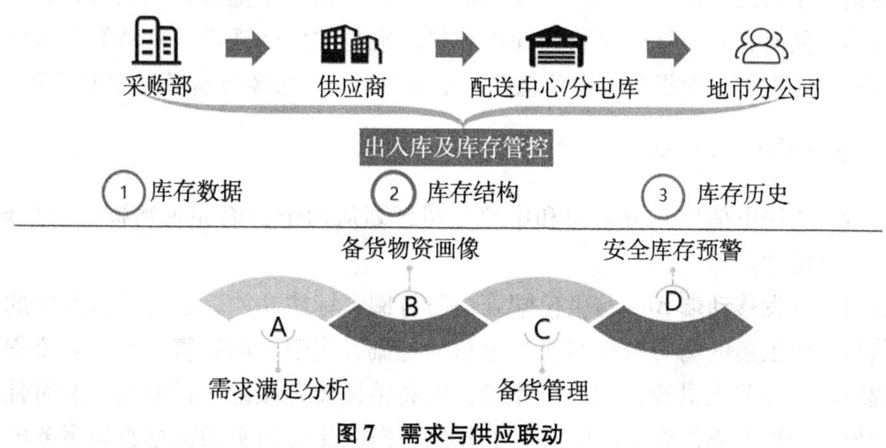

图7　需求与供应联动

四、信息化主要效益分析与评估

物资运营平台通过搭建统一的物资运营中台，与业务系统打通，实现业采融合、数据汇集与流程节点串联；通过一点操作，全局应用模式，向用户提供整体的、全链条的采购物资生命周期管理服务，以提升供应链管控能力和物资流转效率，降低运营成本。该平台的投入使用，将大大提升中国电信广东分公司与中捷公司共同合作的供应链服务项目运营效率，在物资全生命周期管理、风险自动预警、物资智慧运营等方面迈上新的台阶，为进一步规避运营风险，实现供应链高效运作和供应链智慧化运营提供决策支撑。

此外，该平台通过对全省物资数据进行深度挖掘，构建各种场景模型，能够激活数据价值，实现物资业务场景的智慧化运用，如库存预警、自动补货、智慧打包、一次到达率、减少库存等。同时，通过大数据技术对不同需求部门采购物资行为进行挖掘，系统能依据需求单位性质、偏好等特征进行物资的自动推荐，便于采购部门有针对性地进行业务梳理优化，实现精准采购。

项目投入至今，中国电信广东分公司采购需求到货及时率超过96%，平均响应周期同比实施前减少3.5天，有效支撑了一线发展。在库存管理方面，通过库存分析、自动预警、工余料推荐等功能，结合共享盘活激励等手段，全省实物库存全年压降29%，重点终端融合机顶盒压降66%、4K机顶盒压降58%、天翼网关压降51%，有效释放企业现金流，降低资金占用成本，防范跌价风险，节约仓库存储资源。

五、信息化实施意义

从全球范围看，信息化、网络化对经济发展的渗透趋势越来越明显，成为推动经济社会转型、实现可持续发展、提升国家综合竞争力的强大动力。通信技术是推进网络强国建设的引擎。随着4G、5G网络迭代时间缩短，通信设备物资更新换代的速度加快，精益供应链管理已成为市场运营和企业供应链管控的不可或缺部分，而供应链数据分析已成为通信行业及其供应链服务快速发展的保障和助推器。在这样的背景下，中国电信广东分公司与中捷公司联合实施的物资运营平台是提升行业服务水平与决策管理能力的必要条件，是使广东电信总体运营绩效上升到新台阶，顺应行业发展趋势的必然要求。

物资运营平台的建设大大提升中国电信广东分公司和中捷公司的内部运营效率，降低沟通成本。同时，物资运营平台的建设成果，也为推广到铁塔、移动等大型项目提供经验借鉴和复制案例，对提升业内信息服务竞争力和品牌形象具有长远发展意义。

六、下一步建设计划

下一阶段中国电信广东分公司和中捷公司计划从两个方面完善物资运营平台功能，提升平台运营能力。

一方面，开发移动端 App 与微信端查询与订阅、标注功能，通过快速便捷的查询核心数据信息，以汇集的物资数据与流程信息为基础，实现自动预警监控、全流程节点跟踪，大幅降低各环节人员查询跟踪工作量，提高整体流程跟踪的准确性、及时性、便捷性，提升异常处理效率，为中国电信广东分公司提供便捷翔实的数据查询服务的同时提升异常事项处理能力。

另一方面，开发滞库物资专项管控模块，以推动全省物资的滞库物资精细化管理。基于前期搭建的物资统一视图，对物资需求及物资使用情况进行分析，将各需求部门的需求与使用情况，与供应及备货情况进行匹配，并关联安全库存预警与呆滞管理，从而提高需求满足率，盘活呆滞物资。

湖南国联捷物流有限公司：货友汇物流服务平台

一、应用企业简况

湖南国联捷物流有限公司（以下简称“国联捷物流”）创始于2006年，注册资本3000万元，是以第三方物流为主体，以网络货运平台、物流园基地为两翼融合发展的国家AAAA级物流企业，是具有国家大件运输四类资质的全国大件运输30强企业。2016年被评为全国交通运输先进物流企业，2017年成为中国交通运输部首批无车承运人试点企业，2018年被评为湖南高新技术企业，是湖南省服务业2018年度重点培育行业领军企业之一。经过15年的稳健发展，在长沙、株洲、湘潭、岳阳、南昌等地设有10余家分（子）公司，业务涵盖第三方物流、网络货运平台、物流园建设管理三大领域。业务覆盖全国各地，服务众多上市企业，持续为客户传递价值、创造价值，坚持围绕客户需求持续创新，加速中国企业物流发展。

公司开发使用了国联捷物流管理系统、全国物流信息平台、社会车辆定位调度管理系统，形成了一套以公路运输、仓储管理、城市配送、物流信息服务为主的作业流程标准。依托专业的员工队伍、90多台配送车辆以及WMS、GPS、EDI等先进技术，国联捷物流可以为客户提供门到门、异地调拨、区域配送、货物签收单返回等全方位物流服务，帮助客户大幅提高产品供货能力，快速开拓市场和满足用户需求。

平台与上下游客户实现数据的互联互通，将物流中的运单信息、司机车辆信息、调度信息、签收信息、票据信息进行数字化处理。系统将数据挖掘和信息处理技术应用于物流运输管理，通过对运输数据、客户回馈的信息进行大数据分析，计算并决策最佳配送路径，降低运输成本，避免了不必要的空驶时长，合理高效地调配社会车辆资源，实现物流配载智能化。

二、企业通过信息化技术要解决的突出问题

1. “四流合一”

随着时代的发展和信息技术的进步，物流服务也进一步升级，并与金融紧密结合，国联捷物流顺应物流体系统一标准化、智能化、集成化的发展趋势，搭建货友汇物流服务平台，通过实现货物流、信息流、资金流、票据流的“四流合一”，规范物流运输，全面整合信息资源，实现盈利模式的多元化。“四流合一”关系如图1所示。

2. 服务多样化

（1）标准服务：货友汇提供标准版的网络货运平台，可以满足物流企业、货主企业的基本需求，成本低（无须再次开发，只需注册提交有关资料审核通过即可）。

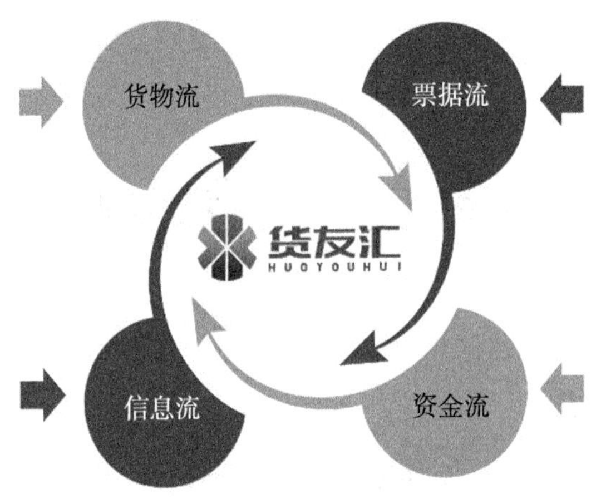

图1 “四流合一”关系

（2）定制服务：货友汇提供定制版的网络货运平台，物流企业或货主企业可建立内部独立的结算和网络货运体系；帮助企业实现物流信息化的同时，建立可把控、可复制、可共享的物流生态产业链体系。

（3）增值服务：货友汇提供多种增值化服务，包括油卡充值、保险购买、ETC 服务等。

三、信息化进程

1. 主要问题

（1）物流信息化建设的实际运用率和层次较低。根据调查研究，目前我国只有 39% 的企业拥有物流信息系统，大概 69% 的企业还处于物流基础信息化阶段，只有不到 4.7% 的企业拥有物流信息化供应链的运作模式。高水平的物流自动化是提高物流效率的重要途径，也是未来物流的发展趋势与基本走向。根据国外经验，真正意义上的物流自动化不仅是多样化的物流机械设备，还要将这些机械设备与大规模的现代信息技术相结合来发挥物流自动化与物流信息化建设的协同作用。然而，与国外的自动化水平相比较，我国物流自动化水平、层次较低。例如，在点货、包装、搬运、分拣以及数据处理等作业环节中仍以手工操作方式为主。

（2）物流管理方法与设备较为落后。当前，大部分企业还未实现对信息技术的充分利用，其技术应用仅停留在日常事务的管理上，在物流决策方面，信息化程度较低。另外，物流管理信息化要求企业必须具备高科技设备，能对物品进行自动化扫描、分拣等操作，但部分企业所配置的设备较为落后，并不具备这些功能，严重阻碍了物流管理信息化在企业的普及。

（3）物流管理的信息资源系统化程度较低。长期以来，企业缺乏统一的信息标准，信息共享程度非常低，物流管理方式落后，严重制约了企业物流运行中的订单管理、库存查询、物品运输等工作的高效开展，造成物流管理效率低下，物流服务质量不高，影响了企业的整体发展。

（4）物流信息化管理人才匮乏。当前，企业的物流管理信息化要求人才必须具备多方面的综合技能，既要拥有丰富的物流经验，能有效处理各项物流管理事宜，还要掌握一定的计算机应用技术，能通过计算机操作，完成信息化的物流管理任务。而在企业现有的物流人才队伍中，大部分学历不高，并且计算机能力较低，学习能力有限，难以满足企业的信息化需求。

2. 解决措施

（1）加大对先进物流信息技术的引入和运用。现代化技术的不断开发为物流信息化建设带来了契机，大大提高了物流信息标准化平台对信息的反应速度和处理能力，提升了物资资源的利用效率。因此，企业应该紧跟物流信息化建设步伐，加速对先进物流信息化技术的运用，以提高物流信息系统的整体性能与工作效率。

（2）完善物流管理信息化技术研究体系。企业要不断进步，就必须突破技术、管理等方面的限制。在物流管理信息化建设中，企业需解决物品自动识别与电子数据交换等技术难题，建立完善的技术研究体系，对企业内部的物流管理开展科学的信息化研究。

（3）加大物流资源开发力度，充分挖掘信息的利用价值。为了改变物流管理中的信息混乱局面，企业必须将信息资源的整合利用纳入管理工作范畴内，积极进行信息资源的开发，在实际管理中采集真实的信息，并以规范化与标准化作为信息采集目标，将所收集的物流信息按一定分类传输至物流管理系统中，为后期的管理决策提供完整的参考依据。同时，在物流资源开发利用过程中，还需结合企业的发展战略要求，建立科学的信息资源共享体制，以充分挖掘物流信息中存在的价值，让其投资效益得到最大限度发挥。企业管理人员需要正确认识物流信息资源开发与管理的作用，认识到这是一项长期工作，并以积极的态度看待物流管理工作，确保其工作的高效、稳定运行。

（4）加强物流管理信息化人才队伍建设。企业在物流管理信息化建设中，还需加强信息化管理人才建设，充分发挥人才的作用，促进物流管理信息化的发展。在这个过程中，企业应制定合理的人才招聘标准，认真选拔优秀的管理人才，确保所选用的人才既具备专业的物流管理知识，又掌握基本的计算机信息技术，能充分适应信息化的物流管理要求。同时，积极引进高水平的复合型人才，为他们提供广阔的发展平台，并营造和谐的企业管理氛围，增强人才对企业的认同感与归属感，让其全身心投入企业的物流管理信息化建设中去，为企业创造更多的价值。另外，企业还要加强对现有物流管理人员的培训，提高人员的计算机应用能力、丰富人员的理论知识，将理论与实践有效结合，提升物流人员的整体水平，进而推动企业物流管理信息化的进一步发展。

四、信息化主要效益分析与评估

1. 信息化实施前后的效益指标对比分析

公司 2020 年营业收入 18.41 亿元，同比增长 1589%，缴税 1.62 亿元，同比增长 4502%，公司近三年财务经营状况如表 1 所示。

表 1　　公司近三年财务经营状况

类别	2018 年	2019 年	2020 年
营业收入（万元）	7416. 50	10898. 02	184115. 60
净利润（万元）	117. 53	305. 96	589. 88
上缴税金（万元）	273. 44	352. 09	16201. 21
年末总资产（万元）	3365. 09	4408. 95	11032. 90
年末职工人数（人）	118	126	150

2. 信息化实施对企业业务流程改造与创新模式的影响

（1）平台突破了传统货运信息管理系统的技术瓶颈，包括零担系统、整车系统、同城系统、人工驾送系统，可以实现商流、物流、信息流、资金流的同步科学管理，通过为客户提供优化的仓储存取和运输路径方案，可以为客户节约15%左右的物流成本。

（2）可以有效推动物流信息管理的现代化，并且通过项目的实施，提高公司研发实力，促进人才就业，缓解就业压力。

3. 信息化实施对提高企业竞争力的作用

（1）减少物流成本，增强了当地企业，特别是中小企业的市场竞争力。

（2）加强了对物流行业的规范管理，建立健全货运市场管理体制，打击非法经营，制止骗运、盗货，依法保护货主和物流行业经营者的合法权益。

（3）促进了本地区和周边地区的商品流通。项目设施齐全，具有一定的区位优势和辐射功能，为当地提供了一个便利的货物流通场所。

（4）提高了本地就业人数，缓解了城市就业压力，为城市、农村剩余劳动力的就业及下岗职工再就业创造条件。

（5）改善了当地交易环境，加强了城市基础设施建设，带动了相关产业发展。

（6）能帮助企业形成运单货物全程监控的链条，做到每一个运输节点都能有迹可循，有利于物流企业提升运输服务质量，实现优化配置。物流信息管理是运输过程中掌控物流的必要手段，将网络货运系统应用于实际操作中，将会大大提升物流服务质量。

五、本系统下一步的改进方案

1. 系统改进方案

（1）加快物流信息化平台的建设。首先，企业应当加速信息化平台的建设，实现行业内各组成部分之间信息便捷、快速地共享与交流，能够将分布于不同地域的物流信息相衔接，并通过平台对物资加以调控。其次，企业应当加速协同间的物流信息化平台建设。协同间的物流信息化平台是一项不容小觑的系统性工程，也是物流信息系统实现信息交换与共享的关键。它具备系统接口、交易处理、数据抽取、信息发布、用户权限等功能，可以最大限度地实现个性化的优质服务，提高物流效率。

（2）制定切实可行的物流信息化建设的长远规划。在政策的积极引导下，制定切实可行的物流信息化建设的长远规划。物流信息化建设是一项庞大复杂的系统性工程，其建设需要企业内外部各参与方的相互配合、沟通。

2. 业务发展规划

（1）2021—2022 年，逐步向华中地区扩大影响范围，扩大实质客户群，大幅提升收入。

（2）2023—2025 年，完善货友汇货运、金融、保险服务管理，稳定客户群，为货主企业、物流公司、货车司机等提供良好的综合性服务。

为达到以上两点目标，公司必须以平台为基础，以市场为导向，开展经营活动和管理活动；组建较大的销售团队，鼓励全体员工参与营销工作；及时反馈市场信息，优化金融、保险服务；协调市场部门、信息平台部门等，积极整合各项资源，实现综合有序管理。

河南省脱颖实业有限公司："云上多联"一站式智慧供应链综合服务平台

一、应用企业概况

河南省脱颖实业有限公司（以下简称"脱颖实业"）成立于1997年6月，注册资本5000万元，主要从事网络货运、无船承运、城市配送、网上商城、互联网信息服务及北斗卫星定位产品的生产和销售。

公司总部位于郑州市郑东新区龙子湖湖心环路新西兰农牧研发中心，目前运输业务线路有218条，辐射全国31个省级行政区、283个城市。在巩义、三门峡、安阳、濮阳、周口、济源、永城、孟津、沁阳、民权、广西等地设立20家分公司，在广西、浙江两地成立2家全资子公司。与200多家大中型龙头企业签署了战略合作协议，获得了稳定的货源基础。

二、信息化要解决的突出问题

（一）运输结构调整，促使网络货运企业向多式联运发展

传统物流运输业务中，公路运输成本一直占比较高，网络货运企业向公水联运转变势在必行。与其他交通运输方式相比，水运具有运量大、成本低、能耗小等优势。据测算，以每吨公里为计量单位，水运的运输成本是7分左右，铁路是3角左右，公路为5角左右；铁路运输是水运碳氢化合物排放量的2～5倍，公路运输是水运碳氢化合物排放量的3～7倍。

（二）企业降本增效需求突出，为客户提供多种运输组织方式进行选择

以周口莲花味精为例，以往采用公路运输方式，用货车把产品运到海港后装船。以往发往尼日利亚的货物，通常是先从周口运到青岛港，然后装上海船，发到目的地。如今，莲花味精出口产品先装入集装箱，从厂区通过公路运输到周口港，再从周口港出发，经太仓港周转，直达尼日利亚。经过初步核算，从周口港装船的货物，每箱可节约运输成本1000元左右。长期以来，莲花味精销往世界各地的产品源源不断，运量巨大，选择多式联运方式完成集装箱运输，有助于企业降低运营成本、提升利润空间。

三、信息化进程

（一）信息化实施的推进

信息化建设中，遵循“科学论证、敏捷实施、快速迭代”的总体要求，按照“需求调研、需求分析、系统设计、系统开发、综合测试、业务测试、实施推广、上线跟踪”八个步骤稳步推进。

在此次脱颖实业联合周口港开发的多式联运项目中，主要探索突破公水联运“一单制”，涉及货主端、公路端、港口端、水运端、收货端等主要节点，在整个公水联运的运输过程中，依托“云上多联”一站式智慧供应链综合服务平台，对货物进行全程实时动态追踪并提供安全保障，提供“一单制”全程物流与供应链解决方案。公水联运运作模式流程如图1所示。

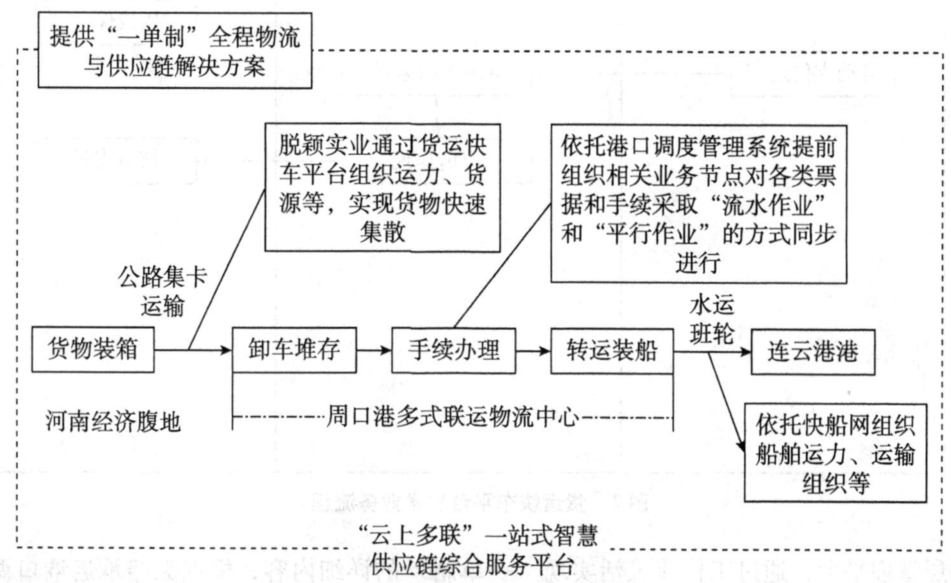

图1　公水联运运作模式流程

项目紧紧围绕“货运一单制、信息一网通”物流服务模式，延伸物流与供应链上下游节点，积极整合港口、码头、货主、货代、船公司、船代、场站、车队等多式联运各相关方的商流、资金流、物流、信息流资源，实现联运作业业务的集中办理，加强多式联运节点企业的合作，实现物流信息的共享及互联互通。项目以货运快车、港口调度、快船网为依托，打通底层数据，实现集中化调度和“一单制”管理。

货运快车平台技术业务流程如图2所示。

港口调度系统技术业务流程如图3所示。

快船网技术业务流程如图4所示。

（二）实施中主要解决措施

（1）信息交换共享技术路径：由微服务做基础，在网络货运与无船承运项目之上建

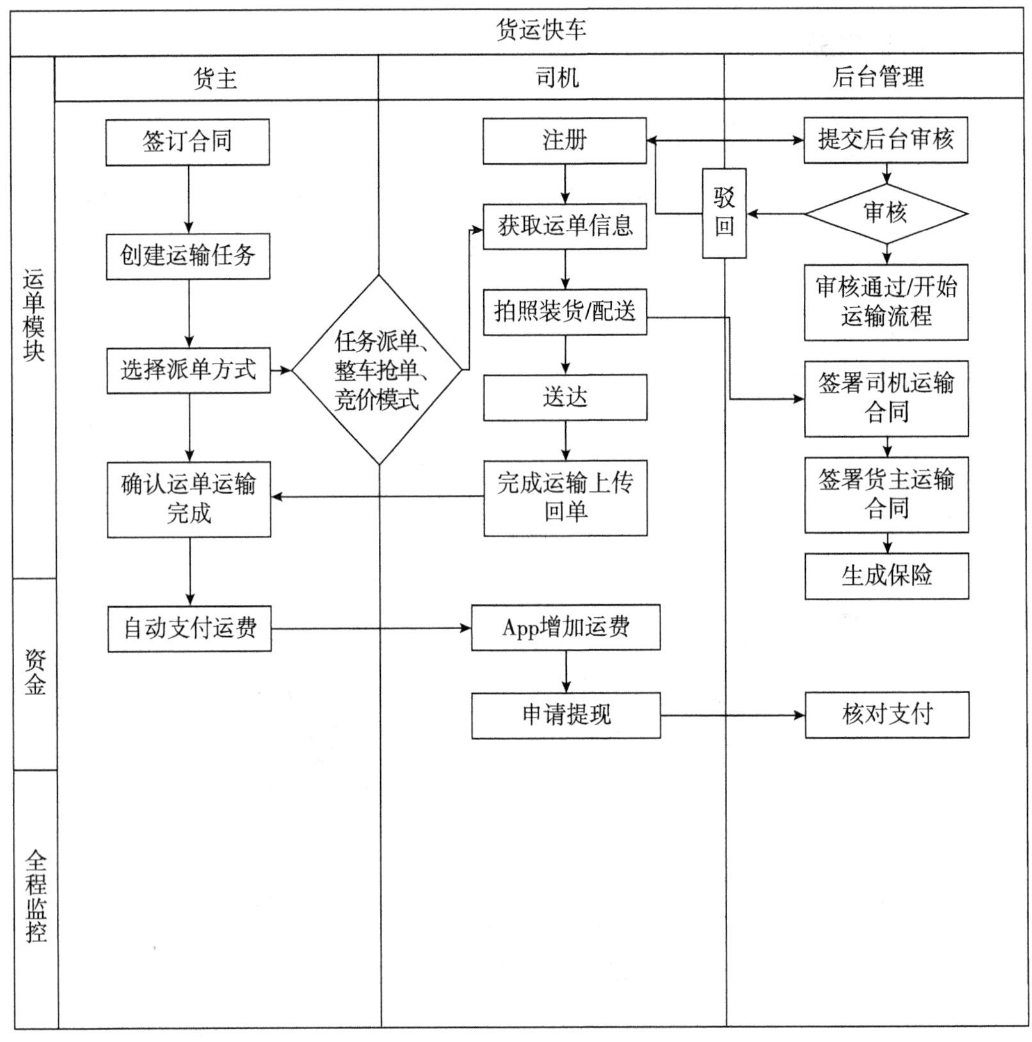

图 2　货运快车平台技术业务流程

立上层管理平台，通过工作流灵活实现“一单制”的详细内容，根据无船承运港口调度分配货物信息，灵活加载网络货运车辆运单。

（2）打通底层数据技术路径：网络货运平台通过任务模块提前获取最终货源送达地并进行算法匹配，通过订单数据获取运单数据，进而获取到运单信息和多辆车辆订单信息，在运输时及时上报上层管理平台。

四、信息化主要效益分析与评估

多式联运平台主要采取公水联运模式，通过开展多式联运可有效分担原来由公路运输承担的中长途货物运输，促进运输结构的整体优化和运输效率的提升。通过全程运输一体化组织，可有效降低货物运输成本、节约货物运输时间、降低能源消耗并减少碳排放，形成良好的社会经济效应。

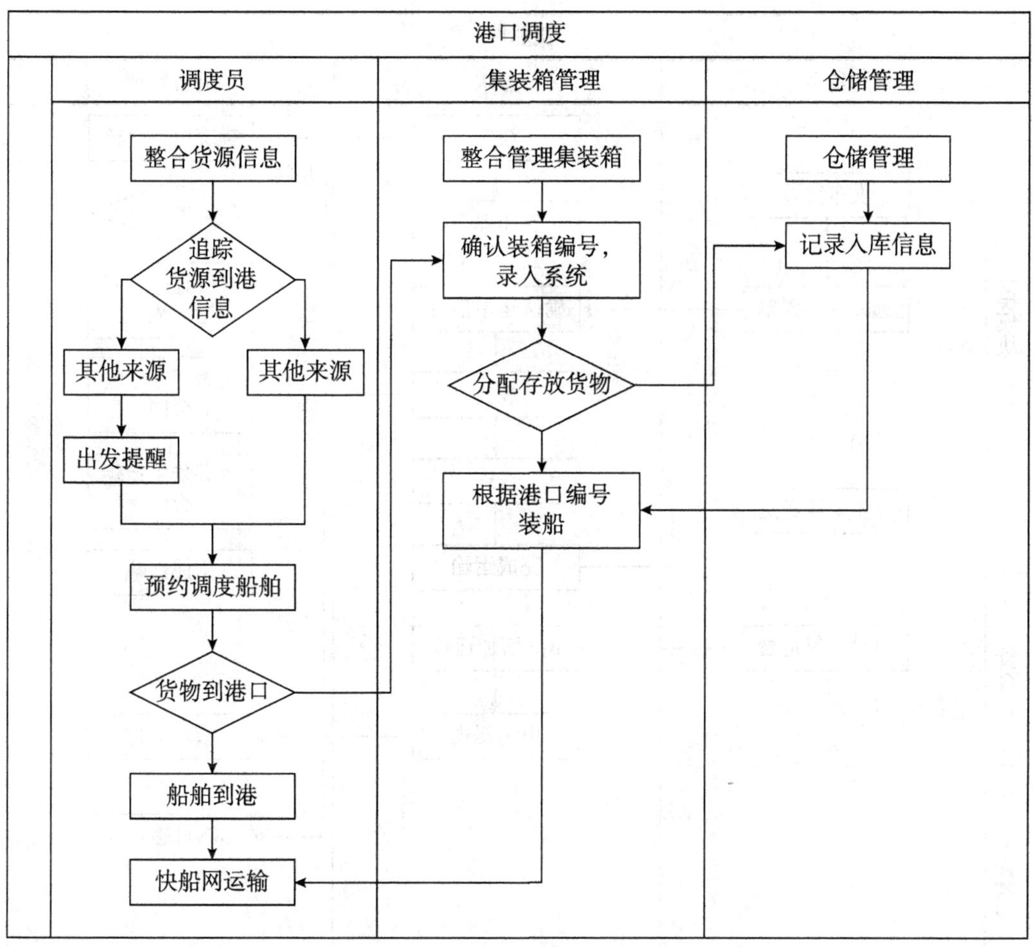

图 3　港口调度系统技术业务流程

(一) 经济效益

1. 物流成本降低

多式联运平台的建设实施，可以完善现有周口港区多式联运模块，实现公路、水路等物流运输方式之间的有效衔接。公水多式联运的开展，可以降低客户的物流成本，并提出现实可行的物流配送方案。

多式联运平台的建设实施还可为生产企业降低物流成本、提升利润，有利于吸引更多的客户。同时，本项目为企业提供了更多的选择，对河南省以及周口市经济发展产生了积极影响。未来，将有越来越多的物流企业选择公水联运作为货物运输方式。

2. 运输效率提升

由多式联运引起的运输效率提升，主要体现在物流门到门运输时间的缩短情况，包括线路运输时间缩短、枢纽阶段作业时间缩短两部分，可用下式计算。

$$CT = \sum TL_a + \sum TLP_a - \sum TL_b + \sum TLP_b$$

CT——运输效率提升量（h）；

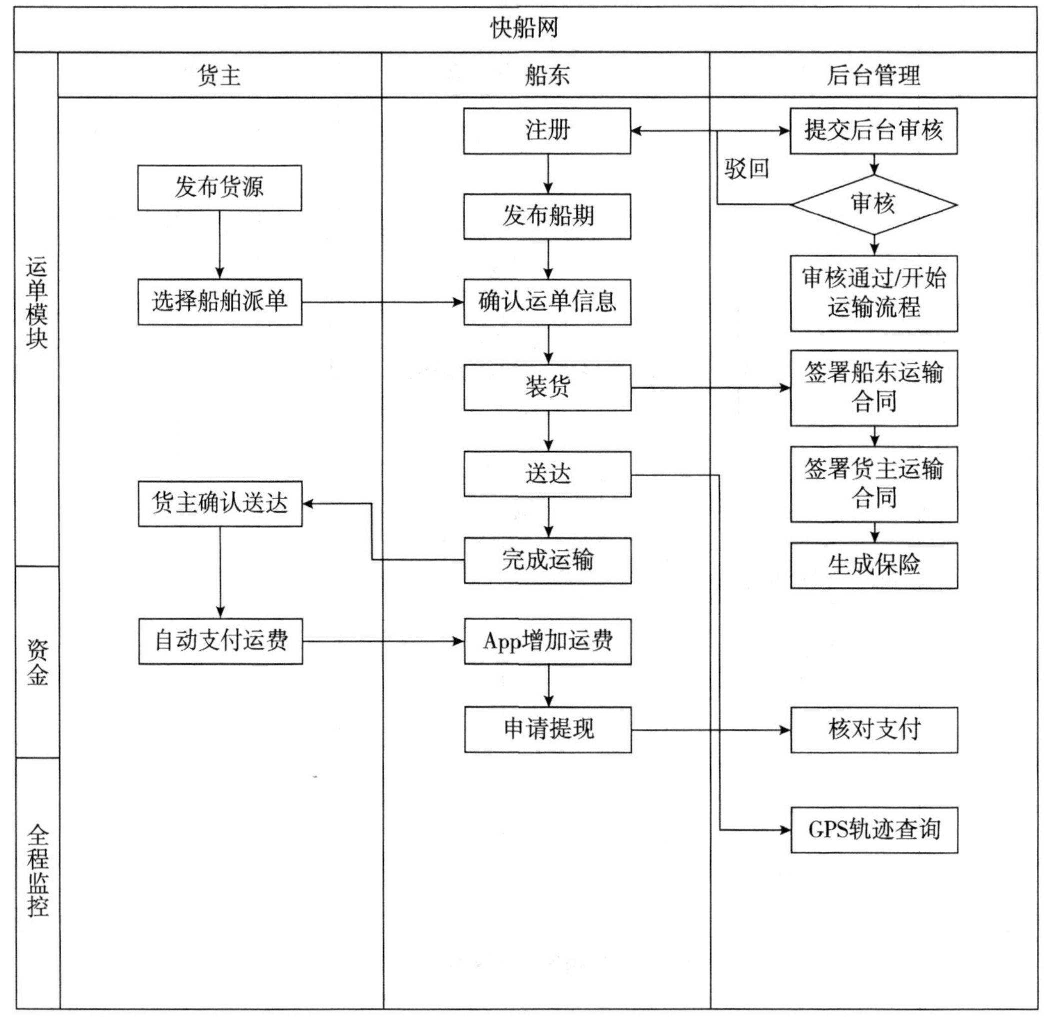

图4　快船网技术业务流程

TL_a——多式联运各段线路的运输时间（h）；

TLP_a——多式联运各枢纽节点的作业时间（h）；

TL_b——原运输组织模式下各段线路的运输时间（h）；

TLP_b——原运输组织模式下各枢纽节点的作业时间（h）。

在门到门运输过程中，虽然公路运输需要在节点进行装卸，效率较低，但凭借灵活、方便、随到随走的特点，可实现较为高效的货物运输。本项目的多式联运体系，虽然有效降低了节点的组织效率，但受制于整体干线运输的速度，运输效率提升的效果不能完全体现，随着水运和港口系统运行效率的不断提升，多式联运效率将会得到进一步提升。总体来讲，示范期内，本项目运输效率与公路长距离干线运输基本相仿，未来将会进一步改善、实现超越。

现有的非一体化多式联运，虽然在各个运输距离内选用适宜的运输方式、基本发挥了各种运输的比较优势，但仍受制于联运节点的转运效率，总体的运输效率并不高，这也是制约现有运输模式进一步发展、扩大市场份额的关键瓶颈之一。本项目推行一体化运输组织、由一个经营人对货物运输全程负责，有效提升了节点的运作效率，使现有的哑铃型运输效率模式得到较大改善。总体来讲，本项目运输效率要高于现有常规性的非一体化多式联运。

3. 间接经济效益

（1）减小货损货差。

由于采用了集装箱化运输，运输过程中可避免外部环境对箱内货物的影响，装卸过程中与外界接触的是箱体而非货物，并且运输各环节中不易发生失窃事故，因而货损货差率大为降低。

（2）提高运输准时性。

公路长距离干线运输由于受路况、天气等影响，到货准时率较低，而在多式联运中由于长距离运输环节依托水运班轮完成，水运班轮通过“准点开行、准点到达”的“客车化”运输组织方式，使多式联运的准时率得到有效保证。

（二）社会效益

1. 优化运输组织，拓展服务范围

多式联运的发展，意味着货物在运输过程中需要通过多种方式衔接和配合。传统运输过程中，货物通过人工装卸在不同的运输工具之间转换，需要消耗大量的时间成本和劳动成本。本多式联运示范项目创新实现公水联运“一单制”的运输模式，有效压缩了联运时间和成本，提高货物装载效率，促进多式联运的发展。

2. 推动数据共享，释放信息红利

多式联运的需求量不断增加，对企业的发展和管理提出了不小的挑战。少数多式联运企业部分具有自己的运营信息平台，但其功能比较单一。而多式联运运输涉及多种运输方式的协同组织运营，仅仅依靠人工以及功能单一的运营信息平台完全不能够满足自身的需要。货物、车辆、船舶信息的及时传递，是实现多式联运、提高多式联运效率的重要保障，企业纷纷通过建设信息化平台，打破信息孤岛，推动货运信息共享。

本项目在相关运输企业和运输方式中探索多式联运单证交换新模式，建立“一单制”单证体系。同时，多式联运公共信息服务平台的出现，需要技术的支撑以及行业资深企业的引领，这是提高企业物流操作和管理水平、增加销售额、提高企业盈利能力、扩大企业影响力的有效途径。

五、项目实施过程中的主要经验体会

创新服务产品，为平台用户提供多元化服务。充分发挥平台海量数据汇集和大数据分析的优势，向货主提供定制化、个性化的全程运输服务。逐步整合现有航空、铁路、公路、水路运输信息系统，研发搭建多式联运公共信息服务平台，提高不同运输方式之间的信息系统对接和数据协同开发水平。完善多式联运信息共享标准和共享机制，突破多式联运信息壁垒，逐步实现不同系统间的信息共享和协同。协调海关、检验检疫等相关部门，推动不同行业间的信息互换和共享，进一步提高多式联运监管效率。

技术驱动是行业发展的不竭动力。研发是信息化的重中之重，项目所用的知识产权在转化过程中没有面临技术问题和壁垒。要做好物流信息化企业一定要有自身的核心技术和团队作为支撑。公司现有研发团队从事物流系统研发工作多年，有着丰富的研发经验，基本可满足技术开发和升级需求。

多式联运项目整体运营是企业多部门协同化运作的创新模式。项目实施和运营过程中，部门与部门之间、个人与个人之间的协调与配合非常重要。不论是否存在部门分工，项目人员都必须通过协作把个人和部门的力量联结成整个公司集体的力量，以实现项目正常运转的预期目的。

六、平台的下一步改进方案和设想

实现从网络货运企业到多式联运服务商的方式转变，突破“一单制”，实现全程“一次委托”、费用“一次计算”、运单（提单）“一单到底”，承担全程运输服务责任。在国内空陆、公铁、公水、铁水公联运等方面，探索应用多式联运电子运单；打造全国多式联运示范工程标杆企业。

构建网络货运管理大数据平台，将物流、信息流、资金流全线上透明化管理，积极探索前沿的物流创新模式；通过运用智能技术等手段，对线上服务、线下体验进行积极探索，在实现降本增效的同时，能吸引和影响客户，抓住市场，获得长足发展。

上海找油信息科技有限公司：物流企业能源智慧化管理解决方案

一、应用企业简况

上海找油信息科技有限公司（即老吕加油）是能源产业互联网的领军企业，企业性质为民营企业。老吕加油致力于通过科技创新优化能源产业供应链，通过数字化赋能能源产业供给侧结构性改革，构建高效的能源流通网络，开启能源产业新零售变革，围绕国家能源战略打造一个可定制、可共享、智能化的能源产业互联网平台。

作为国家认定的高新技术企业、能源产业互联网的领头羊，老吕加油通过移动互联、LBS 及大数据等新兴技术，重构能源消费行业的信息流、资金流和物流，以“Software 软件 + Service 服务 + Supply Chain 供应链”构建新型能源交易平台。在能源需求层面，为物流车辆提供可定制的一站式能源数字化管理系统。在能源供给层面，为加油站提供软硬结合的一站式智慧加油和数字化供应链服务，并以在线经济平台模式将两者进行精准匹配，助力能源消费企业降本增效、赋能加油站智慧升级，最终实现“让能源普惠大众”的使命。

目前公司已推出老吕加油、老吕管油、油掌柜、找油供应链等多个数字化产品，业务遍布全国 30 个省、近 100 座城市，已完成 C 轮融资，年营业额突破百亿元。

老吕加油的投资股东包括 SIG 海纳亚洲创投基金、雲九资本、云启资本、GGV 纪源资本、创伴投资、DCM 资本、满帮、普洛斯、Rainbow Capital、Tide Capital、Oceanpine Capital、G7 等。目前公司的合作伙伴覆盖物流行业的头部企业，包括“四通一达”、顺丰快递、京东物流、德邦、中铁、安能、众卡运力、狮桥、中交兴路等。

二、案例应用优势

目前，我国能源消费约占成本支出的 20%，并且存在油品质量难保障、加油行为难管控、发票收缴烦琐等管理问题，这也是物流企业降本增效的最大痛点。另外，随着成品油政策的不断放开，加油站市场进入存量市场时代。10 万余座现有加油站中，民营及外资加油站数量占比超过 50%，市场份额占比仅为 24%，急需数字化改造与盈利能力升级。

老吕加油针对以上两个客户群体，构建了“Software 软件 + Service 服务 + Supply Chain 供应链”新型能源交易平台，以两套完整的基于能源产业互联网的 SaaS 云系统，为传统行业提供数字化升级工具及更多延伸的服务。

老吕加油 SaaS 云系统是为物流企业搭建的可定制、可共享、智能化的全行业解决方案。它借助于智慧油卡打破各类加油站之间的壁垒，实现了物流客户、物流司机、加油站之间的互联互通。司机通过“老吕加油”手机 App 扫码加注后，形成零售订单并回传物流客户 BMS 系统。该系统将传统的以实体油卡线下加油、线下采购的行为，转变为“客户向平台线上采购 + 平台向油站线上采购 + 司机线下履约”的新型交易模式，以集采的形式降低企业消费成本，以数字化工具和统一的结算开票降低了企业管理成本，以灵活高效的充值方式降低了企业资金成本。在掌握稳定的消费数据后，可由“老吕加油”平台向上游炼厂直接采购，通过合作加油站向物流企业货车加注，平台形成了从上游炼厂到终端零售的直通供应链。

在加油站端，老吕加油有国内领先的智慧油站整体解决方案。“油掌柜”拥有专业服务于加油站的 SaaS 云系统和自主研发的 AIoT 加油站智能硬件，在提升加油站市场竞争力的同时，使线上和线下实现联动，与老吕加油物流客户进行精准匹配并形成商业闭环。

三、市场应用程度

有数据显示，在老吕加油产品即物流企业能源智慧化管理解决方案进入市场之前，90% 的拥有自有车的物流企业以及整合社会运力的大中型车队，仍然采用线下传统加油的方式，在各品牌加油站申请办卡、存钱，把副卡分发给司机；而司机需要向企业交保证金领卡，并去油站圈存，之后才能使用油卡进行加油。

实际使用过程中，司机手中油卡丢失现象频发，导致企业滥发油卡状况严重，无形之中增加了企业的油卡管理成本。而各品牌油价和油品差异较大，单一品牌的油卡只能在指定的线路网络中加油，对于企业来说卡多了资金沉淀也就多了，导致管理成本增加。无稳定货源和线路的个体司机加油的方式则更为单一，在跑业务的时候直接去最近的加油站加油，不管是油品的质量还是价格，都无法得到有效保障。

老吕加油 SaaS 云系统是营运车辆一站式加油管理系统，采取“后台系统管理 + 前端电子油卡”模式，企业可通过系统管理和追踪旗下车队每一笔油费和每一笔订单，保障资金安全，解决监管难题。司机可通过手机 App 轻松查阅附近加油站的位置、油品、油价等实时信息，扫码加油，并由后台进行结算开票，使加油变得更省钱、更省事、更省心。老吕加油通过优化产业链，大幅降低了油品价格。同时，打造了老吕加油 SaaS 云系统，可为用油企业提供定制化加油服务和互联网化加油管理；综合可为用油企业节省 13% 左右的用油成本。

四、信息化技术能力

长期以来，老吕加油十分重视技术研发与模式创新，目前拥有近百人的高素质产品研发团队，除了搭建了一整套的业务系统外，同步开发了业务中台和数据中台。

业务系统：前端采用 React、React Native、Flutter 等响应式编程技术支持多端应用，涵盖小程序、公众号、App、H5 等。后端采用了 Spring Cloud 的微服务架构，Hadoop、Apache Spark 等流式大数据框架，其架构可同时满足中小客户的标准化需求和大客户的定制化需求。

业务中台：基于 MVC 架构和 Activiti 工作流引擎的业务中台连通了业务系统和数据中台。在业务中台，老吕加油的运营团队可实现各种运营操作，如商户进驻、审核、商品定价和风控等，这是老吕加油实现多方共赢的基础。

数据中台：各个业务系统中产生的数据都将汇聚到数据中台，经过相应的算法加工处理，比如基于 XGboost 决策树算法自动定价、基于深度神经网络算法推荐商户。其获得的数据又会反馈回业务系统，形成反馈闭环，为用户提供个性化的服务。

老吕加油旗下所有软件产品均通过了软件测试报告，并已获得 29 件计算机软件著作权登记证书和 13 件发明专利。2018 年 5 月 24 日，中国科学院上海科技查新咨询中心为老吕加油服务平台出具了《科技项目咨询报告》，评定项目具有新颖性，综合技术达到了国际先进水平。2018 年，老吕加油获得了 ISO9001：2015 标准的质量管理体系认证证书。2020 年老吕加油的“B2B 供油服务标准化试点”项目通过上海市市场监督管理局认证。

五、实践案例

合作客户赤湾东方（大车队）：将升级实体卡为数字能源管理解决方案；以老吕加油后台 BMS 系统精细管理，为物流车辆进行智能加油路线优化；进行“车牌付”等定制化功能开发，将能源电子卡与车牌进行绑定识别；对账、圈存、分配、开票一键解决。

合作客户日日顺（货主型）：高效结算数百家承运商能源消费；柴、汽、LNG 多品类能源全线上数字管理；享受加油网点根据路线进行定制化开发权益；配有专属售中、售后团队驻场式服务。

合作客户顺丰旗下无车承运顺陆：轻松管理平台加盟车辆能源消费；系统与顺陆平台网络货运 API 无缝对接；外携车辆、自有车辆等多类型车辆定制化系统开发；月度进行税务统一筹划，极大地提升开票效率。

目前，老吕加油已经拥有两万多家用户。据调查统计，通过和老吕加油合作，物流企业能节省 10% 以上的刚性用油成本；同时，还能在人员监管、流程简化、金融服务等附加服务中，获得较高的服务附加值。

老吕加油对自身有清晰的战略定位，对未来也有着长远的战略规划，将持续发挥在线新经济的数字技术能力，以规模效应和网络效应，精准匹配能源供需两端。以加油高频刚需路径切入物流企业服务，逐步发展为物流领域全场景支付结算工具，扩展产品业务线，积极拥抱新能源，积极探索环保能源，成为综合能源运营企业。随着 L3、L4 级自动驾驶技术在物流应用领域的更广泛应用，老吕加油将努力成为能源行业数字化的新基础设施。

老吕加油的战略规划，始终建立在为行业创造价值、为客户降本增效、为国家经济作贡献的基础之上，未来要不断努力，成为国家经济的有益补充，让能源普惠大众。

江苏省通湖物流园有限公司：宿迁市公共物流信息平台

一、企业简介

江苏通湖物流园项目由宿迁市交通产业集团有限公司投资建设，位于325省道南侧、通湖大道西侧。该项目为宿迁市物流业“十三五”时期“一核、五区、多节点”发展格局的重要组成部分。园区分为综合服务中心、区域分拨中心、仓储保管中心、城市配送中心、智能车源中心和智慧信息中心六大功能板块，主营物流服务、代理服务、金融服务、车辆服务和社会服务五大核心业务，具体包括货物干线运输、省内分拨、同城配送、仓储、供应链金融、保险、产品展销、车辆服务、物流信息化服务、企业管理咨询服务、房屋租赁服务、住宿服务及物业服务等。项目的建成运营对于提升宿迁市物流运行效率、降低物流综合成本、优化物流空间布局，促进工业、商贸企业发展将起到积极作用。

二、实施背景

随着宿迁市经济的快速发展和货运需求的日益旺盛，近年来宿迁市物流总体规模保持稳定增长趋势，物流企业数量逐步增加，并且出现了数家大型物流企业。同时随着物流专线逐步拓展，物流产业规模也在逐年扩大。

在宿迁市物流业快速发展的背景下，也出现了一些问题，主要体现为以下五个方面。

第一，物流业整体水平较为落后。宿迁市的综合物流指数低于全省平均水平，更是明显落后于南京、苏州、无锡、南通、徐州等地。

第二，物流与区域产业联动不足。目前全市主要制造业集聚区缺乏配套服务的物流园区，很多企业自建仓储、自承物流，严重制约了第三方物流业的发展，物流的专业化程度不足，商贸物流还主要依赖于批发市场模式。

第三，物流企业亟待扶持壮大。全市物流企业普遍经营规模较小，发展理念和管理模式落后，相互缺乏沟通和信息共享。目前物流企业布局分散，缺乏自动化、智能化的仓储、运输等技术装备，不能满足本地大型生产制造企业对物流的要求，从而进一步迫使大型生产制造企业自承物流。同时，专线物流企业直发能力不足，依赖到徐州、临沂等地的中转，在增加物流成本的同时无法保证运输时效性。

第四，物流市场竞争过于同质化。目前宿迁市的大中型生产制造企业物流业务板块大多由非本地物流公司进行操作，其物流需求包括成品产地市场向销地市场的运输、中转仓库的仓储、销地市场的配送等，其全国化、网络化、标准化的需求较高。而宿迁市的物流供应商无法承接其全部业务，往往只能参与整个过程中的一个环节，故造成了宿迁市物流市场竞争激烈、价格无序、服务意识差的局面。

第五，物流业信息化水平较低。全市物流企业大部分规模较小、运营混乱，没有运用信息化手段进行系统管理的意识；少数具备一定业务规模的物流企业信息化水平较低，多为租用第三方物流信息化系统，信息系统流转业务覆盖率也不高；外部进驻的全国性大型物流企业多有自行开发使用多年的信息系统，且极为重视数据保护，信息孤岛现象非常严重。本地物流企业对于行业新兴技术和装备，如公共物流信息平台、车联网、网络货运等接受程度不高，绝大部分还停留在传统的线下人工操作模式。

三、企业做法

江苏通湖物流园依托国企背景，集聚宿迁市物流产业高地，线上打造宿迁市公共物流信息平台，线下积极进行产业创新，牵头成立混合所有制的“通湖供应链”吸引物流企业加盟。通过建立线上线下两大平台，依托园区配套设施和信息化服务能力优势，统一标准、统一服务、统一系统，整合宿迁市物流市场车源、货源，通过信息平台充分利用社会零散运力，最大限度发挥专线物流企业运输能力，以平台化、标准化、集约化的操作方式增强服务生产制造企业货主的能力。

1. 搭建公共物流信息平台

宿迁市交通产业集团有限公司依托江苏通湖物流园“一站式服务”园区开发建设的宿迁市公共物流信息平台为唯一市级指定物流信息平台，平台以网络货运平台和智慧园区管理为中心，创新打造“互联网+智慧物流网络货运平台”，为物流行业上下游提供运输管理、业务运作管理、支付结算等信息化支撑服务。以Web、App等方式，面向物流全链条如货源企业、物流企业、货车司机等群体，覆盖物流业务全流程。

通过整合宿迁市物流行业人、车、货等信息资源，深耕宿迁市物流市场，平台跟踪业务全流程，同时提供电子油卡、ETC、保险及供应链金融等增值服务，解决生产制造企业货主、物流企业、实际承运人账期错配问题，保障运输全流程安全可控，达成物流交易服务的“四流合一”。平台通过整合分散的运力和货物资源，突破线下的资源限制，开辟线上无边界的物流交易服务，彻底改变宿迁市物流需要中转的高成本现状。

平台包括智慧园区管理平台、网络货运平台、物流运输管理系统（TMS）、共同配送系统、物流园门户网站及“宿迁物流”App六大子系统，具备开放统一的API接口环境与良好的技术支持，通过与其他相关物流平台、交通运输、税务部门等实现财税信息、货源信息、车辆位置等数据无缝对接，充分挖掘数据价值，助力物流公司经营决策、政府职能机关宏观调控，达到市委、市政府降低宿迁市物流成本的目标，为宿迁市物流行业的发展提速增效。

2. 信息化发展情况

目前，平台已形成完整的园区管理、车货匹配信息交互及相关运输系统解决方案等功能模块，并于2020年2月取得宿迁市第一张网络货运经营许可证，同步推行线上整车业务。在信息化的进程中，平台通过系统功能完善，最终实现了物流园区的信息化和物流运输全流程的安全可控。

在园区管理方面，园区利用智慧园区管理平台和智能地磅、道闸、能源管理等系统汇总各项指标，实现园区运营情况实时掌控。

在价格方面，园区利用网络货运去中间化的特性，在平台上直接达成车货匹配，减少差价。在经营过程中，有效整合运输企业、个体车辆、回程车等车辆资源和运力市场，形成稳定的物流服务链条和运力保障，有效降低企业综合物流成本。

在服务方面，园区组建了专业稳定的服务团队，专注于服务货主企业，易于经验积累、不断提高服务水平和质量。同时，平台能够有效、实时地监控车辆运行轨迹和操作现场状况，确保运输时效和驾驶员的现场配合，提高货主企业的使用体验感。

在安全方面，平台已全面接入北斗系统定位数据，实时监控车辆运行轨迹和异常情况，通过长期整合和积累，已形成相对稳定的运力池。平台对车辆的掌控度好、安全系数高。平台的物流责任险和货运险齐全，如果发生事故可由保险公司第一时间代为赔付，保障货主和平台的权益。

3. 平台运营概况

截至目前，宿迁市公共物流信息平台及“宿迁物流”App 正式上线运行，为 43 家物流企业提供物流运输服务，累计发货 10 万余吨；网络货运平台依托全市第一张网络货运经营许可证，服务 12 家大型生产制造企业，2021 年预计新增 30 家以上，营收突破 3 亿元。

智慧园区管理平台通过智能地磅、道闸、能源、安防等辅助系统和设备运行平稳。该平台接入以后，入驻园区的企业无须通过烦琐的流程，只需登录微信公众号，便可实现问题咨询、报事报修、费用缴纳等日常事务掌上解决。同时，还可以查看园区公告、园区咨询、缴费记录、事件进度等信息。园区管理人配有专门的管理平台，可登录平台进行日常管理，包括处理园区事件、查看园区监控、更新和发布信息、查看物业员工的巡检轨迹等。目前，智慧园区管理平台已经为入驻园区的 70 家物流企业和商户提供园区业务办理和管理费用线上缴纳等便利。

4. 成立混合所有制的宿迁市通湖供应链有限公司

宿迁市通湖供应链有限公司（以下简称“通湖供应链公司”）由江苏通湖物流园牵头成立，主营业务包含整车及零担运输、仓储管理、同城配送、供应链管理咨询、物流信息化系统等。

通湖供应链公司依托江苏通湖物流园先进的硬件设施及宿迁市公共物流信息平台，秉承为小微物流企业赋能、共建共享的理念，号召志同道合的物流人共同整合全国干线运输资源，打造全国干线运输网络，实现标准化、集约化、信息化发展。公司设置加盟区域网点 20 个，整合培育全国直达专线 83 条，逐步发展成为宿迁市的物流枢纽中心，为企业提供“一站式”优质、高效的物流服务。

以江苏通湖物流园为主体，融合国资、私营企业成立混合所有制的通湖供应链公司，注册并拥有“通湖物流”品牌商标，控制与该品牌关联的各项资源，包括对以该品牌授权经营的参与各方的控制主动权。江苏通湖物流园及运营团队负责前端集货配载所有工作；加盟专线负责干线运输和分流配送；加盟网点负责前端工作中的区域集货和中转派送工作。

截至目前，通湖供应链公司经过近 1 年运营，实现加盟专线 16 家、网点 3 家，培育直发线路31条，覆盖全国大部分地区，并开通江浙沪区域货运班车次日达精品专线。服务工贸企业90余家，零担发货56640吨，营收超过3000万元，2021年营收预计将突破1亿元。

四、实施效果和体会

（一）物流园区实施效果

1. 车流

（1）进出园区干线车辆约200辆/天、短线车辆约50辆/天、短驳车辆约400辆/天、自主提送货车辆约100辆/天，合计约750辆/天。

（2）创造约500辆/次/天的车辆入园收费机会。

（3）满足3～4家汽车维修企业及汽配经销企业的全天候经营。

（4）为园区地磅创造约400次/天的过磅收费机会。

2. 商流

为园区餐饮、零售业、服务业等带来约500人/次/天的消费群体。

3. 物流

出港货物约800吨/天，到港货物约400吨/天。

4. 主营业务

（1）解决约60～80间/年零担库房的持续、稳定租赁经营。

（2）带来2万～3万平方米仓储业务的增量市场。

（二）经济效益

（1）管理服务计提收入约1500万元/年。

（2）物流后市场收入约200万元/年。

（3）市场销售收入约300万元/年。

（4）系统服务费收入约200万元/年。

（三）社会效益

（1）为宿迁区域制造业企业及商贸企业提供了优质、高效、一站式发货的物流服务，以及降低企业物流成本、优化地方招商环境、满足地方经济发展的物流配套服务。

（2）增加地方就业岗位约100人。

（3）增加税源基数约8000万元/年。

（4）“通湖模式”在本地交通系统和专线物流行业产生较大的积极影响。

（四）实施体会

宿迁市公共物流信息平台依托互联网技术打通物流生态链各个环节，构建开放、共生的智慧物流生态体系，通过高效、精准的服务，帮助企业实现全流程集约化管理和降本增效，迎合新时代下的物流需求，有效提升供应链效能，助力现代流通体系建设。线下进行产业创新，通湖供应链公司吸引物流企业加盟。网络货运平台以数据优势为契机，将供应链和产业链深入融合，打通上下游，深耕供应链一体化提供服务，释放平台和供应链价值，打造供应链生态圈。

平台创新打造的“互联网 + 智慧物流网络货运平台”，为物流行业上下游提供运输管理、业务运作管理、支付结算等信息化支撑服务。以 Web、App 等方式，面向物流全链条，覆盖全业务流程。逐步实现供应链上下游各环节的高效流通与闭环管理，为客户提供软件、硬件、算法、区块链等多种技术集成的供应链数字解决方案。

（五）可推广应用情况

平台自 2019 年开发完成并投入试运营以来，六大系统始终保持稳定高效运转，2020 年 2 月取得宿迁市第一张网络货运经营许可证后正式开展线上网络货运整车业务，至今已经形成完备的线上物流信息服务体系和网络货运业务流程，在整个宿迁市尚属首例。平台目前已运营近两年，在与连云港交投、盐城交投、安吉交投和各大物流园区、物流公司等交流过程中推介“通湖模式”，皆得到肯定和认可。

宿迁市公共物流信息平台和通湖供应链公司经过实践证明，由地方交投公司牵头打造的公共物流信息平台和供应链服务具备服务全市物流行业的能力，可以肩负本地物流市场降本增效的重任，势必推动地方物流业转型升级，此模式适合向全国范围内推广。

五、未来发展规划

1. 做好信息化基础支撑工作

保持平台各系统更新迭代，不断优化系统功能、完善操作流程、提高使用体验。进一步汇聚研发、运维、需求、产品等各方面信息化专业人才，加大对信息化系统和智能化设备的掌控力度，持续提高运维运营能力，为拓展业务和服务加强信息化支撑基础。

2. 大规模开展网络货运业务

依托通湖供应链公司业务运营能力和网络货运平台优势，在全市范围内推广网络货运业务模式，并拓展第三方物流业务板块，后期视业务开展及国家政策情况考虑拓展零担业务板块，推动业务全流程线上操作。

依托通湖供应链公司运作能力优势，培养专线直发能力，线上线下融合，以平台化操作充分整合运力资源，持续提升物流服务质量，减少中间环节，降低货主企业物流成本，提升物流运行效率。

3. 打造完备的线上系统及增值服务生态圈

根据业务开展情况，充分结合实际使用需求，持续完善各操作系统功能，考虑增加仓储管理系统（WMS）、客户关系管理系统（CRM）、电商系统、共同配送末端系统等模块。同时，继续深入考察市场，融合区块链技术，扎根宿迁市物流市场，打造增值服务生态圈。

4. 打造网络货运产业园，形成宿迁市物流信息大数据中心

依托物流园区实体优势，建立省级网络货运产业园，报请省委、省政府专项政策支持，组建招商专班，吸引全国网络货运企业落地，同时依托园区智能化设备和集团信息化整合能力，形成宿迁市物流信息大数据中心，充分挖掘数据价值。

江苏好三由信息科技有限公司："航运＋科技＋数字金融"的智慧航运交易平台

一、企业概况

江苏好三由信息科技有限公司（以下简称"好三由"）成立于2018年，是一家以船货匹配业务为主导，围绕船舶产业链系列业务为配套的科技服务大数据平台企业。

公司通过构建"航运＋科技＋数字金融"的智慧航运交易平台，规范内河航运业，整合货运信息，提升船货匹配效率，并在此基础上为货主、船东提供增值服务，为政府规范归集内河航运税收。公司致力于成为"航运版滴滴"，打造长江航运结算中心。

2018年，好三由通过自主创新，研发上线了好三由智慧航运平台。经历了两年技术和服务的积淀，好三由智慧航运平台具有领先的创新优势和前瞻的合规生态洞察，成为首批国家批准无船承运平台。

平台基于行业大数据，依托船位追踪等领先技术，提供"船货智能匹配、货物运输保险、供应链金融、运费资金线上结算、船舶追踪"等相关系统功能，集信息流、资金流、票据流于一体，具备物流信息全流程跟踪、记录、存储、分析能力，充分保障物流交易真实性，推动行业向标准化、可视化、数字化、智能化发展，以科技创新为航运业带来了新的发展动能。

二、市场环境与政策分析

内河航运作为我国古老和传统的交通运输方式之一，具有运量大、成本低、能耗小、占地少等特点，在促进经济发展、增进文化交流和推动社会进步等过程中发挥着十分重要的作用。其中，长江黄金水道是全国重要的内河航道，承担了全国60%的货运量，货运量位居全球内河第一。长江经济带面积约205万平方千米，聚集全国40%的经济总量。随着改革开放的深入，我国内河航运建设也发生了翻天覆地的变化。

但是传统的航运市场，一直存在水上物流信息不对称、船舶货物运输方位不清、运输管理混乱、效率低下、交通意识薄弱、超载严重、物流成本居高不下、发票难申请等问题，这些问题极大阻碍了航运物流服务效率的提升。

2014年9月，国务院发布《国务院关于依托黄金水道推动长江经济带发展的指导意见》（以下简称《意见》）。《意见》指出，支持沿江地区加快新一代信息基础设施建设，完善上海、南京、武汉、重庆、成都等骨干节点，进一步加强网间互联互通，以及充分利用互联网、物联网、大数据、云计算、人工智能等新一代信息技术改造提升传统产业，为内河航运发展方向定下基调，智慧航运物流将成为今后内河航运发展的必经之路。

《交通运输部等十八个部门关于进一步鼓励开展多式联运工作的通知》是21世纪以来，多部门首次针对多式联运发展进行联合专项部署的重要文件。

2018年6月27日召开的国务院常务会议，就调整运输结构、提高运输效率、降低实体经济物流成本进行了相关部署，明确提出加快发展多式联运、引导和规范交通运输领域“互联网+”新业态公平竞争、健康发展。

2019（第四届）长江航运互联网大会，探讨了“航运产业互联网+航运新生态”的新方向，预示着智慧航运物流的春天即将开始。

三、“航运+科技+数字金融”的智慧航运新模式

（一）一站式在线服务，提升航运综合效能和服务管理水平

好三由智慧航运平台中能看到船舶的位置、船期等信息，有需求的货主可通过平台直接联系船东，船舶的位置、航行轨迹、抵港时间等信息都会直观地反馈给货主。同样，船务公司也可通过平台发布的货源信息，直接联系货主。这种平台模式保证了信息的双向对称流动，减少了中间环节。通过对返程船舶的跟踪判断，大大降低了船舶空驶率、优化了资源配置。

（二）通过技术创新，促进信息安全一体化

平台通过电子合同、电子运单等数据验证技术，提供物流过程的真实依据，有效解决了票据流的真实性难题。此外，好三由智慧航运平台成功接入全球船载自动识别系统（AIS），实时监控当前订单船舶所在的位置、载货状况、吃水、航速、航行时间、航行方向、出发港及出发时间、目的港及预抵时间等状态，并可以通过物联网和AI智能分析判断，预知货物运输的安全和延误风险，提高了整体运输效率和交付质量，实现全程可视、精细化管理，消除管理盲区。

（三）“航运+供应链金融”模式创新，保障产业链畅通

平台为用户提供了一整套的供应链解决方案，包括信息流、物流、资金流、票据流和证据流等，保证了票据流的真实性，大大降低了税务机关对航运业的监管难度，推动航运规范化发展。同时，平台保证在真实交易和风险可控的基础上，引入银行、保险、第三方金融机构入驻，为平台企业提供在线保险、在线运费融资等功能，解决中小运输企业流动资金的问题。

四、企业运作成效

（一）经济效益

平台自成立以来，已完成订单数5587次，注册船舶数量超过3万艘，注册货主近千人，注册第三方物流公司数量超过2000家，装载总吨位超过1亿吨。

以湖南某煤炭公司客户为例，其主要运输路线为渤海湾—长江入海口—鄂州电厂，

经营活动涉及码头、仓储、海运、过驳、江船运输等，供应链条冗长且繁杂。与好三由合作后，好三由提供的寻船、保险等船货匹配服务，减少了其管理成本，且在传统的合作模式下，还量身提供结算、垫资等数字金融服务，极大减少了其资金成本。在双方合作期间，达成了互惠互利的友好共识，其煤炭销售量每年超过1000万吨，预计可减少10%的运输成本、40%的保险成本，调船效率提升一倍以上，能够有效增强企业竞争力。

（二）社会效益

1. 构建航运生态新秩序

好三由利用大数据、物联网、云计算等技术，将船货对接、水上运输等环节从传统的人对人模式转变为标准化、信息化的智能调控模式，促进物流各环节信息公开透明，消除因信息不对称造成的物流效率低下、成本过高问题模式，有效解决行业的散、乱、差和失信问题，促进行业更加规范。

2. 赋能产业发展

好三由汇总内河航运政策，解读信息，对接航运中心、职能部门物流大数据等资源，不断挖掘数据要素市场价值，推动数字经济发展，促进物流产业链发展。

3. 服务平台化

好三由在自身信息化建设的基础上，依托航运产业互联网实现互通互联，打破信息孤岛，统一整合到开放平台，实现服务平台化，更公平、公开、公正地服务航运。

五、经验启示

1. 专注内河航运技术，推动智慧物流变革

全球船运物流行业竞争激烈和变动频繁，无船承运人和物流服务供应商需要具备更全面和更完善的船运视野，以帮助其客户对潜在的供应链中断作出快速反应，也会帮助无船承运人自身提高竞争力。因而，通过互联网技术提高船运各方之间的沟通透明度是良好的解决途径之一。

好三由一直专注内河航运技术，基于物流大数据构筑数字化供应链，实现物流的数据化、场景的可视化、运输和储存的标准化。通过集聚多源数据，再施以深度挖掘、分析预测，对用户市场行为做精准导航和指导，解决了船舶空驶运力冗余、水上物流信息不对称、资金流动不畅、船舶货物运输方位不清等一系列问题，提高了船舶配载效率，降低了物流运输成本，推动了智慧物流变革。

2. 驱动航运供应链数字化转型

航运物流服务供应链，是把航运物流各个环节串联在一起，实现整体化的目标和战略。好三由致力于打造全国领先的综合物流与供应链服务平台，通过跨链合作，实现数据互联互通，为产业链上下游系统合作创造平台，从而有效地把企业全面联系在一起，提高协调服务的能力，并且对资源进行互补，实现共同为客户提供服务的管理模式。优化航运物流服务供应链的协同合作，可以有效提高航运物流服务的效率。

3. 探索“互联网+航运+供应链金融”新模式，实现跨界融合

好三由依托金融创新理念，与光大银行签署战略合作，通过互联网技术与大数据风

控体系，旨在为物流行业的核心企业及其上下游提供全面的供应链金融解决方案，提供投资、融资、结算等多项金融服务，解决航运资金融通问题，帮助航运资源整合，促进航运价值放大。

4. 深化政企合作，推动江海联运高质量发展

江海联运是促进长江经济带、长三角一体化与“一带一路”建设对接融合的重要纽带，是水运行业高度关注的重要领域。好三由智慧航运平台的大数据可以为长江经济带发展提供可靠的信息支撑，帮助完善航运业税务征收征管链条，共建共享高质量江海联运服务生态。

5. 开创无船承运平台的新模式

好三由依托无船承运人资质，不仅可以通过移动互联、大数据、云计算等先进技术，实现对货源的集中配置和运力的统一调配，还可以有效改善目前货运物流行业普遍存在的运力空驶、等货时间长等突出问题，提高运输组织化、规模化、网络化水平，提升船舶工作效率，降低运输成本。同时，好三由智慧航运平台还是一个高附加值服务平台，具备为物流企业、个体运输户代开发票、提供其他增值服务的能力，推动“人 + 货 + 船”实时感知与高效协同。

中铁铁龙集装箱物流股份有限公司：诚运天下供应链综合服务平台

中共十九届五中全会提出加快构建以国内大循环为主体、国内国际双循环相互促进的新发展格局，健全现代流通体系，构建现代物流体系。

中铁铁龙集装箱物流股份有限公司如何践行产业数字化、数字产业化的国家战略，如何奋勇担当交通强国、铁路先行历史使命，如何基于数字要素培育新的竞争优势，实现公司的战略转型，成为公司面临的重要课题。

一、公司简介

中铁铁龙集装箱物流股份有限公司（以下简称“铁龙物流”）成立于1993年2月，1998年5月在上交所上市，是中国国家铁路集团有限公司（原国家铁道部）第一家A股上市公司。公司主营业务为铁路特种集装箱资产运营及物流业务，拥有符合国际和行业标准的特种集装箱共5大类别、21种箱型、近十万只，目前公司的特种集装箱种类和保有量均居国内首位，其中罐式箱保有量在全球运营商中排名亚洲第1位、世界第5位，是中国铁路特种集装箱标准的制定者和引领者。

目前公司线下物流网络遍及全国，与各铁路局集团公司均开展集装箱物流业务，服务过的大中型企业超过千家，公路短驳企业合作伙伴超过千家，在北京、郑州、成都、济南、大连、西安、上海、深圳、乌鲁木齐、南宁、武汉、汉堡（德国）均设有区域机构。

二、行业痛点

一是运输全程不透明。很多客户有需求，但目前没有一个平台可以提供多式联运准确的位置查询和精准的“门到门”报价。

二是信息断链不共享。“信息孤岛”“信息烟囱”林立，共享机制不健全，集装箱多式联运信息系统平台近乎空白；多主体间信息壁垒森严；多主体间信息标准缺失，信息互通、共享困难。

三是商业模式创新不足。目前多式联运的各参与方在同一个维度上展开恶性竞争，因此需要从商业模式创新的角度来重构多种利益群体的交易结构，推动多种运输方式的深度融合，激发协同效应。

物流平台有利于提高全社会运输资源配置效率，推动技术和产业变革朝着信息化、数字化、智能化方向加速演进，有助于贯通国民经济循环各环节，有利于提高行业治理的智能化、全域化、个性化、精细化水平。

四是评价标准不健全。由于多式联运的数字化体系缺失，缺乏统一的服务标准和信用评价机制，导致全链条成本高企、效率低下。平台凭借“链接”+“信用背书”的解决方案可以有效破解供应链金融的痛点、难点。

三、项目简介

诚运天下供应链综合服务平台，以集装箱多式联运数字化为场景，以物流科技、业态创新为驱动，集信息、运力、基础设施、物流方案、风险控制、金融服务为一体，为制造、商贸、物流、金融等多个行业提供便捷服务，构建集装箱多式联运供应链绿色生态圈，提高集装箱运输需求者的服务体验。

四、解决方案

第一，以铁路为主导的多式联运发展体系。充分发挥中国铁路网规模和质量达到世界领先、铁路技术装备和创新能力达到世界领先、铁路运输安全和经营管理水平达到世界领先的优势，构建一体化、网络化、标准化、信息化的集装箱铁路多式联运体系，围绕国家物流枢纽发展临铁经济，培育多式联运生态圈。

第二，以数据为驱动的互联互通的新生态。以市场化、产品化为驱动，基于互联网系统实现资源的配置与优化，基于物联网系统提供服务与全过程透明管理，借助数据驱动创造反馈回路，重构质量管控体系。通过软件定义平台化的服务，实现全环节的功能应用，为全链条参与主体提供全方位的物流业务协同和多系统、多环节的信息共享，实现精益管理和操作环节智能化，建立多式联运的数字孪生系统，打造智慧联运数字化转型示范。

第三，创新发展“多式联运+”新范式。建立多形式利益联结机制，以制度、技术和商业模式创新为动力，推进供给侧结构性改革。推动实现“六个一”工程，即基础设施的一张网、运营管理的一体化、信息交换的一朵云、客户服务的一单制、标准规范的一根绳、市场监管的一道令。推动“多式联运+”交易、金融、信息、人才、文化、大数据、供应链，着力构建多式联运与一、二、三产业交叉融合的现代产业体系，创造“多式联运+”生态系统，最终实现从运输经济到平台经济、枢纽经济和共享经济的转型升级。

五、核心能力

诚运天下供应链综合服务平台在设计和运营过程中，不断根据市场需求进行业务优化和调整，逐步形成了三项平台核心能力。

多式联运的数字化体系。平台通过汇集信息感知、业务管理、规则优化等数字化的产品体系，提供多式联运运行调度、透明追踪、统计监测、市场分析等综合服务。

数据与运力的连接能力。平台聚集铁路箱源、场站、车队、货代企业、船公司、制造企业等运输关联主体，发挥自身科技优势、铁路数据应用优势、多式联运经验优势，打造运输生态圈，逐步实现数据互通、运力共享、市场共享。

物流和科技的融合实力。平台集合智慧物流相关要素，广泛应用物联网、大数据、云计算、人工智能等新一代信息技术，通过互联网与物流业深度融合，实现物流产业智能化，提升物流运作效率和服务水平。

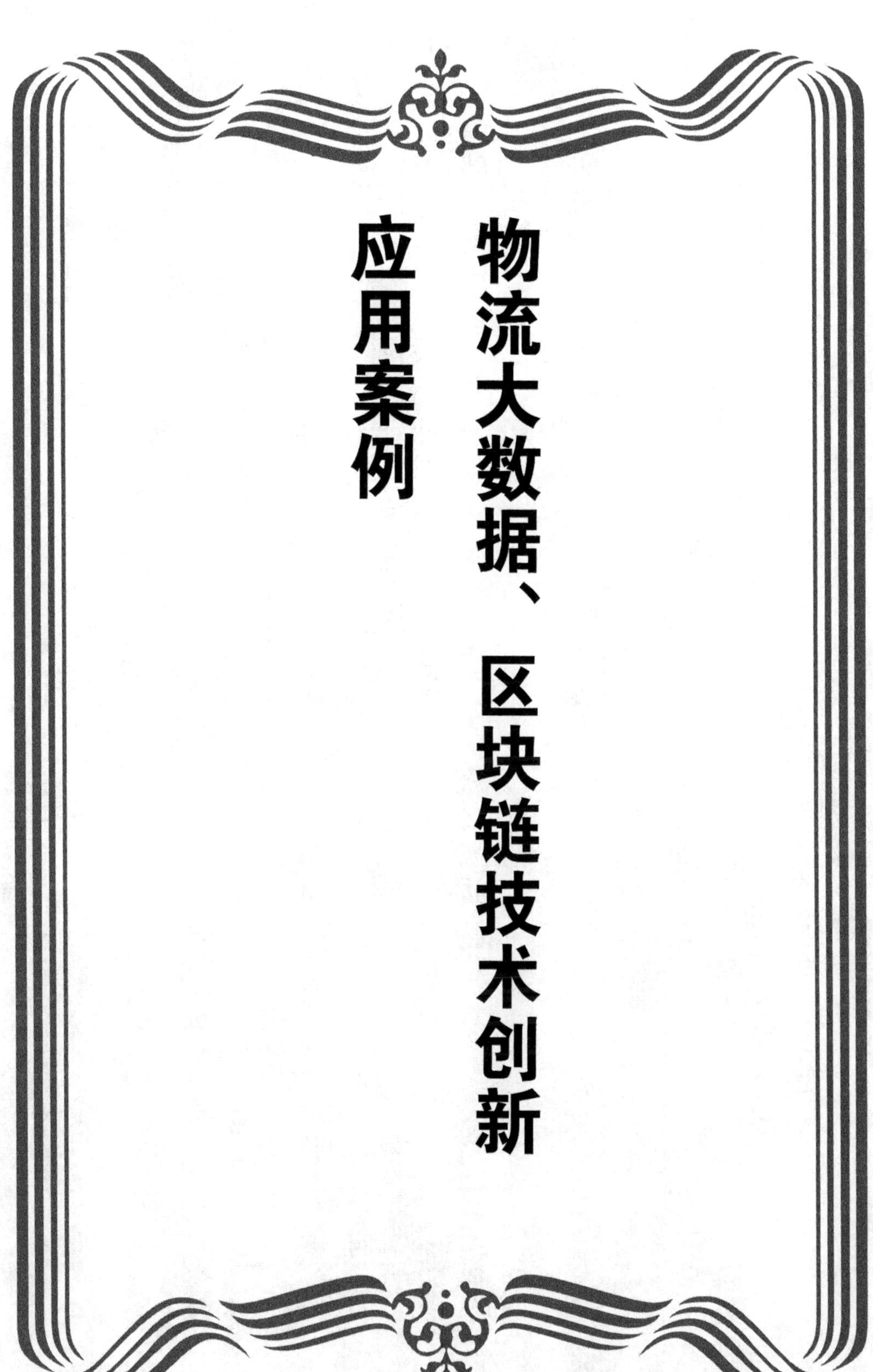

物流大数据、区块链技术创新应用案例

中国外运股份有限公司：NVOCC 区块链电子提单案例

一、企业简介

中国外运股份有限公司（以下简称“中国外运”）成立于2002年11月20日，并于2003年2月13日在香港成功上市，是招商局集团控股的二级子公司和物流业务的统一运营平台，目标是打造世界一流的智慧物流平台企业。

中国外运的服务网络覆盖全国，遍及全球主要经济带。中国外运是中国最大的综合物流整合商，是国家5A级综合物流企业。中国外运已形成代理业务、专业物流、电子商务三大业务板块，能够为客户提供端到端的全程供应链解决方案和一站式服务。

代理业务作为公司基础业务，包括海运、空运、公路和铁路运输、船务代理、支线运营、仓储及配送、码头服务等。中国外运是世界著名的海运代理服务商，中国第二大船务代理公司、中国第二大空运代理。

专业物流作为公司核心业务，以“方案客户化、销售行业化、服务集成化、运营一体化、管理体系化”为方向，通过物流技术的不断创新以及行业化、专业化的发展，正在逐步形成产业链整合服务价值，在合同物流、化工物流、冷链物流、会展物流、工程物流、能源物流等领域形成较强的竞争优势。

电子商务作为新兴业务，全面实施主营线上化，大力发展跨境电商物流，积极培育物流公共电商平台，打造具有跨界效应的物流生态圈。

二、NVOCC 区块链电子提单项目的总体概述

（一）项目概况

中国外运 NVOCC 区块链电子提单项目，贯彻落实中国外运重大举措的工作要求，携手客户和生态伙伴，以满足行业对 NVOCC 业务处理的效率、安全和信任的诉求，践行“运万物、连世界、创生态、以物流成功推动产业进步”的企业使命。通过 NVOCC 区块链电子提单的统一管理及区块链技术多中心、自动化、可信任等特性的结合，保证 NVOCC 区块链电子提单在区块链上流转真实有效、不可篡改、可追溯等特性，使承运人和托运人双方安全透明、公平公正地交易成为可能，并为电子提单提供跨国贸易中的信用来源，使电子提单具备同纸质提单相类似的“可转让性”，为借助网络实现价值转移提供了技术支撑。随着 NVOCC 区块链电子提单应用的不断深入，将逐步构建中国外运与客户、船公司和海外网络的新型信任协同机制，增强中国外运与客户的数字化管理能力，

并显著提升全链条业务处理能力和市场拓展能力，降低物流运营成本和安全风险。这是中国外运为打造“数字外运”，发展数字经济迈出的坚实一步。

（二）项目预期成果

1. 国内货代行业领域 House B/L 区块链电子提单实现从 0 到 1 的突破

2020 年 9 月 25 日，中国外运联合魏桥纺织股份有限公司和海外代理企业，通过中国外运旗下公共物流电商平台“运易通”（y2t. com）在线申领并成功签出首张 House B/L 区块链电子提单，这是中国外运作为国内首家基于自主可控的区块链技术和创新的联盟网络，开出的第一张 House B/L 区块链电子提单。

2. NVOCC 业务总部集中管控实现从 0 到 1 的突破

多个业务系统均存在 NVOCC 提单管理功能，业务数据散落在各地且流程不规范，总部没有有效的管理工具，无法落实各项管理规定，自动化水平偏低。NVOCC 系统建设实现提单号放号管理、海外代理集约化管理和 NVOCC 业务数据的线上统计，集中管控实现从 0 到 1 的突破。

3. 有效提高业务处理的效率

NVOCC 纸质提单普遍存在传输效率低下的问题，纸质提单从出口商（亚洲）发送到进口商（欧洲或美国），平均时间超过一个星期，同时在多个快递服务商之间传递和交换，安全性低。同时，签发和运输一张纸质提单的成本高昂。区块链技术与电子提单的结合给纸质提单普遍存在的问题提供了一种技术可行性的解决方案，是物流航运界的发展趋势。

（三）项目创新点描述

1. NVOCC 区块链电子提单建设思路

NVOCC 区块链电子提单的建设，共分为三个步骤。首先，对 NVOCC 业务流程进行梳理和标准化，确定区块链电子提单的参与方，设计 NVOCC 系统的各个角色及职能划分。其次，应用区块链技术，提高系统性能及横向扩展性，赋予每个角色区块链三要素及数字证书。最后，完善提单电子化的功能并开展与业务系统的对接，以系统集成的方式完成区块链电子提单的全程数据流转。

现阶段 NVOCC 区块链电子提单项目主要是依托于区块链安全、高效、透明的优势建设提单的全流程管理平台。下一阶段的规划是实现 NVOCC 提单联盟链，将银行、保险、互联网法院等相关方纳入区块链联盟，支持运费、保险、货款等费用的收付，打造门到门的全流程业务和金融于一体的 NVOCC 区块链电子提单平台。NVOCC 提单联盟链如图 1 所示。

（1）提单电子化。

电子提单是提单无纸化的最终产物，其通过电子数据交换互相印证，被承认为代表货物的权利凭证，保证了提单的安全性；同时，电子提单简化烦琐的操作手续，提高了工作效率；存在形式上，电子提单只是一系列以电子化方式传输和存储的数据，避免了纸质提单数据存储的差错，保证了数据质量。

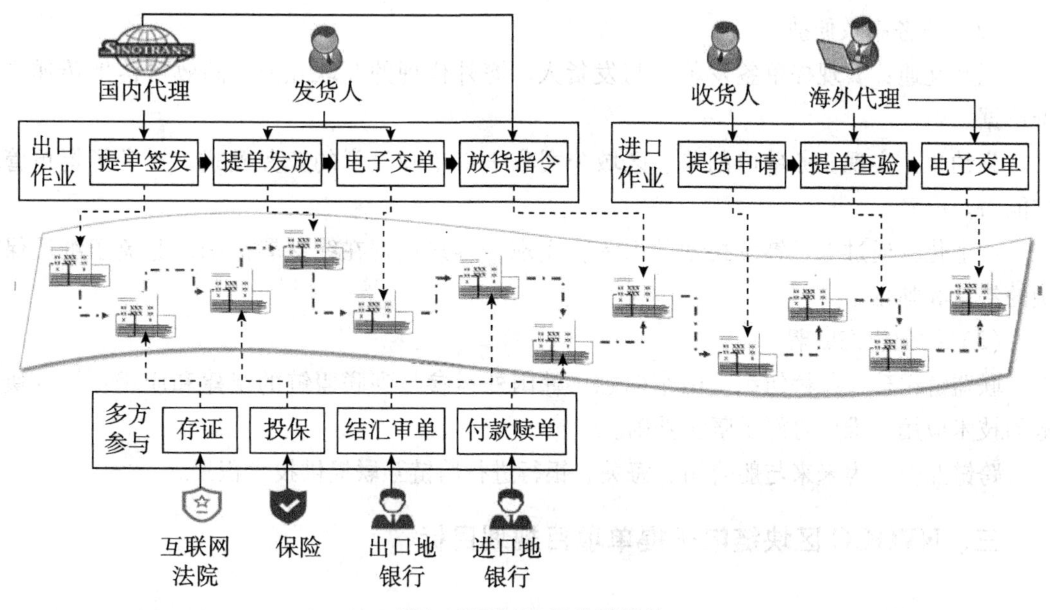

图 1 NVOCC 提单联盟链

（2）提单链上化。

提单链上化，保证提单内容、货物和单据状态、提单流转记录等数据安全可信。通过区块链技术的特点实现提单的安全、分散存储、灵活预览等功能。

（3）业务线上化。

业务线上化，可实现提单瞬间转移、交易透明、灵活背书等功能。

（4）全流程跟踪。

全面提升中国外运的提单管理内容，达到全部信息采集，延伸提单管理流程，打通国内出口端和海外进口端，实现门到门、端到端全流程精益化管理。

（5）全生命周期。

中国外运对提单保管、分发、领用、缮制、签单、放单、修改、回收、申报、记录、作废、销毁等环节以及其他相关操作制定了严格的操作规程，并通过 NVOCC 区块链电子提单系统实现提单纸全生命周期闭环管理，通过业务与提单的精确匹配，掌控提单流向，降低业务风险。

2. NVOCC 区块链电子提单的优势

该模式是将分散在各地的业务集中到 NVOCC 区块链电子提单系统进行集中单证处理，是对 NVOCC 提单业务处理工作的流程再造，既减少了中间环节，大大降低了传递时间和成本，还能有效发挥规模效应。具体来看，NVOCC 区块链电子提单优势体现在以下几个方面。

（1）增强管控能力。

真实性：通过 OCR 识别提单影印件，保证业务单位上报的货量信息的真实性。

透明化：通过提单纸全生命周期管理，保证每一张提单纸的去向透明。

规范化：通过制作提单模板和操作要求，规范电子提单的缮制、签发、签章的操作过程。

（2）业务高效便捷。

互联互通：实现提单签发单位与发货人、海外代理的互联互通，高效可信地传递有价单据。

集约化：实现业务单位制单、区域公司集中审单和签章的业务模式，提升了提单管控能力。

线上化：通过电子签章技术的引入，实现了客户远程在线签署保函，避免了纸质保函的签章和邮寄。

（3）构建生态联盟。

联盟链组建：魏桥纺织、山东弘志、韩国外运参与到联盟链的组建和应用，为区块链的技术应用与推广打好了坚实基础。

跨链互信：为未来与船公司、海关、银行进行跨链互联提供技术积累。

三、NVOCC 区块链电子提单项目规划目标

（一）第一阶段，梳理 NVOCC 业务流程、重构 NVOCC 精益管理系统，验证数字证书、区块链技术在 NVOCC 业务中的应用

依托海外代理集约化管理要求、提单管理规定和操作规程，梳理 NVOCC 业务流程、制定提单纸全生命周期管理流程、完善电子提单风险管理协议、全面规范股份提单的管理和操作要求，同时进一步加强对海外代理的管理，实现中国外运对海外代理的集约化管理。

在技术方面，引入数字证书和区块链技术，通过集成客商中心、OCR 单证识别、运易通、主数据、文件服务等基础服务，以及内部、外部用户统一认证平台，重构了 NVOCC 精益管理系统，开发了客户在线签署电放保函、电子提单签署、区块链提单签发、影印件管理、提单纸管理等功能，联合货主和海外代理完成了电子提单的缮制、样本确认、提单签章和发放，实现了全流程操作，验证了数字证书和区块链技术在 NVOCC 业务中身份认证和信息不可篡改的功能特性。

（二）第二阶段，进一步优化产品功能、持续提升用户体验

增加上海伟运、宁波泛洋、化工物流等个性化的提单模板，提升 OCR 识别率，进一步扩展和优化产品功能。

完善统计报表，提供不同维度的统计与数据分析服务。

支持谷歌浏览器，支持多种国际化语言，持续简化用户操作，提升用户体验。

对接 Smart Cargo 系统，推动 NVOCC 区块链电子提单在海外公司体系内的应用，实现电子提单海外签单。

（三）第三阶段，密切跟进区块链技术发展，打通银行交单环节，纳入船公司、互联网法院，推动区块链电子提单深度应用

NVOCC 区块链电子提单项目密切跟进区块链技术在银行、船公司等企业的应用。在

区块链联盟中引入船公司、银行、保险、互联网法院，并打造集业务与金融为一体的区块链电子提单平台。

同时，进一步研究区块链在委托书、提货单、派车单、仓单、设备交接单、账单等多种可信单据交互中的应用，在多种业务领域借鉴 NVOCC 区块链电子提单的成功经验，实现区块链技术在物流行业的创新驱动与产业发展。

四、NVOCC 区块链电子提单项目的社会效益

当前，数字化转型战略已成为越来越多的企业获得竞争优势的重要途径，有效地提升业务风险管控水平是企业内部管理工作的重要组成部分。NVOCC 区块链电子提单项目不仅可以加强企业自身业务管理效能，还可以实现较高的社会效益。

中国外运 NVOCC 区块链电子提单项目的成功实施，对电子提单在其他业务领域的应用具有较强的借鉴意义。与海运货代类似，中欧班列和铁路货代的运营中同样存在提单业务。如果实现区块链电子提单的应用，将为中欧班列在便捷贸易的基础上增添更安全、高效的提单作业，有利于促进中欧贸易通道进一步融通。

此外，区块链电子提单的推广还可以涉及多式联运业务。多式联运比单一的海运货代或铁路货代更复杂，涉及不同单证的切换和交易。应用区块链电子提单，可有效提高单证交易的工作效率，同时借助区块链去中心化的特点，可保证多种单证的数据安全及单证交互的数据统一，这对于多式联运业务的操作简化、数据质量和安全便捷性具有重要意义。

NVOCC 区块链电子提单项目的实施带来的不仅是纸质提单与电子提单的切换，更是整个商业模式的变化。在便利化的同时，必将推动整个流通环节中信任体系、销售渠道、交易模式和支付体系的变化。而区块链技术的引入，则能进一步有效地提供更加安全、多方平等参与的应用环境。

亿海蓝（北京）数据技术股份公司：航运物流供应链信息服务平台

一、应用企业简况

1. 公司介绍

亿海蓝（北京）数据技术股份公司（以下简称“亿海蓝”）成立于2003年，是中国领先的航运大数据服务商，公司总部位于北京，在全国主要口岸均设有分支机构，是国家高新技术企业和“十三五”期间国家战略新兴产业的民营领军企业；目前在全球范围内有11家子公司、12个办事处，300多名员工；拥有电信与信息服务业务经营许可证。

2. 业务模式

围绕航运产业链上下游企业，依托高质量的航运物流数据基础，亿海蓝不断向产业纵深发展，打造了航运物流供应链信息服务平台，平台包括四个层面，依次为航运大数据信息平台、航运物流SaaS云服务平台、产业互联网平台和网络货运平台。其中，航运大数据信息平台是亿海蓝航运物流供应链信息服务平台的数据支撑，航运物流SaaS云服务平台是亿海蓝航运物流供应链信息服务平台的信息化软件支撑，网络货运平台和产业互联网平台则是亿海蓝航运物流供应链信息服务平台的直接体现形式。

这些服务极大地促进了航运物流供应链信息的透明化、标准化，被广泛应用于航运安全、物流、贸易、金融期货、政府监管、宏观经济分析等领域，创造了巨大的社会价值。据统计，国内航运产业链中95%以上的从业人员在使用亿海蓝的产品。

二、航运物流供应链信息服务平台

海运包括集装箱运输和干散杂货运输。集装箱海运产业链条较长，包括货主、货代、车队、司机、港口、船公司、仓储、报关等。除港口和船公司属于寡头市场外，物流链上的其他环节都是高度分散的。尤其是干散杂货运输方面，货主、货代、船公司都比较分散，市场碎片化。

在信息化高度发展的今天，航运物流的信息化程度相对较低。航运物流的产业链很长，这些环节内部虽然各自有信息化系统，但产业链上下游之间并没有连通，产业链间的沟通仍然以电话、邮件为主。航运物流高度依赖各环节之间的协同，有大量单据和信息的传递，目前航运物流行业整体效率低、差错率高、信息不透明。为此，亿海蓝航运物流供应链信息服务平台做了如下几方面工作。

1. 航运大数据信息平台

（1）船讯网。

亿海蓝旗下网站“船讯网”是基于互联网的以船舶位置监控为核心的数据共享和服务平台，面向多种类型企业，提供实时的船舶物流跟踪服务。船舶位置作为航运物流重要的数据资产，是还原贸易真实性和反映贸易交付进度的重要依据。亿海蓝将船舶位置动态、船舶类型、船舶档案等信息融合，形成标准的API产品，让任何与水运相关的企业都能直观地将水运物流动态在地图上可视化显现，并结合物流动态，形成自动提醒服务，并且可以完美地和企业内部ERP系统进行对接。目前，船讯网注册用户已超过600万人，其中船位查询、船舶档案信息查询、大宗商品货流分析及预测、港口吞吐量实时统计、运力运价预测分析和船队经营指标实时分析等功能模块使用率较高。

（2）贸易真实性核查系统——提单盾。

亿海蓝综合利用船舶信息、集装箱物流跟踪信息、提单信息和反洗钱黑名单制裁查验策略，建立了以海运货物为主的贸易真实性核查系统。通过大数据分析，做到秒级自动识别提示支付及贸易融资风险，为银行反洗钱合规领域提供了全新管理方式并被银行普遍采用。截至目前，中国工商银行、中国建设银行及多家股份制商业银行均在使用亿海蓝提供的产品服务。

（3）港航调度可视化。

亿海蓝以数据和技术能力为基础，结合国内主要港口的生产调度需求，将港口生产、船舶调度、船舶流量、海上地图、海上气象等要素融合在一起，形成面向港航客户群体的船舶管理调度系统。目前宁波港、上海港、天津港、大连港、连云港等港口在使用。

2. 航运物流SaaS云服务平台

亿海蓝旗下物流云产品服务以协同为核心，把供应链上的每一个环节连通起来，利用云计算和移动互联技术，对航运订舱、仓储、派车、报关、海上航行等多个环节进行整合，研发可连接海运物流上下游的协同平台，实现供应链上的各方订单协同、作业协同、全程监控、预警异常、自动对账、数据化评估；还可实现陆运管理、海运管理、运费结算、发票管理、全程跟踪等功能。

3. 产业互联网平台

（1）“金刚鲸”物流电商平台。

基于行业发展存在的痛点，“金刚鲸”物流电商平台以智能匹配技术为核心，自主研发了搜船工具，向钢材贸易和粮食贸易企业提供包括陆运、水运、仓储等在内的综合物流服务。平台依托大数据、云计算、区块链、物流可视化等技术，以大幅降低钢材贸易和粮食贸易企业的物流成本为目标，全面带动物流运输行业业务模式的创新及管理变革，助力传统的航运物流产业进行数字化转型升级。

（2）水上加油站——松鼠加油。

亿海蓝旗下数智化加油服务松鼠加油是依托长江南京段水上服务区的自有水上加油站，为长江流域运输船只提供加油、环保处理、生活补给、供应链金融等综合服务。开业以来，平台以独具特色的、数据驱动的数字化营销和五星品质、客户至上的线下服务，迅速得到长江流域航运业内客户的认可和信赖，建立起稳定的客户群和优秀的口碑。松鼠加油系统主要为油站业务人员提供日常工作任务管理，包含订单管理、客户资料信息管理、对账发票、数据统计分析、日志查询提醒、定时执行任务六大功能。

4. 网络货运平台——“运呱呱”

亿海蓝申办了无船承运网络货运牌照，利用强大的物联网技术，致力于对货主及船东提供更好的船货匹配和结算服务。“运呱呱”网络货运平台基于大数据、人工智能等技术为客户提供多式联运下全程物流解决方案，帮助航运物流链上的众多企业提高效率、降低成本。“运呱呱”以业务运输真实性为前提，为客户提供业务结算。

三、亿海蓝航运物流信息化进程

目标1：进一步加强亿海蓝航运物流供应链信息服务平台的建设，在此基础上，强化大数据挖掘能力，不断完善亿海蓝航运大数据平台服务。

目标内容：扩大航运数据获取的范围及质量，包括在国内外搭建更多AIS基站，增加卫星AIS数据，开发覆盖全球范围内所有港口的泊位货物属性的数据库，进一步完善可视化管理平台；打造航运大数据平台。开发基于全球大宗商品历史和当前流量的数据产品，创立反映行业变化和趋势的各类指数产品，为航运及全球大宗商品贸易、行业研究、政府决策提供实时、多维度的数据产品。

目标2：利用互联网技术，降低企业的协同成本，推进国际航运物流产业链上下游的互联互通，构建事实上的产业化信息基础设施，打造航运产业信息化协同高速公路，促进整个行业的降本增效。

目标内容：建设和完善航运供应链与物流协同平台，实现陆运管理、海运管理、运费结算、发票管理、全程跟踪等功能；建设和完善无船承运平台，实现船舶数字画像、智能船盘、智能货盘、智能撮合，大幅提高船舶运输效率，达到降本增效的目的；建设和完善互联网船供平台，通过自营和平台结合方式给船东提供加油服务、快修服务，帮助航运企业降低成本，助力企业发展。

目标3：持续发展基于亿海蓝航运数据的数据授信风控的金融科技，创新发展航运物流与供应链金融。

目标内容：以亿海蓝积累的大量用户数据、物流数据及交易数据为基础，针对航运中小企业，开展供应链金融科技服务，创新发展航运物流与供应链金融；打造以加油为核心集采服务，包括自营加油站和平台合作加油站的形式，将融资的资金定向支付到集采平台，不仅帮助航运企业降低成本，也实现对供应链金融的风险控制。

四、信息化主要效益分析与评估

1. 效益指标对比分析（见表1）

表1　效益指标对比分析

收入	2019年	2020年	同比增长率
年度营业收入	6.48亿元	11.59亿元	78.9%
研发投入	1838.73万元	2287.46万元	24.4%

2. 信息化实施对企业业务流程改造与创新模式的影响

（1）数字化、信息化基础建设。

亿海蓝自主建设和运营的航运物流供应链信息服务平台，建成了以船舶位置数据为核心，以港口、锚地、泊位、码头、航线、海图为基础，延伸至综合型大数据仓库，数据覆盖全球的4000多个岸基AIS基站、128颗卫星AIS数据源，2000多艘船基AIS数据，形成了集陆地、海洋、卫星于一体的船舶AIS监控网络。

公司陆续分析整理了全球15万艘国际航行船舶的详细档案资料、6000个港口和10多万个泊位的地理空间信息，可实时追踪全球超过30万艘船舶的位置，年处理船位数据2000亿条以上，并已积累了超过10年、覆盖全球2400万艘船舶的历史航行轨迹数据，奠定了航运安全、航运物流管理、政府涉海监管等应用领域的数据基础。

（2）数据应用。

基于庞大的航运物流数据，亿海蓝自主研发了基于船舶运输的大宗商品情报系统，通过对航运基础数据进行深度挖掘，获得全球实时的货物流动数据，这些数据能够准确、及时地展现铁矿石、原油、LPG、LNG、粮食等大宗商品在全球范围内流动的情况；同时开展航运指数方面的研究，诸如中国航运景气指数、外贸景气指数、全球港口塞港指数、全球及国内大宗商品物流监测等，逐步形成面向船舶安全、船舶运输、港口生产及信息化、航运经济分析、海运贸易研究、航运运价指数金融衍生品研究、航运相关资产证券化基金研究等领域，基于数据、信息和报告的航运大数据产品服务体系。

（3）物流电商平台流程管控。

"金刚鲸"物流电商平台在物流运输过程中的核心环节和关键节点实现数字化后，系统将根据用户需求设置风险阈值与判断机制，对供应链全流程的风险进行及时管控。

（4）供应链金融风险防控。

针对产业互联网平台上游的贸易商提供金融保理服务，平台在企业授权的前提下，基于物流数据及交易数据，对客户的经营行为进行画像，并结合征信数据对小微企业偿还能力进行量化分析，综合加工为金融机构可理解、可运用的金融数据，提供创新的数据化授信及风控等金融技术服务，帮助银行等金融机构有效控制金融风险，帮助物流小微企业更便利地获得产业融资和业务支持。

3. 信息化实施对提高企业竞争力的作用

技术层面，平台利用当前前沿的技术方法，技术路线能够形成独立、快速的数据分析和挖掘能力。在复杂、海量、异构的数据集合里快速挖掘所需的数据，并且做到智能数据的匹配。这些数据能够准确、及时展现大宗商品在全球范围内流动的情况，在宏观经济研判、金融期货投资等领域具有重要价值。

航运产业链应用层面，亿海蓝正在围绕航运产业互联网不断推动供应链向产业链上下游延伸和拓展，提供智慧物流管理、供应链风险识别、协同一体化管理等新模式，提升产供销平衡、精细化管控和市场响应能力，目前旗下金刚鲸、金科信、i跟踪、运呱呱等产品已投入市场运营，市场前景广阔。

跨领域数据利用方面，亿海蓝的数据与服务已经成为公认的监管依据与法庭证据，具有很强的公信力。例如，各银行在处理国际结算业务时，将亿海蓝数据作为验证贸易背景真实性的重要参考；各涉海执法单位使用亿海蓝的数据作为海上执法的证据，协助相关部门对海上走私、非法开采、非法捕捞等犯罪进行打击。

五、信息化实施过程中的主要体会

1. 完善和深挖航运大数据，优化供应链管理

（1）数据获取的范围及质量是亿海蓝建设航运物流供应链信息服务平台的重要内容。由于集装箱的物流信息跟踪涉及海运、空运和陆运，覆盖铁路运输和公路运输的物流信息仍然是有盲点的，而且海关针对集装箱运输的数据一向都是不开放的。

为此，亿海蓝不断尝试航运物流信息的全数据协同，围绕航运物流产业链中的重要载体不断扩大全方位的航运物流信息覆盖范围，帮助传统航运物流企业提高作业和协同工作的效率、降低物流企业的成本、提供透明高效的“门到门”物流服务。亿海蓝开放部分自建基站产生了自有数据以及脱敏的统计数据，并以共赢为原则不断尝试与其他数据平台合作，探索高质量的数据获取渠道。

（2）强化航运大数据挖掘能力。亿海蓝围绕航运大数据平台，开展了多方面的航运指数研究，逐步形成了基于数据、信息和报告的航运大数据产品服务体系。

2. 持续推进国际航运物流产业链的协同

随着物流链上的专业化分工越来越细，各个参与主体之间的协作交互越来越紧密。亿海蓝推出了面向货主企业的集装箱物流全程跟踪服务，还提供航线、港口和船公司的集装箱运输准班率报告，不断完善以海运货物为主的监测系统；同时，与货物查询平台完成货运需求和运力的匹配，对航运运输全流程监控，实现海上集装箱物流也能像陆地快递一样，随时随地查询货物运输的状态，解决大型生产企业和物流企业在海上的货物跟踪盲区，实现整体优化。

3. 不断探索航运产业互联网平台发展新增长点

靠单纯的技术创新不能完全实现产业互联网平台对产业链上下游的连接，需要创新商业模式，形成能满足产业链上下游价值需求的新的利益生态平衡体系。亿海蓝通过既有的资源，以及对航运物流产业痛点的准确认知，整合弱小、分散的供应链资源，在网络货运平台规模经营的前提下，深入单品类大宗商品货种产业链，力争以数字化的物流、仓储能力服务客户的贸易及金融需求，构建物流、贸易、金融供应链协同平台，提高资源配置效率。

4. 创新航运物流与供应链金融

亿海蓝积累了航运物流的大量用户、物流信息及交易数据，公司持续发展数据化授信风控的金融科技，通过自有资金起步并逐步过渡到与金融机构合作的方式为产业链上下游提供金融服务。同时，亿海蓝的集采业务将继续拓展延伸，完善供应链建设，打造自有加油终端，提升授信与服务能力，与货运、金融、陆上业务等协同联动，为更多客户提供更好的综合平台服务。

5. 积极布局全球航运供应链

亿海蓝以布局全球航运供应链的视角，不断完善数据采集体系。亿海蓝积极开拓国际市场，面向海外推广旗下各类供应链相关产品和服务。跨境服务规模占比超过 50%。

目前船舶跟踪类、货物跟踪类等相关服务，每年海外收入约 300 万元。

6. 推动供应链绿色发展

亿海蓝积极参与口岸无纸化建设，给货主、货代、车队等各参与方提供在线协同服务，推进国际航运物流产业链上下游的互联互通，促进整个行业的降本增效。“金刚鲸”物流电商平台将电子签章技术落地，在平台上交易双方可采用电子签章技术实现电子签约，合同可采用平台模板或用户自主定义模板，真正实现无纸化、数字化签约。

六、本系统下一步的改进方案与设想

1. 加快发展亿海蓝产业互联网信息服务能力

如今更多的新科技、新理念、新政策都在陆续涌进各个细分产业，推动各产业加速融合互联网创新技术，以提升各产业内部效率和对外服务能力。下一步，亿海蓝将继续以产业互联网为突破口和着力点，围绕航运产业所涉及的渠道和用户通过平台拥有的互联网生态服务网络，打造具有国际水准的产业互联网平台，集中精力为平台上的企业和用户提供专业的平台化服务，开展线上线下一体化自主运营，推进航运物流产业链上各行业的信息化和数字化进程。

2. 继续拓展信息服务应用领域

亿海蓝将进一步开放数据共享，扩大数据服务竞争优势，重点围绕交通、市政等公共服务领域提供数据信息服务，提高数字化治理水平；同时，面向制造业积极探索应用新模式，加大信息安全研发投入，为数字经济高质量发展保驾护航。

3. 持续转化产学研用合作成果

亿海蓝将继续围绕高校、科研院所在人才培养、教育实践、技术研发及科技成果转化等方面进行深入合作，共同建立合作关系，推进全面技术合作，形成专业、产业相互促进、共同发展。

东风物流集团股份有限公司：数字化统一管理平台

一、应用企业概况

东风物流集团股份有限公司（以下简称“东风物流”）成立于2020年4月23日，注册资本8亿元，系东风汽车集团有限公司所属二级控股子公司。

东风物流实行运营管控型组织模式，两级矩阵管理体制，下设一个一级子公司、三大事业部、七个职能部门。东风物流通过整合东风车城物流、风神物流和东本储运，形成“专业化分工，集约化运营”的协同优势，业务范围涵盖整车物流、零部件物流、备件物流、新业态物流等领域，以“智慧化平台、数字化运营、智能化作业、专业化分工、模块化集成、精益化管理”为战略基础，成为国内领先的汽车行业全价值链5A级综合物流服务商，行业排名位居前列。

东风物流坚持开放合作，与中铁特货、中远海运、招商滚装等建立战略合作关系，具有强大的平台资源和覆盖全国的公铁水联运网络；坚持开拓创新，率先在汽车物流行业内建立标准化、精益化管理模式；坚持转型发展，信息化、智能化持续迭代升级，为客户提供定制的智慧物流解决方案；坚持客户导向，为汽车及零部件制造、流通及消费企业提供全价值链的物流服务，不断提升服务保障力、市场竞争力、行业引领力。

二、数据管理实施前存在的问题

（一）企业数字化现状

（1）业务流程不统一：流程的颗粒度不统一、覆盖面不足，不同业务形态间流程的统一性与差异化识别不清楚，业务流程之间的衔接存在较多的问题。

（2）数据标准、数据源不统一：数据定义、编码等标准不统一，数据一致性差；各应用系统之间的数据没有进行集成，形成数据孤岛。

（二）问题分析

企业数字化现状所存在的问题，给企业的模式升级与业务发展带来了挑战，主要体现在以下几方面。

（1）难以支持经营管控透明：分散的IT建设，难以支持企业经营的透明管控和高效协作，基础数据、业务口径不一致。

（2）信息系统建设初期未充分梳理和考虑数据一致性，造成后期系统维护及数据对接难度增大，极大降低了数据的使用价值。

（3）降低了IT响应业务的速度：过度个性化的数据和流程，大大增加IT系统开发、实施的工作量，增加系统交付周期和系统风险，且不利于快速推广。

（4）企业经营管理和运营管理指标未作为数字化自上而下推动的方向，造成信息系统建设后无法支撑企业管理层进行分析决策。

三、数字化统一管理平台建设方向及平台介绍

（一）建设方向：数字化与智能化

现实中企业的运营状况呈现三大特点。

（1）分析报告静态化。业务部门的分析报告以静态报表为主，当管理人员从报表中发现经营问题，想切换至其他维度进行对比分析时，需要IT人员重新制作数据报表，无法通过原报告进行探索分析。

（2）系统工具碎片化。数据抽取、ETL工具及BI报表系统等分属于不同的品牌产品，无法有效进行集成，导致数据处理效率及相关需求受限，随着业务的发展及需求的变化，系统将逐渐失去生命力。

（3）IT资源瓶颈化。企业90%的资源分配至业务单位，IT团队变为服务提供方，IT资源不足导致业务需求无法及时得到满足。

1. 数字化运营

当前企业的数字化运营现状仍存在较大差距，在“互联网+”的时代，数字化运营是企业数字化转型最为重要的挑战，传统的信息化孤岛成为企业发展的障碍。数字化运营的核心需求体现在通过高度集成的数字化管理平台，建立横向集成、纵向集成、端到端数字化的运营体系，实现基于物联网、云计算等可视化的柔性控制平台、协同办公平台及决策分析平台。

2. 智能化运营

“互联网+工业”使传统制造模式转向智能制造，结合物联网的应用推广，企业在运营上发生了革命性变化。通过物联网实现精准控制、智能识别、跟踪定位，建立企业数据仓库，推进智能决策分析、预测性分析，实现集团管理精准、实时、智能及可视。

（二）主数据平台介绍

1. 主数据管理系统建设

主数据管理（MDM）是指一整套用于生成和维护企业主数据的规范、技术、流程和方案，以保证主数据的完整性、一致性和准确性。主数据管理系统是按照规范的标准与流程对企业主数据的申请、审核、发布、修改、作废全生命周期进行体系化管理的软件平台。主数据管理是一个管理体系，除了编码、属性，还包括了流程、制度、管理模式等内容。

2. 主数据管控模式——混合式管控

在主数据管理中，一部分主数据类型以主数据管理系统为入口，集中录入和变更，数据完整地存储在主数据管理系统中，并分发至其他应用系统；另一部分主数据类型以业务系统为入口，进行数据录入和变更，主数据管理系统将主数据从数据源系统中

提取出来，形成准确的主数据集合，为应用系统提供统一的、权威的数据来源，或为其他业务系统提供引用数据。每类主数据的流向都是单向的。混合式管控如图 1 所示。

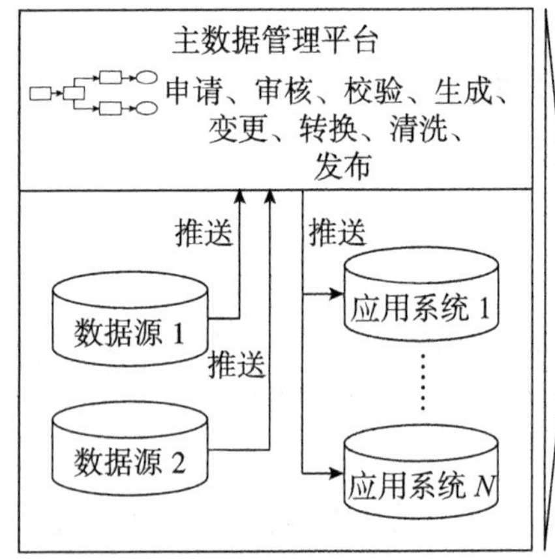

图 1　混合式管控

（1）一部分主数据类型在主数据管理系统录入、变更，另一部分主数据类型在业务系统中录入、变更，通过接口服务推送至主数据管理系统，主数据管理系统进行数据的统一管理和分发。

（2）采用消息队列实现异步传输，可提高数据接收与分发的稳定性，同时降低数据接口开发工作，实现一次分发、多消息队列同时接收。

3. 主数据 UC 矩阵分析

UC 矩阵是主数据的数据流向图标，其中，U 为数据消费系统，C 为数据生产系统。

通过对东风物流主数据管理情况进行调研，了解到目前数据分散在各业务系统中，同时，通用基础类主数据缺乏相关的系统管理，例如，民族和行政区划、人员基础信息。从当前现状和企业未来发展规划来看，东风物流符合混合式管控场景。

（三）数据仓库介绍

1. 数据仓库技术架构

通过一体化数据共享平台，将运输管理系统、仓储管理系统、办公管理系统、人力资源管理系统等的数据统一到数据仓库，然后基于仓库中各类数据进行业务处理，生成标准层数据、指标层数据或多维模型数据，为关键业务提供精准数据支撑。数据仓库技术架构如图 2 所示。数据库结构如图 3 所示。

本方案共需要 3 台计算机（虚拟机）做业务支撑，2 台用来做数据存储，同时具有灾备能力，1 台作为共享平台的服务器。

2. 数据集成

数据仓库的集成工作是数据中心建设过程中的核心任务，数据集成工作主要是利用数据集成工具对各类数据源中的数据进行定时或实时的数据抽取，基于信息标准进行相应的数据格式转换，根据业务规则和约束条件借助数据质量检测工具进行数据清洗，最

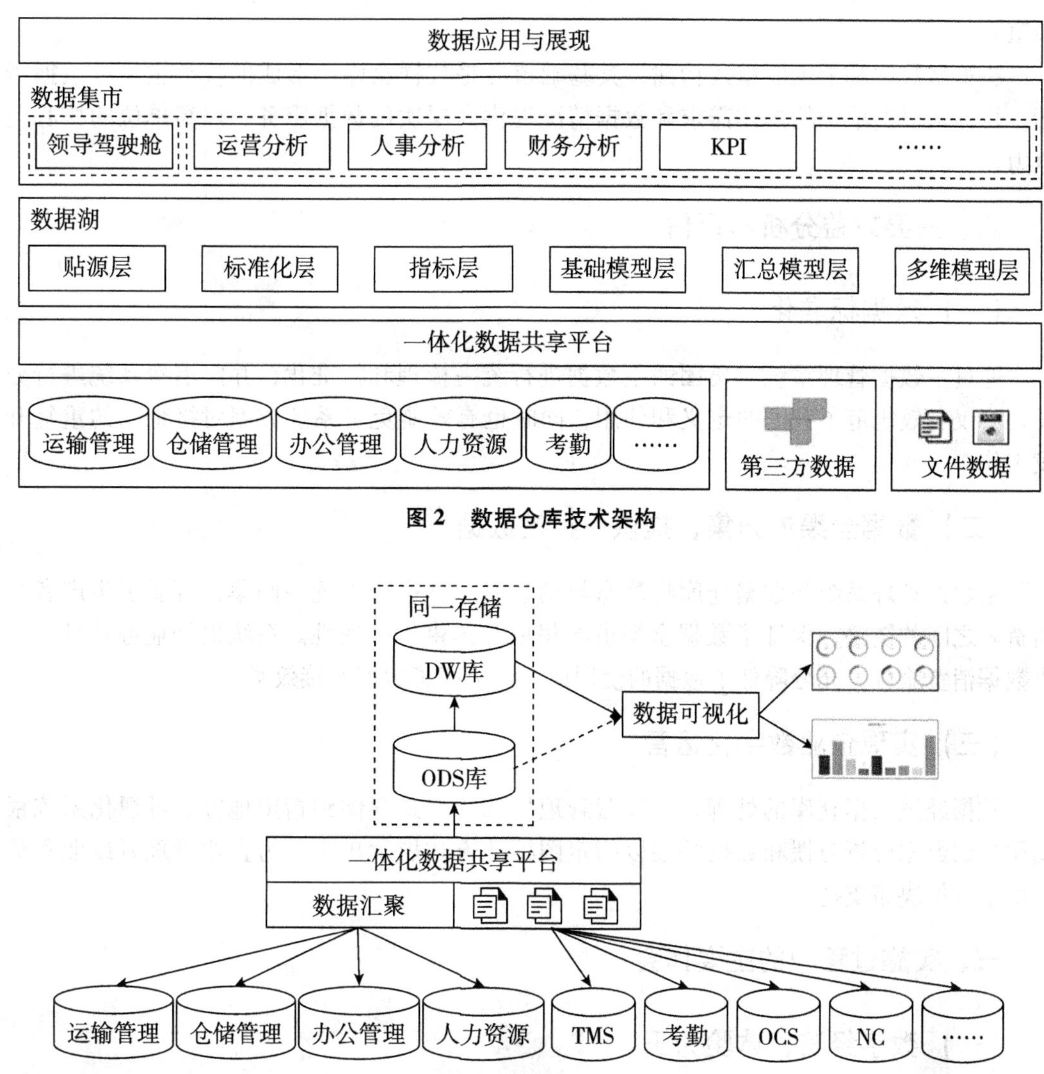

图 2　数据仓库技术架构

图 3　数据库结构

终完成数据从数据源向基础数据库加载的全过程管理。数据的抽取、加载和传输是数据集成平台数据处理能力的基础。

3. 数据存储

数据存储建设着重为单位数据中心平台搭建基础数据库，并参照行业最新信息标准设计适合单位业务发展的业务数据模型，通过 ETL 工具将各业务系统的数据源经采集、清洗、转换后的相关数据加载到基础数据库，数据模型的设计应符合新制定的信息标准。

（四）可视化系统介绍

可视化系统主要面向单位决策管理层，提供全单位跨业务的信息数据统计与分析的应用服务。各单位或多或少已积累了涉及科研、人事、资产、日常工作等主流业务的大量信息资源和数据，但是跨业务的数据统计与分析较少，还没有将这些基础且宝贵的数据有效利用起来，单位决策管理层也缺少一种即时、便捷掌握企业综合情况的信息化渠道。

决策型数据基于主题模式构建，其基础核心是数据仓库中形成的各类主体域数据指标，目标是根据单位的具体需求和数据情况提供高层次的数据服务，提高单位的核心竞争力。

四、主要效益分析与评估

（一）数据标准化

通过主数据管理系统对集团的主数据进行统一梳理和标准化，并向消费系统进行分发，不仅有效规范了数据的定义和使用，同时也有效避免了系统数据对接带来的重复开发工作。

（二）数据全渠道归集，提供一致性数据

主数据管理系统和数据仓库将静态与动态的数据进行了统一归集，打通了生产者与消费者之间的链路，保证了数据全渠道的集成并提供了一致性。系统根据业务特性，提供数据消费服务，充分降低了数据的使用成本，提高了数据对接效率。

（三）实现企业数字化运营

数据经过数据仓库的处理，以经营管理指标的方式存储到指定地方。可视化系统根据用户的数据分析习惯和数据特性以指定图标的方式展示出来，为企业管理者或业务员提供了数据决策支持。

五、实施过程中的主要体会

（一）数字经济，体验为王

数字经济时代，随着云计算、大数据、物联网、5G 等数字技术的运用，消费者的数字化体验期望被充分激发出来。企业逐渐由产品中心转换为以用户为中心，企业渴望通过数字化转型，建立动态的用户画像，基于事实的大数据把握个性化的用户体验，创新产品交付和服务模式，通过个性化制造模式、个性化交易模式更好地满足用户需求，使数字化用户体验成为行业数字化升级的核心驱动力。

（二）全渠道流程的关键因素

随着企业在各种渠道与用户触点的增加，缺乏协调一致的渠道将会导致用户体验下降。例如，线上线下的消息不一致、同一业务不同平台的服务不一致、相同产品的定价不一致等。提供一致性的全渠道体验需要通过数字化和标准化的手段将相关数据无缝衔接，使信息得到充分融合，提高用户体验，增强企业的竞争优势。

六、系统建设未来展望

企业数字化的关键在于数据本身，数字化主要是思考如何创造和利用数据。数据产

生、管理和利用的每一个环节都是信息化规划时要思考清楚的问题，每个系统的建设只是遵循信息化规划时确定的方向。未来信息系统建设将从企业管理本身出发，经营管理指标可自上而下进行分解与分析，数据的生产与消费则采用自下而上的方式，既满足企业管理需要，同时数据层面也能保证足够小的颗粒度。

深圳市货车宝科技有限公司：货车宝货车导航

一、“创业未半”的货车宝，是家什么样的公司？

深圳市货车宝科技有限公司（以下简称“货车宝”）创建于2015年，是一家民营移动互联网科技公司，公司业务以货车导航服务为基础，旨在推动物流行业数字化，建立物流行业开放服务平台，提供产业互联网新服务，为千万名卡车司机及全行业提供聚合产业服务的标准化、专业化、数字化、责任化一站式货车服务平台。

2020年12月，公司获得国家高新技术企业认证，旗下产品货车宝App（基于iOS系统）、货车宝货车导航App（基于Android系统）累计注册用户350余万人，注册车辆达238万辆，月活用户58余万人，自2018年至今，年均规划货车路线10亿多次。

二、推动物流行业数字化，货车宝要解决什么问题？

我国是幅员辽阔的公路大国，高质量的公路网为我国公路物流的发展提供了充分的基础设施保障，让高效的长途物流成为可能。但是，各地不一的道路行驶环境、道路施工环境、交通治理与执法环境、当地产业和服务配套环境等因素的存在，使得卡车司机在运输工作、事故救援、车辆维保、运输生活方面面临的现实问题愈加突出。

（1）普遍存在的城镇禁限行区域客观上不同程度地限制了货车路权，但目前的禁限行信息公开渠道的时效性和传播有效性难以保证，司机查询和接收相关信息的难度大、成本高。

（2）现有的车辆导航装置或软件，不能提供相对全面、准确、符合司机使用需求的专用路线规划，导致司机及车主经常需要承担因导航信息不匹配导致车辆闯入禁限行区域而遭遇扣分罚款的风险成本。

（3）作为营运性车辆，卡车在中长途运输中遭遇突发状况或产生异地车辆养护需求时，难以及时联系并解决相关资源的问题。

三、货车宝如何帮助卡车司机降本增效？

货车宝自产品初创研发阶段起，就一直致力于解决路况信息高效传递和处理的问题，路网数据尤其是“四限”及电子眼数据的全面、准确与时效性是导航服务可靠性的基础保障。

为此，货车宝构建了以“四限”与电子眼数据为基础、以车辆信息匹配和校验为保障，能够实现POI信息点基于车辆具体信息个性化显示匹配路况内容的货车导航信息处理标准化流程，流程步骤如下。

(1) 收集交通管理公告、道路施工情况等路况公告信息与相关新闻信息并进行分析，录入有关信息数据。

(2) 建立覆盖全国的终端信息上报与核验机制。针对各级交管部门难以覆盖的未名路段、突发路况以及未公告的地方管制信息，货车宝建立了用户反馈上报机制，用户收到地图未收录信息，或遭遇错误、失效信息点时，可及时反馈经过路段的路况信息，数据后台分配专人对同一个信息点的多条反馈进行精准核验，确保信息录入可靠性。

(3) 及时更新并维护地图信息数据库，实时参与并显示在导航界面供司机查看，同时影响导航规划路线的计算过程，形成可靠的导航规划结果，为司机提供路线周边及始发地、目的地相关影响车辆运输到达效率的信息，如疫情日报、异常天气、交通管制等重要 POI 信息。同时，货车宝也为用户提供路径周边服务搜索，用户可了解或联系到路线周边一定范围内加油站、服务区、维修保养服务点等。

(4) 开发路线优化工具与问答功能板块。用户的导航轨迹对于优化导航相关算法、提高可靠性具有重大意义，直接影响用户的导航使用体验和行车安全。通过历史轨迹算法优化及人工问答相结合的方式，从不同的时间维度对当前导航数据未覆盖区域或者下沉路段路况进行查漏补缺。

(5) 开拓线下维保服务网络，试水线下维保业务标准化、场景化、信息化。货车宝专门开发了线上地图信息点检索、到店保养服务、到店车品选购功能模块，并针对其中口碑优良、具备良好资质的维保服务门店网点，不间断组织开展不同形式的线下到店活动，以 O2O 到店业务的运营模式尝试将卡车 O2O 车服业务循环跑通。

四、创业六年，货车宝走到了哪一步？

截至 2020 年年底，货车宝已依靠口碑传播累积安装用户 350 余万人，货运场景相关路网数据信息覆盖全国 410 个城市和地区，仅 2020 年就为用户提供了超过 10 亿次导航规划服务。

相较于业内地图、资本、技术、用户等资源更加充裕且体系内生态更加成熟的高德地图 App、百度地图 App 等导航产品提供的导航服务，货车宝凭借更加匹配卡车司机工作需求的专业货车导航体验，在货车宝用户中获得了较高的产品信赖。

作为业内首个成建制尝试商业化运营的以卡车司机为用户主体的内容社区，“卡友说”在探索业务与导航产品使用场景融合的同时，投入精力连接业内上下游企业信息资源、业务资源与品牌资源，以期不断提升影响行业运转效率的信息资讯覆盖规模和传播效果，减轻市场因信息不对称带来的市场资源浪费，缓解地区运力分布不均带来的市场矛盾。

货车宝在收录全国 4.1 万余家维保服务门店信息的基础上，首先在粤港澳大湾区进行了业务探索，目前已经采取加盟邀请方式，组织开辟了 400 多家口碑优良、服务有保证的线下维保服务网点，并有计划地向线下场景中投放与线上业务紧密结合的宣传、销售、导流资源。目前该业务正在试运营阶段。

五、困境、教训与经验

在实践过程中，地方管理部门在道路管理与相关治理过程中产生的信息公开不全面、不及时乃至缺失情况，仍然时有发生。主管单位信息公开机制运转情况直接影响到货车宝从各层交通主管部门获取信息的及时性、有效性以及可靠性。虽然目前已经采取用户上报的形式尝试弥补权威渠道数据来源缺失的问题，但这是以伤害部分用户体验甚至造成用户损失为代价的事后解决行为，这样的有损解决方案显然并不完美。

在解决这一问题的过程中，团队发现充分发挥用户价值将有可能提升问题解决的效率。在此基础上，基于货车宝用户的“卡友说”线上内容社区在相关资金、技术、人员力量建设相对不足的条件下搭建起来，目前已走过了从“0”到“1”的过程，社区月活数据近6个月累计提升120%以上。

同时，基于产品的丰富、多维度、高可靠性的人员、车辆、路线数据信息，货车宝目前正在与业内多家企业进行合作，探索更多场景服务与效率提升的工具研发与应用。

线下维保服务网络作为直接接触用户的集成化场景，目前尚在初期业务验证阶段，虽然面临着资金短缺、行业发展标准化机制欠缺等诸多客观问题，但随着货车宝线上业务运营能力的长足提升，O2O模式带来的可观线上流量也形成了对线下网络的影响力和约束力。

六、推动物流行业数字化运营，货车宝的“三年计划”

货车宝将深耕道路运输场景下有关地图数据的类型和覆盖规模，扎实车型数据准确度和校验能力，建立起全国匹配度最高的运输车辆车型数据与路线匹配的数据库，赋能车辆终端的数字化运营，提升终端运营效率。

货车宝或将提高自身面向行业的工具赋能实力，尝试面向中小团队提供数字化车队运营的相关管理服务及工具，力争将“省钱”“省事”“省心”的使用体验实现在更高等级的组织化物流运营中。

此外，国内活跃领先的垂直内容社区平台“卡友说”，未来将朝着扎实自身活动运营能力，活跃并夯实内容社区影响力的方向打造自身行业竞争力与品牌影响力，为产业数字化营销提供更高效的传播与研究合作平台。

维保服务网络未来将逐步实现标准化、专业化、平台化、数据化的目标，推进对线下传统业务的信息化建设与改造，深化探索业务模式和场景匹配，最终实现线上线下互相赋能的良性行业生态。

供应链金融创新应用案例

德邻陆港供应链服务有限公司：德邻陆港风控及贸易代理线上服务平台

一、应用企业简况

德邻陆港供应链服务有限公司（以下简称德邻陆港）成立于2016年8月，是鞍山钢铁集团有限公司（以下简称鞍山钢铁）旗下全资子公司，企业注册资本24466万元。近年来，德邻陆港以建设现代智慧供应链企业为目标，以数字经济、平台经济为引导，以"互联网+物流""互联网+贸易""互联网+服务"实现科技赋能，融合电子商务、钢材贸易、平台销售、现代物流、加工配送、金融服务等钢铁产业供应链各业务端口，实现了平台业务的"一体化"运营；公司以市场化运营为导向，坚持"线上平台、线下实体"的双轮驱动发展模式，持续深耕社会市场，打造了国内互联互通的物流网络和营销体系，构建了"供应链全流程服务"的核心业务模式和核心竞争能力，现已成长为业内知名的现代智慧供应链服务企业。

德邻陆港以"五大核心业务"（电子商务、运输业务、仓储业务、金融服务、汽车后市场服务）、"四大板块"（德邻平台、德邻畅途、德邻物流园、广达发展）、"三个园区"（物流综合产业园、鞍钢股份物流园和汽车服务产业园）为核心，以区域节点协议仓储库为支撑，积极落实战略措施部署。

公司以柔性化定制服务为导向，为鞍山钢铁和社会客户提供包括钢材贸易、循环物资、化工产品、工业品、快消品等物资的平台电子商务服务；公铁海多式联运、集装箱运输等多品种、全链路的物流策划和物流服务；贸易、仓储、加工、配送、金融的钢铁产业供应链集成服务；成品油销售、汽车商贸、汽车检测、汽车维修等品类齐全的汽车后市场服务。目前，公司自营两个现代化物流产业园区、一个汽车服务产业园，在全国布局67个协议仓储库及1个港口协议码头，业务区域辐射至东北、华中、华东、华南等地。

二、项目概述

通过线上线下深度融合，德邻陆港风控及贸易代理线上服务平台（以下简称平台）上线以来，实现营业利润达1088万元，也实现了"1+*N*"的授信方式，改变供应链金融业务融资的营销方式，不再孤立地寻找客户，而是围绕核心企业的供应链寻找客户资金需求，大大降低了供应链客户开发成本，使德邻陆港收获了一致的好口碑。

平台借助云计算、AI（人工智能）、IoT、区块链、大数据等新兴技术，将客户、货物监管、资金、风控等整合到供应链金融管理中，以核心企业（德邻陆港）为中心，以钢铁交易为背景，通过对商流、资金流、信息流、物流进行有效控制形成“四流合一”，把单个企业的不可控风险转变为供应链企业整体的可控风险，通过平台获取各类信息，将风险控制在最低，从而提高链条上的企业在金融市场融得资金的可能性，进而促进链条上企业间的高效运转，实现资源的有效整合。

平台可为企业提供全方位定制服务，通过从交易到合同，再到风控模型、区块链分布式账本技术的全面管控，进行业务的实时跟踪。平台为供应链金融企业资金流向提供全流程业务线上服务及跟踪；同时移动端积极探索人工智能领域，语音识别、人脸识别、指纹识别等更多应用将逐步部署在移动端，为用户带来更加优质的服务、更加爽快的体验。

平台已开通在线结算管理，与金税系统实现互通，满足供应链资金在线结算、支付等功能，提高资金结算效率，为供应链金融企业提供温暖又可靠的保障。

平台运用金融科技手段，整合商流、物流、资金流、信息流等信息，在真实交易背景下，快速响应产业链上企业的结算、融资、财务管理等综合需求，降低企业成本，提升产业链各方价值，为企业及其供应链伙伴创造经济效益的同时，取得了良好的社会效益。

三、项目设计方案

随着互联网技术的推进，运用互联网开放、透明、信息传播快等特点，平台通过技术手段对接供应链的上下游及各参与方，将供应链中的商流、物流、资金流、信息流、信用流在线化，实时掌握供应链中企业经营情况，从而控制融资贷款的风险。平台服务层级分布如图 1 所示。

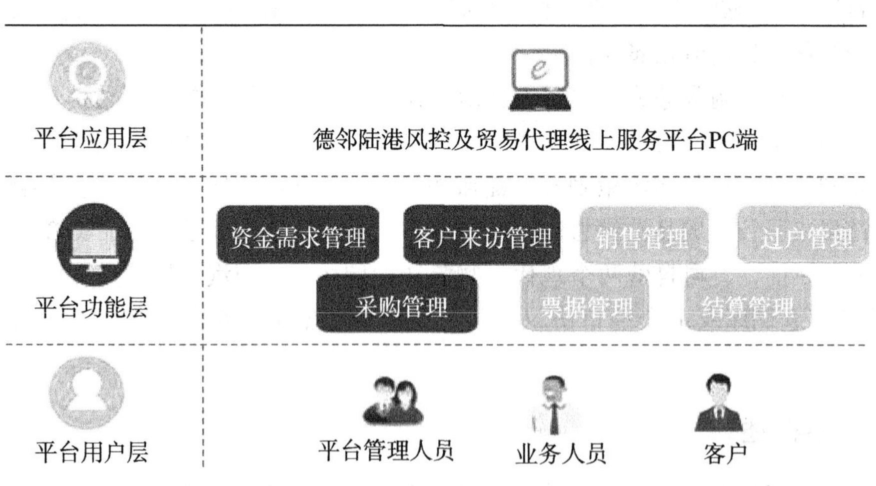

图 1　平台服务层级分布

平台业务流程分布如图 2 所示。平台技术架构分布如图 3 所示。平台容器技术原理分布如图 4 所示。平台技术安全性分布如图 5 所示。平台服务器环境部署架构如图 6 所示。

图 2　平台业务流程分布

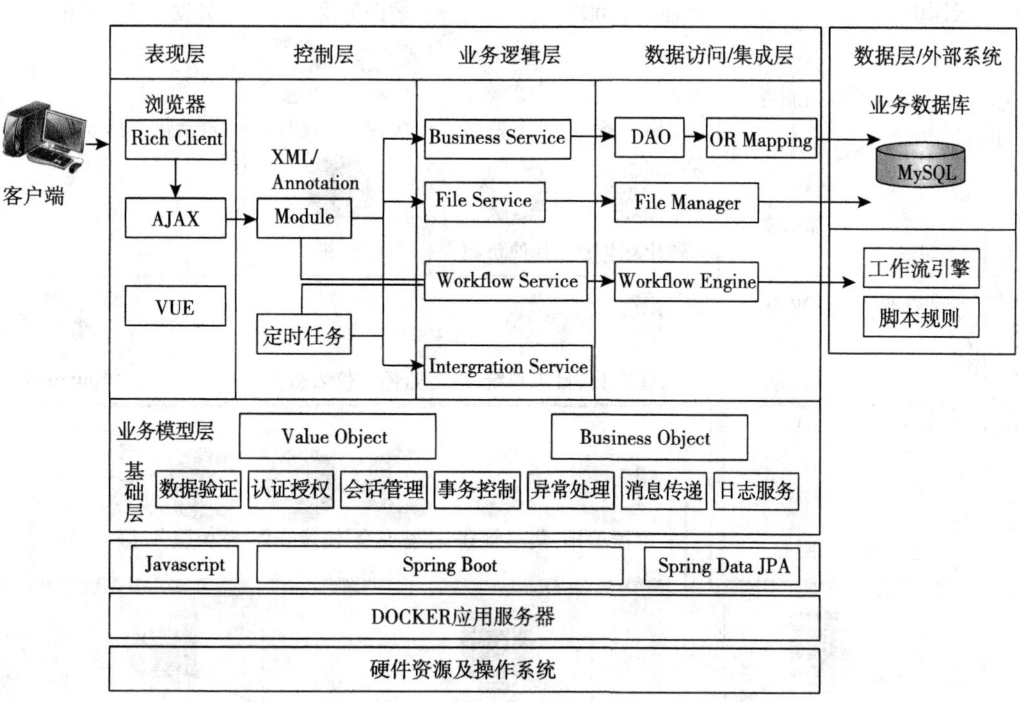

图 3　平台技术架构分布

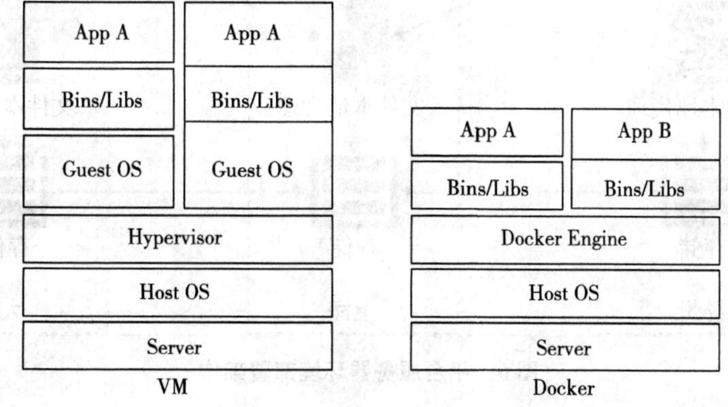

图 4　平台容器技术原理分布

网络入口
数据行为及内容
数据环境
FireWall
WAF
数据脱敏
身份认证
行为风控
授权
服务签名
身份管理
日志审计
角色管理
密钥管理
存储加密
端口管控
IP管控
主机ACL
终端ACL
网络ACL
网络漏洞
OS漏洞

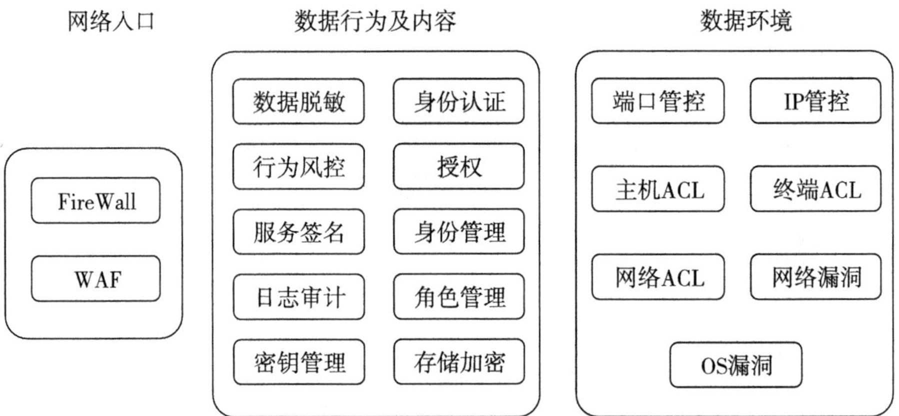

图5　平台技术安全性分布

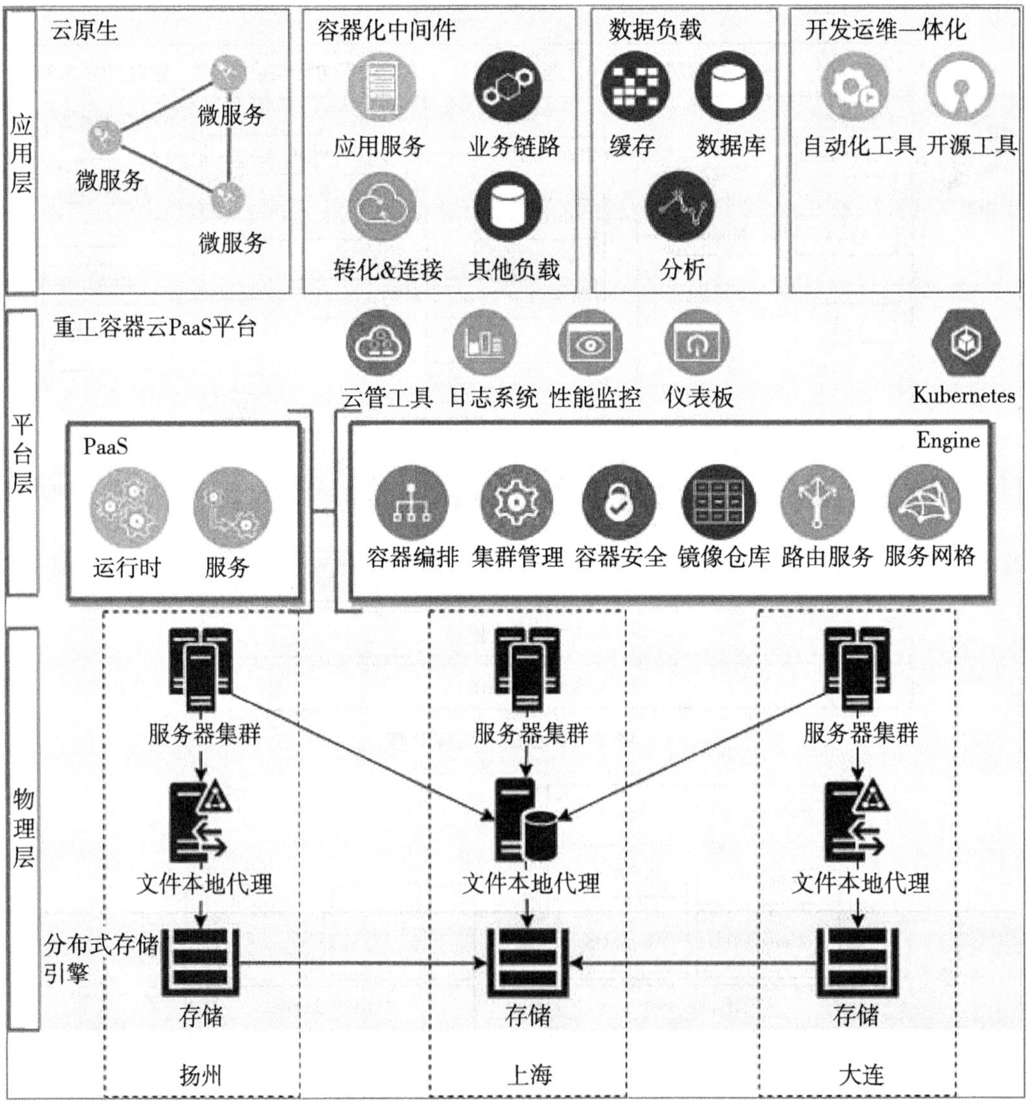

应用层
云原生
微服务
微服务
微服务
容器化中间件
应用服务
业务链路
转化&连接
其他负载
数据负载
缓存
数据库
分析
开发运维一体化
自动化工具
开源工具
平台层
重工容器云PaaS平台
云管工具
日志系统
性能监控
仪表板
Kubernetes
PaaS
运行时
服务
Engine
容器编排
集群管理
容器安全
镜像仓库
路由服务
服务网格
物理层
服务器集群
服务器集群
服务器集群
文件本地代理
文件本地代理
文件本地代理
分布式存储引擎
存储
存储
存储
扬州
上海
大连

图6　平台服务器环境部署架构

平台分为供应链金融服务、供应链风控服务、区块链服务、业务集成服务等功能，具体内容如下。

（1）供应链金融服务。主要包含平台客户管理、平台业务管理、平台资源管理、系统管理在内的4大模块，35项功能模块，实现包括用户信息运维、角色信息运维、上游供方信息运维、付款方式信息运维、资金需求管理、采购管理、销售管理、票据管理、结算管理、平台消息管理、各类字典管理在内的80余项功能，主要起平台运维和管理的作用，时刻关注供应链金融服务的各个环节，保证资金的安全性、降低企业面临的风险；同时，德邻陆港有完整的供应链绩效考核标准，进一步确保平台实现供应链各节点企业在设计、采购、生产、销售及服务等方面的高效协同、资源共享和互利共赢。

（2）供应链风控服务。主要包含企业征信管理、供应链要素监控及预警管理、风险熔断管理、数据审计管理等在内的4大模块，实现包括企业评级管理、企业授信管理、预警管理、监控管理等功能，平台通过对企业基本信息、借款、还款数据、财务数据、行业数据等通用数据建立相对应的评分及授信机制，通过计算分析，将平台传递的在线数据和数据库中已有数据进行整合，实时计算出企业的风险系数，给予预警；同时，平台通过完整的风控数据模型、高效的信息提取、快速的审批效率，基于大数据分析的量化风险模型帮助企业充分利用数据资产，预测风险，确保异常情况的及时处理。

（3）区块链服务。主要包含区块链分布式账本技术、加密账本技术、智能合约技术3大模块，实现上下游企业之间的交易及票据信息都汇聚在链上，区块链的分布式账本技术决定了信息的不可篡改。同时，区块链的智能合约技术可以自动按条款强制执行支付结算等操作，充分展示企业的历史融资情况。将企业的历史交易信息进行收集和大数据分析，利用一定的数据建模，能快速准确地获取企业的信用评级以及企业的历史融资情况。不仅可以解决一直存在的企业融资难的问题，也能够轻松引入银行、理财机构、其他企业等的投资加盟，达到核心企业、供货企业、投资企业的多方共赢，推动供应链的良性发展。区块链的核心技术能降低企业融资成本、提高资金流转效率，为供应链金融业务更好发展提供创新解决方案。

（4）业务集成服务。主要包含与德邻钢铁集成管理、德邻云仓集成管理、德邻畅途集成管理3大模块，实现与德邻陆港旗下其他德邻系平台的互通，将通信报文直接传送给德邻系平台，德邻系平台处理完成后，将结果返回给平台，同时平台可以提供优质的SaaS服务，为企业扩展提供了有力的支撑，也有效提升了供应链信息共享度。

平台功能模块如图7所示。供应链金融风控业务框架如图8所示。

四、项目的效益分析

1. 管理效益

引入智能的、科学的管理思想和理念，通过信息化建设，全面提高企业管理水平。

项目实施后，将实现供应链金融业务集中管理，全面掌握供应链上下游业务的运行情况，提高管理效率，合理利用库存资源，减少资金占用。

项目实施后，将解决现场数据来源的真实性，获得更详细的相关业务数据，解决业务工作分散、成本核算困难、设备使用效率不高等问题，为精细化管理提供有力支撑。

系统管理
基础设置管理
用户管理
角色管理
菜单管理
平台用户风险管理
个人征信管理
企业征信管理
业务管理
数据字典管理
数据管理
类别管理
资金需求管理
需求计划管理
请款管理
付款管理
客户资金管理
来款管理
分款管理
采购订单管理
采购订单号管理
采购订单管理
采购订单变更管理
销售订单管理
销售订单号管理
销售单价管理
过户管理
物料受限管理
物料开限管理
风险控制管理
货前准入管理
货中管理
货后管理
供应链要素监控及预警管理
风险熔断管理
数据审计管理
区块链管理
区块链分布式账本管理
加密账本管理
智能合约管理
业务支撑
票据管理
进项发票管理
销项发票申请
销项发票审核
销售订单结算管理
结算管理
销售订单结案管理
发货结案管理
结算结案管理
保值箱管理
供方保值箱管理
客户保值箱管理
统计管理
客户余额统计管理
物料开限统计管理
供应链金融业务数据管理
业务结算数据管理
合同执行情况管理
客户余额明细管理
客户月结算明细管理
收发存（预入）管理
采购入库验收汇总管理
单据打印管理
货权转移单管理

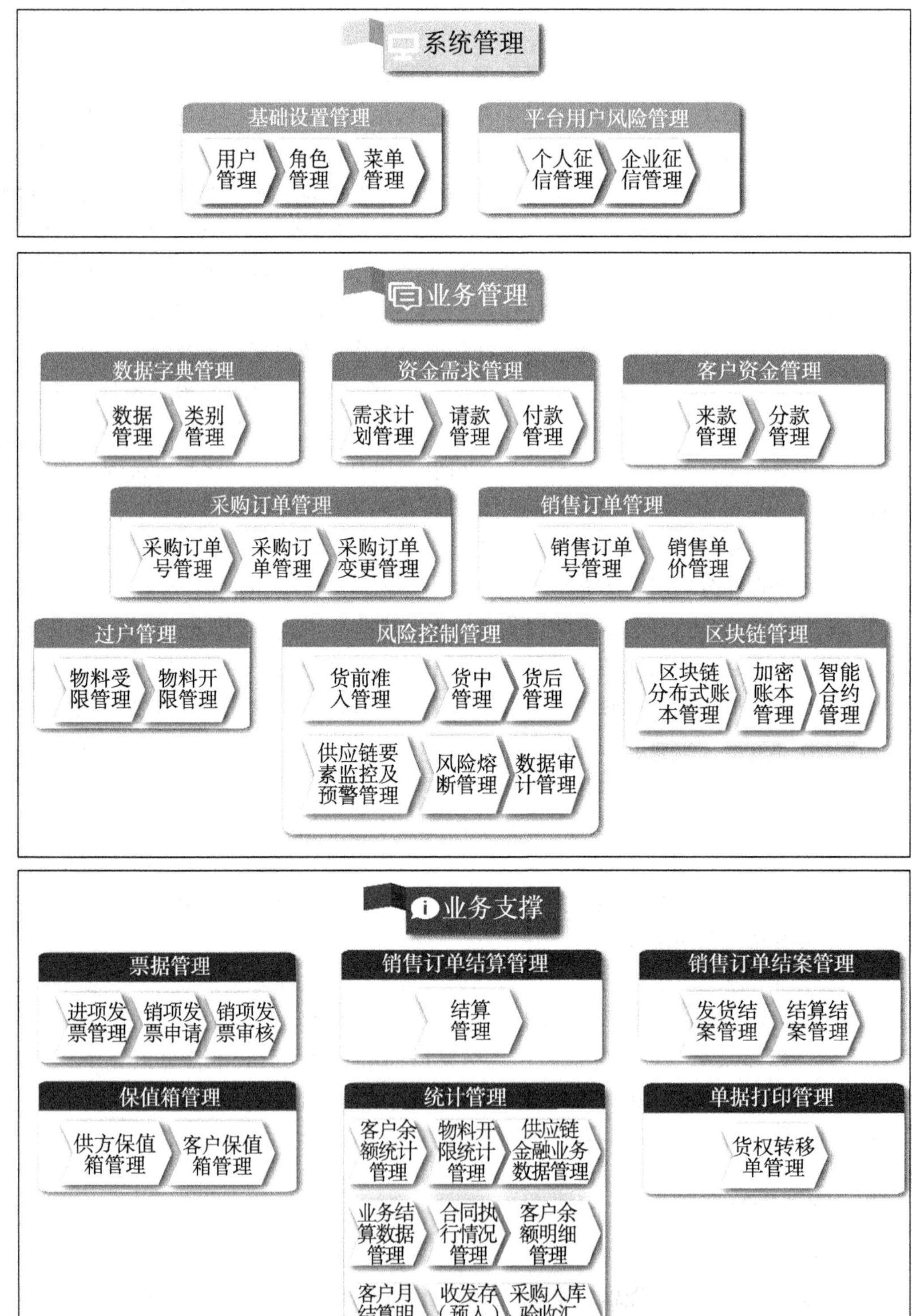

图7　平台功能模块

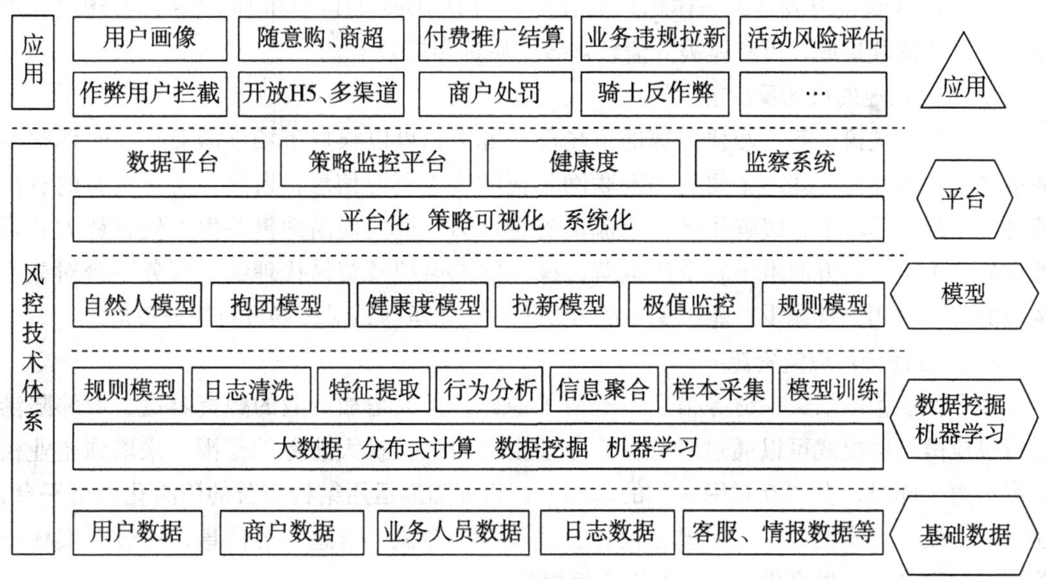

图 8 供应链金融风控业务框架

2. 社会效益

优化社会资源配置。由于一个行业的所有企业不可能同时采用信息技术手段，所以，那些率先使用信息技术的企业会有价格上的优势、产量上的优势、规模扩张上的优势和市场占有上的优势，而那些后来使用者或不使用者则由于自身的平均成本有可能高于行业的平均成本，有被市场淘汰出局的危险。当企业面临被淘汰时，其拥有的资源会逐渐流失并对新的资源失去吸引力。这样，社会的资金、人力和物力等资源会通过市场机制和信息技术的共同作用从成本高的企业向成本低的企业流动，从利用率低的企业向利用率高的企业流动，从亏损的企业向赢利的企业流动，从而使社会资源得到更合理和更优化配置。

3. 经济效益（见表 1）

表 1　　经济效益

年份	营业收入	新增利润	新增税收
2019	7.89 亿元	282 万元	1.02 亿元
2020	26.34 亿元	806 万元	3.42 亿元
2021（预计）	54 亿元	1300 万元	—

五、项目实施的创新性

1. 先进的研发架构，基于云原生技术进行构建和持续集成

（1）微服务技术架构的实现，采用开源领域使用度最高的 Spring Cloud 技术栈实现产品研发，达成业务高内聚，代码低耦合的松散、灵活的架构。

（2）容器云平台部署，基于先进的第二代云技术“容器云”技术构建和部署服务环境，形成服务环境的高可用、弹性伸缩、熔断保护，不停机升级。

（3）DevOps（开发运维一体化）拥有统一的 DevOps 工具栈和 DevOps 体系规范。规范化开发和持续集成，可整体提升信息化研发质量和能力。

2. 敏捷快速的市场反应能力

平台技术支撑拥有了敏捷快速的市场反应能力，可以根据市场供需变化实时调整发展策略。一方面德邻陆港主要利用互联网掌握的庞大资源信息，通过对实体资源的有机整合，减少中间环节，缓解了经销商流动资金压力，极大提高销售商生产经营能力并降低交易成本；另一方面由于轻资产运营，德邻陆港风控及贸易代理线上服务平台对核心企业的财务费用大量减少，能够集中精力发展核心竞争力，对市场进行快速反应。

3. 整合社会供应链资源

现今社会信用缺失、财务信息不透明等原因，大大增加企业的融资难度。德邻陆港实行供应链金融模式可以通过降低核心企业财务投入，扩大业务的范围，来增强企业核心竞争力。同时，在“互联网 +”的基础上，德邻陆港运用结构完善的信息化网络平台，建立线上线下虚实网络，实时掌握商流、物流、资金流、信息流等信息，通过对实体资源的有效整合，来提高供应链金融资金使用效率。

六、项目的可推广性

随着现代信息技术和互联网的科技触角深入各行各业，企业与企业之间的竞争逐步转向供应链资源整合能力高低的竞争。供应链金融作为现代供应链的一个核心支点，将面临深刻的历史变革。现代供应链企业如何迅速拥抱互联网，利用现代信息技术融通供应链上游端，并打通供应链下游端，成为改革的关键。

德邻陆港以提供“全链路”透明化、数字化、智能化的钢铁供应链服务为己任，积极助力鞍山钢铁的钢材和循环物资销售，贴心服务于社会用户，打造了可满足多方个性化需求的线上服务平台，有效解决了“信息孤岛”“业务协同”“效率效益”等问题，成为钢铁产业链方面的有力帮手。

德邻陆港风控及贸易代理线上服务平台以线上线下增值服务为其核心竞争力，为客户提供钢铁产业链中供应链金融相关解决方案，平台的增值服务满足了供应链的整体要求。一是其整合社会资源，降低核心企业财务费用，培养销售渠道，扩大经营范围，增加供应商流动资金，稳定经营活动，保障资金风险安全，缓解经销商流动资金压力，降低交易成本，进而提高供应链业务整体效率。二是促进社会信息化的发展。强大的信息技术支持和广泛的服务网络覆盖能力是德邻陆港开拓市场的利剑。平台的建设有助于提升自身和供应链上下游企业的信息化水平，改善信息的共享程度，整合信息设备、技术和资源，推动相关经济的信息化发展，促进供应链金融业务的发展。

七、项目下一步计划改进方案

（1）积极推进平台与“德邻智园”“德邻玛特”“德邻 e 宝”“德邻加工”等德邻系平台之间的集成和数据交互。

（2）通过深化移动互联网应用，与云平台业务流程深度交互，实现德邻陆港旗下各业务区域全流程透明化的信息协同、业务协同、人员协同，乃至供应链上的协同。

（3）通过大数据技术的引入，对业务活动数据进行采集、过滤、清洗、分析、共享，并为优化业务流程提供量化依据。

（4）完善区块链技术的实施，将企业资产转换为一种可拆分、可多级流转、可融资的区块链记账凭证，提升资产流动性，构建优质资产价值流通网络。

（5）通过对微服务架构和容器云技术的深入应用，以及对业务的高度抽象化设计，使各平台更具“柔性”，能够通过简单的定制实现快速复制，达到产品化 PaaS 的目标，提供更加安全可靠的 SaaS 服务。

合肥维天运通信息科技股份有限公司：路歌“区块链+供应链金融”创新应用案例

一、应用企业简况

路歌集团成立于2002年，是国内较早服务于中国公路物流领域的互联网平台之一。经过多年发展，路歌形成了以“网络货运+车后服务+供应链金融+区块链应用”等多种新业态为一体的生态结构。

公司建设运营的“互联网+物流”网络货运业务支撑平台，目前已有7万多个企业用户、400多万个会员，交易突破30亿元/月。

旗下路歌卡友地带是中国卡车人专属的互助、交流、资源平台，全国现有298家地面服务网点。

2020年，维天运通成为全国首批5A级网络货运平台企业，荣登中国民营企业500强。

路歌始终坚持以市场需求为导向、以科技创新为动力、以构建中国良性物流生态圈为己任，创新服务、创造价值。

二、企业通过信息化要解决的问题

本案例中实际的物流公司以物流公司A来替代。

我国有30多万家物流企业，其中90%以上都是像物流公司A这样的中小物流企业。它们承担着我国物流的主要业务，但因为其本身的局限性，给外部的印象是“小、散、乱、差”，主要表现为以下几点。

（1）缺少有形资产：物流公司有形资产欠缺，难以得到金融机构的认可。

（2）业务信用难以数字化：运营及真实的业务场景难以资产数字化，同时缺乏与金融机构相匹配的产品和体系。

（3）资金管理意识缺乏：部分企业管理者缺少资金管理意识，甚至盲目扩张，最终不可回头。

作为传统金融提供方的银行和第三方融资机构，和物流行业接触少；物流公司的业务专业性较强、业务复杂；中小物流企业信息化水平有限，业务数据不具备公信力。物流金融市场需求巨大，但传统金融机构受限于风控压力，不愿意为广大的中小物流企业提供金融服务。主要的原因就在于行业隔阂、信用机制不健全和数字化手段不足。

物流公司A在日常的物流运营中，存在资金周转不足、流动资金需求量大等情况。经过了解，该试点对象存在以下资金问题。

（1）上游客户的账期通常在三个月以上，且账期不固定。

（2）每日发车需要付给司机包括油卡、现金在内的运营资金，资金经常性地有缺口。

（3）涉及仓储租赁、装卸工人工资等固定性、集中大量的资金支付需求。

（4）节假日期间，物流仍正常运作，但金融机构对于企业的资金申请和使用不提供服务。

（5）每年针对上游制造企业、第三方物流公司的物流线路投标费用（标的 5% 左右）要占用数十万元的资金，加重了公司资金流转难度。

（6）抵扣项不足，仍需要依靠网络货运平台按国家政策来提供一定的进项补充。

三、信息化进程

基于以上分析，可以发现，物流公司 A 是处于成长期的、积极有为的一家小型物流企业，业务发展蒸蒸日上，日常运营资金需求量大。物流公司 A 想努力拓展新的业务，所以资金缺口长期存在，但受限于本身规模较小，实体固定资产有限，所以，按照传统模式，想从金融机构获得贷款，其轻资产模式的资质又不符合贷款条件。那么，如何借助一些现代信息技术手段，让物流公司 A 这样的优秀中小物流企业得到金融支持呢？借助长期合作的路歌平台的资源和技术优势，借助区块链技术赋能的供应链金融就可以。

1. 物流数据链上化管理，赋能物流公司 A 以可信业务

路歌平台将物流数据链上化管理，实现真实业务流程可信化；通过区块链技术，连接起金融机构、物流公司 A、卡车司机，实现线下业务数据化。业务流程如图 1 所示。

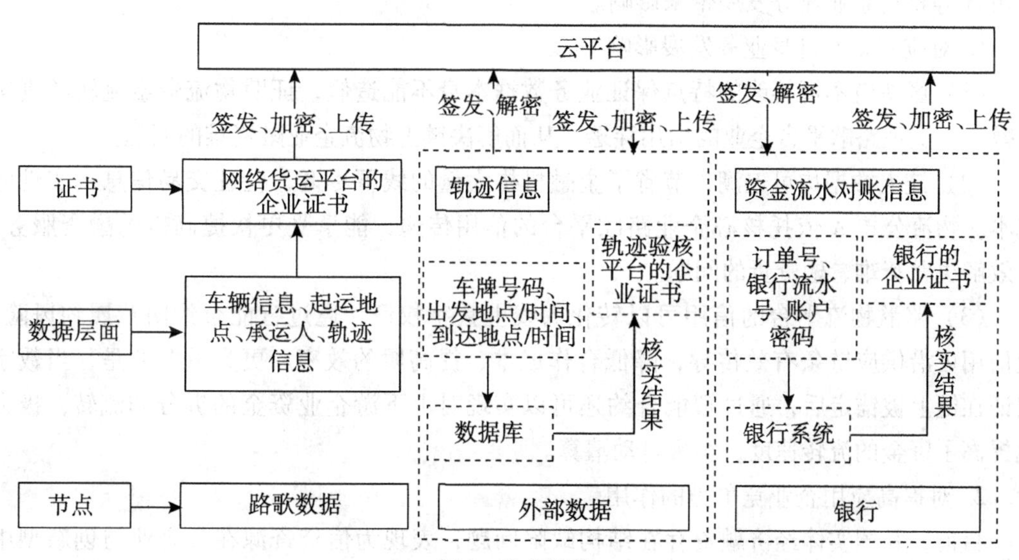

图 1　业务流程

2. 基于信用凭证的支付结算

通过长期合作，路歌平台帮助物流公司 A 积累自己的业务数据，然后把业务数据上链。现在路歌已经和蚂蚁集团进行相关合作，把这种积累变成信用积累，再把信用积累转化成金融积累。也就是说信用可以变现，变成客户在业务中需要的金融资源，然后这种金融资源又可以让路歌平台为客户提供风险管理服务，例如账期风险管理、支付风险管理和运营风险管理。支付流程如图 2 所示。

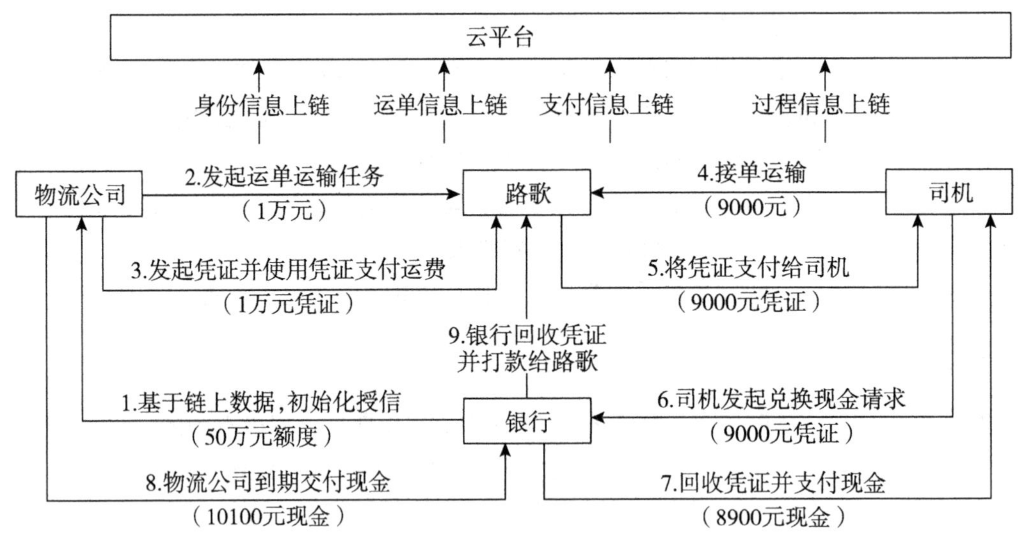

图2　支付流程

四、信息化主要效益分析

本案例利用区块链技术的去中心化、不可篡改、高安全性和智能合约等特征，保证信息的完整与可靠性，能够有效解决供应链金融实施过程中的信任和安全问题；给物流公司 A 等物流企业业务发展带来影响。

1. 对应用企业自身业务发展影响

（1）区块链不可篡改的特点保证业务数据本身不能造假，证明物流资金流转的真实有效性，实现路歌平台企业的信用穿透，从而解决链上物流企业融资难的问题。

（2）链上数据均可追溯，节省了金融机构大量的线下尽调、验证交易信息真实性的成本。物流公司 A 依托核心企业路歌平台的信用传递，能享受更快捷高效的融资服务，有效解决融资难、融资贵的问题。

（3）路歌物流平台的信用可以转化为线上数字权证，通过智能合约防范履约风险，使信用可沿供应链条有效传导，降低合作成本、提高履约效率。更为重要的是，当数字权证在链上被锚定后，通过智能合约还可以实现对上下游企业资金的拆分和流转，极大地提高了资金的流转速度，实现自动清算。

2. 对提高应用企业竞争力的作用

目前，我国实体经济融资存在结构缺陷问题，表现为信贷资源在大企业与创新型中小企业之间的错配；信贷资源流向产能过剩行业甚至“僵尸企业”，不利于新兴产业融资，不能满足产业结构升级的需要。

本案例的“区块链 + 供应链金融”解决方案，为提高应用企业竞争力发挥以下促进作用。

（1）降低物流企业融资成本。

由于与平台上物流企业有长期的业务往来关系，路歌平台不仅对这些中小物流企业的经营状况、信用状况、管理水平等方面有较为全面的了解，而且通过订单和结算渠道紧密联系着中小物流企业。金融机构通过核心企业路歌平台的担保将对中小物流企业的授信转化为对核心企业的授信，基于区块链技术的分布式记账、不可篡改、可追溯特性，破解信息不对称问题，最大限度地盘活资金，使中小物流企业能够以相对较低的成本获得融资。

（2）降低中小物流企业融资门槛。

在供应链金融模式下，为了应对中小物流企业资信普遍偏低的特点，金融机构可以只关注一定时期内路歌平台上中小物流企业的每笔具体的业务交易，适当淡化对企业的财务分析和贷款准入控制。在融资过程中，金融机构重点考察申贷企业单笔物流业务真实背景，通过资金的封闭式运作，利用账款自偿性来控制贷款风险，从而使一些因财务指标不达标而导致贷款被拒的中小物流企业，可以凭借单笔物流业务的真实背景来获取贷款融资。

（3）降低中小物流企业融资风险。

通过核心企业路歌平台大数据资源，以及对中小物流企业的物流单据的控制和融资款项的封闭运作，金融机构可以对资金流和物流进行控制，有利于对风险的动态管控。

同时，供应链金融在一定程度上实现了金融机构授信与融资主体风险的隔离。金融机构更注重企业交易背景的真实性和连续性，通过对企业的全面审查，确定企业销售收入作为其融资的还款来源，同时限定融资期限与物流周期相匹配，使资金不能被动用，金融机构发放贷款的风险相对较小。风险的降低鼓励金融机构拓宽开展中小物流企业融资业务的范围，一定程度上缓解了惜贷、拒贷的问题。

五、信息化实施过程中的主要体会

传统供应链管理中，分布在供应链各节点的商品信息、物流信息及资金信息是相互割裂的，无法沿供应链顺畅流转，缺乏围绕核心企业建立的信息平台。区块链技术支持多方参与、信息交换共享，能整合分散数据源，为基于供应链的大数据分析提供有力保障，使大数据征信与风控成为可能。

基于“区块链+供应链金融”的平台系统建立了统一的信息平台，使各方信息更加对称，更加有利于业务开展。

总之，“区块链+供应链金融”创新的要点在于“业务数据化、数据资产化、数据链上化、金融场景化”。供应链上所有参与者（包括金融机构、路歌平台、多级物流企业等）都以分布式记账模式参与交易，使得平台的交易、单据、物流信息、支付信息等高度透明，确保链上的所有行为、合同、票据都可以追溯。这一模式可以应用于目前大多数的物流服务行业，为产业转型升级实践提供了一种新的方法和思路。

六、本系统下一步的改进方案与设想

（1）促进物联网技术和区块链的融合，赋能到物流和供应链领域，提升我国新基建建设能力和成果。

（2）拓展供应链金融应用范围，向相关企业及产业链发展。

（3）演化发展更多“区块链+供应链金融”交易形态。

中储京科供应链管理有限公司：“货兑宝”平台数字化区块链电子仓单应用

一、企业及平台简况

中储京科供应链管理有限公司（以下简称“中储京科”）成立于2019年10月17日，注册资本5000万元，注册地为中国（山东）自由贸易试验区青岛片区前湾保税港区。中储京科股东为中储发展股份有限公司（以下简称“中储股份”）、京东数字科技控股有限公司（以下简称“京东数科”）、北京中储创新供应链管理有限公司（中国物资储运协会全资子公司）。

“货兑宝”平台（www. huoduibao. com）由中储京科供应链管理有限公司打造，致力于建设数字化的全国性大宗商品基础设施网络，打造基于区块链电子仓单的产融结合新模式，构建大宗商品全产业链的数字化服务体系。“货兑宝”平台基于京东数科区块链BaaS平台，搭建大宗现货电子仓单系统，实现电子仓单的全生命周期管理。通过区块链技术，平台将用户的关键操作和关键单据上链，存证信息直连广州互联网法院“网通法链”和北京互联网法院“天平链”，可保障电子仓单的安全性、唯一性、开放性、防篡改、可追溯，结合物联网技术，可确保仓库开具电子仓单的真实性和权威性，进而与银行系统对接，使大宗商品仓单质押融资成为现实，从而解决中小企业融资难、融资贵的问题。

平台集成中储股份在供应链管理上的丰富经验与京东数科在金融科技上的技术优势，以大宗商品的交易、交付安全为切入点，独创“五朵云”的产品模式（智库云、仓单云、交货云、融资云、协同云），集成ABCDI高科技手段（人工智能、区块链、云计算、大数据、物联网），打造大宗领域仓储智能管理体系，提供大宗商品的物流仓储、交易、交付、金融、信息等综合服务，构建大宗商品供应链协同平台。平台以服务集聚为主要功能，以科技与金融创新促进贸易、物流、金融的融合发展。平台搭建数字化供应链的基础设施，推动精益化、智能化大宗商品供应链与产业供应链的融合，提升产业供应链水平和效率，发挥整合带动作用，促进产业升级，助力新旧动能转换，探索产业互联网的新路径。

二、大宗商品行业痛点分析

在大宗仓储环节，物流服务商分散，管理水平参差不齐，现货存货凭证不规范，没有统一的标准，导致单货不符现象频发，存货安全性无法保障，提货权缺少透明的过程支撑；在交易交付环节，存在货不对板、一货多卖、付款和交货存在时间差风险，买卖双方互信难；在金融环节，上海钢贸案、青岛港德正系骗贷案等事件，暴露出的信用风险仍然困扰着行业，货物确权存在技术难度，仓储环节控货缺乏信用，且难以防范重复质押，导致流通商虽有强烈的融资需求，却面临融资难的困境。

近年来，随着中国经济驱动力转向消费和科技创新领域，大宗商品产业也逐步从增量市场转向存量市场。“靠规模换利润”的粗放模式难以为继，企业纷纷进入“精耕细作”的转型期，数字化、智能化成为关键词。而大宗仓储在实际业务中仍存在诸多问题，在原有业务框架下，对于物资的管理以及仓单的管理都提出巨大挑战。

三、传统动产质押融资及纸质仓单风险分析

1. 传统动产质押融资风险分析

（1）法律风险：传统模式的动产质押融资业务一般是银行委托第三方的监管方代其占有动产，承担对动产的“质押监管责任”。在相关协议和实务中，往往将监管责任与保管责任区分开来，监管方主要以提示预警和采取必要措施为责任范围，并不承担保管责任。如果监管责任不是保管责任，转移占有动产的行为在法律意义上也就有了瑕疵。这也是该类业务容易产生纠纷的一个重要原因。

（2）权属风险：质权作为一种担保物权是一种从物权，如果出质人动产的所有权存疑，也会使质押业务处于风险之中。在实务中，商流、资金流、物流是分离的，信息流更是阻断的，再加上出质人提供的纸质复印件的证据效力问题，如何证明出质人对质物拥有所有权是一个比较困难的事情。一旦出现纠纷，各方各执一词，正当权益很难得到保护。

（3）安全风险：传统模式的动产质押监管，其存货与监管的场所往往设在“厂内库”，即出质人场区或出质人指定的区域，这会使质物的有效管控效力大打折扣。再加上这些非专业的存储仓往往还存在消防及安全管理方面的很多问题，更增加了“库外监管”业务的风险。

（4）质量风险：在传统的动产质押监管业务中，存在出质人、质权人、保管人、监管人多方之间的关系，存货人与保管人两方之间的约定往往不被质权人和监管人认同，即使文字上没提出异议，但理解上也存在很大差距，如果各方之间对动产的品质质量问题再规定得比较笼统，甚至存在前后不一致的问题，则麻烦更大。不出问题便罢，一出问题往往会多方推诿扯皮、相互甩锅，最后陷入旷日持久的纠纷，让参与各方为此打得筋疲力尽。这也是传统的动产质押监管中的难题。

（5）重复质押风险：质物被重复质押等道德风险也会带来极大风险。传统动产质押融资所面临的种种风险，使其在过去的十几年间发生了很多风险事件，导致动产质押融资这个民营企业最可能做起来的融资产品不得不黯然退场，在一定程度上造成了民营企业融资难的现状。

2. 传统纸质仓单风险分析

传统的纸质仓单格式和要素不符合国标，容易被判定无效或效力受限，不符合可转让仓单的法律和商务条件，甚至大多标注“不可转让”，不具备可转让仓单最重要的公共变现功能，只能提货后用传统贸易或诉讼拍卖、强制回购方式变现，不利于质权金融机构快速收回贷款。在仓单签署方面，仓单的签发人虽具备仓储资质及条件，但并非货物

的实际保管人，保管人虽然实际保管货物，但不具备仓储资质及条件，不具有签发仓单的资格，保管人不等同于仓储机构；保管人签发了仓单，但欠缺必备的要素，纸质仓单容易造假，降低了仓储保管方签发动力。上述情况开具的仓单，会对持单人的利益造成损害，导致持单人的权益无法保障，特别是在出现纠纷时，因为保管关系不成立、货位不明、仓储物不具备特定性、商业关系冲突等各种原因，使持单人在举证和确定所有权、实际兑付数量规格等方面出现各种困难。保管人签发的仓单要想得到市场的认可，其自身需要具备较高的物流信息化技术水平和较好的仓单综合服务能力、商业和金融信用等，目前只有少数大中型仓储企业签发的仓单被特定范围的客户接受。

四、“货兑宝”平台区块链电子仓单融资新方案

凭借中储股份在供应链管理上的丰富经验与京东数科在金融科技上的技术优势，“货兑宝”平台区块链电子仓单是在深入分析传统纸质仓单和动产质押融资风险漏洞的基础上，针对传统电子仓单质押过程中仓单货物真实性难核实、仓单质押登记制度不健全、贷后难以有效监管等痛点问题，进行技术创新和突破推出的全新产品方案，提供区块链电子仓单生成、查询、质押、提货、转让等全生命周期服务，保障电子仓单的真实唯一性，实现质押货物库内状态完整跟踪及预警信息反馈，实现可视化管理，保证质押货物的安全、透明、可控，为产业链上下游中小客户提供数字化仓单融资服务支持。

1. “货兑宝”区块链电子仓单技术应用

区块链技术的加持赋能给行业带来了新的机遇，其技术本身安全不可篡改且全程可追溯的特性，可以解决目前大宗仓储业务中交易风控方面的问题。同时结合线下智慧仓储提货权管控能力，对于仓储管理、提放货、货物交割、企业征信等多个维度下的风险问题进行了提前预防和控制，极大提升大宗商品交易交割的安全性。

（1）基于区块链智能合约的电子仓单全生命周期管理。

通过在仓储企业、平台企业、行业协会、资金方等主体建立网络节点，对于电子仓单的生成、拆分、注销、质押等操作在节点间达成共识，且将电子仓单对应的出入库、过户、交易、质押等追溯信息存储在区块链网络中，信息在各节点中同步，保障仓单相应操作的真实性，无法单方面篡改。

参与方共同约定的业务规则、封闭的仓单流转环境，再结合基于区块链智能合约的电子仓单管理系统，可极大程度保障仓单的真实性、唯一性、可追溯性，以解决一货多卖、重复质押问题，并在参与方中实现互信。

（2）关键业务环节的区块链存证。

通过对接京东数科区块链存证服务，将货物和订单全程追溯信息，电子仓单的追溯信息和全生命周期关键节点，用户的入库、出库、过户等关键操作，入库单、出库单、过户单、合同等重要单据上链，直连互联网法院等机构，赋予电子数据公信力。通过区块链数字存证平台，“货兑宝”平台可实现事中存证：业务发生时进行存证，同步广州互联网法院“网通法链”和北京互联网法院“天平链”，实现在多家权威机构存证，多方背书、数据可信。诉时调证：诉讼发生时，只需填写存证编号，电子证据系统一键调证，实现快速出证，省时省力。高效维权：存证标准与规则前置，存证数据可信，免公证及

鉴定，高效维权。

（3）物联网打造数字化云仓。

“货兑宝”平台从大宗商品底层仓储入手，和仓库的WMS系统打通，做到仓库数据和平台数据实时交互，并利用京东物联网技术将仓库改造为智能云仓，实现仓储数据的数字化；金融端（银行）通过“货兑宝”平台实现AI实景看货和守货，实现质押货物在库状态完整跟踪及实时预警，有效降低抵质押资产安全风险。

2. “货兑宝”平台数字化区块链电子仓单融资推进

（1）货兑宝与建设银行“海陆仓转现货仓”区块链仓单融资落地。

建设银行作为“中国贸易区块链联盟”的倡导者、先行者和市场标准的制定者，近年来积极致力于区块链物流金融领域的投入与创新，打造并持续优化“区块链物流金融平台”，积极拓展行业生态合作方，通过与“货兑宝”平台等供应链管理科技服务平台、具备数字化监管服务能力的第三方仓储物流等机构合作，将客户资源、科技投入和商品融资专业化服务优势深度结合，逐步构建大宗商品全产业链的数字化服务体系。

2020年7月17日，建设银行青岛自贸区支行、青岛诺顿进出口有限公司（以下简称青岛诺顿）、中储发展股份有限公司青岛分公司与“货兑宝”平台共同合作的首单基于区块链技术的电子仓单质押融资在“海陆仓转现货仓”的业务模式中成功放款。7月16日，中储股份青岛分公司在完成了从银行处签收提单，办理了换单、报关，配合查验，背箱入库等一系列操作后，下午四点，货物全部存入中储股份青岛分公司库房，纳入有WMS+IoT支持的数字化仓库管理，然后通过“货兑宝”平台将作业信息和结果反馈给青岛诺顿。随后，青岛诺顿操作人员按规定流程向“货兑宝”平台提出开具区块链电子仓单的申请。3分钟后，区块链电子仓单在线出具完成。查验仓单信息无误后，青岛诺顿操作人员通过“货兑宝”平台将该电子仓单交付给建设银行青岛自贸区支行。四点二十分，建设银行青岛自贸区支行的操作人员在“货兑宝”平台上完成了该电子仓单的接收。中储股份青岛分公司的操作人员在“货兑宝”平台上完成了保管方记载。至此，首单由“货兑宝”技术支持的电子仓单的质押手续正式完成。7月18日，建设银行顺利放款，实现了业务落地。此业务的顺利落地标志着“货兑宝”平台金融服务的解决方案开始在实际业务中应用，更标志着由中储仓库在“货兑宝”平台线上化出具的区块链电子仓单获得了金融机构和行业内供应链企业的认可，完成了从“0”到“1”的突破。

（2）“货兑宝”平台与建设银行“国内信用证+代理福费廷”数字化仓单业务落地。

2021年1月28日，中储京科“货兑宝”平台与建设银行落地“国内信用证+代理福费廷”业务，成功为贸易融资客户放款。

本次业务中，基于“货兑宝”平台真实的在线交易和数字化仓单，建设银行城阳支行采取了“国内信用证+代理福费廷”的业务模式为贸易客户办理了融资。该业务模式的跑通意味着银行通过“货兑宝”平台的数字化贸易和数字化仓单来延伸拓展金融业务，保障了业务的安全性和高效性，为国内贸易客户提供了低成本的融资产品选择。“国内信用证+代理福费廷”业务优点明显，融资利率一般低于银行的流动资金贷款利率且不受流动资金贷款额度的限制，给卖方提供了一种尽早获得货款的融资方式，而且企业无须占用银行授信额度就可以从银行提前获得应收账款资金；由于采用延期付款信用证，为买方提供了延期付款的条件，从而增强了卖方的商品竞争力，买方也可以获得贸易项下延期付款的权利，便于自身资金周转，在同等条件下，开立国内信用证的保证金比例也低于开立银票的保证金比例。

在仓储数字化的基础上，“货兑宝”平台实现了合同的线上化签订，货款的线上化支付，商品的线上化交付，把传统线下无序、四流分离、管理混乱的贸易升级为线上化数字化的真实有序、四流匹配、实时管控的贸易，有效保障了贸易的真实性。

五、“货兑宝”区块链电子仓单融资效益分析

“货兑宝”平台以大宗实体仓库为基础，为行业上下游客户提供大宗商品线上仓储业务办理、安全交易交货服务、仓单质押融资等大宗商品供应链协同服务。“货兑宝”平台基于京东数科区块链 BaaS 平台，搭建大宗现货电子仓单系统，建立可查、可验、可溯、防篡改的电子仓单体系，实现对电子仓单的全生命周期管理，确保仓单融资场景下货权清晰、仓单真实，防范重复质押，降低企业信用风险；平台从大宗商品底层仓储入手，和仓库的 WMS 系统打通，做到仓库数据和平台数据实时交互，并利用京东物联网技术将仓库改造为智能云仓，实现仓储数据的数字化，银行通过“货兑宝”平台实现 AI 实景看货，实现质押货物在库状态完整跟踪及实时预警，有效降低抵质押资产安全风险；基于仓单背书转让和仓单质押的法定功能，“货兑宝”平台在深入分析传统动产质押融资风险漏洞的基础上通过技术创新和突破推出的区块链电子仓单，从根本上消除了动产质押监管业务固有的一些漏洞，降低了动产质押融资的法律风险和物流监管方风险。通过“货兑宝”区块链电子仓单还能为生产型、贸易型民营中小微企业构建低门槛、低成本的融资产品，拓展银行的服务能力和提升支持实体民营经济的水平，提升产业链的活力和发展水平，具有丰富的经济效益和社会效益。

六、“货兑宝”区块链电子仓单融资创新应用

“货兑宝”平台生成的区块链电子仓单利用区块链不可篡改的特性，将生成的电子仓单在京东智臻链区块链平台存证，利用京东智臻链底层技术，结合可信时间戳、权威 CA，保障存证安全可靠。平台生成的每一张区块链电子仓单，均通过物联网技术，实现仓单项下货物库内状态完整跟踪，预警信息反馈，实现可视化管理，保证仓单质押项下货物的安全、透明、可控。存证信息直连广州互联网法院“网通法链”和北京互联网法院“天平链”，赋予电子数据公信力，提高维权效率，为打造金融机构认可的电子仓单提供了参考标准。

1. 法律关系创新

仓单是法定的提货凭证，是仓储保管关系的证明，明确了仓储方的合理权责，保证了仓储货物的安全性和权利质押的有效性，从根本上消除了动产质押监管业务固有的一些漏洞。电子仓单作为司法实践认可的权利质押标的，为电子仓单质押融资服务的开展奠定了法律基础。

2. 技术应用创新

一是利用物联网技术，对仓单项下货物进行数字化、在线化、实时化管理，自动预

警，有效控制，既保证了货物的安全性，又提升了管理的效率和水平，为仓单的有效性和安全性提供了支撑；二是利用区块链、大数据、云服务等技术实现了仓单的数字化，保证了仓单的安全性和有效性。特别是直连广州和北京互联网法院，更是为数据使用提供了司法取证的便利。

3. 押品准入创新

"货兑宝"平台将银行、仓库、生产企业、保险公司系统打通并安全运行。结合相关法律与最新司法实践，化解了传统纸质仓单质押的业务痛点，确立了电子仓单作为金融机构认可的押品所需具备的条件，显著提升了电子仓单的金融属性和应用空间，实现银行服务的成功升级，有效满足产业链中小微企业客户的融资需求，使金融机构更好地履行为中小微企业融资的社会责任。

七、区块链电子仓单实践效果、意义

1. 提升了仓单的交易效率

"货兑宝"平台可以提升货主的资源获取能力，降低货主的获客成本；可以让货主有更多的融资产品选择，从而通过比较降低融资成本。

2. 提升了银行的风险控制能力

该模式实现了仓单质押项下货物的安全、透明、可控性，提升了银行的风险控制能力。同时，让银行从单一地对核心企业集中授信向脱离中介去中心化方向发展，回归真正的供应链金融的本质。

3. 提高了仓储企业的经营收入

"货兑宝"平台的在线管理功能带来全新的客户体验，提升了客户的黏性，并衍生出远程看货等更多的功能场景，增加了仓库的经营收入。同时，"货兑宝"平台可以提升仓储节点在整个产业链中的价值发现能力，强化了仓库作为产业链中的关键功能节点作用，让仓库的货类更专业化，货源更稳定。

4. 提升了行业管理效率

该业务模式可以有效改变行业各自为政、一团散沙的现状，赋能小散参与者，提升其参与市场竞争的能力。通过对平台数据的分析应用，实现区域仓储资源集约化管理，并及时发现优质企业，进行精准扶持。

八、"货兑宝"平台发展规划

下一步，"货兑宝"平台将加快深化与银行和具备数字化管理能力的仓储物流等平台生态方的合作，尽快实现资金结算、供应链金融及普惠金融等创新业务的落地实施，进一步丰富业务场景，构建与期货市场相对应的规范的大宗商品数字化现货市场体系，构建"产业互联网＋供应链金融"的超级链式体系。积极与海关合作，拓展保税电子仓单质押融资业务，全力运用金融科技手段解决好企业融资难、融资贵问题，实现多方共赢。

中原大易科技有限公司：大易网络货运平台依托普惠金融助力大宗货主企业降本增效

一、企业简介

中原大易科技有限公司（以下简称“大易科技”）成立于2016年，注册资本3亿元。公司拥有专业的信息技术研发团队，拥有汝州、郑州、北京三个研发中心，创建了具有国内领先地位的大易网络货运平台——大易物流平台，为平台线上线下流程对接提供可靠的技术保障。

公司拥有强大的物流专业运作团队，为货物运输业务提供强有力的服务保障。目前运输业务覆盖全国20多个省、市、自治区，在全国各地设立分（子）公司、办事处30余家。

2020年平台交易货量达1.02亿吨。截至2020年年底，平台活跃车辆17.2万辆，线上运单超过500万单，交易额突破110亿元。

二、大易物流平台运营基本情况

中原大易科技有限公司为企业提供综合物流服务解决方案，主要解决大宗整车物流的供应链关系中上下游信息资源不对称的问题，增强信息的透明度，减少物流交易环节，提高物流效率，降低物流成本，对货源车源进行精准匹配，达成交易，利用RFID、人工智能、红外、地感、PLC等实现厂内物流的智能高效。

公司采用自建平台方式，自主研发多款产品，目前已推广使用的有大易货主PC产品、大易货主App、大易联盟App、大易司机App、大易司机小程序、大宗物料企业厂区无人值守系统、多式联运服务平台等。内容包括公司综合展示、货源及运输动态、注册认证、数据中台标准化接口、权限管理、财务管理、发票管理、组织管理、报表管理、运输过程管理、增值服务、厂区门禁、多式联运、无人值守地磅、智能装卸、质检化验等相关产品服务，利用标准化产品服务体系，搭建供应链运营及标准化服务。

研发的网络货运平台后台使用Java作为基本开发语言，使用Java11，并使用spring、mybatis和阿里巴巴的开源框架作为基础架构进行整合封装，使服务有良好的扩展性、易维护等；前端开发语言为vue，轻易快捷，安卓和iOS均使用当前市场的主流框架和模式；数据库使用阿里云RDS，有阿里云的强大支持，可保证数据库服务的良好运行；服务器购买阿里云ECS，系统CentOS7.0以上；部署方式采用k8s + docker进行部署，根据服务压力，自动伸缩服务，百分百监控服务运行状态，不会出现宕机和服务不可用的状态。

平台整体架构由阿里 SLB 做负载均衡，采用多 Nginx 代理服务实现高可用，并将前后进行分离；系统采用 redis 作为缓存，缓存常用数据，提高系统性能，保证 90% 的请求在 1 秒内响应，对于功能复杂且数据量大的请求，在 1 ~5 秒内响应结果。

应对高并发的方案主要是采用软负载均衡 SLB 和 Nginx 以及自动伸缩服务来实现，当后台服务 CPU 超过 80%，会自动启动新的服务，缓解其压力，防止后台数据库的负载不够。阿里高性能 ES 服务，每分钟可负责 10 万次以上的请求。

平台用户 90% 以上的操作是通过手机 App（安卓和 iOS）完成，实际承运人全部用手机 App 及小程序完成，后台管理系统主要依托 PC 网页端处理支付、客服数据审核、异常处理、标准化数据对接等功能。

平台与阿里、中交兴路、人保、平安、中信银行、工商银行等达成战略合作，实现在轨迹、保险、金融、平台支撑、图像识别等方面的保障，针对运输计划、在线运单、运费支付、油费支付、保险投保等业务场景，提供线上服务功能。

平台以货主企业货源为核心，依托大型货主及各工厂自身的货源优势为出发点，实现传统制造业顺利转型升级。自主开发、建设并运营的集物流服务交易、物流过程管理和协作流程对接为一体的大易物流平台，从采购物流、销售物流等领域，针对水泥生产企业、原材料运输企业、煤焦化、电解铝等行业提出解决方案，提供高效快准运输、精益配送服务，通过大数据建模，对有需要的客户，提供仓储、运配网点规划、多站式运输线路规划等咨询服务。

与大宗货主企业合作，除了基本的物流运营管理、减员增效之外，最核心的就是降低物流成本，但是在企业的运营中，一般存在一定的账期，账期的时间从一个月到三个月不等。因司机运营需要加油维修等，给司机支付的运费必须是及时的，这样就给承运商或供应商造成一定的资金压力和垫资成本，大易物流平台在平台的资源整合、车货撮合方面已经积累了一定的经验，但回归物流降本增效的本质，金融资金一定是有效的撬动点，因此近几年一直在做这方面的尝试。

三、供应链普惠金融运费服务运营初尝

大易科技依托平台资源整合优势，利用线上真实运输业务数据，与工商银行、光大银行等多家金融机构合作，为多家信用良好的货主提供金融服务，因为有线上真实的数据做支撑，大易科技可以从金融机构拿到成本较低的资金，司机可以及时收到运费，也真正降低了企业的运输成本和资金压力。由大易物流平台做保障，司机再也不用担心货物运到目的地时不能收到或不能及时收到运费。采用银行普惠金融模式，保障了平台数十万名的司机及时收到运费，货主企业也解决了运输资金压力，低成本的资金使用降低了物流成本，推动了物流行业的健康有序发展。

1. 大宗物资运输运费支付现状

大宗物资运输的线路相对固定、运量大、频次高，简单采用平台撮合方式较难满足运输需要，因此一般采用招标的方式确定一定时期的承运商或供应商参与物流运营，但是因运输频次太高，运费额度较大，且货主企业一般按照一个月以上的账期（一般不超过半年）进行支付结算，货主企业考虑到经营资金周转压力不会提前垫付给承运商，造

成承运商需要提前筹备资金支付给司机。无论是货主企业还是承运商按照传统借贷方式，额度一般比较难被审批，且还款期限相对比较固定，灵活性难以满足真实运输业务运营。基于此现状，放贷审批灵活、放款快、账期短、随借随还的模式也是物流行业亟须引入的降低物流成本的重要举措。

2. 大易科技普惠金融运费贷方案

大易科技推出的普惠金融运费贷模式，不是简单的传统借贷，充分运用互联网及区块链等技术，与货主企业主体和金融企业平台对接，整合和共享货主企业、实际承运人运单数据信息资源，实现信息在线共享、金融产品在线服务，搭建征信系统、应收账款融资服务、实际承运人运单融资服务等快捷服务平台，同时相关数据与金融系统实时对接，实现从征信、运单数据、借贷合同、放款、还款的线上一条龙服务，整个过程均通过线上完成。

大易科技利用资金成本差赚取一定的利润，货主企业虽然支付了一定的资金成本，但远远比垫资商转嫁的成本要低不少，实际承运人没有任何后顾之忧，货物运到目的地后即可收取运费，真正让整个物流过程逐渐健康有序发展。

四、效益分析

1. 经济效益对比分析

普惠金融运费贷业务的推行，不但降低了货主企业的成本，大易科技本身也可以获得收益。从整体成本角度来看，运输成本降低6%～8%。示例如下：某货主企业运距50千米的固定长期运输线路，原执行运价为22元/吨，通过采用普惠金融运费贷模式，运价为20.60元/吨，运费直接降低了6.4%。随着流程和职能的优化，运费成本将持续降低，让运费真正回归本质。

2. 社会价值

目前国内的大宗物资运输市场中，物流中间层次多、物流组织效率低、信息不顺畅，中间商垫资成本高，司机运费不透明，整个物流市场的秩序被极少人控制，造成货主企业物流成本居高不下。通过平台运营，利用运费贷模式撬动资金，大宗物流运输秩序逐渐回归自然，司机通过平台可以及时收到运费，货主企业直接与大易物流平台合作，中间环节逐渐减少，运输成本逐渐降低，整个运输链条通过平台的撮合和交易，信息更加透明，组织更加高效。

3. 业务流程改造与创新模式影响

供应链金融的互联网化大大降低了中小微企业的融资负担和融资门槛。大易科技通过与金融机构合作，利用普惠资金成本低的特点，有效解决了这一状况，既提高了中小微企业的融资成功率，也大大提高了金融机构的业务量，实现了多方共赢，也有效促进了物流线上运营业务的完善。同时，供应链金融业务的上线提高了大易科技的企业信用水平，解决了资金短缺问题，能够增强采购和销售能力，促进自身快速成长和发展。大易科技在货物的运输过程管控、验收、评估和监管方面具有明显优势，可以有效掌握企业的真实运营数据，降低信息不对称带来的风险。

五、推广价值

1. 赋能实体经济

（1）解决中小微企业融资难、融资贵问题：尤其适合无固定资产、无资金、无信用数据、有核心技术或资源、有生意、有抱负的中小微企业。

（2）提升供应链整体竞争力：通过协调供应链中的上下游企业，对整个供应链的资金筹集与现金流进行统筹安排，最大限度降低供应链整体财务成本，提升供应链整体竞争力。

2. 促进金融变革

国家大力推动金融供给侧结构性改革，防范化解重大风险取得了一定成效，但是流动性充裕和资产荒矛盾依然突出，政府正在着手缓解企业融资难、融资贵问题，监管层在努力疏通货币政策传导机制，加强金融服务民营企业，全国金融机构都将进一步发力服务实体经济，供应链金融恰恰在优化服务与产品，培植、挖掘资产，优化风控机制与提升风控水平等方面赋能于银行等金融机构，进一步推动金融脱虚向实。

六、未来发展

大易科技未来在供应链金融发展的道路上任重道远，借助普惠金融运费贷的快速迭代推广，利用线上数据资产，与更多的金融机构、汽车厂家、维修配件厂家、合作商合作，推进融资租赁、司机共建车队、配件后市场的共建共赢，真正让理想一步一个脚印接近现实。当然，大易科技也要承担一定的社会责任，在信用体系建设、司机安全教育、司机关怀保障等方面发力，让整个物流生态链更加有序健康发展。

雪松金服科技（广州）有限公司：雪松智链平台项目

一、平台简介

雪松在大宗商品领域深耕多年，从交易服务、价格管理、物流服务、质量控制、资金融通等多个方面推进业务品种的多元化、业务模式的多样化，努力打造智能供应链。近期，公司利用自身平台优势，用专业实力构建雪松“区块链＋大宗商品”供应链金融平台，服务核心企业及雪松大宗产业链上下游客户，并在与国企的合作探索中不断发展。

二、项目背景

近年来，随着物联网、区块链等科技手段的推广应用，专业的大宗商品供应链金融平台能更好地展现贸易链条“四流合一”，为金融机构塑造一个真实可信、不可篡改的线上风控环境，促进以应收账款融资、订单融资等方式为代表的供应链金融融资模式落地。

三、平台应用介绍

1. “区块链＋大宗商品”业务场景

区块链技术是一种加密底层技术，具有不可篡改、去中心化、匿名性、公开透明、自治性的特点，能有效解决大宗商品贸易行业虚假贸易、内幕交易、商业欺诈、设立平台对赌、提单仓单重复质押、篡改数据等不规范的交易行为。区块链技术应用前后对比如图1所示。

雪松智链平台充分利用区块链技术特性，针对性地解决传统业务痛点并优化现有业务流程，实现全业务流程及周边供应链金融、物流、仓储的线上化支持。商品的生产出厂、货物在途运输、货物存放入库、货物贸易关系创建、货物提取出库、第三方机构监管、融资申请等相关核心环节的业务数据将随业务扩展逐步上链，实现与外部合作方、监管方、服务方业务系统的跨区域、跨机构、跨系统的高效便捷对接。其价值将包括但不限于以下几点。

（1）业务数据透明化。

区块链上的所有信息对全网成员实时公开，包括各级监管机构，从根本上解决交易数据不透明的问题。

（2）数据交互实时化。

仓储货物的数量和种类须实时与区块链上的汇总信息相符，监管者可以随时核对检查，无须事先从交易所或第三方登记机构汇总仓单信息。这有助于实现对交易的实时监

上链前：集中单中心数据互通

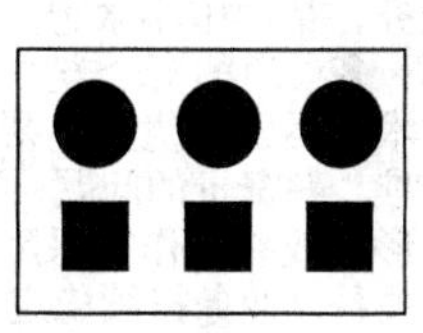

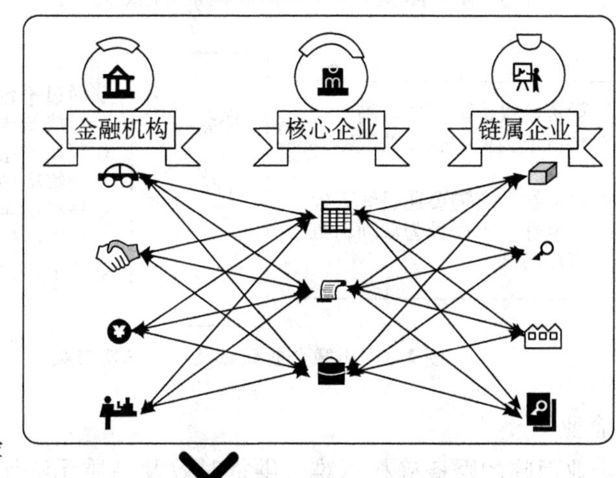

·集中协作的最大障碍在于，集中到哪里？
·“两两对接”的局部结构
·单个企业的不可控风险

上链后：联合多中心安全数据共享

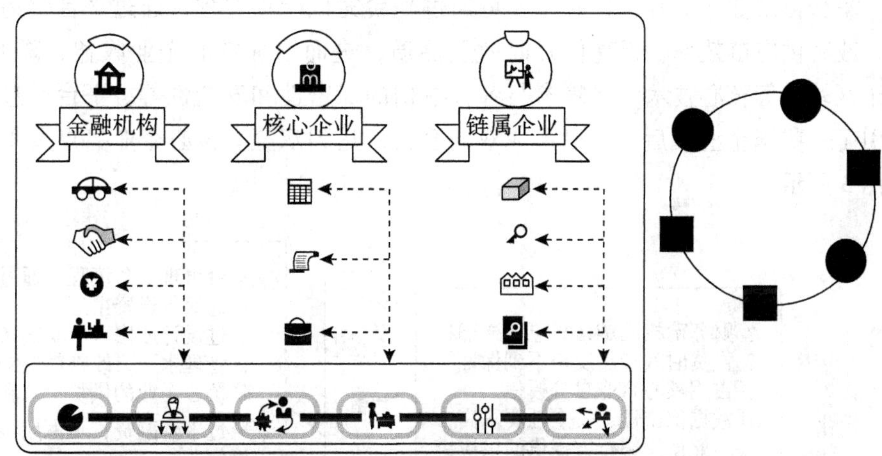

·分布式协作最大的优势在于，不伤害任何一方的主体地位，形成“多对多”的网状结构
·供应链企业整体的可控风险

图1　区块链技术应用前后对比

管，提高监管效率及灵活度。

（3）流程执行自动化。

利用区块链建立的智能合约，可以通过条件触发自动执行传统合约的条款，执行过程中不能人为干扰。

（4）业务清算封闭化。

区块链的高度安全特性和数据永久保存特性，使其非常适合用来做登记确权；如果交易也在区块链上发生，那么交易和清算就是同步完成，实现实时清算，尤其是在多层级贸易场景中，能够彻底消除由于延时清算造成的交易多方风险。

2. 有效解决各方主体痛点

（1）中小微企业。

雪松打造的雪松智链平台，有效解决了目前大宗商品贸易领域各参与主体的痛点和难点，尤其是中小微企业和金融机构。中小微企业痛点及平台解决方案如图 2 所示。

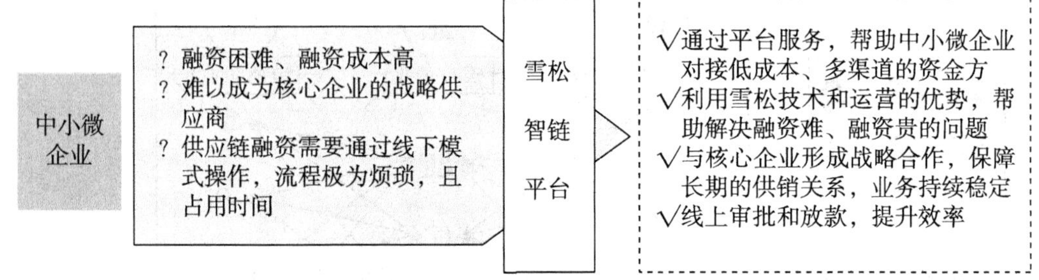

图 2　中小微企业痛点及平台解决方案

（2）核心企业。

针对核心企业面临的财务确权困难、供货时效及品质无法保证、授信占用、数据安全性等痛点问题，雪松智链平台最大限度满足其要求，为核心企业提出相关有效解决方案：平台再现业务流程，核心企业可通过平台完成融资过程；通过平台贸易链条综合管理，改善供应链效率，提高供货时效及品质，进而增加核心企业收益、降低财务费用；基于区块链等核心技术，保障参与各方数据的保密性和安全性等。平台通过交易类业务吸引了一些国企上线后，可以形成双向合力，达到双赢。核心企业痛点及平台解决方案如图 3 所示。

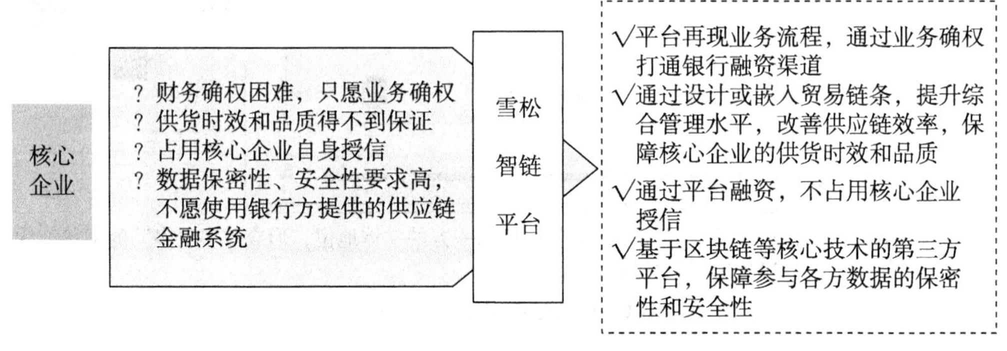

图 3　核心企业痛点及平台解决方案

（3）银行及第三方金融机构。

针对银行及第三方金融机构对产业链流程和商业模式不了解，获客成本高、周期长，收益率低，融资风险大等诸多痛点问题，雪松智链平台合理利用自身 O2O 模式和先进技术优势，以及深耕大宗商品贸易数十年低成本、稳渠道的产业链流程和商业模式，保障底层资产的真实性，控制相应风险，全力帮助银行及第三方金融机构实现较高收益。银行及第三方金融机构痛点及平台解决方案如图 4 所示。

3. 实践中的应用

平台线上通过可视化、透明化的业务操作流程，提供“四流合一”的数字化解决方案，帮助解决业务真实、合规及风险控制等问题；线下提供业务风控管理、全品类业务场景设计、业务模式设计、匹配符合其风控要求的上下游客户等服务，帮助解决营收、利润、融资等

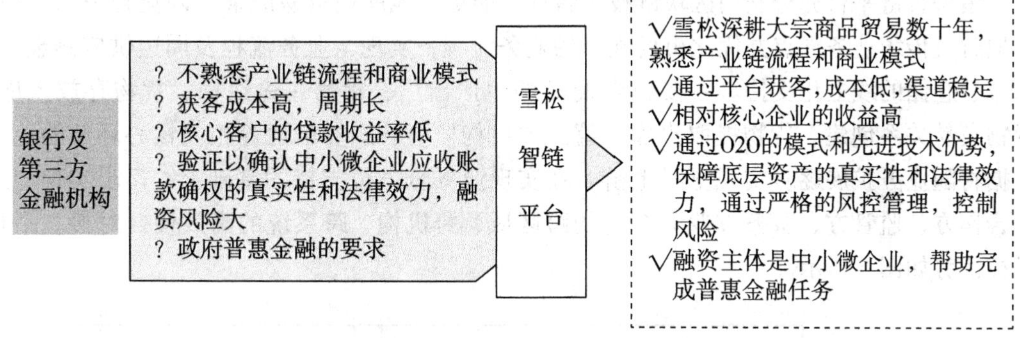

图 4　银行及第三方金融机构痛点及平台解决方案

问题。

平台拥有多品种、多模式、大体量的业务资源，丰富的优质客户资源，专业的业务、融资、风控等团队，以及“四流合一”的风控平台等优势。

雪松智链平台目前服务的对象主要包括有色金属、钢材、煤焦、石油、油脂油料、天然气、矿产、冶金原材料、化工产品、橡胶等大宗商品贸易，涉及应收账款融资及预付账款融资两种业务模式。（见图 5）

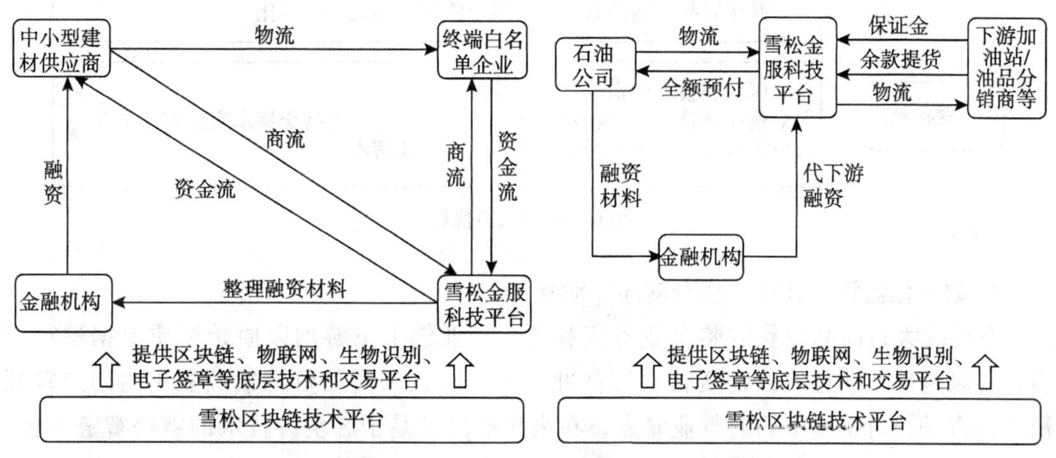

图 5　应收账款融资模式（左）及预付账款融资模式（右）

平台对外依靠自身先进技术及全方位服务特色，全方面地为目标客户及服务对象设计不同类型的客户场景及服务模式，提供交易类业务及供应链金融业务。

交易类业务主要利用国企优势，开展供应链业务，为国有企业创造合理利润和规模价值；为供应链金融业务的开展打基础，解决业务基础薄弱的问题，为平台聚集人气、积累数据，实现平台迅速增量。针对不同类型目标客户及客户需求，设计两种交易类业务场景及解决方案，充分解决其对业务合规、还款及时、发票安全、收益保证等方面的基本要求，并最大限度满足其对营业规模及利润的核心需求。同时，平台在线下提供物流方面的确权，实现风险把控；线上交易业务全程可视、过程可循、数据可查，确保合作伙伴展业安全。

供应链金融业务主要利用国有企业的主体资质、资金优势，提供供应链金融服务，并逐步为中小微企业提供融资服务。

雪松智链平台充分利用区块链技术特性，能更好地展现贸易链条“四流合一”，针对性地解决传统业务痛点并优化市场现有的业务流程，实现全业务流程及周边供应链金融、物流、仓储的线上化支持。主要包含商品的生产出厂、货物在途运输、货物存放入库、货物贸易关系创建、货物提取出库、第三方机构监管、融资申请等相关核心环节的业务数据将随业务扩展逐步实现全量上链，在实现业务全方位支持的基础上，逐步实现与外部合作方、监管方、服务方业务系统的跨区域、跨机构、跨系统的高效便捷对接。平台风控优势如图 6 所示。

风控体系	√严格的客户准入原则和“白名单”制，保证平台上的客户是优质国企 √根据客户需要，可引入保证金劣后机制 √严控货权，可根据客户需要，投保商业信用保险及物流保险 √根据客户需要，雪松可以参与贸易链条
“四流合一”	√CFCA平台的Ukey保证操作主体真实有效，电子签单杜绝假章 √数据从原始角色上线，保证数字信息的一手性、实时性，并与电子单证相互印证 √货物签收采用“二维码+手机号+验证码+位置校验”的方式，杜绝虚假交易 √基于贸易“四流合一”，线上流程透明化、可视化
金融科技	√区块链技术确保数据不可篡改 √物联网技术确保物流的全程可视化跟踪，提高交易真实性和安全性 √大数据技术助力数字信用转化为商业信用

图 6　平台风控优势

4. 数字化监管，破解“瘦身钢筋”顽疾

在传统大宗商品贸易的整个业务流程中，产业链上下游均以原始纸质单据进行传递，高风险性长期存在，钢贸行业即如此。依托在大宗商品贸易领域多年的用户资源积累，雪松针对钢贸市场的行业痛点，在去年推出了基于区块链技术的雪松智链平台，以区块链、互联网、物联网、生物识别等科技手段和创新的业务模式，为企业构建了低成本、安全、高效的产业互联网场景，实现“$N+1+N$”的供应链综合服务。

为保障货品质量，平台选择正规的供应商及仓库进行合作，通过给上游供应商上链，并进行 CFCA 平台认证，严厉杜绝不合格供应商。同时实地调研仓库，严防“黑仓库”、以假换真等现象发生。收发货也实现了数字化，该系统集合了区块链、物联网、电子签章、二维码确权等多项金融科技和服务创新，支持与外部合作方、监管方、服务方业务系统的跨区域、跨机构、跨系统的高效便捷对接。

在雪松智链平台上，整个物流环节从运单计划、调度、出库、货物在途、到达签收，都可实现多方线上参与、信息实时上传，提高运输过程真实性，并在物流相应节点提前给下游收货方发送通知，让客户实时关注物流进展，安排工程进度。

通过平台的操作，可对物流轨迹全过程实时监控并留痕，实时监测过程中出现的任何可疑停留（均会在地图中标注），并在进入可疑范围后立即启动报警。过程中出现任何问题，平台都可以随时溯源轨迹，查看停留时间，并以此为依据追究相应责任。

如此一来，整个配送过程的商流、物流、资金流和信息流等内容在平台上得以整合，贸易合作方、物流公司、仓库、钢材厂商、车队司机等多方角色在平台操作，可以形成整体的项目信息。平台还与司法系统联通，对项目各阶段均可回溯查询并取证，从而保障了业务的合法安全。

四、总结

雪松智链平台通过“区块链＋大宗商品”在供应链金融领域的创新业务模式探索，加速了供应链金融发展的步伐。新业务模式的推广实践，帮助中小微企业摆脱融资难、融资贵的难题。此外，本次项目的顺利建设，帮助区块链技术与传统供应链金融服务业快速融合，为中小微企业提供全流程多场景的服务，为中小微企业有针对性地开发融资产品。

北京瑞泰格科技有限公司：数字资产监管科技平台

一、应用企业介绍

北京瑞泰格科技有限公司（以下简称“瑞泰格”）创建于2017年8月，是中国监管科技理念的倡导者、首创者与先行者。创始人团队均来自国际知名咨询公司与知名科技公司，拥有清华大学、北京邮电大学等知名院校在人工智能、物联网、区块链、大数据分析、算法等领域的科学家，还有来自安永等四大会计师事务所的顶尖的咨询服务能力的实践者。

瑞泰格是专注于提供监管科技服务的科技创新型公司，提供智能化监管科技平台，主要化解供应链金融中的中小微企业融资难、融资贵问题，以真实贸易为背景、以实物资产为依托、以科技手段为抓手，将实物资产数字化、数字资产标准化，最终实现数字资产融资可获得性。瑞泰格运用物联网、区块链与大数据等科技手段，定制化设计相应端到端的智能动产质押监管解决方案，提供一系列标准仓智能化、动产质押系统、风险管控等解决方案，在风险可控的前提下实现“审批快、放款快、随贷随还”的新一代数字资产供应链金融服务模式。

二、行业现状与问题分析

（一）未来数字经济新格局

未来数字经济将呈现出数字金融与传统金融并存的新格局。数字金融是一种普惠金融，是对传统金融的有益补充与延展，更适用于满足长期不被传统金融所覆盖的中小微企业的融资需要。

传统金融业务主要是由央行、商业银行以及非银行金融体系构建，以企业信用为基础，以具有较好流动性抵押品为担保，以银行账户中法币为载体开展的金融活动。在数字金融时代，商业银行以分布式账本替代传统复式记账账簿，数字加密货币和法币共存。这些金融新形态在金融史上发生了非常关键的变化，它使用密码学和一整套复杂的可信技术和方案建设了一个全新的领域，以支撑传统金融体系安全运行。数字资产的产生、流通、确权都可以依靠全新的价值交换技术，资产的形态既可以是二进制的加密信息，也可以是分布式账本或以中心化的形式来表达，甚至是将来以量子比特方式存储的量子信息。在价值转移方面，数字资产可以采用通证或者传统证券模式，两种模式也可以相互转化。

数字经济与传统经济的不同特点如图1所示。

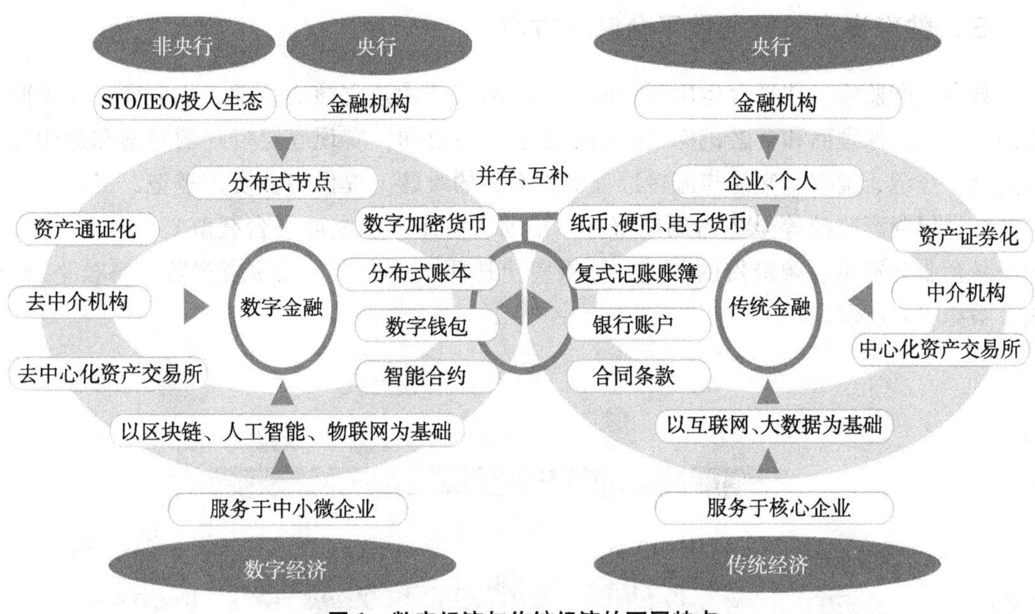

图1　数字经济与传统经济的不同特点

中小微企业融资难、融资贵问题长期备受关注，但是解决起来很困难，存在主体参与者多、信息源不集中、底层资产信息难以确定、难以穿透等难题。这就使得中小微企业很难顺利使用资产证券化工具来盘活企业的资产，无法轻易获得融资。中小微企业如何才能拥有自主融资的能力以及平等信息话语权？分布式账本技术将是有效的解决方案。该方案将底层资产的所有原始信息同步上传到网络上的所有节点，利用公、私钥技术实现权利人自主拥有并转移资产，通过引入第三方专业服务机构加强对底层资产的估值、评级、尽调、信息披露、保险和担保等增信措施与手段，提升底层资产的真实性、有效性与流动性，从而形成可交易的数字资产。

（二）数字资产面临的挑战与痛点

数字资产正是基于区块链、物联网、算法等技术的飞速进步而获得发展。区块链技术创造了一种新的范式，各金融服务参与方可以全部连接，打破了信息孤岛，强化了数据安全性，降低了交易成本，增强了风险控制能力。但区块链技术自身不足之处不容忽视，数字资产作为创新领域必然面临如下挑战。

（1）如何构建跨国家、跨区域、跨业态、全球统一的数字资产标准体系。

（2）如何确保数字资产确权的唯一性与权威性。

（3）如何解决区块链匿名性与金融监管 KYC/AML 合规要求的冲突。

（4）如何将智能合约与现行法规相结合，如何防范智能合约的技术风险。

（5）如何设计分布式协同组织的治理机制、激励机制、共识机制。

（6）如何解决分布式账本与数据隐私问题。

（7）如何满足高并发量应用场景需求。

（8）如何实现区块链系统与其他非区块链系统的互联互通。

三、数字资产监管科技平台解决方案

数字资产监管科技平台运用区块链、物联网等技术建立核心企业、供应商、经销商、仓储、物流、保理商和金融机构之间的多方互信与协同，实现底层资产的穿透和透明化，解决资产登记、确权、交易与流转过程中所面临的难题，提供专业资产登记、资产评估、资产交易与资产监控等全生命周期服务，帮助下游用户、电商平台缓解资金压力，解决中小微企业融资难、融资贵的困境，让融资更透明、更安全。数字资产监管科技平台解决方案如图2所示。

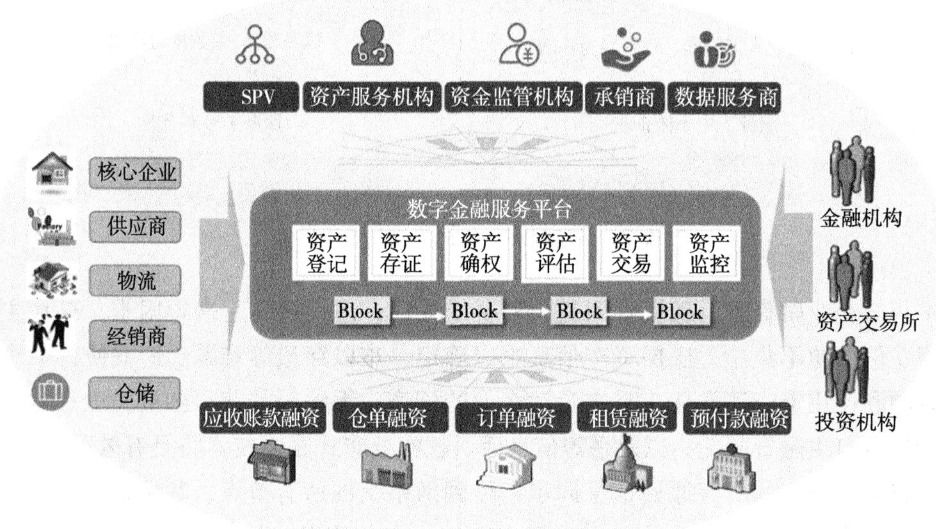

图2　数字资产监管科技平台解决方案

（一）数字资产尽职调查

数字资产尽职调查是资产全生命周期管理中资产画像、风险识别环节中最重要的工具与手段。通过数字资产尽职调查建立投资方与融资方的信任基础，将从底层资产所属企业资质评估、企业团队评估、资产财务状况评估、资产法律评估、资产合规性评估等方面，开展全面深入的尽职调查，从商业计划书、财务报表、官网、信息披露、社区论坛等途径获得公开合法的有效信息，将分散的信息结构化，并从结构化信息中提炼潜在的风险要素，通过专业化的风险评估模型客观地评价底层资产的风险程度高低；链上的尽职调查确保监管机构、投资机构以及专业服务机构各方均可在授权范围内了解数字资产的真实、可信尽职调查信息。数字资产尽职调查工作将是一项动态的、持续性的、贯穿数字资产全生命周期的一项工作。

（二）数字资产风险评级

传统金融机构客户风险评级往往基于企业本身的财务状况以及还款能力等因素评估

违约概率和违约损失率，进而给予企业适当的风险评级。而数字资产风险评级更多关注数字资产本身的可变现性、可处置性、可流动性以及可评估性，同时兼顾数字资产持有人风险、数字资产交易风险、数字资产所在行业风险以及国家宏观政策风险等因素。数字资产风险评级是发行资产通证化定价的基础，是投资人评估的基础。当前正是由于缺乏数字资产的风险评级模型，导致广大投资者尤其是中小投资者，无法对数字资产通证化进行分析和选择，从而导致市场流动性不高、投资乏力。数字资产风险评级需考虑以下问题。

（1）数字资产风险评级的等级如何划分？

（2）数字资产风险评级模型如何计算违约概率和违约损失率？

（3）风险评级结果如何映射到主标尺？

（4）风险评级初始评级结果在何种情况下可以进行调整？

（三）数字资产估值

数字资产估值（Digital Asset Valuation）是指专业数据服务机构与人员利用大数据，整合分散在各地域、各机构的行业数据资源，形成以数据为基础，充分采用数据库、信息处理等高新技术，结合现代资产评估方法，对资产估值所需数据信息收集、整理、分析、传递，建立评估机构能够对资产估值信息进行有效利用的信息系统。管理部门通过信息系统来实现对资产管理信息的监管，评估机构则为资产估值实务工作提供服务。

（四）数字资产信息披露

传统 IPO 在信息披露环节，往往存在着虚假记载、包装上市、披露不实等现象，导致信息重大遗漏与欺诈发行等行为时有发生、屡禁不绝。而数字资产信息披露是信息天然记录在区块链上，数字资产信息一旦上链，由于信息的不可篡改性，信息披露更可信、更便捷、更及时。但数字资产信息披露仍然需要解决如下问题。

（1）如何确保上链信息在上链前信息来源的真实性与准确性问题？

（2）哪些信息应纳入信息披露范围？信息披露率如何？

（3）如何区分保密级别面向不同用户进行披露？比如，面向公众披露什么信息、面向投资者披露什么信息、面向监管机构披露什么信息？

（4）如何利用智能合约和公、私钥技术实现信息披露自动化与链上化？

（五）数字资产审计

区块链技术具有的上链数据不可篡改特征以及区块链项目技术代码开源特征，使自动化审计成为可能。数字资产从创设、分拆、重组、变更到退市和完结，全生命周期活动均在区块链上发生并记账，包括合同、凭证、单据、账务信息等。不可篡改与可信的特征要求传统审计程序、审计方法以及审计工作者必须顺应变革。这些改变可能会发生在如下几方面。

（1）审计师无须通过外部确认程序进行确认，就可以获得与公司财务相关的所有信息，节省了时间和资源。

（2）审计师更容易访问公司所有的账簿，交叉检查交易变得更加便捷。例如，A 公司对 B 公司有负债，审计师可以通过各自的公共账簿，轻松地验证该记录是否正确。

（3）审计师随时存取的公司资料，如银行账户、贷款、担保和签署权等相关的所有信息，将有助于对银行细节的审查。

（4）审计师在账证相符、账账相符、账实相符投入的时间将会大大节省。可以通过智能合约自动实现账务处理，数字钱包发生的任何交易都会被自动化程序处理并记录在账上，而任何调账记录均会记录在链上，而这些链上记录均可溯源、不可篡改，避免人为因素的影响与干扰。

四、数字资产监管科技平台的创新价值与技术创新

（一）数字资产监管科技平台的创新价值

数字资产监管科技平台正是运用金融科技与产业融合的技术创新，在实现“监管透明”“行业自律”“风险可控”整体目标的前提下，促进多方互惠互利，带来如下多方面创新价值。

（1）底层资产透明：利用物联网技术和区块链技术将底层实物资产实时数字化、透明化、标准化、可追溯化。

（2）数据安全透明：链上数据经加密授权获取，保障数据隐私性以及交易真实性，有助于相关节点方能够及时掌握底层资产质押与解押状态变化，降低业务风险；在保证数据真实性、可验证性、存储与传输的安全性的同时，确保了数据的不可篡改与可追溯性。

（3）监管透明：监管机构、被监管机构与专业机构之间以分布式节点方式，自动获取分布式账本上的共享信息；监管机构更轻松、便捷地与工商、税务、审计等各部门在授权范围内实时获取、自动更新所需数据。

（4）信息共享：将物联网信息、贸易信息与交易信息及时传递到区块链的各个节点，建立起资金方、监管方与仓储方之间的互信与协同。

（5）多方协同：有助于参与各方达成共识，便于协同监管机构、被监管机构以及专业机构之间的意见，达成共识。

（6）降本增效：实物资产数据化后经过权威机构的数字资产登记与确权，更容易获得资金方的信任，进而提升融资效率、有效降低资金成本、实现金融赋能实体产业、扩大企业经营规模。

（二）技术创新亮点与特点

1. “可溯源、可信任”监管科技平台

数字资产监管科技平台是构建在公有链或联盟链基础上的专业服务链，是利用块链式数据结构验证与存储数据、用分布式节点共识算法生成和更新数据、利用密码学的方式保证数据传输和访问的安全、利用由自动化脚本代码组成的智能合约编程和操作数据的一种全新的分布式基础架构与计算范式。同时，结合大数据分析、自然语言处理与算法模型等手段实现信息采集、信息识别与信息处理全程的自动化与智能化。

2. “看得见、控得住”监管科技平台

数字资产监管科技平台与物联网技术相结合，运用多种物联网技术，对“人、货、物、资、流、境”进行全方位的监测与监控，真正实现过程监管、渗透式监管、主动监管的监管模式的变革。在实践案例中笔者结合不同动产质押的属性特质，设计了物联网部署方式，实现实物资产“可视化、数字化、金融化”。

3. “实时、动态”监管科技平台

数字资产监管科技平台运用大数据、卫星遥感、物联网等技术，实现贷前、贷中与贷后全过程实时、动态尽职调查、风险评级、风险监测与预警；根据不同的资产类型提供不同的尽职调查模板、资产评级模型，确保实时、动态、真实地采集底层资产相关信息并进行风险识别、量化与管控。

五、数字资产监管科技平台的推广与实践

如果说未来数字经济是“躯干”、数字金融是“血脉”、数字资产是“心脏”，那么未来的世界是数字资产的世界。所有实物资产将会随着物联网、区块链、大数据等新一代科技创新手段而实现资产数字化，数字化的资产将实现跨国界、跨地域、跨业态、跨机构之间更快、更便捷、更透明的交换与转移，数字金融必将面临更加复杂、更加严峻的风险与挑战，而数字资产监管科技平台打造数字资产、数字金融、数字经济体系下新型融资模式风险识别与管控的工具，在解决中小微企业融资难、融资贵问题的同时，通过技术赋能实体经济，以真实贸易为背景，以实物资产为依托，以科技手段为抓手，将实物资产数字化、数字资产标准化，最终实现数字资产交易的便利性和融资的可获得性。

数字资产监管科技平台提供的服务内容如图 3 所示。

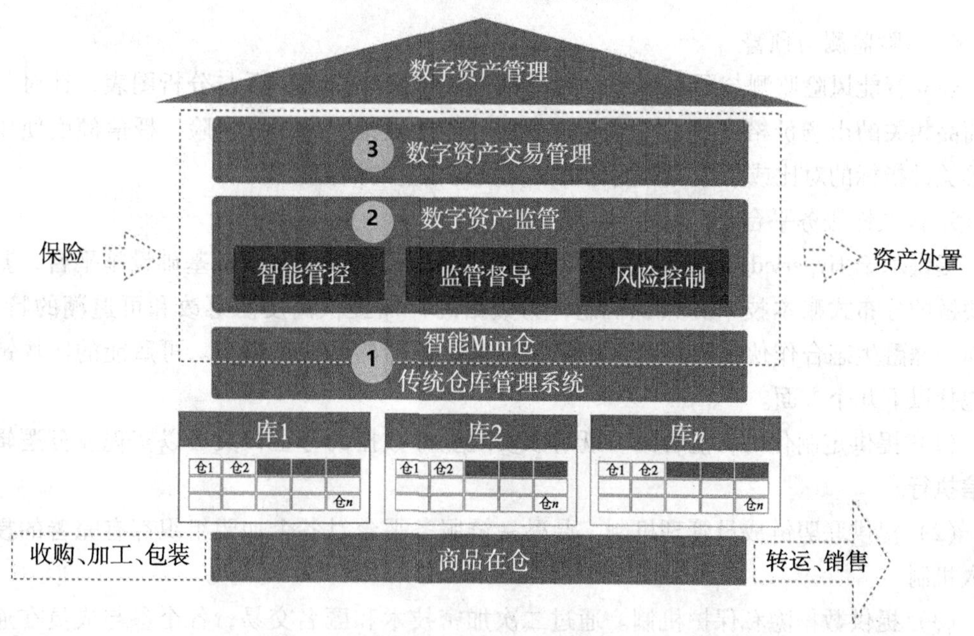

图 3　数字资产监管科技平台提供的服务内容

1. 标准仓智能化改造

运用物联网设备如 RFID、UWB、蓝牙、卫星遥感等技术打造智能 Mini 仓，实现实物资产、员工、系统、设备、环境全方位信息化连接，同时与传统仓库管理系统、传统仓库监控系统等信息化系统连接，形成全方位监控数据库。

2. 数字资产质押管理

实现动产从创建到消亡全生命周期管理，包括注册、申请、质押、解押、冻结、注销、清仓等，以及融资过程中所需要的各类补偿、保险等业务。

3. 数字资产风险管控

更侧重于资产层面的风险监控。涉及仓库、货物与人相关的设备、流程、系统在操作过程中可能存在潜在风险，还会涉及当事人违约信用风险、交易真实性风险、价格波动引起的市场风险等。风险管控维度如图 4 所示。

图 4　风险管控维度

4. 风险监测与预警

建立智能风险监测与预警视图，通过制定关键风险指标体系与分析图表，针对与大宗商品相关的市场价格走势、宏观经济发展、产业政策、集中度风险、授信额度使用情况等关键指标的对比或历史趋势变化情况，设定相应的阈值预警。

5. 区块链服务平台

提供基于 HyperledgerFabric 1. 4. 3 联盟链技术框架构建的区块链基础设施平台，基于区块链的分布式账本技术和共识机制，为数据的存储提供高度防篡改和可追溯的特性，进而为鼎融生态合作伙伴提供高度可信、安全、便捷的区块链服务。可赋能的区块链服务包括以下几个方面。

（1）提供定制化的智能合约。既可以实现业务数据的存证，又可以实现业务逻辑的可信执行。

（2）提供联盟链成员管理机制。鼎融－链服务平台对各个加盟组织都有完善的授权准入机制。

（3）提供数据隐私保护机制。通过二次加密技术和匿名交易，各个参与成员在通过身份认证的基础上，进一步加强了上链数据隐私保护。

（4）提供多数据通道（多链），实现组织间的数据隔离。支持在大联盟的基础上，围绕不同的核心组织构建“小联盟”，形成完整的鼎融－链服务生态圈。

六、数字资产监管科技平台的建设愿景与生态建设发展阶段

（一）建设愿景与目标

数字资产监管科技平台的目标，是以数字资产全生命周期管理为核心，以物联网、大数据技术实现实物资产数字化，再利用区块链将数字资产上链。同时，借用专业化、智能化第三方增信机构增信，在监管机构、科技创新公司以及专业投资者之间构建起“自治、互信、专业、透明”的投融资服务平台，提供资产尽职调查、资产估值、信息披露、资产定价、动态监测等专业化服务，将多方“主动监管、过程监管、功能监管、渗透式监管”理念贯穿于数字资产全生命周期管理环节，致力于推动数字资产世界发展更规范、更健康、更透明。数字资产监管科技平台核心设计理念如下。

（1）数字资产监管科技平台理念是“主动监管、过程监管、功能监管、渗透式监管”，是多方协作，利用先进科技手段降低合规成本、提升合规效率、赋能产业资产的智能专业服务平台。

（2）数字资产监管科技平台是构建在区块链、物联网、大数据、人工智能等先进技术基础上，运用智能合约、算法、哈希函数等技术实现点对点的“互信与协同”，平台具有可追溯性、不可篡改性、去中介化以及数据隐私保护等特征。

（3）数字资产监管科技平台是以分布式协同为组织形式，由多元化的生态参与者，通过激励机制、共识机制、投票机制等在投资者、融资者、专业服务机构与监管机构之间实现生态的共建、共治、共享与共赢。

（4）数字资产监管科技平台是以数字资产为核心构建的专业服务平台，针对数字资产全生命周期管理提供数字资产确权、登记、尽职调查、风险评级、资产估值、信息披露以及资产管理与监测等专业服务。数字资产服务平台框架如图5所示。

（5）数字资产监管科技平台是基于2B端提供产业融资服务的平台，解决以真实贸易为背景的“价值资产”融资难问题，无论仓单、物流、供应链，还是跨境电商平台，均可以通过数字资产通证化形式获得全球范围内的融资。

（二）生态建设发展阶段与里程碑

数字资产监管科技平台生态建设的三个发展阶段如图6所示。

阶段一：实现中心化服务向分布式协同专业服务转型。此阶段工作成果体现在分布式协同专业服务平台，针对区块链项目以分布式协同的服务模式提供尽职调查、风险评级、信息披露等专业服务。

阶段二：实现传统实物资产向数字资产转型，搭建数字资产监管科技平台。此阶段工作成果体现在打造数字金融服务平台，数字金融服务平台重点针对大宗商品如钢材打造数字监管仓，运用物联网、区块链、大数据风控等实现实物资产数字化、标准化，为解决中下游贸易商融资难、融资贵的问题提供技术条件。同时，引入第三方专业服务机

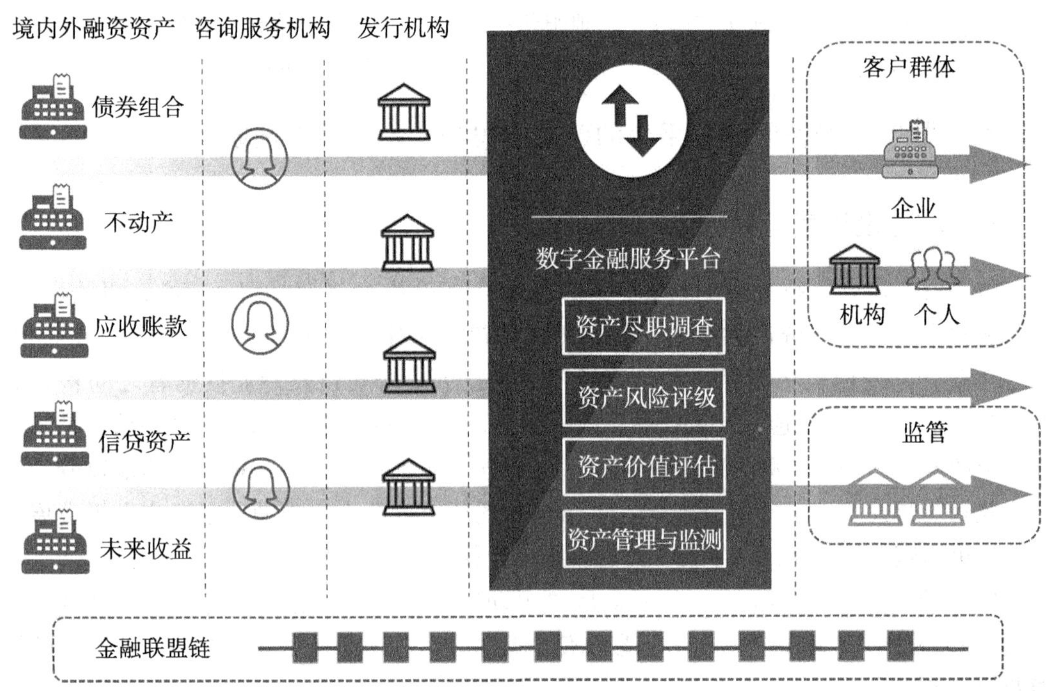

图5　数字资产服务平台框架

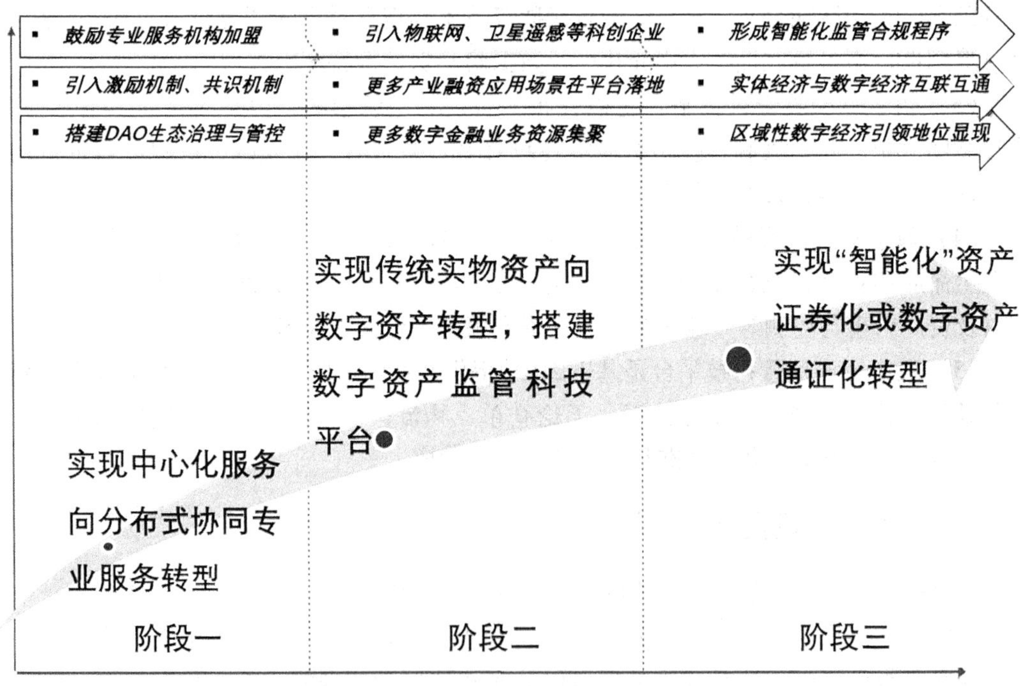

图6　数字资产监管科技平台生态建设的三个发展阶段

构，如银行、科技公司、服务公司等，实现应收账款债权融资、在建工程融资、动产融资等不同产业应用场景在数字金融服务平台的落地与融资，在将传统实物资产进行数字化的同时嵌入风险的识别与管控要素，从而实现过程监管、渗透式监管与主动监管。

阶段三：实现“智能化”资产证券化或数字资产通证化转型，打造数字资产证券化发行平台。此阶段将数字化资产通过标准化、规范化与通证化，打通全球化融资渠道，并满足投资机构和融资机构所在国/地区的监管合规要求。

七、数字资产监管科技平台应用场景改进设想

北京瑞泰格科技有限公司未来将数字资产监管科技平台的理念与技术更好地应用到供应链金融领域，并在动产质押融资、跨境电商融资以及设备融资租赁方面更多地深入产业中不断实践与应用。

1. 鼎融・动产质押融资

基于大宗商品采购（如钢铁、玉米等）、跨境电商贸易过程中形成的动产（如仓单、存货）等资产，提供动产质押、仓单增信、仓单融资、融资监管等综合融资服务，满足供应链条上中小微企业融资需求。该应用场景涉及经销商、存货人、仓储方、融资方、监管方、金融机构等多方参与者。

2. 鼎融・跨境电商融资

跨境电商贸易中针对保税仓备货模式形成的保税仓单提供融资服务，满足品牌经销商、电商平台商户在跨境电商采购过程中采购、物流、仓储等环节形成的融资需求。该场景涉及品牌经销商、电商平台、商户、保税仓仓储方、海关、物流公司、金融机构等多方参与者。

3. 鼎融・设备融资租赁

针对供应链金融、物流金融以及贸易金融中的仓储方、承运商以及生产企业在采购大型设备、运输工具时所面临的资金短缺、周转困难、优化财务等需求，提供设备融资租赁服务，该场景涉及承租人、出租人、设备供应商以及金融机构等各方参与者。

丰融链通科技（深圳）有限公司："丰融通"供应链金融解决方案服务平台项目

一、项目背景

供应链金融在服务实体经济特别是解决中小企业融资难方面发挥着重要作用。在供给侧结构性改革的时代背景下，数字化、智慧化的供应链金融是实现降本增效、供需匹配和产业升级的重要支撑。近年来，中央到各级地方政府颁布了一系列政策文件，支持供应链金融的健康发展。2017 年，国务院办公厅发布的《国务院办公厅关于积极推进供应链创新与应用的指导意见》中，明确指出"到 2020 年，形成一批适合我国国情的供应链发展新技术和新模式，基本形成覆盖我国重点产业的智慧供应链体系。"同时，将"积极稳妥发展供应链金融"作为推进供应链创新与应用的重点任务之一。我国的供应链金融行业从过去的核心企业主导、商业银行主导阶段，逐步进入了平台化、多元化的 3.0 发展阶段，并伴随着金融科技的深化逐步向 4.0 阶段迈进。包括金融科技企业、物流企业、供应链管理企业等在内的独立专业第三方主体主导的供应链金融平台，通过信息流、物流和资金流的协同管理，汇集来自各方的众多金融服务和产品，整合各方供需信息，可降低整个网络生态内相关企业的管理成本和资金链断裂风险，提高供应链上下游企业的运作效率。

顺丰集团历经 20 余年发展，现已初步建立为客户提供一体化综合物流解决方案的能力，不仅提供配送端的高质量物流服务，还延伸至价值链前端的产、供、销、配等环节，依托顺丰人工智能、系统研发及大数据技术，完善的物流网络与产品组合，为企业提供涵盖多行业、多场景的，端到端、智能化、一体化的供应链解决方案。

二、丰融通简介

丰融链通科技（深圳）有限公司（以下简称"丰融通"）成立于 2019 年 12 月 5 日，注册地位于深圳市前海深港合作区。供应链金融是供应链解决方案中不可或缺的重要一环，"丰融通"供应链金融解决方案服务平台（以下简称"丰融通平台"）在这一背景下诞生。

丰融通致力于依托顺丰的物流产业背景和物流网络资源，利用大数据、区块链、物联网等技术，有效链接有融资需求的中小企业客户与资金资源，为中小企业客户提供"供应链金融 + 综合物流 + 科技"三位一体的解决方案，针对性解决中小企业融资难、融资贵、物流效率低、信息透明度差等痛点。

三、项目内容

丰融通目标客户定位于核心企业下游中小型经销商，针对此类客户普遍面临的融资难、物流效率低、信息透明度差等问题，推出端到端的“供应链金融 + 综合物流 + 科技”解决方案。

1. 供应链金融解决方案

丰融通利用顺丰集团仓储、物流资源优势，打造了基于动产质押模式、解决经销商采购融资问题的预付款融资和库存融资产品。通过供应链交易结构、场景增信，提供有别于传统银行信贷的融资渠道。平台引入多家大型商业银行资金资源，完成资金方系统对接，客户通过丰融通平台进行线上注册申请，平台将通过审核客户匹配至资金方，满足资金方要求的客户可以快速获得授信额度批复，额度范围为 500 万～3000 万元。该项额度可用于直接向上游供应商采购特定货物，每次用信都可以实现线上秒批、随借随还、按日计息。这与中小经销商资金快速周转和货物大批量、高频次进出的日常业务场景相匹配。丰融通平台如图 1 所示。

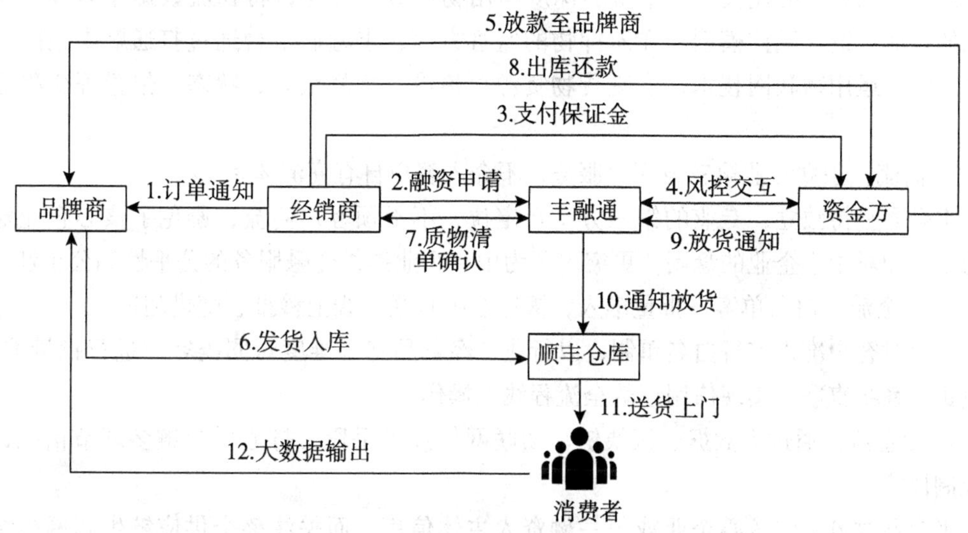

图 1　丰融通平台

2. 综合物流解决方案

各大核心企业普遍采用的工厂—省代/市代/区域代理—门店—消费者的多级分销渠道模式下，从生产端到消费端之间传递节点过多，需多地备货，途中会发生货物的多次转移、多层级调拨，导致仓储运输成本高、供应链库存冗余。丰融通物流解决方案的核心基于统仓共配、库存一盘货及仓配一体，通过优化分仓方案、多品牌仓储共享、整合渠道库存，实现分销网络一体化，仓内实现库存转移。将渠道商流与物流分离，使核心企业及其下游经销商专注于生产和销售。

3. 科技解决方案

传统分销渠道下，各级代理商独立运营，供应链上游无法及时掌握市场末端的真实需求反馈；过多的信息传递节点和各供应商的压货模式，易发生牛鞭效应，导致信息失真，上游难以按需生产。基于这一痛点，丰融通依托供应链解决方案过程中产生的数据信息，向供应链各参与主体输出科技解决方案，及时提供销售数据反馈、销售预测、仓网优化等科技咨询服务，助力企业按需生产、实现端到端信息可视化。

四、项目创新点

1. 物流：充分发挥物流企业优势，将物流与供应链金融深度融合

丰融通平台作为物流企业主导的供应链金融项目，与传统核心企业、商业银行、金融科技公司主导的供应链金融之间的明显创新点在于，利用其稀缺的物流资源优势，将物流解决方案与金融、科技解决方案融合，全方位提高供应链效率，降低供应链成本。丰融通充分借鉴了国际一流物流公司 UPS 开展供应链金融的经验，并与本土中小企业实际需求相结合，利用物流企业对行业供应链场景的渗透，将商流、信息流、物流、资金流进行全面整合，将金融服务较好地嵌入物流链条。将统仓共配、智能分仓、仓配一体等物流方案与预付款融资、库存融资深度融合，并通过打通各环节信息，使客户可以在一个平台一次性完成融资、入库、还款、出库等操作。

同时，在客户的授权下，丰融通深度运用物流数据优势，将物流数据作为客户经营情况的佐证，纳入风控模型。在质押物的监管方面，丰融通平台通过打通顺丰集团仓储物流系统，运用物联网技术，实现货物货源可追溯，货物数量、状态、位置等全程透明可视。

2. 商流：独立专业第三方平台服务，不介入客户自有商流体系

丰融通坚持独立、专业的第三方平台定位，不干预客户商流，避免了核心企业对信息的垄断和对中小企业的盘剥，更突出了为中小企业提供金融服务的公平性和公正性。

3. 资金流：白名单客户批量准入，银行系统直联、线上秒批、随借随还

平台对客户准入实行白名单制，以行业、经营品牌等维度对同类客户进行批量准入。通过银行系统直联，实现信用还款全流程线上操作。

4. 信息流：通过大数据、区块链、物联网等技术手段，打通供应链多环节信息，有效控制风险

平台不过分关注核心企业或单一融资人主体信用，而关注整个供应链生态网络结构信用，因此平台致力于通过技术手段有效降低信息不对称。在客户授权下，丰融通平台打通顺丰集团内部 OMS、TMS、WMS 系统，与合作资金方完成对接，同时又有工商、司法、发票、价格数据等第三方数据资源支持，实现全环节数据打通、全流程信息可视。辅以区块链技术、电子签名等安全保障，确保供应链业务闭合性、收入自偿性。

五、应用情况

丰融通平台于 2019 年 8 月正式启动，经历了为期一年的前期调研、产品设计、风控搭建、资方储备与业务拓展等工作，于 2020 年 8 月实现首单业务落地，全面实现业务跑通。截至目前，丰融通已储备了大量 3C、家电、快消等行业优质经销商客户，涉及华为、小米、苹果、汾酒等众多头部品牌，已有数十家经销商通过丰融通平台成功获得银行授信。资金端方面，平台正式获批的各银行监管额度（间接授信额度）总额达数十亿元。以“供应链金融 + 综合物流 + 科技”为核心的商业模式得到了初步验证，经销商与资金方的正面反馈与积极合作证明了市场对这一模式的认可。产品方面，随着预付款融资模式和库存融资模式的全面跑通，平台已启动引入更丰富的金融产品，包括引入应收账款

类业务、小额贷款、融资租赁等，以满足供应链不同环节业务场景下的融资需求。

对于顺丰集团自身而言，丰融通平台已经成为主营物流业务的良好助力。通过金融增值服务，带来了更多的物流收入，提高了客户黏性；以供应链金融为切入点开拓了高附加值的市场领域，获得了新的收入增长点。

六、风险防控措施

丰融通平台搭建了基于产业链大数据，运用区块链、人工智能、物联网等技术的智慧风控体系，从贷前、贷中、贷后三个阶段实现全环节风控管理。

1. 贷前准入

贷前平台进行风控大数据初筛，在客户授权下，系统通过对接外部工商、司法、价格、舆情等大数据平台，对客户资质、经营状况、诉讼风险进行充分评估，同时以品牌、品类、SKU 为维度，对客户经营产品进行准入评估。通过初筛的客户会进入尽调环节，尽调工作遵循标准严格的制度流程。

2. 贷中监控

成功发放贷款后，平台执行全面的贷中监控措施。不仅对质物在库状态进行持续监控，同时承担对质物价格的盯市职能。平台根据产品属性、市场价格波动情况设置货值预警线、补缴线、处置线。同时，丰融通平台对客户用信后的经营状况进行持续监控，防范综合性的经营风险。平台将客户物流情况、进出库频率、库存周转等要素作为风控辅助手段，结合对客户舆情大数据、上下游交易对手变化情况、用信节奏、还款频率的综合分析，侧面评估客户经营稳健性。

3. 贷后处置

一旦借款人出现违约无法偿还贷款，丰融通平台将根据合作资金方的指令执行质物处置流程。在这一环节丰融通平台突破了传统的由核心企业主导或担保兜底的模式，一定程度上摆脱了对核心企业的依赖。丰融通平台处置渠道包括核心企业协助调剂销售、顺丰体系电商平台销售、外部行业合作伙伴协助处置、顺丰内部员工销售。处置所得价款优先偿还合作资金方的贷款本息、罚息等费用，再偿还丰融通平台的监管费、仓储费等费用。

七、项目效益

1. 践行普惠责任，促进资金流动，解决中小企业融资难题

丰融通积极响应国家政策号召，充分发挥物流企业优势，运用技术手段，搭建了基于物流场景的供应链金融平台，帮助中小企业盘活资产、传递产业信用，拓展了中小企业融资渠道。特别是在 2020 年新冠肺炎疫情全球大流行局势之下，中小企业普遍面临严峻复杂的内外部市场环境，丰融通通过供应链普惠金融产品，大力支持了华为、荣耀、小米、OPPO、vivo 等国产优秀手机品牌下游经销商，以及海天味业、汾酒等民生消费产品上下游企业，助力拉动内需、促进民生消费、保障中小企业稳步复工复产，对行业稳定发展起到了一定的助力作用。

资金端方面，丰融通平台助力合作银行实现风控前置，有效识别和链接优质资产，

降低不良贷款率。通过大数据、区块链、物联网等技术的运用，迅捷准确地获得供应链中的商流、物流、资金流信息，极大地缓解了供应链金融各参与方信息不对称的问题，使得中小企业的经营情况及信用情况更加透明、风险控制更加高效。在提高了银行授信审批时效的同时，也使得中小企业更容易获得低成本的资金。

作为独立的第三方服务平台，丰融通注重金融服务的开放性、均衡性、公平性，不强制捆绑中小企业物流，不干预企业自有商流，避免增加中小企业负担。

2. 端到端的“供应链金融 + 综合物流 + 科技”解决方案，助力行业供应链效率提升

丰融通聚焦特定行业，针对行业客户的难点，输出端到端的供应链解决方案，对现有库存、成本管理、渠道管理等进行升级，帮助客户打通线上及线下全渠道，降低库存成本，从而减少无效运输成本，多环节提升效率。与此同时，将资金使用与货物流转高度匹配，降低了资金占用成本，提高了客户资金使用效率。

八、下一步设想

加快产品创新，拓展应用领域。以市场和客户需求为导向，实现供应链产品的多样化、差异化，进一步挖掘市场潜力，拓宽中小企业融资渠道。通过批量授信获取规模效益，主动与金融机构、核心企业等展开对接，帮助中小企业加快资金周转速度、提高使用效率，积累信用记录，实现信用增级，树立良好的企业形象。

中国移动通信集团湖南有限公司：输出能力，创造价值，推进供应链金融创新

一、企业简介

中国移动通信集团湖南有限公司（以下简称“湖南移动”）于1999年8月7日成立，并于2002年7月在香港和纽约上市，为湖南省第一家在境外上市的通信运营企业。公司主要负责湖南省内移动通信网的规划、建设、运营管理并经营全省移动电话语音、数据业务，在省内14个市（州）设有分公司，现有移动客户超过3000万人。

二、供应链金融平台建设背景

为积极贯彻执行国家“六稳”“六保”任务要求，落实国家供应链创新与应用试点工作，帮助供应商降低融资成本、缓解资金压力，为公司贡献新的利润增长点，湖南移动开展供应链金融平台的应用，推动供应链金融服务实体经济。

通过供应链金融加速资金流转、盘活资金链条、提升经营资金使用效率、解决各环节所面临的痛点问题，实现多方共赢。同时，通过高效、准确的信息流转，有效降低风险，着力实现资金流、物流和信息流的“三流合一”，打破各链条节点之间的壁垒，打造供应链生态圈。

业务背景：近年来银保监会和中国人民银行考核各家银行的中小企业贷款发放情况，由于中小企业偿贷能力较弱，多家银行多次与湖南移动沟通，希望通过供应链金融实现对中小企业更稳健的融资放款。

三、供应链金融平台建设与应用

供应链金融平台主要实现湖南移动供应链系统和银行之间的数据流交互、金融业务的执行，主要数据流如图1所示。

（一）湖南移动和供应链金融平台交互数据

1. 订单信息查询

订单编号、订单名称、订单金额、供应商名称、订单发出时间、订单附件名称。

2. 合同信息查询

合同编号、合同名称、供应商名称、合同金额、合同条款、合同有效期、是否框架合同、合同附件。

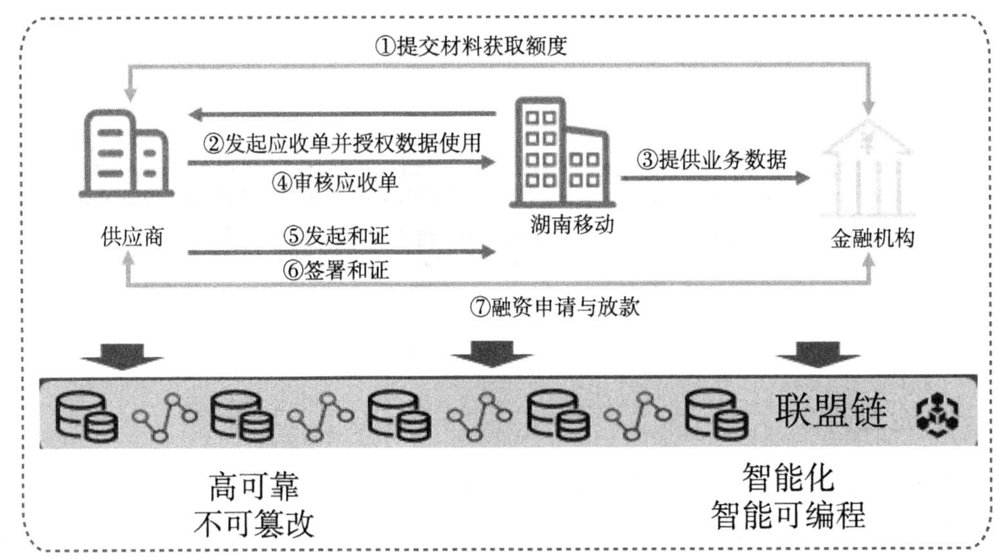

图1　主要数据流

3. 到货报告查询

到货单名称、到货单编号、到货金额、到货时间、到货附件。

4. 付款信息查询

订单编号、付款金额、付款时间、付款信息附件。

5. 发票信息查询

合同编号、发票代码、发票号码、发票含税总金额、发票不含税总金额、开票日期、发票信息附件。

6. 客户历史单据信息查询

单据编号、物料名称、物料单价、物料数量、企业名称、企业编码、企业社会信用代码、单据创建日期、单据金额、单据总条数。

（二）供应链金融平台和商业银行交互数据

1. 推送客户信息

供应商名称、企业编码、企业社会信用代码、贷款申请金额。

2. 客户历史数据查询

单据编号、物料名称、物料单价、物料数量、企业名称、企业编码、企业社会信用代码、单据创建日期、单据金额、单据总条数。

3. 客户准入结果通知

银行查询到供应链金融平台发过来的供应商数据，根据内部规则，判断是否可以允许供应商准入银行系统。

4. 客户准入结果查询

银行发送客户准入通知到供应链金融平台，供应商在供应链金融平台获取准入通知。

5. 融资申请接收

供应商在供应链金融平台申请供应链融资，并发送至银行系统接口。

6. 审批结果反馈

银行根据历史交易数据自动生成供应商授信额度，在额度内审核供应商融资申请，并进行融资放款和贷后管理。

银行审批后，返回审批结果到供应链金融平台，供应商可在供应链金融平台查询银行审批结果。

7. 放款结果反馈

银行将放款情况发送至供应链金融平台，供应商可在供应链金融平台查询银行放款情况。

8. 还款结果反馈

供应链金融平台将从移动公司获取的付款信息发送给银行。

（三）供应链金融数据安全保障

1. 消息格式

（1）接口需要传递的数据采用 JSON（JavaScript Object Notation，JS 对象简谱）作为数据表达形式。

（2）实时接口全部采用同步方式实现。

（3）字符集编码用 UTF - 8。

（4）如果字段值中包含特殊字符需要进行转义处理。

（5）所有字段名采用小写，使用驼峰命名法。

（6）企业与采购平台之间认证时，需要参考 HTTP 消息头完成认证（包括 accessToken），认证失败直接返回 HTTP 的错误码 401。

2. 数据存储

对关键数据采用对称加密的方式存储，即存入数据库时对数据进行加密，存储于库中是密文，在进行使用时由系统进行解密，若他人获取到密文数据，没有对应的密钥无法进行解析。

四、供应链金融平台主要效益分析和评估

供应链金融平台由湖南移动主导，通过信息化方式减少人工干预，从源头上控制了信息风险。对于金融机构来说，数据直接来源于核心企业系统，方便随时把握中小企业的经营状况，从而与核心企业建立更为稳定、紧密的关系。同时，通过供应商与供应链核心企业的历史交易数据，构建供应商信用模型，并且基于历史交易的优质信用共享，促进整体资源高效整合。以湖南移动供应链金融业务为例，银行可根据供应商与核心企业的历史交易记录构建风控模型，实现中小企业数据授信，不受原规模限制，通过数据传递核心企业信用；授信效率高、增信流程简单，银行给予中小企业的应收账款融资利率也参考核心企业融资利率定价，融资利率低于市场上中小企业其他融资方式，让供应链末端的中小企业也享受到核心企业信用带来的低成本融资，深获中小企业欢迎。

总体来说，信息化共享有助于提升产业链整体金融服务、供应链融资结算线上化和数字化水平，同时能够有效保证应收账款的标准化和透明度，提高中小企业应收账款融

资效率。

2020年，湖南移动持续推进供应链金融发展，目前已举办线下宣讲会3次、线上宣讲会1次，为华为、中兴等供应商提供供应链融资共2.115亿元，通过金融科技手段，打通了湖南移动与供应商、金融行业的金融通道，进一步促进了赊销方式下融资问题的解决。

五、改进方向

（一）全线上智能平台，提高融资效率

在供应链管理、信息化水平受限的情况下，供应链金融业务很难覆盖到全部链属企业。所以，为了充分拓展供应链金融应用场景，可以充分应用各项技术结合金融应用场景创新，搭建安全、高效连接的通道，实现产融协同发展。对于核心企业来说，依托其强大的产业控制力，可以助力各项业务快速落地。

对于银行等金融机构来说，需要基于供应商与核心企业的真实交易背景，实现核心企业向下的信用传递。全线上平台一方面提高了银行工作效率，降低了供应链金融的坏账风险；另一方面银行的供应链金融业务从“零售”变为“批发”，将资金批量注入实体产业，在获取更多金融收益的同时，还可以有效推动政企一体化业务发展及金融业务模式创新。

由此，供应链金融相关参与方共同搭建起跨产业、跨区域、跨部门，物联网和互联网相融合的金融生态平台，实现大中小企业与金融机构共享、共赢的融通发展新局面。

（二）新技术赋能供应链金融平台建设优化

随着物联网、人工智能、区块链、云计算、大数据（简称“iABCD”）等技术的逐渐成熟与场景应用，作为供应链金融平台建设的配套基础设施，能够匹配供应链金融特性，持续加强供应链金融服务平台、信息系统等的安全保障、运行监控与应急处置能力，切实防范信息安全、网络安全等风险。

现有的供应链金融模式仍属于第三方信用下的间接融资模式，包括了信用审查与评估、担保、资金成本等要素，而实际利率仍处于较高状态。应用区块链技术可对供应链金融模式进行创新，区块链的核心价值在于将相互不信任的节点连接在一起实现价值的传递，同时使其能够突破现有的第三方信用模式，提高资本市场的运作效率，显著减少实际业务中的欺诈情况，有效降低融资成本、提高融资的便利性。

基于大数据的供应链金融模式，即依靠大数据对供应链融资企业进行智能化信用评估，并在此基础上提供风险决策系统，以实现供应链金融的自动化、科技化和数据化。

数字化仓储和智慧城配应用案例

中国移动通信集团终端有限公司、中国移动通信集团四川有限公司：基于物流基础设施实现仓储管理数字化和信息化的应用

一、应用企业简况

中国移动通信集团四川有限公司（以下简称“四川移动”）是中国移动通信集团公司的全资子公司之一。四川移动在四川累计完成投资超过千亿元，年营业收入超过350亿元，纳税超过250亿元，连续14年被评为省级纳税大户，已发展成为中西部网络规模最大、服务客户最多的通信运营商，有力促进了地方经济发展。四川移动响应集团“力量大厦”战略，实施精细化管理体系，以“创新驱动、融合发展，市场主导、重点突破，开放共享、安全规范”为发展原则，以“数字产业化、产业数字化、数字化治理”为发展主线，借助先进的大数据技术，以数据为关键要素，加快推进数字经济发展。

中国移动通信集团终端有限公司（以下简称“中国移动终端公司”）成立于2011年10月，是中国移动通信集团公司第一批成立的专业化子公司，致力于为客户提供高性价比的中国移动自有品牌、联合品牌终端产品及配件。中国移动终端公司注册资本62亿元，总部设在北京。中国移动通信集团终端有限公司四川分公司（以下简称“终端四川分公司”）隶属于中国移动终端公司，业务覆盖测试、分销、零售、售后、货运代理及仓储服务等终端产业链各环节。终端四川分公司将坚持走“市场化、专业化、规模化”的道路，以服务和支撑四川移动大市场为目标，努力在终端采购、代理、销售、仓储物流服务上发挥自有渠道和合作渠道的积极性，实现四川省移动终端营销的大力发展。

二、应用项目实施背景

（一）积极响应国家“十四五”规划和2035年远景目标

规划中提出开启全面建设社会主义现代化国家新征程，坚持创新驱动发展，加快数字化发展，建设数字化中国，面对新时代的创新要求，与时代同步，中国移动集团供应链仓储管理既是先行者又是践行者。

（二）国有企业深化改革，落实降本增效

我国经济已由高速增长阶段转向高质量发展阶段，国资委也对央企提出精益管理控成本、效益为先配资源、盘活存量提效能等要求。中国移动集团深入实施“大连接”和“四轮驱动”战略，深耕结构升级，强化精细管理，大力促进降本增效，全面深化改革，进一步增强体制机制活力。在供应链管理方面，中国移动集团推动集团各公司开展仓储

环节信息化、自动化升级，提升物流与供应链智慧化水平。

三、RDC 仓储运营中存在的问题

终端四川分公司是中国移动通信集团四川有限公司绵阳 RDC 项目（以下简称“四川移动绵阳 RDC”）仓库的仓储运营管理合同方。RDC 仓主要承担绵阳、德阳、广元等地的移动工程物资、光猫机顶盒、卡品等物资仓储管理、运输与配送等相关物流业务。在实际工作中，因基础设施不完善或信息化水平不足，暴露出以下问题。

（一）出入库区人员管理及收发货人工预约困难

RDC 仓每日出入库区的人员有送货方、提货方、上级管理单位及其他兄弟单位检查、巡视、参观人员等，由于仓库管理的特殊性，需要对出入人员身份进行核验、登记，同时提货、送货均有相关业务单据，需要线下进行收集、归档管理。所有这一切单纯依靠人工，会出现登记表填写有缺失、人员身份识别困难、单据收集整理困难等问题，同时也增加了运营成本。基于此，需要利用信息化的手段，对出入库区的人员进行身份识别、相关信息登记，以及提货、送货相关单据实施信息化数据管理。

（二）库区环境温湿度监控效率低下

绵阳地处四川省北部，气候春冬潮湿、夏秋高温干燥，而 RDC 仓保存的物料主要是省移动工程建设用物资，一方面部分物资对温湿度较为敏感，另一方面为了预防火灾隐患，需要对库区环境进行温湿度监控。当前传统作业模式下，以人工抄表的方式进行管理，效率低下且无法做到主动报警排除隐患，对于环境的突然变化很难实现实时处置。基于此，需要利用信息化的手段实现对于库区环境的实时监控及数据后台管理。

四、RDC 仓储信息化实施过程

基于降本增效及高质量发展对中国移动供应链管理提出的要求，同时结合中国移动终端公司仓储物流现状，当前需要一个适用于物流基础设施实现 RDC 工程物资仓储管理数字化和信息化的管理模式。对此，四川移动供应链管理部与终端四川分公司经过多番探讨，利用现有的各种 IoT 设备，结合自身 Magic 平台功能，制定了契合于 RDC 仓实际需求的解决方案，初步满足了仓库数字化与信息化建设需求。

（一）库区人员信息化管理

（1）针对库区人员管理的实际需求，利用 Magic 平台的现有访客预约、临时访客登记等相关功能，给物流商开具账号，有进入库区需求的物流商提前在平台完成来访预约，将管理前置，解决了人员多、登记困难的痛点。

（2）针对库区人员身份识别困难的问题，通过部署人证一体机，实现人员身份与证件的匹配，再通过数据上传 Magic 平台与预约记录进行对比或进行事由登记，实现对访客的管控。人证一体机及系统相关界面如图 1 所示。

（3）针对仓库对提货、送货单据管理困难的实际痛点，Magic 平台对现有预约功能进

图1　人证一体机及系统相关界面

行改造，支持预约单上传文件，从而解决过去物流商通过邮件、微信等多种方式提交报表而导致管理困难的问题，实现对提送货单据统一管道管理。同时，单据保存在 Magic 平台，一方面减少纸质单据的使用，提升管理效率，降低环境污染；另一方面线上管理文件具有篡改困难的特点，可有效降低因单据问题造成的相关风险。

（二）库区环境信息化监控管理

四川移动绵阳 RDC 仓库对于环境管理主要有以下几个功能需求。

（1）环境数据实时采集与展示。

（2）环境异常的自动报警。

传统温湿度测量设备存在数据需人工读取等问题，无法满足仓库的实际需求。Magic 平台通过接入温湿度感应设备、温湿度传感网关，可实时采集部署位置的环境温湿度，再利用平台预设的报警阈值等实现异常情况的自动报警，从而满足仓库对环境监控的相关需求。

五、上线信息化应用效益分析

（一）RDC 仓的库区人员管理效益分析

通过上线库区人员管理相关功能，RDC 仓建立了完善的访客、提送货管理流程，并完全实现数字化，不仅规范了操作流程、提高了仓库人员管理水平，还加快了物资出入库的处理速度。2020 年 11 月—2021 年 3 月，工程物资出入库 8000 多吨，产生物流收入 260 万元；通过平台的投入使用，提送货单据完全线上化管理，减少了纸质单据的使用，提高了对业务单据的管理效率，缩短了部分员工的工作时间，降低了运营成本。

（二）RDC 仓的温湿度信息化管理效益分析

通过库区环境管理功能的上线，仓库成功实现库区温湿度的自动采集与展示以及异常情况的实时报警，减少了仓库在环境管理方面的人力投入。同时，异常情况的及时反馈也减少了因环境突变或其他情况的出现带来的经济损失，提高了仓库安全生产管理水平。截至 2021 年 3 月，共采集数据 27 万余条，日均采集数据 1500 余条，并随时掌握高温高湿采集点，及时采取通风、检查电器线路及设备故障、调离附近可燃物资等防范措施作出应急处理，排除高温引起火灾等安全隐患的发生，有效保障了国家财产不受损失。

RDC 仓创新应用了仓库信息化管理，管理更智能、更科学、更安全，提升了管理效能、降低了运营成本，为降本增效、实现创新型信息化移动物资仓储管理奠定了坚实基础。

六、信息化推广意义

库区人员管理与库区环境监控是存在于物流仓储管理中的普遍性问题。传统的管理模式中，存在可操作性差、缺乏监管、工作效率低下、反馈时效难以保证等诸多问题。

RDC 仓借助中移物流 Magic 平台，创新使用各种 IoT 设备进行数据的实时采集、身份在线验证等，成功地解决了传统模式难以处理的各种问题，提高了管理效率和管理水平。同时平台具有部署便捷、可兼容性高、可定制化开发等优势，可针对不同仓库的特点进行专项部署，从而满足仓库的管理诉求。

七、信息化改进及推广计划

平台信息化上线后，经过近半年的使用，下一步将持续进行功能优化。

（一）可视化能力提升改进

平台现有展示页面适用于后台管理人员登录查看，暂时无法满足仓库提出的看板化管理的需求，因此需要针对人员预约管理、环境监控等开发相关的可视化看板，对关键信息进行特殊展示，提升可视化使用效果。目前已完成相关页面设计，并进行功能开发。

（二）功能便捷性提升改进

目前针对临时访客采用的是来访人员自助在电脑端进行信息录入，访客实际使用效果还存在改进空间。根据实际场景需要，已开发设计了手机二维码扫码登记，此功能上线后，可提升登记效率。

（三）RDC 仓的信息化建设推广

RDC 仓上线信息化人员管理、预约管理、温湿度管理后，使用上更加便捷、管理上更加智能、降本增效更加明显，具有很强的推广价值效应，推广到全国其他省区市后，可以更好地服务于移动 RDC 仓储管理。

北京思诺博信息技术有限公司：营销物资系统助力电信运营商宽带终端仓储物流管理提升

一、企业简介

北京思诺博信息技术有限公司（以下简称“思诺博”）是一家专注于专业业务领域、为客户提供企业管理信息化及供应链 IT 管理解决方案的 IT 专业服务公司。

凭借其技术先进、技能专业的服务品质，思诺博已逐步成长为拥有数百名员工、覆盖全国、具有综合服务能力的高科技企业。目前，已在政府、医疗、电信、零售等领域，为诸多企业客户提供高质量的 IT 管理系统规划、研发和运行支撑的服务。

思诺博坚持以业务管理专家团队为依托、以客户需求为导向、以优化和提升管理效率为核心，以企业互联和自动化业务流程引擎为基础，运用大数据、人工智能的技术，为客户提供服务，是国内在若干领域里 IT 专业服务的佼佼者。

二、业务发展过程中面临的问题

随着各电信运营商网络容量和承载带宽的不断扩容，基于大众、政企市场的宽带终端业务（如千兆宽带、IPTV、视频会议、监控安防、智能组网等）规模也在日益增加。但业务发展过程中也遇到了问题和短板，面临如下思考。

1. 诸多业务关联方的诉求如何满足？

（1）需解决业务受理耗时长、渠道不愿办的问题。

（2）需解决办理业务来回跑、上门装机等待时间长、用户不愿办的问题。

（3）需解决流程断档、安装成功率低的问题。

2. 长流程业务办理如何更加优化？

（1）需解决长流程业务办理时各业务环节高效协同的问题。

（2）需解决长流程业务办理时各管理系统间信息流打通问题。

3. 业务受理途径如何更加便捷高效？

（1）需解决宽带终端业务用户只能到营业厅现场办理的问题。

（2）需解决宽带终端业务办理时间长的问题。

（3）需实现宽带终端业务用户自助线上办理（微厅、掌厅、网厅等）。

4. 终端实物管理如何降本增效？

需解决实物在营业网点调拨配送时间长、成本高的问题。

5. 外线施工如何更加便捷顺畅？

（1）需实现装维人员接单后能够快速拿到设备进行安装。

（2）需实现装维人员便捷安装，提高安装成功率。

6. 服务保障如何快速响应？

需实现客户使用出现故障时可以快速响应，对设备进行及时更换。

7. 坏旧设备如何盘活价值？

（1）需实现坏旧设备可换机、可回收、可翻新、可重新利用。

（2）需实现坏旧设备可按公司管理要求及时折旧报废。

为有效解决上述问题，营销物资系统经过多年的建设和积累，在库存管理、产品库管理、进销存管理、多业务融合支撑等方面积极探索，对其所承载的管理范围和系统功能不断扩充完善，从原有单一品种设备管理，扩展到对光猫、机顶盒、视频监控、智能组网设备的管理；从原有设备数量管理，扩展到对设备串号精准管理；从原有单一营业网点办理支撑，扩展到对多模式业务办理支撑，高效地支撑宽带终端业务的发展。

三、建设思路

1. 改变管理思路，优化业务流程

本着以前台业务办理轻量化、后台业务处理精细化为目标，紧紧围绕市场发展导向，优化宽带终端业务流程，打破了宽带营销资源由渠道管理的固有模式和观念，网络管理部门和装维队伍积极介入设备的管理工作中，实现全业务线条的流程化、精细化、高效化。

2. 细化产品库管理，实现线上转型

创新宽带终端产品库管理，系统满足宽带终端设备新品上线快、产品类型多、产品管理参数复杂的实际要求。适应向电子渠道转型的新形势，打通在线业务办理时宽带终端配送的关键环节，全力推进全渠道承载宽带终端业务，大力提升电子渠道运营能力。为智能网关、智慧家居、智慧安防等各种新型宽带终端业务发展奠定基础。

3. 提高服务质量，实现降本增效

将设备出库由营业前台移至后端，拓展受理渠道，提升受理效率，平均业务受理时间由30分钟缩减为3分钟。将原来在电信运营商数十万计的自有渠道、社会渠道的管理节点压缩至数千个装维班组，铺货配送成本大幅下降、设备使用效率大幅提高。装维工单直派一线，施工人员对施工单快速处理，平均装机时长由原来的8.97小时缩减到7.82小时。打通智能终端和激活系统接口，维护人员实时掌握在网终端信息，提高故障判断能力，服务保障响应快，提升解决效率。

4. 实现利旧管理，盘活资产价值

通过对设备的翻新利旧，彻底解决坏旧设备只能在库存堆积的现象，配合有效的营销活动，坏旧设备再次投入使用可以充分盘活设备的资产价值，提高设备使用效率，实现降本增效。

四、具体措施

1. 引入装维库存，完善管理架构

通过优化库存管理逻辑，营销物资系统同时支持三种库存架构，包括BOSS/经分系统库存管理架构、装维施工系统库存管理架构、核心 ERP 系统库存管理架构。同时，每种库存架构都满足按层级（省、市、县、厅/装维点）、按性质（自由渠道、社会渠道、管理渠道）分级有序管理。通过建立营业前端和后端库存管理架构间的逻辑关系，实现从业务办理到安装施工全过程的物资、信息流的无缝衔接。

2. 打通外围系统，促进高效协同

通过对业务流程的重塑和优化，驱动营销物资、BOSS、装维施工等系统跨域连接整合、优化升级、高效协同，提高业务便捷性。对于短流程业务（无须安装、即买即用）支持用户在营业网点现场直接办理；对于长流程业务（需要安装、开通调试）支持用户现场或线上订购缴费，由装维人员携带设备上门安装，开通调测后，完成闭环业务流程。营销物资系统集成架构如图 1 所示。

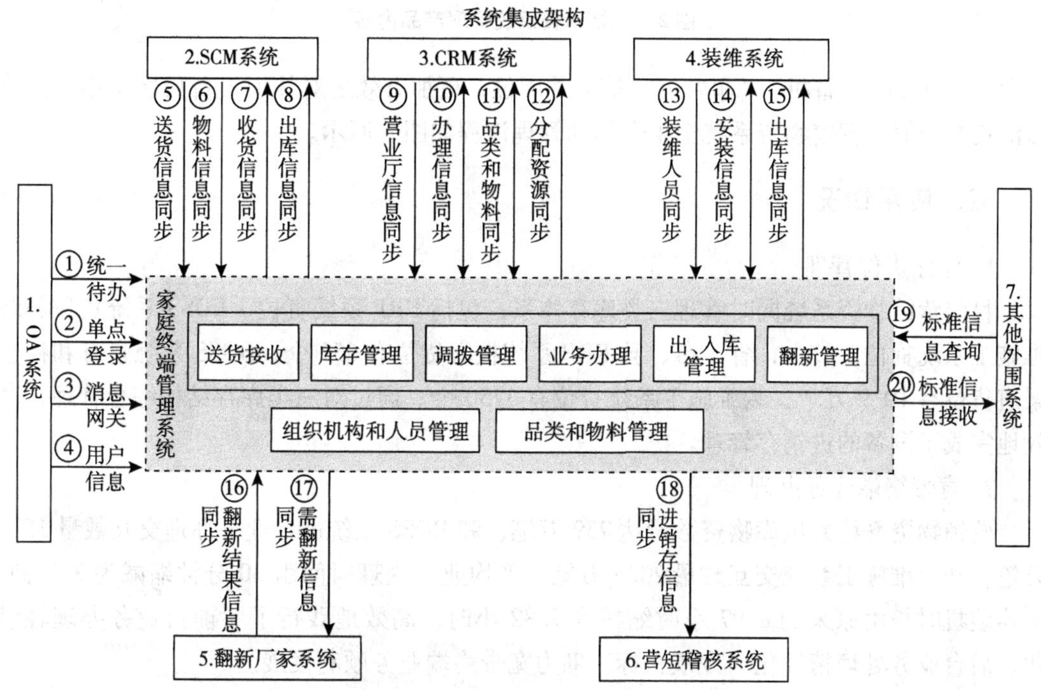

图 1　营销物资系统集成架构

3. 优化产品库管理，业务灵活扩展

通过优化产品库管理逻辑，系统能够适应宽带终端设备新品上线快、产品类型多、产品管理参数复杂的实际要求。从宽带光猫开始，逐步扩展到对机顶盒、视频监控、智慧家居、智慧安防等全产品线管理。从设备串号开始，逐步扩展到对设备型号、制式、新旧、备机、牌照方、带宽等立体化产品信息管理，对于新品类、新业务的开展提供产品库保障。营销物资系统管理产品内容如图 2 所示。

4. 实现串号全生命周期管理，充分返修利旧

通过对设备串号管理，实现宽带终端全程可追溯。设备入库、申领、分配、订购、更换、回收、翻新等工作，都需要对设备串号进行扫描，由营销物资系统、BOSS 系统、业务开通系统予以核对和记录，实现串号全生命周期管理。实现回收翻新流程，并建立

图 2　营销物资系统管理产品内容

"新机""旧机""备机""非备机"等多种库位，更加有效地对坏旧设备再次使用，充分盘活资产价值。营销物资系统全生命周期管理流程如图 3 所示。

五、应用情况

1. 库存货位管理

目前营销物资系统同时管理三类库存体系，包括 ERP 系统货位、BOSS 系统货位、装维施工系统货位。其中，省、市、县 ERP 系统核心货位有 653 个，BOSS 系统自有和社会渠道货位有 10.9 万个，装维施工系统货位有 3750 个。通过对三类库存结构综合管理，高效地完成了设备的进销存管理。

2. 宽带终端业务办理

营销物资系统共出库物资数量达 739 万笔，和 BOSS 系统前台业务办理交互数量 1536 万笔，和装维施工系统交互数量 2025 万笔，平均业务受理时间由 30 分钟缩减为 3 分钟，平均装机时长由原来的 8.97 小时缩减到 7.82 小时，高效地践行了"前台业务办理轻量化、后台业务处理精细化"发展目标，助力宽带终端业务顺利发展。

3. 产品库管理

营销物资系统产品库共涵盖 11 大类 421 种宽带终端产品，其中：宽带光猫（282 种）、互联网电视机顶盒（47 种）、安防监控产品（18 种）、视频会议终端（42 种）、企业融合网关（9 种）、无线路由器（4 种）、有线固话（5 种）。灵活扩展的产品库为宽带终端新产品、新业务的发展提供了稳固的基础。

4. 返修利旧管理

回收宽带终端 176 万台、完成初检 147.53 万台、翻新返修 96.31 万台、设备利旧 119 万台、利旧金额 1.19 亿元（按照宽带终端平均成本 100 元计算）。随着系统功能的支撑，未来会有更多坏旧设备进入返修利旧流程，更好地提升公司的资产价值。

注：以上数据源于某省电信运营商 2020 年度统计汇总。

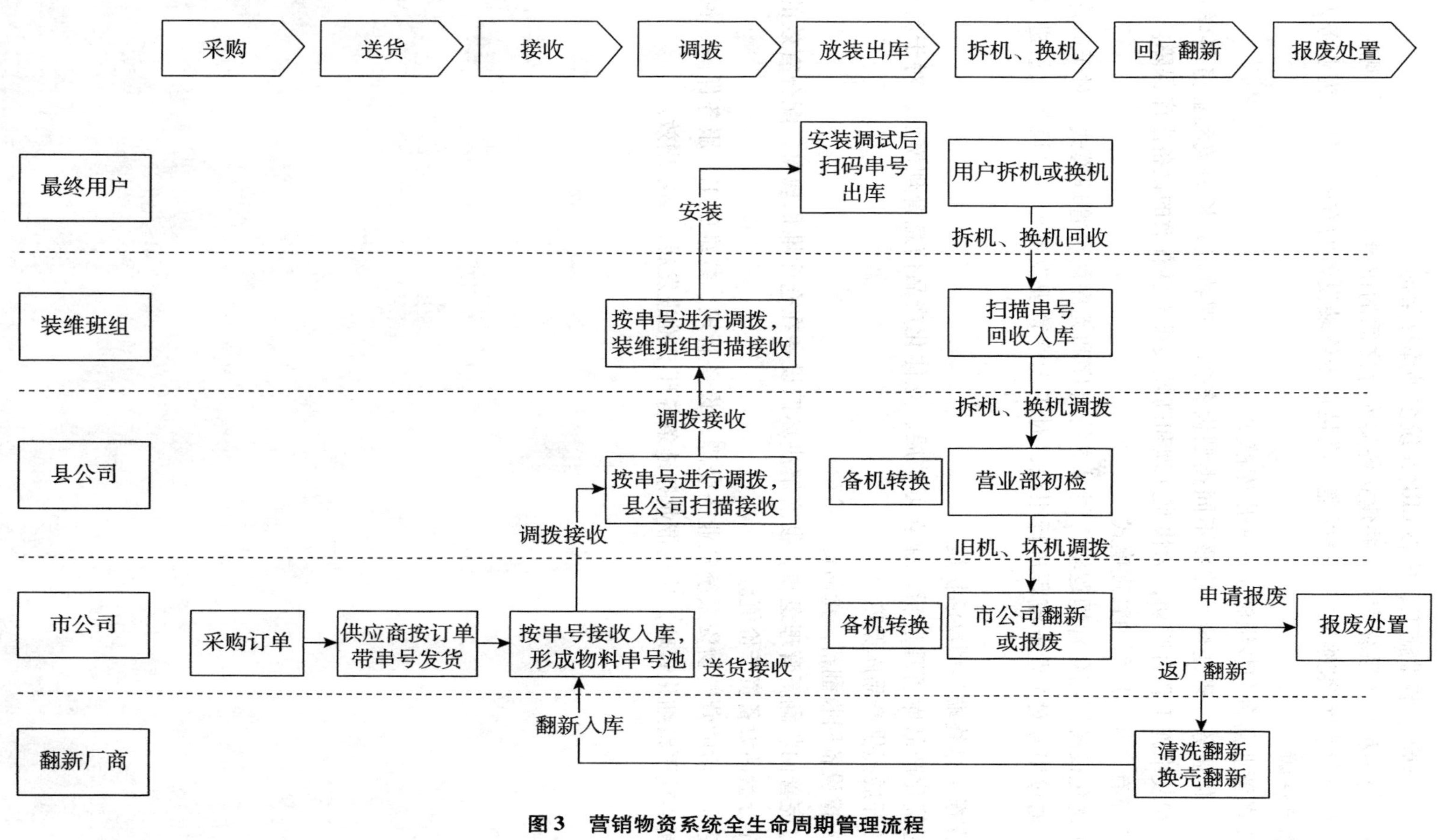

图3 营销物资系统全生命周期管理流程

六、实施成果

1. 支撑 BOSS、装维施工、核心 ERP 系统多种库存架构

同时支持多种异构系统库存，并建立各类库存之间的逻辑对应关系，实现从省、市、县到最细颗粒营业厅/装维班组的全覆盖，满足宽带终端设备的有效流转，为业务发展提供库存物流保障。

2. 支撑营业前台和装维施工两种出库模式

通过优化业务办理逻辑，按照不同类型设备的办理特点，长短流程业务科学区分、营业前台和装维施工整合联动，为快速办理和高效装维提供有效的设备出库保障。

3. 支撑有序和无序两种管理模式

通过优化设备精细化管理逻辑，同时支持有序和无序两种管理模式。对于有序管理设备可以通过串号对全业务流程进行跟踪，对于无序管理设备可以对设备数量进行精准管理。

4. 支撑宽带终端类型灵活扩展

通过优化产品库管理逻辑，建立可扩展、立体化产品信息管理模型，对于新品类、新业务的开展提供产品库保障。

5. 支撑设备回收翻新，盘活资产价值

通过完善回收翻新管理逻辑，彻底解决坏旧设备在仓库堆积现象，配合有效的营销活动，充分盘活设备资产价值。

改造完善后的营销物资系统从业务受理、设备管理、装维施工、服务保障、回收利旧等方面实现更精细化管理，从宽带业务链条各环节推进发展、降本增效。

门到门信息技术有限公司：门到门物流标准化数字仓库项目

一、应用企业简况

门到门信息技术有限公司（以下简称“门到门”）成立于2015年4月，是奇辉集团下属企业。奇辉集团成立于1996年，以服务铁路客户起步，业务覆盖铁路、物流、智能机器人应用等多个领域，下设辽宁奇辉电子系统工程有限公司、门到门信息技术有限公司、沈阳奇辉机器人应用技术有限公司三个主要经营主体。门到门信息技术有限公司注册资本5000万元。经营范围以物流信息咨询、物流运输服务、物流领域软硬件研发和服务为主，是国家首批无车承运人试点企业。

门到门现有员工及加盟网点人员1800余人，自有分拨中心总面积130000平方米。经过快速发展和模式复制，门到门已在沈阳、大连、长春、哈尔滨、成都、上海、天津、青岛、石家庄等地设立多家子公司及办事处，目前已形成一个成熟的集公路零担和整车运输多种业务的公铁水多式联运运营体系及覆盖东北、华北、华中、华南等区域的长途运输网络布局。公司打造的门到门公路、铁路、水路多式联运化，已经在辽宁省、吉林省建立了覆盖县城级别的物流网络，通过铁路实现干线运输，与成都、重庆、青岛、南昌等地实现业务对接，同时与大连、营口、锦州、青岛、天津、曹妃甸等地实现港口业务覆盖。

门到门无车承运信息平台是立足本土实际创立经营的，为公司整体的发展提供战略支点，并由此延伸出供应链管理、企业ERP管理等增值服务，提升企业的核心竞争力，进而使公司成为东北乃至全国货运信息化的中坚力量。

门到门自创立起就以物流综合解决方案一站式提供作为立足点，以公铁水多式联运作为业务核心，通过综合价格、时效的“公铁水一单制”物流方案的提供，帮助发货人降低物流成本，提高运输效率。

二、企业通过信息化技术要解决的问题

仓配一体化是“仓储＋配送”的整合，区别于单纯的仓储、运输和配送。从狭义模式讲，仓配一体化并不是新生事物，20世纪90年代兴起的合同制物流或综合物流服务也是“仓”和“配”一体的，只不过其核心业务是围绕B2B物流开展的，主要服务环节为产品下线后到经销商或零售商仓库之间的物流，完成仓储管理、干线发运及配送。

近几年出现的仓配一体化服务是由B2C快速发展驱动的，作为商品销售渠道的一次变革，B2C的便利性刺激着消费者的购物体验。B2C发展速度惊人，连续多年保持50%

的复合增长率，2016 年我国快递业务规模达 312 亿件，其中电商快递包裹在快件总量中占比达 75%。电商快递包裹对快递业务量的贡献超过 6 成。

以前电商物流多为卖家自己解决，客户下单后，快递公司上门取件。但随着客户对电商物流服务要求越来越高，很多品牌商和平台商发现，为了支持最终消费者订单快速满足的需求，急需实现库存本地化。还有一些借力电商平台渠道发展起来的以买手团队为主的新型企业，根本没有管理仓库的经验，因此大多数都考虑将仓储管理交给电商平台或快递企业，由其完成仓储管理、商品拣选、包装、上门配送，以实现商品快速交付。从 2013 年开始，顺丰、申通、圆通、中通、宅急送等快递企业开始试水仓配一体化业务，2014—2016 年，仓配一体化业务快速发展，同时一大批围绕快消品提供物流服务的网仓企业兴起，仓配一体化渐成物流行业发展趋势。

在快消品企业的经营管理中，一直避免不了的问题就是仓库管理，尤其是在单品多、进出货频繁等情况下，仓库管理变得十分混乱，仓储成本直线上升。快消品仓库之所以会出现这些问题，主要是没有实现标准化仓库作业流程。仓配一体标准化的实施建设可在以下六个环节提高效率。

1. 入库环节

使用 1200mm × 1000mm 标准化托盘嵌入 GS1 码对货位进行智能入库管理，分为预约入库、审核入库管理、核实数量、入库任务分配、上架操作、快速入库等环节。所有入库货品都根据条码，利用数据终端直接扫描入库。

2. 盘点环节

使用 1200mm × 1000mm 标准化托盘进行盘点，支持循环盘点、周期盘点、变动盘点、随时抽盘、按区域和货位盘点。数据终端扫描完货品条码，输入件数后，完成盘点工作。

3. 出库环节

出库管理分为预约出库、审核出库管理、核实数量、出库任务分配、快速出库等环节。查询数据终端就可以调出出库货品的名称、数量，系统会提示带有 GS1 码的 1200mm × 1000mm 标准化托盘的货位，然后直接扫描条码，输入取出的件数，能够保证不会多取、少取、取错货品，降低操作误差率。

4. 人员效率管理

通过系统的操作流程记录，可以明确查看每一步仓储作业具体由哪位人员实现，保障了每个环节都有记录，每一步分工都有明确的责任划分。此外，还可根据嵌入 GS1 码的 1200mm × 1000mm 标准化托盘货位、库区、操作时间、客户、需求信息来多维度查询相关信息。

5. 补货环节

常规补货：根据嵌入 GS1 码的 1200mm × 1000mm 标准化托盘货位设定下限库存情况，生成补货指令。紧急补货：紧急情况下，根据订单需求，人工生成补货指令。

6. 移库环节

数据终端扫描嵌入 GS1 码的 1200mm × 1000mm 标准化托盘货位，可提示该货位下的商品数量；仓库工作人员将商品下架，移动到嵌入 GS1 码的 1200mm × 1000mm 标准化托盘货位上架；数据终端扫描嵌入 GS1 码的 1200mm × 1000mm 标准化托盘上架货位，确认完成移库。

三、信息化进程

从快消品行业的角度，供应链中的品牌商、经销商和零售商都有核心痛点，品牌商因为零售渠道的多元化和碎片化导致多渠道之间的仓配协同能力差；经销商和零售商的利润空间不断被挤压，人工成本的上涨导致仓配整体成本上涨，并且经销商和零售商作为非专业仓配机构，无力承担自动化仓配设施的建设。所以供应链中的品牌商、经销商和零售商都需要专业的第三方仓配公司提供完整的仓储和配送解决方案，帮助它们提高上下游的协同能力、降低仓配成本及提高订单履约能力。

零售行业随着线上零售触达天花板，传统线下零售正在向新型零售演变。传统的城配业务已经逐渐无法满足新型零售商的业务需求，新的需求不只是进行简单的车货匹配，而是需要更完整的仓储和配送解决方案，所以仓配一体化的解决方案的需求伴随着线下新零售的发展而快速增大。

仓配一体化的意义在于改变了传统的物流模式，加快了传统物流企业的转型。仓配一体化利用互联网和物联网技术改变了传统的配送模式，避免物流旺季的排仓、爆仓，节省电商仓储成本以及运输的成本，提高存货周转率，改善消费者购物体验，提升店铺销售量，更有利于市场拓展。

1. 项目技术基础

互联网的发展，带动线上经济以每年超过 30% 的增速快速发展；手机等智能硬件的普及、移动互联网技术的高度渗透，不断解锁围绕城市各类生活场景的“互联网 +”新商业模式，通过搭载在智能硬件上的应用程序，实现交易的线上化与闭环。在城市经济圈，围绕 to B、to C 的消费场景，有很多新的商业模式产生，物流作为线上交易的履约渠道，扮演着愈加重要的角色。

城市配送的发展，受互联网技术以及新零售的影响，趋于平台化、高频化、碎片化，B2B 配送与 B/C2C 配送的配合与协同逐渐增强，共同推动对于消费者订单的快速响应。配送的绿色可持续发展，对于物流行业的降本增效有积极作用，国家陆续出台相关政策，支持配送活动更加标准、高效推进。

先进的技术和信息化一直推动配送标准化的发展。技术发展带来商业模式的创新，也推动配送服务在操作、管理层面的标准化与自动化。

信息系统普及 SaaS 化。对于内部 SaaS 系统可以推动内部运营的信息化，对于外部可以增强上下游的协同和对接。

仓库操作自动化。仓库内部逐渐升级，由人力变成半自动化，再从半自动化变成全自动化。

配送服务可视化。全流程数字化，服务流程全程可视化。

2. 其他相关基础

门到门信息技术有限公司是做物流信息平台起家的，2017 年又与沈阳本地老牌物流企业进行合作，开始介入实体物流业务，在辽宁省内外有多家网点，以市场实操为基础，不但加强了物流信息化建设，提升物流信息化水平，有效整合行业资源，实现行业资源交互和共享，还充分发挥物流行业的整体优势，从根本上整体提升物流服务水平。经过多年的积累，公司团队已拥有众多快消品市场运营代理经验，深知快销品经销商和终端零售商服务的痛点、要点，可以准确把握市场服务方向。同时，公司在技术、仓库运营、客户开发、品牌建设等方面也有诸多优势。

技术资源：公司对核心技术包括 OMS、WMS、TMS、BMS、AGV 及 AI 算法有一定了解，可以快速进行施工应用。

运营资源：稳定的核心专业运营团队。

客户资源：现已有待改造仓储面积 10000 平方米，意向上游客户 10 余家，服务内外阜配送网点 100 多家。

公司通过使用标准化托盘、普通标准货架、AGV 机器人、堆垛机和自动化立体仓库、叉车、搬运车、分拣指引及智能识别设备等，推动标准化设备在仓储中的使用，并对于标准化设备作业配套相关的设备设施及信息系统进行建造，包括数据移动终端、条码打印机、城市配送可视化管理平台及服务器、自动化集中控制系统。

四、信息化主要效益分析与评估

1. 信息化实施前后的效益指标对比分析

（1）年销售收入估算。

根据建设单位提供的相关资料，预计项目完成后，将间接增加项目公司收益。预计正常年收益将增加 1300 万元，以此作为项目计算期内的平均收入测算项目收益。

（2）销售税金及附加计算。

本项目增值税税率为 6%，建设期间购置设备以及成本中形成的增值税进项税额可抵扣，经估算计算期内年均应交增值税额为 28. 97 万元，计算期末累计应交增值税总额为 260. 72 万元。

本项目销售税金及附加应计算城建税及教育附加税，分别按应交增值税额的 7% 和 5% 计算，即年均应交城建税及教育附加税总额为 3. 48 万元，计算期末累计应交城建税及教育附加费总额为 31. 29 万元。

2. 信息化实施对企业业务流程改造与创新模式的影响

由于标准化物流设备数字仓库的推广和使用，公司经营严格遵守生产管理制度，从未发生重大道路交通安全责任事故，解决了部分中小企业仓储方面的后顾之忧。

门到门信息技术有限公司的目标是通过把标准的物流设备进行数据采集，通过平台与货主对接，实现运力资源的优化配置，提升满足大型货主可视化、网络化、规模化、标准化服务的能力，提供运力一体化解决方案。公司在结合已有的线下配送体系提供最优运力的同时，通过线上的物流系统，为货主、收货人提供货物状态的实时查询，保障货物的安全。

3. 信息化实施对提高企业竞争力的作用

门到门信息技术有限公司通过信息化技术实现了数字仓库的建设，实现了节能减排。同时，对车辆所在位置推送货源信息，可增进企业与车辆间的信息互通，让企业与仓库之间产生信息的直接交流，真正提高企业货物调度效率，对货物与车辆进行实时监控，降低物流总成本，使企业利润提升。

物流信息化的发展一方面促进全省社会经济产业结构调整，另一方面促进企业组织结构调整，同时也将带动一批第三产业相关的行业发展，从而带动整个第三产业在总经济结构中的份额。

通过物流信息化，许多物流服务提供商将具备为客户提供“门到门”服务的能力。本项目的建设，符合了现代流通发展趋势，适应了发展东三省物流信息服务业的需要，同时满足了门到门信息技术有限公司发展战略的需要。

五、信息化实施过程中的主要体会

使用标准的物流设备有利于信息化的推广和应用。

（1）标准化托盘共用可以促进城市配送的组织化、专业化、规模化、社会化和现代化进程。

（2）标准化托盘共用系统和先进信息技术结合，可以提升配送技术装备现代化水平，进而提高城市配送信息化程度。

（3）标准化托盘共用系统的应用可以促进城市配送基础设施的建设，改变城市配送设施整体比较落后的局面。

（4）通过托盘共用的发展，还可以促进城市配送市场发展，提高专业化配送服务能力，减少城市配送市场中“零小散弱”的现象，形成规模效应。

（5）标准化托盘共用系统有助于促进节能减排，调查结果显示，托盘共用系统对CO_2减排贡献巨大，预计每一万片标准化托盘的循环共用，每年能够减排CO_2达到73吨。

（6）托盘共用作为一种共享经济模式，在循环过程中，提高了托盘利用效率，减少了对木材等社会资源的消耗。按照一棵成材树木能够制作6个标准化托盘测算，减少的托盘用量相当于少砍伐成材树木200万棵以上。

六、本系统下一步的改进方案与设想

一方面，公司将继续深化物流标准化数字仓库建设，积极推广标准化托盘的应用范围，增加物流标准设备的数量，进一步优化整个业务流程中的数据链、细化数据颗粒度，升级改造物流设施设备，探索标准载具循环共用机制，使运营管理更加高效。

另一方面，公司计划以本项目为样板，在沈阳复制建设3个新的标准仓，形成区域仓储网络，进一步降低城市配送综合成本、减少订单交付时间、提升客户满意度。

中国移动通信集团湖南有限公司：基于高频 RFID 技术的智慧仓储平台建设案例

一、企业简介

中国移动通信集团湖南有限公司（以下简称“湖南移动”）于 1999 年 8 月 7 日成立，并于 2002 年 7 月在香港和纽约上市，为湖南省第一家在境外上市的通信运营企业。公司主要负责湖南省内移动通信网的规划、建设、运营管理和经营全省移动电话语音、数据业务，在省内设有分公司，现有移动客户超过 3000 万人。

二、智慧仓储平台建设背景

传统的仓储管理模式都是以纸质单据为凭证进行仓储作业的，由于纸质单据通常需要建设、采购、财务等多方人员签字盖章，无形浪费了大量的人力成本；仓储管理人员根据接收到的纸质单据进行实物的出入库操作后再到供应链系统中进行账务信息录入，仓储管理效率低下，且经常出现人工差错，比如错录、漏录、错点、漏点等；再者，传统的仓储管理模式需要人工进行手动盘点，耗时费力。

为解决仓储作业效率低下、库存信息不准确、人工管理成本难以降低等问题，实现仓储精细化管理目标，公司开发了基于 PDA 的智慧仓储平台，通过基于高频 RFID 的物联网技术来提高仓储作业效率、空间利用率，实现物体的跟踪可追溯、业务操作智能化、库存透明化，从而提高库存管理效率和生产力水平。

三、智慧仓储平台建设与应用

智慧仓储平台主要包括仓库管理员（简称仓管员）操作模块和 PDA 系统创建功能模块，如图 1 所示。

1. 签收、入库、出库业务功能实现

从用户使用的角度看，签收、入库、出库是发生在仓管员对物资的一些操作流程上，智慧仓储平台主要契合了这些业务流程进行信息化支撑。

签收业务流程主要是完成供应链系统采购单的签收。在这一业务流程中，首先在主页面中点击“签收”进入待办签收任务列表，其中包括箱或物资的签收，在进入箱或物资签收操作界面后，再进行箱或物资的扫描，最后进行目标仓库的分配。这一业务流程可以进行部分签收。

入库业务流程功能包括装箱单入库和物资入库。

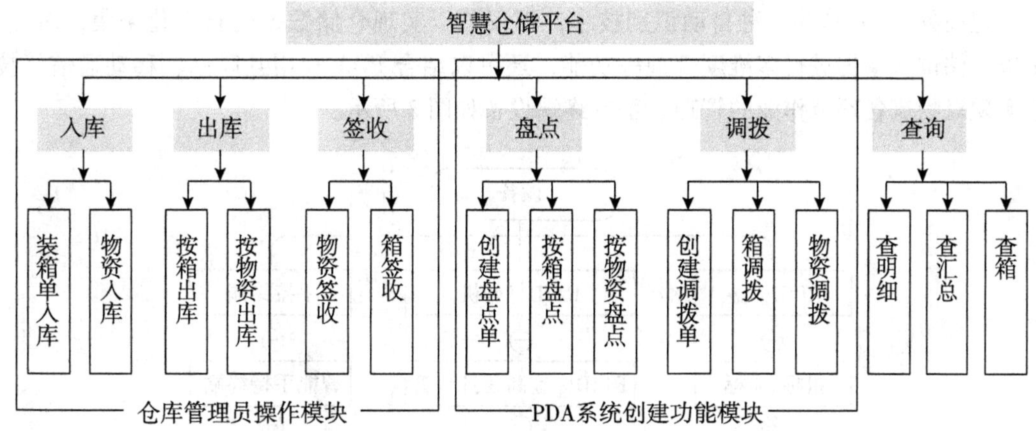

图1　智慧仓储平台

装箱单入库业务流程中，在智慧仓储平台主界面点击“装箱单”进入待办入库装箱单列表，再对选定的装箱单进行正确的箱扫描，完成这一单所有的箱扫描之后可以点击“提交”完成装箱单入库。

物资入库业务流程中，在智慧仓储平台主界面点击“入库”进入待办入库列表清单，选定要入库的单据，再用PDA进行物资储位分配，从而完成物资入库操作。

出库业务流程中，在智慧仓储平台主界面点击“出库”进入代办出库列表清单，包括物资和箱的出库，操作流程类似，选定需要出库的单据，然后扫描正确的物资或箱条码，再点击“提交”完成出库。

2. 盘点和调拨业务功能实现

在盘点业务流程中也可以实现物资和箱盘点单据的创建。在智慧仓储平台主界面点击“盘点”，在盘点界面点击“盘点物资”或“盘点箱”会自动加载数据信息，再进行正确的物资或箱条码扫描，会自动显示物资或箱信息，在这一过程中可以对数量进行手动修改，之后可以确认并提交盘点结果，也可以点击“重新盘点”重新创建盘点单据进行盘点操作。

在调拨业务流程中，可以实现物资或箱的调拨。在调拨主界面新建调拨单，之后添加物资或箱。在进行物资或箱添加的过程中，用PDA扫描储位条码之后系统会自动加载数据信息；再扫描正确物资的储位，否则会有出错信息，这一过程中可以手动修改调拨数量；最后对要调拨的物资进行目标储位的分配以完成调拨操作。

3. 查询业务功能实现

在智慧仓储平台中，查询功能不仅可以实现按不同条件对在库物资或箱信息进行查询，同时可以实现物资图片的拍摄上传。

在查询库物资信息的过程中，有三种不同的查询条件：查明细、查汇总、查箱。

为支持仓储物资信息的自动化采集，需对每个仓库的储区储位、物资进行RFID条码管理，包括箱条码、物资条码、储位条码、单据条码四种条码，同时结合PDA实现条码的快速扫描识别以及后台数据实时传送，以支撑仓库现场入库、出库、盘点、调拨等日常操作的自动化作业。

超高频 RFID 作为一种自动识别技术，不仅可以实现仓储数据的自动化采集，对箱、物资、储位和单据进行多维度管理等功能，还可以结合 PDA 利用互联网、移动通信等技术实现对物流各环节作业的管理。手持终端设备如图 2 所示。

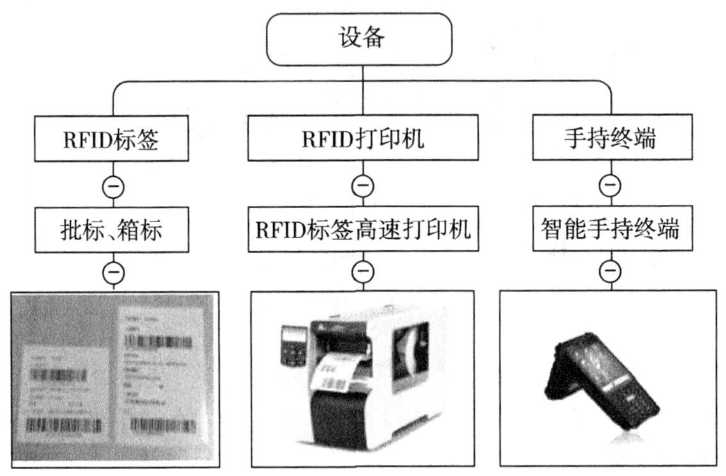

图 2　手持终端设备

储位码编码规则：前缀 + 仓间编号 + 库区编号 + 排 + 列 + 层，使用仓库简称或地区简称作为前缀，仓间可从 01 开始编号，库区以 A、B、C 顺延命名，再各以两位编码标记排、列、层。

举例说明：XB01A090101

说明：XB（西北库）01（01 号库）A09（A 区第九排）01（第一列）01（第一层），如图 3 所示。

图 3　仓库条码

RFID 二维码编码规则：包括标签文本信息（物料编码、物料名称、供应商）、二维码信息（物料编码、项目编码、订单编号、供应商）。

与此同时，省内供应链系统结合 PDA 现场作业进行与之配套的信息化应用改造，包括触摸屏应用、仓库现场远程视频监控、仓库生产信息 LED 看板等，以同步提升仓库精细化管理水平。

四、智慧仓储平台主要效益分析和评估

智慧仓储平台上线运用后，仓储管理人员可以通过扫描超高频 RFID 码自动完成物资入库、出库、盘点、查询、调拨等日常作业，极大地减少全省仓库管理现场支撑人员投入，

2020 年全省采购仓储管理支撑人员 83 人，较 2019 年节省支撑人员投入 102 万余元。

通过信息化手段的改造升级，物资现场管理不再受到仓库物理位置限制，也不必在货位与计算机之间来回奔走，不仅提高仓储工作效率，而且满足集团公司对省、地市公司仓储提出的精细化管理方面的考核要求，2020 年全省仓储物资首次实现账实一致。

五、改进方向

1. 库内关键节点信息待优化

当前，未对库内储位、容器、物料设置唯一标识，导致了实物流与信息流错位，一定程度上影响了库内管理、运行效率。由于可能存在信息错位，入库物资储位信息无法及时更新，一定程度上会影响仓库整体运行效率。

2. 入库、出库、移位、盘点环节实操细节待优化

物资入库环节，在移动端操作会因为屏幕问题不易操作，需针对该环节进行优化；出库环节，系统按照先进先出原则拣货完成后，仓库管理员需要自行查找储位并拣货下架；盘点环节，系统信息更新存在一定延迟，导致指定货物盘点时无法准确获取货位信息，降低了盘库效率；移位环节，物资移位需手工查询待移位的物资，逐行进行移位勾选确认，操作烦琐。

上海科箭软件科技有限公司：达能中国饮料数字化仓库管理项目（科箭 WMS 云）

一、公司介绍

达能是世界知名的、专注于健康的食品饮料公司。20 世纪 80 年代末期进入中国市场，现已成为达能全球第二大市场。如今，达能的三大核心业务（专业特殊营养、饮用水和饮料、基础乳制品和植物基产品）均在中国获得了长足发展。达能中国饮料业务深耕中国市场逾 20 年，致力于持续带给消费者优质安心的产品。达能中国饮料旗下产品主要为脉动维生素饮料。近年来，脉动快速发展，现已成为中国饮料市场的一个知名品牌。目前，该业务在中国有 7 家工厂，员工超过 5000 人。

二、项目背景

面对竞争激烈、发展迅速的饮料市场，达能中国饮料的供应链要用高效敏捷的运营，满足“大批量、高质量、高时效性、强季节波动性”的运作需求，同时需要克服国内用工荒、用工难、用工成本高涨的挑战。因此，达能中国饮料的供应链物流系统必须从传统的分散式、劳动密集运作的供应链模式，转向一体化、标准化和智能化的供应链模式，以解决其面临的挑战。

1. 管理系统需进一步联动

公司使用多套物流管理系统，并且有些区域仓由三方管理，在管理流程上无法统一标准，原系统对达能中国饮料的部分需求在功能上仍有缺失，这些都造成仓储运营管理数据的残缺不全。

2. 需要增强新物流创新应用

原系统缺乏高阶仓配一体化能力，仓储与配送衔接的效率不高；原系统缺乏车辆及叉车的路径优化能力、库内/月台智能管理能力，需要进一步优化仓储管理效率；随着企业自动化设备应用的发展，原系统缺乏 IoT 交互及自助服务能力；原系统缺乏移动管理能力，无法响应多方对移动、社交功能上运用的需求。

3. 整体生态连接能力需加强

系统间未实现完全连接，上下游的互联互动有待增强，随着各系统应用的深入，要实现端到端供应链可视化及智能决策，需要更强大的大数据分析能力。

4. 加强整体模式的快速扩张能力

原系统主要依靠人工操作，系统的扩展程度低，缺乏集中管控能力，伴随业务的扩张系统运营成本高。

希望通过此项目，基于云技术集中部署 WMS、统一管控各仓库运营，在管理流程标准化的同时也能支持灵活管理多业态场景。并且通过加强库内/园区智能化管控、托盘/结算系统化管理、作业无纸化/数据预警化等提供供应链数字化运营能力；通过过程数据采集、大数据分析、供应链控制塔等实现管理决策可视化。

三、解决方案

科箭供应链管理云平台 Power SCM Cloud，是一个整合订单管理（OMS 云）、运输管理（TMS 云）、仓储管理（WMS 云）、预约管理（AMS 云）、供应链控制塔（SCCT）的云解决方案。其中，WMS 云是基于行业沉淀设计的专业 SaaS 仓储管理产品。针对制造、零售、物流及电商等行业，WMS 云可快速上线，投资回报快。

科箭 WMS 云与达能的追溯系统深度集成，连接上下游、内外部多个周边系统，推动实现更加精细的库存管理、实时产品追溯，打通全链条托盘数据，为达能数字化进程添砖加瓦。该解决方案通过以下几方面实现仓储管理优化。

1. 打通上下游数据流转

与 SAP、TMS、追溯系统、物流服务商的 WMS 系统、托盘系统无缝集成，打破信息孤岛，实现信息互通。

2. 上架优化

进一步提高仓储内部效率，优化货位管理，将货品、货位进行 ABC 分类；平衡各工作区的工作量，将拣货量大的货品平均分配在不同拣货区域，避免某区域内的拣货作业拥挤，改善工作流程，缩短对一批订单的总反应时间。

仓库上架路线示意如图 1 所示。

3. 园区管理

结合移动端、IoT 等技术，加强园区内部管理，打印拣配单后，系统开始分配月台。分配时需要考虑以下几点内容。

（1）月台与车型的关系。

（2）订单类型。

（3）订单带板/散码类型与月台类型。

（4）分配量与月台的关系。

4. 分配与拣货优化

保持拣货通道始终畅通，高周转货品上架时应当均匀分布巷道和货位，拣货时要考虑巷道拣货状态，从而进一步提升拣货效率。

（1）对于出库时保质期有特殊要求的客户，需要在客户主数据上做标记，系统根据特殊的规则自动分配库存。

（2）按照 SAP 批号先进先出。

（3）当有跨批次日期的情况时，只允许跨一个日期的批次。

仓库货品分配与拣货示意如图 2 所示。

5. 全场景托盘管控

达能中国饮料托盘管理场景如图 3 所示。

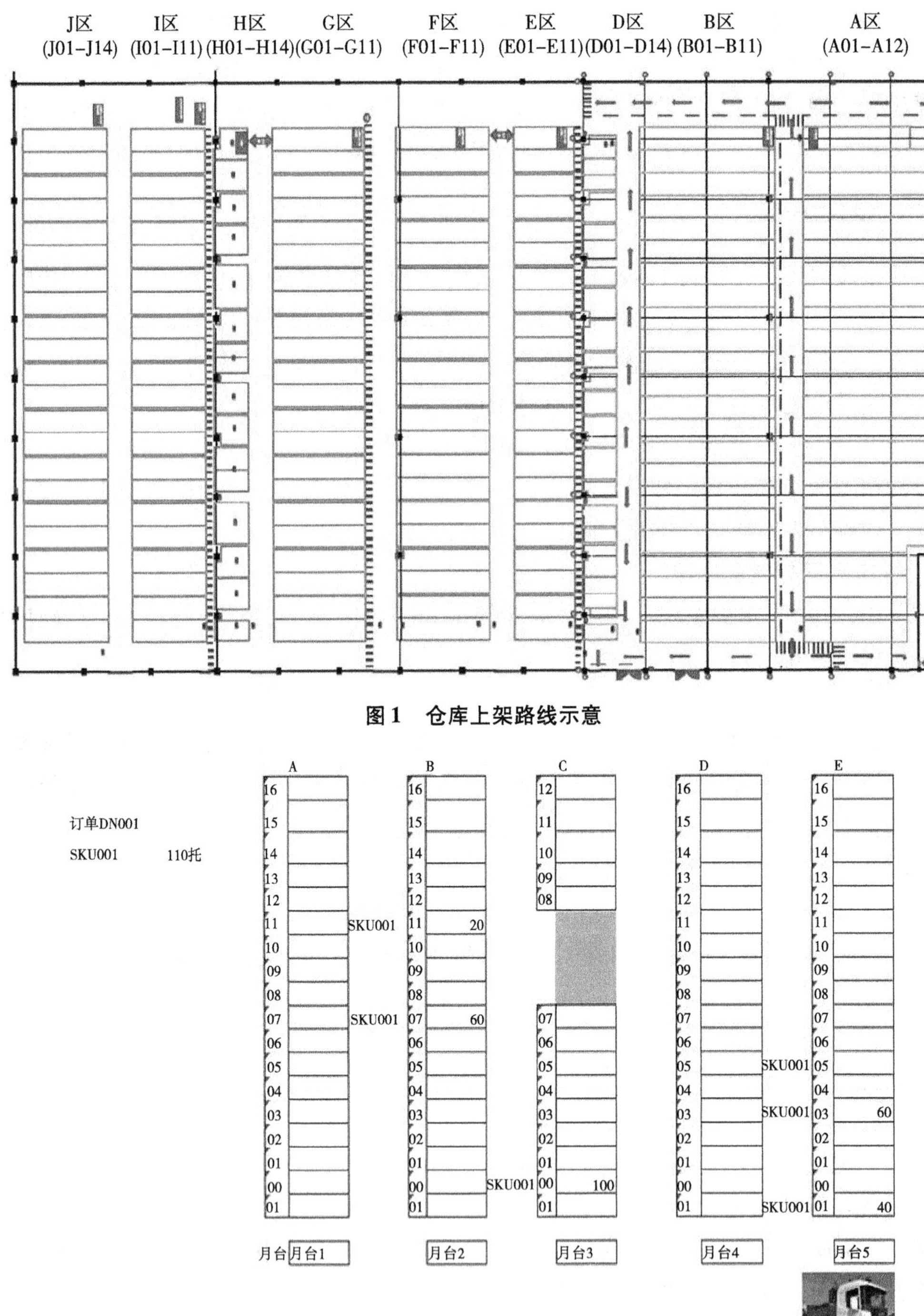

图1　仓库上架路线示意

订单DN001

图2　仓库货品分配与拣货示意

6. 装货优化

（1）周转规则控制：先到期先出，先进先出，支持指定批次分配。

（2）以单叉为例，拣完1托盘，再推送第2托拣货任务，所以达能场景基本不涉及

01 **达能租赁与退租**
达能定期从路凯（OSD）租赁托盘与归还托盘

02 **单向带板**
从工厂或DC发给客户时带托盘，车辆回来时将托盘带回仓库，发出时系统做出库，归还时做入库

03 **双向带板**
从工厂或者DC发出后，托盘转成在途库存，客户签收后，托盘转为客户所有，同时达能停止支付租金给路凯

04 **带板转储**
随产品一起转储（调拨）到其他工厂或者DC，托盘所有权也同步转储到目标工厂，租金支付也同步转移

05 **客户还板**
客户托盘积累到一定量后会退租给路凯，托盘在途费用由达能支付

06 **客户异地还板**
A工厂发出后，客户将托盘还到B工厂或者路凯大仓，则系统需要将客户库存从A托盘库调拨到B托盘库

07 **OSD调拨**
路凯从一个OSD调拨到另一个OSD

图3　达能中国饮料托盘管理场景

广义旅行商问题，只考虑单次拣货路径最优即可。

（3）叉车与月台可以设置对应关系，也可以不设置。

（4）若涉及拼车多点送货，则按排序路线顺序分配库存及下发拣货任务，先远后近。

（5）订单/车辆优先级驱动拣货任务优先级。

7. 物流费用自动结算

自动对账，缩减人力成本。科箭 WMS 费用结算功能模块如图 4 所示。

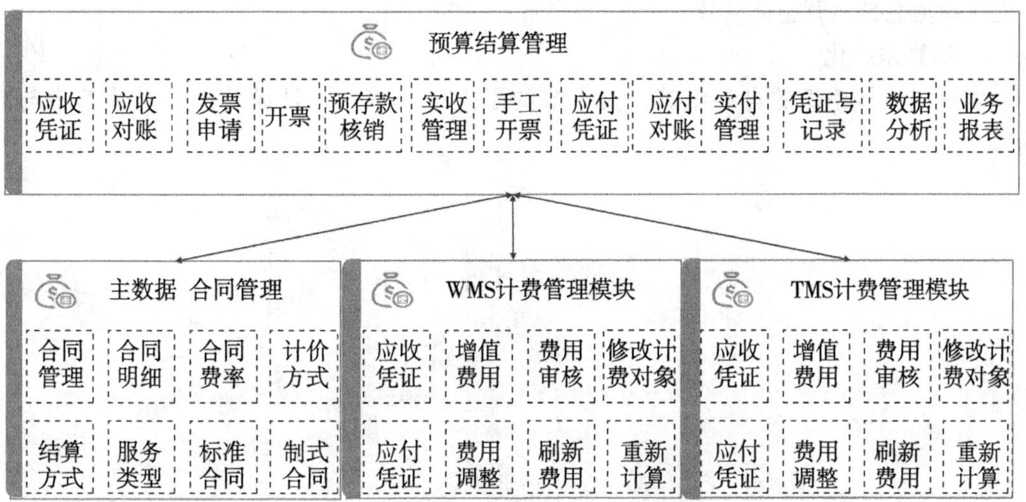

图4　科箭 WMS 费用结算功能模块

四、项目成果

1. 提升数字化

改变了物流运营的方式，完成了智能物流的集成，实现端到端的可视化，进一步降低仓储管理成本。

实现从生产入库到成品出库全流程系统管控，综合 SAP、运输管理、路径优化、园区管理、仓储管理、追溯、电子签收、消息推送等。

2. 实现无纸化

无纸化操作业务流程如图 5 所示。

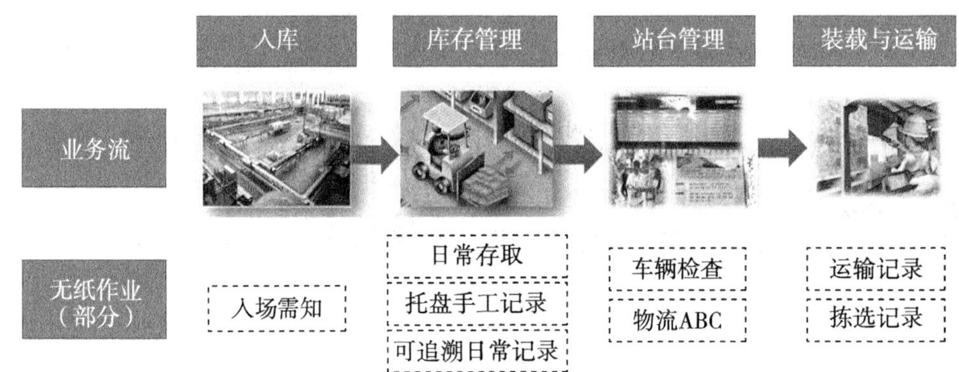

图5 无纸化操作业务流程

从入库、库存管理、站台管理、装载与运输各流程开始实现无纸化运营，预计每年节省相当于600棵树的用纸量。

3. 仓库KPI考核

完成复杂的仓库KPI考核指标，解决了人工填报不准时、业务易造假等问题。

4. 作业标准化

作业标准化后，便于数据的收集汇总与分析，可横向比较各仓库运营效率，全面提升全国物流仓储运营整体绩效。

5. 结算系统化

实现成品与托盘的自动结算，大大节约了人工成本，并且显著提升结算效率与准确率。

福州易鲜冷链物流有限公司：智能仓储与冷链城配解决方案

一、企业简况

福州易鲜冷链物流有限公司（以下简称易鲜冷链）成立于2017年5月，控股股东为福建冻品在线集团。易鲜冷链致力于打造智能仓储服务与全程冷链城配的第三方冷链物流服务提供商，通过整合优质冷库资源，统一城市配送车辆，以标准化的操作模式进行仓储运营和物流运输管理，并搭配WMS、TMS网络化技术体系，建立了成熟的可视化的智能配送运力体系。易鲜冷链已成长为独立的第三方冷链物流平台，不仅提供冻品在线服务，也为蒙牛、圣农等大型制造企业提供仓配一体化物流方案，目前拥有仓库总面积30000平方米，日均吞吐量800吨。

二、企业通过信息化技术要解决的突出问题

冻品市场需求空间大，对食品安全的要求高。但冷链物流领域发展缓慢，各环节“小、散、乱”问题突出。

（1）在硬件环节，缺少针对冷链设施设备建设、温度控制和操作规范等方面的统一标准；运输设备能耗高；装卸环节自动化水平低，导致“断链”等诸多弊端。各地政策参差不齐，需要强有力的行政手段规范操作流程，强化统一标准，引领行业有序发展。

（2）在软件环节，缺少数字化运用工具以及专精特新人才储备。

（3）在运营环节，制造商与物流商难以共赢。原材料供应商、制造商、分销商、零售商、物流服务提供商等组成了供应链，在多数情况下，供应链由制造商主宰，而制造商过分强调博弈，较少考虑“双赢”或“多赢”，导致供应链难以协同。制造商一味采取竞争性招标的方式获得运输、仓储等服务，处于弱势的物流服务提供商只能被动地降低报价以获得这些业务，导致运输价格、仓储价格不断走低。

三、信息化进程

（1）易鲜冷链在各运营城市设立仓配中心，并对仓库进行技术改造，以适应高频周转和保障分拣效率，目前仓库存放SKU数7000余个，配备专职司机、分拣人员、调度人员等，在固定一天两配的基础上，可满足特殊客群的临时要求。通过仓库ERP、销售订单ERP、物流信息平台三个体系实时更新物流信息进度，并从干线链接和城配冷链联网两个模块发展信息化平台。干线链接包括冻品在线自营SKU配送信息、平台入驻商SKU寄货配送信息、外部用户物流共享信息等。城配冷链联网则是通过数字化下单体

系，自动分配配送路线与时间，为客户提供高效配送服务，实现全程冷链。

（2）为持续保障食品安全，让放心的食材唾手可得，易鲜冷链积极再部署，做到来源放心，以国内商品内循环为主；入库放心，海关前置检验；储存放心，定期进行核酸检测；溯源放心，平台数据透明。在保障民生的同时，易鲜冷链积极适应疫情防控常态化带来的行业变局以及数字化转型机会，进一步通过供应链创新和大数据技术发挥平台优势。

四、信息化主要效益分析与评估

全程冷链、统仓统配，提高了冷冻行业的运营效率与食品安全。易鲜冷链帮助厂家设置区域周转仓，节约厂家人力、物力，帮助厂家将服务仓储前置到市场一线，提升市场响应速度；通过统一仓储管理，统一配送管理，避免各厂家重复建设的资源浪费。

数据驱动，为客户差异化定制仓配一体化方案，将物流与商流结合，解决了产品匹配度差、产销不对等的痛点。开放性的平台，帮助传统经销商互联网数字化升级，提升行业整体运营效率。

通过不断夯实体系内客户的服务质量以及大力发展外部客户，易鲜冷链成为盈利能力强、复制能力强、信息化程度高的具备行业优势的“最后一公里”冷链物流综合服务商。

五、本系统下一步的改进方案与设想

（1）规范操作流程，如配送标准、溯源模式等，强化统一意识，引领行业有序发展。

（2）打造示范企业，为冷链物流业信息化创新发展探索并积累可复制、可推广的成功经验。

智能物流技术与装备创新应用案例

顺丰科技有限公司：营运实务智能科技解决方案

一、应用企业简况

作为国内综合物流服务商，顺丰致力于成为独立第三方行业解决方案的数据科技公司，为客户提供涵盖多行业、多场景，智能化、一体化的供应链解决方案，在物流行业的细分领域快运、冷运及医药、同城、供应链等均占据龙头地位，并保持远高于行业整体的增长速度，拥有明显的竞争优势。

经过多年发展，公司拥有为客户提供一体化综合物流服务的能力，不仅提供配送端高质量物流服务，还向产业链上下游延伸，形成行业解决方案，为行业客户提供贯穿采购、生产、流通、销售、售后的高效、稳定、敏捷的数字化、一体化的供应链解决方案，助力行业客户产业链升级。将科技产品渗透至客户供应链端到端环节，深度融入客户价值链，优化客户体验，持续将领先物流科技应用最佳实践产品化输出，为行业客户提供独立第三方行业解决方案的数据科技服务，以科技赋能行业供应链转型升级。

二、解决痛点

智慧快递助手包括智能装备和软件操作系统，是软硬件结合的产品，部署应用在顺丰大客户仓库现场，助力商家节约成本、发货提效、风险控制、柔性供应链搭建、提升品牌形象。

近两年电商业务快速发展，快递行业的件量呈上涨趋势的同时，票均价格在持续下降。因而，对营运的操作效率、成本控制等方面提出了更高的要求。同时“6·18”“双十一”“双十二”等大促带来了件量的暴增，传统的人海战术已无法满足这样的业务场景。

在深入一线调研的过程中，梳理出快递行业普遍存在的担忧与困难。

(1) 集收集派环节效率低、扫描精度低，影响上下游操作效率。

(2) 大促期间，临时人员安排困难、成本高，额外增加营运成本。

(3) 存在漏扫风险，会导致客户投诉及赔偿。

三、解决方案及实施

智慧快递助手项目组通过大量调查、研究、组内研讨，最终规划出如今的智能终端管理平台。通过设计符合顺丰使用场景的标准化 IoT 协议的应用，整合多家设备供应商方案及系统，打造标准接入平台，融通及满足多家客户系统需求，最终实现货物自主与人、机进行互通、互联、互动，从而满足标准化、智能化的作业操作。数据管理平台如图 1 所示。

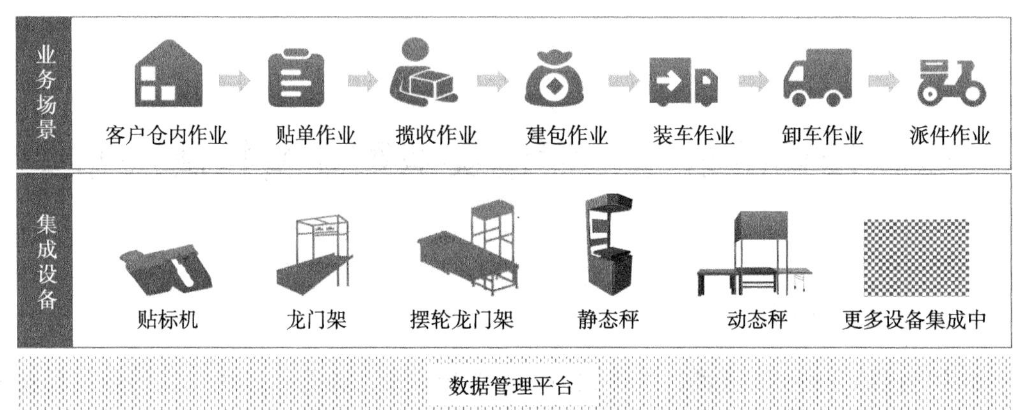

图 1　数据管理平台

1. 场景覆盖

聚焦业务操作现场，逐步实现打印、贴单、揽收、称重、建包、装卸车、分拣、派件等作业场景，覆盖收派两端的全流程。

2. 流程变革

通过软硬件集成的方式，智慧快递助手将手工业务操作模式变为了自动化。从原有的“货物分拣—子母件找齐—件件称重扫描—件件扫描装车”升级为“动态秤扫描装车”，实现了现场快递员从以前的“4 步操作”转变为“1 步操作”的创举。

3. 设备集成

在技术方案层面，通过智慧快递助手实现多类型智能终端的统一对接；在设备集成方面，逐步实现龙门架、静态秤、动态秤、分拣设备等智能设备的集成；在设备投入方面，制定严谨的投放标准及实施机制，推进业务区的应用。

4. 数智化管理

在投入智能终端的同时，智慧快递助手提供了管理看板，从运营维度分析设备采集的数据，通过看板实时展示处理量、设备产能、操作节点等数据。为网点提供实时运营监测结果，为业务区提供精准决策依据。

四、成效

智慧快递助手的应用，在成本节约、效率提升、风险控制、柔性供应链、品牌形象等方面，突破业务发展瓶颈，助力业务数智化转型。

1. 为顺丰客户节约成本

【应用案例：某知名鞋服品牌】

2020 年“双十一”期间，某知名鞋服品牌电商仓使用了龙门架设备，应用在“交接、揽收/装车、派件”等环节。①保障了平台对品牌 48 小时出库时效的考核顺利完成，完全规避平台发货时效类罚款；②根据包裹实际重量和流程，自动匹配既满足买家收货时效又成本较低的产品类型，为客户节约成本近百万元。

2. 为顺丰客户提升发货时效

智慧快递助手的方案应用对于子母件的称重、揽收提效尤为明显，以往受场地限制，投入再多人力也无法解决的问题在2020年的高峰期得到了完美解决。

【应用案例一：某知名鞋服品牌】

原有操作模式的峰值件量9000件/天，效能约为41件/人/时；应用智慧快递助手方案后，通过部署少量动态秤，配以现场适当人力，效能提升为96件/人/时，效率提升134%，完美解决客户在大促当天十几倍订单增长量的发货问题。

【应用案例二：某汽配品牌】

原有操作模式需要找齐托盘上的订单货品，统一揽收，操作效率仅为500件/小时；应用智慧快递助手方案后，对现场操作流程进行改进，将操作效率提升至2000件/小时，效能提升300%。

3. 助力顺丰客户柔性供应链搭建

部分客户存在短期内单量远远超过预期的情况，导致无法临时调配足够的人员满足现场操作要求，从而影响客户的发货时效和品牌形象。通过智慧快递助手的应用，可快速提高客户现场的揽收等操作效率，提升客户的柔性供应链能力。

【应用案例：某知名鞋服品牌】

"双十一"期间，客户订单量远超预期，激增4倍。由于场地有限，以原有人工模式，现场操作效率难以在短时间内增至4倍。顺丰出具智慧快递助手应急方案，紧急部署3套智能终端，前后仅用3小时就完成了流水线的改造。优化后减少两次搬件动作及称重、巴枪操作，最终现场每小时产能从原来的2000件提升到10000件，操作效率提升400%。圆满完成"双十一"期间发货任务，获得了客户的高度认可。

4. 提升商家品牌形象

通过智慧快递助手在客户现场的应用，客户的发货和派送时效得到极大提升，特别是"6·18""双十一"等大促期间，再也没出现过消费者下单后一周甚至更长时间仍未发货的情况。多家客户表示与顺丰在科技应用上进一步合作的意向。

五、回顾

所有的科技落地转化需要以实际业务需求为导向。以客户为中心，聚焦实际业务中的痛点与难点，同时通过快速响应、快速迭代的方式将解决方案落地，真正做到科技应用于业务。

随着物联网行业的快速发展，各种形式的技术不断涌现，而技术与业务的深度融合存在很大难度。业务场景繁多且环环相扣，而场景的背后其实是各种逻辑的设定及上下游系统的交互，这就要求平台既要有多样化的集成能力，又要有很强的融通能力。智慧快递助手基于科技应用，通过搭建智能设备应用生态，让层出不穷的科技能力服务于顺丰的业务。

六、发展

未来，智慧快递助手的方案将更为精细化：软件功能逐步升级，贴合业务覆盖更多场景；从实际使用操作出发，框架设计更为灵活；现场实施标准化、多样化，适应更多现场环境的同时保障实施质量。对标行业顶尖，保持行业敏感度，了解国内外科技发展趋势与新技术落地可行性，充分调研、评估。始终走在科技前沿，发挥科技与业务的纽带作用。融合内外部的优秀产品，推介具有竞争力的解决方案。

旷视科技有限公司：基于人工智能的“家电黑灯工厂”建设案例

一、案例内容简介

（一）行业发展情况

仓储物流是现代制造业与物流业深度融合的关键环节。近年来，随着人工智能、物联网、大数据、云计算等技术的发展，许多新型智能仓储设备应运而生，展现出更丰富的感知能力、更精准的定位能力，以及传统设备不具备的决策能力。这些设备在提高货物进出速率和储存容量的同时，也降低了仓储的整体成本，提升整个生产制造环节的效率。

中国是全球最大的物流市场，也是最重要的物流市场，仓储物流技术的创新已经得到越来越多的重视和支持。在不久前召开的中央经济工作会议上，“建设现代物流体系”被纳入今年经济工作的重点任务之一。《中共中央关于制定国民经济和社会发展第十四个五年规划和二〇三五年远景目标的建议》中也提出“加快发展研发设计、现代物流、法律服务等服务业”“完善综合运输大通道、综合交通枢纽和物流网络”“构建现代物流体系”。现代物流体系是现代产业体系的重要组成部分。有关专家指出：“物流水平很大程度上决定着国内大循环、国内国际双循环的速度与质量。智慧物流建设是建设现代物流体系的必然之路。”因此，进一步利用人工智能等技术深度赋能仓储物流设备，提高设备智能化、自动化、可视化、安全性，推动仓储物流行业快速发展，是影响未来中国经济发展的重要因素和关键领域。

（二）案例背景及总体情况

卧龙电气驱动集团股份有限公司（以下简称“卧龙电气”）创建于1984年，目前已在中国、越南、英国、德国、奥地利、意大利、波兰、塞尔维亚、墨西哥、印度拥有39个制造工厂和4个技术中心。

随着“中国制造2025”战略方针的推行，为适应形势的要求，各类电机厂亟须进行自动化改造，建成灵活自动且连续生产的智能制造车间。卧龙电气为进一步提升日用电机整体竞争能力，充分调研辖属各工厂情况，决定以家用电机事业部为试点，规划实施“家电黑灯工厂”项目。该项目在全面贯彻精益制造理念的基础上，结合高度自动化的生产线及适度智能化的信息系统建设，打造面向未来的日用电机智能制造新模式，提升产品产能及效率，缩短生产周期，降低制造成本，快速响应市场需求。

卧龙电气与旷视在智慧仓储方面的合作正是人工智能技术赋能传统行业提质增效的典型案例，项目横跨仓储管理系统、WCS 自动设备调度系统、柔性设备调度系统及产业系统的智能化建设，集成了收货平台、立体仓库、智能搬运、自动配送、自动接驳等自动化设备，打造高度自动化、信息化的仓储物流体系，助力打造智能化、自动化、高效、安全、可靠“家电黑灯工厂”建设。

二、典型经验总结

（一）典型做法和经验

1. 全流程管控

项目打造以 MES 为核心，贯通 SAP、PLM、WMS、SRM、电子看板、生产线等系统和工具的数字化管理平台，建设成集高效制造、数据互联互通、管理精益化的数字化无人工厂。

（1）实现生产与质量协同管理，满足从原材料、加工到成品的紧密结合，加强质量控制的事前、事中、事后管理，提高工作效率，降低成本。

（2）自动采集质量数据，并对质量异常进行控制及预警上报，通过系统了解现场质量状况。采集生产过程中的实时数据，以便发现潜在的质量问题，或通过设备接口采集设备加工的质量参数、检验结果等。

（3）对制造过程数据进行统计分析，加强实时监控，及时发现异常，快速处理，从而保证和提高生产过程能力，增强生产过程的稳定性，降低不良率。

2. 人机协同

（1）建立产品快速追溯体系，针对原材料、生产过程、物料零部件、质量控制快速追溯，提高分析能力和信息化管理水平。

（2）建立完善的车间原材料、半成品及成品管控体系，实现精准的物料需求配送及库存管控。

（3）数据平台实现生产过程信息数据的集中存储和分析，建立信息平台，为经营决策及相关业务处理提供数据支撑。

3. 信息化系统软硬件协同

旷视河图弥合了行业内软件和硬件割裂的局面，推动软硬件一体化进程，能够提供多设备的接入以及丰富的机器人智能化管理方案，帮助企业打造“人机协同，群智开放”的智能物联新模式，实现真正的降本增效。生态连接方面，旷视河图通过最少的人工监督及干预来控制及协调机器人（如自动导引车和机械臂）。智能协同方面，旷视河图通过最优的路径规划、库位优化、负载均衡、作业调度等智能算法，赋能行业。数字孪生方面，旷视河图帮助终端用户于统一平台上为仓库及工厂内的所有人员、机器人、库存单元及其他对象生成数字复本，从而匹配现实世界与虚拟世界。系统总体架构如图 1 所示。

该项目有如下亮点。

（1）智能设备调度系统是介于 WMS 系统和 PLC 系统之间的一层管理控制系统，可以协调各种物流设备如输送机、堆垛机、穿梭车、AGV 等的运行，主要通过任务引擎和消

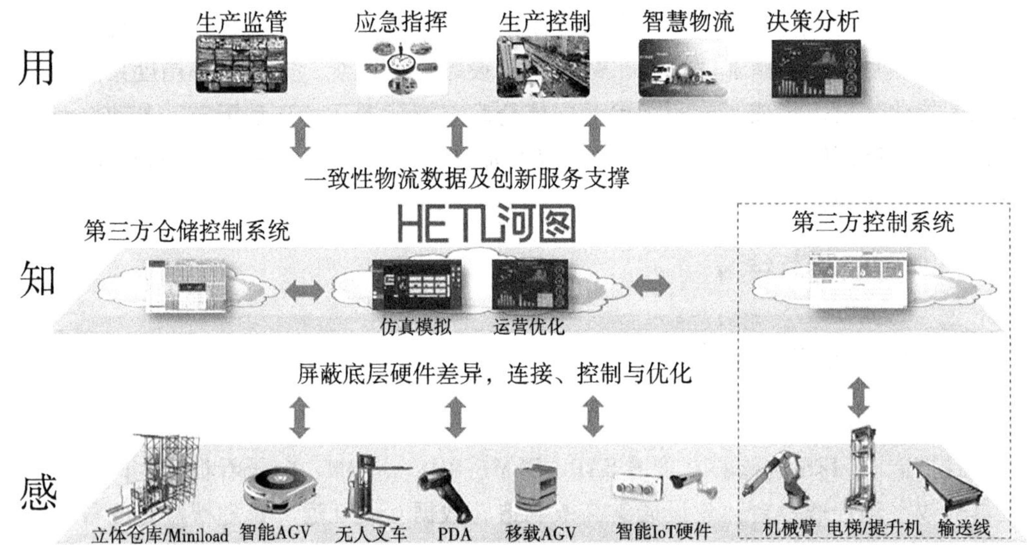

图1　系统总体架构

息引擎，优化分解任务、分析执行路径，为上层系统的调度指令提供执行保障和优化，实现对各种设备系统接口的集成、统一调度和监控。智能设备调度系统在仓库管理中实现自动化管理生产线、实时监控设备动态，自动分配 WMS 软件的生产任务，多线程处理，高效运行等功能。

（2）旷视河图基于旷视自主研发的 AI 生产力平台 Brain ++ 进行算法训练，可以帮助企业快速高效地建立企业内的 AI 基础设施，以更少的人力在更短的时间内开发出各种新算法，满足行业长尾需求。据保守测算，Brain ++ 能够帮助企业降低 55% 的整体算法生产成本，从 AI 需求到 AI 落地时间缩短 80%。这也是旷视河图可以迅速针对各种不同的应用场景，迅速开发出针对性算法的原因所在。

（3）旷视河图可以提供规划、仿真、实施、运营等一站式解决方案，实现同构仿真和数字孪生，极大减少机器人项目规划风险，提高运维效率。数字孪生的关键在于仿真，而仿真的关键是同构仿真。目前物流行业中，大多数仿真系统和执行系统是分开的。而旷视河图采用同构仿真的方式，仿真和执行在同一套系统和软件里，仿得更好、更加体系化，随着软件的更新迭代可以无限逼近现实场景，带来更大的价值。

截至目前，本项目相关技术产品已先后获得世界物联网领先科技成果、第九届 LT 中国物流技术奖——创新产品奖、第三届全国物流机器人应用大赛产品奖、中国电子商务物流与供应链优秀设备供应商奖、物联网行业最佳成功应用案例奖、智能物流产业产品技术创新奖、中国智慧物流技术创新奖等十余项行业殊荣。

（二）案例创新点

1. 全球第一台人工智能堆垛机成功部署

在工业生产领域，安全永远是第一要素。旷视借助计算机视觉技术，在浙江绍兴卧龙黑灯工厂智能仓部署了全球第一台具备垛形识别、异物检测、智能盘点功能的人工智能堆垛机。借助人工智能，让传统的堆垛机长了眼睛，并可以简单思考，大大避免了事故的发生。

视觉盘点：针对一品一位托盘储存，在自动化立体仓库的入库口设置检测门架，可以实现对堆垛的条码信息识别、视觉数量盘点、箱体破损检测和垛形异常检测，和 WMS 系统中的数量信息进行对比，符合标准的堆垛进行入库，不符合标准的堆垛自动转移至异常处理区。货箱数量视觉盘点示意如图 2 所示。

图 2　货箱数量视觉盘点示意

轨道异物检测：在堆垛机底部布置传感器，通过 3D 激光和视觉图像融合的方法实时检测堆垛机巷道内异常情况，获取更多维度的异常信息（包括有无异物、异物位置、异物类别），控制堆垛机及时紧急制动，最后将信息反馈给堆垛机控制系统。轨道异物检测示意如图 3 所示。

图 3　轨道异物检测示意

货品视觉检测：通过安装在堆垛机载货台上的3D视觉传感器，对库位货品进行高精度扫描，保证库位货品同WMS系统中记录状态一致，当库位货品发生缺失时系统会将此异常堆垛取出至异常处理区。货品视觉检测如图4所示。

图4　货品视觉检测

空托盘检测：在异物检测的基础上，可以轻易地检测库位托盘是否为空托盘。

远程盘点：在3D摄像头上加装光源，在控制系统中可以随时调取指定库位清晰的图像信息和该库位货品入库时的图像信息，在面对非规则纸箱的堆垛时，货品特征信息明显，可以方便地实现人工盘点，而不用将库位货品取出进行盘点。

2. 多类别多识别方式物流机器人混跑

旷视河图是业界首发的机器人物联网操作系统。旷视河图具备广泛的生态连接能力，已对接业界30多家厂商的各类设备。在卧龙电气项目中，旷视河图对接了凌鸟、海柔等多个厂商设备，并借助强大算法及调度能力，实现了AGV、二维码机器人、多层料箱搬运机器人、辊筒搬运机器人等几十台多类别机器人混跑，并与客户ERP、MES系统做对接，根据卧龙电气生产需求，自动准确将货品送至各生产线工位，及时返回。

（三）应用效果

（1）库容提升：托盘立体仓库比招标要求提高2%，物料储存周期提升30%。其中，货流量托盘>60个/小时，周转箱>120个/小时；立体仓库在库存量方面，立体仓库托盘位>700个；分拣出库流量方面，托盘>60个/小时，周转箱>120个/小时。

（2）柔性化保障：拣货模块可互换，产能不均衡造成的半成品挤压，可进行回库处理。

三、借鉴意义

本项目形成的智能化、自动化仓储物流系统对于系统架构、产品组织形式、生产线设计等共性关键技术问题和传统工业智能化转型的新建或既有项目升级改造等产业应用问题具有可复制、可推广的借鉴意义。仓储物流是现代供应链体系和高端制造领域中必不可少的重要中间环节，同时可服务上游包括汽车、食品、服装、零售等不同行业领域。总结人工智能新一代信息技术在推动物流仓储升级和物流业与制造业融合的经验模式，有利于实现现代化生产体系和供应链体系转型升级，有利于强化物流、制造企业在供应链层面深度协同，深入推进物流降本增效，加快制造业转型升级步伐；有利于探索符合我国国情的物流业与制造业融合发展模式，促进实体经济高质量发展。

四、面临问题及措施建议

（一）面临问题

（1）信息技术和传统工程人才存在技术认知差异，在跨行业、新技术应用时需要大量技术、产品、运营方面的人才。

（2）传统行业发展相对保守，人工智能技术赋能需要相关机制加以推动。

（二）相关建议

（1）培养懂人工智能与传统产业的复合型人才，培育产业智能化咨询服务业。

（2）针对不同行业，组织产业界与 AI 企业的对接研讨会，通过组织重大场景智能化升级试点项目，促进应用场景开放，开展前沿技术研究和模式探索，推动行业落地。

中国移动通信集团内蒙古有限公司：仓库巡检和盘点机器人系统

一、企业概况

中国移动通信集团内蒙古有限公司（以下简称“内蒙古移动”）隶属于中国移动通信集团公司，公司下设12个盟市分公司、118个城区（旗县）分公司，现有员工1.1万人，客户规模超过2000万户，基站总数7.6万个。

依托中国移动供应链管理系统（SCM系统），内蒙古移动呼和浩特数据中心C01仓库信息系统覆盖了工程物资及服务、备品备件、杂品（工程维护、办公用品）、低值易耗品、广告宣传、设备维修及咨询服务等物资的集中管理工作，提供包括供应商门户、基础主数据管理、采购寻源管理、采购执行管理、仓储物流管理、一级集采管理、合同管理等功能。

二、案例背景

1. 仓库巡检现状

（1）仓库中设备类型多、数量大、价值高，需要仓库巡检人员具有专业的知识背景，现有仓库巡检人员数量远远跟不上实际发展的需求。

（2）仓库人工巡检导致错检、漏检等问题时有发生。

（3）仓库面积大，对防火、防盗、防潮、防虫、防变形等异常情况预警提出较高要求，人工巡检很难保证对异常情况的及时发现和及时预警。

2. 仓库盘点现状

（1）大量仓储物资盘点困难，人工盘点效率低、易出错。

（2）多样化的物料不能被快速、准确、安全识别，现有条码扫描、二维码等技术应用于物资盘点时存在识别速度慢、易伪造、适用场景有限、信息量少等问题。

（3）对于高架货位为主的现代化仓库而言，高层物料的快速盘点成为难题。人工盘点高架库时需要将盘点人放入叉车中，升高到一定高度，逐层逐个进行物资盘点。

为此，内蒙古移动积极践行总部“十三五”发展规划，以总部“智能物联工程”为指引，探索机器人巡检和机器人盘点的AI智能管理方法。

三、解决方案概述

内蒙古移动积极探索5G、AI机器人、图像识别、传感器技术，实现RDC仓库AI机器人巡检、智能预警、机器人盘点的AI智能管理方法。

安全检测功能如图 1 所示。传感器处理流程如图 2 所示。

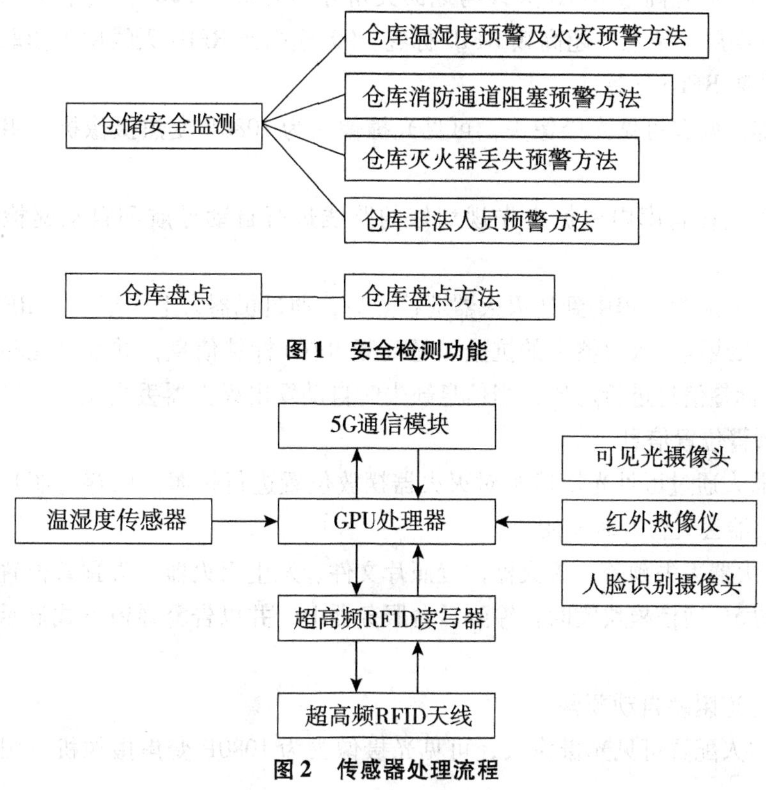

图 1 安全检测功能

图 2 传感器处理流程

四、解决方案的主要内容

1. 火灾自动预警

（1）机器人上配置红外热像仪，可以实时拍摄热成像视频并检测视频中物体表面温度。

（2）机器人在仓库内根据事先规划好的路线进行自动导航和自动巡检，无须人工参与。

（3）当物体表面温度大于门限值（目前门限值设置为 120℃）时自动发出火灾预警，同时拍摄热成像照片并记录发生火灾预警位置信息。

（4）火灾预警数据、热成像照片数据、发生火灾预警位置信息通过机器人上配置的 5G 通信模块实时传输到后台服务器上，并以告警弹窗方式显示在仓库监控页面上。

2. 灭火器丢失自动预警

（1）统计出仓库内需要巡检的灭火器数量、灭火器摆放位置，并为所有灭火器编号。

（2）准备与仓库内灭火器数量相同的抗金属超高频 RFID 标签，通过 RFID 读写设备将灭火器编号、位置等信息写入抗金属超高频 RFID 标签中。

（3）在每个灭火器表面粘贴对应的抗金属超高频 RFID 标签，并保证每个抗金属超高频 RFID 标签都面对仓库通道。

（4）机器人配置超高频 RFID 读写器和四面超高频 RFID 天线，其中两面超高频 RFID

天线朝向机器人左侧，另外两面超高频 RFID 天线朝向机器人右侧。

（5）同侧两面超高频 RFID 天线与地面夹角分别为 45°和 90°；其中 45°超高频 RFID 天线用于读取高层货架上的超高频 RFID 标签，90°超高频 RFID 天线用于读取底层和中层货架上的超高频 RFID 标签。

（6）机器人配置可见光摄像头，可见光摄像头为 1080P 变焦摄像机，用于拍摄灭火器照片。

（7）机器人在仓库内根据事先规划好的路线进行自动导航和自动巡检，无须人工参与。

（8）机器人巡检过程中到达灭火器巡检点后，通过机器人上的超高频 RFID 读写器和超高频 RFID 天线读取灭火器上的抗金属超高频 RFID 标签信息，并与事先输入的灭火器超高频 RFID 标签信息进行对比，当信息缺失时自动发出灭火器丢失预警，同时记录发生灭火器丢失预警位置信息。

（9）机器人通过可见光摄像头对灭火器摆放位置进行拍照，保存为照片文件，以供用户核查灭火器丢失告警时使用。

（10）灭火器丢失预警、灭火器位置照片文件、发生灭火器丢失预警位置信息通过机器人上配置的 5G 通信模块实时传输到后台服务器上，并以告警弹窗方式显示在仓库监控页面上。

3. 消防通道阻塞自动预警

（1）机器人配置可见光摄像头，可见光摄像头为 1080P 变焦摄像机，用于拍摄消防通道照片。

（2）使用机器人上配置的可见光摄像头拍摄仓库内消防通道畅通照片，每个消防通道都需要单独拍摄其畅通照片。

（3）使用机器人上配置的可见光摄像头拍摄消防通道阻塞照片，将仓库内常用的包装箱、托盘等物资摆放在消防通道上，模拟消防通道阻塞情况并拍摄照片，每个通道都需要单独拍摄其阻塞照片。

（4）将消防通道畅通照片和消防通道阻塞照片输入本系统的图像识别算法中，通过多组照片训练，实现消防通道阻塞自动预警功能。

（5）机器人在仓库内根据事先规划好的路线进行自动导航和自动巡检，无须人工参与。

（6）巡检过程中，当机器人巡检到每个消防通道时，会拍摄消防通道照片，消防通道照片通过机器人上配置的 5G 通信模块实时传输到后台服务器上。

（7）后台服务器调用消防通道阻塞算法，判断消防通道是否阻塞，如果是阻塞的，系统会发出消防通道阻塞预警，并以告警弹窗方式显示在仓库监控页面上。

4. 非法人员自动预警

（1）机器人配置人脸识别摄像头，人脸识别摄像头内置 GPU 图形计算单位和白名单数据库，能够快速完成人脸识别，无须将照片通过网络上传到后台服务器上，大幅提升人脸识别效率。

（2）拍摄仓库内合法人员正面照片和侧面照片，并输入人脸识别摄像头的白名单数据库中，合法人员包括仓库实物管理员、仓库账务管理员、仓库经理、项目经理等。

（3）机器人在仓库内根据事先规划好的路线进行自动导航和自动巡检，无须人工参与。

（4）机器人巡检过程中，人脸识别摄像头实时捕捉其图像中的人脸信息并与白名单进行对比。

（5）当人脸识别摄像头发现白名单之外的人脸时，自动发出非法人员预警，保存非法人员照片，并记录发生非法人员预警位置信息。

（6）非法人员照片、非法人员预警位置信息通过机器人上配置的5G通信模块实时传输到后台服务器上，并以告警弹窗方式显示在仓库监控页面上。

5. 温湿度异常自动预警

（1）机器人配置温湿度传感器，实时记录仓库中温湿度数据。

（2）机器人在仓库内根据事先规划好的路线进行自动导航和自动巡检，无须人工参与。

（3）机器人巡检过程中，当发现温度大于门限值（目前门限值设置为40℃）时自动发出温度异常预警，同时记录当时的温度值。

（4）机器人巡检过程中，当发现湿度大于门限值（目前门限值设置为70%）时自动发出湿度异常预警，同时记录当时的湿度值。

（5）温度异常预警、异常温度值、湿度异常预警、异常湿度值、温湿度异常预警位置信息通过机器人上配置的5G通信模块实时传输到后台服务器上，并以告警弹窗方式显示在仓库监控页面上。

6. 机器人自动盘点

（1）统计出仓库内需要盘点的物料数量、物料所在位置，并为所有物料编号。

（2）准备与仓库内物料数量相同的超高频RFID标签，通过RFID读写设备将物料编号、位置等信息写入超高频RFID标签。

（3）在每个物料包装箱表面粘贴对应的超高频RFID标签，并保证每个超高频RFID标签都面对仓库通道。

（4）机器人配置超高频RFID读写器和四面超高频RFID天线，其中两面超高频RFID天线朝向机器人左侧，另外两面超高频RFID天线朝向机器人右侧。

（5）同侧两面超高频RFID天线与地面夹角分别为45°和90°。

（6）机器人在仓库内根据事先规划好的路线进行自动导航和自动盘点，无须人工参与。

（7）机器人盘点可以同时扫描到左右两侧货架上、六层的物料包装箱上的超高频RFID标签。

（8）机器人盘点结束后将扫描到的全部超高频RFID标签信息通过机器人上配置的5G通信模块实时传输到后台服务器上。

（9）后台服务器将扫描到的超高频RFID标签信息与库存数据进行对比，并将对比结果展示在系统页面上。

（10）结合超高频RFID与机器人技术进行仓库内快速盘点作业，可将全库盘点时间由2天缩短为2小时，有力保障工程进度和库存准确性，特别适合高架库较多的仓库场景。

五、实施困难及应对措施

1. 灭火器对 RFID 标签屏蔽问题

问题：灭火器本身为金属材质，对 RFID 信号有较强屏蔽作用，同时多个灭火器放在一起时存在互相阻挡的情况，导致 RFID 标签识别率不高。

措施：采用抗金属超高频 RFID 标签，可以有效抑制灭火器的屏蔽作用，同时要求抗金属超高频 RFID 标签尽可能面向通道侧摆放，便于读取。

2. 消防通道阻塞算法训练问题

问题：很多情况都可能导致发生消防通道阻塞，例如货物、托盘、包装箱等。

措施：我们将仓库中常见货物、托盘、包装箱等物品分别摆在消防通道上，反复训练消防通道阻塞算法，提高其准确度。客户在使用过程中，如果发现识别错误情况，也可以将识别错误图片输入算法中进行人工训练，随着时间推移，算法准确度将大幅提升。

3. 高架库货物盘点问题

问题：内蒙古移动的高架位的最高处大概为 9 米，已经接近超高频 RFID 读写器的极限。

措施：机器人配置超高频 RFID 读写器和四面超高频 RFID 天线，其中两面超高频 RFID 天线朝向机器人左侧，另外两面超高频 RFID 天线朝向机器人右侧；同侧两面超高频 RFID 天线与地面夹角分别为 45°和 90°。

六、主要创新点

本方案主要创新点包括以下几点。

（1）火灾自动预警。

（2）灭火器丢失自动预警。

（3）消防通道阻塞自动预警。

（4）非法人员自动预警。

（5）温湿度异常自动预警。

（6）机器人自动盘点。

本方案相对于仓库巡检现有技术的优点表现在以下几个方面。

（1）机器人在仓库内根据事先规划好的路线进行自动导航和自动巡检，无须人工参与，大幅节约人力资源。

（2）机器人巡检不会错过任何巡检点，也不会错过巡检点的任何巡检项目，从而避免了错检、漏检等问题。

（3）机器人巡检过程中实时采集环境信息并进行计算与判断。

本方案相对于仓库盘点现有技术的优点表现在以下几个方面。

（1）效率大幅提升，将全库盘点时间由 2 天缩短为 2 小时。

（2）超高频 RFID 标签可以实现 8～10 米的远距离识别，超高频 RFID 标签可以实现 100 张标签/秒的大批量快速识别，同时超高频 RFID 标签 EPC ID 为全球唯一编号，具备加密功能。

七、应用效果

1. 经济效益（见表1）

表1　经济效益

类别	时间	规模（万元）	节约比例	效益（万元）	合计效益（万元）
驻地网建设和ICT建设	第一年	60000	1%	600	2000
	第二年	70000	1%	700	
	第三年	70000	1%	700	
室分建设	第一年	40000	1.5%	600	2100
	第二年	50000	1.5%	750	
	第三年	50000	1.5%	750	
年度合计	第一年	100000	—	1200	4100
	第二年	120000	—	1450	
	第三年	120000	—	1450	

其中“规模”为假定数据，主要参考节约比例。一般工程余料比例为建设规模的5%，使用本系统后工程余料比例为建设规模的4%左右，可以节约工程余料1%左右。

2. 社会效益

内蒙古移动探索物联网、RFID等技术，实现RDC仓库物资入库、出库、盘点、移位的物联高效管理方法，为5G网络高速建设提供有力保障。内蒙古移动实现了物联网模式下的人与物协同、人与人协同、机与物协同、机与机协同。

内蒙古移动先进的供应链管理撬动企业管理，打通企业资源循环，实现物资流、信息流、资金流“三流合一”，打造企业信息化时代的新价值。

八、推广价值

本案例在中国移动河南公司、山西公司、北京公司等地方进行了顺利试点。除各公司的个性化需求外，该案例能基本满足各公司的RDC仓库智能物联管理工作需求，有较强的适配性。

炎黄盛海（天津）科技发展有限责任公司：基于物联网技术的智慧物流创新应用平台

一、应用单位简介

应用单位坐落于天津市中心城区，是经天津市政府批准、教育部备案、河北区政府主办的普通高等职业学院。六十年的发展历程积淀了浓厚的校园文化，形成了“修德励学，强能笃行”的校训和“自强、实干、团结、创新”的学院精神。学院以“职业教育社区化、社区教育职业化”为办学特色，坚持“一主两翼”（一主是高职教育，两翼是继续教育、社区教育）的办学格局。瞄准区域产业发展，建设民生发展需要的职业教育专业，培养技术技能人才；瞄准学习型城市建设，开展社区教育，服务终身学习。

学院高职设置了26个专业。其中，中央财政支持重点建设的专业2个，天津市示范校重点建设的专业5个，天津市“十三五”提升办学能力建设项目重点建设专业5个，教育部现代学徒制试点专业3个，国际化教学标准专业3个，2个专业参建了国家教学资源库，获得市级教学成果奖7项、国家级成果奖1项。

学院现有学历教育在校生6千余人，年教育服务6万余人；拥有现代物流管理、酒店管理、老年服务与管理、早期教育、会展和自动化技术等实训基地（中心）；包含虚拟企业财务运营中心、联想3C服务中心、虚拟现实协同创新中心等近100个实训室；具有440兆公网、千兆局域网，实现有线和无线网络校区全覆盖。

二、应用单位面临的发展要求

随着经济全球化的发展和科技的不断创新，教育事业发展水平不仅体现了一个国家的总体竞争实力，也为社会经济的转型升级提供驱动保障能力。然而，面对中国国内和国际形势，中国高职教育仍然面临着双重的竞争压力，高等教育适龄人口的下降、传统高等专科院校和民办高职院校的纷纷升格以及地方本科院校的转型，都使高职教育面临生存与发展的压力。为提高学院的发展竞争能力，尤其是解决产业的转型升级与高职教育培养人才能力的有效衔接，提升学校的办学特色和能力，成为学院在中国高职教育投入不足条件下应对日趋激烈的教育竞争和适应地方经济社会发展转型升级需要的战略选择。

本次信息化建设旨在帮助应用单位的物流管理专业打造紧跟国内外物联网、大数据、人工智能等相关领域的先进技术，建设基于物联网技术的智慧物流创新应用平台，开发配套数字化课程资源及开展科技创新科研服务，建设融智慧物流教学、跨专业新技术实训、科研、服务为一体的共享型、创新型实训基地，建成具有全国示范性的基于物联网技术的智慧物流创新应用平台，提升物流管理专业的创新教育能力。

以落实《国家职业教育改革实施方案》精神为中心，以《教育部 财政部关于实施中国特色高水平高职学校和专业建设计划的意见》为依据，以《关于做大做强做优职业教育的八项举措》为具体指导，紧抓天津市开展国家现代职业教育改革创新示范区的重大机遇，学院通过响应国家职业教育扩招政策实施多层次人才培养模式，加快优质虚拟课程资源建设等，持续推进国内顶尖的优质骨干专业建设。以探索实施“1 + X”证书制度，响应国家职业教育扩招政策开展多层次人才培养模式创新为重点，为建成优质高等职业院校提供人才培养机制保障。学院在专业人才培养水平、专业国际化水平、传统文化融合等方面，达到国内外同类型一流水平职业院校的办学水平。

（1）建设基于物联网技术的智慧物流创新应用平台。购置物联网创新智能体验中心、物联网 + 冷链物流实训平台等物联网技术软硬件设施设备，构建与企业应用对接的物联网技术教学实训、创新实践场所，提升创新应用中心教学、培训、科研与技术服务水平。

（2）校企共育复合型新职业人才。依托相关行业协会等平台，通过组织团队教师参加国内物联网、智慧物流应用技术培训与企业实践，开展行业企业前沿技术需求、企业人才需求调研，校企共建融入智慧物流新技术的优质数字化教学资源，打造新职业培训课程体系，培育具有创新思维和企业家精神的新职业人才。

（3）共享资源，开展科研、社会服务。充分体现创新应用中心服务教学、服务社会、服务研发的主旨，开展跨专业技术技能创新人才培养，与合作企业开展行业前沿的横向研究，进一步提升专业教师科研创新水平及社会服务能力。

三、信息化解决方案

建设基于物联网技术的智慧物流创新应用平台，以冷链物流作为物联网建设的载体，围绕冷链物流 + 智慧商超的模式，打造从农产品的生产源头到供应商配货、冷链物流配送、智能冷链仓储、智慧零售终端，最后到消费者餐桌的完整体系。基于物联网技术的智慧生态供应链如图 1 所示。

在供应链的各个环节融合射频识别技术（RFID）、人脸识别技术、大数据技术、被动红外入侵感应技术、移动支付技术、条码技术、通信技术等相关技术的应用，实现了智能仓储管理、环境动态监控、溯源管理、客户画像分析与精准营销、冷链物流数据采集与可视化应用分析等智慧应用。

智慧物流创新应用平台基于物联网技术应用 + 供应链体系的特质，被赋予了多重知识结构的功能特性，可满足面向物流专业、连锁经营专业、物联网专业、市场营销专业、电气自动化技术专业、计算机信息管理专业、计算机网络技术专业等院系的实训教学要求，开展新技术应用、跨专业教学、创新能力培养的实训课程，同时可满足开展科研创新和社会服务的需求。

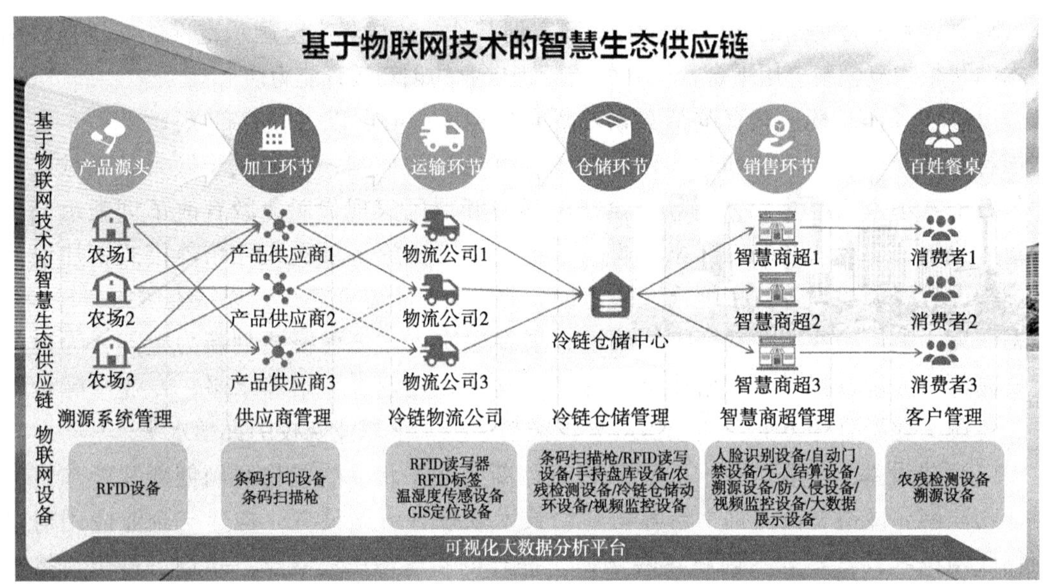

图1　基于物联网技术的智慧生态供应链

1. 整体功能架构（见图2）

2. 基础信息管理

（1）基础信息维护。

对系统的数据字典和预警方式进行的设置和管理。

字典维护包含一些需要经常用到的数据信息的管理，如商品单位（克、斤等）、规格等，可以进行新建、删除操作。

预警方式是针对特殊情况的提醒方式，可以设置短信预警或邮件预警2种方式。

（2）系统管理。

对系统上的设备信息和组织信息进行的管理。

设备管理是对与本系统接入的物联网设备信息进行的管理，包括设备编码、设备名称、IP、端口、登录名、密码等信息进行的管理。

组织管理是指管理员添加账号，并给其分配一些权限。

3. 溯源管理

溯源管理是整个供应链的基础与体现，关系到整个供应链的数据信息一致性和完整性。

（1）基地管理。

基地管理是指对商品生产来源的相关信息的记录和整理，包括基地编号、基地名称、地址、建成年份、占地面积等信息，可以进行添加、修改、删除操作。

（2）供应商管理。

供应商管理是供应链采购管理中一个很重要的问题，它在实现准时化采购中有很重要的作用。

供应商管理是指对商品的供应商相关信息的记录和整理，包括供应商编号、供应商名称、供应商地址、法人、统一信用代码、联系人、联系方式等，可以进行添加、删除操作。

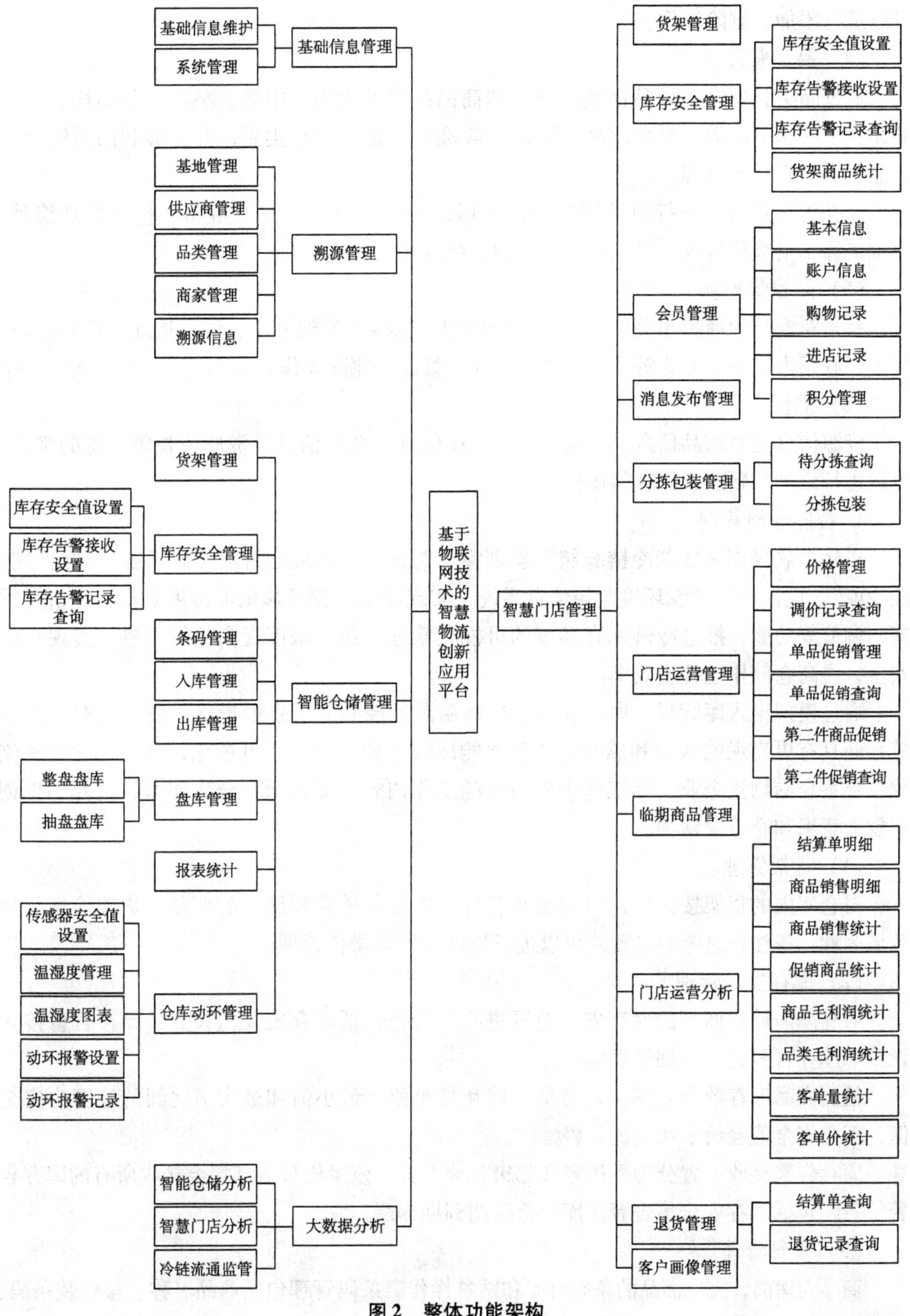

图 2　整体功能架构

（3）商品管理。

商品管理是对商品自身所带的基本信息进行管理，例如商品名称、所属类别、单位、品牌、产地、价格、包装系数、产品简介等，并通过“生成条码”按钮生成商品的条码，可以进行添加、删除操作。

（4）品类管理。

通过品类管理掌握商品品类的概念和商品品类的大类、中类、小类细分结构，了解商品所属的相关品类，根据商品的属性能够准确判定其商品类别，并能够利用系统完成商品品类的设置和管理。

品类管理对商品进行归类划分并以树形结构和信息列表进行展示，包括类别编号、类别名称、上级编号等，可以查询、添加、删除相关类别。

（5）商家管理。

是指对商品的商家相关信息的记录和整理，包括商家编号、名称、地址、经营品牌、网址、联系人、联系方式等，可以进行添加、修改、删除操作。

（6）溯源信息。

溯源信息是对商品信息、车辆信息、承运信息、仓库信息及资质荣誉等信息的维护，可以进行添加、删除、修改等操作。

4. 智能仓储管理

搭建“物联网 + 智能冷链仓储”实训室，购置冷链环境的智能控制系统，建设“智能冷库”。应用冷链物流环境监控信息系统，实现冷链库存环境的温湿度监控、分析、预警、调节等功能，推进冷链库存环境的可视化管理，最大限度提高保管质量、实现仓储安全，提高仓储作业管理效率。

通过模拟出入库管理、库存控制、冷库温湿度控制等节点的操作，使学生对智能冷链仓储具有更直观的认识和感受，体验智能冷链仓储可跟踪、可视化、自动化的管理流程，熟悉仓储物流企业实际工作中各岗位的工作内容，提升团队合作能力，培养学生创新创业意识和企业家精神。

（1）货架管理。

对仓库内的货架按区域进行归类和管理，以便分类管理储存的商品。货架信息包括区域名称、备注信息等的设置，可以进行添加、删除操作管理。

（2）库存安全管理。

对仓库内储存商品的库存安全范围进行管理，包括库存安全值设置、库存告警接收设置和库存告警记录查询等功能。

检测商品库存数量范围，设有最大值和最小值，最小值和最大值之间的范围为安全值，超出安全值会给予相应的告警措施。

库存告警接收设置分为手机号和邮箱 2 种方式，该手机号或邮箱会接收所有的库存告警信息，包括库存安全值告警、库存保质期到期提醒。

（3）条码管理。

商品入库前，完成商品的条码打印和贴签操作。条码管理包括商品名称、整包装条码、包装规格、包装单位、产地、采购价、打印数量等信息。点击打印按钮可以打印条码。

（4）入库管理。

入库管理是根据商品入库凭证，在接收入库商品时所进行的卸货、查点、验收、办理入库手续等各项业务活动的计划和组织。其基本要求是保证入库商品数量准确，质量符合要求，包装完整无损，手续完备清楚，入库迅速。

系统会对每一次入库操作做详细记录，入库记录不可删除及修改。

创建好入库单后，连接好条码扫描枪，将光标移到条码接收区，开始扫描待入库商品条码。每扫描一个新商品，下面的列表中会增加一条新记录，相同商品会自动累加入库数量。若同一种商品入库多件，可多次扫描条码，也可以直接修改入库数量。

（5）出库管理。

商品出库业务，是仓库根据业务部门或存货单位开出的商品出库凭证，按其所列商品编号、名称、规格、型号、数量等项目，组织商品出库一系列工作的总称。出库管理的主要任务是所发放的商品必须准确、及时、保质保量地发给收货单位，包装必须完整、牢固、标记正确清楚，核对必须仔细。

库存商品从仓库调拨到分拣区，需要做一些交接记录，历史出库单不可以删除及修改。

创建出库单后，连接好条码扫描枪，将光标移到条码接收区，开始扫描待出库商品条码。若同一种商品出库多件，可多次扫描条码，也可以直接修改出库数量。值得注意的是，出库数量不能高于库存数量，否则会报错。

（6）盘库管理。

所谓盘库（盘点），是指定期或临时对库存商品的实际数量进行清查、清点的作业，即为了掌握货物的流动情况（入库、在库、出库的流动状况），对仓库现有物品的实际数量与保管账上记录的数量相核对，以便准确地掌握库存数量。

盘库（盘点）方式通常有两种：一是定期盘点，即仓库的全面盘点，是指在一定时间内，一般是每季度、每半年或年终财务结算前进行一次全面盘点，由货主派人会同仓库保管员、商品会计一起进行盘点对账；二是临时盘点，即当仓库发生货物损失事故，或保管员更换，或仓库与货主认为有必要盘点对账时，组织一次局部性或全面的盘点。

系统的盘库管理分为整盘盘库和抽盘盘库。

创建盘点后，使用专用的手持移动终端进行库存盘点，盘点完成后将数据回传至系统，进行库存的更新和管理等操作。

（7）报表统计。

对仓库的各种业务数据进行统计和查询，包括现存量查询、库存周转率报表查询、库存账龄分析等。

现存量查询可查询商品现存量，通过查询和简单地分析了解库存商品的基本情况，以及哪些商品库存较为充足、哪些商品库存较少。

库存周转率报表查询，可以了解库存商品的基本情况和周转情况，为制订合理的库存量和周转计划提供依据。可以根据时间条件查询库存周转率。

库存账龄分析，有助于了解库存商品的基本情况，为合理制订库存计划和出入库安排提供依据。可以根据输入的时间条件分析库存账龄。

（8）仓库动环管理。

仓库动环管理是对仓库的传感设备进行的动态管理，包括传感器安全值设置、温湿度管理、动环报警设置、动环报警记录等。

传感器安全值设置是对温湿度控制传感器的安全范围进行设定，包括温度传感器的最大值和最小值、湿度传感器的最大值和最小值、计量单位等的管理。

温湿度管理是通过列表展示各个时间点的温湿度值。

动环报警设置是通过设置手机号或邮箱，接收告警信息，当温湿度超出安全值范围时，系统会自动发送告警信息。

动环报警记录可以查询各个时间段内发生过的告警记录。

5. 智慧门店管理

（1）货架管理。

对智慧门店内的货架按区域进行归类和管理，以便分类管理销售的商品。货架信息包括区域名称、备注信息等的设置，可以进行添加、删除操作。

（2）库存安全管理。

对门店内商品的库存安全范围进行管理，包括库存安全值设置、库存告警接收设置、库存告警记录查询和货架商品统计等功能。

（3）会员管理。

会员管理是一种通过提供差别化服务和精准营销，获取忠诚客户、长期持续增加企业利润的商业模式。会员管理提供对客户账户的管理、购物记录、进店记录、余额管理、积分管理、会员储值、数据分析等功能。

（4）消息发布管理。

（5）分拣包装管理。

分拣包装管理是商品从仓库出库到门店上架的一道工序，通过商品和数据的转移，保持操作业务和系统数据的一致性。同时，完成 RFID 标签的数据读写和包装操作。

（6）门店运营管理。

门店运营管理是帮助学生了解商超运营的流程和一般规律，掌握消费者、市场的分析方法，培养学生的经营和管理意识，熟练商超各种应用场景的操作和管理，能够制定符合市场需要和发展的经营策略。门店运营管理主要包含价格管理、调价记录查询、单品促销管理、单品促销查询、第二件商品促销和第二件促销查询等功能。

价格管理是对门店系统上所有商品价格相关的设置和调整，点击已有的数据信息，弹出修改价格页面，修改完成后点击保存，可完成价格的调整。

调价记录查询是对门店系统上所有商品调价信息的数据记录的筛选查询，可以通过输入相关的条件查询所需了解的商品信息。

单品促销管理是在门店系统上对单一商品进行降价促销策略的设置和管理。点击单品促销管理，进入单品降价促销列表，该列表记录的是未生效和正在进行的促销信息。

单品促销查询是在门店系统上进入促销历史记录列表，可以看见单品降价已经完成的促销信息。

第二件商品促销是在门店系统上对第二件相同的商品进行打折促销策略的设置和调整。

第二件促销查询在门店系统上进入促销历史记录列表，可以看见已经完成的促销信息。

（7）临期商品管理。

临期商品管理是系统对门店内临近保质期且未售出的商品进行筛选统计，并自动给门店管理者发送邮件提醒的功能模块，管理者收到提示信息后对相关商品进行后续处理。

（8）门店运营分析。

门店运营分析是对门店各种经营数据按照不同的分类进行汇总、整理和统计展示，包括结算单明细、商品销售明细、商品销售统计、促销商品统计、商品毛利润统计、品类毛利润统计、客单量统计、客单价统计等分析指标。

（9）退货管理。

退货管理是对消费者购买商品后，由于某种原因，客户将商品退回门店并进行相关数据的采集和管理，包括结算单查询、退货处理、退货记录查询等功能。

结算单查询可以查询客户需要退货所购买商品的结算单，包括结算单编号、结算日期、订单编号、客户姓名、联系方式、商品编号、商品名称、单价、数量、售价、退货状态等信息，可通过筛选条件进行搜索查询。

退货处理是在相应的结算单上对待退货的商品进行退货处理等操作。

退货记录查询是在门店系统上对发生过退货情况的各条记录进行汇总和查询，包括退货日期、订单编号、客户姓名、商品编号、商品名称、单价、数量、售价等信息。

（10）客户画像管理。

客户画像管理是通过对消费者购买行为的数据进行深度挖掘和分析，精准采集消费者属性（自然属性、性格标签、人群分类），构建可跟踪、可判断的“消费者画像”，开展精准化、定制化、个性化的营销活动。

消费者行为研究是市场调研中最普通、最经常实施的一项研究，是指对消费者为获取、使用、处理消费物品所采用的各种行动以及事先决定这些行动的决策过程的定量研究和定性研究。该项研究除了可以了解消费者是如何获取产品与服务的，还可以了解消费者是如何消费产品的，以及产品在用完或消费之后是如何被处置的。因此，它是营销决策的基础，与企业的营销活动密不可分，在增强营销策略的有效性方面有着很重要的意义。

6. 大数据分析

（1）智能仓储分析。

对采集到的智能仓储相关数据进行深度挖掘，并运用统计学相关理论方法最终呈现仓储业务的关键数据，为实现仓储的业务优化和智能管控奠定基础。

应用智能冷链仓储大数据智能分析系统，实现冷链商品动态数据的实时分析，同时培养学生的数据分析能力，掌握大数据的基本概念、原理、模式，以及大数据在指引制定仓储运营策略中的应用和重要意义，激发学生的数据分析意识。

在系统上以图表的形式综合展示库存统计、库存周转率 TOP 10、进货分析、进货环比分析、调拨分析、调拨环比分析、断货率、售罄率、新货占比、库龄分析等智能仓储涉及的业务数据。

（2）智慧门店分析。

帮助学生了解智慧门店运营中的重要指标，并掌握各指标的计算方法。经营者可根据这些数据对商品选品和顾客偏好进行分析，及时调整经营方向，提高超市的利润。

（3）冷链流通监管。

应用冷链物流大数据智能分析系统，实现冷链仓库和冷柜的实时监控。

四、信息化进程

1. 实施中遇到的主要困难、问题与解决措施

（1）应用方向面向教育，区别于普通的企业信息化。

由于本系统的应用单位是高校，需要符合学校的办学特色和实训教学要求。本次系统建设有别于一般性的企业信息化建设，除了需要高度还原企业的业务模式和信息系统架构外，还要综合考虑科技应用的先进性和延展性，并且要适应课堂实训教学的要求。因此，在系统设计初期，共同成立项目小组，就系统功能、应用设备、展示模式、实训内容、辅助教材等进行了大量、细致的沟通，不断调整、优化系统设计功能，为最终实训系统的落地提供了优势基础。

（2）与多套硬件设备和系统进行集成，增加研发难度。

由于本次系统涉及商品供应链的模式，涵盖了从商品源头—冷链运输—智能仓储—智慧门店—消费者的整个链条，因此在系统设计和研发时完成了对多种多套硬件设备和系统的集成，包括 RFID 读写器、人脸识别设备及系统、监控摄像头、盘库设备及系统、红外传感器、门禁设备及控制系统、仓库动环系统、溯源设备及系统等。

2. 信息化项目推进

项目推进的具体阶段如表 1 所示。

表 1　　项目推进的具体阶段

编号	任务	实施方（乙方）		任务完成后产出成果
		人员	工作内容	
1	项目团队组建阶段	公司项目组 高校专家组	组建甲方项目团队，针对甲方项目组成员进行必要的项目管理培训以及交流，制定项目章程。 调试培训服务器，安装测试环境、培训平台及现有的应用产品	项目小组名单及项目维护人员职责。 项目章程
2	需求调研阶段	项目经理 1 人 项目顾问 1 人 需求分析 2 人	咨询规划、详细的系统需求调研，技术实现方案，包括系统详细调研之前的流程梳理	提交需求分析报告和系统功能需求说明书。需求分析报告评审和系统功能需求说明书签字确认
3	系统设计阶段	项目经理 1 人 项目实施 2 人 项目开发 2 人	根据需求规划进行详细的系统设计（包括各种监管业务和集成），形成详细的系统设计方案	提交系统概要设计、详细设计说明书并签字确认

续 表

编号	任务	实施方（乙方）		任务完成后产出成果
		人员	工作内容	
4	系统研发测试阶段	项目经理 1 人 项目开发 4 人 项目顾问 1 人 测试人员 3 人	系统研发及测试	完成系统的全部程序开发工作，提交源代码并部署到开发测试环境中，单元测试通过、集成测试通过、系统功能验收通过
5	试运行阶段	项目组	联调、用户培训、系统试运行	用户培训完成、试运行评审
6	正式验收阶段	技术支持 2 人	系统终验	系统正式验收通过

五、信息化主要效益分析与评估

通过完成基于物联网技术的智慧物流创新应用平台的建设，构建创新人才培养模式，深化了产教融合的教育模式，丰富课程资源，为学生技术技能培养和职业素养提升提供了重要的软硬件支撑。同时，快速提升高校教学水平、奠定国际化发展基础，为我国高等教育改革积累可复制、可借鉴、可推广的教育模式，进一步推动中国高等教育国际品牌的建设。

1. 以物联网、大数据为技术核心，建成高水平创新应用实训中心

对接科技发展趋势，以物联网、大数据、人工智能等先进技术为纽带，围绕“高标准、高水平、高质量”的发展主轴，建设集人才培养、团队建设、技术服务于一体，资源共享、机制灵活、产出高效的人才培养与技术创新服务平台，积极推动中国特色高水平教育院校的建设，实现结构、内涵、特色的全面优化，全力提升办学综合实力与核心竞争力。

2. 深化产教融合、协调育人模式，提升校企合作水平

深化产教融合，促进高校学科、人才、科研与产业互动，在人才培养、技术创新、社会服务、就业创业、文化传承等方面深度合作，形成校企命运共同体。推行面向企业真实生产环境的任务式培养模式，推动专业建设与产业发展相适应，实质推进协同育人，促进专业资源整合和结构优化，发挥专业群的集聚效应和服务功能，实现人才培养供给侧和产业需求侧结构要素全方位融合。

3. 创新课程体系，实现新职业人才培养

打造新专业课程体系，落实立德树人的根本任务，突出人才培养的核心地位，着力培养具有历史使命感和社会责任心，富有创新精神和实践能力的创新型、应用型、复合型的新职业人才。深化复合型技术技能人才培养培训模式改革，大力推进个性化培养，全面提升学生的综合素质、国际视野、科学精神和创业意识、创造能力，培育和传承工匠精神，引导学生养成严谨专注、敬业专业、精益求精和追求卓越的品质。

4. 提升教师教学与创新能力，打造一流师资团队

深入实施人才强国战略，强化高层次人才的支撑引领作用，建立健全教师职前培养、入职培训和在职研修体系，培育跨学科、跨领域的创新团队，增强教师人才队伍可持续发展能力。建设教师发展中心，提升教师专业教学、创新应用、科学研究以及社会服务能力，实现教育教学、科研创新、社会服务的协调同步发展。同时，以创新应用实训中心为依托，承担科研课题、解决生产技术问题，提供技术指导，服务地方经济。

六、信息化实施过程中的主要体会

基于物联网技术的智慧物流创新应用平台采用标准化体系进行建设，有序、快速、稳定地推动建设进程，确保高水平的系统品质和服务质量，并合理控制学校的成本投入。同时，根据应用单位的具体条件和需求，在细节上进行个性化设计和配置，适应其学校的办学特色，满足学校课程建设的创新发展要求。

同时，基于物联网技术的智慧物流创新应用平台集成了最新的工业级物联网设备，打造智慧化体验、智能化管理的供应链业务场景，在打造具有个性化、智慧化、前瞻性的教学体验中心的同时，让学生近距离接触真实的业务环境和物联网技术应用，提高学生的学习兴趣、认知水平和业务能力，从而培养适应当前社会发展需要的、具备供应链管理理念的高素质物流行业人才。

另外，基于物联网技术的智慧物流创新应用平台配置了可视化大数据分析应用模块，重视数据分析对物流及供应链行业发展的驱动作用，通过对供应链上各环节关键数据的采集和深度挖掘，综合呈现各节点的业务分析指标，为物流及供应链行业管理者进行运营决策提供有力的数据基础。同时，通过大数据分析模型的设计和建立，培养学生的综合分析能力和数据意识。

七、本系统下一步的改进方案与设想

随着应用单位实训课程的开展以及物流行业科技应用的不断发展，我司今后将根据其学校的发展规划和教学反馈不断优化调整现有系统，逐步完善智能化、生态化商品供应链实训系统的建设。完善冷链物流运输功能模块的设计和研发，采用更新、更智能的物联网工业设备，并提出更详尽的供应链实训教学体系和信息系统规划，以提高物流及相关专业的教育实训水平。

同时，完善溯源体系的智能化信息系统建设，提高行业人员的业务智能化和客户体验感。

随着物流与供应链领域的不断发展和科技的不断进步，我司会尝试将更多的5G技术应用、人工智能技术融入基于物联网技术的智慧物流创新应用平台中，深化产教融合，促进高校教育与物流行业的深度合作，培养高质量高素质的行业人才，着力推进成果转化，提高高校对产业转型升级的贡献率。

圆通速递有限公司：快递小哥智能电话助手——智小递

一、应用企业简况

圆通速递有限公司（以下简称圆通）初建于2000年5月28日，经过20多年的发展，目前共有40多万名员工，在国内已拥有转运中心122个，服务终端7万余个，派送车辆3.2万辆，全货机机队12架，业务量及市场占有率居全国梯队头部，圆通现已基本形成包括新快递物流、新零售、新科技、新金融、新健康等在内的“快递+”产业体系，在标准化、国际化、科技创新、国内融合以及党建工作、乡村振兴、公益事业等方面取得了阶段性成果。

圆通在网络覆盖、运营能力、业务总量、公众满意度及服务质量、信息化水平、标准化等方面均走在了行业前列，品牌价值和综合实力名列中国快递行业前三，地市级城市网络覆盖率100%，县级城市网络覆盖率99%，日均快件量超过3000万件。

圆通在中国快递物流企业的国际化发展中处于引领地位。目前，圆通拥有国际直营站点60余个，海外网络代理点突破1000家，业务范围覆盖超过150个国家和地区，开通国际航线2000多条。

圆通坚持科技兴企、向科学技术要生产力。圆通在信息化建设项目中累计投入超过20亿元，拥有自建机房和服务器，自主研发并投入使用32个系统、3000多个独立应用，并发承压能力及数据处理规模在业内领先。

二、业务痛点

快递企业末端派送的效率和服务质量在包裹全流程中占据重要位置，快递小哥与客户之间的沟通主要通过电话等渠道，但当快递小哥揽派任务繁重时，接听客户来电必然受影响，反言之，频繁处理来电事宜必然影响揽派工作。因此，如何解决不漏接、不拒接客户来电的前提下更高效地处理揽派工作成为快递小哥的苦恼。以下问题是我们研究的重点。

（1）如何助力快递小哥工作？

（2）如何防止漏接电话，提升服务体验？

（3）如何避免来电打断工作节奏？

（4）如何避免因拒接电话错过重要的事项？

三、项目内容介绍

基于AI的智能电话助手智小递App（下述简称“智小递”），属于技术研发类项目，是借助 AI 并基于公司大数据而开发的快递业务末端智能化服务产品。顺应快递小哥派送环节的多媒体化、智能化、客户化的要求，通过融合业内先进的语音识别、语义理解、对话管理、自然语言处理、语音合成等人工智能技术，结合电话呼叫转移服务、内部业务数据，在快递小哥繁忙、无法应答或电话打不通等情况下，由智能语音机器人帮助快递小哥接听客户来电，与客户进行沟通，满足客户催查件、咨询、下单等需求。智能机器人完成客户服务后，抽取来电者意图，将对话的核心内容形成通话简报与标签，并将通话内容以录音和文本的形式，供快递小哥收听。所有智能机器人代接来电信息通过 App 的消息推送功能送达快递小哥，帮助快递小哥实现“重要来电不漏接、骚扰电话不用接”，既能帮助快递小哥降低投诉率，又可以帮助快递小哥提高效率、增加收入，同时规范快递小哥末端派送服务的规范化、标准化。

智小递主要由前端机器人 + 后端知识库管理平台 + 电话呼转服务融合而成。用户（快递小哥）通过开启呼转服务即可启用智能电话助手，针对快递行业定制化专属问答知识库，并与各相关业务系统对接，打破信息孤岛，支持用户高度自定义，开场白自定义和常见问题自定义，以实现高度个性化的电话助理，以此提高电话助理对话成功率、提升来电者（快递客户）的使用体验。图 1 为智小递部分界面截图示意。

图 1　智小递部分界面截图示意

智小递主要技术指标包括语音识别准确率、来电意图判断准确率、人机对话成功率。其中，手机 App（8K 采样率）语音识别准确率不低于 95%，电话场景（8K 采样率）语音识别准确率不低于 90%。通用谈话场景语音识别准确率可达 95.07%。快递垂直领域的来电意图判断准确率为 95%，人机对话成功率可达 90%。图 2 为智能电话助手的相关架构。

智小递可有效助力一线业务工作，实现提质增效，项目产出也将通过量化和潜在的用户信息价值体现，将更好地保障网络高效高质量运行。

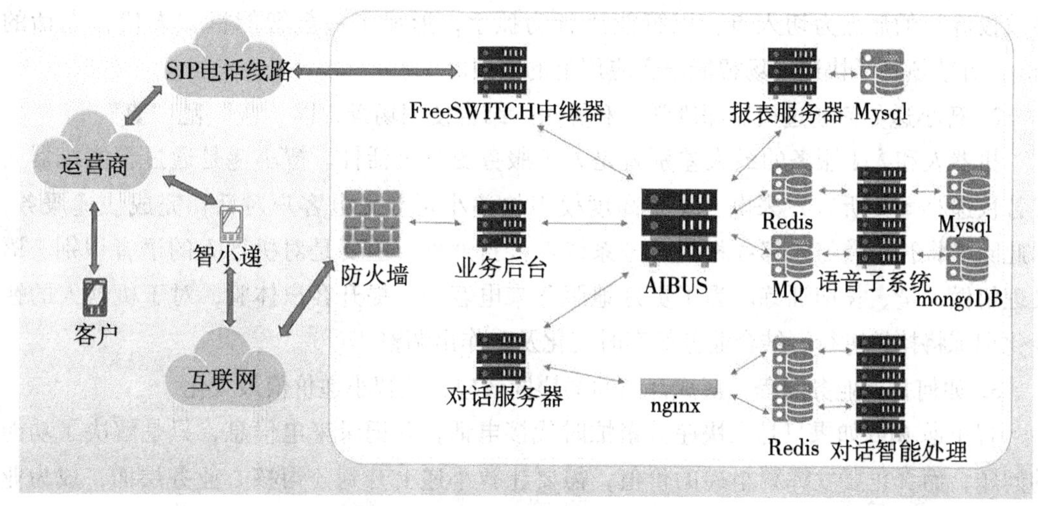

图 2　智能电话助手的相关架构

1. 提质增效

智小递的使用可为快递小哥提高 10% 的整体工作效率，综合投诉率降低 5%。不仅减少处罚、节省时间，还可以创造更多的机会。

2. 增加互动、用户沉淀

通过 App、微信小程序、短信等多种形式增加用户和快递小哥或者快递企业的互动，提高用户对快递的体验度，增强用户黏性。

3. 用户画像

通过汇总快递小哥及其客户的沟通等相关数据，可更加精准对快递小哥的员工画像、快递业务的客户画像等进行扩展、补充、深化，更好管理末端快递业务工作，为快递小哥赋能，为客户提供更加精准、差异化服务，提高快递业务的服务质量，提高客户满意度。

2020 年 5 月智小递正式上线，并在圆通内部经过试点、推广正式投入使用。截至目前，智小递注册使用人数达 2 万人，总接待量已达 300 万次，日均代接量达 3 万次以上，并且顺利通过 2020 年“双十一”及“双十二”的快递业务高峰期考验。

该项目的开展，加强了企业的科技创新，加快了成果转化，也验证了 AI 在物流行业的可靠性，基于研究成果，面向快递物流行业积极开展应用示范作用，结合圆通承接的“物流信息互通共享技术及应用国家工程实验室”在物流行业推广，产出行业服务标准和技术能力及知识库。帮助行业提高末端揽派环节的工作效率与服务质量，降低投诉率，为企业提质升级与降本增效。并积极响应党和国家关于提高快递物流行业整体服务的号召，为国民经济的平稳健康发展作出应有贡献。

四、项目的主要挑战

1. 智小递如何在快递 App 的红海中抢占赛道，脱颖而出

智小递上线前，市场上已有数十种快递类的智能 App。但这些 App 的同质化程度较高，功能集中在短信、面单扫描等。而智小递选择了差异化竞争，即以“快递员漏接电

话被投诉”的痛点为切入点，以智能语音为抓手，形成了一款智能机器人代接电话的App，有效填补了快递市场智能语音应用上的空白。

2. 智小递如何通过机器深度学习和算法，结合使用场景，以“假”乱“真”

机器人和人工服务的最大差别就是人工服务更具灵活性。智小递是通过智能机器人代替快递小哥接听客户来电，需要高度模拟快递小哥与来电客户对话，完成快递服务，因此除了将智小递与内部各相关业务系统对接打通外，主要是对机器人的语音识别、语义理解做大量、长期训练。为了更好地服务来电客户、提升客户体验，对于机器人的智能化训练将持续进行，结合业务的实时变化及时作出调整。

3. 如何打通业务流程，形成部门间的协同效应，让智小递价值最大化

智小递 App 如果只是在快递员繁忙时代接电话，并记录来电信息，只是解决了功能的问题，而真正要发挥智小递的价值，需要让智小递上升到公司核心业务层面，成为业务流程中重要的一环。为了达到这样的要求，智小递就进行了跨部门的沟通，打通了业务流和信息流，确认了智小递的录音可以作为仲裁的有效素材。这样不仅可以保护客户的利益，同时针对恶意投诉等，智小递也保护了快递小哥的利益。

4. 保持智小递的持续更新迭代

一款优秀的 App 是需要更新迭代的。一方面，收集和研究竞争对手的 App，另一方面，智小递形成了定期调研的机制，通过定期问卷调研和客服访谈，科学评估需求，并结合使用场景，根据 80/20 法则，选择性地增加快递小哥最需要的功能，逐步进行迭代。这样避免了 App 页面的复杂性和功能的冗余。

5. 如何有效触达快递员，进行全流量营销，防止增长内卷

快递员（快递小哥）群体都是“在路上”的行者，他们的时间是碎片化的，很难集中进行沟通。针对这一情况，采取了一定的策略。一是通过公司内部渠道进行宣传推广，借助公司各个部门的对外沟通渠道对快递员进行全面覆盖。二是通过微信等社交媒体进行宣传推广。考虑到快递员工作的特殊性，在推广形式上，也进行了创新，采用综艺化、故事化的培训视频，以及动画、语音等图文形式，让快递员轻松愉快地接受培训。

五、项目发现、发明及创新点

1. 业务创新

智小递是行业垂直领域首个为快递小哥打造的智能代接电话产品，巧妙地通过电话呼叫转移服务将客户来电转移给 AI 助理接听，完美解决了快递小哥在繁忙、无信号、关停机等情况下错过客户来电的痛点，避免因此造成的客户投诉。而智小递不仅是代接，还可以与来电客户智能对话、全程录音、全部文字转写，方便快递小哥事后查看并处理客户需求。

2. 安全创新

在送快递或者送快递的骑行途中，当客户来电时，快递小哥接听电话会存在严重的安全隐患，但不接电话同样会造成潜在的客户投诉，智小递成功解决了快递员配送安全，骑行也可“接”电话的问题。

3. 技术特点

（1）语音识别。

智小递是通过语音识别模型，将来电客户的语音转化为文本，再通过语言理解和对话管理进行处理后，与来电客户进行沟通。

（2）语音合成。

智小递提供多个极具特色的合成音，包括：沉稳男生（快递小哥）、可爱小美（快递小妹），满足用户的个性化需求。

（3）语义理解和对话管理。

智小递使用机器学习、深度学习、强化学习、迁移学习等智能算法，使其理解人类语言，并与人类进行有效沟通，进而根据人类语言中的意图进行理解并执行特定任务或作出回答。将神经网络应用于传统任务导向型对话系统的不同组成部分，包括自然语言理解、自然语言生成、对话状态跟踪。

（4）持续迭代的知识库。

智小递的智能度对于用户体验极其重要，可根据用户需求不断迭代应答场景，目前已支持几十个来电场景的应答，且现有对话系统可以快速增加新场景。

六、项目对行业的贡献

1. 智小递打破了快递行业内电话助手在垂直领域应用的空白，为行业树立了标杆

智小递是一款“快递行业 + AI”的行业应用类 App，主要利用人工智能语音技术，实现机器人帮助快递小哥接听客户来电的功能，区别于市面上一般的电话助手，智小递可以针对快递业务的不同场景，让机器人根据客户不同需求给出专业的回答。智小递是行业内第一个将电话助手类智能产品运用于快递业务的应用，为同行在相关的应用起到了积极的示范作用。

2. 智小递为行业降低整体投诉率提供了参考方案

根据快递行业实际情况，有相当一部分的投诉，都是因为客户致电快递员后电话未接通而引起的。现在当客户致电快递员无法接通时，智小递会主动帮助快递员接听，同时可以将来电信息转写成文本记录，供快递小哥查看；并且对用户来电对话全程录音。对客户而言，这解决了电话无反馈而造成体验差及投诉的问题，大大提高了客户的满意度。

3. 智小递为解决快递行业的安全问题提供了新思路

随着快递量的增加，各快递公司对快递员服务的高要求，以及客户对于快递产品时效的高期待，导致很多快递员需要在驾驶、搬运等情况下，接听来自公司、客户等的电话，这样容易造成安全问题。智小递的应用，让快递员在不方便接听电话时，由智能机器人进行代接。这样快递员可以安心驾驶、搬运，而不再担心因为错过电话而被投诉的问题。

七、项目下一步计划

智小递下一步重点在版本升级和营销推广两个方面。

1. 版本升级

（1）融入智能语音外呼功能，满足用户一切需要外呼的场景需求，方便快捷地与客户沟通，及时有效地进行客户管理。

（2）扩充用户角色，如驿站、代办点、分公司等。

（3）单一用户双卡功能，满足客户一人多卡、一号（工号）多卡的使用需求。

（4）增加来电客户标签，便于快递小哥快速识别、提供差异化服务等。

（5）为快递小哥提供更加全面、实时的个人业务数字化展示。

2. 营销推广

智小递目前主要推广渠道是微信群、电话营销等，下一步将重点通过更多媒体渠道进行宣传，如抖音、视频号等，用有趣的方式吸引潜在用户。

唯智信息技术（上海）股份有限公司：唯智信息康师傅智慧物流供应链解决方案

一、公司介绍

唯智信息创立于2001年，为客户提供集智能与移动互联为一体、支持微服务架构的物流混合云全面解决方案。公司总部位于上海，在全国设立18家分支机构，拥有一支超过500人的高素质、国际化产品研发和技术支持团队。

目前唯智信息旗下OMS、TMS、WMS、BMS、ROS、WES和物流链云平台等产品为3000多家企业节约物流成本，提升供应链效率。

唯智信息旗舰客户包括富士康、沃尔玛、国药物流、中国中车、上汽通用、立邦、康师傅、韵达等一大批明星企业。作为物流信息化领域领军企业，唯智信息是唯一入选2020年Gartner TMS全球魔力象限报告的非欧美供应商，是唯一在TMS及WMS领域均进入相关领域全球报告的中国供应商，荣登LogisticsIQ™《2020年仓储自动化市场图谱》。

二、合作公司介绍

康师傅控股有限公司及其附属公司主要在中国从事生产和销售方便面、饮品及方便食品。集团于1992年开始生产方便面，并自1996年起扩大业务至方便食品及饮品；2012年3月，集团进一步拓展饮料业务范围，完成与PepsiCo中国饮料业务的战略联盟，开始独家负责制造、灌装、包装、销售及分销PepsiCo于中国的非酒精饮料。目前集团的三大品项产品，皆已在中国食品市场占有显著的市场地位。“康师傅”作为中国家喻户晓的品牌，经过多年的耕耘与积累，深受中国消费者喜爱和支持。

三、案例背景

相较于百货、超市等实体零售，电子商务近年来呈快速增长态势，对传统业态造成巨大冲击，顾客“分流”现象严重。根据国家统计局数据，2019年，全国实物商品网上零售额106324亿元，比上年增长19.5%。

基于此，康师傅选择与唯智信息合作，借助大数据、人工智能、云服务等科技力量，共建物流信息化平台，实现了康师傅庞大的工厂、承运商、运输司机体系的统一管理。

四、解决方案简述

唯智信息打造的康师傅物流信息化平台实现了工厂、承运商、运输司机共用同一管理平台，实时传递订单信息以提高工作效率；通过GPS对车辆在途全程可视化管理，追踪车辆行驶轨迹，有效防止车辆异地送货；通过司机 App 全程数据记载，真实反馈供应商服务、工厂效率等 KPI 指标，助力康师傅实现了供应链效率的大大提升，并降低物流成本。

系统支持实时统计开单、出货、应出未出量，数字化管理进出厂车辆秩序，有效统计车辆装货前等待时间与货物运抵后的卸货时间，有效统计与检核仓库装运效率，实现订单全程可视化跟踪，异常情况及时处理。

在途信息节点采集通过司机 App 完成；此外，签收环节通过电子围栏自动记录各节点时间。可通过司机 App 和仓库人员 App 的互相扫码，实现到仓时间、开始装货时间、完成装货时间、离开仓库时间等节点信息的提取，为仓库工作及承运商管理提供 KPI 考核的依据。

承运商可预约到仓时间，从而有效解决仓库管理中常常出现的出货量预估不足，没有安排人员，设备出货量增大时无法满足装货需求，设备闲置等问题。

物流订单通过接口接入云 TMS，同时获取订单相关数据。云 TMS 根据相应规则自动分配承运商，从而减少人为手工作业流程，省时省力，减少员工成本，提升管理水平，实现自动化及可视化。

除此之外，系统可支持订单的在途监控，实现异常情况及时预警和异常信息的及时反馈。遇到在途异常状况及时填报，既减少了过多的电话沟通，又留存了记录和影像证据。

五、应用效果评估

在物流信息化平台的帮助下，康师傅落实了现代化园区管理模式，通过车辆行驶轨迹全程可视化追踪，80% 以上的运输异常在事前或事中得到预防和管控。运输实时数据记载和智能统计分析，显著提升了全过程管理水平。

中车石家庄车辆有限公司：蓄冷式冷链装备智能监控系统案例

一、企业简况

中车石家庄车辆有限公司是中国中车集团旗下子公司，是铁路行业联盟成员，国家高新技术企业、省级企业技术中心、河北省铁道协会理事长单位。公司先后被授予“全国文明单位”“河北省明星企业”“河北省两化融合重点企业”等荣誉称号。

公司现有职工2689人，技术中心有研发人员120人，其中教授级高级工程师4人，高级工程师35人，硕士研究生20人，技术涵盖车辆工程、机械设计、电气设计、信息工程、材料科学等多个领域。

公司十分重视科技创新工作，近三年来，共计承担了29个项目，荣获省部级和中车科学技术奖共5项，其中“金属橡胶复合件顾家再利用技术研究及应用”“D6型凹底平车研制”分别获得中国铁道学会和中车科学技术二等奖；授权专利80项，其中发明专利22项；主持编制标准5项，参与编制标准3项，省部级以上期刊发表论文20余篇。

公司积极开展产学研合作，分别与北京交通大学、西南交通大学、石家庄铁道大学、英国伯明翰大学等高校和科研院所建立了长期稳定的合作关系，近三年来开展了“机车车辆闸瓦摩擦材料的回收和再利用技术研究”“基于先进相变蓄冷技术的多式联运冷链装备”等产学研合作项目。

自2018年以来，中车石家庄车辆有限公司聚焦冷链物流领域，引进高学历和专业化人才对冷链装备进行技术研发和市场拓展。特别是在疫情期间，蓄冷式冷链装备系统投身抗疫援鄂物资供应一线，全力保障应急物流体系运行。同时落实国家六保六稳政策，开展鲜花特色货品冷链公路运输，开创了鲜花公铁联运长干线冷链运输的先河。

二、通过信息化技术要解决的突出问题

随着全面小康社会的建设进入关键攻坚阶段，国家对于冷链行业的发展进行了多次强调与重申，对国内铁路业的冷链物流发展也提出了方向性意见。而在《中国铁路总公司发展规划（2018—2020年）》中，更是明确提出了“到2020年实现冷链运量800万吨以上”的目标。以此为基础，铁路有关部门提出了《铁路冷链物流网络布局“十三五”发展规划》，文件对提升设备水平和完善冷链信息化标准等提出了明确的建设要求，文件明确指出：逐步构建铁路冷链信息技术标准体系，实现全程信息的互联互通。

中车蓄冷式冷藏集装箱产品以标准集装箱为基本框架，以蓄冷技术实现对箱内温度的控制。该装备具有高效储冷、运途无源、恒温恒湿、一箱到底等众多使用优势，极具

针对性地开拓了铁路冷链装备选择空间，目前该装备已纳入国家铁路冷链物流通道建设的推荐装备目录。在生鲜产品产地或集中冷库等地装入生鲜产品后，使用通用的运载工具将蓄冷集装箱直接运抵当地货场装车，以普通集装箱的铁路运载模式运输至目的地，通过技术革新为铁路运输实现了全程不断链、门到门服务的冷链建设目标。

蓄冷技术的本质是利用集装隔热箱建立相对独立的箱内环境，充分利用相变材料（Phase Change Materials，PCMs）相变时间长、温度稳定的特点，在集装隔热箱内建立了一个适宜的冷藏或冷冻的运输环境。通过蓄冷结构设计及控制相变材料用量等方式，可实现单次使用时长在1～10天范围内的运途无源的运输需求。

蓄冷技术在铁路系统内，甚至在全国冷链范围内的使用中，需要建立完善的信息化系统。一方面，满足冷链运输业基本的数据需求，例如，箱内温度、湿度、位置信息等。另一方面，蓄冷技术带来的无源使用特点导致了客户在使用中会产生信息焦虑，缺乏有效直观的蓄冷技术信息服务手段，很难将蓄冷技术与现代冷链物流的发展要求紧密结合起来。

现在提及蓄冷技术，冷链市场虽然认可其在恒温、节能等方面的技术优势，但也会却步于其落后的信息化承载能力。

三、实施中的主要困难、问题与解决措施

蓄冷技术在制冷领域的应用与电池在电动车辆上的应用原理相似，电池通过储存电能，蓄冷式冷链装备通过相变材料储存热能，最终都实现了能量的自主供给。蓄冷式装备一次性充冷固定时间后，以相变材料缓慢相变的方式对运输环境进行持续性冷输出，可维持较长时间内的恒温制冷，使用过程中无须任何能源。而且蓄冷式冷链装备可以与运输设备（汽车、火车、轮船、拖车等）及设备电源脱离，可与普通集装箱一样运输，大大提高了物流效率、运输自由度，拓展了应用范围。由相变材料所营造的环境，恒定的低温大大降低了细菌的滋生，极低的温度波动保护了生鲜产品的细胞壁（温度反复变化导致细胞壁破裂）。

信息系统的缺乏必将导致蓄冷式冷链装备在应用上存在非常大的风险隐患，蓄冷式冷链装备的最大弊端也是由其无源的特性产生的。以冷链运输过程为例，单次充冷后冷量使用时长会受到设备开关门、装卸货、外界运途环境等多因素影响。一方面，当造成装备冷量损失提高时，需要建立提醒途径，将设备信息及时对使用人员以及相关方进行提醒，并及时采取应对措施，避免货物的损失。另一方面，当使用环境趋于友好，设备冷量损失逐步降低时，冷量使用时长会进一步延长，如果设备使用人员仍然按照传统的能源补充节奏进行操作，势必造成能源的浪费。

为了提高蓄冷式冷链装备对蓄冷材料相变过程中冷量的利用效率，需要开发基于相变蓄冷技术的分析、处理工具，该工具需对蓄冷单元实时检测。以此为基础，对已使用过程的冷量进行统计和分析，并对剩余冷量的使用提供指导。一方面，紧紧把控市场需求和政策要求，建立一种可信的全程冷链监控系统，实现装备位置、行驶路径、温湿度等信息的实时收集和展示。另一方面，信息化、智能化已经成为整个物流行业、整个社会的发展趋势。冷链物流要保持全程冷链，需要对全程的温度进行监控，对冷链的各个

环节进行掌控，更需要采用信息化技术和设备。通过信息化，不仅要实现对历史数据的分析，还需要通过大数据分析等技术对未来发展进行预判。

信息化建设作为蓄冷式冷链装备的神经网络和智能之源，将互联网基因根植于蓄冷技术之中，与蓄冷技术同步发展，在解决上述蓄冷技术应用方面相关问题的同时，也会带动蓄冷式冷链装备在市场上赢得更大的产品应用和技术拓展空间。

1. 系统建设需求

推动蓄冷式冷链物流的发展不仅仅是推一个冷藏集装箱或者冷链车，而是要从农田到餐桌整个过程实现信息流通，因此冷链物流信息化解决的重点是将运输过程信息进行共享，并且能在发生断链风险时提前向用户预告警报，避免产生更大的损失。

针对以上目标，有针对性地规划设计了蓄冷式冷链装备智能监控系统的功能架构，主要围绕以下几个方面展开。

一是位置可追踪。智能装备需要具备自定位功能，以便能够快速查找货物运输位置，给货主及客户提供安心保障，同时为冷链装备资产盘活运用提供便利手段，能够让运营者随时掌握冷链装备的位置和分布情况，为经营决策提供保障。

二是运输期间的货物环境可回溯。智能装备需要具备全程探测并记录货物运输环境的能力，以便判断货物是否处在安全的环境中。

三是续航里程问题。智能装备应具备低功耗长续航的能力，蓄冷式冷链装备的一大特点是绿色环保，运输过程中零排放，因此相关的物联网设备只能通过事先充电或者自充电方式满足电量供应，采用低功耗设计将有益于增加冷链装备的不间断使用时间。

本项目的建设目标是实现冷链全程实时监控，并且事后可以实现冷链全程数据可追溯，以支持未来基于蓄冷式冷链装备的业务扩展。为实现上述的目标，项目需要如下内容。

一套可实时监控冷箱状态的物联网设备，可以实时掌握冷箱运行的内外部环境，如温度、湿度、开关量等，可以实时获得冷链装备的运行位置，并将监控数据通过无线移动通信（2G/3G/4G）网络上报给云端的软件系统。

一套用于远程监控物联网设备的管理平台，该平台可以接收智能设备采集上报的数据信息，可以实现智能设备在冷链装备上的安装绑定，并可以通过图文并茂的方式实现对冷链装备的 24 小时跟踪监控。

2. 系统功能设计

蓄冷式冷链装备智能监控系统物联网架构如图 1 所示。

（1）智能装备及物联网终端。

蓄冷式冷链装备智能监控终端内置多种传感器，采用低功耗设计，可以实时跟踪装备的位置，外部可探测到运动状态、运动速度、装备外部环境温度等，内部可实时检测货物装载环境的温湿度。除此以外，物联网终端的独特设计还使冷链装备成为真正意义上的智能装备，物联网终端内置了边缘计算能力，能够实时探测出相变材料冷量状态，为冷箱续航、货物安全、货主安心提供了保障。

（2）蓄冷式冷链装备智能监控系统。

云端的智能监控系统拆分为数据接入系统、数据存储系统、物联网后台系统、业务

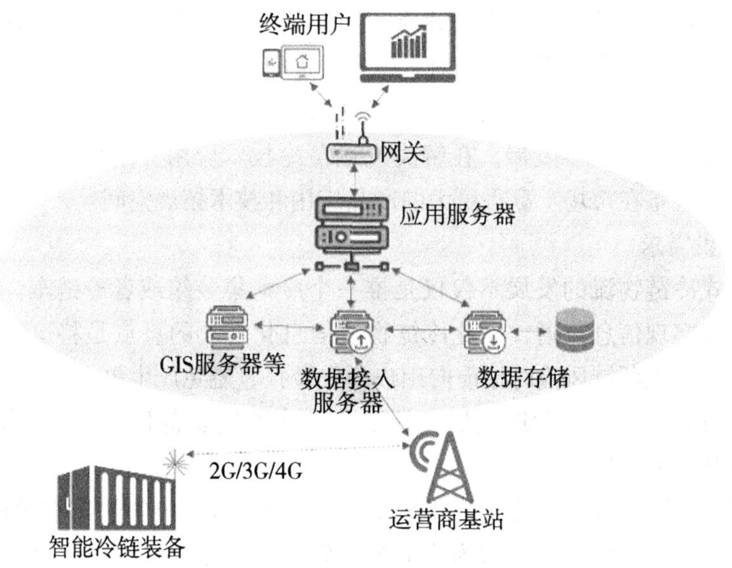

图1　蓄冷式冷链装备智能监控系统物联网架构

应用系统、对外接口服务等子服务或子系统。

数据接入系统负责处理远程智能终端与平台间的数据交互逻辑，分门别类将数据存储到系统中，同时也可以将平台通知设备执行的运行指令下发给智能终端，实现设备的远程维护、远程管理。

数据存储系统采用缓存数据库、关系型数据库、非关系型数据库、时序数据库等技术组合实现，系统根据物联网终端数据产生频率、数据存储时效总量、应用端的查询检索需要等多种因素灵活选用适应的存储或临时存储机制，大大提升了系统的性能和容量。

物联网后台系统是结合了设备管理需求、系统运维管理需求而研发的后台管理系统，可以实现系统运行时的参数管理、权限管理、日志审计、代码字典、流程定义等功能，可以实现设备装备管理、设备固件维护、远程参数配置下发、远程固件升级、设备与平台数据交互日志审计等一系列功能，为智能装备的应用提供有效的管理手段。

业务应用系统是向业务输出服务的窗口，系统采用直观可视的展示方法，将智能装备的位置、环境状态、追溯信息等反馈给最终用户，并以电脑端浏览器、移动端小程序等多种方式和手段为用户提供方便快捷的服务。GIS 服务等第三方服务或接口也是为用户提供服务而选择集成或接入的。

对外接口服务通过将系统数据进行梳理，以标准接口的方式为其他第三方系统或有需要的业务软件提供数据接出服务，以为其他系统提供更丰富的数据服务选项。

3. 系统技术特点

（1）“北斗 +”方案。

智能装备采用北斗/GPS/GLONASS 多模定位技术，采用 2G/3G/4G 全网通通信模块，可支持绝大部分地区的通信制式，除此外采用自定义通信协议保障设备传输安全，因此智能装备支持全球范围内装备定位并以安全可靠的方式将数据传回到中心。

（2）低功耗设计。

智能装备采用低功耗设计，在不更换电源情况下，设备可以支持密集采集频率下连续60~80天的使用，通过电路优化、边缘识别并自动调整或优化工作模式等，共同保障设备可以以较低的功耗长时间稳定运行。

（3）边缘计算能力。

智能装备具备边缘计算能力，系统可以实现装备自识别状态，并更具自身状态主动调整设备工作逻辑，并通过内置核心算法，将传感器数据转义成冷链装备“冷芯”的冷量，并及时通过云端系统反映给业务端，提升了装备的可用性和便捷性。

四、主要效益分析与评估

目前，公司已经完成多批次、长距离的公铁联运测试，目前已进入小批量商用阶段，在此期间，该装备的优势表现得十分明显。

一是运输损耗率大幅度降低。蓄冷式冷箱全程自然释冷无吹风，内部恒温恒湿，自成小环境，果蔬干耗为零；而在同等运输距离下，机械式冷箱因为有吹风等原因，单筐（15公斤）果蔬损失约为0.2~0.3公斤，损耗近1.3%~2%。

二是品质提高，这在果蔬运输中尤为抢眼。红提是一种非常娇嫩的水果，想要保鲜对环境的要求极为严苛，在多次的路试过程中，运到后红提表面挂霜（最优的保鲜效果）；再比如鲜花运输，从昆明到上海公铁联运、到达目的地后无货损，鲜花质量保存效果极佳，受到了货主的一致好评。

三是支持公铁运输。疫情期间，中车石家庄车辆有限公司承担了援鄂物资特别是蔬菜、鲜花等重点物资的运输任务，采用公铁联运的方式，将蔬菜从云南产地直接运送到武汉市社区居民的家门口，开箱后蔬菜新鲜如初，对缓解当时武汉市运力紧张、库容紧张、人力搬运紧张等困难局面作用明显。

另外，蓄冷式冷链装备的突出特点是运输成本降低。相比传统的冷链装备，蓄冷式冷链装备前置充冷，运输无须额外能源，支持不开箱情况下的公铁周转，续航里程能满足5~10天的运输路径，运输经济环保、减少周转成本，据多次实测的数据，相比于传统的机械式运输，蓄冷式冷链物流可以减少约20%的运输成本。

综上所述，蓄冷式冷链装备依托信息化系统，在使用过程中建立了全程可视的运输管理体制，最大限度减少了人为因素造成的信息缺失和错误，提升了运输环节的工作效率、物流效率。物流平台以第三方的姿态保证各方数据内容的一致性和准确性，降低彼此间的信任危机，有助于推进铁路冷链业务的数字化产业布局。

在蓄冷式冷链装备智能监控系统的开发进程中，相关技术专利及学术论文汇总分别见表1、表2。

表1　　技术专利汇总

序号	国别	申请号	状态	项目名称
1	中国	201910959314.7	受理	一种单位时间充冷量的确定方法
2	中国	201910960434.9	受理	一种单位时间散冷量的确定方法
3	中国	201820922051.3	受理	一种充冷量的确定方法
4	中国	201910959049.2	受理	一种蓄冷量剩余使用时长的确定方法

续 表

序号	国别	申请号	状态	项目名称
5	中国	201910959309.6	受理	一种已释冷量的确定方法
6	中国	201910960429.8	受理	一种蓄冷量剩余使用时长的确定方法
7	中国	201910959803.2	受理	一种冷链运输路线规划方法
8	中国	201910960441.9	受理	一种单位时间释冷量的确定方法

表 2　　学术论文汇总

序号	标题	期刊	状态
1	蓄冷式冷链平台方案设计与实现	电子元器件与信息技术	见 2020 年 10 月刊

五、主要体会

一个系统的开发设计必须建立在对系统各个组成部分深入了解的前提下进行，在确认系统功能前，要以项目未来长远发展的眼光进行充分顶层设计，系统的布局、流程的设计和技术选用要具有前瞻性。系统搭建过程中，重点就功能实现方案进行及时、细致把关，分歧和问题的解决不能“就点论点”，建立统一的系统认识是功能实现的基础保障。

该信息系统的设计和搭建是物联网技术在工业应用中的一个典型案例，数据、协议的标准化及开放性的数据库搭建方案不仅充分满足了蓄冷项目的信息化需求，也充分考虑了系统的容纳边界，有助于提高项目发展的竞争力、提高用户服务水平，紧随科技发展的脚步。

六、本系统下一步的改进方案与设想

目前，蓄冷式冷链装备智能监控系统完成了冷链装备从数据采集到形成应用的初步探索，实现了物理设备、传输链路、逻辑处理、业务应用的初步布局和试水，验证了蓄冷式冷链装备智能化应用的可行性。

蓄冷式冷链装备智能监控系统的应用尚处在起步阶段，贴近客户、引导业务健康发展是未来拓展蓄冷式冷链应用工作的重点跟踪方向。未来将密切跟进业务应用，不断学习，不断改进，进一步提升蓄冷式冷链装备的整体流通性及装备利用效率，降低单位货物能耗水平，为管理精细化做铺垫。同时，还将进一步提升面向冷链物流等第三方企业的信息化增值服务，从信息提供者向帮助用户拓展信息化管理手段、提升信息化管理水平的生态合作者转变，提升整体服务价值。

运易通科技有限公司：运易通数字化物流自主可控物联网装备

一、企业简况

运易通科技有限公司（以下简称“运易通”）是中国外运股份有限公司旗下的专业电子商务公司。运易通倾力打造的运易通平台（www. y2t. com）是中国外运聚焦 B2B 物流服务领域，打造的集物流交易、物流履约、物流资源集约、数据及金融为一体的全国性物流电商平台，运易通平台于 2013 年 12 月正式上线，历经多年的磨砺与打造，平台目前服务覆盖国际和国内订舱、网络货运（陆运）、关务、国际多式联运、空运、小商品（拼箱）、跨境电商和大宗商品八大物流服务领域，是中国颇具规模的物流电商服务平台之一。

运易通平台充分将 5G、物联网、大数据等技术与物流产业链服务场景结合起来，创造性地实现了“智能路径规划”“智能跟踪”“智能单证”等智能化应用，将传统的线下接触式服务转为线上非接触式的智能化自助服务，大大提升了各环节物流的服务质量和物流体验，实现 7×24 小时线上不间断服务。同时运易通推出标准化的全链路服务产品，将原来分散的物流环节封装起来，实现各环节资源的无缝连接，为企业提供简单、便捷的端到端服务。

二、运易通数字化物流自主可控物联网装备

1. 定位宝简介

定位宝是运易通研发的一款多用途货运追踪设备，该设备采用多重定位设计，集成 GPS/LBS 定位信息，可根据不同地区信号情况自动切换。整体工艺上采用 IP68 级别的高防护设计，无论是防水、防尘、防震、防跌、防低温（最低可到 -40℃）、防高温（最高可达 60℃），都可适用，满足各种室外环境的要求。定位宝在设计上还采用了强磁吸附，内置 6 个强磁，安装一吸即用（同时预留扎带孔，可供加强固定），以便实现便捷安装。另外，设计上采用了“三合一”模式，即“大容量锂电池 + 太阳能板（补电设计） + 自有知识产权的省电算法”，实现业界领先的超强续航能力，在短途高频定位信息上报的模式下，也能续航 80～100 天。

另外，定位宝采用独创的 ibeacon 低功耗蓝牙扩展功能，可以与 ibeacon 标签、蓝牙温度探头等设备互联，实现功能扩展（见图 1～图 4）。

再有，定位宝还有其他功能设计，比如：振动检测（内置振动检测模块，可检测行车情况）、防拆告警（途中非法拆除时自动发出报警提示）、盲区补偿（网络盲区时可自动存储定位数据，网络恢复时自动补传）、支持共享充电（可使用共享充电柜集中管理发放

和充电，实现自动管理）、平台服务［与自研的“物流装备平台”结合，可实现轨迹回放、实时告警（缺电、防拆、偏航、停车超时、超速等）、实时定位、电子围栏、到达预测等］。

目前，定位宝从适用性和产品成本考虑，已经衍生发展 1 个系列共计 12 种分支版本的产品，以满足客户不同场景下的需要。

（1）定位宝国内 2G 标准版。

（2）定位宝国内 2G 增强版（ibeacon 扩展外设）。

（3）定位宝国内 2G 低温版。

（4）定位宝国内 2G 低温增强版（ibeacon 扩展外设）。

（5）定位宝国际 4G 标准版（不含北美地区）。

（6）定位宝国际 4G 北美版（含北美地区）。

（7）定位宝国际 4G 低温版（不含北美地区）。

（8）定位宝国际 4G 北美低温版（含北美地区）。

（9）定位宝国际 4G 增强版（含 ibeacon 扩展外设、不含北美地区）。

（10）定位宝国际 4G 北美增强版（含 ibeacon 扩展外设、含北美地区）。

（11）定位宝国际 4G 低温增强版（含 ibeacon 扩展外设、不含北美地区）。

（12）定位宝国际 4G 北美低温增强版（含 ibeacon 扩展外设、含北美地区）。

图 1　防水测试中的定位宝

图 2　定位宝背面和正面的吸附效果

图3　定位宝车辆安装实景（外装式）

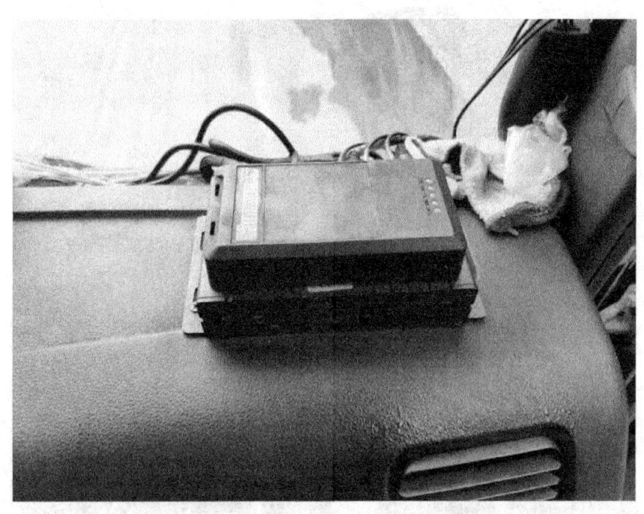

图4　定位宝车辆安装实景（内装式）

2. 安防宝简介

安防宝是运易通专门针对内河水运大宗货物运输研发的一款多用途可拆卸安防摄像产品。该设备采用独创技术将北斗/GPS/LBS同时集成到安防云摄像设备中去，实现国内首创的“带定位功能的、可拆卸的、专用安防云摄像产品”。

集成的北斗/GPS/LBS定位信息，可根据不同地区信号情况自动切换。整体工艺上采用IP67级别的高防护设计，实现防水、防尘、防震，适用温度从－10℃～+60℃。

安防宝的云摄像功能是专门针对内河水运场景设计的，在设计上采用了200万像素的摄像头，分辨率可达1920×1080，视距最远可达100米（视环境及气候影响）。另外，安防宝采用了红外+夜间白光补光拍摄模式，可以7×24小时不间断拍摄现场视频。所拍摄的视频会立即存储在摄像机中自带的64GB的内存卡中，并根据物流装备平台的指令，通过4G信号，可以实现在线观看、观看历史、上载历史视频等操作。

安防宝采用了告警机制设计，当断电或断线都会及时提示物流装备平台，以便运维人员知悉。

另外，安防宝内置的定位模块，可以实现多重定位，信息也会直接报送物流装备平台，基本上如同多装了一个定位宝，可以实现定位宝的各种运踪功能。

安防宝从设计之初，就考虑到货代和船东对设备可拆卸的特殊要求，采用了区别于传统安防摄像头的设计模式。安防宝全部功能集成为一体，总重量不超过1.4kg，非常方便携带和拆卸。另外，独立设计了一条6米长的24V转12V的专用转接电线，可以非常轻松地接在船上自带的铅酸电池上，再用扎带扎在指定位置即可使用，拆卸非常方便。当然，想把安防宝一直固定安装在指定位置也没有问题，都是兼容的，无非是把塑料扎带更换成更坚固的铁丝等固定物即可（见图5～图8）。

图5　安防宝

图6　24V转12V专用转接电线

图7　安防宝船上安装实景（侧面/背面）

图8　24V 转 12V 专用转接电线安装实景（接线/接电池）

3. 提升物流效率

定位宝作为一款 GPS/LBS 运踪定位设备，主要用于对于陆运货物的全程跟踪和数据分析。结合运易通自研的物流装备平台可以给其他业务平台做技术赋能，使传统的货代业务实现信息化自动跟踪。

以往传统的货代业务都是采用人工电话的模式对货物所在的位置和状态进行远程确认，再反馈给货主。这种模式，一方面人工成本和操作成本（电话通信等费用）高昂，另一方面时效性很差，对货物真实位置和状态的确认，至少延迟 3～10 小时。

采用定位宝对货物进行跟踪后，可以打通“线上订单”产品，实现运踪可视一体化。货主和货代都可以通过互联网实时知道货物当前所在的位置，甚至是行驶速度、方位及历史轨迹等信息。

不但如此，定位宝提供的位置数据，通过特定算法计算，还可以较为精准地预测到达时间，并及时推送给货主或货代。

另外，定位宝自带的防拆告警，也可以用于预防一些承运司机或外人的不当拆卸操作。

定位宝结合物流装备平台的应用可以提高物流信息化水平，大幅减少人工成本和操作费用的支出，也提高了物流服务体验，提升了物流效率。

集成了定位＋云安防摄像功能，不但能实现上述定位宝产品所实现的成本下降、服务质量提升和物流效率提升等，还可以有效减少内河水运大宗货物（比如：焦炭）运输途中被盗窃的问题，同时减少押货人员的人工成本支出和管理效率，实现规范化管理，以及满足货主对货物运输途中监控查看的需求。

三、信息化进程

1. 实施进程

运易通物联网项目团队于 2020 年年初正式完成组建。

2020 年 4 月，物联网实验室挂牌成立，从最小的螺丝刀和简单的万用表开始，到信号发生器、台式数字电桥、直流电源供应器、示波器、智能电参数测试仪……实验室完成了从无到有的建立，并立即投入使用，开展创研工作。

2020 年 5 月，运易通第一款自研、拥有自主知识产权的硬件产品“定位宝”完成小批量试产，正式投入使用，并由此衍生出 8 个以上的子版本，可以适配不同地区不同环境的应用要求。该产品续航能力强、抗寒抗热、不惧恶劣天气，还具备太阳能补充充电和独创的 ibeacon 扩展功能，可以满足多场景的物流运踪需要。

2020 年 5 月，第一个运易通自有专利授权成功，截至 2021 年 1 月，已累计收到国家知识产权局授予的 8 个专利授权，其中外观专利 5 个，实用新型专利 3 个，还有多个已申请专利正在审查中。

2020 年 6 月，运易通物联网平台“物流装备平台”第一版正式版本投入使用，同月与运易通门户网站、外运启航平台、中交天运平台完成系统对接和物联网运踪功能赋能输出。

2020 年 7 月，运易通物联网平台“物流装备平台”微信公众号入口正式在外运启航平台挂载上线，从而客户对平台的使用不再局限于 PC 端，可通过手机端更便捷地进行操作。

2020 年 8 月，基于“物流装备平台”赋能与物联网实验室团队提供定制化开发服务的“兖矿国贸可视化平台”正式交付上线并通过验收，并收到客户的邮件表扬信。

2020 年 9 月，运易通第二款自研、拥有自主知识产权的硬件产品“安防宝”完成测试，正式试运行。该产品主要针对水运安防设计，不但可实现 7 × 24 小时视频安防监控，还具备定位功能，可以实现立体化运踪监控，同月配套升级的“物流装备平台”版本上线。

2020 年 10 月，针对长江流域的“安防宝”应用功能在“物流装备平台”完成迭代并上线，垚鑫科技和长航公司率先开展了安防宝创新产品的实地试点应用，实现了安防宝创新应用的“软 - 硬”闭环测试，这在国内应该是该模式应用的首例。

2020 年 11 月，“物流装备平台”完成了创新业务功能“流量池”的设计开发和上线，该功能可以有效解决物联网设备流量包月的弊端，采用共享池的模式，多台设备共享流量，既节约资源又整体可控，深受客户喜欢。

2020 年 12 月，“物流装备平台”与定位宝、安防宝基本成熟定型，完成既定的研发任务。

2. 实施困难

由于硬件研发不比软件研发，需要提前做好规划，在实地验证的过程中如果发现功能不匹配的地方，从电路布局、嵌入式程序改写到更换硬件模块、修改磨具等工作量特别大，成本高昂且需要的时间也特别长。

3. 解决措施

为了最大限度避免可能存在的硬件变更情况，降低时间及费用成本，在设计之初，团队就采用了“瘦终端、胖后台”的设计思路，尽量减少硬件终端需要承载的复杂业务，将大量需要计算的算法、业务处理逻辑后移到“物流装备平台”等平台端，从而降低硬件终端设计的复杂度，提高成功概率。

四、信息化效益评估

1. 效益提升

定位宝、安防宝和物流装备平台的推广应用，一方面为原有的传统物流业务赋能，可大幅降低人工成本和操作成本，同时为客户提供了更好的信息化服务，提升客户体验。另一方面新增的物联网硬件板块，也为运易通开拓了一个新的营收板块，为未来物流方面的科技化转型发展，提供了更多可能。再者，物流装备平台结合定位宝、安防宝形成的“软－硬”一体解决方案，可以为现有的“物流电商板块”赋能，为客户提供更多可选择的业务模式和增值服务内容，提高现有线上产品的竞争力。

2. 对企业业务流程改造与创新模式的影响

定位宝、安防宝提供运踪和安防功能，从根本上对原有的传统物流业务起到了升级促进作用，有助于原有的手工操作模式向信息化、自动化模式转变，改变了客户原有纯粹靠电话进行沟通、跟踪的模式，将操作流量引导到线上，通过自动化、智能化的信息技术为客户提供更多、更好的服务。

另外，安防宝在内河水运的应用，改变了原有纯粹靠人工押船、人工巡防的模式，也大幅降低了船上人员与他人串通盗取货物的可能，形成了一种国内首创的“押船现场监控—货代远程监控—货主远程监控”三位一体的新的内河水运安防模式。

3. 对提高企业竞争力的作用

智慧物流设备改变了传统物流业务纯手工操作的模式，大幅降低了人工成本和操作成本，赋能线上化业务平台，为客户提供了更多更好的增值服务。新增的硬件板块，成了一个新的盈利增长点，从而对运易通竞争力的提高起到多方面的促进作用。

五、信息化过程的体会、经验教训及推广意义

在信息化过程中最大的体会就是要从客户的实际需求出发，立足于实际需求，从而解决实际问题。研发初期，团队在这方面思想准备还不够，研发的第一代安防宝产品采用了太阳能电池模式，团队成员根据测算，认为太阳能电池充满可以持续使用 6 ~ 7 天，理所当然地认为应该可以满足业务场景的需要。但是在实际应用时，发现内河在雨季有可能十几天甚至将近一个月都晒不到太阳，设备因为电量消耗完毕出现掉线的现象。后面通过与客户多次研讨、调研和实地考察、测试，最终采用了专用电线接船上电池的方式进行解决。因此“立足于实际需求，解决实际问题”作为产品研发设计的出发点，使研发工作降低了试错成本，提升研发效率的同时满足客户和市场的需求。

六、下一步计划

1. 设备下一步改进方案、设想

定位宝将向衍生更多类型和外接配件的方向发展。例如，车载固定安装类型或者外置气候检测配件等。

安防宝会升级更多功能。例如，加载人脸识别算法、增加远程喊话功能，并着力于

发展一款车载安防宝。

2. 物流信息化建议

目前社会行业发展趋于科技化、信息化，未来更是“万物互联”的时代。物流信息化的发展，应该要主动拥抱物联网，采用更多的物联网技术对物流产业链进行赋能、升级，使其更智能化、集约化和自动化，这样才能真正有效降低物流成本。

大连固特异轮胎有限公司：固特异轮胎 Tire Optix

一、行业现状及问题

近些年，传统制造型企业都在尝试进行服务化转型，轮胎企业也在客户服务方面花费了大量心思：针对重点客户，如大型物流车队，在“双十一”或“6·18”等货运高峰时段前，开展查车服务，提高客户感知价值。

常规的查车服务，主要包括轮胎气压和外观检查。在查车过程中，现场服务工程师除了使用气压表进行气压读取，还需要大量的纸面数据记录工作，之后，为了将整体气压和轮胎状况呈现给车队负责人，还需要将原始数据录入电脑，以便进行统计分析，最后生成可读性报告反馈并给出改进建议。如此繁复的工作流程，让“购物狂欢节”变成了对查车人员的“大考”，不得不加班加点，以便及时将收集到的原始数据，转化成车队经理案头的改进建议，凸显查车服务价值。传统查车方式如图 1 所示。

图 1　传统查车方式

当然，查车的意义也不仅限于此。查车能够帮助轮胎企业了解产品或竞品在车队的使用性能信息，相比轮胎企业内部测试，其数据量更大，且覆盖更广泛的路况、环境、驾驶员条件，对于轮胎性能的评估更加有参考价值。然而，传统方式获取的原始数据，分散在不同的查车人员电脑硬盘中，随着时间推移或人员更迭，大量的有价值的数据被遗忘、丢失，如此，难以发挥数据在企业决策中的价值，在这个“数据驱动一切”的年代，这是巨大的资源浪费。

二、企业简介

固特异是全球第三大轮胎生产商。然而，相比其在全球市场的地位而言，在国内商用车轮胎市场，固特异无论是市场份额还是品牌力，都有很大的提升空间，其所处的市场环境，可以说是“前有国际巨头先入为主，后有国产品牌步步紧逼”。一方面，是米其林和普利司通利用先发优势，在国内高端客户群中树立了难以撼动的品牌认知；另一方面，近些年来，国内轮胎企业通过在产品开发的大力投入，在产品性能方面与国际竞品的差距日渐缩小，再加上其在价格和渠道方面的传统优势，在可以预见的未来，其会是固特异面临的强大对手。

因此，对于固特异来说，除了在产品力方面继续保持投入，为了在日趋“白热化”的竞争中脱颖而出，必须开始探索新的能够提升客户感知价值的业务领域或模式。固特异在欧美市场针对物流车队提供的产品及服务解决方案，通过帮助车队降本增效，获得了市场的初步认可，成了新的业务发力点。固特异（中国）可以借此将其成功应用方案引入国内，助力其轮胎业务发展，并为服务化打基础。Tire Optix 就是在这样的背景下被引入的。

三、解决方案——轮胎气压/花纹深度检测系统 Tire Optix

Tire Optix 是固特异公司自主开发的轮胎使用状况管理/监测系统。主要由三部分组成（见图 2）。

硬件检测设备：由胎压检测接头和花纹深度检测探针组成的一体化检测设备，通过蓝牙方式进行数据传输，可以将检测数据实时显示到手机 App 上。

手机 App：在手机客户端可以进行车队、车辆创建，轮胎规格选择，轮胎检测，异常磨损类型选择及拍照，检测数据保存和上传云端（Tire Trac）操作。

Tire Trac 客户端：对手机 App 上传数据进行分析及报告。此外，可以对所有车队的历史检测数据进行访问，通过内置的报告功能，用数据驱动轮胎管理建议和行为。

其硬件（检测设备）+软件（数据收集和存储）的配置，让使用者能够高效、便捷地完成对于轮胎从基础数据输入、胎压与花纹深度检测及异常项记录、数据保存上传、生成分析报告的全部操作。

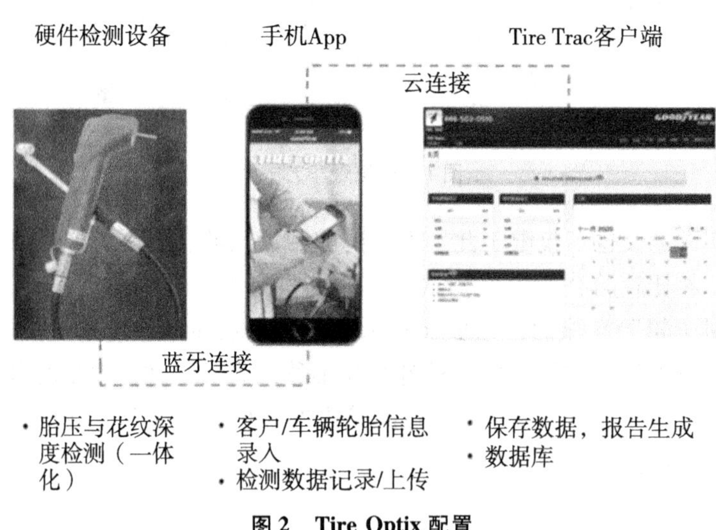

图 2 Tire Optix 配置

四、效益与价值

有了 Tire Optix 作为辅助工具，以往令人头痛的查车和报告工作变得不再繁复。操作者只需根据手机 App 的引导完成检测前的车辆和轮胎设置，之后硬件读取的数据会通过蓝牙自动保存在手机上，且轮胎外观异常项也可以在 App 中进行类型选择并拍照，完成检测之后，通过手机移动网络，保存的数据可以同步到云端数据库，同时，系统会实时生成针对车队胎压及花纹深度的分析报告，发送到操作者邮箱，工程师可以凭借此报告，针对存在的问题向车队经理提出改进建议。如此，为查车人员节约了大量的数据记录、誊写、生成报告的时间，极大地提高了工作效率；同时，在相同时间内，有可能将查车服务扩展到更多车队或车辆，从而提高车队客户的感知价值。Tire Optix 查车流程如图 3 所示。

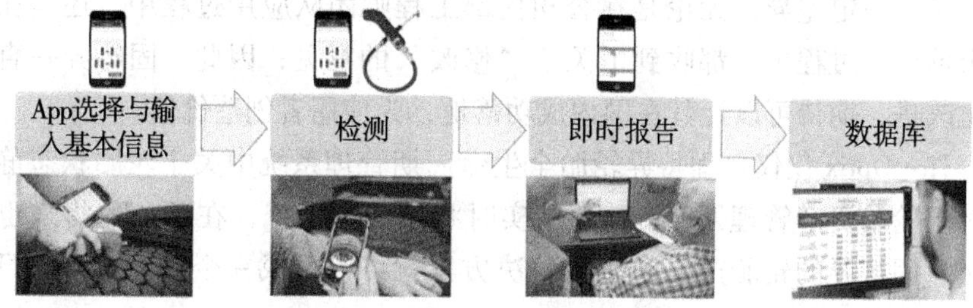

图 3　Tire Optix 查车流程

此外，云端存储的方式对于大数据累积具有极大的助力作用。我们无须再为数据保存担忧，每个客户在不同时点的轮胎状态，不同产品在不同应用、工况的性能数据，都可以通过 Tire Trac 客户端轻松获取，大量数据的积累，一方面，能够帮助固特异客观评估产品性能，在产品升级或新产品开发阶段获得数据支撑；另一方面，通过数据分析，可以了解不同客户在轮胎使用方面的真实需求或潜在问题，从而有的放矢，提出有针对性的改进建议，帮助物流车队实现降本增效。Tire Optix 驱动商业模式如图 4 所示。

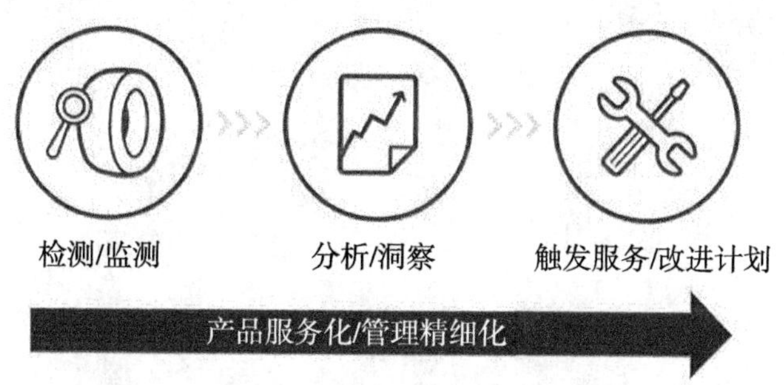

图 4　Tire Optix 驱动商业模式

除了内部使用，固特异正在尝试利用 Tire Optix 为经销商或门店"赋能"。经销商可以利用系统，为其终端客户进行轮胎服务，并由此累积客户数据，洞察客户真实需求，从而有针对性地提供产品或服务方面的支持，以此驱动其销售额的提升，甚至对于新型商业模式的探索。目标使用者如图 5 所示。

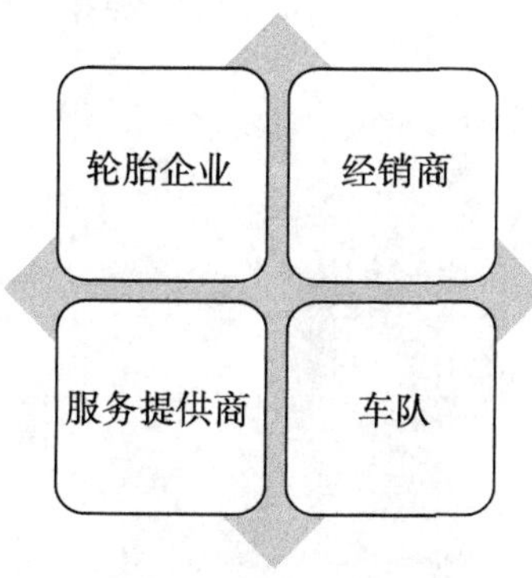

图 5　目标使用者

五、经验教训与未来展望

由于 Tire Optix 是从欧美市场引入的系统，其部分程序设计理念或逻辑与国内用户习惯和市场环境有一定差异，无论是在公司内部工程师团队应用过程中，还是在向经销商或零售门店推广的过程中，都收到了关于“修改”的意见，因此，固特异一直在对系统进行本土化改进，期待可以让其在国内成功落地，为使用者创造价值。

此外，Tire Optix 仅仅是固特异轮胎全生命周期管理系统中关于轮胎状态静态检测的部分，而对于轮胎资产管理及 TPMS 轮胎实时状态检测系统，在不久的将来也会推向市场，到那时，固特异的轮胎产品及服务解决方案就可以形成一个闭环，为自身业务发展带来更大的可能性。